영어로든 아니면 다른 유럽의 언어로든 이 소개한 책은 일찍이 없었다. 《컬럼비아 대학

넋을 놓고 영원히 감동받을 심오한 지혜가 담겨 있다. 《하크슈 포스트》 네덜란드

주제는 철학적 내용이지만 서술은 극히 흥미롭다. 요가난다는 종교의 차별을 뛰어넘어 영적인 차원에서 우리를 맞이한다. 《차이나 위클리 리뷰》 중국

죽지 않는 성자들과 기적의 치유 사례들에 대해 이야기하고, 인도의 지혜와 요가 과학을 전파한다. 독자들은 이 책의 내용에 마음을 빼앗길 것이다. 《디 벨트보허》 스위스

진정으로 경천동지할 책이다. 《나투르헬 프락시스》 독일

서구 독자들에게 감동을 주고 흥미를 불러일으키지 않을 수 없는 책이다. 《새터데이 리뷰》 미국

가득 담긴 지식과 풍부한 개인적 경험으로 보면, 현대의 독자는 『요가난다, 영혼의 자서전』만큼 아름답고 깊이 있고 진실된 책을 거의 찾을 수 없을 것이다. 《라 파스》 볼리비아

기념비적 작품이다. 《셰필드 텔레그라프》 영국

20세기의 가장 깊고 중요한 메시지의 하나이다. 《노이어 텔자 자이퉁》 오스트리아

영감을 받았다고 감히 말할 수 있는 책이다. 《엘레프테리아》 그리스

요가난다의 신비한 화술은 재치와 매력, 자비로운 지혜를 간직한 인도의 구전을 전형적으로 보여준다. 제임스 더들리, 작가

요가난다, 영혼의 자서전

옮긴이 김정우

한국외국어대학교 영어과를 졸업하고, 서울대학교 대학원 국어국문학과에서 문학석사와
문학박사 학위를 받았다. 국립국어연구원(현 국립국어원)을 거쳐 현재 경남대학교 국어국
문학과 교수로 재직하고 있다.
지은 책으로는『이솝우화와 함께 떠나는 번역 여행(1, 2, 3권)』,『영어 번역 ATOZ(종합편)』,
『한국인이 꼭 알아야 할 국어어문규범 365』등이 있다.
옮긴 책으로는『깨달음이란 무엇인가』,『절벽 산책』,『한국어와 드라비다어의 비교 연구』,
『신성한 지구』등의 국역서를 비롯하여『An Illustrated Guide to Korean Culture』등의 영
역서가 있다.

요가난다, 영혼의 자서전

2014년 8월 12일 1판 1쇄 발행
2020년 8월 10일 1판 7쇄 발행

**지은이** 파라마한사 요가난다
**옮긴이** 김정우
**펴낸이** 강성도
**편집** 정선우
**디자인** 포데로사21
**펴낸곳** 뜨란
**주소** 경기도 고양시 일산동구 중산로 206, 704-704
**전화** 031-918-9873
**팩스** 031-918-9871
**이메일** ttranbook@gmail.com
**등록** 제111호(2000. 1. 6)

ISBN 978-899084028-8 03100

궁극의 자유와 행복으로 이끄는 심오하고 풍요로운 영적 순례

# 요가난다, *Autobiography of a Yogi*
# 영혼의 자서전

파라마한사 요가난다 | 김정우 옮김

뜨란

미국의 성자 루터 버뱅크에게 바칩니다.

●

이 책의 편집에 오랫동안 정성을 기울여준
프라트 양에게 진심으로 감사드립니다.
색인 작업을 도와준 루스 잔 양과
인도 여행 일지의 일부를 발췌하도록 허락해준 라이트 씨,
제안과 격려를 해준 에반스 웬츠 박사에게도 깊이 감사드립니다.

1945년 10월 28일, 캘리포니아 엔시니타스에서
파라마한사 요가난다

이 책은 한 요가 수행자가 겪은 기이한 삶
의 궤적에 대한 아름다운 이야기인 동시에, 고대의 요가 과학과 유구한
명상 전통에 대한 깊이 있는 안내서이다. 1946년 출간 직후부터 동서양
독자들의 비상한 관심을 끌어온 이 책이 거둔 성과는 자못 놀랍다.

'20세기 최고의 영적 도서 100권의 하나'로 선정된 이 책은 30개 이
상의 언어로 번역되어, 세계 전역에서 종교 서적의 고전으로 자리매김
하고 있다. 지금까지 6백만 권 이상이 팔렸으면서도, 60여 년 이상 여
전히 베스트셀러의 목록에 이름을 올리고 있는 것만 보더라도, 이 책
에 대한 독서계의 평가가 어떠한가는 충분히 짐작하고도 남는다.

그렇지만 이 책은 외형적 성공 못지않게 한 진실한 구도자의 사실
적 증언이라는 점에서 특히 우리의 내면에 감춰졌던 진지한 영적 탐구

심을 자극한다.

『요가난다, 영혼의 자서전』에는 우리 시대 위대한 영적 스승의 매혹적인 초상화가 담겨 있다. 여기에는 저자의 탄생과 관련된 예언, 특이했던 어린 시절의 영적 능력 경험, 젊은 시절부터 깨달은 스승을 만나러 인도 전역을 찾아다니던 탐구 여정에서 필연적으로 이뤄진 많은 성자들과의 만남, 존경하는 구루의 아슈람에서 지낸 10년간의 수행 생활, 미국에 거주하면서 요가와 명상을 가르쳤던 30년의 세월이 자서전의 형식을 빌려 고스란히 기록되어 있다.

그뿐만이 아니다. 인도의 독립운동을 이끌었던 마하트마 간디, 동방의 등불로 우리에게 잘 알려진 시성詩聖 라빈드라나트 타고르, 사랑의 염파念波가 식물 생장을 촉진한다는 사실을 과학적으로 입증한 미국의 원예학자 루터 버뱅크, 특정한 날마다 몸에 성흔을 나타내는 가톨릭 성녀 테레제 노이만 등 동서양을 망라한 저명한 영적 대가들과의 만남도 가감 없이 서술되어 있다(우리는 히말라야의 궁전이나 스승의 부활 같은 '기적적 사건'을 읽을 때도 항상 이 책이 자서전이라는 사실을 잊어서는 안 된다).

이 책의 저자는 일상의 보통 사건들과 기적이라 불리는 비범한 사건들 모두의 배후에 존재하는 미묘하면서도 명확한 법칙을 명쾌하게 설명하여, 자칫 신화처럼 읽힐 수도 있는 이야기를 우리의 논리로 이해할 수 있도록 자상하게 배려한다. 바로 이 지점에서 이 책은 일반 자서전의 차원을 넘어 우리를 영적 깨달음과 우주의식의 세계로 이끌어준다.

파라마한사 요가난다는 1893년 1월 5일 인도 고라크푸르의 신앙심이 깊고 유복한 벵골 가정에서 태어났다. 어렸을 때의 이름은 무쿤다 랄 고시였다. 어린 시절부터 남다른 영적 체험을 했던 그의 인식의 깊이는 분명히 보통을 뛰어넘었다. 부모님은 두 분 모두 현대 인도에 크리야 요가를 다시 소개한 유명한 도인 라히리 마하사야의 제자였다. 라히리 마하사야는 어머니의 품에 안겨 있는 요가난다를 축복하면서 다음과 같은 예언을 남겼다.

"그대의 아들은 요기가 되어, 영적인 기관차의 엔진을 달고 수많은 영혼을 신의 왕국으로 데려갈 것이다."

청년 무쿤다는 영적인 탐구의 도정에서 자신을 이끌어줄 스승을 만나려는 희망을 품고 수많은 인도의 성자들과 현인들을 찾아다녔다. 1910년, 그의 나이 17세 때, 무쿤다는 드디어 스와미 스리 유크테스와르 기리를 만나 그의 제자가 되었다. 이후 10년을 이 위대한 요가 도인의 아슈람에서 지내면서 무쿤다는 스리 유크테스와르로부터 엄격하지만 자애로운 영적 수련을 받았다.

1915년 캘커타 대학교를 졸업한 무쿤다는 인도에서 존경받는 스와미 교단의 수도승이 되기로 공식 서약을 하고, 요가난다(신성한 합일(요가)을 통한 축복(아난다)을 의미한다)라는 이름을 받았다. 그리하여 신을 사랑하고 신에 대한 봉사에 삶 전체를 바치려던 그의 열망이 결실을 맺었다.

요가난다는 1917년에 '어떻게 살 것인가?'를 가르치는 소년 학교를 설립하는 일로 자신의 과업을 시작했다. 이 학교에서는 요가 수련 및 영적 이상에 관한 지도가 현대식 교육 방법과 적절하게 결합되어 펼쳐졌다.

란치 학교에서 명상 중이던 1920년의 어느 날, 요가난다는 바야흐로 서양에서 활동을 시작할 때가 되었다는 신성한 환시를 보게 되었다. 그는 곧 캘커타로 출발했는데, 바로 다음 날 그 해 후반기에 보스턴에서 개최되는 진보종교지도자국제대회에 인도 대표로 참석해 달라는 초청을 받았다. 스승 스리 유크테스와르는 때가 적절하다고 확신하면서 이렇게 말했다.

"너를 위해 모든 문이 열려 있다. 지금이 아니면 기회는 영원히 없다."

미국으로 출발하기 직전, 요가난다는 고대의 크리야 요가 과학을 이 시대에 부활시킨 불사의 도인 마하바타르 바바지의 방문을 받았다. 바바지는 요가난다에게 이렇게 말했다.

"너는 크리야 요가의 메시지를 서양에 전파하도록 내가 선택한 자이다. 오래 전에 쿰 메일러에서 나는 너의 구루 유크테스와르를 만났다. 그때 나는 그에게 너를 보내 수련을 받게 하겠다고 말했다. 신을 깨닫는 과학적 기법인 크리야 요가는 궁극에 가서 온 대지에 퍼져, '무한의 아버지'를 향한 인간의 개별적이고 초월적인 인식을 통해 국가들 간의 화합을 도모하는 데도 도움을 줄 것이다."

젊은 스와미 요가난다는 1920년 9월에 보스턴에 도착했다. '종교의 과학'을 주제로 진보종교지도자국제대회에서 행한 첫 번째 연설은 상당한 호평을 받았다. 같은 해 요가난다는 인도의 고대 과학과 요가 철학 및 명상수행의 전통에 관한 자신의 가르침을 세계 전역에 펼치기 위한 목적으로 모든 종파를 초월한 '자아실현협회Self-Realization Fellowship'를 창립했다.

최초의 SRF 명상 센터가 평생 제자였던 루이스 박사와 헤이지 여사의 도움으로 보스턴에 문을 열었다. 그 후 수년간 미국 동부에서 연설과 교육을 병행했으며, 1924년에는 대륙횡단 강연 여행을 시작했다. 1925년 초 로스앤젤레스에 이르러 요가난다는 그곳 워싱턴 산 정상에 SRF 국제본부의 건물을 건립했다.

1924년부터 1935년까지 요가난다는 뉴욕의 카네기홀에서부터 로스앤젤레스 필하모닉 강당에 이르기까지 미국의 수많은 초대형 공연장에서 다수의 청중을 상대로 강연을 가졌다. 당시《로스앤젤레스 타임즈》에는 이런 기사가 실렸다.

"필하모닉 강당에서 펼쳐진 광경은 정말로 놀랍다. 강연 시작 한 시간 전에 이미 최대 수용 규모인 3천 석이 꽉 차서 수천 명의 청중이 발길을 되돌려야 했다."

활발하게 활동을 펼치던 요가난다는 자신의 위대한 구루와 마지막 시간을 보내기 위해 미국을 떠난다. 그는 배와 자동차 편을 이용해서 유럽과 팔레스타인, 이집트를 두루 여행한 뒤 1935년 여름, 봄베이에 도착했다. 바로 이 기간에 구루 스리 유크테스와르는 요가난다에게 인도에서 최고의 영적 칭호인 '파라마한사'라는 이름을 내려주었다. 이 칭호는 문자 그대로 옮기면 '지고의 백조'(영적 분별의 상징)가 되는데, 신과의 궁극적 합일을 이룬 자라는 뜻이다. 구루와 마지막 시간을 보낸 요가난다는 1936년 말에 미국으로 돌아가서 여생을 보냈다.

요가난다가 생전에 행한 강연과 아울러 이 자서전의 내용은 동서양을 막론하고 모든 분야, 모든 사람들에게 지대한 영향을 미쳤다.

그의 강연을 들은 사람들 가운데는 미국의 원예학자 루터 버뱅크, 이탈리아의 소프라노 갈리 구르치, 필름 왕국 코닥사의 창업자 조지 이스트먼, 미국의 시인 에드윈 마크햄, 미국의 심포니오케스트라 지휘자 레오폴드 스토코프스키 등 과학, 사업, 예술 등 각 분야의 뛰어난 인물들이 많았다. 요가난다는 1927년에 그의 활동을 다룬 신문기사를 접한 캘빈 쿨리지 대통령(미국 30대 대통령)의 초청으로 백악관을 방문하기도 했다.

20세기 중반 이후 대중문화의 양대 산맥이었던 비틀즈의 멤버와 가수 엘비스 프레슬리가 요가난다에게서 큰 영향을 받았다는 것은, 다소 의외일지 모르지만 동시에 그가 가진 영성과 사상의 폭과 깊이가 어느 정도였는지를 잘 말해준다.

비틀즈의 리드기타를 맡았던 '비틀즈의 철학자' 조지 해리슨은 이 책을 1966년에 인도의 음악가 라비 샹카르에게서 받았는데, 그때부터 베다 문화와 인도적인 것에 대해 서서히 눈을 뜨기 시작했다. 한편 엘비스 프레슬리는 1960년대에 '자아실현협회'를 방문해서, 화려한 경력을 뒤로하고 그 단체에 헌신하고 있던 승려 파라마난다 형제에게 다음과 같이 말했다.

"사형, 정말로 올바른 선택을 하셨소. 남들은 내 인생을 잘 모르고, 그러니까 내가 신을 모르기 때문에 가끔씩 울다가 지쳐 잠이 든다는 사실도 모른다오."

이런 인물들의 목록에서 특히 우리에게 현재진행형으로 다가오는 이름이 눈에 뜨인다. 바로 애플의 공동창업자이자 최고경영자인 스티브 잡스이다. 스티브 잡스의 전기 작가인 월터 아이작슨의 기록에 따르면, 잡스는 요가난다의 자서전을 십대 때 처음 읽고 인도에서 다시 한 번 읽은 다음부터 해마다 한 번씩 꼭 읽었다고 한다. 말하자면 이 책은 생애 전체를 관통하여 스티브 잡스와 특별한 동반자로 지냈다고 할 수 있다.

잡스가 어느 대학의 졸업식에서 했던 연설에는 죽음에 관한 극적인 내용이 나온다.

'곧 죽는다'는 생각은 인생에서 결단을 내릴 때마다 가장 중요한 도구였습니다. 외부의 기대, 자부심, 수치심, 실패의 두려움은 죽음 앞에서 모두 떨어져 나가고, 오로지 진실로 중요한 것만 남기 때문입니다. 죽음을 생각하는 것은 무언가를 잃을지도 모른다는 두려움의 덫에서 벗어나는 최고의 방책입니다. ……
죽음은 여전히 우리 모두의 숙명입니다. 아무도 피할 수 없지요. 그리고 마땅히 그래야만 합니다. 삶이 만든 최고의 발명품이 바로 '죽음'이니까요. 죽음은 삶을 대신하여 변화를 만듭니다. 죽음은 낡은 것을 깨끗이 쓸어버려 새로운 것이 들어서게 길을 터줍니다.

'죽음'을 생각하는 것이 무언가를 잃을지도 모른다는 두려움의 덫에서 벗어나는 최상의 방책이고, 삶이 만든 최고의 발명품이 '죽음'이라는 역설적인 화법은 그 어떤 철학적 논리보다 명징하다. 시한부 삶의 체험을 통해 소극적인 '죽음'을 적극적인 '삶'의 문제로 환원시킨 직관적 지혜가 돋보인다.

현대 기술문명의 정점에서 활약하며 살다 간 그에게 직관과 역설로 대표되는 동양적 사고란 어떤 의미였을까? 히피 생활, 힌두교와 선불교 등에 대한 관심, 인도 여행 등은 이미 잡스의 전기에 소개된 바 있으니, 잡스가 동양적 지혜에 주목했음은 충분히 미루어 짐작할 수 있는 일이다.

이런 스티브 잡스가 그 자신의 분신과도 같은 디지털 기기 아이패드에 내려받은 책은 오직 이 책 『요가난다, 영혼의 자서전Autobiography of a Yogi』뿐이었다고 한다.

과거의 사건일 수 있는 이 자서전이 21세기를 살고 있는 우리에게 던지는 의미는 무엇인가?

현재도 이미 충분히 그렇지만, 앞으로 다가올 미래는 우리가 지금까지 한 번도 엿본 적이 없는 미지의 세계이다(최근 십여 년 안짝으로 벌어진 스마트폰 혁명은 정말로 상상을 초월하는 수준이 아닌가!). 우리는 모르는 대상에 대해 계획하거나 준비할 수 없다. 칼 융 박사의 표현처럼, '꿈조차 꾸지 못했던 가능성'의 영역이 무엇인가를 이 책이 생생하고 구체적으로 보여주고 나아가서 '꿈꿀 수 있는 방법'을 사실적으로 제시해주기 때문에, 우리는 미래를 알고 미래를 준비하기 위해 이 책을 읽어야 한다. 결국 문명의 진보는 인간 영혼의 진화와 떼려야 뗄 수 없다.

번역과 관련된 기술적인 문제를 한두 가지 덧붙인다. 이 책에서는 독서의 원활한 흐름을 위해 영문과 로마자를 되도록 노출시키지 않고 아주 중요하다고 생각되는 일부 단어만 원어 철자를 병기했다. 그리고 본문과 각주에 나오는 산스크리트어와 힌디어 단어의 음역은 철자에 충실하게 표기했지만, 한글로 구분해 표기하기가 어려운 경우도 있었음을 밝힌다(자음에 유성과 무성의 대립과 함께 유기와 무기의 대립까지 존재하기 때문이다).

번역의 저본으로는 1946년에 간행된 초판(The Philosophical Library, New York)을 사용했으며, 마지막 48장과 49장 및 각주 일부는 1950년대 이후의 수정판을 참고했다.

30여 년 만에 다시 읽은 책은 사실 경이로움 그 자체였으며, 이런 느낌은 예전에 책을 읽었던 독자들도 마찬가지리라고 생각한다.

번역을 마치고 나니 무엇보다 두려움이 먼저 고개를 든다. 감당하기 어려운 의식의 진화라는 내용을 수행 경험이 없는 역자가 이해하기란 대단히 힘들었음을 고백한다. 이런 점에서 파라마한사 요가난다의 삶과 사상, '자아실현협회'의 활동 등을 국내에 소개한 수많은 영적 수행자들에게 이 자리를 빌려 감사드린다.

2014년 여름
김정우

요가난다의 이 자서전은 인도의 현자들에
대해 영어로 집필된 몇 안 되는 책들 가운데 하나이고, 저널리스트나
외국인이 쓴 것이 아니라 같은 인도에서 태어나 인도에서 수련을 받은
인도 사람이 쓴 책(간단히 말해서 요기가 쓴 요기들의 이야기)이라는 사실
때문에 더욱 가치가 높다. 이 책은 현대 인도 성자들의 비범한 생애와
능력을 직접 생생하게 목격한 이야기라는 점에서 역사적이면서도, 한
편으로는 역사를 초월하는 중요성을 갖는다.

나는 이 자서전의 탁월한 저자를 미국과 인도 양국에서 알고 지내
는 행운을 누렸다. 독자들 또한 그에게 합당한 인정과 감사의 마음을
갖게 될 것이라고 생각한다. 그의 범상치 않은 삶의 기록은 분명히 인
도의 지성과 감성에 담긴 심오한 깊이와 인도가 가진 영적인 풍요를

잘 드러내주는 서양 출판물의 하나이다.

나는 운좋게도, 이 책에서 생애를 자세히 소개한 성자들 가운데 한 사람을 만났다. 바로 스리 유크테스와르 기리이다. 존경받는 그 성자의 초상화가 『티베트 요가와 비밀 교리Tibetan Yoga and Secret Doctrines』라는 내 책의 권두화에 실려 있다.

내가 스리 유크테스와르를 만난 곳은 벵골 만에 인접한 오리사 주의 푸리였다. 그는 당시에 해변가의 조용한 아슈람에 기거하면서 젊은 제자들의 영적 수련에 힘을 기울이고 있었다. 그는 미국인들과 영국인들의 복지에 강렬한 관심을 나타냈으며, 자신이 1920년에 서양에 요가를 전파하기 위한 사절로 미국에 보낸, 가장 아끼는 제자 파라마한사 요가난다가 먼 지역, 특히 캘리포니아에서 벌이는 갖가지 활동에 대해 나에게 묻기도 했다.

스리 유크테스와르는 부드러운 풍모와 음성을 지닌 데다가 마주한 사람을 유쾌하게 만드는 품성이어서, 제자들이 표현하는 자발적인 존경심을 받을 만하다는 생각이 들었다. 그를 아는 사람은 인도 사람이건 외국 사람이건 누구나 최상의 존경심을 나타냈다.

나를 맞이하기 위해서 암자 입구에 서 있던 그의 모습이 아직도 눈에 선하다. 세속적인 욕망을 포기한 사람들이 입는 황색 승복을 두른 그의 곧고 큰 수행자의 풍모는 지금 이 순간에도 생생하게 떠오른다. 길게 늘어뜨린 머리카락은 약간 고수머리였고, 얼굴에는 수염이 나 있었다. 몸은 단단한 근육형이었는데도 호리호리하고 균형이 잘 잡혀 있었고, 걸음걸이는 힘찼다.

그는 자신이 머물 지상의 거처로 성스러운 도시 푸리를 선택했는데, 그곳은 수많은 독실한 힌두교도들이 저 유명한 자간나트(세상의 주님) 사원을 순례하기 위해 인도 전역에서 매일같이 찾아오는 대표적인 성지였다.

1936년, 금생의 몸이 이미 승리의 성취 단계로 넘어갔음을 알고, 덧없는 이 세상의 온갖 장면들에 대해 육체의 눈을 감은 곳도 바로 푸리였다.

스리 유크테스와르라는 스승의 고결한 성품과 성스러움을 여기에 이렇게 기록으로 증언할 수 있어서 너무나 기쁘다. 대중과 일정한 거리를 두고 사는 데 만족했던 그는, 자신의 제자인 파라마한사 요가난다가 다가올 세대를 위해 계획한 이상적인 삶에 조금도 주저하지 않고 평온하게 스스로를 바쳤다.

에반스 웬츠*

---

* 옥스퍼드 대학교 예수단과대학 교수. 『티베트 사자의 서The Tibetan Book of the Dead』(편집), 『티베트의 위대한 요기 밀라레파Tibet's Great Yogi Milarepa』, 『티베트 요가와 비밀 교리Tibetan Yoga and Secret Doctrines』 등의 저서가 있다.

## 일러두기

1. 한글 전용을 원칙으로 하고, 필요한 경우에 원어나 한자를 병기했습니다.

2. 인명, 작품명, 정기간행물 제호, 지명 등은 국립국어원의 외래어 표기법을 따르되 관례로 굳어진 경우는 예외로 했습니다.

3. 단행본과 경전에는 겹낫표(『 』), 정기간행물은 겹꺾쇠(《 》), 시, 영화, 연극, 노래, 논문, 그림에는 홑꺾쇠(〈 〉)를 사용했습니다. 큰따옴표 속에 다시 큰따옴표가 나오는 경우는 홑낫표(「 」)를 사용했습니다.

4. 별도의 표시가 없는 주석은 모두 저자의 것입니다.

*Paramhansa Yogananda*

01

# 부모님과
# 어린 시절

      궁극의 진리를 추구하고, 그 과정에서 구루*
와 제자가 필연적으로 유대 관계를 맺는 것은 오랫동안 인도 문화의 특
징적 면모를 이루어왔다.

  나 자신의 여로는 오로지 한 분의 위대한 성자를 만나기 위한 준비
과정이었다. 그분의 아름다운 일생은 세대를 거쳐 사람들의 마음속에
깊이 새겨져 있다. 그 성자는 인도의 고귀하고 현존하는 자산인 위대
한 영적 스승들 가운데 한 분이었다. 인도의 영적 스승들은 모든 세대
에 빠짐없이 출현하여 자신의 조국이 고대 이집트나 바빌로니아와 같

---

* 영혼의 스승. 'guru'는 '끌어올리다, 기르다, 키우다'를 뜻하는 산스크리트어 어근 'gur'에
서 나왔다.

은 슬픈 역사의 전철을 밟지 않도록 세심하게 보살피고 있다.

아주 어렸던 시절을 회상해보면, 전생의 여러 모습이 시간 순서를 뒤바꿔가면서 나타난다. 먼 옛날 히말라야 설원에 앉아 있는 요기yogi*였던 내 모습이 생생하게 다가온다. 이들 과거 기억의 편린은 어떤 알 수 없는 무차원적 연계에 의해서 미래의 모습도 언뜻언뜻 보여준다.

지금도 어린 시절의 무기력한 굴욕감은 완전히 가시지 않았다. 자유롭게 걷지 못하고 마음껏 의사 표시도 할 수 없다는 것을 의식하게 되자 그렇게 분할 수가 없었다. 육체가 무기력하다는 사실을 깨닫게 되면서 내면에서는 기도를 해야겠다는 마음이 파도처럼 용솟음쳤다. 강한 정서적 생명력은 여러 언어로 된 단어들로 고요하게 표현되었다. 내면적으로 언어의 혼란을 겪는 가운데, 나는 점차 주변에서 동포들이 사용하는 벵골어의 음절 하나하나를 듣는 데 익숙해졌다. 그야말로 아기의 마음 언저리에 펼쳐지는 수수께끼 같은 세계였다. 물론 어른의 눈에는 기껏해야 내가 갖고 노는 장난감이나 꼼지락거리는 내 발가락만 보였겠지만 말이다.

심리적인 동요나 마음을 따라가지 못하는 몸 때문에 고집스럽게 울기도 많이 울었다. 내가 짜증을 부릴 때마다 나를 달래느라 몹시 당황해하던 가족들의 모습이 눈에 선하다. 물론 더할 나위 없이 행복했던 기억도 많이 있다. 어머니가 꼭 껴안아주셨을 때, 처음으로 입술을 움직여 말을 만들어내고 발을 움직여 아장아장 첫걸음마를 떼게 되었을 때. 그런 추억을 떠올리면 행복하다. 대개는 금방 잊혀지고 말지만, 그

---

* 요가 수행자. 요가yoga는 '합일'을 뜻하는 말로서, 신에 대해 명상하는 고대 인도 때부터 이어내려온 수행법이다.

래도 아주 어렸을 때 거둔 이런 작은 승리야말로 자신감의 자연스러운 밑바탕이 된다.

내 기억이 이렇게 멀리까지 미친다고 해서 특이한 것은 아니다. 많은 요기들이 '삶'과 '죽음'의 극적인 전환에 조금도 방해받지 않고 자의식을 그대로 간직한다. 만일 인간이 전적으로 육신만의 존재라면, 육신의 소멸은 정녕 인간 존재의 정체성에 마침표를 찍고 말 것이다. 그러나 선지자들이 수천 년을 두고 이야기해온 것이 진실이라면, 인간은 본질적으로 형체를 지니지 않은 영혼이다. 인간이 지닌 자아의 영속적인 핵심은 오로지 일순간만 감각적 인식과 관계를 맺을 따름이다.

좀 기이하긴 해도 유아기의 기억이 선명한 경우가 극히 희귀한 일만은 아니다. 나는 여러 나라를 여행하면서 정직한 선남선녀의 입을 통해 유아기에 대한 이야기를 적잖게 들을 수 있었다.

1893년 1월 5일, 나는 인도의 북동부 연합주에 위치한 고라크푸르에서 태어나 19세기의 마지막 10년 중 8년간을 거기서 살았다. 형제자매는 모두 8남매로 아들이 넷, 딸이 넷이었다. 무쿤다 랄 고시Mukunda Lal Ghosh*라는 이름을 가진 나는 아들로서는 둘째였고, 전체 자녀 중에서는 넷째였다.

부모님은 벵골인으로서 크샤트리아 계급** 출신이었다. 두 분 모두 복되게도 성자의 품성을 타고나셨다. 아버지와 어머니 사이를 넘나드는 평온하면서도 고상한 사랑은 결코 경박스럽게 겉으로 드러나는 법

---

* 내 이름은 내가 유서 깊은 스와미 교단에 들어간 1914년에 요가난다Yogananda로 바뀌었다. 1935년에는 나의 구루 스리 유크테스와르가 파라마한사Paramahansa라는 종교적인 칭호를 내려주셨다.
** 인도 카스트제도의 제2계급으로 원래 통치자나 전사 계급이었다.

이 없었다. 부모님의 완벽한 조화는 떠들썩한 여덟 아이들의 삶에 조용히 중심을 잡아주었다.

아버지 바가바티 차란 고시는 친절하고 진지하면서도 때로는 엄격하셨다. 우리 형제자매는 아버지를 진정으로 사랑하면서도 일정한 존경심의 거리를 유지했다. 뛰어난 수학자이자 논리학자인 아버지는 주로 지성에 따라 움직이는 분이셨다. 아버지와는 대조적으로 어머니는 가슴이 따뜻한 분이어서 오직 사랑으로 우리를 가르치셨다. 어머니가 돌아가시고 나자 아버지는 내면에 간직했던 부드러움을 한층 더 펼쳐 보이셨다. 그럴 때면 아버지의 눈길이 마치 어머니의 눈길로 뒤바뀌는 듯했다.

우리 형제자매는 어머니 생전에 일찍이 경전의 달콤쌉쓰름한 맛을 경험했다. 어머니는 주로 『마하바라타Mahabharata』나 『라마야나 Ramayana』*에 나오는 이야기를 들려주시곤 했다. 이런 시간을 통해서 우리에게 가르침과 꾸지람을 자연스럽게 전해주셨던 것이다.

아버지에 대한 존경의 표시로 어머니는 오후가 되면 사무실에서 돌아오시는 아버지를 맞이하기 위해 우리의 옷차림을 단정하게 고쳐주셨다. 아버지는 인도의 대기업 가운데 하나인 '벵골 나그푸르 철도회사'의 부사장급 직책을 맡고 계셨다. 아버지는 업무상 자주 전근을 다니셔야 했기 때문에 어린 시절에는 우리 가족도 대여섯 군데 도시로 이사를 다녔다.

어머니는 가난한 사람들에게 대단히 후하셨다. 아버지도 성품은 부드러우셨지만, 법과 질서를 존중하다 보니 그런 꼼꼼한 성격이 집안

---

* 이들 고대 서사시에는 인도의 역사와 신화, 철학이 깃들어 있다.

━ 나의 아버지 바가바티 차란 고시.
성품이 따뜻하면서도 엄격했던 아버지는 언제나 합리적이고
검소한 생활을 하셨다. 라히리 마하사야의 제자가 된 뒤에는
명상과 요가 수련에 정진했으며, 시간이 날 때마다 경전을 읽
으셨다.

살림에도 그대로 적용되곤 했다. 한번은 보름 동안 어머니가 가난한
사람들을 도와주느라고 쓴 금액이 아버지의 한 달치 수입을 넘어버린
적이 있었다. 그때 아버지는 이렇게 말씀하셨다.

"제발 부탁인데, 자비심을 베풀더라도 적당한 선을 좀 지켜줘요."

비록 점잖은 나무람이었지만 어머니는 가슴에 맺힌 모양이었다.
어머니는 우리에게는 전혀 불화를 내색하지 않은 채 전세 마차를 부

르셨다.

"잘 있어요. 나는 친정으로 가겠어요."

옛날식 최후 통첩! 우리는 어리둥절해하며 슬픔에 잠겨 들었다. 그때 마침 외숙부 한 분이 와서 연륜에서 우러난 지혜를 아버지에게 은밀히 일러주셨다. 아버지가 몇 마디 양보의 말씀을 건네시자 어머니도 기꺼이 마차를 그냥 돌려보내셨다. 이렇게 해서 내가 알기로는 부모님 사이에 있었던 단 한 번의 다툼이 막을 내렸다.

두 분의 인상적인 대화가 한 가지 더 생각난다.

"지금 문간에 와 있는 불쌍한 아낙을 도와주게 10루피만 주세요."

어머니의 미소는 그 나름대로 설득력이 있어 보였다.

"무슨 10루피씩이나? 1루피면 충분할 텐데."

아버지는 합당한 근거를 덧붙이셨다.

"아버지와 조부모님이 갑자기 돌아가셨을 때, 난 처음으로 가난이 어떤 것인지를 알았소. 시오리나 떨어진 학교에 가기 전에 먹는 아침 식사라는 것이 고작 조그만 바나나 한 조각뿐이었지. 나중에 대학에 다닐 때도 어느 돈 많은 판사한테 한 달에 1루피씩 보조해주기를 청해야 할 정도로 형편이 어려웠는데, 그는 그 1루피도 소홀히 해선 안 된다던가 뭔가 하면서 내 부탁을 거절했소."

"그때 그 돈을 거절당한 것이 못내 가슴에 맺히셨나 보네요!"

어머니는 순간 멋진 논리를 펴셨다.

"저 여인도 급히 필요한 10루피를 도움받지 못한 기억이 언젠가 고통스럽게 되살아날 텐데, 그러길 바라시나요?"

"당신이 이겼소!"

아버지는 논리 다툼에서 진 남편들이 보이는 동작을 취하며 지갑을 여셨다.

"여기 수표 10루피가 있소. 내가 기꺼이 주는 거라고 말해주구려."

아버지는 새로운 제안이면 일단 처음에는 '안 된다'고 못을 박는 경향이 있었다. 어머니의 동정심을 너무 쉽게 얻어낸 그 낯선 여인에 대한 태도도, 말하자면 아버지가 보이는 습관적인 조심성의 한 사례였던 셈이다. 서양에서는 프랑스 사람들의 태도가 그렇다고 하는데, 즉각적인 승낙을 꺼리는 것은 사실상 '적절한 심사숙고'라는 원칙을 존중하는 행위이다. 나는 언제나 아버지가 합리적이며 어느 한쪽에 치우치지 않는 공정한 판단을 내리신다고 생각했다. 내가 한두 가지 적당한 근거를 대면서 적잖은 요구 사항을 말씀드리면, 아버지는 방학 여행이든 새 오토바이든 내 열망을 들어주시곤 했다.

아버지는 어린 자녀들에게 엄격한 훈육관이었으며, 스스로에 대해서도 스파르타식 태도를 견지하셨다. 극장에 가는 일이 절대 없었고, 시간이 나면 여러 가지 정신 수련을 한다든가 『바가바드기타Bhagavad Gita』*를 읽으셨다. 사치를 거부한 아버지는 낡아 못 쓰게 될 때까지 고집스럽게 신발 한 켤레만을 신으셨다. 우리 집은 자동차가 대중화된 다음에 차를 구입했지만, 정작 당신은 직장에 출근할 때도 전차를 이용하는 것에 만족하셨다. 권력을 배경으로 돈을 축적하는 일 따위는 아버지의 본성에 전혀 맞지 않았다. '캘커타 시립은행'을 조직하고 나서도 은행 주식의 일부를 소유함으로써 얻을 수 있는 이익을 거절할

---

* 『마하바라타』 대서사시의 일부인 이 장엄한 산스크리트 시는 인도판 성경이다. 마하트마 간디는 이 시에 대해 다음과 같이 말했다. "『기타』를 읽고 명상하는 사람들은 날마다 이 책을 통해 신선한 기쁨과 새로운 의미를 얻게 된다. 『기타』가 해결할 수 없는 정신적 혼란은 하나도 없다."

정도였다. 그저 자투리 시간을 활용해서 시민의 의무를 다하고 싶어 할 따름이었다.

아버지가 연금을 받고 퇴직하고 나서 수년 뒤에 '벵골 나그푸르 철도회사'의 회계 장부를 조사하기 위해 영국인 공인회계사 한 사람이 인도로 건너온 일이 있었다. 아버지가 당연히 받아야 할 보너스를 청구한 적이 없다는 사실을 발견하고 놀란 회계사는 회사 측에 이렇게 말했다고 한다.

"이분은 세 사람 몫의 일을 했군요. 이분에게 125,000루피(약 41,250 달러)를 보상으로 지급해야 되겠습니다."

회사 경리부는 아버지에게 그 액수만큼의 수표를 보냈다. 하지만 아버지는 그 일을 별로 대수롭지 않게 여겨서 가족들에게 이야기하는 것조차 잊으셨다. 한참 뒤 은행 계좌에 상당한 금액이 입금된 사실을 확인한 막내동생 비슈누가 아버지에게 여쭤보았다.

"물질적 이득을 얻고 좀 좋아하면 안 되나요?"

아버지는 이렇게 대답하셨다.

"평정심을 추구하는 사람은 이익을 얻었다고 기뻐하지도 않고, 또한 손해를 보았다고 슬퍼하지도 않는 법이다. 인간이란 이 세상에 빈손으로 왔다가 빈손으로 가는 존재라는 것을 너무나 잘 알고 있기 때문이지."

부모님은 결혼 초기에 바라나시의 위대한 스승인 라히리 마하사야 Lahiri Mahasaya의 제자가 되셨다. 이 사제 관계 때문에 아버지의 타고난 금욕적 기질은 더욱 강해졌다. 어머니는 언젠가 큰누님인 로마에게 다음과 같은 놀랄 만한 사실을 고백한 적이 있다.

"네 아버지와 내가 부부로서 잠자리를 한 경우는 1년에 단 한 번, 아기를 갖기 위해서였단다."

아버지가 라히리 마하사야를 만난 것은 뱅골 나그푸르 철도회사의 고라크푸르 지사 직원이었던 아비나시 바부*를 통해서였다. 그는 어린 내 귀에 인도 성자들의 흥미진진한 얘기를 들려주면서 많은 가르침을 주었다. 이야기를 끝낼 때면 그는 언제나 자신의 구루에게 최상의 영광을 돌리곤 했다.

"네 아버지가 라히리 마하사야님의 제자가 된 비범한 상황에 대한 이야기를 들은 적이 있니?"

아비나시가 이 흥미로운 질문을 던진 것은 나른한 어느 여름날 오후, 둘이 함께 우리 집 정원에 앉아 있을 때였다. 나는 잔뜩 기대에 찬 미소를 지으면서 들어본 적이 없다는 표시로 고개를 가로저었다.

"네가 태어나기 몇 해 전의 일이었지. 나는 그 당시 직장 상사였던 네 아버지에게 바라나시에 살고 있는 나의 구루를 만나러 갈 수 있도록 한 주일만 휴가를 달라고 요청했어. 네 아버지는 그때 내 계획을 엉뚱한 생각이라고 여기셨던 모양이야.

「아, 당신, 종교 광신자가 되려고 그러시오? 승진하려거든 회사 일이나 열심히 해요.」하고 나무라셨지.

그날 울적한 기분으로 집으로 향하는 숲길을 걸어가다가 마차를 타고 가던 네 아버지를 만났단다. 네 아버지는 하인들을 마차와 함께 보내고 나서 내 옆으로 걸어오셨어. 그러고는 나를 위로할 생각으로 세상에서의 성공을 위해 노력하는 과정에서 얻게 되는 이익을 조목조목 설명하셨지. 그러나 그런 이야기가 내 귀에 들어올 리가 있겠니? 내 가

---

* 바부는 뱅골인 이름 끝에 붙는 호칭으로 영어의 'mister'에 해당한다.

슴은 오로지 '라히리 마하사야님! 당신을 보지 않고서는 살아갈 수가 없습니다!'라고 기도하며 그리움으로 고동쳤지.

우리가 적막한 벌판의 끝자락에 이르렀을 때, 그곳에는 늦은 오후의 햇살이 높직한 잡초 물결 위로 내리쬐고 있었어. 우리는 그 광경에 감탄하면서 잠시 걸음을 멈추었지. 그런데 그 벌판에서 얼마 안 떨어진 곳에 위대한 구루의 형체가 갑자기 모습을 드러낸 것이었어!*

「바가바티여, 직원한테 너무 심하게 구는구먼!」

그분의 목소리가 우리의 놀란 귀에 울려왔어. 그러고 나서 그분의 모습은 나타났을 때처럼 신비롭게 사라져버렸지. 나는 나도 모르게 무릎을 꿇고 「라히리 마하사야님, 라히리 마하사야님!」을 외쳤단다. 잠시 동안 네 아버지는 마치 온몸이 마비된 사람처럼 꼼짝도 하지 않으셨지.

「아비나시, 휴가를 주겠소. 그리고 나도 내일 휴가를 내고 함께 바라나시로 출발하겠소. 제자를 도와주기 위해 의지대로 자기 모습을 나타낼 수 있는 위대한 라히리 마하사야님을 나도 꼭 만나봐야 되겠소! 아내도 함께 데리고 가서 영적인 길로 입문시켜달라고 간청하고 싶은데, 우리를 스승께 안내해주겠소?」

「물론이지요.」

내 기도에 대한 기적 같은 응답도 응답이거니와 사태가 그렇게도 신속하게 호전되었다는 사실 때문에 내 마음은 기쁨으로 가득 찼지.

다음 날 저녁 네 부모님과 나는 바라나시 행 기차에 몸을 실었어. 그

---

* 위대한 스승들이 지녔던 갖가지 비상한 능력은 제30장 '기적의 법칙'에서 보다 상세히 설명된다.

곳에 도착해서는 마차를 타고 또 얼마간 갔지. 그런 다음 인적이 끊긴 구루의 거처까지 좁은 시골길을 따라 줄곧 걸어야 했어. 그분의 조그만 거실에 들어간 우리는 여느 때처럼 연화좌(결가부좌) 자세로 앉아 있는 스승께 인사를 드렸지. 그분은 형형한 눈동자를 깜박이다가 네 아버지에게 눈길을 두곤 이렇게 말씀하셨어.

「바가바티여, 직원한테 너무 심하게 구는구먼!」

이건 그분이 이틀 전에 고라크푸르의 초원에 홀연히 나타나서 하셨던 말씀과 똑같았어. 이어서 또 이렇게 덧붙이셨지.

「아비나시가 나를 찾아오도록 허락해주고, 그대 부부도 함께 와주어서 대단히 기쁘오.」

그분은 네 부모님에게 영적 수행법인 크리야 요가Kriya Yoga[*]의 입문의식을 베풀어주셨고, 두 분도 기쁜 마음으로 배우게 되었지. 네 아버지와 나는 구루가 초원에 모습을 나타내셨던 그 역사적인 날부터 같은 스승을 모시는 제자로서 아주 가까운 친구가 되었지. 라히리 마하사야님은 너의 출생에 대해 상당한 관심을 보이셨어. 네 일생은 분명히 그분의 삶과 연결될 거야. 스승님의 축복은 결코 어긋나는 법이 없거든."

라히리 마하사야는 내가 태어난 지 얼마 안 되어서 세상을 떠났다. 아버지는 업무상 여러 도시로 전근을 다녔지만 어디로 가든 화려한 액자에 넣은 라히리 마하사야의 사진은 우리 집안의 제단을 떠나는 일이 없었고, 항상 축복을 내려주셨다. 아침저녁으로 어머니와 나는 임시

---

[*] 요가의 수행법. 이 기법을 닦는 수행자는 감각적 흥분 상태가 가라앉고, 점차 우주의식과의 합일감을 성취하게 된다(제26장 참고).

로 마련해놓은 가족 제단에서 향기로운 백단향 풀을 살짝 묻힌 꽃다발을 바치고 명상에 잠기는 일이 많았다. 우리 가족은 하나가 되어 헌신적 신앙심은 물론 유향과 몰약을 바치며 라히리 마하사야의 모습에 완벽하게 깃들어 있는 신성을 찬양했다.

그 사진은 나의 삶 전반에 놀라운 영향을 끼쳤다. 내가 성장하면서 스승에 대한 생각도 함께 자라났다. 명상에 잠겨 있는 동안 그는 작은 사진틀 속에서 나와 실제로 살아 있는 인물의 형체로 내 앞에 앉아 있곤 했다. 하지만 그의 빛나는 육신의 발을 만지려고 하면 형체가 변하여 다시 사진이 되었다. 유년기에서 소년기로 넘어가면서, 나는 라히리 마하사야가 내 마음속에서 언제부터인가 사진틀 속에 갇힌 하나의 작은 이미지를 벗어나서 나를 깨우쳐주는 살아 있는 존재로 탈바꿈했다는 사실을 깨달았다. 곤경이나 혼란에 빠지면 어김없이 그에게 기도를 드렸고, 그럴 때마다 내면에서 나를 어루만져주는 그의 가르침을 찾아내곤 했다.

처음에는 그런 그가 이미 육신이 없는 존재라는 사실이 너무나 슬펐다. 그러나 그의 비밀스러운 편재omnipresent, 즉 이 세상 어디에나 있다는 진리를 발견하면서부터 더 이상 슬퍼하지 않았다. 자신을 보려고 지나치게 마음을 쓰는 제자들에게 라히리 마하사야는 이따금 당신의 뜻을 이렇게 전했다.

"내가 언제나 너희의 쿠타스타(영적 시야) 안에 있거늘, 너희는 어찌하여 내 살과 뼈를 그다지도 보고 싶어하느냐?"

여덟 살쯤 되었을 때였나 보다. 나는 라히리 마하사야 사진을 통해 놀라운 치유의 은혜를 입었다. 이 경험으로 그를 향한 사랑이 더욱 강렬해졌다. 우리 가족이 벵골의 이차푸르 지역에 살 때, 내가 아시아형 콜레라에 걸린 적이 있었다. 내 생명은 회복될 가망이 거의 없었다. 의사들도 속수무책이었다. 어느 날 내 침대 곁에 있던 어머니가 벽에 걸린 라히리 마하사야 사진을 손으로 가리키면서 이렇게 말씀하셨다.

"마음속으로 그분께 절을 해라!"

어머니는 내가 너무 쇠약해져서 손을 들어 합장할 힘조차 없다는 사실을 알고 계셨다.

"네가 진심으로 헌신적인 믿음을 나타내고 마음속으로 그분 앞에 무릎을 꿇는다면, 네 생명은 다시 살아날 것이다!"

내가 그의 사진을 응시하자 눈부신 빛이 방사되어 내 몸과 온 방을 가득 감쌌다. 그러면서 구토증과 함께 아무리 해도 감당할 수 없었던 갖가지 증세가 싹 자취를 감추었다. 병이 다 나은 것이다. 어디서 힘이 솟아났는지 갑자기 나는 몸을 굽혀서 어머니의 발을 매만졌다. 구루에 대한 어머니의 믿음, 도저히 헤아릴 수 없는 존경심에 대한 감사의 표시였다. 어머니는 그 작은 사진에 머리를 대고 또 대었다.

"오, 이 세상 어디에나 계신 스승이시여. 당신의 빛이 제 아들을 고쳐주셨나이다!"

어머니 역시 죽음을 피하기 힘든 그 무서운 질병으로부터 나를 즉시 회생시킨 빛나는 광채를 직접 목격하셨던 것이다.

내가 가진 가장 소중한 자산들 가운데 하나가 바로 그 사진이다. 라히리 마하사야가 손수 아버지에게 주신 사진에는 신성한 진동振動이 담겨 있다. 이 사진에는 기적과도 같은 탄생 배경이 있는데, 나는 그 이야기를 아버지와 같은 문하생인 칼리 쿠마르 로이한테 들었다.

스승은 사진 찍히는 것을 좋아하지 않으셨던 모양이다. 한사코 싫다는데도 어찌어찌해서 쿠마르 로이를 포함한 제자들과 함께 사진기

앞에 서서 단체 사진을 찍게 되셨다고 한다. 그런데 현상을 해보니 놀랍게도 제자들의 모습은 모두 분명하게 나왔는데 라히리 마하사야가 서 있던 중앙 부분만은 아무 형체도 찍히지 않은 공백으로 남아 있었다. 이 현상을 두고 당연히 많은 이야기가 오갔다.

제자들 가운데 강가다르 바부라는 사진 전문가가 있었는데, 그는 스승이 아무리 피하셔도 자기한테만은 반드시 걸려들 것이라고 장담하고 다녔다. 다음 날 아침, 구루가 뒤에 휘장을 친 나무의자에 결가부좌 자세로 앉아 있는데, 마침 그때 강가다르 바부가 사진 장비를 가지고 현장에 도착했다. 만반의 준비를 갖춘 그는 욕심스럽게도 열두 판이나 계속해서 사진을 찍어댔다. 그러나 현상된 사진 열두 장에는 하나같이 나무의자와 휘장만 덩그러니 찍혀 있을 뿐, 스승의 형체는 어디에도 없었다.

산산이 부서진 자존심을 챙길 여유도 없이 강가다르 바부는 눈물을 흘리면서 스승을 찾았다. 라히리 마하사야는 한참 뒤에야 비로소 침묵을 깨뜨리면서 다음과 같은 의미심장한 말씀을 하셨다고 한다.

"나는 커다란 영혼이다. 네가 가진 카메라로 과연 보이지 않으면서도 어디에나 있는 형체를 찍어낼 수 있겠느냐?"

"아닙니다. 그럴 수 없습니다. 하지만 성스러운 영혼이시여! 이젠 진정으로 스승님의 육신의 모습이 담긴 사원을 사진 찍고 싶습니다. 제 시야가 너무 좁았습니다. 커다란 영혼은 그런 사원에만 거주하실 수 있습니다."

"그러면 내일 아침에 다시 오너라. 너를 위해 자세를 취해주리라."

다음 날 사진사는 또 한 번 카메라 렌즈의 초점을 맞췄다. 이번에는 신성한 모습이 뚜렷하게 사진에 드러났다. 누구의 눈으로도 감지할 수 없는 신비한 가면이 사라졌던 것이다. 스승이 다른 사진에 찍히신 적은 적어도 내가 알기로는 절대 없다.

그 사진은 이 책에도 실려있다. 보편적인 외모를 가진 그의 균형 잡힌 특징들 때문에 라히리 마하사야는 딱히 어느 인종에 속해 있다고 말하기가 무척 힘들다. 수수께끼 같은 미소에는 신과의 합일 상태에서 느끼는 강렬한 기쁨이 은은하게 비친다. 눈은 반쯤 감겨 있고 반쯤 떠 있다. 눈을 반쯤 뜬 모습은 외부 세계에 대한 최소한의 관심을 의미하는 듯하다. 지상에서 은밀히 내미는 가련한 유혹의 손길은 철저히 무시하면서도, 당신의 깊고 넓은 자비를 구하는 사람들의 영적 문제에 대해서만큼은 항상 깨어 있는 마음으로 귀를 기울이고 계셨던 것이다.

구루의 사진이 가진 감화력을 통해서 내 병이 치유된 직후에 나는 강력한 영적 환시를 경험했다. 어느 날 아침 침대에 앉아 깊은 상념에 빠져들었다.

'눈을 감았을 때, 어둠 뒤에는 무엇이 있는가?'

이런 의구심이 강하게 마음에 떠올랐다. 그러더니 갑자기 내면의 시야에 엄청난 섬광이 나타났다. 산중 동굴 속에서 명상 자세로 앉아 있는 성자들의 성스러운 모습이, 내 이마 안에 자리 잡은 커다란 부채꼴 스크린에 펼쳐진 것이었다. 아주 작은 극장에서 상영되는 영화 장면 같았다.

"누구십니까?"

나는 큰 소리로 물었다.

"우리는 히말라야의 요기들이다."

하늘에서 울려오던 그 음성은 지금도 제대로 묘사할 수 없다. 그만큼 내 가슴이 전율했던 것이다.

"오, 저도 진정 히말라야로 가서 당신들처럼 되고 싶습니다!"

환시가 사라지고 나자 은빛 광선들이 끊임없이 늘어나는 동심원을 그리면서 무한히 커져갔다.

"이 신비한 광채는 무엇이죠?"

"나는 이슈와라Iswara,* 나는 큰 빛이다."

그 목소리는 마치 구름의 속삭임과도 같았다.

"저는 당신과 하나가 되고 싶습니다!"

천천히 성스러운 황홀경으로부터 빠져나오면서 나는 영원한 유산, 곧 신을 찾는 영감을 회복해낼 수 있었다.

'그분은 영원하고 항상 새로운 기쁨이다!'

이 기억은 환희의 그날 이후로도 오랫동안 사라지지 않았다.

어린 시절의 기억 가운데 뚜렷이 생각나는 것이 또 하나 있다. 지금까지도 그 흉터가 남아 있기 때문에 말 그대로 '뚜렷한' 기억이다.

어느 이른 아침, 나는 우마 누나와 함께 고라크푸르 집 마당의 님 나무(인도 멀구슬나무) 밑에 앉아 있었다. 누나는 내 벵골어 기초 과정 공부를 도와주는 중이었고, 나는 잠시 틈을 내서 가까이에서 앵무새들이 잘 익은 마르고사 열매를 쪼아 먹는 광경을 눈여겨보고 있었다. 누나는 자기 다리에 난 종기를 보고 종알거리면서 연고를 가져왔다. 나도 옆에서 팔뚝에 연고를 약간 발랐다.

"왜 아프지도 않은 맨살에 약을 바르니?"

---

* 우주 지배자로서의 신을 가리키는 산스크리트어로 '지배하다'라는 뜻을 가진 어근 'is'에서 나왔다. 힌두교 경전에는 108가지 신의 이름이 나타나는데, 각각에는 서로 조금씩 다른 철학적 의미가 내포되어 있다. 이슈와라로서의 신은 자신의 의지로 온 우주를 질서정연한 순환 속에서 창조하고 소멸시키는 존재이다.

━ 바바지의 제자이자 유크테스와르의 스승인 요가의 화신 라히리 마하사야.

"응, 내일 이 자리에 종기가 날 것 같아서 그래. 그래서 누나 연고가 얼마나 잘 듣는지 시험해보려고 발라둔 거야."

"요 녀석, 거짓말쟁이!"

"누나, 날 거짓말쟁이 취급하려거든 내일 아침에 무슨 일이 생기는지 보고 나서 해도 늦지 않아."

나는 분한 마음에 씩씩거리면서 말했다. 우마 누나는 내 항변에는 아랑곳하지 않고 세 번이나 되풀이해서 나를 놀려댔다. 하지만 천천히 응답하는 나의 음성에서는 굳은 결의가 울려 퍼지고 있었다.

"내 안에 있는 의지의 힘으로 말하노니, 내일 내 팔뚝 바로 이 자리에 아주 큰 종기가 생길 것이며, 누나의 종기는 지금보다 두 배로 커질 것이다!"

아침이 되자 내 팔뚝에는 과연 커다란 종기가 생겨났고, 우마 누나의 종기는 두 배로 커져 있었다. 누나는 기겁을 해서 어머니에게 달려갔다.

"무쿤다가 마술사가 되었어요!"

어머니는 엄한 표정을 지으며, 다시는 말의 힘을 해로운 일에 사용하지 말라고 꾸짖으셨다. 그 사건 이후로 나는 항상 어머니의 충고를 생각하고 그대로 따랐다.

그때의 종기는 수술로 제거되었는데, 의사가 절개해서 생긴 눈에 띄는 흉터는 지금까지도 그대로 남아 있다. 나는 오른쪽 팔뚝을 볼 때면 인간의 순수한 말이 지닌 힘을 생각하곤 한다. 그토록 단순하고, 언뜻 생각하기엔 우마 누나에게 전혀 해롭지 않을 것 같은 말이 깊은 집중 상태에서 발화되면서 마치 엄청난 폭발력을 숨긴 폭탄처럼 분명한 영향을 끼친 것이다. 나중에서야 이해한 사실이지만, 말에 담긴 폭발적인 진동력은 우리의 삶을 난관에서 벗어나도록 지혜롭게 사용할 수 있으며, 따라서 흉터나 비난을 유발하지 않고도 작동될 수 있다.*

우리 가족은 펀자브 지방의 라호르로 이사했다. 그곳에서 나는 칼리** 여신의 모습을 지닌 성모 사진을 얻었다. 우리는 그 사진을 발코니에 임시로 마련한 조그만 사당에 신성하게 모셨다. 그 성스러운 곳에서 기도를 하면 매사가 바람대로 이루어질 것이라는 강한 확신이 생겨났다.

어느 날 나는 우마 누나와 함께 발코니에 서서 연을 날리는 두 소년을 보고 있었다. 연은 좁은 골목길을 사이에 두고 마주선 두 건물의 지붕 위를 날고 있었다.

"너, 왜 그렇게 조용하니?"

누나가 장난스럽게 나를 밀치면서 말했다.

"응, 지금 성모님이 내가 원하는 걸 모두 들어주시면 얼마나 멋질까

---

* 소리의 무한한 힘은 모든 원자 에너지의 배후에 숨어 있는 우주의 진동력인 '창조의 말', 옴Aum으로부터 생겨난다. 어떤 말이라도 뚜렷하게 인식하고 깊은 집중 상태에서 발화할 때는 그 말의 내용을 실재화하는 힘을 지닌다. 소리를 내서 말하거나 속으로 하거나 환자에게 어떤 고무적인 말을 반복하는 것은 심리치료에 효과가 있는 것으로 알려져 있다. 그 비결은 마음의 진동수를 높이는 데 있다.
영국의 시인 테니슨은 『회상록』에서 의식의 경계를 넘어 초월의식으로 들어가는 반복 암송장치를 우리에게 알려주고 있다. "나는 소년시절부터 혼자 있을 때 일종의 '깨어 있는 무아지경'을 경험한 적이 많다. 정말 이 경지를 표현할 적당한 말이 생각나지 않는다. 이 경지는 내 이름을 조용히 반복해서 부를 때마다 찾아왔는데, 내 이름을 반복하다 보면 어느 순간, 말하자면 나라는 개체를 아는 강렬한 의식에서 개체라는 특성 자체가 산산이 흩어져서 경계가 없는 존재 안으로 사라져버린다. 그렇다고 이 경험이 어떤 혼란스러운 의식 상태인 것은 절대 아니다. 오히려 해가 뜨고 지는 것만큼 선명한 의식 상태이되, 다만 표현할 말이 따로 없을 뿐이다. 이런 경지에 들어서면 죽음조차 거의 문제가 되지 않는다. 개체성의 상실은 소멸이 아니라 진정한 생명의 참모습일 뿐이다. 이 경험은 결코 흐릿하고 모호한 황홀경이 아니라 마음의 절대 고요와 연관된 초월적 신비의 상태이다."
** 칼리는 영원한 성모의 모습을 지닌 신의 한 상징이다.

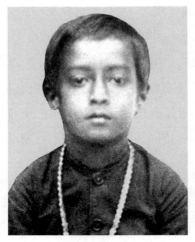

— 6세 때의 내 모습과 소녀시절의 우마 누나.

생각하는 중이야."

"그럼, 성모님이 저 연 두 개도 주실 수 있겠네!"

누나가 나를 놀리면서 웃었다.

"그럼, 주시고말고."

나는 말없이 그 연 두 개를 갖게 해달라고 기도하기 시작했다.

인도에서는 아교와 유리 가루를 입힌 연줄을 매단 연을 가지고 시합을 한다. 서로 상대방의 연줄을 끊는 내기이다. 줄이 끊겨 자유로워진 연은 지붕 위를 날아다니는데, 그것을 잡으러 쫓아다니는 놀이는 대단히 재미있다. 누나와 내가 서 있던 발코니에서는 줄이 끊긴 연이 우리한테까지 날아온다는 것이 거의 불가능해 보였다. 연줄이 끊어지면 자연히 지붕 위로 떨어질 것이기 때문이었다.

골목길을 사이에 둔 두 소년이 연싸움을 시작했다. 곧 줄 하나가 끊어졌다. 그러더니 그 연이 곧장 내 쪽으로 날아왔다. 그런데 갑자기 바람의 속도가 줄어들면서 연이 잠시 주춤하더니 건너편 집 옥상에 놓인 선인장 나무에 연줄이 단단히 감겨버렸다. 이윽고 연은 완벽한 포물선을 그리며 떨어져 내 손에 잡히게 되었다. 나는 '상'으로 받은 연을 누나에게 건네주었다.

"이건 순전히 우연이지, 성모님이 네 기도에 응답해주신 건 아니야. 만일 나머지 연도 너한테 떨어지면 그때는 내가 믿어주지."

말은 그렇게 하면서도 누나의 검은 눈동자는 놀라움을 그대로 드러내고 있었다. 나는 점점 더 열심히 기도를 계속했다. 그때 시합에서 진 소년이 갑자기 이긴 소년의 몸을 세차게 잡아당기는 통에 그 아이가 연을 놓쳤다. 연은 바람을 타고 너울너울 춤을 추면서 내가 있는 쪽으로 날아왔다. 고맙게도 선인장 나무가 다시 연줄을 잡아줘서 조금 전과 똑같은 포물선을 그리며 떨어지는 연을 붙잡을 수 있었다. 나는 이 두 번째 '상'도 누나에게 주었다.

"와, 정말 대단하다. 성모님이 네 기도를 들어주시나봐! 이건 너무나 엄청난 일이야!"

누나는 겁에 질린 새끼사슴처럼 달아났다.

# 02

# 어머니의 죽음과
# 신비한 부적

어머니가 가장 크게 바라셨던 것은 형의 결
혼이었다. "아, 아난타의 짝이 될 아이 얼굴만 볼 수 있으면 지상에서
천국을 본 기분일 텐데!" 어머니는 이런 말로 가문의 혈통을 잇는 일에
대한 인도인의 확고한 감정을 자주 표현하셨다.

아난타 형이 약혼을 한 것은 내가 열한 살쯤 되었을 때였다. 어머니
는 기쁜 마음으로 캘커타에서 결혼식 준비를 하고 계셨다. 아버지와
나만 북인도의 바레일리에 있는 집에 남아 있었다. 아버지는 2년 간의
라호르 근무를 마치고 막 그곳으로 전근을 오신 참이었다.

나는 이미 로마 누나와 우마 누나의 화려한 결혼식을 본 적이 있었
다. 아난타 형은 장남이기 때문에 결혼식 계획도 정말 공을 많이 들었
다. 어머니는 매일같이 멀리서부터 캘커타로 오는 많은 친척을 맞이

하셨다. 그리고 그분들을 암허스트 가 50번지에 새로 마련한 큰 집에서 편안히 묵게 하셨다. 연회에 쓰일 갖가지 산해진미를 비롯하여 형이 예비신부의 집에 타고 갈 화사한 교자轎子, 길게 늘어선 형형색색의 등불, 판자로 만든 거대한 코끼리상과 낙타상, 영국인·스코틀랜드인·인도인으로 구성된 관현악단, 행사 진행을 맡을 전문 안내원들, 고대의 전통 의식을 주관할 성직자 등등에 이르기까지 만반의 준비가 끝나 있었다.

아버지와 나도 축제 기분으로 결혼식 날짜에 맞춰 가족과 합류할 예정이었다. 그런데 이 대행사 직전에 나는 불길한 환시를 보았다.

한밤중의 바레일리에서였다. 베란다에서 아버지와 함께 잠이 들었다가 머리 위로 쳐놓은 모기장이 유난히 펄럭이는 소리에 잠에서 깨어났다. 그때 얄팍한 커튼이 갈라지면서 어머니의 자애로운 모습이 나타나는 것이 아닌가!

"아버지를 깨우거라!"

어머니는 아주 작게 속삭이셨다.

"오늘 새벽 네시, 첫 기차를 타라. 나를 보고 싶으면 서둘러서 캘커타로 오너라!"

말을 마치기가 무섭게 그 형체는 유령처럼 사라져버렸다.

"아버지, 아버지! 어머니가 위독해요."

내 말투에 담긴 공포의 기색 때문인지 아버지도 곧 깨어나셨다. 나는 거의 울먹이면서 그 비극적인 조짐을 말씀드렸다.

아버지는 언제나처럼 새로운 상황을 인정하려 들지 않으셨다.

"그건 환각일 뿐이다. 걱정하지 마라. 네 어머니는 건강이 상당히 좋은 편이니까. 혹시라도 나쁜 소식이 오면 내일 떠나도록 하자."

"지금 떠나지 않으면 내내 후회하시게 될 겁니다!"

나는 분노가 끓어올라 나도 모르게 신랄한 말을 덧붙였다.

"절대로 아버지를 용서하지 않을 거예요!"

우울한 다음 날 아침은 이런 전보로 시작되었다.

'어머니 위독. 결혼식 연기. 곧 돌아오기 바람.'

아버지와 나는 스산한 기분으로 길을 재촉했다. 기차를 갈아타는 곳에서 우리는 숙부 한 분을 만났다. 망원경을 통해 보듯이 점점 커져 가는 기차가 천둥 같은 기적을 울리면서 우리 쪽으로 다가왔다. 마음 속 깊은 곳에서 격정이 북받쳐올라 돌연 철길에 몸을 내던지고 싶은 충동이 일었다. 어머니가 이미 돌아가셨다는 느낌이 엄습하면서 갑자기 뼛속까지 황폐해진 이 세상이 견딜 수 없어졌다. 나는 어머니를 세상에서 가장 소중한 벗으로 사랑했다. 어머니의 안온한 검은 눈동자는 어린 시절 이런저런 슬픔을 겪을 때마다 나에게 위안을 주는 따스한 피난처였다.

"어머니는 아직 살아 계신가요?"

나는 걸음을 멈추고 숙부에게 마지막으로 한 번 더 물었다. 숙부는 내 얼굴에 서린 절망감을 눈치채고 서둘러 대답하셨다.

"물론, 살아 계시고말고!"

하지만 숙부의 말씀이 믿기지 않았다. 집에 도착했을 때는 적막한 죽음의 신비만이 우리를 기다리고 있었다. 나는 도저히 살아 있는 사람이라고 할 수 없는 상태로 무너져내렸다. 내가 다시 마음의 안정을 찾기까지는 그 후로 몇 년이 걸렸다. 하늘의 문을 두드리는 나의 울음은 마침내 성모님을 감동시켰다. 내 안에서 곪아가던 상처는 성모님의 말씀으로 마침내 치유되었다.

"뭇 어머니들의 부드러운 품속에서 생을 거듭하는 동안 너를 보살펴오고 있는 것은 바로 나이니라. 내 눈길에서 두 개의 검은 눈동자를 보거라. 그토록 갈망하던 잃어버린 아름다운 눈동자가 아니더냐!"

아버지와 나는 사랑하는 어머니를 화장한 후 곧 바레일리로 돌아왔다. 이른 아침이면 나는 언제나 어머니를 추모하는 마음으로 커다란 셜리 나무를 찾아갔다. 이 나무는 집 앞에 깔려 있는 부드러운 녹황색 잔디 위로 커다란 그림자를 드리웠다. 시심에 젖어들 때면 하얀 셜리 꽃들이 스스로 잔디 제단에 몸을 던져 기꺼이 제물이 되는 듯이 보였다. 눈물방울이 이슬과 뒤섞일 때면, 나는 다른 세계의 이상한 빛이 여명에 나타나는 광경을 보았다. 신을 향한 강렬한 열망이 몰려왔다. 알 수 없는 어떤 강한 힘이 나를 히말라야로 이끄는 느낌이었다.

한번은 여러 성스러운 산을 두루 여행한 사촌 하나가 활력에 찬 모습으로 바레일리의 집으로 우리를 찾아왔다. 나는 요기들과 스와미*들이 살고 있는 높은 산에 대한 갖가지 이야기를 열심히 들었다.

"우리, 히말라야로 도망갈까?"

어느 날 나는 바레일리 우리 집 주인의 어린 아들인 드와르카 프라사드에게 이런 제안을 했지만, 그는 별 관심을 보이지 않았다. 오히려 아버지를 찾아뵈려고 집에 막 도착한 우리 형에게 그 계획을 폭로해버렸다. 형은 소년의 무모한 계획을 가볍게 웃어넘기며 나를 놀려줄 좋은 구실로 삼았다.

"오렌지색 수도복은 어디 있지? 그 옷이 없으면 스와미가 될 수 없

---

* 산스크리트어 스와미swami는 '참나眞我, 즉 스와swa와 하나가 된 자'라는 뜻이다. 인도에서 수행자 교단의 일원에게 붙이면 '존자尊者'라는 공식 존칭이 된다.

거든!"

그런데 묘하게도 야릇한 전율이 느껴졌다. 형의 말을 듣고 나는 수
행자가 되어 인도 각지를 방랑하는 내 모습을 선명하게 떠올릴 수 있
었다. 어쩌면 그 말이 내 전생의 기억을 일깨웠는지도 모른다. 아무튼
나는 고대에 설립된 스와미 교단의 수도복을 입게 되리라는 사실을 아
주 당연하게 받아들였다.

어느 날 아침 프라사드와 잡담을 나누던 중에 나는 신을 향한 무한
한 사랑을 느꼈다. 친구는 내 입에서 나오는 신의 찬미에 별로 주의를

기울이지 않았지만, 나는 내가 하는 말을 온 마음을 바쳐 되새겼다.

그날 오후, 집을 뛰쳐나와 히말라야 산기슭에 있는 나이니탈을 향해 길을 떠났다. 그렇지만 마음먹고 뒤쫓아온 형 아난타 때문에 어쩔 수 없이 슬픈 마음으로 바레일리로 되돌아와야 했다. 그 후 나에게 허용된 유일한 순례는 늘 해오던 대로 매일 새벽에 셜리 나무를 찾는 일뿐이었다. 내 가슴은 인간과 신, 그 두 분의 어머니를 잃은 슬픔으로 눈물을 흘렸다.

어머니의 죽음이 가정의 뼈대에 남긴 빈 공간은 그 무엇으로도 메워지지 않았다. 아버지는 근 40여 년을 재혼하지 않고 독신으로 사셨다. 어린 자식들을 위해 힘든 어머니 역할까지 감당해야 했던 아버지는 눈에 띄게 한결 부드럽고 친근해지셨다. 아버지는 침착하고 결단력 있게 잡다한 집안의 대소사를 처리하셨다. 퇴근 후에는 자신만의 방으로 들어가 마치 은둔 수행자처럼 맑은 평온 속에서 크리야 요가 수행을 하셨다.

어머니가 돌아가시고 난 뒤 상당한 시간이 흐른 다음에 나는 아버지의 세세한 일들을 보살펴 드리도록 영국인 간호사 한 명을 고용하려고 했다. 그렇게 되면 아버지도 좀 더 편안하게 생활하실 수 있을 터였다. 그러나 아버지는 단호하게 거절하셨다.

"나에 대한 시중은 네 어머니로 끝났다."

아버지의 눈길은 평생토록 이어진 어머니의 헌신을 생각하시는 듯 먼 곳을 향해 있었다.

"다른 여인의 시중은 받지 않겠다."

어머니가 돌아가신 지 14개월이 지나고 나서 나는 어머니가 내게 중요한 메시지를 남겼다는 사실을 알았다. 아난타 형이 임종을 지켰는데, 그때 어머니의 말씀을 기록해두었다고 했다. 어머니는 1년이 지나면 그것을 나에게 전해주라고 했지만, 형이 미뤄왔던 것이다. 형은 어머니가 생전에 신부감으로 정해놓은 여자와 결혼하기 위해 곧 바레일리를 떠나 캘커타로 갈 예정이었다.[*]

어느 날 저녁, 형이 나를 가까이로 불렀다.

"무쿤다, 그동안 너에게 이 이상한 사건 이야기를 전해줘야 할지 말아야 할지 몰라 무척 망설였다."

형의 어조에는 체념의 빛이 서려 있었다.

"이것이 집을 떠나려는 네 욕구에 불을 붙이는 결과를 낳을까봐 솔직히 두렵기도 해. 너는 지금 신성한 열망으로 똘똘 뭉쳐 있으니까. 그렇지만 얼마 전에 히말라야로 향하는 너를 붙잡아 왔을 때, 나는 확실히 결심했어. 엄숙한 약속의 이행을 더는 늦추지 않겠다고."

형은 나에게 조그만 상자 하나를 건네며 어머니의 메시지를 전해주었다. 어머니의 말씀은 이렇게 시작되었다.

사랑하는 아들 무쿤다야! 이것이 내가 내리는 마지막 축복이 될 것이다. 이제 너의 출생과 함께 잇따라 일어난 신기한 사건들을 털어놓아야 할 때가 되었구나. 네 운명의 여로를 내가 처음으로 알게 된 것은, 네가 아직 내 품에 안긴 갓난아기였을 때란다. 그때 너를 데리고 바라나시에 있는 나의 구루 댁을 방문한 일이 있었지. 앞에 앉은 많은 제자들에게 가려서, 깊은 명상에 잠겨 앉아 있는 라히리 마하사야님의 모습이 간신

---

[*] 부모가 자녀의 평생 배필을 골라주는 인도의 관습은 무지막지한 세월의 공격에도 아랑곳하지 않고 지금까지 계속 전해져 오고 있다. 이런 관습을 가진 인도에서는 행복한 결혼 생활의 비율이 매우 높다.

히 눈에 들어왔단다.

나는 너를 토닥이면서 위대한 구루께서 네게 눈길을 주고 축복을 내려주시기를 기도했다. 경건한 침묵의 기도가 점차 강렬해지고 있을 때, 그분은 눈을 뜨고 나에게 가까이 오라고 손짓하셨다. 다른 제자들이 길을 열었고, 나는 그분의 곁으로 다가가 성스러운 발밑에 절을 올렸지. 라히리 마하사야께서는 너를 당신의 무릎에 앉히고 손을 네 이마에 갖다 대며 영적인 세례를 베풀어주셨다.

"젊은 어머니여, 그대의 아들은 요기가 될 것이오. 이 아이는 많은 사람들을 신의 왕국으로 이끄는 영적인 기관차 역할을 할 것이오."

내 은밀한 기도가 전지전능한 구루께 받아들여진 것을 깨닫고 나의 가슴은 기쁨으로 크게 뛰었단다. 그분은 네가 태어나기 전에 이미 네가 당신의 길을 따를 것이라고 말씀하셨다.

나의 아들아, 네가 커다란 빛의 환시를 경험한 것을 나와 네 누이 로마는 알고 있단다. 우리는 바로 옆방에서 움직이지 않고 침대에 누운 너를 지켜보고 있었지. 너의 조그만 얼굴이 빛을 발산하고 있었다. 네가 신을 찾아 히말라야로 가겠다고 말했을 때, 네 목소리는 무쇠 같은 결의로 가득 차 있었지.

사랑하는 아들아, 이런 일들을 통해 나는 네가 가야 할 길이 세속적인 욕망과는 멀리 떨어져 있음을 알게 되었다. 살아오는 동안 가장 특이한 사건을 겪으면서, 나는 더욱 확신을 굳히게 되었다. 그 사건 때문에라도 유언을 남기지 않을 수가 없구나.

펀자브 지방에서 어떤 성자를 만난 적이 있단다. 우리는 그때 라호르에 살았는데, 어느 날 아침 하인이 다급하게 내 방으로 들어와서 이렇게 말했다.

"마님, 웬 낯선 사두sadhu*가 왔습니다. '무쿤다의 어머니'를 만나겠다고 고집을 부리는데요."

이 간단한 말이 나의 심금을 크게 울렸다. 나는 지체없이 방문객을 맞으러 나갔다. 그의 발에 절을 하면서 내 앞에 신이 보낸 참사람true man이 서 있음을 감지했지.

"어머니여, 위대한 스승들은 그대가 이 세상에 머물 시간이 얼마 남지 않았다는 사실을 알리고 싶어하시오. 다음에 병이 나면, 그것이 마지막이 될 것이오."**

한동안 침묵이 흘렀다. 나는 놀라지 않았고, 다만 거대한 평화의 진동만을 느꼈다. 마침내 그가 다시 입을 열었다.

"당신에게 은으로 된 부적이 하나 생길 것이오. 부적을 오늘 주지는 않겠소. 내 말이 진실이라는 것은, 내일 당신이 명상에 잠겨 있을 때 그 부적이 그대의 손에 실제로 모습을 드러냄으로써 밝혀질 것이오. 임종 시에는 장남인 아난타에게 부적을 일년간 보관하게 했다가, 그 다음에 둘째아들에게 넘겨주도록 일러야 하오. 무쿤다는 위대한 스승들로부터 전해져 내려온 부적의 의미를 이해할 것이오. 그가 이 세상의 모든 야심을 포기하고 본격적으로 신을 추구할 만반의 준비가 되었을 때, 그 부적을 받아야 하오. 무쿤다가 몇 년에 걸쳐 부적을 보관하는 동안, 자체의 목적을 충분히 수행하면 그 부적은 저절로 사라질 것이

---

* 은둔자. 금욕 생활과 정신 수행에 헌신하는 사람을 일컫는다.
** 이 말을 통해서, 어머니가 이미 당신의 단명을 은밀히 알고 계셨다는 사실이 드러나자 나는 어머니가 왜 그렇게 형의 결혼 준비를 서두르셨는지 비로소 이해가 되었다. 그러고 보면 비록 결혼식 전에 돌아가셨지만, 어머니의 모성 본능은 이 결혼식을 이미 지켜보신 셈이다.

오. 아무리 은밀한 곳에 보관되어 있다 하더라도 부적은 온 곳으로 되돌아갈 것이오."

나는 성자에게 시주*를 하고, 깊은 존경심에서 절을 올렸지. 그는 시주는 받지 않은 채 축복의 말을 남기고 떠나갔단다.

다음 날 저녁에 두 손을 모으고 앉아 명상에 잠겼을 때, 사두가 약속한 대로 양 손바닥 사이에 은 부적이 실제로 들려 있었다. 부적은 차갑고 부드러운 감촉으로 자신의 존재를 알렸다. 나는 그것을 2년 동안 소중하게 간수했는데, 이제 아난타에게 맡긴다. 나를 잃은 것을 슬퍼하지 마라. 이제 나는 위대한 구루의 인도로 무한의 품에 안길 것이기 때문이다. 잘 있어라, 내 아들아. 우주의 어머니가 너를 보호해주실 것이다.

부적을 손에 쥐자 한 줄기 광채가 온몸에 비치면서 잠자고 있던 많은 기억이 다시금 깨어났다. 둥글고 예스럽고 진기한 멋이 깃든 그 부적에는 온통 산스크리트 글자들이 새겨져 있었다. 나는 부적이 나의 갈 길을 은밀히 인도해주는 여러 전생의 스승들로부터 왔다는 것을 이해했다. 실로 그 부적에는 보다 크고 깊은 의미가 담겨 있지만, 아무도 핵심을 온전하게 드러내지는 못할 것이다.**

---

* 사두에 대한 관습적인 존경의 표시이다.
** 그 부적은 영적으로 만들어진 물건이었다. 구조적 특성상 점차 사라지는 이러한 물건들은 결국에는 이 지상에서 완전히 사라지게 되어 있다(제43장 참고). 그 부적에는 만트라(신성한 찬양의 말)가 새겨져 있었다. 소리나 인간의 목소리인 바크의 잠재력이 가장 깊이 있게 연구된 곳이 바로 인도이다. 전 우주에 울려 퍼지고 있는 옴의 진동(성경의 경우에는 '말씀' 또는 '바다의 소리')은 세 가지 표현, 즉 구나guna를 지닌다. 창조, 보존, 파괴의 표현이 바로 그것이다(『타이티리야 우파니샤드Taittiriya Upanishad』 I:8). 인간은 말을 할 때마다 옴의 세 가지 성질 중 어느 하나를 작용시킨다. 이것이야말로 모든 경전의 계율, 곧 '인간은 진실을 말해야 한다'는 항목의 배후에 깃든 섭리이다. 부적에 새겨진 산스크리트어 만트라

---

부적이 어떻게 내 생애의 매우 불행한 상황 속에서 마침내 사라졌는지, 또한 어떻게 부적의 소멸이 구루를 얻는 징표가 되었는지, 그에 관한 이야기는 일단 여기서는 언급하지 않으려고 한다.

비록 히말라야에 가려는 시도는 좌절되었지만, 이 조그마한 소년은 매일같이 부적의 날개를 달고 멀리멀리 여행을 다녔다.

---

는 올바르게 발음될 때 영적으로 유익한 진동력을 발휘한다. 이상적인 구조를 지닌 산스크리트어 알파벳은 50개의 문자로 되어 있으며, 각 문자는 고정불변의 발음을 지닌다. 영국의 극작가 버나드 쇼는 라틴어에 뿌리를 둔 영어에 나타나는 발음상의 미비점에 대해서 현명하면서도 재기 넘치는 에세이를 썼는데, 그는 26개의 문자를 가지고는 다양한 소리의 세계를 충분히 표현하지 못한다는 사실을 지적했다. 그는 특유의 신랄한 어조로 "만약 영어를 완벽하게 하기 위해 영어에 새로운 알파벳을 도입하는 일이 생겨 전쟁이 일어난다고 하더라도 …… 나는 차라리 그 편을 택하겠다."라고 비판하면서 42개의 문자로 된 새로운 알파벳의 채택을 강력히 주장했다(윌슨의 『언어의 기적적인 탄생The Miraculous Birth of Language』 서문 참조). 버나드 쇼가 주장하는 알파벳은, 50개 문자를 사용함으로써 잘못 발음되는 일 없이 음성학적 완벽성을 구현하는 산스크리트어 알파벳일 것이다.

많은 학자들은 인더스 강 유역에서 발굴된 문장紋章들을 통해서 인도가 자신의 산스크리트어 알파벳을 샘에서 '빌려왔다'는 통설을 포기하고 있다. 최근에 모헨조다로와 하라파 지역에서 거대한 도시들이 발굴됨으로써, '희미하게 짐작할 수밖에 없는 아득한 옛날부터 인도 땅에 오랜 역사가 이미 실재했음을 알려주는' 뛰어난 문화의 존재가 입증되었다(존 마샬 경의 『모헨조다로와 인더스 문명Mohenjo-Daro and the Indus Civilization』 참조). 만약 인도에 매우 위대한 고대 문명인이 존재했다는 이 학설이 옳다면, 세계에서 가장 오래된 언어인 산스크리트어 역시 가장 완벽한 알파벳이라는 설명도 가능해진다.

아시아협의회의 설립자인 윌리엄 존스 경은 이렇게 말했다. "산스크리트어는 그 역사의 길고 짧음을 떠나서 훌륭한 구조를 지니고 있다. 이것은 희랍어보다 더 완벽하고 라틴어보다 더 풍부하며, 또한 세련미에서도 양자를 능가한다." 『아메리카 백과사전Encyclopedia Americana』에는 이렇게 나와 있다. "고전 학습의 부흥 이래, 문화사에서 18세기 후반 서구 학자들에 의해 이루어진 산스크리트어의 발견보다 더 중요한 사건은 결코 없다. 언어학, 비교문법, 비교신화학, 종교학 등은 모두가 산스크리트어의 발견으로 성립된 학문들이며, 또한 산스크리트어 연구에 의해 매우 커다란 영향을 받았다."

03

# 두 개의
# 몸을 가진 성자

"아버지, 아무 사고 없이 집으로 돌아올 것을 약속드릴 테니 바라나시 여행을 허락해주세요."

아버지는 여행을 유난히도 좋아하는 나의 열망을 가로막은 적이 거의 없으셨다. 내가 아직 어린 소년티를 벗지 못했던 시절에도 많은 도시와 성지를 찾아가보도록 허락해주셨다. 보통은 아버지가 마련해준 일등석에서 친구 한두 명과 함께 안락하게 기차 여행을 하곤 했다. 철도회사 간부라는 아버지의 직책 덕분에 우리 가족은 더 없이 만족스러운 여행을 할 수 있었다.

아버지는 내 부탁을 충분히 고려하겠다고 약속하셨다. 그리고 다음 날 나를 부르더니 바레일리에서 바라나시까지 가는 왕복 기차표와 여비, 편지 두 통을 주셨다.

"바라나시에 있는 친구 케다르 나트 바부에게 사업을 하나 제안할 일이 있는데, 애석하게도 주소를 잃어버렸다. 하지만 케다르의 친구도 되고 내 친구도 되는 스와미 프라나바난다를 통하면 이 편지를 케다르한테 전할 수 있을 거라고 믿는다. 그 스와미는 나하고 같은 스승을 둔 사이인데, 대단히 높은 정신세계에 이른 분이지. 알아두면 너한테도 많은 도움이 될 것이다. 이 두 번째 편지는 그에게 보여줄 네 소개장이다."

아버지는 눈동자를 반짝이면서 이렇게 덧붙이셨다.

"명심해라, 이제 더 이상 집에서 탈출하면 안 된다!"

나는 12년간 간직해온 열망을 품고 길을 떠났다(세월이 흘렀어도 새로운 풍경과 낯선 얼굴들을 만나는 나의 기쁨은 조금도 퇴색하지 않았다). 바라나시에 도착하자마자 곧바로 그 스와미가 살고 있는 곳으로 찾아갔다. 대문이 열려 있었다. 2층으로 올라가보니 복도처럼 기다란 방이 하나 있었다. 그곳에 체구가 퍽 단단해 보이는 사람이 허리에 걸치는 옷만 입고 약간 도드라진 단상에 연화좌 자세로 앉아 있었다. 머리칼과 잔주름이 없는 얼굴은 면도가 깨끗이 되어 있었다. 입가에는 아름다운 미소가 어려 있었다. 혹시 당돌하게 들어서지는 않았나 하는 생각을 떨쳐주기라도 하듯이, 그는 오랜 친구처럼 나를 맞이해주었다.

"바바 아난드(내 소중한 그대에게 행복이 함께하기를)."

그는 진심에서 우러나오는, 어린아이처럼 순진무구한 목소리로 인사했다. 나는 무릎을 꿇고 그의 발에 손을 댔다.

"스와미 프라나바난다이신가요?"

그가 고개를 끄덕였다.

"너는 바가바티의 아들이고?"

내가 미처 주머니에서 아버지의 편지를 꺼낼 겨를도 없이 그가 먼저 말을 꺼냈다. 나는 깜짝 놀라서 그에게 아버지의 소개장을 건네주었는데, 이미 그것은 불필요한 군더더기였다.

"물론 네가 케다르 나트 바부를 만날 수 있도록 주선해주마."

성자는 대단한 예지력으로 또 한 번 나를 놀라게 했다. 그는 편지를 한번 훑어보더니, 애정 어린 어조로 부모님의 안부를 몇 마디 물었다.

"애야, 나는 지금 두 가지 연금의 혜택을 누리고 있단다. 하나는 내가 예전에 철도회사에서 일할 때 윗사람으로 모시던 네 아버지의 추천에 의한 것이고, 다른 하나는 하늘에 계신 내 아버지의 추천에 의한 것인데, 나는 그분을 위해 지상에서 수행해야 할 내 삶의 의무를 양심적으로 마쳤단다."

나는 그의 말이 얼른 이해되지 않았다.

"선생님, 어떤 종류의 연금을 말씀하시는지요? 하늘에 계신 아버지가 무릎에 돈이라도 떨어뜨려 주시나요?"

그가 웃음을 터뜨렸다.

"내가 말하는 연금은 사람이 헤아릴 수 없는 평화란다. 이것은 오랜 기간의 깊은 명상에 대한 보답이지. 나는 지금 돈을 전혀 바라지 않는다. 소소하게 필요한 물질들은 충분히 공급이 된다. 나중에 너도 두 번째 연금의 의미를 이해하게 될 것이다."

성자는 갑자기 대화를 멈추더니 엄숙한 모습으로 꼼짝도 하지 않았다. 스핑크스 같은 분위기가 그를 감쌌다. 처음에는 흥미로운 무언가를 관찰하는 것처럼 눈이 반짝이더니 시간이 지나면서 점점 흐릿해졌다. 그의 단축화법은 적잖이 당혹스러웠다. 아직 아버지의 친구를 만날 수 있는 방법도 가르쳐주지 않았는데! 나는 약간 초조한 마음으로 주변을 둘러보았다. 우리 둘 말고는 아무도 없이 텅 비어 있었다. 나는 하릴없이 단상 의자 밑에 있는 그의 나무 샌들을 바라보았다.

"초토 마하사야,* 걱정하지 마라. 네가 만나려는 사람은 30분만 있으면 바로 옆자리에 나타날 테니까."

요기는 나의 마음을 읽고 있었다. 그런 묘기를 그처럼 어렵지 않게 행하다니!

그는 다시 수수께끼처럼 알 수 없는 침묵에 빠져들었다. 시계를 보니 30분이 지나고 있었다. 스와미가 침묵에서 깨어나며 말했다.

"케다르 나트 바부가 다 온 것 같은데."

누군가 계단을 올라오는 소리가 들렸다. 도저히 이해할 수 없는 상황에 놀란 나머지 내 머릿속은 극도로 혼란에 빠졌다.

'사람을 보내지도 않았는데 아버지 친구가 여기로 불려오는 일이 어떻게 가능할까? 내가 도착한 이후로 스와미가 나 말고는 아무하고도 얘기를 하지 않았는데!'

나는 순간적으로 문을 열고 나가 계단을 내려갔다. 반쯤 내려갔을 때, 중간 키에 날씬하고 피부가 흰 남자와 마주쳤다. 급히 달려오는 기색이었다.

"케다르 나트 바부이신가요?"

내 목소리에서 흥분이 그대로 묻어 나왔다.

"그래, 너는 여기서 나를 기다리는 바가바티의 아들이지?"

그는 친근한 표정으로 웃으면서 말했다.

---

* '초토 마하사야Choto Mahasaya'는 많은 인도 성자들이 나를 부르던 호칭이다. 영어로 옮기면 'little sir' 정도가 된다.

"선생님, 어떻게 여기 오시게 되었습니까?"

불가사의한 그의 출현이 도무지 이해하기 어려워서 나는 묘하게도 억울한 감정까지 느꼈다.

"오늘은 매사가 신기하구나! 한 시간도 채 안 지났지, 아마. 갠지스 강에서 막 목욕을 끝낸 참이었는데, 갑자기 스와미 프라나바난다가 내게 다가왔다. 내가 그 시간에 거기 있는 줄 어떻게 알았는지! 그러더니 그가 이렇게 말하더구나.

「바가바티의 아들이 내 방에서 자네를 기다리고 있네. 나하고 함께 가지 않겠나?」

나는 흔쾌히 동의했지. 함께 손을 잡고 걸어가는데, 스와미는 나무 샌들을 신고서도 신통하게 튼튼한 운동화를 신은 나보다 더 빨리 걸었어.

「자네, 우리 집까지 오려면 시간이 얼마나 걸리겠나?」

프라나바난다가 갑자기 걸음을 멈추더니 나에게 물었지.

「한 30분 정도?」

그러자 그는 수수께끼 같은 눈길을 보내면서 이렇게 말하더구나.

「지금 다른 볼일이 좀 있어서 먼저 가야겠네. 이따가 우리 집에서 만나기로 하지. 바가바티의 아들과 내가 자네를 기다리고 있겠네.」

내가 뭐라고 대꾸할 겨를도 없이 그는 바람처럼 인파 속으로 사라졌다. 그래서 나도 최대한 빨리 걸어서 여기로 온 거야."

그의 설명은 당혹감만 더 증폭시킬 뿐이었다. 나는 그가 스와미를 얼마 동안 알고 지냈는지 물어보았다.

"작년에는 몇 번 만났지만 최근에는 전혀 만난 적이 없었단다. 오늘 목욕장 가트(강으로 들어가는 계단)에서 다시 만나서 무척 반가웠지."

"도저히 믿을 수가 없어요! 제가 넋이 나갔나요? 진짜로 그분을 만나서 손도 만지고 발자국 소리도 듣고 그런 건가요, 아니면 환상으로 본 건가요?"

"나야말로 네가 무슨 소리를 하는지 모르겠구나. 난 지금 거짓말을 하고 있는 게 아니다. 네가 이곳에서 나를 기다린다는 사실도 스와미를 통해서 알았는데, 그래도 이해를 못하겠니?"

그가 얼굴을 붉히면서 약간 성을 냈다.

"그런데 저분 스와미 프라나바난다는 한 시간쯤 전에 제가 여기 왔을 때부터 지금까지 한순간도 제 앞을 떠나지 않으셨어요."

나는 내가 본 광경을 그대로 털어놓았다. 그러자 그의 눈동자가 커졌다.

"우리가 지금 현실 세계에 살고 있는 건지, 꿈을 꾸고 있는 건지 잘 모르겠구나. 내 생애에 이러한 기적을 목격하리라곤 전혀 예상하지 못했다! 스와미가 평범한 사람인 줄 알았는데, 또 하나의 육신을 실체화할 수 있고, 제2의 육신을 통해서 움직일 수 있는 사람이라니!"

우리는 함께 성자의 방으로 들어갔다.

"저걸 좀 봐라. 저게 바로 그가 목욕장에서 신고 있던 샌들이야."

그가 속삭이듯 나직이 말했다.

"지금 보고 있는 저 옷차림, 아까도 저렇게 허리에 두르는 옷만 입고 있었어."

내가 절을 하자 성자는 고개를 돌리며 장난기 어린 미소를 지었다.

"왜 이런 일 따위에 놀라는가? 참된 요기들에게는 현상계의 미묘한 통일성이 가려져 있지 않다네. 나는 즉석에서 멀리 캘커타에 있는 제자들을 보면서 대화할 수 있지. 제자들 역시 거친 물질의 모든 장벽을 의지대로 초월할 수 있다네."

스와미가 친절하게도 자신의 투시透視 능력과 투청透聽 능력*에 대해 말해준 것은 아마도 나의 젊은 가슴에 영적 열정을 불러일으킬 의도에서 그랬던 것 같다. 그러나 나는 열정 대신 경외감만 느꼈다. 나는 그때까지 만나지 못하고 있던 특별한 구루 스리 유크테스와르를 통해서 신을 추구할 운명이었기 때문에, 프라나바난다를 스승으로 받아들이고 싶은 마음은 전혀 생기지 않았다. 나는 내 앞에 있는 존재가 본래의 그인지, 아니면 그의 분신인지를 궁금해하면서 스와미를 응시했다. 도인은 영혼을 일깨우는 시선으로 자신의 구루에 대해 몇 가지 영적인 이야기를 들려주면서 내 불안감을 씻어주었다.

"라히리 마하사야님은 내가 알기로 가장 위대한 요기셨네. 그분은 육신의 모습을 빌린 신성 그 자체이셨지."

제자가 또 하나의 육신을 마음대로 실체화할 정도인데, 그 스승이라면 정말로 어떤 기적인들 불가능했겠는가!

"구루의 도움이 얼마나 값진 것인지 말해주겠네. 나는 다른 제자 한 명과 함께 매일 밤 여덟 시간씩 명상을 했네. 물론 낮에는 철도회사 사

---

* 당연한 귀결로, 물질을 다루는 자연과학은 요기들이 정신과학을 통해 발견한 법칙의 타당성을 확인해주고 있다. 예를 들어 1934년 11월 26일, 왕립 로마대학교에서는 인간에게 투시력이 있다는 사실을 보여주는 실험이 있었다. 신경심리학 교수인 주세페 칼리가리스 박사가 피실험자 신체의 어느 부위들을 압박했더니, 피실험자가 벽 건너편에 있는 사람과 사물의 모습을 상세히 설명하는 반응을 보였다. 칼리가리스 박사는 참석한 교수들에게, 피부의 어떤 부위들이 자극을 받는 경우, 피실험자는 자극이 없었으면 절대 인식하지 못했을 대상을 볼 수 있는 초감각적 인상들을 얻게 된다고 설명했다. 칼리가리스 박사는 피실험자가 벽 건너편의 사물을 인식할 수 있도록 흉곽 오른쪽 부위의 어느 한 지점을 15분간 압박했다. 칼리가리스 박사는 신체의 특정 지점들이 자극받으면 피실험자들은 전에 보았던 것이든 아니든 상관없이, 상당히 멀리 떨어진 대상을 볼 수 있다고 말했다.

무실에서 일했지. 직무를 충실히 수행하기 어렵다는 생각이 든 나는 모든 시간을 신에게 바치기를 열망했네. 8년 동안 밤의 절반을 명상하면서 인내했지. 마침내 갖가지 놀라운 결과가 나타났네. 엄청난 영적 지각이 내면을 밝게 비추었지. 그러나 나와 무한無限 사이에는 항상 어떤 장막이 남아 있었어. 초인적인 정성에도 불구하고 결정적인 합일의 경지는 매번 나를 외면했지. 어느 날 저녁, 나는 라히리 마하사야를 찾아뵙고 그분의 신성한 중재를 간청했네. 나의 끈질긴 간청은 계속되었지.

「천사와 같은 구루이시여, 정신의 고뇌가 너무 깊어 위대한 사랑의 절대자를 직접 만나지 않고서는 더 이상 살아갈 수 없습니다!」

「내가 무엇을 해줄 수 있겠는가? 더욱 깊이 명상해야 한다.」

「오, 신과 같은 나의 스승이시여, 이렇게 호소합니다. 저는 육신의 몸으로 내 앞에 모습을 드러내신 당신을 뵈옵니다. 무한한 형상으로서의 당신을 지각할 수 있도록 축복을 내려주십시오!」

라히리 마하사야는 자비로운 모습으로 손을 뻗으면서 말씀하셨지.

「지금 돌아가서 명상을 하라. 너를 브라흐마Brahma*에게 인도해주겠다.」

나는 한껏 고양된 마음으로 집에 돌아왔다네. 내 삶의 불타는 목표는 그날 밤 명상 수행 중에 성취되었지. 이제 나는 결코 끊기지 않는 영적인 연금을 향유하고 있다네. 그날 이후로 기쁨에 찬 창조주는 내

---

* 창조주로서의 신. '확장한다'는 뜻을 가진 산스크리트어 어근 'brih'에서 나온 말이다. 에머슨의 시 〈브라흐마〉가 1857년 《월간 대서양》에 게재되었을 때, 대부분의 독자들은 어리둥절한 반응이었다. 그때 에머슨은 빙긋이 웃으며 말했다. "그들에게 '브라흐마' 대신에 '여호와'를 부르라고 말하면 아무런 혼동도 느끼지 않을 것입니다."

눈앞에서 어떠한 미망의 장막 뒤로도 모습을 숨긴 적이 없네."

프라나바난다의 얼굴은 신성한 빛으로 가득 찼다. 또 다른 세계의 평화가 내 가슴에 밀려드는 동시에 모든 두려움이 사라졌다. 성자는 확신에 찬 어조로 이야기를 계속했다.

"몇 달 후에 나는 라히리 마하사야님을 다시 찾아뵙고, 무한한 선물을 내려주신 데 대해 감사드렸네. 그리고 또 한 가지 다른 일을 말씀드렸지.

「신성한 구루이시여, 더 이상 사무실에서 일을 할 수가 없습니다. 저를 풀어주십시오. 브라흐마가 계속 저를 흥분시키고 있습니다.」

「회사에 연금을 신청하도록 해라.」

「어떤 근거를 제시하면 좋겠습니까? 근무 기간도 너무 짧은데요.」

「느끼는 대로 말해라.」

다음 날 나는 연금을 신청했네. 때 이른 신청에 의사가 근거를 캐물었지.

「업무를 볼 때면 등줄기에 압박감이 생깁니다. 온몸으로 퍼지는 그 압박감 때문에 맡은 일을 제대로 수행할 수가 없습니다.」*

---

* 깊은 명상을 할 때 대영혼 혹은 절대자를 만나는 최초의 경험은 척추의 제단에서 나타나고 다음에는 두뇌로 뻗어간다. 이때 밀어닥치는 희열은 감당할 수 없을 정도로 거대하지만 요기들은 그런 희열이 외부로 드러나는 것을 조절하는 법을 배운다. 내가 만났을 당시에 프라나바난다는 진실로 깨달은 도인이었다. 그가 직장을 그만둔 것이 수년 전이었기 때문에, 그때는 아직 니르비칼파 사마디nirbikalpa samadhi에 확실히 안착하지 않은 때였다. 완벽하고 흔들리지 않는 의식 상태에 도달한 요기는 세속의 일을 수행하는 데 있어서도 아무런 어려움을 느끼지 않는다. 육신을 둘 이상으로 나타낼 수 있는 능력은 파탄잘리의 『요가수트라Yoga-sutra』에 언급되어 있는 싯디 요기의 능력이다. 두 곳에 존재하는 현상은 역사상 많은 성자들의 삶에 나타났다. A.P. 쉽베르크는 『테레제 노이만 이야기 The Story of Therese Neumann』에서, 기독교 성자가 공간적 거리를 극복하고 자신의 도움을 필요로 하는 사람들 앞에 나타나서 대화를 나누었던 사건에 대해 기술하고 있다.

더 이상 질문하지 않고 의사는 연금 지급 신청을 회사에 적극 추천해주었고, 나는 곧 연금을 받게 되었다네. 라히리 마하사야님의 신성한 의지가 의사는 물론이고, 네 아버지를 포함한 철도회사 간부들에게도 영향을 미쳤던 것이지. 그들은 거의 자동으로 위대한 구루의 영적 인도에 따랐으며, 그리하여 나는 언제나 자유롭게 자애로운 신과의 깨지지 않는 합일을 이루며 살아갈 수 있었다네."[*]

이렇게 자신의 비범한 내력을 밝힌 스와미 프라나바난다는 곧장 긴 침묵에 잠겼다. 내가 작별을 고하려 공손하게 그의 발에 손을 댔을 때, 그는 다음과 같은 축복을 내려주었다.

"너의 삶은 세속의 포기와 요가의 길에 속해 있다. 나중에 때가 되면 네 아버지와 함께 다시 만나게 될 것이다."

이 두 가지 예언은 수년이 지나 그대로 이루어졌다.[**]

케다르 나트 바부와 나는 점점 짙어가는 어둠 속을 함께 걸었다. 아버지의 편지를 전해주자 그는 가로등 밑에 서서 읽었다.

"네 아버지가 나더러 철도회사의 캘커타 사무소 일을 맡아 달라고 하시는구나. 스와미 프라나바난다가 누리는 연금 두 가지 중 하나라도 기대해볼 수 있다니, 얼마나 즐거운 일인지 모른다. 하지만 불가능해. 나는 바라나시를 떠날 수 없어. 아직 나에게는 두 개의 육신이 허용되지 않으니 말이다!"

[*] 프라나바난다는 퇴직하고 나서 『바가바드기타』에 관한 가장 심오한 주석서의 하나로 손꼽히는 『프라나브 기타Pranab Gita』를 힌디어와 벵골어로 저술했다.

[**] 제27장 참고

# 04

# 히말라야를 향한
# 열정이 좌절되다

"무슨 핑계를 대든지 간에 교실을 빠져나와 마차를 빌려오도록 해. 그런 다음에는 우리 식구들 눈에 띄지 않는 길가에 세워놔."

이것이 함께 히말라야로 갈 계획을 세운 고등학교 친구 아마르 미테르에게 내가 마지막으로 부탁한 내용이었다.

우리는 그 이튿날을 탈출하는 날로 잡아놓았다. 아난타 형이 항상 감시의 눈을 게을리하지 않았기 때문에 치밀한 사전 계획이 필요했다. 형은 내 마음속에 '탈출 결행'이 늘 자리 잡고 있다고 의심했고, 그런 생각을 아예 포기하게끔 만들려고 작정한 터였다. 어머니의 신비한 부적은 영적인 효모처럼 조용히 나의 내면에서 어떤 작용을 하고 있었다. 나는 환시로 자주 나타나던 도인의 얼굴을 히말라야 설원에서 만나고 싶었다.

　가족들은 당시 아버지의 마지막 전근지인 캘커타에서 살고 있었다. 가부장적인 인도 관습에 따라 아난타 형은 형수를 집으로 데려와 같이 살았다. 우리 집 작은 다락방에서 나는 매일 명상에 잠겨 신을 추구하기 위한 마음의 준비를 착착 진행해 나가고 있었다.

　역사적인 아침이 불길한 빗줄기와 함께 밝아왔다. 길가에 세워둔 아마르의 마차바퀴 소리를 들은 나는 서둘러 담요 한 장과 샌들 한 켤레, 허리에 걸치는 옷 두 벌, 염주, 라히리 마하사야의 사진, 그리고 『바가바드기타』 한 권을 끈으로 묶었다. 그러고는 3층 내 방 창문 밖으로 짐보따리를 내던졌다. 나는 계단을 뛰어내려오다가 대문 앞에서 생선을 사는 중이던 숙부 곁을 지나치게 되었다.

　"왜 그렇게 들떠 있느냐?"

　숙부는 의심스럽다는 표정으로 내 차림새를 훑어보았다. 나는 숙부한테 적당히 미소를 지어보이고 오솔길로 걸어갔다. 땅바닥에 떨어뜨린 짐보따리를 찾은 뒤, 일을 모의하는 사람들이 늘 그러듯이 주변을 두리번거리면서 아마르와 합류했다. 우리는 상가 지역인 찬드니 초크로 마차를 몰았다. 영국인 복장을 구입하기 위해 우리는 몇 달 동안 점심값을 모아두었다. 영리한 형이 탐정 역할을 유능하게 잘 해내리라 짐작했기에 유럽인 복장으로 형을 속일 심산이었다.

　정거장으로 가는 도중에 우리는 자틴다라고 부르는 나의 사촌 조틴 고시를 태우려고 마차를 잠시 멈추었다. 그는 히말라야의 구루를 동경하는 새로운 동지였다. 그도 우리가 준비한 새 옷으로 갈아입었다. 그만하면 웬만큼 위장이 되겠다는 판단이 들자 우리의 마음은 부풀 대로 부풀었다.

"이제 운동화만 있으면 돼."

나는 일행을 이끌고 고무창 신발들이 진열된 상점으로 갔다.

"동물을 죽여야만 얻을 수 있는 가죽 물건들은 이 신성한 여행에서 마땅히 없어야 해."

나는 길거리에 서서 『바가바드기타』의 가죽 표지를 뜯어냈고, 내 영국제 모자(햇볕 가리개용 헬멧)의 가죽 끈도 없애버렸다.

정거장에서 우리는 부르드완 행 차표를 샀다. 거기서 히말라야 기슭에 있는 하르드와르로 가는 기차로 갈아탈 계획이었다. 기차가 우리처럼 재빨리 플랫폼에서 움직이기 시작하자 나는 찬란한 기대 몇 가지를 털어놓았다. 나는 소리쳤다.

"상상해봐! 우리가 스승들한테서 비법을 전수받아 황홀한 우주의식을 경험하게 될 걸 말이야. 그렇게 되면 우리 몸에 자석과 같은 기운이 가득 차서 히말라야의 사나운 야생동물들도 얌전하게 우리 곁으로 다가올 거고, 호랑이도 자기를 쓰다듬어줄 손길을 기다리는 순한 집고양이 정도밖에 안 되겠지!"

아마르는 비유적으로나 직설적으로나 내가 생각해도 꿈만 같은 앞으로의 모습을 그려보는 말을 듣고 황홀한 미소를 지었다. 그러나 웬일인지 자틴다는 눈길을 돌려 차창 밖으로 스쳐지나가는 풍경만 바라보고 있었다.

자틴다가 오랜 침묵을 깨고 이런 제안을 했다.

"돈을 세 몫으로 나누자. 부르드완에서는 각자 따로 자기 차표를 끊어야 해. 그러면 정거장에 있는 사람들이 아무도 우리가 함께 도망치고 있다고 생각하지 못할 거야."

나는 아무런 의심도 품지 않고 그 말에 덥석 동의했다. 우리가 탄 기차는 황혼녘에 부르드완에서 멈추었다. 자틴다가 매표소로 들어갔다. 아마르와 나는 플랫폼에 앉아 있었다. 15분 이상 기다려도 자틴다는 나오지 않았다. 그를 찾기 시작했지만 소용없는 일이었다. 뭔가 불안감을 느끼면서 여기저기 돌아다니며 자틴다의 이름을 불렀다. 그러나 자틴다는 이미 작은 간이역을 둘러싸고 있는 미지의 어둠 속으로 사라지고 없었다. 나는 완전히 맥이 풀리고 몸이 뻣뻣해질 정도로 심한 충격을 받았다.

'이런 맥 빠지는 사건을 신이 그대로 놔두시다니! 신이시여, 당신을 만나려고 처음으로 치밀하게 준비한 낭만적 탈출이 무참히 무너져 버렸습니다!'

"아마르, 집으로 돌아가야겠어."

나는 어린아이처럼 울었다.

"자틴다가 무정하게 자취를 감춘 것은 불길한 징조야. 이번 여행은 실패할 운명인 모양이다."

"신을 향한 사랑이 겨우 이 정도였니? 친구의 배신이라는 아주 작은 시험도 이겨낼 수 없을 만큼 허약한 그런 것이었어?"

'신의 시험'이라는 아마르의 말을 듣고 나자 마음이 다시 진정되었다. 우리는 부르드완의 명물 시타브호그(여신을 위한 음식)와 모티추르(조개로 만든 달콤한 음식)를 먹고 기분 전환을 했다. 그러고는 몇 시간 뒤에 바레일리를 경유하는 하르드와르 행 기차를 탔다. 다음 날 모그홀세라이에서 갈아탈 기차를 기다리던 우리는 플랫폼에서 정말 중요한 문제에 대해 이야기를 나누었다.

"아마르, 어쩌면 곧 역무원이 우리한테 꼬치꼬치 물을지 몰라. 형은 머리가 영리한 편이거든! 결과야 어찌 되든 거짓말은 하지 않을 참

이야."

"무쿤다, 너는 그냥 입을 다물고 가만히 있으면 돼. 내가 얘기하는 동안 소리를 내서 하하거린다거나 벙싯벙싯하지 않도록 조심하고."

바로 그때 유럽인 역무원이 나를 불렀다. 그는 전보 한 장을 흔들고 있었는데, 나는 즉각 그 내용이 무엇인지 짐작이 갔다.

"너, 혹시 무슨 화나는 일이 있어서 가출한 것 아니냐?"

"아녜요!"

역무원이 내가 자신 있게 대꾸할 수 있는 질문을 해줘서 기뻤다. 내 일탈의 원인은 화가 아니라 '가장 신성한 비애'에 있었기 때문이다.

역무원은 질문의 방향을 아마르에게로 돌렸다. 그 후 전개된 기지와 재치의 대결은, 경솔하게 굴지 말라는 아마르의 주의를 따르기가 거의 힘들 정도로 진행되었다. 그 사나이는 목소리에 잔뜩 위엄을 담아 물었다.

"또 한 아이는 어디 있지? 자, 바른대로 말해야지."

아마르는 태연스럽게 웃었다.

"아저씨, 그러고 보니 안경을 끼고 계시군요. 여기 이렇게 둘뿐인 모습이 안 보이세요? 저는 마술사가 아니에요. 그러니 제3의 아이를 만들어낼 수가 없어요."

역무원은 이 당당한 태도에 확실히 당황해하면서 새로 공격할 거리를 찾았다.

"이름이 뭐지?"

"제 이름은 토머스예요. 어머니는 영국인이고, 아버지는 기독교로 개종한 인도인이지요."

"친구의 이름은 뭐고?"

"톰프슨이라고 해요."

이쯤에서 나는 이미 속에서 치솟아오르는 웃음을 거의 참을 수 없을 지경이 되었다. 때마침 다행히도 기차가 출발을 알리는 기적을 울렸다. 나는 기차를 향해 달려갔다. 아마르를 뒤따라 올라온 그 역무원은 아주 단순하고 자상한 사람이었던지 우리를 유럽인 전용 칸으로 옮겨 앉도록 보살펴주기까지 했다. 절반은 영국계인 두 소년이 원주민 칸에 타고 여행한다는 사실이 안타깝게 보였던 모양이다. 역무원이 공손히 출구로 나간 뒤 나는 의자에서 뒹굴면서 요란하게 웃음을 터뜨렸다. 아마르도 유럽인 관리를 속여넘긴 터라 꽤나 즐겁고 대견스러운 표정이었다.

플랫폼에서 검문을 당할 때, 나는 전보의 내용을 볼 수 있었다. 형이 보낸 전보에는 이렇게 적혀 있었다.

> 벵골인 소년 세 명이 영국인 복장을 하고 집을 도망쳐 나와서, 모그홀 세라이를 경유하여 하르드와르로 향하고 있음. 내가 도착할 때까지 소년들을 잡아두기 바람. 후사하겠음.

"아마르, 우리 일정이 전부 표시된 열차 시간표를 집에다 남겨두지 말라고 일렀잖아."

나는 그를 책망하는 눈길로 쳐다보며 말했다.

"형은 분명히 너희 집에서 시간표를 발견했을 거야."

아마르는 내 추궁에 순순히 인정했다. 기차가 잠깐 바레일리에 정차했을 때, 역에는 드와르카 프라사드가 아난타 형의 전보를 가지고 우리를 기다리고 있었다. 드와르카는 막무가내로 우리를 붙잡아두려고 했다. 그러나 나는 우리의 가출이 가벼운 충동에서 이루어진 것이 아니라는 명분을 십분 활용하여 그를 설득했다. 먼젓번에 드와르카는 내가 히말라야로 함께 가자고 한 제의를 거절한 적이 있었다.

그날 밤 기차가 역에 정차해 있는 동안 나는 깜빡 잠이 들었다. 아마르는 다시 다른 역무원 때문에 잠에서 깨어나 쏟아지는 질문에 답변을 해야 했다. 그러나 그 역무원도 역시 혼혈아 '토머스'와 '톰프슨'이라는 대답에 넘어가고 말았다.

기차는 우리를 싣고 승리를 노래하면서 새벽녘에 하르드와르에 도착했다. 거대한 산들이 멀리서 우리를 반기며 모습을 드러냈다. 우리는 역을 빠져나와 도시의 군중 속에서 마음껏 자유를 호흡했다.

우리가 역에 내려서 첫 번째로 한 행동은 원주민 복장으로 옷을 갈아입는 일이었다. 우리가 유럽인 복장을 하고 있다는 사실을 이미 아난타 형이 알고 있기 때문이었다. 혹시 붙잡힐지도 모른다는 걱정이 마음을 무겁게 짓눌렀다.

하르드와르를 빨리 떠나는 것이 좋겠다는 생각에서 우리는 리시케시로 가는 북부행 열차표를 샀다. 그곳은 오랫동안 많은 수행자들의 발자취로 신성해진 대지였다. 내가 기차에 올라타고 난 다음에도 아마르는 아직 플랫폼에서 꾸물거리고 있었다. 그러다가 경찰관이 외치는 소리에 꼼짝 못하고 멈춰설 수밖에 없었다. 그 달갑지 않은 보호자는 아마르와 나를 경찰 초소로 데리고 가서 우리가 가지고 있던 돈을 압수했다. 그는 엄숙한 표정으로, 아난타 형이 도착할 때까지 붙잡아 두는 것이 자신의 임무라고 말했다.

우리가 학교 수업을 빼먹고 굳이 가고자 했던 목적지가 히말라야라는 것을 알게 된 경찰관이 신기한 이야기를 들려주었다.

"성자들한테 푹 빠져 있구나! 아무리 그래도 너희는 어제 내가 보았던 사람보다 더 위대한 신의 제자를 만나지는 못할 것이다. 동료와 내가 처음으로 그 성자를 만난 게 닷새 전의 일이었지. 우린 어떤 살인범을 찾느라고 갠지스 강변을 주의 깊게 살피면서 순찰을 하는 길이었어. 우리는 죽여도 좋으니까 여하튼 용의자를 체포하라는 지시를 상부로부터 받았지. 그가 순례자들을 털기 위해서 사두로 변장했다는 정보였어. 그러던 차에 우리 앞에 바로 범인의 인상착의를 닮은 사람이 나타난 거야. 그는 우리의 정지 명령을 무시했지. 그래서 그 자를 덮치려고 달려갔어. 그의 등 뒤로 접근해서 나는 있는 힘껏 가지고 있던 도끼를 휘둘렀지. 그 사람의 오른팔은 몸에서 완전히 잘려나가다시피 했어.

그런데 그 이상한 사람은 비명도 안 지르고 끔찍한 상처를 전혀 쳐다보지도 않은 채 놀랍게도 계속 빠른 걸음으로 걸어가는 거야. 우리가 뛰어가서 앞을 가로막자 그제야 그가 조용히 말하는 것이었어.

「나는 당신들이 찾고 있는 살인범이 아니오.」

성스럽고 어진 사람을 해쳤다는 것을 알고 내 마음은 몹시 괴로웠지. 나는 그의 발밑에 엎드려 용서를 빌었어. 그러고는 심하게 흐르는 피가 멎도록 쓰고 있던 터번을 풀어주었지. 성자는 부드러운 눈길로 나를 쳐다보며 말했어.

「젊은이, 당신으로서는 저지를 수도 있는 실수에 불과하오. 이제 가고, 너무 자책하지 마오. 성모님이 나를 돌봐주고 계시니까.」

그러면서 흔들거리는 자기 팔을 몸통에 밀어 붙이기 시작했어. 그랬는데, 아! 그대로 붙어버리는 거야! 물론 흐르던 피도 불가사의하게 딱 멈춰버렸고.

「사흘 후에 저 나무 밑으로 나를 보러 오시오. 내 상처는 완전히 나아 있을 것이오. 그러면 당신도 더 이상 양심의 가책을 느끼지 않을 수 있을 거요.」

어제 동료와 나는 간절한 심정으로 그가 말한 곳으로 갔지. 정말 사두는 그곳에 있었어. 그가 우리를 보더니 자기 팔을 살펴보라고 하더군. 그런데 어떠한 흉터나 다친 흔적도 전혀 없었어!

「나는 이제 리시케시를 거쳐 히말라야의 황야로 가려 하오.」

그는 곧 자리를 떠나면서 우리를 축복해주었어. 나는 내 삶이 그의 신성을 통해 엄청나게 고양된 느낌을 받았지."

경찰관은 신앙심이 깃든 말로 결론을 지었다. 신비한 경험 덕분에 평소 가졌던 감정의 깊이를 훨씬 뛰어넘는 감동을 받았던 것이다. 감동의 여운에 젖어 있던 그는 신문에서 오려낸 그 기적에 관한 기사를 건네주었다. 신문의 통속적인 기사 작성 경향대로(인도에서도 거의 예외가 없다!) 내용은 어느 정도 과장되어 있었다. 예컨대 사두의 목이 거의 떨어져 나가기 일보직전 상태였다는 등의 문구가 보였다.

아마르와 나는 자기를 해친 가해자를 그리스도처럼 용서한 위대한 요기를 놓쳤다는 사실이 못내 애석했다.

인도는 지난 두 세기 이래로 물질적으로는 궁핍한 상태를 면치 못하고 있지만 영적으로는 아직도 무진장한 자원을 보유하고 있다. 그래서 가끔 영혼의 '거인'들이 이 경찰관과 같은 속세의 사람들한테도 길가에서 목격될 때가 있는 것이다.

우리는 신기한 경험담을 들려주며 무료함을 달래준 그의 배려에 대해 감사했다. 그는 아마도 자기가 우리보다 더 행운아라는 사실을 은근히 자랑하는 듯했다. 그도 그럴 것이 그는 별다른 노력도 없이 훌륭한 성자를 만났는데, 진지한 구도에서 비롯된 우리의 길은 스승의 발밑이 아닌 삭막한 경찰 초소에서 끝이 났으니!

히말라야는 가까이에 있었지만 붙잡힌 신세가 된 우리에게는 그렇게도 멀 수가 없었다. 나는 자유를 찾겠다는 생각이 두 배로 불어났다고 아마르에게 말했다.

"기회가 오면 도망쳐 나가자. 걸어서라도 신성한 리시케시로 갈 수 있어."

나는 패기 있게 웃어 보였다. 하지만 내 친구는 든든한 지주였던 돈을 압수당하자마자 비관론자로 변했다.

"만약 그렇게 위험천만한 삼림지대를 걸어서 지난다면, 우리 여행은 성자들의 마을이 아닌 호랑이 뱃속에서 끝나고 말 거야!"

아난타 형과 아마르의 형이 사흘 후에 도착했다. 아마르는 마치 구세주라도 만난 듯 자기 가족을 반겨 맞이했다. 그러나 나는 그대로 물러설 수가 없었다. 아난타 형은 나에게서 심한 비난만 들었다. 형은 달래는 투로 부드럽게 말했다.

"네 기분이 어떤지 나도 알아. 내가 바라는 것은, 나하고 같이 바라나시에 가서 어떤 성자를 만난 뒤 캘커타로 가서 너 때문에 슬퍼하시는 아버지를 며칠간만 찾아뵙자는 것뿐이야. 그런 다음 너는 다시 이리로 와서 스승을 찾는 일을 계속해도 괜찮다."

아마르는 이때쯤 자기 형과 대화를 나누기 시작하더니 나와 함께 하르드와르를 다시 찾겠다는 뜻을 완전히 버렸다. 그는 따뜻한 혈육의 정을 즐기고 있었다. 그러나 나만은 절대로 구루 찾는 일을 포기하지 않으리라는 것을 스스로 잘 알고 있었다.

우리 일행은 바라나시 행 기차를 탔다. 바라나시에서 나는 기도에 대한 신비하고도 즉각적인 응답을 경험했다. 아난타 형은 미리 현명한 계획을 마련해놓고 있었다. 나를 만나기 전에 먼저 바라나시에 들러서 한 경전 권위자에게, 나중에 동생을 만나 상담을 해달라고 부탁해둔 것이다. 그 학자와 그의 아들은 산야시*가 되고자 하는 뜻을 포기하도록 나를 설득해 보겠다고 형에게 약속했다.

아난타 형은 나를 학자의 집으로 데리고 갔다. 혈기왕성한 젊은 아들이 정원에서 맞이했다. 그는 나를 긴 철학적 대화로 끌어들였다. 그리고 자기가 나의 미래를 훤히 꿰뚫어 알고 있다고 공언하면서 산야시가 되려는 내 생각에 반대했다.

"만약 일상의 책임을 저버리겠다고 계속 고집한다면 자네는 지속적인 불운을 만날 것이며, 따라서 신을 발견할 수도 없을 걸세! 세속의 경험을 하지 않고는 지난 업보**를 청산할 수 없다네."

그의 말에 대한 답변으로 크리슈나의 불멸의 말씀이 내 입술에 떠올랐다.

"아무리 큰 악업을 지닌 자라도 끊임없이 나에 대해 명상하면, 그가 지난날에 지은 나쁜 행위의 결과들을 재빨리 소멸시킬 수 있다. 그는 높은 영혼을 지닌 존재가 되어 곧 영원한 평화를 얻을 것이다. 아르주나여, 이것을 확실히 알도록 하라. 나를 신뢰하고 헌신하는 자는 결코 멸망하지 않으리라."***

---

* 글자 그대로 풀면 '포기한 자'라는 뜻으로, '버리다'의 뜻을 가진 산스크리트어 동사 어근에서 온 말이다.

** 카르마karma. 현생이나 전생에서 행한 지난 행위들이 끼치는 영향. '행하다'라는 뜻을 가진 산스크리트어 동사 'kri'에서 나온 말이다.

*** 『바가바드기타』 IX:30-31. 크리슈나는 인도에서 가장 위대한 예언자였고, 아르주나는 크리슈나의 뛰어난 제자였다.

사실 그 젊은이의 강력한 예언 때문에 내 확신도 약간 흔들리던 터였다. 나는 마음에서 우러나오는 모든 열정을 가지고 조용히 신에게 기도했다.

"신이시여, 진정 저에게 원하시는 것이 제가 구도자의 삶을 사는 것인지, 아니면 속인으로 세속의 삶을 사는 것인지, 지금 이 자리에서 대답해주소서. 그리하여 방황을 끝내도록 해주소서."

그때 그 집 울타리 밖에 서 있는 고상한 모습의 사두가 내 눈에 들어왔다. 그는 자칭 투시 능력자와 나의 열띤 대화를 들은 모양이었다. 낯선 사두가 나를 곁으로 오라고 불렀다. 고요한 눈에서 흘러나오는 엄청난 힘이 느껴졌다.

"젊은이, 저 무지한 사람의 말을 듣지 말게. 자네의 기도에 응답해서 신이 나에게 말씀하시기를, 현생에서 자네에게 주어진 단 하나의 길, 그것은 바로 구도자의 길이라는 것을 확실하게 전해주라고 하셨네."

나는 고마움과 놀라움으로 사두를 바라보며 이 결정적 메시지에 행복한 미소를 머금었다. 그때 그 '무지한 사람'이 나에게 소리쳤다.

"그 사람과 가까이 있지 말게!"

그러자 성자와도 같은 나의 안내자는 손을 들어 축복을 보내고 천천히 물러갔다.

"저 사두는 자네만큼 미친 사람이야."

이처럼 대단한 논평을 내놓은 사람은 다름 아닌 백발의 학자였다. 그는 아들과 함께 안타까운 눈길로 나를 바라보았다.

"저 사두 역시 신을 찾는다고 무모하게 집을 떠난 사람이라고 들었다네."

나는 뒤돌아서 나와버렸다. 그 집 사람들과는 더 이상 이야기하고

━ 형 아난타 뒤에 내가 서 있다. 아난타 형은 언제나 나를 가정의
안전한 보금자리 안에서 보살피기 위해 노력했다.

싶지 않다고 형에게 말했다. 형은 할 수 없이 얼른 자리를 뜨자는 내
말에 동의하고 곧바로 나와 함께 캘커타 행 기차에 몸을 실었다.

"탐정 나리, 제가 친구 두 명과 도망쳤다는 사실을 어떻게 알아냈지
요?"

나는 집으로 돌아오는 길에 형에게 강한 궁금증을 털어놓았다. 형
은 짓궂은 웃음을 지으며 말했다.

"네 학교에 가서 아마르가 교실을 빠져나간 다음에 돌아오지 않았다는 사실을 알았지. 그 다음 날 아침에 아마르네 집에 가서 행선지가 낱낱이 표시된 열차 시간표를 찾아냈고. 아마르의 아버지는 마침 마차를 타고 어디론가 출발하려고 마부와 이런 이야기를 나누는 중이었지.

「아들아이는 오늘 아침 나와 함께 마차를 타고 학교에 가지 않을 걸세. 사라져버렸어!」

아마르의 아버지는 매우 걱정하고 있었어. 그러자 마부가 말했지.

「동료 마부한테 들었는데, 선생님 아드님과 다른 두 소년이 유럽인 복장을 하고 호우라흐 역에서 기차를 탔다는데요.」

마부는 이런 말도 해주더구나.

「또 자기 가죽신을 마부한테 선물로 주었다고 하더군요.」

그래서 나는 열차 시간표, 세 명의 소년, 영국인 복장이라는 세 가지 실마리를 쥐게 되었지."

나는 웃음이 나면서도 화가 치미는 복잡한 감정을 느끼며 형의 설명을 들었다. 우리가 마부에게 호의를 베푼 것이 도리어 큰 실책이 될 줄이야!

"물론 나는 곧바로 서둘러서 아마르가 밑줄을 그어놓은 모든 도시의 기차역에 전보를 보냈지. 바레일리에도 표시가 되어 있었기 때문에 그곳에 사는 네 친구 드와르카한테 전보를 친 거야. 또 캘커타의 이웃 사람들을 통해서, 자틴다가 하룻밤을 밖에서 지내고 그 다음 날 아침에 유럽인 복장을 하고 집에 돌아왔다는 사실도 알았어. 나는 그 아이를 불러내서 저녁을 사주었지. 내가 좀 친절하게 잘 대해줬더니 경계심을 풀고 순순히 내 '조사'에 응하더구나. 함께 가던 길에 나는 의심을 사지 않도록 조심해가면서 그 아이를 경찰서로 데리고 갔지. 내가 사전에 부탁해 놓았던 험상궂은 경찰관 몇 사람이 곧 자틴다를 둘러쌌어. 그들의 강압적인 분위기에 눌린 자틴다는 자신의 수수께끼 같은 행동에 대해 설명하겠다고 하더구나.

「즐거운 마음으로 히말라야를 향해서 출발했어요. 도인들을 만난다는 기대감에 온통 영감으로 가득 찬 기분이었습니다. 그런데 무쿤다가 히말라야 동굴에서 우리가 무아경에 들어 있는 동안, 호랑이들이 마력에 이끌려서 얌전한 집고양이처럼 우리 둘레에 앉게 될 거라고 말했어요. 순간 마음이 그만 얼어붙고 이마에 땀방울이 맺혔어요. 나는 생각했어요. 그러면 만약 호랑이의 난폭한 기질이 우리의 정신적 초능력을 통해서도 바뀌지 않는다면 그때도 호랑이들이 우리를 집고양이처럼 다정하게 대해줄까? 벌써부터 내가 호랑이 뱃속에 들어가 있는 장면이 눈에 선히 보이는 듯했어요. 그것도 한 번에 통째로 먹히는 것이 아니라 여러 갈래로 갈가리 찢겨서 먹히는 모습 말예요.」

자틴다가 자취를 감춘 사건에 대한 나의 분노는 이렇게 해서 웃음과 함께 사라져버렸다. 나를 괴롭게 만든 모든 요인이 바로 내가 열차간에서 신나게 떠들었던 이야기였다니! 나는 약간 만족스러웠음을 고백해야 할 것 같다. 자틴다 역시 경찰관은 피하지 못했으니 말이다!

"아난타 다,* 형은 탐정 기질을 타고 났군요!"

빈정거리는 내 눈길 속에는 분노도 적잖게 섞여 있었다.

"그리고 자틴다에게는 배신할 뜻이 없었다는 사실을 알아서 기쁘다고 말해야겠어요. 하지만 오직 자기 하나만 무사하겠다는 이기적인

---

* 나는 언제나 형을 부를 때 '아난타 다Ananta Da'라고 했다. '다'는 인도에서 남자 동생과 여자 동생이 가장 큰형 혹은 큰오빠를 부를 때 이름 뒤에 붙이는 존칭접미사이다.

생각은 좋지 않다고 봐요."

캘커타 집으로 돌아오자 아버지는 적어도 고등학교 학업을 마칠 때까지만이라도 떠도는 발길을 제발 붙잡아두라고 애처로울 정도로 간청하셨다. 내가 없는 동안 아버지는 친절하게도 성스러운 학자 스와미 케발라난다를 정기적으로 집으로 초빙하는 계획을 짜놓으셨다.

"그 현인이 네 산스크리트어 교사가 되어주실 게다."

아버지는 자신 있게 말씀하셨다. 아버지는 나의 종교적 열망이 높은 학식을 갖춘 철학자의 가르침으로 충족되기를 바라셨다. 그러나 결과는 다른 쪽으로 기울어지고 말았다. 나의 새로운 선생님은 무미건조한 지식을 주는 대신, 신을 향한 동경의 불씨를 더욱 부채질하셨기 때문이다.

아버지는 모르고 계셨지만 스와미 케발라난다는 라히리 마하사야의 뛰어난 제자였다. 비길 데 없이 위대한 구루 라히리 마하사야에게는 수천 명의 제자들이 있었는데, 대부분 신성한 자력과도 같은 어떤 힘에 의해 그에게 불가항력적으로 조용히 이끌려왔다. 나는 나중에 라히리 마하사야가 케발라난다를 종종 리쉬rishi,[*] 즉 '뛰어난 현인'이라고 불렀다는 사실을 알게 되었다.[**]

선생님의 잘생긴 얼굴은 곱슬곱슬한 머릿결이 멋진 윤곽을 그리고

---

[*] 문자 그대로는 '보는 자'라는 뜻이다. 리쉬들이야말로 저 오랜 옛날에 베다를 저술한 인물들이다.

[**] 우리가 만났을 당시 케발라난다는 아직 스와미 교단에 입문하지 않은 상태였고, 사람들은 그를 일반적으로 '샤스트리 마하사야'라고 불렀다. 라히리 마하사야 및 대사 마하사야(제9장 참고)의 이름과 혼동되는 것을 피하기 위해, 여기서는 나중에 샤스트리 마하사야가 스와미 교단에 입문하고 나서 얻은 이름인 스와미 케발라난다라고만 지칭한다. 그의 전기가 최근에 벵골어로 출판되었다. 1863년에 벵골의 쿨나 지방에서 태어난 케발라난다는 바라나시에서 68세를 일기로 세상을 떠났다. 그의 속명俗名은 아슈토시 차테르지였다.

있었으며, 어린아이처럼 투명한 눈동자에는 정직성이 깃들어 있었다. 조그만 체구가 만드는 움직임에서 항상 여유와 침착성이 묻어났다. 언제나 부드럽고 자애로운 그는 무한의식 속에 확고히 자리 잡고 있었다. 우리는 크리야 명상에 깊이 잠겨 행복한 시간을 보낼 때가 많았다.

케발라난다는 고대 샤스트라(경전)의 유명한 권위자였다. 그는 '샤스트리 마하사야'라는 이름을 얻을 만큼 박학다식해서 보통 그렇게 불렸다. 그러나 나의 산스크리트어 공부는 지지부진했다. 나는 기회 있을 때마다 지루한 문법 공부는 제쳐놓고 요가와 라히리 마하사야에 대한 이야기만 들으려 했다. 선생님은 어느 날 특별히 자신의 스승과 관련된 경험담을 들려주는 은혜를 베푸셨다.

"참으로 다행스럽게도 나는 10년간 라히리 마하사야님 곁에 머물 수 있었다. 바라나시에 있는 그분의 집은 내가 매일 밤 찾는 순례지였다. 구루는 언제나 1층 현관께에 있는 조그만 방에 계셨다. 그분은 등받이 없는 나무의자에 결가부좌로 앉고, 제자들은 반원을 이루고 그 주위에 둘러앉았다. 그분의 눈은 신성함이 깃든 기쁨으로 반짝이며 춤을 추고 있었다. 두 눈은 언제나 반쯤 감긴 상태였는데, 내면의 천리안을 통해 영원한 기쁨의 영역까지 응시하고 있었다. 그분은 길게 이야기하는 일이 거의 없었다. 때때로 도움을 필요로 하는 제자를 응시하고, 치유의 말을 강렬한 빛다발처럼 쏟아주곤 했다.

스승의 시선을 접하면 내 안에서는 말할 수 없이 커다란 평화가 활짝 피어났다. 스승에게는 불멸의 연꽃에서 나오는 듯한 향기가 풍겨왔고, 그것은 내 온몸에 스며들었다. 스승과 함께 있으면, 며칠 동안 아무런 대화가 없어도 그 자체만으로도 나의 존재 전체가 변화하는 경험을 하곤 했다.

집중하는 과정 속에서 눈에 보이지 않는 장벽이 생기면, 나는 구루의 발밑에 앉아 명상에 잠겼다. 그러면 혼란스러운 상태가 말끔히 사라졌다. 나는 다른 스승을 찾지 않았다. 스승은 살아 있는 신전이었으며, 그 비밀의 문은 귀의하는 모든 제자들에게 열려 있었다.

라히리 마하사야는 책에 의존하는 경전 해석가가 아니었다. 그분은 힘들이지 않고 '신의 장서'를 섭렵했다. 그분의 전지全知의 샘에서는 최고의 말씀과 생각이 그대로 넘쳐흘렀다. 그리고 오랜 옛날의 베다*들 속에 감춰진 심오한 철학적 이치를 놀라운 형안으로 밝혀냈다.

고대 경전들 속에 언급된 상이한 의식 수준들에 대해 설명해달라고 요청하면, 그분은 미소를 머금으면서 승낙해주었다.

「내가 그 상태들을 실행해 보이겠다. 그리고 내가 도달한 경지를 그때마다 너희에게 일러주리라.」

이처럼 그분은, 기억 속에 있는 경전 이야기를 인용하여 전혀 비현실적인 요약정리나 해주는 선생들과는 근본적으로 달랐다.

「네 마음에 의미가 떠오르는 대로 그 성구聖句를 해설해 보아라.」

과묵한 구루는 종종 곁에 있는 제자를 이렇게 지도했다.

「내가 네 생각을 이끌어줄 것이니 올바른 해설이 이루어지리라.」

---

* 고대의 네 가지 베다는 100권이 넘는 현존 정전正典으로 이루어져 있다. 에머슨은 자신의 일기에 베다 사상에 대해 이렇게 찬양했다.
"그 숭고함은 태양의 열기와 같고, 밤과 같고, 숨을 죽인 바다와 같다. 여기에는 모든 종교적 감성이 들어 있고, 모든 위대한 윤리가 깃들어 개개의 고결한 시심을 두드린다. ······ 이 책을 멀리하는 것은 어리석은 일이다. 숲속에 있거나 배를 타고 연못에 떠 있다고 믿는다 해도 자연은 내 눈앞에 브라민Brahmin을 만들어준다. 영원한 필연성, 영원한 보상, 무한한 힘, 깨지지 않는 침묵. 이것이 그 교의敎義이다. 이 책은 나에게 말한다. 평화와 순수와 절대적 포기. ······ 이것들이 모든 죄를 씻어주고 우리를 여덟 신의 왕국으로 인도해주는 만병통치약이라고."

이런 식으로 라히리 마하사야의 깨달음을 여러 제자들이 기록하여 이를 토대로 방대한 주석서가 만들어졌다.

　　스승은 결코 맹목적인 신앙을 강요하지 않았다. 그분은 말씀하였다. 「말이란 껍데기일 뿐이다. 스스로 명상하는 중에 이루어지는 기쁜 만남을 통해서 신의 존재를 확신하도록 해라.」

　　제자들의 문제가 무엇이든지 간에 구루는 해결책으로 크리야 요가를 권하였다.

　　「내가 더 이상 너희를 인도하는 육신 속에 존재하지 않을 때, 요가의 열쇠는 그 힘을 발휘할 것이다. 이 기술은 이론적인 영감으로 취급되어 책으로 묶이거나 서류로 보관되어 망각될 수 없다. 그것의 진짜 힘은 수행에 있다. 크리야를 통해서, 끊임없이 너희들이 추구하는 자유를 향한 길로 정진해 나아가라.」

　　크리야는 인간이 무한을 추구하는 과정에서 계발된 기법으로서 자기 노력을 통해 구원을 이루는 가장 효과적인 장치라고 나 또한 생각한다."

　　케발라난다는 다음과 같은 진지한 증언으로 결론을 맺었다.

　　"그 수행을 통해, 모든 인간의 내면에 감춰진 전능한 신이 라히리 마하사야와 그의 많은 제자들의 육신을 빌려 눈에 보이도록 나타난 것이다."

　　그리스도가 행한 것과 같은 기적이 라히리 마하사야에 의해 케발라난다가 보는 자리에서 벌어졌다고 한다. 성자와 같은 나의 스승이 그 이야기를 자세히 들려주던 날, 그의 눈은 이미 우리 앞의 탁자 위에 펼쳐진 산스크리트어 교본을 멀리 떠나 있었다.

　　"눈먼 제자 라무가 내 속에 잠재된 연민의 마음을 강하게 불러일으컸다. 그가 신성으로 충만하게 빛나는 우리 스승에게 지극한 정성을 바친다면, 그의 두 눈이 광명을 찾지 않을까 하는 생각이 들었다. 어느 날 아침 나는 그저 몇 마디 이야기를 나누려고 라무를 찾아갔다. 그는 손으로 만든 야자잎 풍카*로 몇 시간 동안이나 끈기 있게 구루께 부채질을 해드리고 있었다.

이윽고 라무가 방을 나오자 그를 따라갔다.

「라무, 자네 언제부터 눈이 보이지 않았는가?」

「태어날 때부터입니다, 선생님! 아직 한 번도 두 눈으로 빛나는 태양을 바라보는 축복을 누리지 못했습니다.」

「우리의 전능하신 구루께서 자네를 도와주실 수 있을 거야. 간청을 해보게나.」

다음 날 라무는 머뭇거리는 태도로 라히리 마하사야를 찾아가 뵈었다. 그는 정신적 풍요에 더해 육체적 풍요까지 바라는 것을 매우 부끄럽게 생각했다.

「스승님, 우주를 밝히는 분이 당신 안에 계십니다. 그분의 빛이 제 눈에도 닿게 하여 제가 햇빛을 조금이라도 볼 수 있게 해주시기를 간청드립니다.」

「라무, 누군가가 나를 난처한 입장에 빠지게 만들었구나. 나에게는 치유 능력이 없다.」

「스승님, 당신 안에 계신 무한자께서는 저를 능히 고쳐주실 수 있습니다.」

「그것은 진실로 다른 문제이다. 그래, 라무야. 신의 한계는 어느 곳

---

* 천장에 매달고 노끈으로 움직이는 큰 부채

에도 없다! 신비한 생명의 광휘로 별과 육신의 세포에 불을 붙이는 그분은 네 두 눈에도 밝은 시야를 열어주실 수 있다.」

스승은 라무의 양 미간<sup>*</sup>에 손을 대셨다.

「네 의식을 계속 그곳에 집중시키고 이레 동안 예지자 라마<sup>**</sup>의 이름을 계속 불러라. 태양의 광채가 너에게 특별한 빛을 밝혀주리라.」

과연 일주일이 지나자 그대로 실현되었다. 라무는 처음으로 자연의 아름다운 모습을 보게 되었다. '전능한 분'은 틀림없는 지혜로써 자신의 제자에게 모든 성자들 중에서 가장 존경하는 라마의 이름을 반복하도록 지시하셨다. 라무의 신앙이 땅을 일구었고, 거기에 영속적인 치유라는 구루의 강력한 씨앗이 싹을 틔운 것이다."

케발라난다는 잠시 침묵을 지키더니 구루에 대한 찬사를 계속 이어갔다.

"라히리 마하사야는 자신이 행한 모든 기적들 속에서 에고 자체를 원인이 되는 힘으로 간주하는 에고 원리<sup>***</sup>를 결코 허용하지 않았다. 라무가 최고의 치유력에 완전히 자신을 내맡겼기 때문에, 스승은 신의 에너지가 그에게 자유로이 흐르도록 한 것이다.

라히리 마하사야를 통해 극적으로 치유된 수많은 육신들도 마침내는 화장터에서 한 줌의 재로 변했다. 그러나 그분이 일깨운 조용한 정신적 각성과, 그분이 성장시킨 그리스도적인 제자들은 그분이 행한 영

---

* '유일한 눈', 즉 영안心眼이 있는 자리. 임종 시에 인간의 의식은 보통 이 신성한 지점에 모인다. 이것은 죽은 사람의 눈동자가 위로 치켜지는 현상과 관련된다.
** 산스크리트 서사시 『라마야나』의 중심이 되는 신성한 인물
*** '이기주의', 즉 아한카라('내가 한다'는 뜻)는 이원론 혹은 마야의 환영을 일으키는 근본 원인이다. 아한카라 때문에 주체(에고)가 객체처럼 보인다. 결과적으로 피조물이 자기 자신을 창조주로 잘못 상상하게 되는 것이다.

원한 기적의 증표이다."

　나는 산스크리트어 학자가 될 수 없었다. 케발라난다가 그보다 훨씬 더 신성한 문법을 가르쳤기 때문이다.

# 05

# 향기를 만드는
# 성자

"천하의 범사가 기한이 있고 모든 목적이 이
루어질 때가 있나니."*

나는 나를 위안해줄 솔로몬의 이런 지혜를 알지 못했다. 집을 벗어
날 때마다 미리 운명적으로 준비된 구루의 얼굴을 만날까 싶어 주위를
열심히 살펴보곤 했다. 그러나 나의 길이 구루의 길과 만난 것은 고등
학교를 졸업한 다음이었다.

아마르와 함께 히말라야로 달아났던 시기와 스리 유크테스와르가
나의 삶 속으로 들어온 역사적인 날 사이에는 2년이라는 간격이 있었
다. 그동안 나는 많은 성자들을 만났는데 '향기의 성자', '호랑이 스와

---

* 『전도서』 3:1

미' 나겐드라 나트 브하두리, 대사大師 마하사야, 그리고 저 유명한 벵골인 과학자 자가디스 찬드라 보세가 바로 그들이다.

내가 향기의 성자를 만나기 전에 두 가지 서곡이 있었다. 하나는 조화로운 것이고, 다른 하나는 재미있는 것이다.

"신은 단순하다. 그 이외의 모든 것은 복잡하다. 자연의 상대적 세계에서 절대적인 가치들을 추구하지 말라."

힌두 사원의 칼리*상 앞에 조용히 서 있을 때, 이러한 철학적 결론이 부드럽게 내 귀에 흘러들었다. 뒤를 돌아보니 복장으로, 아니 복장 때문이 아니더라도 유랑 중인 사두임을 금방 알 수 있는 키 큰 사람이 서 있었다.

나는 고맙다는 뜻으로 웃음을 지으며 말했다.

"아, 실로 혼란에 빠진 제 생각을 꿰뚫어보셨군요! 칼리가 상징하는 것처럼, 자연에 존재하는 자비와 무자비 사이의 혼란은 저보다 더 현명한 사람들까지도 당황하게 만드나 봅니다!"

"자연의 신비를 해결하는 자는 거의 없지! 선과 악은 삶이 모든 지성 앞에 던져놓은, 풀어볼 만한 스핑크스 같은 수수께끼라네. 대부분의 사람들이 시도해보지만 아무 해답도 못 찾고 테베** 시대와 마찬가지로 지금도 자신의 삶 자체를 벌금으로 지불하고 있는 셈이지. 때때로 우뚝 솟은 뛰어난 인물만이 외로이 그 비밀을 알아내서 패배의 비애를

---

* 칼리는 자연에 내재하는 영원한 원리를 나타낸다. 전통적으로 시바 신의 형상 위에 서 있고 팔이 네 개인 여성의 모습으로 묘사된다. 자연 혹은 현상계가 본체Noumenon에 뿌리를 내리고 있기 때문이다. 네 개의 팔은 기본적인 속성들을 상징한다. 두 개는 건설의 속성이고, 두 개는 파괴의 속성을 나타내는데, 이는 결국 물질(창조 세계)의 필연적 이원성을 뜻한다.

** 옛 이집트의 수도

초월한다네. 그런 인물은 이원성의 마야maya*에서 더 이상 쪼갤 수 없는 합일의 진리를 추출해내지."

"선생님은 확신을 가지고 말씀하시는군요."

"나는 오랫동안 정직한 자기 성찰을 수행해오고 있네. 지혜를 향한 아주 예리하고 고통스러운 접근이라네. 스스로를 면밀히 조사하고, 자기 생각을 냉정하게 관찰하는 일은 엄격하면서도 충격적인 경험이지. 그것은 가장 강한 에고(자아)도 분쇄할 수 있다네. 진정한 자기 분석은 수학적으로 작동해서 예언자를 낳게 되지. 개별성을 용인하는 소위 '자기 표현' 방식은 신과 우주에 대해 각각 해석할 권리가 있다고 굳게 믿는 자기 중심주의자를 낳는다네."

"그처럼 오만한 독창성 앞에서라면 진리는 분명히 초라하게 물러날 것입니다."

나는 토론을 즐기고 있었다.

"인간이 영원한 진리를 이해하기 위해서는 스스로 위선의 껍질을 벗어던져야 한다네. 백년 묵은 악취에 절어 있는 인간의 마음은 역겹도록 무수한 세상의 미망으로 가득 차 있지. 인간이 먼저 내부의 적과

---

* 우주의 환영. 문자 그대로는 '측정하는 자'라는 뜻이다. 마야는 측정할 수 없고 나눌 수 없는 절대의 세계에 한계와 구분이 있는 것처럼 보이게 하는 창조의 마력이다. 에머슨은 〈마야〉라는 시에서 다음과 같이 노래했다.

환영의 작품은 꿰뚫을 수 없고,
직조하는 거미줄은 셀 수 없다.
환영의 화려한 그림은 실패하지 않고,
군중은 서로서로 장막에 장막을 친다.
속기를 갈망하는 인간 때문에
마법사는 마술에 성공한다.

싸우는 이러한 상황에 비한다면, 실제 전쟁터의 싸움은 그렇게 큰 문제도 아니지. 이 내부의 적들은 무력으로는 절대로 이길 수 없거든. 무지막지한 욕망의 군대는 언제 어디서나 끊임없이, 우리가 잠들어 있을 때라도 독을 품은 무기를 교묘하게 갖추고 모두를 파괴하기 위해 덤벼들지. 자신의 이상을 묻어버리고 세속인의 보편적인 운명에 굴복하고 마는 사람은 지각이 없는 사람이라네. 그런 사람은 무능하고 목석 같은 존재밖에 더 되겠는가?"

"존경하는 선생님, 선생님은 갈 길을 모르고 혼란에 빠져 있는 대중에게 연민의 정을 느끼지 않으십니까?"

성자는 잠시 침묵하더니 비유를 담은 표현으로 대답했다.

"모든 미덕의 보고인 보이지 않는 신과, 분명히 아무것도 갖추지 못한 보이는 인간을 동시에 사랑하는 것은 종종 우리를 당혹스럽게 만들지. 그러나 지혜를 활용하면 능히 그런 혼란을 감당해낼 수 있다네.

내면을 탐구하면 곧 모든 인간의 마음속에 통일성이 드러나는데, 그것은 이기적 동기가 강한 혈연성 같은 것이네. 적어도 한 가지 점에서는 인간의 형제애가 드러나는 셈이지. 이처럼 모두가 한 형제라는 깨달음에서부터 놀랍도록 겸손한 마음이 생겨난다네. 이러한 마음은 영혼의 치유력을 미처 알지 못하는 이웃들을 향한 동정심으로 성숙해 나가지."

"모든 시대의 성자들이 선생님처럼 세상의 비애에 대해 연민의 정을 느껴왔지요."

"천박한 인간만이 다른 사람의 고통에 대해 눈을 감을 수 있는데, 그것은 편협한 자기 고통 속으로만 잠기기 때문이지."

사두의 근엄한 얼굴이 눈에 띄게 부드러워졌다.

"냉철한 지성으로 자신을 해부할 줄 아는 사람은 우주적 연민의 확장 현상을 알게 되네. 그는 귀가 먹을 정도로 질러대는 에고의 요구들로부터 자유롭지. 신의 사랑은 그러한 토양에서 꽃을 피우는 법이야. 인간이 결국 자신을 창조한 창조주에게 의지하는 것은, 감당할 길 없는 고뇌의 심연 속에서, '신이여, 왜입니까?' 하고 묻게 되는 단계에서 일어나는 사건이라네. 고통의 무자비한 채찍을 맞고서 인간은 마침내 무한존재 속으로 내몰리는데, 무한존재의 아름다움만이 그를 끌어당길 수 있지."

그 성자와 만난 곳은 유명한 장관을 구경하러 갔던 캘커타의 칼리가트 사원이었다. 우연히 만난 내 길동무는 그 화려한 유적을 한번 휙 하고 쓸어버리는 시늉을 하더니 모든 격식을 벗어던진 채 발걸음을 떼기 시작했다.

"벽돌과 회반죽이 귀에 들리는 노래를 부를 수는 없지. 그 속에 담긴 존재의 노래에만 마음을 기울여야 하네."

우리는 기분 좋은 햇살을 맞으며 입구 쪽으로 걸었다. 입구에는 많은 순례객이 이리저리 몰려다니고 있었다.

성자는 나를 주의 깊게 관찰했다.

"자네는 젊군! 인도 또한 젊지. 옛날의 리쉬들은 뿌리 깊은 영적 삶의 양식을 전해주셨네. 그 고색창연한 말씀들이 오늘날까지도 이 땅에 충만하지. 이런 교훈은 시대에 뒤떨어지지 않고 유물론의 교활한 지혜까지도 포용해가면서 지금까지 인도의 형체를 만들고 있다네. 이 전통은, 놀라움을 금치 못하는 학자들이 추정하는 시기 이상으로 오래 전인 수천 년 전부터 이어져온 것이라네. 회의주의의 시대도 이제 베다의 가치를 인정하게 되었지. 그것을 자네의 유산으로 받아들이게."

내가 그 감동적인 성자에게 정중하게 작별 인사를 드리자, 그는 다음과 같은 예언적인 말을 남겼다.

"오늘 이 자리를 떠난 다음에 자네는 범상치 않은 경험을 하게 될 걸세."

나는 사원 구역을 벗어나서 정처 없이 걸었다. 그러다가 어느 길모퉁이를 돌아서서 옛 친구를 만났는데, 그는 한번 시작하면 시간 가는 줄 모르고 끝없이 이야기를 퍼부어대는 친구였다. 그는 나를 붙들고 이렇게 말했다.

"잠깐만 얘기하고 너를 보내줄게. 우리가 서로 헤어져 있던 몇 년간의 이야기를 모두 나에게 들려준다면 말이야."

"무슨 엉뚱한 소리야! 나는 지금 가봐야 해."

그러나 그는 내 팔을 붙잡고 그동안의 재미있었던 이야기들을 해달라고 졸라댔다. 그는 굶주린 늑대 같았다. 내가 이야기를 많이 꺼낼수록, 더욱더 게걸스럽게 새로운 사실들을 캐내려고 킁킁댈 터였다. 그래서 속으로 이 궁지를 모면할 멋진 방법을 마련해달라고 칼리 여신에게 간청했다.

그러자 갑자기 그가 내 곁을 떠나갔다. 나는 안도의 한숨을 쉬면서, 다시 그에게 붙잡혀 수다를 들을까봐 보통 때보다 두 배나 빨리 걸었다. 뒤에서 급히 쫓아오는 발소리가 들렸다. 나는 더욱 빠르게 걸었다. 뒤를 돌아다볼 용기도 없었다. 그러나 그 친구는 단숨에 쫓아와서 쾌활하게 내 어깨를 쳤다.

"너에게 간다 바바(향기의 성자) 이야기를 해준다는 걸 깜빡했어. 저기, 저 집에 살고 있거든."

말을 마치면서 그가 몇 미터 떨어진 곳의 집 한 채를 가리켰다.

"그를 만나봐. 참 재미있는 사람이야. 너는 특별한 경험을 하게 될 거야. 또 보자."

이번에는 그가 진짜로 돌아갔다. 칼리가트 사원에서 사두가 해주었던 비슷한 예언이 마음속에서 섬광처럼 스쳐 지나갔다.

호기심을 잔뜩 품고 그 집에 들어선 나는 어느 널찍한 방으로 안내되었다. 거기에는 많은 사람들이 짙은 오렌지색 양탄자 위 여기저기에 동양식으로 앉아 있었다. 누군가가 내 귀에 엄숙한 목소리로 속삭였다.

"표범 가죽 위에 앉아 있는 간다 바바를 주의해서 보세요. 그는 향기가 없는 꽃에서 어떤 꽃의 자연향이라도 풍겨나게 할 뿐만 아니라 시든 꽃을 다시 피울 수도 있고, 사람의 피부에서 아름다운 향기가 발산되게 할 수도 있어요."

그 성자를 정면으로 바라본 순간, 그도 나에게 눈길을 던졌다. 그는 뚱뚱한 체구에 수염이 나 있었고, 까무잡잡한 피부에 커다란 두 눈이 환히 빛났다.

"젊은이, 만나서 반갑네. 자네가 원하는 것을 말해보게. 향기를 좀 맡아보지 않겠나?"

"무엇 때문이지요?"

나는 그의 말이 약간 어린애 같다고 생각했다.

"향기를 즐기는 신기한 방법을 경험하기 위해서지."

"향기를 만드는 데도 신을 이용하시나요?"

"그게 무슨 말인가? 아무튼 향기는 신이 만드신다네."

"그렇지요. 그러나 신이 만드시는 향기는 싱싱한 꽃잎들 속에서 우러났다가 꽃잎과 함께 사라지지요. 선생님은 꽃을 실체화시킬 수 있으십니까?"

"그렇다네. 그렇지만 나는 보통 향기를 만들어내지, 젊은 친구."

"그러면 향수 공장들이 문을 닫게 되겠군요."

"향수 사업을 방해할 생각은 없네. 나는 다만 신의 능력을 드러내고자 할 따름이야."

"선생님, 신을 증명할 필요가 있습니까? 신은 모든 곳에서 모든 일을 통해 기적을 행하고 계시지 않습니까?"

"그렇긴 하지만 우리 역시 신이 가진 무한한 창조적 다양성을 나타내야 한다네."

"그런 기술을 습득하는 데 얼마나 걸리셨나요?"

"12년."

"아스트랄계(영적 세계)를 통해 향기를 만들어내는 데 말이죠? 제 생각으로는, 꽃가게에서 몇 루피면 살 수 있는 향기를 위해서 12년을 낭비하신 것 같습니다."

"향기는 꽃과 더불어 사라지지."

"향기는 죽음과 더불어 사라지죠. 제가 왜 육신만을 즐겁게 할 뿐인 향기를 갈구해야 하나요?"

"철학자 선생, 자네가 마음에 드는군. 자, 이제 오른손을 뻗어보게."

그는 축복을 내리는 동작을 취했다. 나는 간다 바바에게서 1~2미터 떨어져 있었다. 다른 사람들도 내 몸에 손이 닿을 거리에 있지 않았다. 내가 손을 내밀었지만 요기는 내 손을 건드리지 않았다.

"어떤 향기를 원하는가?"

"장미요."

"그렇게 되어라."

정말 놀랍게도 매혹적인 장미 향기가 내 손바닥 가운데서 강렬하게 풍겨나왔다. 나는 웃으면서 옆에 놓인 꽃병에서 희고 커다란 향기 없는 꽃을 한 송이 뽑아 들었다.

"이 향기 없는 꽃에서 재스민 향을 풍기게 할 수 있나요?"

"그렇게 되어라."

꽃잎들에서 즉시 재스민 향기가 풍겨나왔다. 나는 기적의 시범자에게 감사를 드리고 그의 제자 옆에 앉았다. 제자는 간다 바바의 원래 이름이 비슛다난다이며, 티벳의 스승에게서 놀라운 요가 비법들을 많이 배웠다는 사실을 알려주었다. 그 티벳 요기의 나이가 천 살이 넘는다는 것도 말해주었다.

"그의 제자인 간다 바바께서는 당신이 방금 목격한 것처럼 항상 간단한 말로 향기의 기적만을 행하시는 게 아닙니다."

제자는 자기 스승에 대해 상당한 자부심을 가지고 있었다.

"그 방법은 대단히 많은데, 그때그때 스승의 기분에 따라서 달라지지요. 참으로 놀라운 분입니다! 그의 제자가 된 캘커타의 지성인들도 많아요."

나만은 그 축에 끼지 않겠다고 다짐했다. 말 그대로 너무 '놀라운' 능력을 가진 구루는 내 관심 대상이 아니었다. 나는 간다 바바에게 정중히 감사드리고 그곳을 나왔다. 집으로 천천히 걸어오면서, 그날 있었던 서로 다른 세 번의 만남에 대해 곰곰이 생각해보았다.

집에 돌아와서 문 안으로 들어서는 길에 우마 누나와 마주쳤다.

"향수까지 사용하다니, 점점 멋을 부리는구나."

나는 아무 말 없이 내 손을 내밀고 냄새를 한번 맡아보라는 시늉을 했다.

"어머나! 정말 근사한 장미 향기구나. 이건 특별히 강한데!"

'정말 별난' 일이라고 생각하면서, 나는 조용히 누나의 코 밑에 영적인 향기가 담긴 꽃을 갖다댔다.

"어머나, 재스민 향기!"

누나는 꽃을 움켜잡았다. 분명 향기가 없는 꽃인데도 재스민 향기가 풍겼으니 꽃 냄새를 여러 번 맡아보는 누나의 표정에는 놀란 기색이 점점 완연해졌다. 누나의 반응은 간다 바바가 나만 향기를 맡을 수 있도록 최면 상태로 유도한 것이 아니라는 뜻이었다.

나중에 나는 친구 알라카난다에게서 '향기의 성자'가 지닌 능력에 대한 이야기를 들었다. 그 능력은 이 세상의 굶어 죽어가는 수백만 사람들도 지니면 좋겠다 싶은 그런 것이었다. 알라카난다의 이야기는 이러했다.

"나는 부르드완에 있는 간다 바바의 집에 모인 백 명 정도의 다른 손님들과 함께 있었어. 그때가 축제 기간이었거든. 그 요기는 아무것도 없는 공기에서 물건들을 뽑아내는 능력으로 유명했기 때문에 나는 웃으면서 그에게 이미 제철이 지난 감귤 몇 개를 만들어달라고 했지. 그러자 바나나 잎사귀 접시에 담아서 손님들에게 돌렸던 루치*들이 즉각 부풀어오르는 거야. 부풀어오른 빵을 갈라보니, 그 속에 껍질이 벗겨진 감귤이 하나씩 들어 있더라고! 약간 두려움을 느끼면서 내 빵 속에 들어 있는 감귤을 씹어보았는데, 맛이 달콤했어."

그 후 여러 해가 지난 다음, 나는 내면의 깨달음을 통해서 간다 바바

---

* 인도에서 먹는 납작하고 둥근 빵

의 그러한 실체화가 어떻게 가능할 수 있었는지를 이해하게 되었다. 그러나 그 방법은 애석하게도 세상의 배고픈 군중들이 손을 뻗을 수 없는 영역에 속해 있었다.

인간이 반응하는 서로 다른 감각적 자극, 즉 촉각, 시각, 청각, 미각, 후각 등의 오감은 전자와 양자의 진동수 차이로 생성된다. 이 진동은 다시 '생명자'(프라나)에 의해 통제되는데, 생명자는 지성의 영역에서 말하면, 다섯 가지 상이한 감각적 관념–질료로 충전된 미묘한 생명력으로서 원자보다 더 섬세한 에너지이다.

간다 바바는 요가의 한 기법으로 자기 자신을 프라나의 힘에 공명시킴으로써 생명자들이 진동 구조를 재배열하도록 유도해서 원하는 결과를 실체화시킬 수 있었던 것이다. 그가 만든 향기나 과일, 그 밖의 기적들은 평범한 진동에 의해 생성된 실제 물질로, 최면기법으로 생성된 내면의 감각이 절대 아니었다.*

최면술은 마취제가 위험할지도 모르는 환자를 수술할 때 의사가 일

---

* 일반인들은 20세기 과학의 엄청난 흐름을 채 따라잡지 못하고 있다. 금속의 변성과 기타 연금술의 '꿈'도 세계 전역의 과학 중심지에서 매일같이 실현되는 광경을 목격할 수 있다. 프랑스의 저명한 화학자 조지 클로드는 1928년 퐁텐블로에서 열린 과학자협회 모임에서, 산소 변환에 대한 화학 지식을 통해 '기적'을 연출했다. 그가 사용한 '마법의 지팡이'는 탁자 위에 놓인 튜브 안에서 부글거리는 산소뿐이었다. 이 과학자는 한 줌의 모래를 보석들로 바꾸는가 하면, 쇠를 초콜릿처럼 용해된 상태로 만들기도 했으며, 꽃에서 색조를 제거한 다음에 꽃을 마치 유리처럼 바꿔놓았다. "클로드 박사는 산소의 변환을 통해, 바다가 엄청난 마력을 발생시키는 방법, 끓고 있는 물이 반드시 끓고 있는 것은 아니라는 사실, 산소 취관을 한 번 불어서 작은 모래언덕을 사파이어와 루비와 토파즈로 바꾸는 방법 등을 설명했고, 잠수 장비를 갖추지 않고서도 해저를 걸을 수 있는 날이 온다고 예언했다. 끝으로 이 과학자는 태양 광선에서 붉은색을 취하여 관객들의 얼굴빛을 검게 만들어서 그들을 경악시켰다."
이 저명한 프랑스 과학자는 팽창 방식(공기 중에서 다양한 기체를 분리한다)으로 액화 공기를 만들고, 바닷물의 온도 차이를 활용할 수 있는 다양한 방책을 고안해냈다.

종의 심리적인 클로로포름*으로 사용해왔다. 그러나 최면 상태를 반복해서 경험하면 해로운 결과가 발생할 수도 있다. 한동안 뇌세포를 혼돈스럽게 해서 심리적으로 나쁜 영향을 끼치기 때문이다. 최면술은 다른 사람의 의식의 영역으로 침입하는 것이다.**

최면술에 의한 일시적 현상은 신성한 깨달음에 이른 사람이 행하는 기적들과 전혀 무관하다. 신 안에서 깨어 있는 진정한 성자들은 '우주의 꿈의 창조주'***에게 조화롭게 동조되는 의지를 활용해서 이 꿈의 세계에 변화를 만들어낸다.

'향기의 성자'가 보여준 기적은 흥미롭기는 하지만 영적으로는 가치가 없다. 즐긴다는 것 말고는 별다른 목적성이 없으며, 신을 향한 진지한 탐구의 길에서 본다면 옆길로 빗나가는 행위이다.

특별한 능력을 과시하는 행위는 성자들에게 비난의 대상이 된다. 언젠가 페르시아의 신비가 아부 사이드는, 물속에 잠길 수도 있고, 공중에 뜰 수도 있고, 동시에 여러 곳에 존재할 수 있는 기적을 자랑하는 어떤 파키르(이슬람 수도승)들을 비웃었다. 그는 점잖게 비꼬면서 지적

---

* 마취제의 일종

** 서구 심리학자들이 이룬 의식 연구는 주로 정신의학과 정신분석학을 통해 취급되는 잠재의식과 정신병의 탐구에 국한되어 있다. 정상적인 정신 상태의 기원이나 근본적인 형성에 대한 연구, 그 정서적·의지적 표현 양상에 대한 연구는 거의 없는 상태인데, 인도 철학에서는 오히려 이것이 근본 주제이다. 상크야Sankhya와 요가 체계에서는 정상적인 의식의 변경에서 나타나는 여러 단계에 대한 설명과 아울러 붓디(차별지差別知), 아한카라(자의식, 에고) 및 마나(마음 또는 감각하는 의식) 등의 특징적 기능에 대한 설명이 상세하게 다뤄지고 있다.

*** "우주는 모든 부분 하나하나에 표현되어 있다. 모든 것은 하나의 감추어진 질료로 만들어진다. 온 세상이 하나의 이슬방울 속에 깃들 수 있다. (중략) 편재의 진정한 교의는 신이 모든 이끼와 거미줄 안에도 자신의 부품들과 함께 모습을 드러낸다는 점이다."—에머슨, 『보상Compensation』

했다.

"개구리도 물속에 집을 짓고 산다! 까마귀와 독수리는 쉽게 공중을 날고, 악마는 동시에 동쪽과 서쪽에 모습을 나타낸다! 진정한 인간이란, 이웃들과 어울려 살면서 정의를 실현하고 사고파는 행위를 하면서도 단 한순간도 신을 망각하는 일이 없는 그런 사람이다!"*

이 위대한 페르시아의 스승은 또 종교 생활에 대한 견해를 다음과

---

* "사고파는 행위를 하고 있을 때라도 결코 신을 망각하지 않는다!" 이것은 손과 마음이 조화롭게 함께 일하는 이상을 표현한 말이다. 비판적인 시각을 가진 서양의 일부 학자들은, 힌두교의 목표가 활동하지 않는 반사회적 은둔을 강조하는 소극적인 '도피'라고 주장한다. 그러나 베다에 있는 인생의 4단계 계획은, 일반 대중이 따르기에 적합하도록 제대로 균형이 잡혀 있다. 인생의 반은 공부와 가정의 의무를 행하고, 나머지 반은 사색과 명상 수행을 하도록 강조하고 있다.

젊은 시절의 독신(미혼) 수행은 참나 속에 자리 잡는 데 필요한 과정이다. 깨달음을 얻은 후에는 스승이 되어 가르침을 펴기 위해 다시 세상으로 돌아온다. 외부 일에 전혀 간여하지 않는 성자들이라도 자신의 사념과 신성한 진동을 통해서, 깨달음을 얻지 못한 인간이 성취할 수 있는 가장 높은 차원의 인도주의적 행위보다 훨씬 더 가치 있는 이익을 세상에 제공하는 것이다. 이러한 위대한 성자들은 각자 자신의 길을 가면서, 가끔씩 혹독한 비판을 받으면서도 아무 사심 없이 이웃들을 고무하고 고양하는 노력을 실천한다. 힌두교의 종교적, 사회적 이상이 단지 소극적인 것만은 아니다. 『마하바라타』에서 '사칼로 다르마'(전체적 미덕)라 불리는, '해침이 없음'이란 뜻의 아힘사ahimsa는 적극적인 명령의 말인데, 그것은 개념상 '어떤 방식으로든 남을 돕지 않는 사람은 남을 해치고 있는 것'이라는 내용을 포함하고 있기 때문이다.

『바가바드기타』III:4-8에서는 행위가 인간의 본성 자체에 내재되어 있다는 사실을 지적한다. 게으름은 '악행'인 것이다.

"행위를 하지 않음으로써 행위로부터 벗어날 자 아무도 없다.

아니, 오히려 포기만을 일삼는 자는 그 누구도 완전함에 이를 수 없다.

아니, 그리고 한순간도, 어느 시간에도, 행위를 하지 않는 때는 누구에게도 없다.

그 본성의 법칙이, 그 마음이 함께하지 않더라도 행위를 하도록 몰아붙인다(생각도 상상 속의 행위이기 때문에).

…… 강한 육신으로 마음을 떠받들고,

가치 있는 일에 전력을 다하며, 얻음을 구하지 않는 자,

아르주나여! 그러한 자가 명예로운 자이니라.

너에게 부여된 임무를 수행하라!"

같이 피력했다.

"네 머릿속에 지닌 것(이기적인 욕망이나 야심)을 버리고, 네 손에 가진 것을 홀가분하게 내주어라. 그리고 불운을 당했다고 좌절하지 말라!"

칼리가트 사원에서 만난 공정한 성자도, 티벳에서 수행한 요기도 구루를 찾는 나의 열망을 충족시키지 못했다. 내 마음은 구루를 알아보도록 도와주는 스승이 따로 필요하지 않았다. 내가 진정한 구루를 만나게 되면, 내 마음속에서 자발적으로 '바로 이 분이다!' 하는 확신이 울려퍼질 것이기 때문이었다.

마침내 나의 구루를 만났을 때, 그분은 숭고한 행위의 표본을 스스로 보여줌으로써 나에게 진정한 인간의 기준을 가르쳐주셨다.

# 06

# 호랑이
# 스와미

　　"호랑이 스와미의 주소를 알아냈어. 내일 찾
아가보자." 이 반가운 제안을 해준 사람은 고등학교 동창인 찬디였다.
나는, 수도자 생활을 하기 이전에 맨손으로 싸워서 호랑이를 사로잡은
경력이 여러 번 있는 그 성자를 몹시 만나고 싶었다. 그처럼 대단한 실
력에 대해 소년다운 열정이 마음속에서 강하게 일었던 것이다.

　다음 날 새벽, 겨울 같은 추위를 무릅쓰고 찬디와 나는 신나게 출발
했다. 우리는 캘커타 교외의 보와니푸르를 여기저기 한참 헤맨 끝에
비로소 그 집을 찾아냈다. 내가 대문에 달린 두 개의 쇠고리를 요란하
게 흔들었다. 시끄러운 소리에도 전혀 서두르는 기색 없이 하인 하나
가 느릿느릿 걸어 나왔다. 하인의 냉소적인 미소에는, 방문객의 소란
정도로는 이 집의 고요를 깨뜨릴 수 없다는 뜻이 함축된 듯했다.

말 없는 힐책을 느끼면서도 친구와 나는 응접실로 안내를 받는 것이 그저 고맙기만 했다. 그곳에서 한참을 기다리자니 좀 불안해졌다. 진정한 구도자는 인내심이 있어야 한다는 것이 인도의 불문율이다. 그래서 스승은 자신을 만나려는 사람의 열성을 일부러 시험하기도 하는데, 이 심리적인 책략을 서양에서는 의사들이 널리 쓰고 있다.

마침내 하인이 부르러 와서 찬디와 나는 거실로 안내되었다. 유명한 소홍* 스와미가 침대 위에 앉아 있었다. 그의 거대한 체구는 우리를 이상하게 감동시켰다. 우리는 놀라서 눈을 커다랗게 뜨고 아무 말도 못하고 서 있었다. 그토록 우람한 가슴과 축구공 같은 이두박근은 처음 보았다. 커다란 목 위에는 사나우면서도 침착해 보이는 얼굴이, 흘러내리는 머리카락과 더불어 턱수염과 콧수염으로 장식되어 있었다. 빛나는 검은 눈동자는 비둘기 같으면서도 한편으로는 호랑이 같은 기질이 엿보였다. 그는 단단한 근육질 허리에 호랑이 가죽만을 둘렀을 뿐 옷은 걸치지 않고 있었다.

친구와 나는 정신을 가다듬고 스와미에게 인사를 드리면서 살벌하기 이를 데 없는 투기장에서 보여준 용감무쌍한 행위에 경의를 표했다.

"사나운 정글의 야수인 벵골호랑이들을 맨주먹으로 어떻게 굴복시켰는지 말씀해주세요."

"젊은이들, 나에게는 호랑이와 싸우는 일이 아무것도 아니야. 필요하다면 지금이라도 할 수 있네."

그는 어린아이같이 웃었다.

---

* '소홍'은 교단에서 사용하는 이름이었다. 일반 대중에게는 '호랑이 스와미'로 알려져 있었다.

"자네들은 호랑이를 그저 호랑이로 여기지만, 나는 호랑이를 고양이쯤으로 알지."

"스와미님, 저도 호랑이가 고양이라고 마음 깊이 다짐할 수는 있지만요, 호랑이 스스로 자기가 고양이라고 믿도록 만들 수 있을까요?"

"물론 완력도 필요해! 호랑이를 고양이로 상상하는 어린아이한테서 승리를 기대하는 사람은 없을 테니까! 강력한 두 주먹이 나의 충분한 무기라네."

그는 우리를 뜰로 데리고 나가더니 벽의 모서리를 주먹으로 쳤다. 벽돌 한 장이 부서져 바닥에 떨어졌다. 이빨이 빠진 것처럼 벽에 뻥 뚫린 구멍 사이로 하늘이 뚜렷이 보였다. 나는 놀라서 움찔했다. 단 한 방에 단단한 벽의 시멘트 벽돌을 부술 정도라면 틀림없이 호랑이 이빨도 날려버릴 수 있을 거라는 생각이 들었다.

"나 정도의 완력을 가진 사람은 많아. 그러나 냉정한 자신감을 동시에 지닌 사람은 드문 것 같네. 육체만 강하고 정신은 그렇지 못한 사람은 정글에서 달려오는 야수의 모습을 보기만 해도 기절하고 말지. 야생 그대로의 난폭성을 지닌 호랑이는 서커스장에서 보는 아편 먹인 짐승하고는 한참 달라!

굉장한 완력을 가진 사람들이 실제로 벵골호랑이의 습격을 받고 비참하게 많이 당했지. 그래서 호랑이는 내심 인간을 고양이쯤으로밖에 여기지 않는 거야. 인간이 아주 힘센 육체와 대단히 강한 정신력으로 호랑이를 역습해서 꼼짝 못하게 만드는 것도 가능한 일이야. 나는 진짜 여러 번 그렇게 했으니까!"

내 앞에 있는 그 장사가 호랑이를 고양이로 바꿔버리는 일을 능히 행할 수 있다는 사실을 정말 기꺼이 믿고 싶었다. 그는 교훈을 주고 싶은 기색이었다. 찬디와 나는 그의 말을 주의 깊게 들었다.

"정신은 육체의 지배자라네. 망치를 휘두르는 힘이 거기에 사용되는 에너지에 좌우되듯이, 인간의 몸이라는 도구에서 나오는 힘은 자신의 적극적인 의지와 용기에 좌우되지. 육신이란 그야말로 정신에 의해서 제조되고 유지되는 것이야. 숱한 전생에서 비롯된 본능의 압력을 통해, 강점이나 약점이 점차 인간 의식 속으로 스며드는 거지. 외형적으로 나약한 원인은 정신에 있네. 그리고 습관에 묶인 육체가 정신을 훼방놓는 악순환이 계속 이어지지. 주인이 하인의 명령을 따르면 하인이 권세를 부리게 되듯이, 정신도 마찬가지로 육체의 지시에 굴복함으로써 육체의 노예가 된다네."

강렬한 인상을 풍기는 스와미는 우리가 간청하자 자신이 살아온 생애의 일면을 들려주었다.

"아주 젊었을 때 나는 호랑이와 싸우겠다는 야망을 품었지. 그때는 뜻은 강했지만 몸이 나약했어."

나는 그의 말을 듣고 놀라서 탄성을 질렀다. 지금은 곰처럼 몸집이 거대한 이 사나이가 예전에는 연약한 모습이었다는 사실이 도무지 믿어지지 않았다.

"내가 약점을 극복할 수 있었던 것은 건강과 힘을 끈질기게 추구했기 때문이야. 그러니까 나로서는 로얄벵골호랑이들을 굴복시킨 진정한 실체가 바로 정신력이었다고 말할 충분한 근거가 있는 걸세."

"그러면 존경하는 스와미님, 저도 호랑이와 싸울 수 있다고 생각하십니까?"

이것이 처음이자 마지막으로 내가 품었던 엉뚱한 야심이었다!

"물론이지."

스와미가 웃으며 말했다.

"그러나 호랑이에는 여러 종류가 있다네. 그중에는 인간의 욕망이라는 정글에서 울부짖는 호랑이도 있지. 의식을 못 가진 짐승을 때려 눕히는 일은 영적으로 별 이득이 없네. 그보다는 내면의 배회자들을 정복하는 것이 뜻있는 일이지."

"선생님은 어떻게 해서 야생 호랑이를 길들이는 일에서 마음속의 야성을 길들이는 길로 방향을 바꿨는지 우리에게 들려주실 수 있나요?"

호랑이 스와미는 침묵 속에 빠져들었다. 그의 눈길은 아련히 지나온 세월의 뭇 광경을 떠올리고 있는 듯했다. 내 부탁을 들어줄지 말지 마음속으로 약간 갈등하는 것 같았다. 마침내 그는 미소를 지으면서 승낙했다.

"내면성이 절정에 달했을 때, 내 자부심이란 실로 대단했다네. 호랑이와 싸우기만 하는 것이 아니라 그놈을 길들여서 사람들 앞에서 묘기를 부리게 할 결심을 했지. 내 욕심은 맹수를 길들여 집에서 기르는 동물처럼 만드는 것이었네. 나는 그런 묘기를 사람들에게 보여주기 시작했고, 또 만족스러운 성공을 거두기도 했지. 그러던 어느 날 저녁에 아버지가 우울한 표정으로 내 방에 들어오셨네.

「애야, 내가 충고해줄 말이 있다. 돌아가는 인과의 수레바퀴에 의해 너에게 닥칠 험한 일을 막고 싶구나.」

「아버지는 운명론자이신가요? 단지 미신 때문에 이렇게 즐거운 일을 중지해야 하나요?」

「나는 운명론자가 아니다. 경전의 가르침대로 인과응보를 믿는 것뿐이란다. 정글의 짐승 무리에게 너에 대한 원한이 쌓여 있을 텐데 언젠가는 그 응보가 너에게 돌아오지 않겠느냐?」

「아버지, 겁주지 마세요! 아버지도 호랑이들이 어떤 짐승인지 잘 아시잖아요. 그놈들은 보기엔 멋있어도 무자비한 맹수예요. 누가 알아요? 내 주먹을 맞고 그 우둔한 머리들이 약간 제정신을 찾을지 말이에요. 나는 그놈들에게 점잖은 태도를 가르치는 밀림 학교의 교장선생이라구요!

아버지, 제발 저를 호랑이를 죽이는 사람이라고 여기지 말고, 길들이는 사람쯤으로 생각해주세요. 제가 이런 선행을 하는데 왜 나쁜 결과가 닥치겠어요? 살아가는 길을 바꾸라는 말씀은 더 이상 안 하셨으면 좋겠어요.」

찬디와 나는 모든 주의를 기울여 들으면서 스와미가 처했던 지난날의 곤경을 이해할 수 있었다. 인도에서는 자녀가 부모의 뜻을 거역한다는 것이 결코 쉬운 일이 아니다.

호랑이 스와미는 이야기를 계속했다.

"애써 침묵을 지키면서 아버지는 내 설명을 들으셨지. 그러고는 다음과 같은 사실을 침통하게 말씀하셨어.

「얘야, 이제 어느 수도승이 말해준 불길한 예언을 얘기하지 않을 수 없구나. 어제 내가 베란다에 앉아서 매일의 일과인 명상을 하고 있는데, 어떤 수도승이 나한테 다가와서 이렇게 말하더구나. '친애하는 벗이여, 나는 당신의 호전적인 아들에 대해서 들려줄 말이 있어서 왔소. 아들의 야만적인 행동을 중지시키도록 하시오. 그렇지 않으면 다음번에 호랑이와 싸우게 될 때는 심한 상처를 입고 여섯 달 동안 빈사 상태로 병석에 누워 있게 될 것이오.' 그런 뒤에 네가 사람이 달라져서 수도승이 될 거라고 말했다.」

이 얘기가 결정적으로 나를 움직이지는 못했네. 나는 아버지가 어느 사기꾼 광신자에게 잘못 걸려들었다고 생각했지."

이 고백을 할 때, 호랑이 스와미는 당시의 어리석음이 되살아나는 것처럼 약간 성마른 태도를 보였다. 그러고는 숙연한 표정으로 한참 동안 말이 없었는데, 우리가 앞에 있다는 사실조차 잊은 듯싶었다. 다시 목소리를 가다듬고 이야기를 이어갈 때는 차분하게 진정되어 있었다.

"아버지의 경고가 있은 지 얼마 안 되어서 나는 쿠츠 베하르의 수도를 방문하게 되었다네. 그 아름다운 지방은 낯선 곳이어서 충분한 휴식을 기대했지. 그러나 여느 곳에서처럼 호기심 많은 군중들이 길거리에서 나를 따라다녔네. 자기네들끼리 속삭이는 소리가 내 귀에 들리곤 했지.

「저 사람이 사나운 호랑이와 싸우는 사람이래.」

「저 다리 좀 봐. 나무 등걸 같지 않니?」

「저 얼굴을 봐라! 틀림없이 호랑이 왕이 현신한 거야!」

자네들도 알다시피 동네 꼬마들이란 신문 최종판과 같은 역할을 하지. 게다가 얼마 후 아낙네들의 입을 통해서 집에서 집으로 말이 퍼져나가는 속도라니! 몇 시간이 안 되어서 도시 전체가 내가 나타났다는 사실로 흥분 상태에 이르고 말았다네.

밤이 되어 조용히 쉬고 있는데, 질주해오는 말발굽 소리들이 들리더군. 그 소리는 내가 머물러 있는 집 앞에서 딱 멈추었네. 그리고 터번을 쓴 키 큰 경찰관들이 집으로 들이닥쳤어. 나는 당황했지. '이 사람들은 인간의 법을 이용해서 무슨 짓이나 저지를 수 있는 사람들인데……. 나를 데리고 가서 무슨 이상한 일을 시키려는 게 아닐까?' 하고 생각했어. 그러나 경관들은 평소에 볼 수 없는 깍듯한 예의를 갖추고 내게 절을 하더군.

「존경하는 선생님, 우리는 쿠츠 베하르의 왕자님 명령으로 선생님에게 말씀을 전하러 왔습니다. 왕자님은 내일 아침에 선생님을 왕궁으로 기꺼이 초대하고자 하십니다.」

나는 잠시 곰곰이 생각해보았지. 조용한 여행이 갑자기 이런 일로 깨졌다는 사실에 예민해져서 거부감이 들었어. 하지만 나를 붙잡고 사정하는 경찰관들의 태도에 마음이 움직였지. 결국엔 가겠다고 승낙하고 말았다네.

다음 날 나는 대문에서부터 화려한 사두마차 안으로 정중히 인도되었는데, 막상 마차를 타고 보니 약간 당혹스러웠지. 하인 하나가 강렬한 햇빛으로부터 나를 보호하기 위해서 화려한 양산을 받쳐 들고 있었어. 마차를 편안히 탄 채 도시를 지나고 숲이 무성한 교외를 지나자니 즐거워지더군. 왕자는 나를 맞이하기 위해 몸소 왕궁 입구까지 나와 있었어. 그는 금실로 수를 놓은 자기 의자를 나에게 권했고, 자신은 웃으면서 좀 단순한 모양의 의자에 앉더군.

나는 융숭한 대접을 받으며 이렇게 생각했지. '이렇게 정중히 나를 대하는 것은 분명 무엇인가 나에게 바라는 게 있기 때문이다!' 왕자의 의도는 그가 던진 몇 마디 말에서 곧 드러났네.

「우리 도시 전체에 그대가 맨주먹만으로 사나운 호랑이와 싸울 수 있다는 소문이 무성한데 그것이 사실인가?」

「모두 사실입니다.」

「나로서는 참으로 믿을 수 없는 일이다! 그대는 캘커타에 사는 벵골인이라 도시인들처럼 흰쌀밥을 먹고 자랐을 텐데 말이다. 자, 솔직히 말해보라. 혹시 아편을 먹여서 축 늘어진 짐승하고만 싸워온 것이 아닌가?」

왕자는 언성을 높이며 빈정거리는 투로 물었네. 그의 억양에는 강한 사투리가 배어 있었지. 나는 모욕적인 질문에 아무 대답도 하지 않았어.

「나는 그대에게 내가 요즘 잡아놓은 호랑이 라자 베굼*과 싸울 것을 요구한다. 만약 그대가 그놈을 사슬로 묶어놓고 제정신으로 우리 밖으로 나온다면, 이 로얄벵골호랑이는 그대 차지가 될 것이다! 그리고 수천 루피와 함께 많은 선물을 하사받을 것이다. 만약 그대가 이 도전을 거절하면, 나는 그대가 사기꾼이라고 온 천하에 널리 알릴 것이다!」

왕자의 오만한 말이 총알처럼 나에게 충격을 가했다네. 나는 버럭 화가 치밀어 그 자리에서 승낙해버렸지. 흥분한 탓으로 의자에서 반쯤 일어섰던 왕자는 가학적인 미소를 지으며 다시 주저앉았지. 기독교인들을 맹수 우리 속에 집어넣고 즐거워했던 로마 황제가 생각나더군. 왕자는 이렇게 선언했어.

「대결은 일주일 후에 열릴 것이다. 그대에게 호랑이를 미리 보여줄 수 없어서 유감이다.」

왕자는 맹수에게 내가 최면을 걸거나 혹은 몰래 아편을 먹이지나 않을까 두려웠는지도 모르지. 그러고는 왕궁을 떠났는데, 화려한 양산이나 장식 마차가 더 이상 제공되지 않았다는 사실에 놀랄 필요는 없었지.

* 왕자 공주. 이런 이름이 붙여진 것은 이 짐승이 암수 호랑이의 난폭성을 함께 지니고 있다는 의미이다.

다음 한주일 동안은 장차 다가올 호된 시련에 대비해서 몸과 마음을 정연하게 준비했어. 하인을 통해 나는 놀랄 만한 얘기를 듣게 되었네. 수도승이 아버지에게 들려준 무서운 예언이 어떻게 외부에 알려졌는지, 대부분의 소문이 그렇듯이 자꾸만 부풀려졌던 모양이야. 단순한 마을 사람들은 모두 신에게 저주받은 악령 하나가 밤에는 여러 가지 악마의 모습으로 변신했다가 낮에는 줄무늬가 쳐진 호랑이로 환생한다고 믿었지. 그들은 악마의 호랑이가 나를 해치기 위해 이리로 왔다면서 수군거렸다네.

　또 하나 상상으로 각색된 소문은, 동물들이 호랑이 천국에 기원을 해서 그 응답으로 보내진 짐승이 라자 베굼이라는 것이야. 말하자면 전체 호랑이 종족을 욕보인 두 발 동물인 나를 징벌하기 위한 사자使者라는 것이지. 단단한 가죽도, 날카로운 이빨도 가지지 못한 인간이 감히 억센 발톱과 튼튼한 네 다리가 있는 호랑이에게 도전하다니! 굴욕을 당한 모든 호랑이들의 원한에서 나온 집중된 힘이 인과응보의 법칙을 이행하기 위해서, 오만한 호랑이 조련사를 거꾸러뜨리기에 충분할 정도로 응집되어 있다는 얘기였네.

　또 내 하인이 들려준 말에 의하면, 왕자가 원래 사람과 짐승을 맞붙이는 데 선수라는 것이었어. 왕자는 이미 수천 명을 수용할 수 있는 전천후 대형 천막을 세우라는 명령을 해놓고 있었지. 중앙에는 라자 베굼이 커다란 쇠창살로 된 우리 안에 갇혀 있고, 바깥쪽으로는 안전방이 호랑이 우리를 둘러싸고 있었네. 그 포로는 피를 얼어붙게 만들 정도로 끊임없이 포효했어. 더 사나워지게 일부러 먹이도 조금씩만 준다는 소식이 들렸네. 왕자는 아마 그동안 양껏 못 먹은 음식 대신 먹으라고 호랑이에게 나를 상으로 내릴 생각이었던 모양이야.

시내와 교외에서 몰려든 많은 군중이 특별 공연을 알리는 북소리에 호응해서 너도 나도 표를 사려고 아우성을 쳤어. 결투 당일에는 자리가 없어서 되돌아간 사람이 수백 명이 넘었다네. 많은 사람들이 천막을 찢고 들어왔고, 관람석 아래 빈 공간도 발 디딜 틈 없이 가득 찼지."

호랑이 스와미의 이야기가 절정으로 치달을수록 내 흥분도 함께 고조되었다. 찬디 역시 아무 말도 하지 않고 이야기에 몰두해 있었다.

"귀청을 흔드는 라자 베굼의 포효와 겁에 질린 군중의 소란 속에서 내가 조용히 모습을 나타냈지. 허리둘레만 약간 가렸을 뿐 거의 맨몸이나 마찬가지였어. 나는 안전방의 빗장을 열고 안으로 들어가서 조용히 그 문을 잠갔네. 호랑이는 피 냄새를 맡고 더한층 으르렁거리면서 쇠창살로 뛰어오르며 난폭하게 나를 맞이했지. 관중은 애처로움과 두려움으로 숨을 죽이고 있었어. 사납게 날뛰는 맹수 앞에 서 있는 내 모습은 아마도 연약한 어린 양처럼 보였을 거야.

나는 민첩하게 진짜 우리 안에 들어섰지. 그러나 내가 문을 탕 닫는 순간 이미 라자 베굼은 나를 덮치고 있었어. 오른손을 심하게 물렸네. 사람의 피 맛을 본 호랑이는 더욱 날뛰었고, 내 손에서는 많은 피가 흘러나왔지. 수도승의 예언이 그대로 들어맞을 것 같았다네.

나는 난생 처음으로 심한 상처를 입고 충격에 빠졌지만 얼른 정신을 수습했지. 피투성이가 된 오른손을 허리춤에 쑤셔 넣어 감추고, 왼팔을 휘둘러 뼈가 부서져라 주먹을 날렸다네. 그 야수는 비틀거리며 뒤로 물러나더니 우리 뒤쪽에 붙어서 빙빙 돌더군. 그러다 갑자기 발작적으로 나에게 달려들었어. 나는 유명한 내 철권으로 그놈의 머리를 강타했지.

그러나 라자 베굼은 이미 피 맛을 본 상태였기 때문에, 마치 오랫동안 술을 못 마시다가 처음 한 모금을 마신 술주정뱅이처럼 미쳐 날뛰었네. 귀청이 터질 듯 으르렁거리는 녀석의 공격은 더욱 맹렬해졌지. 나는 불편하게 한 손만으로 버티고 있었기 때문에 사나운 발톱과 이빨로 공격해와도 속수무책이었지.

하지만 나도 격렬하게 반격했어. 서로 피투성이가 된 채 둘 다 사력을 다해 싸웠지. 우리 안은 그야말로 아수라장이었어. 사방에 피가 뿌려지고, 짐승의 목구멍에서 고통의 신음소리와 함께 살의殺意가 터져 나왔어.

「그놈을 쏘아라!」

「호랑이를 죽여라!」

관중들의 입에서는 이런 외침들이 쏟아져 나왔어. 사람과 짐승이 어찌나 빨리 움직이고 있었던지, 보안요원의 총알도 빗나가고 말았지. 나는 모든 의지의 힘을 모아 사납게 노호하면서 마지막 충격타를 날렸지. 마침내 호랑이가 거꾸러지면서 조용히 누워버렸다네."

"고양이처럼 말이지요!"

내가 끼어들었다. 그 말에 스와미는 쾌활하게 웃고는 다시 살벌한 이야기를 이어갔다.

"호랑이 라자 베쿰이 마침내 굴복하고 말았지. 그놈의 명성은 헛된 것이 아니었어. 나는 찢겨진 손으로 대담하게 호랑이의 턱을 억지로 벌렸네. 아주 극적인 순간이었지. 나는 '죽음의 덫'인 호랑이 아가리에 내 머리를 집어넣었어. 그런 시범을 보인 다음 두리번거리며 쇠사슬을 찾았지. 바닥에 쌓인 것 중에서 하나를 끌어내서 호랑이 목에 걸어 우리의 쇠창살에 묶었네. 그러고는 승리감을 만끽하면서 문 쪽으로 걸어 나왔지.

그러나 악마의 화신 라자 베굼은 그때까지도 무시무시한 본성을 확인시켜줄 만큼의 힘이 남아 있었네. 믿을 수 없는 힘으로 쇠사슬을 물어뜯고, 내 등 뒤로 뛰어든 거야. 어깨가 순식간에 호랑이 입 속으로 들어가버렸고, 나는 세차게 바닥에 넘어졌지. 그러나 곧바로 다시 호랑이를 깔아 눕히고 사정없이 주먹으로 내리쳐서 방심할 수 없는 그 동물을 완전히 기절시켰다네. 이번에는 철저하게 확인을 하고 서서히 우리를 빠져나왔지.

나는 엄청난 관중들의 환호 속에 당당히 섰네. 그것은 물론 기쁨의 환호였지. 군중들의 환호는 마치 하나의 거대한 목구멍에서 터져 나오는 듯했네. 심한 상처를 입긴 했지만 나는 승리의 세 가지 조건을 충족시켰지. 호랑이를 실신시켰고, 쇠사슬로 묶었고, 누구의 도움도 없이 혼자 힘으로 우리에서 걸어 나왔으니까. 게다가 공격적인 맹수에게 치명상을 입히고 겁을 주어, 그 짐승이 자기 입에 들어온 '내 머리통'이라는 알맞은 먹이를 눈만 멀뚱멀뚱 뜨고 그냥 지켜보게 했으니 말이야!

상처를 치료받은 다음, 나는 상을 받고 꽃다발도 증정받았다네. 많은 금화가 내 발 밑에 쏟아졌지. 온 시내에 축제가 시작되었고, 생전 처음 본 가장 크고 사나운 호랑이를 굴복시킨 나의 승리에 대해 사방에서 끊임없이 이야기하는 소리가 들려왔다네. 호랑이 라자 베굼도 약속대로 내게 선물로 주어졌지. 하지만 나는 뿌듯함을 느끼지 못했네. 내 영혼에 변화가 일어난 거야. 호랑이 우리를 빠져나오던 순간에 세속적인 야망의 문이 닫혀버렸다고나 할까.

그 후에는 끔찍한 시간이 이어졌지. 여섯 달 동안 패혈증으로 빈사 상태가 되어 누워 있어야 했다네. 나는 쿠츠 베하르를 떠날 수 있을 정도로 회복되자마자 곧장 고향으로 돌아왔지.

나는 아버지에게 겸손하게 고백했다네.

「현명한 경고를 해주셨던 성스러운 분이 바로 제 스승인 것을 이제 알았습니다. 아, 그분을 다시 뵐 수만 있다면!」

나의 소망은 진지했어. 그러던 어느 날 성자가 불현듯 찾아오셨지. 그분은 고요하고 분명하게 말씀하셨네.

「호랑이 길들이기는 이제 충분하겠지. 나를 따라오너라. 인간의 마음속 정글에서 울부짖는 무지라는 야수를 정복하는 법을 네게 가르쳐주리라. 너는 지금 그 소리를 듣고 있을 뿐이다. 네 마음을 천사들로 가득 차게 하려면 요가 수행을 통한 감동을 경험해야만 한다!」

나는 성자와 같은 구루 덕분에 정신 세계의 길에 들어서게 되었네. 그분은 오래 사용하지 않아 녹슬고 말을 듣지 않는 내 영혼의 문을 활짝 열어주셨지. 함께 손을 잡고 우리는 곧 히말라야로 수행의 길을 떠났다네."

찬디와 나는 파란만장한 그의 인생이 겪어온 일화를 들은 것에 감사하면서 스와미의 발밑에 엎드려 절을 했다. 우리는 추운 응접실에서 인내심을 시험받은 오랜 시간의 기다림이 충분한 보상을 받았다고 느꼈다.

# 07

# 공중에 뜨는
# 성자

　"어젯밤 어느 모임에서 한 요기가 1미터 이상
이나 공중에 떠올라 머물러 있는 광경을 봤다니까."

　내 친구인 우펜드라 모훈 초두리가 대단히 인상적으로 이야기했다.
나는 그에게 열의가 담긴 미소를 지어 보였다.

　"아마 나도 아는 사람 같은데? 혹시 어퍼 서쿨러 거리에 사는 브하
두리 마하사야 아니야?"

　우펜드라는 그렇다고 고개를 끄덕이면서 자기 말이 나한테 새로운
소식이 아니라는 사실에 약간 풀이 죽은 기색이었다. 성자들에 대한
나의 호기심은 친구들 사이에 이미 널리 알려져서 그들은 내게 새로운
관심거리를 제공하는 것을 기뻐했다.

　"그 요기는 우리 집에서 아주 가까운 곳에 살기 때문에 가끔 찾아가

곤 해."

내 말을 듣는 우펜드라의 얼굴에 강한 관심의 빛이 어리는 것을 보면서, 나는 좀 더 깊은 이야기를 털어놓았다.

"그 요기가 대단한 묘기를 하는 광경을 본 적이 있어. 그는 파탄잘리*가 체계화한 고대 8단계 요가에 나오는 여러 프라나야마**를 전문적으로 수행한 사람이야. 한번은 브하두리 마하사야가 내 앞에서 브하스트리카 프라나야마를 실행해 보이는데, 정말 방 안에 폭풍이 일어난 것처럼 놀라운 힘이 느껴졌어! 그러고는 천둥 같은 숨을 내쉬더니 초월의식 상태로 꼼짝 않고 머물러 있었어.*** 폭풍 다음에 찾아온 평화의 향취는 참으로 강렬했지."

"그 성자는 절대로 자기 집을 떠나지 않는다고 하던데?"

우펜드라가 약간 미심쩍어하면서 물었다.

"정말 그래! 그는 지난 20년 동안 집 안에서만 살고 있어. 자기 스스

---

* 요가학파의 경전인 『요가수트라』를 저술한 인도의 힌두교 사상가
** 호흡 조절을 통해 프라나(생명력)를 조절하는 방법
*** 소르본 대학의 쥘르 부아 교수는 1928년 다음과 같이 말했다. "프랑스의 심리학자들은 연구를 통해 초월의식을 인정하게 되었는데, 이것은 그 장엄한 규모에서 프로이트가 생각한 잠재의식과 정반대의 성격을 지니며, 인간을 고등동물의 차원에만 머물게 놔두지 않고 참으로 인간답게 만드는 역할을 하고 있다." 이 프랑스 학자는 덧붙여 말했다. "높은 의식의 각성은 쿠에즘(자기암시요법)이나 최면술과 혼동되어서는 안 된다. 초월의식에 든 마음의 존재는 오랫동안 철학적으로 인정되어 오고 있는데, 에머슨은 이것을 대신령(에머슨 등의 사상에서 말하는 만물을 생성시킨다는 영혼—옮긴이)이라고 불렀다. 그러나 이것은 최근에 와서야 과학적으로 인정되었다."
『대신령The Over-Soul』에서 에머슨은 다음과 같이 말했다. "인간은 모든 지혜와 선이 깃든 사원의 외면이다. 우리가 보통 알고 있는 먹고, 마시고, 계획하고, 계산하는 인간 존재는 참모습이 아니며, 그러한 인간의 외면이 존경을 받는 것은 아니다. 인간은 영적인 유기체이기 때문에 행위를 통해 영혼을 나타내야 하며, 그런 존재에게 우리는 무릎을 꿇게 된다. (중략) 우리의 내면에는 신의 모든 속성을 지닌 심오한 영적 세계가 깃들어 있다."

로 부과한 규율을 약간 완화하는 때는 신성한 축제 기간뿐인데, 집 앞 길 정도까지는 바깥으로 나오지! 그때는 거지들이 그곳으로 모여들어. 성자 브하두리가 자비심 많은 사람으로도 알려져 있기 때문이야!"

"그는 어떻게 중력의 법칙을 무시하고 공중에 뜨는 걸까?"

"어떤 프라나야마를 사용하면 요기의 몸에서 무게가 없어지는 모양이야. 그러면 몸이 공중에 뜨거나 개구리처럼 이리저리 펄쩍펄쩍 뛰어오르게 되지. 정식으로 요가를 수행하지 않은 성자들도 간혹 신에게 강하게 몰입하는 중에 몸이 공중에 뜨는 경우가 생긴다고 해."*

"그 도인에 대해 좀 더 알았으면 좋겠는데, 너 혹시 그의 저녁 모임에 참석하니?"

우펜드라의 눈이 호기심으로 반짝였다.

"그럼, 나는 자주 가. 그의 지혜 속에 담긴 재치가 아주 재미있어. 때때로 내가 너무 오래 웃어서 모임의 엄숙한 분위기가 깨지기도 해. 성자는 불쾌해하지 않지만 제자들이 나를 노려보고 그래!"

그날 오후 학교에서 집으로 돌아오는 길에 나는 브하두리 마하사야의 은둔처를 지나치다 그를 방문하기로 했다. 일반 대중은 그를 가까

---

* 기독교의 '공중에 뜨는 성자들' 가운데는 17세기 쿠페르티노의 성 요셉이 있다. 그의 기적은 목격자들에 의해 충분히 입증되었다. 성 요셉은 진정한 신의 영혼 안에 들어간 초탈한 마음 세계를 보여주었다. 그의 수도원 동료들은 그가 식기를 들고 천장으로 떠오르지 않을까 두려워, 같은 식탁에 앉아서 식사하도록 그를 내버려둘 수가 없었다. 아빌라의 성 테레사도 위대한 '들린' 영혼의 소유자였는데, 몸이 공중에 뜨는 현상 때문에 큰 곤란을 당하곤 했다. 그녀가 맡은 막중한 수도원의 임무를 수행하기 위해서 '공중에 떠오르는' 것을 막으려고 했지만, 신의 뜻이 그러할 때엔 아무리 조심을 해도 소용이 없었다고 한다. 성 테레사의 육신은 스페인의 알바 교회에 누워 있는데, 4세기 동안 부패되지 않고 있을 뿐만 아니라 주위에서 꽃향기가 풍긴다. 묘소 자체가 말할 수 없는 기적을 입증하고 있는 셈이다.

이하기 어려웠다.

제자 한 사람이 아래층을 지키면서 스승이 방해를 받지 않도록 신경을 쓰고 있었다. 그 제자는 꽤 규율에 엄격한 사람이었다. 그는 나에게 약속이 되어 있느냐고 물었다. 그때 마침 구루가 모습을 나타내어 쫓겨나는 일은 면하게 되었다. 도인은 눈을 반짝이며 말했다.

"무쿤다가 찾아올 때는 들여보내라. 내가 사람의 접근을 막는 규율을 만들어놓은 것은, 나 자신이 편안하기 위해서가 아니라 다른 사람들의 편안함을 위해서이다. 세상 사람들은 자기의 어리석음을 깨뜨리는 공정한 말을 좋아하지 않는다. 성자들은 매우 드물고 세상 사람들을 당혹스럽게 만들지. 세인들은 경전을 보면서도 당황해한다!"

나는 브하두리 마하사야를 따라 맨 위층에 있는 그의 검소한 거실로 올라갔다. 그는 거의 거기서만 지냈다. 도인들은 모든 세상사를 등지고 때가 이를 때까지 바깥일에는 관심을 두지 않는 경우가 많다. 성자들에게 동시대인이란 바로 현재 눈앞의 사람들만이 아닌 것이다.

"마하리쉬(위대한 성자)시여, 당신처럼 늘 집 안에만 계시는 요기는 처음 뵈었습니다."

"신은 가끔씩 뜻밖의 땅에다 성자들을 심어놓는다. 그것은 우리가 신을 규칙이라고만 이해하지 않도록 하기 위해서지!"

성자는 진동하는 몸을 결가부좌 자세로 고정시켰다. 70대의 나이였는데도, 앉아 지내는 생활이 지속되면서 나타날 수 있는 건강하지 못한 모습은 전혀 보이지 않았다. 단단한 체격에 바른 자세를 갖춘 그는 모든 면에서 이상적이었다. 그의 얼굴은 고대 경전에 묘사된 리쉬의 모습 그대로였다. 고상한 얼굴 모양에 수염이 풍성하게 나 있었고, 언제나 꼿꼿하게 상체를 세우고 앉은 자세였으며, 고요한 눈은 전능한 신의 세계를 응시하고 있었다.

성자와 나는 명상에 몰입했다. 한 시간이 흐른 뒤 그의 부드러운 목소리가 나를 깨웠다.

"너는 침묵 속으로 자주 들어가고 있다만, 아누브하바*는 어느 정도 경험하고 있느냐?"

그는 명상보다 신을 더 사랑해야 한다는 점을 나에게 깨우쳐주고 있었다.

"명상 기법을 신을 찾는 최종 목표로 오인하면 안 된다."

그는 나에게 망고를 몇 개 권했다. 엄숙한 성품 속에 깃들어 있는, 내가 좋아하는 재치를 듬뿍 담고서 그가 말했다.

"일반 사람들은 드야나 요가(신과의 합일)보다는 잘라 요가(음식과의 합일)를 더 좋아하지."

요가에 대한 익살이 내 웃음보를 터뜨렸다.

"참으로 잘 웃는구나!"

그의 눈길에 자애로운 빛이 감돌았다. 표정은 언제나 엄숙했지만 황홀에 잠긴 미소가 언뜻언뜻 비치곤 했다. 커다랗고 연꽃 같은 두 눈에는 신성한 웃음이 감춰져 있었다.

"저 편지들은 멀리 미국에서 온 것들이다."

성자는 책상 위에 놓인 몇 장의 두툼한 편지 봉투를 가리키며 말했다.

"나는 그곳에서 요가에 관심 있는 사람들이 모여 만든 몇몇 단체들과 서신 교환을 하고 있다. 그들은 콜럼버스보다 나은 방향 감각으로 인도를 새롭게 발견하고 있다. 나는 그들을 돕는 것이 기쁘다. 요가 지

---

* 신을 실제로 깨닫는 인식

식은 마치 대낮의 광명처럼 원하는 자에게는 누구에게나 주어진다. 리쉬들이 깨달은 인간 구원의 정수가 서양이라고 해서 희석되는 것은 아니다. 외적인 경험은 다를지라도 영혼에 있어서는 차별이 없으므로, 서양이나 동양이나 요가 수련 방식을 실행하지 않으면 번영을 이룰 수 없다."

성자는 고요한 눈길로 나를 바라보았다. 그러나 그의 말 속에 예언적인 안내가 감춰져 있다는 것을 그때는 미처 깨닫지 못했다. 이 글을 쓰고 있는 지금에서야, 언젠가 내가 인도의 가르침을 미국에 전할 것이라고 암시했던 그의 말뜻을 완전히 파악하게 되었다.

"마하리쉬시여, 저는 당신께서 세상 사람들을 위해 요가에 관한 책을 저술하면 좋겠습니다."

"나는 제자들을 훈련시키고 있다. 그들과 그들의 제자들이 살아 있는 책이 되고, 또 시간의 자연적인 풍화 작용과 비평가들의 부당한 해석도 견뎌낼 것이다."

나는 그의 제자들이 저녁에 도착할 때까지 성자와 둘만의 시간을 가졌다. 브하두리 마하사야는 그의 특별한 강의들 가운데 하나를 시작했다. 그의 말은 청중이 가진 정신의 찌꺼기를 쓸어내면서, 평화로운 강물처럼 그들을 신에게로 인도했다. 그는 완벽한 벵골어로 감명 깊은 이야기들을 이끌어나갔다.

그날 밤 브하두리는, 성자들과 함께 생활하기 위해 왕궁 생활을 포기했던 중세 라즈푸타니 왕가의 공주 미라바이의 삶과 관련된 여러 가지 철학 논점을 자세히 설명해주었다. 위대한 산야시 사나타나 고스와미는 여성이라는 이유로 공주를 받아들이지 않았는데, 공주의 다음과 같은 응답을 듣고 그녀의 발에 정중히 절하지 않을 수 없었다.

— 공중에 뜨는 성자 브하두리 마하사야.
단단한 체격에 바른 자세를 갖춘 그는 모든 면에서 이상적이었다. 그의 얼굴은 고대 경전에 묘사된 리쉬의 모습 그대로였다. 고상한 얼굴 모양에 수염이 풍성하게 나 있었고, 언제나 꼿꼿하게 상체를 세우고 앉은 자세였으며, 고요한 눈은 전능한 신의 세계를 응시하고 있었다.

"나는 우주의 신 이외에는 어떤 남성도 없는 것으로 안다고 스승님에게 전해주십시오. 우리는 모두 신 앞에서 여성이 아닌가요?"

이는 신만이 유일한 적극적 창조의 원리이며, 신의 피조물은 모두 소극적 마야(환영과 허위에 가득한 물질계를 뜻하는 인도철학 용어—옮긴이)에 불과하다는 경전상의 개념이었다. 미라바이 공주는 법열 상태에서 많은 노래를 작곡했는데, 이 노래들은 지금도 인도 전역에서 회자되고 있다. 그중의 하나를 여기에 적어본다.

> 매일 목욕하는 것으로 신을 깨달을 수 있다면
> 지금 당장이라도 깊은 물속에 사는 한 마리 고래가 되리라.
> 풀뿌리와 과일을 먹는 것으로 신을 알 수 있다면
> 기꺼이 한 마리 염소의 모습을 택하리라.
> 염주를 헤아리는 것으로 신을 드러낼 수 있다면
> 매머드 염주 알 하나하나에 나의 기원을 담으리라.
> 석상 앞에서 절하는 것으로 신이 모습을 드러낸다면
> 돌산을 경건히 우러러 받들리라.
> 우유를 마시는 것으로 신과 하나가 될 수 있다면
> 많은 송아지와 어린아이들이 신을 알게 되리라.
> 처자를 저버리는 것으로 신을 부를 수 있다면
> 내시가 되는 자 무수히 많으리라.
> 신성한 님을 찾는 단 하나의 길
> 그것은 바로 사랑인 것을,
> 미라바이는 아옵니다.

브하두리가 요가 자세로 앉으면서 옆에 벗어놓은 슬리퍼 속에 제자들이 금전을 집어넣었다. 이러한 공양은 인도의 관습으로, 제자가 자기 재물을 스승의 발밑에 바치는 행위이다. 고마움을 표현하는 '지지자'들은 변장한 신에 다름 아니며, 신은 이런 식으로 당신의 친구들을 돌보는 것이다.

"스승님, 스승님은 훌륭하십니다!"

제자 하나가 자리에서 물러날 때 존경심으로 성자를 우러러보면서 말했다.

"신을 추구하고, 저희에게 지혜를 베풀기 위해서 부귀와 안락을 포기하셨으니 말입니다!"

브하두리 마하사야가 일념으로 요가의 길에 들어선 젊은 시절에 집안의 많은 재산을 포기했다는 일화는 이미 잘 알려진 사실이었다. 성자의 얼굴에 가벼운 힐책의 빛이 부드럽게 나타났다.

"자네는 거꾸로 알고 있다! 나는 영원한 기쁨을 누리는 우주의 왕국에 들어가기 위해 얼마 안 되는 재산과 자질구레한 즐거움을 버린 것이다. 그런데 내가 무엇을 희생했다고 하는가? 나는 보물을 나누어 갖는 기쁨을 안다. 그것이 희생인가? 긴 안목을 갖추지 못한 세상 사람들이야말로 큰 것을 포기한 자들이다! 그들은 비할 데 없는 최고의 재산을 포기하고, 한 줌밖에 안 되는 눈앞의 하잘것없는 장난감들에 정신이 팔려 있는 것이다!"

나는 이 역설적인 포기론을 속으로 반기면서 미소지었다. 크리서스*의 모자를 거지 성자의 머리에 씌워주고, 모든 거만한 부자들을 장난감

---

* 기원전 6세기 리디아의 왕. 큰 부자로 유명하다.

에나 넋 빠져 있는 순교자로 탈바꿈시키는 이야기가 아닌가!

성자가 결론지어 한 말은 자신의 깨달음에서 나온 믿음의 강령이었다.

"신의 섭리는 우리의 미래를 어떤 보험회사보다 더 현명하게 계획하고 있다. 세상은 바깥으로 겹겹이 안전장치를 해두고도 불안에 떠는 사람들로 가득 차 있다. 그런 비참한 생각들은 마치 이마에 난 흉터와 같다. 우리가 이 세상에서 최초로 호흡할 때부터 우리에게 공기와 우유를 보내주신 그분은 자신을 믿고 따르는 이들이 매일매일 부족함 없는 삶을 꾸려가는 법을 알고 계시다."

나는 성자의 집으로 향하는 방과 후 순례를 계속했다. 그는 무언의 열의로 내가 아누브하바를 얻도록 도와주었다.

어느 날 그는 우리 집 근처의 가르파르 거리에서 람 모한 로이 가로 이사했다. 그를 존경하는 제자들이 '나겐드라 마트Nagendra Math'**로 명명된 새 암자를 스승에게 지어 바친 것이다.

이야기가 몇 년 건너뛰게 되지만, 브하두리 마하사야가 나에게 마지막으로 들려주신 말을 여기에 언급하고자 한다. 배를 타고 서양으로 떠나기 바로 직전에 나는 그를 찾아뵙고 겸손하게 무릎을 꿇은 다음, 작별의 축복을 청했다.

"아들아, 미국으로 가거라. 고색창연한 인도의 권위를 너의 방패로 삼아라. 네 이마에는 승리라고 쓰여 있다. 그곳의 고결한 사람들이 너를 기쁘게 맞아줄 것이다."

---

* 전체 이름은 나겐드라나트 브하두리Nagendranath Bhaduri였다. 마트Math는 엄격히 말하면 수도원을 뜻하지만, 이 용어는 종종 아슈람이나 암자를 뜻하는 말로 사용된다.

126

# 08

# 인도의
# 위대한 과학자 보세

"자가디스 찬드라 보세의 각종 무선 발명은 서양의 마르코니보다 앞서지요."

흥미를 끄는 이 말을 귓결에 듣고, 나는 철학적 담론을 나누며 내 옆을 걸어가던 교수들에게 가까이 다가갔다. 지금 생각해보면, 그때 내가 교수들의 이야기에 끼어든 까닭은 민족적 자부심 때문이었던 것 같다. 인도가 형이상학뿐만 아니라 물리학에서도 선도적 역할을 할 수 있다는 증언에 강한 흥미를 느꼈다.

"그게 무슨 말씀이십니까, 교수님?"

교수는 친절하게 설명해주었다.

"보세는 무선 검파기coherer와 전파 굴절 측정기를 발명한 최초의 인물이지. 그러나 이 인도 과학자는 자기 발명을 상업적으로 발전시키

지 않았어. 그는 곧 관심을 무생물계에서 생물계로 돌렸지. 생리학자
로서 이룬 그의 혁명적 발견들은 물리학자로서 이룩한 기막힌 업적들
을 능가하고도 남는다네."

나는 상세하게 설명해준 교수에게 정중히 감사드렸다. 그러자 그가
덧붙여 말했다.

"그 위대한 과학자는 나의 동료 교수인데, 현재 프레지던시 칼리지
에 있다네."

다음 날, 가르파르 거리의 우리 집 가까이에 있는 그 학자의 집을 방
문했다. 나는 그를 오랫동안 먼발치서 존경해오던 터였다. 근엄하면
서도 겸손한 식물학자는 나를 반갑게 맞이했다. 당시 그는 50대의 잘
생기고 튼튼한 사나이로서 풍성한 머리숱에 넓은 이마, 그리고 낭만주
의자의 아련한 눈빛을 지니고 있었다. 그의 정확한 말씨는 평생토록
몸에 배인 과학적 습관을 말해주었다.

"나는 최근에 서양의 과학 학회들을 방문하고 돌아왔네. 학회 회원
들은 모든 생명체의 불가분의 통일성*을 보여주는 섬세한 내 발명 기
구에 큰 관심을 나타냈지. 보세 크레스코그래프**(식물의 생장 측정 장치)
는 천만 배의 확대 능력이 있다네. 현미경은 몇천 배밖에 확대를 못하
는데도 생물학에 대단한 활력을 불어넣었으니 크레스코그래프는 무
한한 가능성을 열어놓은 셈이지."

---

\* "모든 과학은 초월적이거나 그렇지 않으면 사라져버린다. 식물학은 이제 올바른 이론
을 받아들이고 있는데, 그것은 브라흐마의 화신들이 곧 자연사自然史의 교과서가 될 것이
라는 이론이다."—랄프 왈도 에머슨
\*\* '증가시킨다'는 뜻의 라틴어 'crescere'에서 나온 말이다. 크레스코그래프 및 다른 발명품
들로 보세는 1917년에 작위를 받았다.

"선생님은 과학이라는 비인격적인 부문에서 동양과 서양의 결속을 단단히 다지는 많은 일을 하셨습니다."

"나는 케임브리지에서 교육을 받았네. 모든 이론을 빈틈없는 실험으로 입증하는 서양의 방식은 참으로 존경할 만하지. 그 경험 과정은 동양의 유산인 내면을 성찰하는 내 기질과 조화를 이루었네. 이 두 가지 속성으로 나는 오랫동안 장막에 가려 있던 자연계의 침묵을 깨뜨릴 수 있었지. 크레스코그래프의 자동표시 도표는 식물도 감각 신경조직과 다양한 감정 세계가 있다는 사실을 입증해주었지. 사랑, 미움, 기쁨, 두려움, 즐거움, 흥분, 어리석음 같은 각종 자극에 대한 무수한 반응이 동물과 마찬가지로 식물에서도 보편적으로 나타난다네."

"모든 창조물에 깃든 특유한 생명의 맥박이 선생님 앞에서는 시적인 모습으로만 보이겠군요. 제가 예전에 알았던 어떤 성자는 절대로 꽃을 꺾는 일이 없었습니다. 「내 어찌 장미나무에서 아름다움을 뽐내는 장미꽃의 자부심을 훔치겠느냐? 내 어찌 함부로 장미꽃을 꺾어 그 고귀함을 더럽히겠느냐?」 성자는 이렇게 정감 어린 말씀을 하셨는데, 이제 선생님의 발견을 통해서 그분의 말씀이 한층 빛나는 것 같군요."

"시인은 진리에 밝은데, 과학자는 오히려 어설프게 진리에 접근하지. 다음에 언제 내 연구실에 와서 크레스코그래프의 명확한 증거를 보도록 하게."

나는 초대를 감사히 받아들이고 나왔다.

그 후 이 식물학자가 대학을 떠나 캘커타에 연구소를 개소할 준비를 하고 있다는 소식을 들었다. 보세연구소가 문을 여는 날, 나도 참석해서 일을 거들었다. 관심을 가진 수백 명의 사람들이 모였다.

나는 각종 예술품과 새로운 과학센터의 정신적 상징물에 매력을 느졌다. 앞문은 머나먼 성지에서 가져온 오래된 유물이었다. 연꽃*이 만개한 분수 뒤로는 횃불을 든 여인 조각상이 불멸의 빛을 간직한 여성에 대한 인도의 경의를 나타내고 있었다. 정원의 조그만 사당은 현상의 배후에 있는 본질 세계에 바쳐진 것이었다. 거기에 어떠한 제단 형태도 갖추지 않은 것은 신의 무형성無形性을 잘 암시해주었다.

이 뜻 깊은 날에 보세가 한 연설은 마치 영감을 얻은 어느 옛 리쉬의 입에서 흘러나오는 듯 자연스러웠다.

"저는 오늘 이 연구소를 실험하는 연구소만이 아니라 하나의 사원으로 봉헌하고자 합니다."

보세의 경건하고 엄숙한 선언은 강당을 가득 메운 참석자들의 마음에 깊은 감동을 주었다.

"탐구를 계속해가다 보니 저도 모르게 물리학과 생리학이 만나는 영역으로 들어서게 되었습니다. 놀랍게도 생물과 무생물 영역 사이의 경계선이 사라지고 접촉점들이 나타나더군요. 무생물이란 단지 제힘으로 움직일 수 없는 생물이라는 생각이 들었습니다. 무생물은 그저 다양한 힘들의 작용 밑에서 진동을 억압받고 있을 뿐이지요.

우주의 반작용은 광물, 식물, 동물을 공통의 법칙 하에 두는 것 같습니다. 이들은 모두 피로와 억압이라는 본질적으로 동일한 현상을 나타냈으며, 여기에는 회복과 고양의 가능성이 수반되는 동시에, 죽음에 따르는 영원한 무반응도 포함됩니다. 이 엄청난 일반화에 저는 놀라움을 금치 못했습니다. 그래서 저는 큰 희망을 가지고 왕립협회에 이

---

* 인도에서 연꽃은 예로부터 신성의 상징이다. 펼쳐진 꽃잎들은 영혼의 확장을 의미하고, 진흙에서 자라 꽃을 피우는 순수하고 아름다운 생장은 자비로운 영적 약속을 기약한다.

결과를 보고하고 실험으로 입증했습니다. 그러나 참석한 생리학자들은, 자신들의 영역을 침범하지 말고 성공이 보장된 물리학에만 연구를 한정하라고 충고했습니다. 저는 부지중에 익숙지 못한 카스트 제도의 영역에 발을 들여놓았던 것이고, 그 예의를 위반했던 것입니다.

무심결에 이루어지는 신학적 편견도 있었는데, 그것은 무지를 신앙과 혼동하는 것이었습니다. 끊임없이 진화하는 창조의 신비로 우리를 감싸는 창조주가, 우리 안에 질문하고 이해하고자 하는 욕구 또한 심어 놓으셨다는 사실을 망각할 때가 종종 있습니다. 여러 해 동안 다른 사람들에게 오해를 받아오면서 저는 과학에 종사하는 사람의 인생은 어쩔 수 없이 끝없는 투쟁으로 채워진다는 사실을 알게 되었습니다. 과학자의 삶은 항상 획득이냐 손실이냐, 아니면 성공이냐 실패냐의 기로에 직면하게 되기 때문입니다.

그러던 중에 세계의 선도적 과학 학회들이 저의 이론과 결과들을 받아들이고 과학에 대한 인도의 공헌을 인정하게 되었습니다.* 그것이 무엇이었든간에 작거나 제한된 것이 어찌 인도의 정신을 만족시킬 수 있겠습니까? 끊임없이 살아 있는 전통과 생동하는 회복의 기운이 무수한 변형을 겪으면서도 이 나라를 현실에 적응하도록 보살펴 왔습니다. 인도 국민은 언제나 일어서 왔습니다. 우리는 눈앞의 사태에 급

---

* "우리는 믿는다. 모든 주요 대학의 어느 학과도, 특히 인문과학인 경우는 더욱더 그 학문에 대한 인도의 역할을 전문적으로 연구한 사람이 없다면 결코 충분한 성과를 거둘 수 없다는 사실을! 우리는 또한 각자 삶의 터전이 될 이 세상에서 지성인의 역할을 할 졸업생을 배출시키고자 하는 모든 대학이, 인도 문명에 정통한 학자를 교수진에 포함시켜야 한다고 믿는다."
이 글은 펜실베이니아 대학의 노먼 브라운 교수가 미국학자협의회의 1939년 5월호 회지에 실은 기고문의 일부이다.

급해하지 않고, 삶의 가장 높은 이상들을 추구해 왔습니다. 이것은 소극적인 포기를 통해서가 아니라 적극적인 투쟁을 통해서 이루어지는 것입니다. 투쟁을 거부하는 나약한 자는 아무것도 얻지 못합니다. 그런 사람들에게는 포기할 것조차 주어지지 않습니다. 싸워서 획득하는 자만이 승리의 경험을 산출해 세상을 풍요롭게 할 수 있습니다.

물질의 반응과 식물계를 주제로 보세연구소가 거둔 새로운 연구 결과는 속속 물리학, 생리학, 의학, 농업 및 심리학 분야 등의 연구 폭을 크게 넓혀주었습니다. 지금까지 해결할 수 없는 것으로 간주되었던 갖가지 문제가 실험으로 탐구할 수 있는 영역에 포함되었습니다.

그러나 진정한 성공이란 엄밀한 정확성 없이는 얻어지지 않습니다. 그렇기 때문에 오늘 여러분이 연구소 입구 홀의 진열장에서 보신 바와 같은, 제가 고안한 각종 초고감도 기구와 장치가 필요한 것입니다. 이것들이 있기까지, 현혹적인 현상의 배후에 깃들어 있는 실체를 밝히려는 오랜 노력이 있었고, 인간의 한계를 극복하라고 다그치는 끊임없는 인내와 정력도 있었습니다. 모든 창조적인 과학자들은 알고 있습니다. 진정한 실험실은 바로 마음 그 자체이며, 여기에서 환영의 배후에 있는 진리의 법칙이 밝혀진다는 사실을 말입니다.

이곳에서 하는 강의들은 2차적 지식의 단순한 반복이 아닙니다. 이곳은 연구실에서 검증된 새로운 발견들을 최초로 알리는 장소가 될 것입니다. 또한 연구소의 연구 활동은 인도의 업적으로 세계 전역에 전파되고, 동시에 인류 모두의 재산이 될 것입니다. 우리는 결코 특허권을 행사하지 않을 것입니다. 우리나라의 문화 정신은, 개인의 이득을 위해서만 지식을 활용하는 신성모독으로부터 영원히 자유로울 것을 명령하고 있습니다.

— 인도가 낳은 위대한 과학자 자가디스 찬드라 보세.
보세 박사는 크레스코그래프를 발명하였으며, 식물학자로도 이름을
널리 떨쳤다.

이 연구소의 시설들은 가능한 한 많은 국가의 연구자들이 자유로이
사용할 수 있도록 할 것입니다. 이것이 저의 희망입니다. 이렇게 함으
로써 저는 인도의 전통을 계승하고자 합니다. 25세기 전 인도는 나란
다와 탁실라에 세웠던 고대 대학들에 세계 전역의 학자들을 받아들였
습니다.

학문은 동양의 것도 아니고 서양의 것도 아니며, 그 보편성에서 인
류 모두의 것입니다만, 인도는 학문에 지대한 공헌을 하기에 특별히

적합한 나라입니다."

　인도의 불타는 상상력은 서로 모순처럼 보이는 현상계의 많은 사물과 현상들로부터 새로운 질서를 만들어낼 수 있습니다. 그것은 우리 민족이 지닌 집중력의 소산입니다. 집중력은 무한한 인내심으로 진리를 추구하는 일에 정신을 몰두하는 능력을 의미합니다."

　이 과학자의 맺음말에 나의 두 눈에는 눈물이 고였다. 인내야말로 인도와 동의어로, 시대와 역사가들 모두를 당황하게 만드는 단어가 아니겠는가?

---

* 물질의 원자 구조는 고대 힌두교도들에게 잘 알려져 있었다. 인도 6파 철학 중의 하나가 바이세시카Vaisesika인데, 이것은 '원자의 개별성'을 뜻하는 산스크리트어 'visesas'에서 나온 말이다. 최초의 바이세시카 해설가 중의 하나가 아울루캬인데, 그는 '카나다'라고도 불렸다. '원자를 먹는 사람'이란 뜻이다. 그는 약 2,800년 전의 인물이다.
1934년 《동서East-West》 4월호에 바이세시카 학파의 과학적 지식을 요약한 타라 마타의 글이 소개되었다.
"현대의 '원자이론'이 일반적으로는 과학의 새로운 발전으로 생각되지만, 이것은 이미 오래 전에 원자 해설가인 카나다에 의해 훌륭하게 설명되었다. '아누스'라는 산스크리트어 단어는 희랍어의 '가를 수 없는 것' 또는 '나눌 수 없는 것'의 개념인 '원자'로 번역되기에 적합한 말이다. 기원전에 쓰인 바이세시카 학파의 글에는 다음과 같은 과학적 설명들이 수록되어 있다.
(1) 자석을 향하는 바늘의 움직임 (2) 식물의 수분 순환 (3) 섬세한 힘을 전달하는 근본으로서 불활성이고 구조가 없는 아카시 혹은 에테르 (4) 열이 보이는 모든 형태의 원인이 되는 태양 불 (5) 분자 변화의 원인이 되는 열 (6) 지구 원자들이 그 자체에 인력(밑으로 끌어당기는 힘)을 부여하기 위해 내재적으로 가지는 속성에 의해 야기되는 중력의 법칙 (7) 모든 에너지의 운동성(에너지의 소비나 운동의 재분배에 뿌리를 둔 인과 관계) (8) 원자 분열을 통한 우주의 소멸 (9) 열과 광선의 방사(무한히 작은 입자들이 헤아릴 수 없을 정도의 속도로 모든 방향으로 튀어 나간다는 생각. 현대의 '우주선宇宙線 이론') (10) 시간과 공간의 상대성.
바이세시카는 세상의 근원을 본질적으로 궁극적 속성에서 영구불변인 원자들로 보았다. 이 원자들은 끊임없는 진동태를 지니는 것으로 생각되었다. (중략) 원자의 구조가 하나의 미세한 태양계와 같다는 최근의 발견은 옛날 바이세시카 철학자들에게는 그다지 새로운 이야기가 아닐 것이다. 그들은 또한 시간의 가장 작은 단위를 정의할 때, 원자가 자기 크기만큼의 공간을 통과하는 데 걸리는 시간으로 묘사함으로써 시간을 수학적인 개념으로 정의했다."

나는 개관식이 있은 지 얼마 안 된 날 다시 연구소를 방문했다. 이 위대한 식물학자는 자기가 한 약속을 마음 깊이 담아두고 있다가 나를 조용한 연구실로 데리고 갔다.

"내가 이 양치류 식물에 크레스코그래프를 대보겠네. 확대 정도가 대단하지. 만약 달팽이의 기는 속도를 똑같은 비율로 확대해보면 달팽이가 마치 특급열차처럼 달리는 것으로 보일 걸세!"

내 눈길은 확대된 식물의 음영이 투영되는 스크린에 단단히 고정되었다. 미세한 생명의 움직임을 이제 명백히 알아볼 수 있게 되었다! 식물은 나의 놀란 눈앞에서 매우 천천히 자라고 있었다. 보세가 식물의 끝을 조그만 금속 막대기로 건드렸다. 소리 없이 커나가던 움직임이 갑자기 멈추었다가 막대기를 멀리 떼자마자 감동적인 리듬이 다시 시작되었다.

"자네는 지금 아무리 사소한 외부 자극이라도 예민한 생명 조직에는 해가 된다는 사실을 목격한 것이네."

보세가 관찰 결과를 설명해주었다.

"잘 보게나. 이제 내가 클로로포름을 주입하고 난 다음에 해독제를 써보겠네."

클로로포름은 모든 생장을 멈추게 했다. 그리고 해독제는 다시 소생시켰다. 스크린에 전개되는 모습은 어떤 재미있는 영화보다 더 강력히 나를 끌어들였다. 잠시 '악역'을 맡은 내 친구가 날카로운 도구로 식물의 한 부분을 찔러 관통시키자 경련을 일으키면서 퍼덕거리는 모습이 고통의 표시로 나타났다. 면도칼로 식물 줄기를 일부 절단했을 때, 음영은 격렬하게 움직이다가 마지막에는 죽음의 종지부를 남기고 잠잠해졌다.

"나는 큰 나무에 처음으로 클로로포름 처리를 해서 성공적으로 이식 작업을 수행했다네. 대개는 그런 정도의 나무를 옮겨 심으면 곧 죽기 마련이지."

보세는 생명을 구하는 미묘한 조치를 설명하면서 행복하게 미소를 지었다.

"나의 섬세한 장치에 나타난 도표를 통해 나무에도 순환계가 있다는 사실이 입증되었네. 수액의 이동은 동물 신체의 혈압에 해당하지. 수액의 상승은 통상적으로 추정되는 모세관 인력과 같은 기계적 근거로는 설명되기가 어렵거든. 이 현상은 크레스코그래프를 통해서 살아 있는 세포들의 활동으로 밝혀졌지. 나무의 내부에 진짜 심장 같은 역할을 하는 원통형 관이 들어 있어서 거기서부터 연동파가 발생하는 거야! 우리가 깊이 파고들면 들수록, 다양한 모든 자연 세계가 하나의 통일적인 계획과 연결되어 있다는 증거가 더욱 뚜렷해진다네."

위대한 과학자는 또 하나의 보세 기구를 가리키면서 말했다.

"이제 주석을 가지고 실험을 해보겠네. 금속에 내재하는 생명력은 자극에 대해 해롭다거나 이롭다는 반응을 하지. 잉크 표시가 다양한 반응을 빠짐없이 기록해줄 걸세."

나는 원자 구조의 특징적 파동을 기록하는 그래프를 열심히 주시했다. 그가 주석에 클로로포름을 바르자 진동하던 움직임이 중단되었다. 그 금속은 서서히 정상 상태를 회복해가면서 다시 진동이 시작되었다. 이번에는 유독성 화학 물질을 침투시켰다. 주석의 마지막 떨림과 동시에 바늘은 극적으로 도표 위에 죽음의 표시를 나타냈다.

위대한 과학자가 말했다.

"보세 실험 기구들은, 가위나 기계 등에 사용되는 강철 같은 금속이 피로해지기 쉽지만 정기적인 휴식을 취하면 다시 활력을 얻을 수 있다는 사실을 입증했지. 금속에 내재하는 생명 박동은 전류나 중압에 의해 손상되거나 아예 멈추기도 한다네."

나는 방 안에 가득 찬 많은 기구를 하나하나 둘러보면서 지칠 줄 모르는 발명 재능이 보여주는 감동적인 증거에 경탄했다.

"선생님, 이런 훌륭한 기구와 장치를 충분히 활용하면 농업 발전에 커다란 기여를 할 수 있을 텐데, 그렇게 못하고 있으니 안타깝습니다. 이런 장치를 일부라도 현장에 적용하면 작물 생장에 필요한 각종 비료의 효과를 실험으로 금방 알아낼 수 있지 않겠습니까?"

"옳은 말이야. 다음 세대는 보세 기구들을 활발하게 활용할 거야. 과학자가 당대에 보상을 받는 일은 드물다네. 창조적 기여를 했다는 기쁨만으로 일단은 만족해야겠지."

나는 이 불굴의 과학자에게 깊은 감사의 말씀을 드리고 작별인사를 건넸다. 그리고 속으로 생각했다.

'그의 놀랍도록 풍부한 천재성이 소진되는 일이 과연 있을까?'

세월이 흘러도 보세의 천재성은 줄지 않았다. 보세는 '공명 심전계'라는 복잡한 기구를 발명해서 인도의 수많은 식물들을 폭넓게 연구했다. 그리하여 의심의 여지가 없는 엄청난 유용 식물의 처방서가 세상에 나왔다. 이 심전계는 백분의 일초까지 그래프로 나타낼 만큼 정밀했다. 공명 기록에는 식물과 동물 및 인간 구조의 미세한 맥동을 관찰한 측정값이 그대로 담겼다. 위대한 식물학자는 심전계의 사용으로 동물 대신 식물의 생체 해부가 이뤄질 것이라고 예견했다.

보세는 이렇게 밝혔다.

"식물과 동물에 동시 투여된 약물의 효과에 대한 기록을 보았더니,

그 결과에서 놀라운 동질성이 나란히 나타났다. 인간에게 존재하는 모든 현상이 식물에서도 그대로 드러났다. 식물 실험을 통해 동물과 인간의 고통을 감소시키는 연구가 탄력을 받게 될 것이다."

몇 년 후에 보세의 선구적인 식물 연구는 다른 학자들에 의해 사실로 입증되었다. 1938년에 콜롬비아 대학 연구팀이 수행한 연구 결과가《뉴욕 타임즈》에 게재되었다.

신경이 두뇌와 신체의 각 부위들 사이로 메시지를 전달하는 과정에서, 미세한 전기 충격파가 발생한다는 사실이 지난 수년간의 연구 결과 확인되었다. 이 충격파를 섬세한 검류계로 측정한 다음 최신 장비로 수백만 배까지 확대할 수 있었다. 그러나 충격파의 전달 속도가 너무 빠르기 때문에 살아 있는 동물과 인간에게서 충격파가 어떻게 신경 섬유를 따라 전달되는지 알아볼 수 있는 만족할 만한 방법은 현재까지 발견되지 않고 있다.

K. S. 콜 박사와 H. J. 커티스 박사는, 민물에 사는 식물로서 금붕어 어항에 흔히 심는 니텔라(차축조식물)의 기다란 단세포들이 실제로 단일 신경섬유 세포와 동일하다는 사실을 발견했다. 두 과학자는 니텔라 섬유들이 흥분하면, 속도만 제외하고 동물과 인간에게 나타나는 신경섬유의 충격파와 흡사한 전파가 발생한다는 사실도 알아냈다. 식물에 나타나는 전기적 신경 충격파는 동물에게 나타나는 것보다 훨씬 느린 것으로 밝혀졌다. 이 발견은 그 후 콜롬비아 대학 연구진에 의해, 신경에서 발생하는 전기 충격파 전달 과정을 담는 느린 동작 화면을 찍는 수단으로 활용되었다. 따라서 니텔라 식물은, 정신과 물질의 경

계선에 깃든 신비를 해독하는 일종의 로제타석(고대 이집트 상형문자 해독의 열쇠가 된 비석—옮긴이) 역할을 할 것으로 기대된다.

시인 라빈드라나트 타고르는 인도의 이 이상주의 과학자와 깊은 우정을 나누었다. 이 과학자를 기려 감미로운 벵골의 가인歌人은 다음과 같은 시를 지었다.

> 오, 수행자여, 그대는 사마라고 불리는 옛 찬가의
> 진실된 말로 소리친다. "일어나라! 깨어나라!"
> 자기의 경전 지식만을 뽐내면서
> 공허한 학문 논쟁을 일삼는 자를 향해 소리친다.
> 저 어리석은 허풍쟁이를
> 자연의 얼굴, 이 넓은 천지로 나오라고 소리친다.
> 이 외침을 그대들 학자 집단에 보낸다.
> 그대들의 불의 제물 둘레로 모두
> 함께 모이게 하라. 그리하여 우리의 인도가,
> 우리의 옛 땅이, 원래의 모습으로 되돌아가고,
> 오, 다시 한 번 의연한 활동으로,
> 의무와 헌신으로 진지하기 이를 데 없는 명상의 피안으로
> 되돌아갈 수 있기를, 조국이 한 번 더
> 혼란스럽지 않고, 탐욕도 없고, 투쟁도 없는
> 그 순수한 자리에 앉게 하라.
> 오, 다시 한 번 조국이 그 높은 자리,

모든 나라의 스승이 되는 그 자리에 앉게 하라.*

* 타고르의 벵골어 시를 만모한 고시가 번역했다. 타고르의 시에 언급된, '사마라고 불리
는 찬가'는 네 베다 중의 하나를 가리킨다. 나머지 세 베다는 『리그Rig』, 『야주르Yajur』, 그
리고 『아타르바Atharva』이다. 이 신성한 경전들은 신, 즉 창조주인 브라흐마를 설명하고
있는데, 개개의 인간에게 브라흐마가 깃들어 있는 것을 아트마, 즉 영혼이라고 한다. '브
라흐마Brahma'라는 말의 어근은 '확장한다'는 뜻인 'brih'인데, 이것은 자발적으로 성장하
는 신성한 힘, 즉 우주가 창조 활동으로 진화해간다는 베다의 개념을 담고 있다. 우주는
거미가 집을 짓듯이 자기 존재로부터 스스로 진화해 나간다고 한다. 아트마와 브라흐마
의 합일, 즉 인간 영혼과 우주 영혼의 의식적 결합이 베다의 전체적 의미이다. 베다의 요
약인 『베단타Vedanta』는 많은 위대한 서양 사상가들에게 영감을 주었다.
프랑스의 역사가 빅토르 쿠쟁은 이렇게 말했다. "우리가 주의를 기울여서 동양, 특히 인
도의 철학 고전들을 읽게 되면, 거기에 깃든 심오한 진리 때문에 동양 철학 앞에 무릎을
꿇지 않을 수 없으며, 또한 인류의 가장 높은 철학의 원산지를 이 요람 속에서 발견하게
된다."
슐레겔은 다음과 같이 말했다. "서구의 가장 고상한 철학이라고 할 수 있는 희랍 철학자
들이 이룬 이상주의까지도 동양의 이상주의가 담고 있는 풍부한 생명과 활력에 비교한다
면, 눈부신 태양빛 앞에 프로메테우스의 연약한 불꽃을 갖다대는 것과 같다."
인도의 광대한 문학 가운데 베다는 저자가 명시되지 않은 유일한 경전들이다. 『리그 베
다』(X:90, 9)는 그 신성한 근원을 찬가들에 두고 있는데, 이 찬가들은 '옛날'부터 전해온 것
으로서 새로운 언어로 바뀌어 있다고만 알려져 있다(III:39, 2). 시대에서 시대로 리쉬들,
곧 '선지자들'에게 전해온 베다는 니탸트바, 즉 '시간을 초월한 궁극성'을 지니고 있다.
베다는 소리에 의한 계시였다. 리쉬들이 '직접 들은' 것이다. 이것은 본래 찬가와 음송의
문학이다. 수천 년 동안 10만 개나 되는 베다의 2행 연구連句들이 글로 기록되지 않고, 브
라만 승려들에 의해서 말로 전수되었다. 종이와 돌조각은 세월이 흐르면 소멸되기 쉽다.
베다가 오늘날까지 그대로 전수될 수 있었던 것은, 물질보다 정신이 전달 수단으로서 탁
월하다는 것을 리쉬들이 이해했기 때문이다. '마음'이라는 명판을 능가할 것이 무엇이 있
겠는가?
브라만 승려들은, 베다의 단어들이 출현하는 '특별한 질서'를 관찰하고 '소리들의 결합'과
'문자들의 관계'에 대한 음성학적 법칙의 도움을 받아서 일정한 수학적 방식으로 경전 내
용에 대한 기억의 정확성을 입증함으로써, 오랜 옛날부터 베다의 본래적 순수성을 독특
하게 보전해왔다. 베다 언어의 음절에는 각각 의미와 효력이 부여되어 있다(제35장 참고).

*09*

# 대사 마하사야와
# 우주적 로맨스

커다란 경외심을 품고 방에 들어선 나는 대사
大師 마하사야의 천사 같은 모습에 눈이 부셨다. 비단결 같은 흰 수염과
빛나는 큰 눈은 마치 순수의 화신처럼 보였다. 그는 기도에 몰입해 있
다가 나의 방문에 약간 동요된 듯 손을 접으며 고개를 들었다.

"작은 선생, 성모와 대화를 나누는 중이란다. 자, 앉아라."

그의 간단한 인사는 지금까지 받았던 어떤 인사보다도 인상 깊었
다. 어머니와의 사별이 이루 헤아릴 수 없을 만큼 고통스럽기만 한 때
도 있었지만, 이제 성모와 분리되어 있다고 생각하자 그 괴로움은 또
그것대로 형언할 수 없는 영혼의 고문으로 느껴졌다. 나는 신음하며
마루 위에 쓰러졌다.

"진정하거라!"

대사도 같은 괴로움을 느끼는 것 같았다. 아무도 없는 빈 바다에 던져진 느낌으로 나는 마치 유일한 구원의 뗏목을 잡듯이 그의 발을 움켜잡았다.

"성스러운 스승이시여! 당신의 중재를 간청드립니다. 제가 성모님을 뵙는 은혜를 받을 수 있는지 여쭤봐 주십시오!"

스승은 말없이 명상에 잠겼다. 이런 약속은 결코 쉽게 주어지는 것이 아니었다. 대사 마하사야가 우주의 어머니와 친근한 대화를 나누고 있음은 의심할 여지가 없는 일이었다. 무구한 대사의 눈에는 분명히 나타나는 성모가 내 눈에는 보이지 않는다는 사실을 그대로 인정하는 데에는 실로 깊은 겸손이 필요했다. 수치심도 잊어버리고 부드러운 충고에도 귀를 닫은 채, 나는 스승의 발을 부여잡고 계속해서 중재의 은혜를 베풀어달라고 애원했다.

"너의 간청을 성모님에게 전하겠다."

자비로운 미소를 띠며 대사는 내 열성에 항복하고 말았다. 몇 마디 말 속에 담긴 힘, 그것은 여태껏 폭풍우 속으로 추방당했던 내 존재를 다시 건져올릴 만큼 실로 대단한 것이었다.

"스승이시여, 당신의 언약을 잊지 말아 주십시오! 성모님의 말씀을 들으러 곧 돌아오겠습니다."

방금 전까지만 해도 슬픔으로 목이 메어 흐느끼던 내 목소리는 기쁘기 한량없는 기대감으로 한껏 부풀어올랐다.

긴 계단을 내려오는 동안 무수한 기억이 꼬리를 물고 몰려왔다. 대사 마하사야가 지금 거주하는 캘커타 암허스트 가 50번지의 이 집은 한때 우리 가족이 살았던 곳이며 어머니가 돌아가신 곳이다. 그때 여기서 어머니를 잃고 가슴이 더할 나위 없이 찢어졌다. 그런데 오늘은 성모의 부재로 내 영혼이 마치 십자가에 못 박힌 듯 엄청나게 고통스러웠다. 사방의 벽들이여, 신성할지어다! 고통스러운 나의 상처와 최후의 치유까지 모두 목격한 바로 이곳!

가르파르 집으로 향하는 발걸음이 몹시 흥분되었다. 집에 돌아오자마자 작은 다락방에 들어앉아 열시 경까지 명상에 잠겼다. 인도의 따뜻한 밤의 어둠이 믿을 수 없는 장면과 함께 갑자기 환해졌다. 뒤로 눈부신 원광을 두른 성모께서 내 앞에 서 계셨던 것이다. 부드럽게 미소 짓는 성모의 얼굴은 아름다움 그 자체였다.

"언제나 그대를 사랑하였으며, 앞으로도 항상 그대를 사랑하리라!"

천상의 소리가 허공 속에 울리는 가운데 성모는 사라졌다. 다음 날 아침 해뜨기가 무섭게 나는 마하사야를 찾아 두 번째로 그의 집을 방문했다. 쓰린 회한이 서린 계단을 올라 4층에 있는 대사의 방에 이르렀다. 방의 문고리가 천으로 둘러쳐져 있음을 보고서 스승이 혼자 있기를 원하신다는 것을 알았다. 잠시 머뭇거리고 있는데 스승이 반가워하면서 문을 열었다. 나는 성스러운 그의 발 앞에 무릎을 꿇었다. 신의 은혜를 자랑하고 싶은 마음을 애써 감추며, 나는 짐짓 엄숙한 표정을 지었다.

"스승이시여, 당신의 말씀을 들으러 이리도 일찍 온 것을 고백합니다. 자비로운 성모께서 저에 대해 무슨 말씀을 안 하셨습니까?"

"짓궂은 작은 선생!"

대사는 더 이상의 말씀은 하려 하지 않았다. 엄숙함으로 가장한 나의 태도에 별로 동요되지 않은 것 같았다.

"스승께서는 왜 그렇게 돌려서 신비스럽게 말씀하십니까? 성인은 평범하게 이야기할 수 없는 것입니까?"

나는 약간 흥분해 있었다.

"나를 시험하는 것이냐?"

모든 것을 알고 있다는 듯이 대사의 눈이 잔잔하게 빛났다.

"아름다운 성모께서 지난밤 10시에 직접 네게 하신 확약에 내가 또 무슨 덧붙일 말이 있겠느냐?"

대사는 내 영혼의 분출을 억제하는 통제력을 지니고 있었다. 나는 다시 그의 발 아래 엎드렸다. 이번에는 고통이 아닌 환희의 눈물을 흘리면서!

"너의 기도가 무한한 자비심을 움직이지 않았다고 생각하느냐? 네가 인간의 형체(돌아가신 어머니)와 신의 형체(성모) 모두에게 드린 경배를 받으신 신의 모성애는 버림받은 네 고통을 결코 외면할 수 없었던 것이다."

이 소박한 성자는 대체 누구이기에 우주의 영혼을 향한 극히 작은 간청까지 이처럼 부드럽게 받아들여지는 것일까?

세상에서 수행하는 그의 역할은 참으로 소박했다. 암허스트 가에 있는 이 집에서 대사 마하사야*는 소규모 중등학교를 운영하고 있었다. 그의 입에서는 나무라는 말 한마디 나온 적이 없었고 교칙이나 규율을 세우지도 않았다. 이처럼 겸허한 교실에서 학생들은 고등 수학과 교과서에 나오지 않는 사랑의 화학을 배웠다. 그는 학생들의 마음을 뚫고 들어갈 수 없는 무미건조한 가르침 대신에 영적인 접촉을 매개로 자신의 지혜를 전파해 나갔다. 성모를 향한 꾸밈없는 정열이 온

---

* 이 이름은 사람들이 통상 사용하는 존칭이다. 본명은 마헨드라 나트 굽타이며, 그의 모든 저작에는 단순히 'M'으로 서명되어 있다.

마음을 써버렸기 때문에, 마치 어린아이가 겉으로 드러나는 존중감의 표현을 바라지 않는 것처럼 대사 역시 그런 표현을 바라지 않았다.

"나는 너의 구루가 아니다. 너의 구루는 얼마 후에 나타날 것이다. 그분의 인도로 '사랑과 헌신'으로 이루어진 너의 신성 체험이 그분이 가진 '헤아릴 수 없는 지혜'의 옷을 입게 될 것이다."

저녁때마다 나는 암허스트 가를 찾아 대사 마하사야의 잔에서 흘러 넘치는 신의 지혜를 받아 마셨다. 지금까지 어느 누구에게도 진심에서 우러나는 존경심을 느껴본 적이 없는 나였지만, 이제는 마하사야의 발자취로 신성해진 흙을 밟는다는 것만도 무한한 특권으로 여겨졌다.

"스승이시여, 당신을 위해 목련꽃 화환을 만들었습니다."

어느 날 저녁 나는 꽃다발을 바쳤다. 거듭 사양하던 그는 내가 낙심한 기색을 알아차리고 미소로써 내 꽃을 받아주었다.

"우리 모두가 성모를 믿고 있으므로 이 화환을 내 육신에게 바친다는 것은 곧 성모께 바치는 셈이 된다."

그의 넓은 성품은 어떤 이기적인 생각도 들어설 틈이 없었다.

"내일은 나의 스승에 의해 영원히 축복받은 다크쉬네스와르의 칼리 사원에 가기로 하자."

대사는 위대한 구루 스리 라마크리슈나 파라마한사의 제자였다.

다음 날, 배편을 이용하여 갠지스 강을 6.4킬로미터 정도 여행한 끝에 아홉 개의 둥근 지붕으로 이루어진 칼리 사원에 도착했다. 그곳에는 성모와 시바의 신상들이 번쩍이는 은제 연꽃 위에 모셔졌는데, 천 개에 이르는 꽃잎들이 하나하나 섬세하게 조각되어 있었다. 이를 보는 마하사야의 눈은 황홀한 기쁨에 잠겼다.

그는 '자애로운 님'과의 끝없는 사랑에 침잠되어 있었다. 그가 '자애로운 님'의 이름을 찬양할 때, 황홀한 내 가슴은 북받쳐 천 갈래 만 갈래로 부서지는 듯했다.

잠시 뒤 사원의 경내를 거닐던 우리는 타마리스크 숲 앞에 멈췄다. 그 나무에서 스며나오는 특별한 수액(만나)은 대사 마하사야가 내려주는 천상의 음식을 상징했다. 신과의 영적 교류는 계속되었다. 깃털 같은 분홍빛 타마리스크 꽃으로 에워싸인 잔디 위에 꼼짝 않고 앉아 있던 내 몸은 순간적으로 육신을 이탈하여 초자연의 세계로 치솟았다.

이것이 성스러운 스승과 함께 다크쉬네스와르를 찾은 첫 번째 순례였다. 대사로부터 나는 모성적인 신의 다정함 또는 신성한 자비심을 배웠다. 마치 어린이와도 같았던 스승은 자신의 부드러운 천성에 맞지 않는 엄격하고 정확한 부성적인 면에는 별로 마음이 끌리지 않는 모양이었다.

기도하는 그를 보면, 그 모습이 바로 하늘에 사는 천사의 역할을 지상에서 수행하고 있는 한 원형이라는 생각이 들었다. 추호의 질책이나 비판도 없이 그는 오래된 친숙한 눈길과 근원적인 순수함으로 세상을 살폈다. 그의 육신과 정신, 언어, 행동은 아무 장애 없이 영혼의 순수성과 조화를 이루었다.

그는 개인적인 주장을 하지 않고 늘 "내 스승께서 이렇게 말씀하셨다."라는 말로 자신의 지혜로운 충고를 마치곤 했다. 스리 라마크리슈나와 동일시하는 감정이 매우 깊은 나머지 자신의 생각조차 자기 것이라고 여기지 않을 정도였다.

어느 날 저녁, 대사와 나는 서로 손을 잡고 그의 학교를 거닐고 있었다. 그러다가 자기 자랑이 심한 한 사람을 만나게 되었는데, 그의 장황한 이야기가 대단히 부담스러웠다.

━ 법열의 수행자 대사 마하사야.
대사는 항상 더 없이 행복한 우주적 열애에 빠져 있었다.

온통 독백에 빠져 있는 자기 중심주의자에게 들리지 않도록 대사가 내게 속삭였다.

"이 사람 때문에 기분이 별로 안 좋은 모양이구나. 성모께 말씀드렸더니 우리의 난처한 입장을 아시고서, 저기 보이는 붉은 집에 도착하자마자 저 사람한테 급한 일이 생각나도록 해주겠다고 약속하셨단다."

나의 눈은 구원의 집터에 고정되었다. 문 앞에 도착하기가 무섭게 그 사람은 하던 말을 채 끝내지도 않은 채 인사도 없이 서둘러 돌아가 버렸다. 어수선했던 분위기가 사라지고 다시금 평온이 찾아들었다.

하루는 혼자 호우라흐의 철도역 근처를 거닐다가 한 사원 앞에 서서 북과 자바라를 요란하게 두드려대며 신을 찬양하는 일단의 무리를 못마땅하게 바라보고 있었다. '성스러운 신의 이름을 저토록 기계적으로 되풀이해서 불러대다니 얼마나 불경스러운 일인가.' 하고 생각하고 있는데, 그때 마하사야가 빠른 걸음으로 다가오는 것이었다.

"여기는 웬일이십니까?"

대사 마하사야는 질문에는 아랑곳하지 않고 내 생각에 대한 답변을 말해주었다.

"작은 선생, 저들이 무지하든 현명하든 저들의 입에서 나오는 '자애로운 님'이라는 이름이 향기롭게 들리지 않느냐?"

그가 애정 어린 팔로 나를 감싸자 나는 그의 마술 양탄자를 타고 자비심으로 충만한 신 앞으로 인도되는 것을 느꼈다.

또 어느 날 오후에는 대사가 내게 조금 어리둥절한 제안을 했다.

"영화를 보러 가지 않겠느냐?"

그 말은 활동사진을 가리키는 것이었다. 사실 나는 무엇을 하든 함께 있는 것이 마냥 즐겁기만 했다. 우리는 빠른 걸음으로 캘커타 대학이 마주 보이는 한 정원으로 갔다. 그가 골디그히, 즉 연못 근처의 의자를 가리켰다.

"여기 잠시만 앉자. 나의 스승께서는 넓은 수면을 대할 때마다 내게 명상하기를 바라셨다. 그 잔잔함은 신의 무한한 고요를 떠올리게 해준다. 구루데바*는 우리가 수면에 모든 것을 비춰볼 수 있듯이, 우주라는 마음의 호수에도 모든 것을 비춰볼 수 있다고 늘 말씀하셨단다."

우리는 강의가 한창 진행 중인 어느 교실로 들어갔다. 심연과도 같은 어둠 속에서 역시 그 어둠만큼이나 지루한 슬라이드의 램프 불빛만이 이따금 빛나고 있었다.

'이것이 스승이 보여주고자 하신 영화일까?'

참을성 없게도 이런 생각이 들기는 했지만 따분한 표정을 지어 그를 실망시키고 싶지는 않았다. 그런데 그가 내게 몸을 숙이며 은밀하게 속삭였다.

"작은 선생, 이런 영상은 싫은가 보구나. 성모께 말씀드렸더니, 우리와 동감이시라며 지금 곧 전깃불이 꺼져 우리가 방을 떠날 때까지 불이 들어오지 않을 거라고 하셨단다."

그의 귓속말이 끝나기가 무섭게 방안이 어두워졌다. 활기차던 교수의 목소리가 잠시 당황한 듯 잦아들었다.

"배선 상태가 나쁜 모양이군."

이때 우리는 교실 문턱을 넘어 밖으로 나갔다. 복도에서 뒤를 돌아보자 교실 안에는 다시 불이 켜져 있었다.

---

* '신성한 스승'이라는 뜻의 산스크리트어. 'guru'(깨달은 스승)와 'deva'(신)를 결합한 합성어로 상당한 경의와 경외를 드러낸다.

"저 영화는 재미가 없지? 이번에 볼 것은 재미있을 것이다."

우리는 대학 건물 앞 인도에 서 있었다. 그가 나의 심장 위 가슴팍을 부드럽게 쳤다.

무언가를 완전히 변화시키는 침묵이 뒤따랐다. 마치 발성장치가 고장 난 유성영화의 영사기가 소리 없이 돌아가는 것처럼, 신성한 손이 이상한 기적을 통해 지상의 소음을 완전히 침묵시킨 것 같았다. 지나가는 전차는 물론이고 행인들이나 자동차, 우마차, 달구지까지도 모두 숨을 죽인 채 움직이고 있었다. 전지전능한 눈을 가진 사람처럼 내 뒤에 있는 장면까지도 마치 앞에 놓인 것처럼 똑똑히 보였다. 캘커타 시의 이 조그만 지역에서 일어나는 모든 광경이 내 앞에서 조용히 펼쳐졌다. 다 타버린 얄따란 잿더미 아래로 희미하게 보이는 불빛처럼 감미로운 광채가 전경에 스며들었다.

내 육신도 수많은 그림자 중의 하나로 여겨졌다. 움직임이 없는 내 몸과는 달리 다른 그림자들은 이리저리 소리 없이 움직이고 있었다. 몇몇 소년들과 친구들이 내 앞으로 다가왔다가 지나갔다. 모두 나를 똑바로 쳐다보았지만 아무도 알아보지 못했다.

이 신기한 무언극을 통해 나는 행복의 샘에서 흘러나오는 형언할 수 없이 행복한 깊은 황홀경을 맛보았다. 갑자기 대사가 내 가슴을 다시 부드럽게 툭 쳤다. 그리고 세상의 아수라장 소리가 귓전에서 터졌다. 갑작스럽게 달콤한 꿈에서 깨어난 나는 잠시 비틀거렸다. 초월의 포도주는 이미 내 손이 닿지 않는 곳으로 옮겨져 있었다.

"작은 선생, 두 번째 영상bioscope*이 마음에 드는 것 같구나."

---

* 옥스포드영어사전을 보면, 아주 드문 용례로 'bioscope'에 대해 '생명의 그림 혹은 그런

대사는 미소를 지었다. 감사의 표시로 그의 발 앞에 무릎을 꿇으려 하자 그가 말했다.

"내게 그러면 안 된다. 이제 신은 너의 사원(육신)에도 머무르고 계시다. 성모께서 네 손을 통해 내 발을 만지시게 허락할 수 없다."

누군가가 사람들로 붐비는 그 도로에서 천천히 빠져나오는 우리 모습을 보았다면, 분명히 술 취한 사람으로 생각했을 것이다. 드리워지는 저녁의 황혼도 우리와 공감하듯이 신성에 취해 있는 것처럼 느껴졌다.

어둠이 간밤의 희열에서 물러나고, 나는 황홀한 느낌을 상실한 채 새 아침을 맞이했다. 하지만 내가 성모와 대사 마하사야의 행복한 아들이라는 사실은 언제까지나 기억에 자리 잡고 있을 터였다.

나는 지금 빈약한 어휘력으로 대사의 자비로움을 말하고자 애쓰는 한편, 내가 만났던 성자들과 마하사야가 수년 후에 바다 건너 서양에서 성스러운 신앙인이라는 이름으로 자신들의 생활이 묘사되리라는 것을 알고 있었을까 생각해본다. 그분들이 선견지명으로 이런 미래를 훤히 알고 있었다 해도 놀랍지 않다. 물론 여기까지 나와 함께 따라온 독자들도 놀라지 않기를 바란다.

모든 종교의 성인들은 '우주의 님' 혹은 '자애로운 님'이라는 단순한 개념을 통해 신성의 실현을 이룩했다. 절대자는 무질물無質物이며 또한 불가해하기 때문에 인간의 생각과 염원이 그것을 우주의 어머니로 의인화한 것이다.

베다와 『바가바드기타』에서 가르치듯이 고대 인도의 사상에는 이

---

생명의 그림을 보여주는 것'이라는 정의를 내리고 있다. 이 대목에서 대사 마하사야의 단어 선택은 대단히 적절했다.

미 인격적인 일신론과 절대자라는 개념 사이의 조화가 잘 이루어져 있었다. 이와 같은 상극 간의 조화는 감정과 이성을 충족시켜주므로 바크티(신앙심)와 즈나나(지혜)도 본질적으로 일치되는 것이다. 프라파티(신으로의 도피)와 샤라나가티(신을 향한 열정에 몸을 내맡김)는 보다 높은 지혜에 도달하는 길이 된다.

대사 마하사야나 모든 성자들이 보여주는 겸손은 유일한 생명이며 재판관인 신에게 완전히 의지하고 있다는 인식에서 나오는 것이다. 신의 진실한 본성은 더 없는 행복이며, 따라서 그분과 동조를 이루는 사람은 본래적인 무한한 기쁨을 누릴 수 있다.

어린이와 같은 마음으로 성모께 접근하는 모든 시대의 신앙인은 누구나 성모께서 자신들과 놀아주신다고 증언한다. 대사 마하사야의 삶에서는 중요한 일이든 아니든 신과의 놀이가 여러 차례 발견되었다. 신의 눈에는 대소의 구분이 없는 것이다. 미세한 원자를 창조한 완벽성이 없었다면, 창공인들 어찌 그 자랑스러운 직녀성(목동좌의 주성)의 구조를 지닐 수 있었겠는가! 중요한 것과 사소한 것의 구별 따위는 신과 무관하다.

# 10

# 스승 스리 유크테스와르를
# 만나다

"신을 믿으면 단 한 가지 예외, 즉 공부를 하지 않고도 시험에 합격하는 일만 빼곤 어떠한 기적도 가능하다."

나는 심심풀이로 펼쳐든 '영감을 주는' 책을 씁쓸하게 덮어버렸다. '책의 저자가 예외라고 든 것은 완전한 신앙을 갖지 못한 결과이다. 불쌍한 친구, 밤늦게까지 공부하는 걸 꽤나 존중하고 있군 그래!'

내가 아버지에게 드린 약속은 고등학교 과정을 완전히 마친다는 것이었다. 하지만 열심히 공부하는 척할 수는 없었다. 지난 몇 달 동안 나는 학교 교실보다 캘커타 강변 가트 근처의 한적한 장소를 더 자주 찾았다. 그곳에 인접한 화장터는 밤이 되면 매우 으스스해서 요기들에게 인기가 높은 장소로 알려져 있었다.

'죽음을 초월한 진리'를 탐구하는 사람은 그까짓 나뒹구는 해골쯤은 겁내지 않아야 하리라. 여러 종류의 뼈들이 널린 음침한 묘지에 가보면 인간이 얼마나 무력한지를 실감할 수 있다. 내가 한밤중에 배회하는 것은 이처럼 학자들의 연구 목적과는 전혀 다른 종류의 무엇이었다.

고등학교 졸업시험 주간이 코앞에 다가오고 있었다. 이 끔찍한 시기는, 무덤의 귀신과 똑같이 학생들을 겁먹게 하는 것으로 유명했다. 그렇지만 내 마음은 평온했다. 나는 오히려 시체나 귀신들을 무서워하지 않으면서 교실에서 배울 수 없는 지혜를 용감하게 발굴해내고 있었다.

그러나 유감스럽게도 나한테는 동시에 두 군데에서 나타나는 스와미 프라나바난다의 능력이 없었다. 애석하게도 많은 사람들에게는 비논리적으로 보이겠지만, 나는 속으로 신이 나의 고민을 알고 나를 구출해 주시리라고 굳게 믿고 있었다. 신을 믿는 사람이 이처럼 비합리적으로 보이는 사고를 하는 것은 가장 절박한 때 자신이 믿는 신이 나타나는, 설명할 수 없는 이적異蹟이 무수히 많기 때문이다.

"무쿤다, 요즘은 통 보기 힘들더라!"

어느 날 같은 반 친구 하나가 가르파르 거리에서 내게 말을 걸었다.

"아, 난투! 안 그래도 그동안 학교에 안 나가서 내 처지가 지금 매우 곤란해."

나는 친구의 다정한 눈길에 흉금을 털어놓았다. 난투는 유쾌하게 웃었다. 공부를 잘하던 그 친구는 난처한 내 입장이 무척 우스워보이는 모양이었다.

"졸업시험 준비가 전혀 안 되었다는 말씀이군. 너를 도와주고 안 도와주고는 나한테 달린 것 같은데!"

이 간단한 말 몇 마디가 내 귀에는 신이 주시는 약속처럼 들렸다. 나는 재빨리 친구의 집을 찾아갔다. 난타는 친절하게도 여러 가지 예상 문제를 뽑아 풀이를 해주었다.

"이런 문제는 순진한 학생들을 함정에 빠뜨리기 위한 미끼야. 내가 말한 답을 잘 기억해두면 별 탈 없이 시험에 통과할 거야."

친구의 집을 나설 때는 밤이 매우 이슥한 다음이었다. 나는 벼락치기 공부 때문에 얼떨떨한 상태로, 앞으로 며칠 동안만 공부한 내용이 머릿속에 남아 있기를 간절히 기도했다. 난투가 여러 과목을 지도해주었지만 시간이 너무 촉박해서 서두르는 통에 산스크리트어 과목을 그만 빠뜨리고 말았다. 나는 하느님이 그 실수도 잘 해결해주시길 간절히 기도했다.

다음 날 아침, 머리에 빽빽이 들어찬 지식을 잘 소화시키고자 산보를 시작했다. 잡초가 우거진 모퉁이를 질러가다가 문득 무언가에 놀라 걸음을 멈추었다. 눈앞에 인쇄된 종이 몇 장이 널려 있었다. 얼른 집어들어 보니 산스크리트어로 된 운문이 아닌가!

나는 해석에 자신이 없어 도와줄 학자 한 사람을 찾아갔다. 그의 목소리는 더없이 아름답고 꿀같이 달콤한 그 고대 언어*의 분위기와 훌륭하게 어울렸다.

"이처럼 특수한 스탠자(stanza, 4행 이상의 각운이 있는 시구—옮긴이)는

---

* 산스크리타Sanskrita. '잘 닦인, 완전한'이란 뜻이다. 산스크리트어는 모든 인도유럽어들보다 앞선 언어로서, 그 알파벳을 데바나가리Devanagari라고 하는데 그것은 '신들이 사는 곳'이라는 의미이다. 고대 인도의 위대한 언어학자인 파니니는 "그 문법을 깨치는 사람은 신을 깨치는 사람이다."라는 말로써 산스크리트어의 수학적, 심리학적 완벽성에 찬사를 보냈다. 이 언어를 완벽하게 정복하려면 진정 전지全知한 상태까지 나아가야 한다.

산스크리트어 시험에 안 나올 것 같네!"

학자는 미심쩍은 태도로 인쇄물들을 내버렸다. 그러나 그 이상한 시를 접한 덕분에 다음 날 나는 산스크리트어 시험을 무사히 치를 수 있었다. 난투의 각별한 보살핌 덕에 다른 과목도 모두 최소한의 점수로 통과하게 되었다.

아버지는 내가 약속을 지켜 고등학교 과정을 마치게 된 것을 매우 기뻐하셨다. 나는 나를 인도해주신 신에게 감사드렸다. 나로 하여금 난투의 집에 가게 만들고 잡초가 우거진 돌길을 유달리 선택하여 산책하게 한 것도 모두 신의 이끄심이었던 것이다.

그분은 재미있게도 적시에 나를 구출하기 위해 두 번이나 나타나셨다. 하느님이라도 시험장에는 나타나지 않는다고 적어놓은 책에 대해, 나는 속으로 이렇게 말하며 웃지 않을 수 없었다.

'내가 만약 그 책의 저자를 만나, 무덤 한복판에서 명상을 하는 것이 고등학교 졸업의 지름길이라고 말한다면, 아마도 놀라 자빠지겠지!'

졸업시험 통과로 위신이 서자 이제 공공연히 집을 떠날 계획을 세우는 단계로 접어들었다. 친구인 지텐드라 마줌다르도 함께 가기를 원했다. 우리는 스리 브하라트 다르마 마하만달의 바라나시* 암자로 가기로 했다.

가족들을 떠나려 하자 갑자기 슬픔이 물밀듯이 밀려왔다. 어머니가 돌아가셨으므로 나는 두 남동생 사난다와 비슈누 그리고 막내 여동생 타무에 대한 애정이 각별히 깊었다.

---

* 인도가 독립하자 영국 통치 시대에 영어화되었던 많은 단어가 인도의 원래 단어들로 복구되었다. 그래서 'Banaras'는 이제 보편적으로 'Varanasi'로 더 많이 쓰이는데, 경우에 따라서는 보다 옛날 이름인 'Kashi' 혹은 'Benares'로 쓰기도 한다.

내 격동의 사드하나*를 여러 가지로 대변해주는 은신처인 다락방으로 뛰어들어가서 두 시간을 실컷 울고 나자, 나는 연금술의 실험 대상이 된 것처럼 묘하게 변해 있었다. 모든 집착**이 끊어지고 친구 중의 진짜 친구로 신을 찾겠다는 결심이 철석같이 굳어졌다.

내가 마지막 인사를 드리려고 다가서자 아버지는 난처한 듯이 말씀하셨다.

"마지막으로 부탁하마. 나와 네 형제들을 버리지 말아다오."

"존경하는 아버지, 제가 아버지를 사랑한다는 것을 어떻게 말로 다 표현하겠습니까? 그러나 저는 이 세상의 완전한 아버지인 '하늘의 아버지'를 더욱 사랑합니다. 저를 보내주십시오. 저는 언젠가 더 많은 신성한 깨달음을 가지고 돌아오겠습니다."

마침내 아버지의 마지못한 승낙을 얻어낸 나는 이미 바라나시 아슈람(암자)에 가 있는 지텐드라와 합류하러 서둘러 출발했다.


내가 도착하자 청년들을 지도하는 스와미 다야난다가 반갑게 맞아주었다. 키가 크고 깡마른 그는 매우 생각이 깊은 태도를 지녀서 나에게 좋은 인상을 주었다. 그의 머리와 얼굴은 붓다와 같은 침착성을 드러내고 있었다.

---

* '신에 이르는 길', 혹은 '예비 훈련의 길'이란 뜻이다.
** 힌두교 경전은, 가족에 대한 집착이 모든 것, 즉 삶 자체는 말할 것도 없고 혈육에 대한 사랑까지 포함한 모든 축복을 주시는 신을 추구하는 데 방해가 된다면, 그 집착은 망상이라고 가르친다. 예수도 비슷한 가르침을 주셨다.
"누구든 나보다 아버지나 어머니를 더욱 사랑하는 사람은 나를 따를 자격이 없다." 『마태복음』 10:37
"말하던 사람에게 대답하여 이르시되, 누가 내 어머니며 내 동생들이냐고 하시고" 『마태복음』 12:48

새로 들어가게 된 집은 다락이 있어서 좋았다. 새벽과 아침나절은 그 다락에서 보냈다. 아슈람 사람들은 명상 수행에 대해 거의 몰랐으며, 그래서 그런지 모든 시간을 아슈람과 관련된 일에 써야 한다고 생각했다. 그들은 내가 오후 시간을 자신들의 사무실에서 보내면 나를 칭찬하곤 했다.

하루는 일찍 일어나 다락으로 올라가려는데 함께 생활하는 동료 하나가 나를 이렇게 비웃었다.

"그렇게 너무 일찍 신을 찾으려 하지 말게!"

나는 다야난다를 찾아갔다. 그는 갠지스 강이 내려다보이는 조그만 거처에서 매우 분주한 시간을 보내고 있었다.

"스와미지,* 여기서 저한테 뭘 요구하는지 이해가 안 됩니다. 저는 직접 신을 인식하기 위해 노력하고 있습니다. 신 없이는 그 어떠한 단체나 신조, 업적 따위에도 결코 만족할 수 없습니다."

오렌지색 옷을 입은 그 수도승은 다정하게 내 등을 두드리며 짐짓 나무라는 투로 옆에 있던 몇몇 제자에게 말했다.

"무쿤다를 괴롭히지 마라. 이 친구도 이제 우리 방식을 알게 될 것이다."

나는 의심이 일었지만 덮어두었다. 학생들은 그러한 야단에 별로 아랑곳하지 않고 방을 떠났다. 다야난다는 계속해서 내게 말했다.

"무쿤다, 네 아버지가 너에게 꼬박꼬박 돈을 보내고 계시다는 것을 안다. 그걸 돌려보내라. 여기서는 아무것도 필요 없다. 또 한 가지 금

---

* '지(ji)'는 관습적으로 사용되는 존칭 어미로 특히 직접 대화할 때 사용된다. 그 예로는 '구루지', '스리 유크테스와르지' 등이 있다.

지 사항은 음식에 관한 것이다. 아무리 배가 고파도 배가 고프다는 말을 해선 안 된다."

내 눈에서 배가 고픈 기색이 나타났는지 아닌지는 모른다. 그러나 배가 고프다는 것은 분명한 사실이었다. 암자의 첫 식사는 어김없이 열두시에 나왔다. 집에서는 아홉시에 아침 식사를 충분하게 먹는 것이 습관처럼 되어 있었다.

세 시간이라는 간격이 날마다 점점 지루하게 느껴졌다. 10분만 늦어도 요리사를 나무라던 캘커타 시절은 이미 옛날이었다. 나는 식욕을 조절하기 위해 많은 애를 썼다. 24시간 단식을 단행했다. 단식을 시작한 날은 전보다 몇 배의 열성으로 다음 날 정오를 기다렸다.

"다야난다의 기차가 연착이야. 그가 도착할 때까지는 식사를 못할 것 같아."

지텐드라가 이 무시무시한 소식을 전해주었다. 2주일 동안이나 떠났다 돌아오는 스와미를 환영하기 위해 여러 가지 맛있는 음식이 준비되어 있었다. 구수한 냄새가 암자 안에 가득했다. 어제 하루 종일 단식을 했는데, 그 무엇인들 삼킬 수 없으랴. 자존심만 빼고는!

"신이시여, 열차를 빨리 도착하게 하소서!"

하늘에 계신 아버지는 다야난다가 내게 말한 금지 사항과 그다지 관계가 없을 거라고 생각했다. 그러나 신의 관심은 다른 곳에 있었다. 똑딱거리는 시계 소리가 몇 시간이나 흘러갔다. 다야난다가 문 앞에 당도했을 때는 이미 어둠이 짙게 깔려 있었다. 나의 인사는 순진한 기쁨 그것이었다.

"다야난다님이 목욕을 마치고 명상을 끝낸 후에야 우리가 식사를 할 수 있대."

지텐드라가 불길한 새처럼 나에게 다가와 다시 말했다. 나는 거의 산송장이 되어 있었다. 굶는 데 익숙지 않은 내 젊은 위장은 계속 힘차게 투덜댔다. 전에 사진으로 보았던 굶어죽은 사람들의 모습이 눈앞에 아른거렸다.

'바라나시에서 굶어죽을 다음 주인공은 바로 이 암자에서 나오겠구나.'

이런 생각이 들 정도였다. 아사 직전의 절박한 운명은 저녁 아홉시가 되어서야 끝났다. 식사 소집이 얼마나 군침 당기는 신호였는지! 그날 저녁의 식사야말로 생명체에게 완벽한 시간이었다.

허겁지겁 먹으면서도 나는 다야난다 역시 정신없이 먹는 광경을 관찰할 수 있었다. 아니, 그는 나보다 더 많이 식사를 즐기고 있었다.

"스와미지! 배고프지 않았나요?"

나는 양껏 식사를 한 다음 그와 함께 서재에 가게 되었다. 그가 말했다.

"그래! 난 지난 나흘 동안 먹지도 마시지도 못했다. 세속 사람들의 이질적인 진동이 가득한 기차 안에서는 절대 아무것도 먹지 않지. 나는 수도승을 위한 샤스트라* 계율을 엄격하게 준수하기 때문이다. 이곳에서 단체 생활을 하면서 마주하게 되는 어떤 문제들은 내 마음에

---

* 샤스트라shastra는 '신성한 책'이라는 말인데, 『슈루티Shruti』, 『슴리티Smriti』, 『푸라나 Purana』, 『탄트라Tantra』 등 4개의 경전으로 구성되어 있다. 이 광범위한 책에는 종교와 사회생활, 법학, 의학, 건축학 등 거의 모든 분야의 내용이 기술되어 있다. 이 중에서 『슈루티』는 '직접 들은' 혹은 '계시된' 경전으로 베다를 뜻한다. 『슴리티』는 '기억된' 지식으로 까마득한 옛날의 역사상 최초의 서사시인 『마하바라타』와 『라마야나』를 말한다. 『푸라나』는 18편의 고대 우화를 말하고, 『탄트라』는 '의식'이란 뜻으로 상징적으로 쓰인 심오한 진리를 담고 있는 문집이다.

달려 있다. 나는 오늘밤 아슈람의 저녁 식사를 도외시했다. 너무 안달하지 마라. 내일부터는 반드시 적절한 식사를 하는 것을 원칙으로 삼겠다."

이렇게 말하면서 그는 유쾌하게 웃었다. 내 안에서 수치심이 번져나가 질식할 것 같았다. 그러나 어제의 고통은 쉽게 잊을 수 없었다. 그래서 나도 감히 말을 계속했다.

"스와미지, 저도 지시에 따르느라 매우 혼이 났습니다. 음식을 요구하지 않으니까 아무도 주지 않아요. 거의 죽을 뻔했습니다."

"그러면, 죽어버려라!"

이 놀라운 소리가 공기를 진동시켰다.

"무쿤다, 그렇다면 죽어야지! 너는 하느님의 힘으로 사는 것이지 음식의 힘으로 사는 것이 아니라는 사실을 명심해라! 영양분의 모든 것을 창조하신 분, 우리에게 식욕을 주신 분이 자기를 신봉하는 사람을 결코 죽게 만드시지는 않는다. 음식이 너를 지탱해주고, 돈이나 사람들이 너를 살아가게 해준다고 생각하지 마라. 하느님이 네게서 목숨을 거두어가면 그 모든 게 무슨 도움을 줄 수 있겠느냐? 모든 것은 그분의 도구일 뿐이다. 네 위장에서 음식을 소화시키는 것이 너 자신의 기술로 되는 줄 아느냐? 무쿤다! 네가 가진 분별력이라는 칼을 사용하여라. 매개물의 사슬을 끊어버리고 단 하나의 궁극의 원인만을 감지해라!"

그의 신랄한 말이 뼛속까지 깊이 사무쳤다. 육체의 명령이 정신을 이길 수도 있다는 다년간의 묵은 환상이 삽시간에 사라져버렸다. 나는 그때 거기서 모든 것을 신이 충족시킨다는 진리를 깨달았다. 그 후 수많은 여행을 하며 일생을 보내게 되었는데, 여러 낯선 도시들을 방문하면서 바라나시의 암자에서 배운 이 교훈이 맞아들어가는 경우를 얼마나 많이 경험했는지 모른다!

내가 캘커타에서 가져온 유일한 귀중품은 돌아가신 어머니가 남겨 주신 사두의 은 부적이었다. 수년 동안 소중히 간직해온 그 부적은 아슈람의 내 방 안 깊숙이 감춰두었다. 어느 날 아침 나는 재앙을 막아준다는 중거품을 보는 기쁨을 누리려고 자물쇠가 채워진 상자를 열어보았다. 그런데 봉인된 포장에 손이 닿은 흔적은 없었으나, 부적이 사라지고 없었다. 봉투를 찢어 열어 보고서 틀림없이 사라진 사실을 슬프게 확인했다. 사두의 예언대로 부적은 에테르 속으로, 사두의 부름에 따라 사라졌던 것이다.

다야난다의 추종자들과 나의 관계는 점점 악화되었다. 확고부동한 나의 무관심 때문에 서로 간의 분위기가 서먹서먹했다. 출가의 목적에 맞는 명상을 엄격하게 고집한 나의 태도는 세상의 온갖 야심을 지닌 그들에게 모든 방면에서 이런저런 비판을 불러일으켰다.

나는 정신적 고통에 괴로워하다가 어느 날 새벽 다락으로 들어가서 확고한 응답이 주어질 때까지 기도를 하기로 결심했다.

"우주의 자비로운 어머니시여! 당신 스스로 영상을 통해서든, 아니면 당신이 보내신 구루에 의해서든 저를 가르쳐 주십시오."

몇 시간이 흘러도 나의 눈물겨운 간청은 반응을 얻지 못했다. 그러던 순간 갑자기 몸이 마치 무한 영역으로 들어올려지는 느낌이 들었다.

"너의 진정한 스승이 오늘 나타나신다!"

성스러운 여인의 음성이 곳곳에서 들려왔다. 나의 신성한 체험은 누군가 외치는 소리에 흩어지고 말았다. 아래층 부엌에서 나를 부르는 하부라는 젊은 수도자의 목소리였다.

"무쿤다! 명상을 다 마쳤니? 심부름 좀 가야겠어."

여느 날 같았으면 불만스러운 대꾸를 날카롭게 내뱉었을 것이다. 그러나 나는 눈물로 얼룩진 얼굴을 닦은 다음, 아무 말 없이 그 요청에 응했다.

하부와 함께 나는 바라나시의 벵골 구에 있는 먼 시장으로 길을 떠났다. 우리가 시장에서 이것저것 물품을 사고 있을 때 상냥하지 못한 인도의 태양은 아직 중천에도 와 있지 않았다. 가정주부, 안내인, 성직자, 소박한 옷차림의 과부, 품위 있는 브라만(바라문), 어디서나 눈에 띄는 소 등등 우리는 다채로운 무리를 거치고 또 거쳤다.

하부와 계속 길을 걷던 나는 눈을 돌려 좁다란 오솔길을 바라보았다. 그 길 끝에 스와미 복장을 한 사람이 성자와 같은 모습으로 꼼짝도 하지 않고 서 있었다. 그를 처음 보는 순간, 나는 오래 전부터 알았던 것처럼 친숙한 느낌이 들었다. 그러나 곧 제정신으로 돌아왔다.

'너는 지금 이 방랑승을 엉뚱한 대상으로 혼동하고 있어. 꿈꾸지 말고 계속 걸어가!'

10분 정도 걸어가는데 갑자기 발에 쥐가 났다. 무거운 돌을 올려놓은 듯이 묵중한 힘이 두 발 위에 더해졌다. 그런데 어떻게 하다가 뒤로 돌아서자 발이 괜찮아졌다. 나는 다시 가던 방향으로 걸어가려 했다. 그러자 또 한 번 이상한 압박감이 덮쳐왔다.

'저 도인이 나를 자석처럼 자기한테로 끌어당기고 있다.'

이런 생각이 들었고, 나는 하부에게 짐을 내맡겨버렸다. 내가 발을 절룩거리는 모습을 이상하게 보고 있던 그가 그만 웃음을 터뜨렸다.

"어디 아프니? 너, 어떻게 된 것 아니야?"

나는 감정이 요동쳐서 대꾸할 여유도 없이 오던 길을 다시 돌아갔다. 마치 발에 날개가 달린 듯이 가볍게 그 좁은 오솔길에 당도했다. 그분이 조용한 모습으로 앉아 내가 오는 방향을 지켜보고 있다는 사실을 금방 알아차릴 수 있었다. 몇 걸음 조심스럽게 다가간 나는 그의 발 밑에 엎드렸다.

"구루데바!"*

나는 그의 성스러운 얼굴을 환시 속에서 천 번은 보았었다. 뾰족한 수염과 흘러내린 머리 타래 때문에 마치 표범 같아 보이는 그는 빛나는 물총새처럼 평온한 눈길로 나의 어둡고 희미한 공상을 꿰뚫어보는 것 같았다. 그 눈은 또한 내가 충분히 이해하지 못하는 약속을 해주고 있는 것도 같았다.

"오, 반갑다! 네가 정녕 내게로 왔구나!"

벵골어로 이렇게 자꾸만 반복해서 말하는 그의 음성이 기쁨으로 떨리고 있었다.

"내 얼마나 많은 세월 동안 너를 기다려왔던가!"

우리는 침묵 속에서 일체감을 느꼈다. 말을 한다는 것이 천박하고 사치스럽게 느껴졌다. 소리 없는 찬양이 웅변적으로 스승의 가슴에서 제자의 가슴으로 흘러들었다.

직감적으로 나는 나의 구루가 신을 알고 있으며, 나를 신에게 인도하실 것을 느꼈다. 현생에 드리워졌던 희뿌연 장막은 어렴풋한 전생의 기억들이 의식의 표면으로 올라오자 어디론가 사라졌다. 극적인 순간! 전생과 현생과 내세가 순환하고 있었다. 이처럼 성스러운 발밑에 앉아 있는 것도 이번이 처음은 아니었던 것이다!

---

* 영적인 스승을 가리키는 관습적인 산스크리트어 단어로, 영어로는 'Master'로 옮겼다.

내 손을 잡고 구루는 시내의 라나 마할 구에 있는 자신의 임시 거처로 데리고 갔다. 그의 모습은 건강했고 걸음은 힘찼다. 키도 크고 정정했으며, 쉰다섯이라는 나이에도 불구하고 젊은 사람처럼 활기차고 정력적이었다. 검은 눈은 크고 아름다웠으며 깊은 지혜를 담고 있었다. 약간 고수머리인 것이 강인한 얼굴을 부드럽게 해주었다. 힘과 온화한 기운이 신기하게도 조화를 이루었다.

갠지스 강에 있는 자신의 집 발코니에 이르자 구루는 다정스레 말씀하셨다.

"나의 암자들과 내가 소유한 재물을 모두 너에게 주겠다."

"스승님, 저는 지혜와 신의 깨달음을 구하기 위해 여기에 왔습니다. 그것이 바로 제가 추구하는 보물입니다!"

스승이 다시 입을 열었을 때는 석양이 벌써 반쯤이나 가라앉아 있었다. 그의 눈은 헤아릴 수 없이 부드러웠다.

"나는 너를 조건 없이 사랑하겠다."

이 얼마나 값진 말인가! 25년이 지난 다음 나는 다시 한 번 그분의 사랑을 귀로 확인할 수 있는 기회를 갖게 되었다. 스승의 바다같이 넓은 가슴에는 열정적인 말보다 잔잔한 어조가 더 잘 어울렸다.

"너도 나를 똑같이 조건 없이 사랑하겠느냐?"

스승은 천진스러운 신뢰감을 갖고 나를 응시했다.

"스승님을 영원히 사랑하겠습니다, 구루데바!"

"보통의 사랑은 이기적이며, 욕망과 자기만족에 뿌리를 두고 있다. 그러나 신성한 사랑은 조건이 없으며, 따라서 한계도 없고 변화도 없다. 변화무쌍한 인간의 마음이 순수한 사랑을 접하게 되면서 영원히 흔들리지 않게 되는 것이다."

스승은 아무런 가식 없이 덧붙여 말씀하셨다.

"만약 내가 신성한 깨달음의 상태로부터 벗어난다면, 나를 네 무릎에 눕혀 놓고 우리가 숭배하는 '우주의 님'에게로 돌아가도록 도와주겠다고 약속해다오."

점점 어두워지자 스승이 자리에서 일어나서 방 안으로 나를 인도하셨다. 망고와 아몬드 사탕과자를 먹을 때, 그분은 내 인간성을 잘 알고 있다는 사실을 거슬리지 않게 대화 중에 드러내 보이셨다. 나는 웅대한 지혜와 내면의 겸손이 신통한 결합을 이루는 스승의 정신세계에 놀라움을 금할 수 없었다.

"없어진 부적에 대해선 슬퍼하지 마라. 부적은 임무를 다한 것이니까."

신의 거울과도 같이 나의 구루는 내 인생 전부를 훤히 들여다보고 계셨다.

"스승님, 당신과 함께 있는 현실은 그 어떤 상징도 넘어서는 기쁨입니다."

"네가 머무르는 암자가 불편하니 이제는 바꿔야 할 때가 되었다."

나의 생활에 대해서는 아무런 말씀도 드리지 않았다. 그러나 그것은 이제 별 문제가 아니었다. 자연스럽고 평온한 태도를 통해 나는 그분이 투시안을 과시하고 싶은 생각이 전혀 없음을 알 수 있었다.

"너는 캘커타로 돌아가야 한다. 왜 인류를 사랑한다면서 가족을 그 사랑의 대상에서 제외하는 것이냐?"

스승의 제안은 나를 어리둥절하게 만들었다. 편지로 여러 번 돌아오라고 한 가족들의 요청에 별 반응을 보이지 않았는데도 가족들은 내가 꼭 돌아오리라고 예상하고 있었다. 아난타 형은 이렇게 말했다.

"형이상학의 하늘을 나는 어린 새여! 너의 날개는 무거운 대기 중에서 피로해졌을 것이다. 우리는 네가 곧 집으로 날아들어 날개를 접고 가족의 보금자리에서 편히 쉬기를 바란다."

이 맥빠지는 비유가 마음에 큰 충격을 주었기 때문에, 나는 결코 캘커타 방향으로는 '날아가지' 않기로 결심했었다.

"스승님, 저는 집으로 돌아가지 않겠습니다. 어디든 스승님을 따라가겠습니다. 저에게 계신 곳과 존함을 가르쳐 주십시오."

"내 이름은 스와미 스리 유크테스와르 기리Swami Sri Yukteswar Giri이다. 나의 본 암자는 세람푸르의 라이 가트 거리에 있다. 지금은 이곳에 계신 어머니를 며칠간 찾아뵙는 중이다."

나는 자신을 믿고 따르는 신봉자들을 위해 마련해둔 신의 각본에 놀라움을 금할 수 없었다. 세람푸르는 캘커타에서 불과 20킬로미터밖에 안 되는데도 지금껏 구루의 모습은 단 한 번도 본 적이 없었다. 결국 우리는 서로 만나기 위해 라히리 마하사야의 성스러운 기억을 담고 있는 옛 도시 카시(바라나시)로 여행을 떠나왔던 것이다. 이곳은 붓다와 상카라*가 태어났고, 많은 위대한 요기들이 활약했던 역사적인 장

---

* 상카라(일명 상카라차랴)는 인도 최고의 철학자로, 고빈다 자티와 그의 구루인 가우다파다의 제자이다. 상카라는 가우다파다의 『만두캬 카리카Mandukya Karika』라는 글에 유명한 주석을 달았다. 그는 빈틈없는 논리와 유려하고 우아한 문체로 베단타 철학을 엄격한 아드바이타(비이원론, 일원론) 정신에 따라 해석했다. 이 위대한 일원론자는 헌신적인 사랑의 시를 짓기도 했다. 그의 〈성모께 바치는 죄 사함의 기도〉의 후렴은 다음과 같다. "나쁜 자식들은 많아도 나쁜 어머니는 하나도 없다."

상카라의 제자 사난다나는 『브라흐마 수트라Brahma Sutra』에 주석을 달았는데, 원고가 불에 타서 없어지자 딱 한 번 읽어본 상카라가 제자에게 한 자 한 자 불러주어 다시 작성했다. 『판차파디카Panchapadika』라는 이름으로 알려진 이 책은 오늘날까지 학자들에 의해 연구되고 있다. 제자 사난다나는 멋있는 사건 후에 새 이름을 얻었다. 어느 날 그가 강가에 앉아 있는데 강 건너 편에서 스승이 부르는 소리가 들려왔다. 사난다나는 당장 물속으

소이다.

처음으로 스리 유크테스와르의 목소리가 엄해졌다.

"너는 4주 후에 나에게 올 것이다. 내가 너를 발견하여 기뻐했고, 나와 영원한 사랑을 약속했다고 벌써부터 내 말을 무시하려 하느냐! 다음에 만날 때, 너는 나의 관심을 다시 불러일으켜야 한다. 나는 제자를 아무나 함부로 받아들이지 않는다. 제자가 되기 위해서는 엄격한 훈련에 철저히 복종해야 한다."

나는 고집스레 침묵을 지켰다. 구루는 곧바로 나의 곤혹스러운 심

---

로 뛰어들었다. 그의 신앙과 그의 발은 둘 다 물에 빠지지 않고 멀쩡했는데, 그것은 샹카라가 굽이치는 강물 위에 연꽃을 연달아 만들어 놓았기 때문이다. 그 뒤로 제자는 '파드마파다', 즉 '연꽃발'로 알려지게 되었다. 파드마파다는 『판차파디카』에서 자신의 구루인 샹카라에 대한 수많은 사랑의 헌시를 바치고 있다.

샹카라는 다음과 같은 아름다운 글을 썼다. "삼계三界에서 진정한 구루와 비교될 수 있는 것은 아무것도 없다. 철학자들의 돌(연금술에 사용되는)이 아무리 진실된 것이라고 해도 그것은 다만 쇠를 금으로 바꿔놓을 수 있을 뿐, 다른 철학자의 돌로 바꿀 수는 없다. 반면에 존경받는 스승은 자신을 따르는 제자들의 내면세계에 자신과 동등한 영적 차원을 창조해낸다. 따라서 그러한 스승은 어떤 것에도 비교할 수 없는, 아니 모든 것을 초월하는 존재이다."(『시의 세기Century of Verses』)

성 샹카라는 드물게도 성자와 학자, 그리고 실천가를 겸한 사람이었다. 그는 겨우 서른두 살밖에 되지 않았는데도 인도 방방곡곡을 열심히 방문하며, 자신의 아드바이타 철학을 설파하는 데 전력을 다했다. 수백만의 사람들이 이 맨발의 젊은 수도자 샹카라의 입에서 흘러나오는 지혜와 위안의 말을 듣고자 구름같이 몰려들었다. 샹카라의 개혁 의지는 오래된 스와미 교단의 '스와미 규율' 개정 작업에도 나타났다. 그는 또한 네 군데 지방에 '수도자 교육센터'를 세웠다. 남쪽에는 마이소르, 동쪽에는 푸리, 서쪽에는 드와르케, 히말라야가 있는 북쪽에는 바트리나트가 있다.

이 위대한 일원론자가 세운 네 곳의 교육센터는 왕실과 평민들로부터 자발적인 기부를 받아 설립되었는데, 여기서는 산스크리트어 문법과 논리학, 그리고 베단타 철학을 가르쳤다. 인도의 네 중심지에 교육센터를 세운 샹카라의 목적은, 광활한 국토 안에서 종교 통일과 민족 통일을 이루는 데 있었다. 과거와 마찬가지로 오늘날에도 공공의 후원을 받아 유지되는 출트리와 사트람(순례길을 따라 설치된 휴식 장소)에서 경건한 힌두교도들은 무상으로 숙식을 제공받을 수 있다.

정을 알아챘다.

"가족들이 비웃을까봐 그러느냐?"

"저는 돌아가지 않겠습니다."

"너는 30일 후에 집으로 돌아갈 것이다."

"결코 안 가겠습니다."

논쟁의 긴장이 채 풀리지 않은 상태로 나는 정중히 스승의 발밑에 인사를 하고 내 거처로 걸음을 옮겼다. 한밤중에 암자로 돌아오면서 나는 우리의 기적적인 만남이 왜 그런 불협화음으로 끝나게 되었는지 의아했다.

마야(환영)의 이중성은 항상 기쁨 뒤에 슬픔을 따르게 하여 균형을 맞추는가! 내 어린 가슴은 아직 나를 개조하려는 구루의 손길이 익숙하지 않았던 것이다.

다음 날 아침, 나는 동료들의 태도에서 더욱 커져가는 적개심을 느꼈다. 그들은 날마다 나를 여러 가지 이유로 윽박질렀다. 3주가 지나갔다. 그때 다야난다가 봄베이의 회의에 참석하기 위해 아슈람을 떠났다. 내 머릿속은 뒤죽박죽이 되었다.

"무쿤다는 암자에서 공짜로 먹고 사는 기생충이다."

이런 말이 귀에 들리자, 아버지에게 돈을 돌려보내라는 말에 복종한 것이 후회스러웠다. 나는 무거운 마음으로 유일한 친구인 지텐드라를 찾았다.

"난 떠나야겠어. 다야난다지가 돌아오면 못 뵙고 가서 죄송하다고 좀 전해줘."

지텐드라도 결연하게 말했다.

"나도 같이 떠날 거야! 여기서 명상하려고 했는데, 너보다 내가 더 실망했어."

내가 말했다.

"나는 위대한 성자를 만났어. 세람푸르로 그분을 찾아가자."

그리하여 '새'는 이제 거의 캘커타 코앞까지 '날아갈' 채비를 갖추게
되었다!

# 11

# 브린다반의
# 무일푼 두 소년

"무쿤다! 아버지가 너를 호적에서 빼버려야
정신을 차리겠니? 넌 지금 인생을 낭비하고 있어. 얼마나 어리석은 일
이냐!"

형의 설교가 내 고막을 자극했다. 기차에서 내린 지텐드라와 나는
상쾌한 기분으로 막 아난타 형의 집에 도착한 직후였다. 말이 좋아 '상
쾌한 기분'이지 사실 우리는 먼지로 뒤덮여 있었다. 형은 벵골 나그푸
르 철도회사에서 회계 감사 업무를 맡고 있었는데, 최근에 캘커타에
서 고대 도시 아그라로 전근을 온 상태였다.

"형 말이 맞아요. 나는 하늘에 계신 아버지께 상속받을 생각이에요."

"돈이 첫째고, 하느님은 나중 문제다. 누가 또 아니? 인생이 하느님
을 찾아도 될 만큼 길지."

"하느님이 먼저고, 돈은 하느님이 부리는 거예요. 누가 알겠어요? 인생이 너무 짧을지."

나의 이 대답은 그저 임기응변으로 나온 말이지 어떤 예감이 들어서 내뱉은 말이 아니었다. 그러나 아난타 형에게는 시간의 잎새들이 너무 일찍 종말의 무대를 펼쳐놓았다. 몇 년 후에 형은 처음에든 나중에든 그 어떤 지폐도 소용없는 차가운 대지 속으로 들어가고 말았다.*

"난 네가 암자에서 지혜를 얻길 기대했다! 그러나 넌 바라나시의 암자를 떠나왔지."

형의 눈은 만족감으로 빛났다. 형은 아직도 가정의 보금자리에 내 날개를 묶어두려고 했다.

"바라나시에 가서 지냈던 경험은 절대 헛일이 아니었어요! 마음속으로 찾고 있던 모든 것을 찾았으니까요. 형이 나를 데려갔던 그 경전 학자(푼디트)나 그의 아들하고는 다르다는 점을 알아야 해요."

우리 형제는 옛 추억을 생각하며 함께 웃었다. 형은 자기가 선택한 바라나시의 '투시능력자'가 알고 보니 근시였다는 사실을 인정할 수밖에 없었다. 형은 내 회고담을 들으며 같이 웃었다.

"방랑자 동생아, 그럼 다음 계획은 뭐냐?"

"지텐드라가 이곳 아그라로 가자고 했어요. 타지마할**을 구경하려고요. 그리고 나서 구루가 계시는 세람푸르 아슈람으로 갈 거예요."

형은 그날 웬일인지 나를 편히 쉬게 해주었다. 하지만 저녁 내내 자꾸만 쳐다보는 모습이 심상치 않았다. 나는 '저 눈초리를 알지. 무슨

---

* 제25장 참고
** 인도의 대표적 이슬람 건축물이다. 인도 아그라의 남쪽, 자무나 강가에 자리 잡은 궁전 형식의 묘지로 무굴제국의 황제였던 샤 자한이 왕비 뭄타즈 마할을 추모하여 건축했다.

음모를 꾸미고 있는 눈초리야.'라고 생각했다. 대단원의 시작은 다음 날 일찌감치 아침 식사를 하는 가운데 이루어졌다.

"그래, 너는 아버지 유산에도 관심이 없다고 했지?"

형이 어제의 가시 돋친 대화를 다시 화제로 삼아 천연덕스럽게 물었다.

"나는 내가 하느님에게 의존하고 있다는 사실을 알아요."

"말은 쉽지. 너는 여태까지 온실에서만 자라왔어. 만약 '보이지 않는 손'에만 의지하여 음식과 잠자리를 구해야 한다면 얼마나 꼴좋을까? 거리에서 구걸하는 신세가 되고 말겠지."

"절대로 안 그래요. 나는 하느님에게 매달리지 지나가는 행인한테 매달리진 않으니까요. 하느님은 진실로 당신을 믿고 사랑하는 사람에게는 거지 깡통 대신에 많은 물자를 만들어 주시지요."

"표현은 멋있다만 실제로 현실 세계에서 너의 건방진 철학을 한번 시험해보자고 하면 어떻게 할래?"

"하지요! 형은 내가 하느님을 그냥 상념의 세계에만 가둬 놓고 있는 줄 알지요?"

"좋아. 오늘 내 생각을 바꾸거나 아니면 오히려 굳히는 기회를 너한테 주겠다."

형은 잠시 쉬었다가 천천히 진지하게 말을 꺼냈다.

"네 친구 지텐드라와 함께 오늘 아침에 가까운 브린다반 시로 떠나는 거다. 돈은 단 한 푼도 가져가지 못한다. 음식이나 돈을 구걸해서도 안 되고, 또 너희의 곤경을 다른 사람에게 밝혀서도 안 된다. 그렇다고 식사를 걸러서도 안 돼. 마지막으로 브린다반에 발이 묶여 꼼짝 못하게 되어서도 안 된다. 이 시험 규칙을 하나도 위반하지 않고 오늘밤 자정까지 여기로 무사히 돌아온다면, 아마도 내가 아그라에서 가장 놀라 자빠지는 사람이 될 거다."

"좋아요. 도전을 받아들이겠어요."

내 마음속에 망설임은 없었다. 은혜를 베풀어주신 신에게 감사했던 추억들이 순간적으로 떠올랐다. 라히리 마하사야의 사진을 보고 간청을 드린 뒤 죽기 직전에 콜레라에서 나았던 일, 라호르의 지붕에 연 두 개가 나타난 일, 바레일리에서 낙담하고 있을 때 부적이 때맞추어 생긴 일, 바라나시 현인의 집 정원 밖에서 들은 사두의 결정적 메시지, 성모의 환시와 그 놀라운 사랑의 말씀, 사소한 곤경에 처할 때마다 대사 마하사야를 통해 신속하게 보살펴주시는 성모의 존재, 고등학교 졸업장을 받게 해준 막바지 이끄심, 평생의 꿈으로 간직해오다가 살아 있는 스승을 만나게 된 궁극의 은혜 등등. 거친 세상의 시험장에서 어떤 싸움을 벌여도 내 '철학'은 절대 무릎 꿇지 않을 자신이 있었다.

형이 말했다.

"쾌히 수락하는 것을 보니 무척 자신만만한 모양이구나. 즉시 기차역으로 너희를 데려다주겠다."

그러고는 입을 딱 벌린 지텐드라를 향해 말했다.

"너도 같이 가야 한다. 증인으로 말이야. 불쌍한 희생자가 되는 셈이지!"

30분 후 지텐드라와 나는 편도 승차권을 한 장씩 받았다. 우리는 역한 귀퉁이에서 형한테 몸수색을 당했다. 우리가 겨우 중요한 부위만 가릴 수 있는 도티\*만 걸친 까닭에 몸에 지닌 것이 전혀 없음을 안 형

---

\* 도티 옷은 허리를 잡아 매어 다리를 감싸게 되어 있다.

은 매우 만족해했다. 믿음이 돈 문제에까지 개입되자 지텐드라가 항의하듯 말했다.

"아난타 형, 비상금으로 몇 루피만 주세요. 그래야 위급한 상황에 전보라도 칠 수 있지요."

나는 사뭇 힐난조로 지텐드라에게 말했다.

"지텐드라! 만약 네가 비상금으로 돈을 조금이라도 받는다면, 나는 이 시험에 응하지 않겠어."

내가 심하게 쏘아보자 지텐드라는 이렇게 푸념하며 말문을 닫아버렸다.

"동전 딸랑거리는 소리라도 나면 좀 안심이 되어서 그래."

"무쿤다, 나도 냉혈동물은 아니란다."

형의 목소리에 다소 부드러움이 감돌았다. 양심의 가책을 느끼는 듯했다. 아마도 돈 한 푼 없는 소년들을 낯선 도시로 내모는 데 대한 가책이거나, 아니면 자신의 종교적 회의주의 때문이었을 것이다.

"만약 우연이건 신의 은총이건 이 브린다반 시험을 성공적으로 통과하면, 나는 네 제자가 되어 가르침을 받으마."

이 약속은 인습에 매우 어긋나는 것이었다. 인도에서 장남은 자기 동생들 앞에서 몸을 굽히는 일이 거의 없으며, 아버지 다음으로 존경과 복종을 받는다. 그러나 더 이야기할 겨를이 없었다. 기차가 막 떠나려 했기 때문이다.

기차가 10여 킬로미터를 달릴 때까지 지텐드라는 애처롭게 침묵만 지키고 있었다. 이윽고 정신을 가다듬었는지 나를 향해 몸을 기울이면서 내 불편한 곳을 아프게 꼬집었다.

"난 하느님이 점심 식사를 어떻게 해결해주실지 전혀 짐작도 안 돼!"

"가만 좀 있어, 이 의심 많은 '도마'(Thomas, 예수의 제자)야. 하느님은 언제나 우리와 함께하고 계셔."

"하느님에게 좀 서두르시도록 부탁할 수는 없니? 앞으로 닥칠 일을 생각만 해도 벌써 배가 고파. 나는 바라나시를 떠나서 타지마할 묘를 보러 왔지 무덤 속에 들어가려고 온 건 아니야."

"힘을 내, 지텐드라! 우리는 브린다반의 성지*를 처음으로 순례하는 거야. 난 신의 화신 크리슈나에 의해 성스러워진 땅을 돌아다닐 생각만 해도 기쁘다구."

그때 우리 칸 객실 문이 열리고 두 사람이 들어와 앉았다. 기차는 다음 역이 종착역이었다.

"젊은이들, 브린다반에 친구가 사나?"

내 맞은편에 앉은 사람이 상당한 관심을 가지고 물었다.

"아실 필요 없잖아요!"

나는 퉁명스럽게 대답하며 시선을 돌렸다.

"모르긴 해도 '마음의 도둑'**을 찬양하고 집을 뛰쳐나온 아이들 같구나. 나 역시 믿음이 두터운 사람이다. 너희들에게 이 무더위 속에서 먹고 쉴 곳을 마련해줄 임무는 내가 떠맡겠다."

"아닙니다, 선생님. 신경쓰지 마세요. 아주 고마운 말씀이지만 우리가 집을 뛰쳐 나왔다고 하신 판단은 틀렸습니다."

더 이상은 이야기를 할 수 없었다. 기차가 멈췄기 때문이다. 지텐드라와 내가 기차에서 내리자 우연히 동행이 된 두 사람이 우리의 팔을

---

* 야무나 강가에 있는 브린다반은 힌두교의 예루살렘이다. 여기서 화신 주主 크리슈나가 인류에게 은혜를 베풀기 위해 자신의 영광을 펼쳐 보였다.

** 하리Hari. 스리 크리슈나에게 귀의한 신봉자들이 크리슈나를 부르는 애칭이다.

잡고 마차를 불렀다.

우리는 잘 고른 땅에 푸른 나무들로 가득 찬 조용한 암자 앞에서 내렸다. 두 사람은 그곳을 잘 아는 모양이었다. 암자에서 나온 아이 하나가 웃으면서 아무 말 없이 우리를 응접실로 안내했다. 잠시 뒤에 품위 있는 귀부인이 나타나더니 우리와 합석했다.

"가우리 마 부인, 왕자님들은 올 수가 없답니다."

우리를 데려온 사람들 중의 한 사람이 암자의 여주인에게 이렇게 이야기했다.

"마지막 순간에 계획이 변경되었답니다. 매우 죄송하다는 뜻을 전해 드리라고 하더군요. 하지만 여기 다른 두 손님을 모셔 왔습니다. 열차 안에서 만나는 순간, 성스러운 크리슈나의 신봉자인 이들에게 이끌렸습니다."

우리의 두 안내자가 나가면서 인사를 했다.

"잘 있게나, 젊은 친구들! 우리는 다시 만날 거야. 신이 원하시면."

가우리 마 부인은 어머니 같은 웃음을 지으며 말했다.

"여기 참 잘 왔어요. 오늘보다 더 좋은 날 찾아올 수는 없을 거예요. 나는 암자의 후원자인 두 왕자를 기다리고 있었어요. 내가 만든 요리를 맛볼 사람이 없었다면 얼마나 서글펐을까요!"

이 기분 좋은 말은 지텐드라에게 놀라운 영향을 주었다. 그만 울어 버린 것이다. 브린다반에서 처참하게 고생하리라는 '두려운 예감'이 오히려 왕자 대접을 받는 것으로 나타났으니, 그로서도 이런 갑작스러운 변화에 제대로 적응하기란 쉽지 않을 성싶었다. 여주인은 호기심 어린 눈초리로 지텐드라를 바라보았으나 아무 말도 하지 않았다. 아마도 사춘기의 감상 정도로 이해한 듯했다.

점심 식사 준비가 다 되었다는 전갈이 왔다. 가우리 마 부인은 향기로운 냄새로 가득 찬 식당 안뜰로 우리를 안내하고 나서, 그 옆의 주방으로 사라졌다.

나는 이 순간을 고대하고 있었다. 지텐드라의 몸에서 적당한 곳을 골라 그가 아까 기찻간에서 했던 대로 꼬집어주었다.

"이 의심 많은 도마야, 하느님이 이렇게 우리를 돌봐주시잖아! 그것도 이리 서둘러서 말이야."

여주인은 큰 부채를 가지고 다시 들어와서 천천히 동양식으로 우리한테 부채를 부쳐주었다. 우리는 화려한 융단 자리에 앉아 있었다. 암자의 수행자들이 30가지나 되는 코스 요리를 들고 이리저리 왔다 갔다했다. 단순한 '식사'라기보다 호화로운 '성찬'이란 표현이 더 알맞았다. 세상에 태어나서 이제까지 지텐드라와 나는 그처럼 맛있는 음식을 결코 먹어본 적이 없었다.

"존경하는 부인이시여! 진정 왕자들에게나 어울리는 음식이었습니다. 왕자들이 잔치에 참석하는 것보다 더 긴급한 일이 무엇이었는지 이해가 가지 않습니다. 오늘의 기억은 우리에게 평생 지워지지 않을 것입니다!"

형의 요구대로 우리 처지에 대해 침묵을 지켜야 했기에 우리가 이중으로 감사하는 의미를 그 우아한 부인에게 설명할 도리는 없었다. 하지만 적어도 우리의 진정성만큼은 분명했다. 여주인의 축복을 받으며 떠날 때, 우리는 암자를 다시 한 번 방문해달라는 멋진 초대까지 받았다.

바깥의 더위는 인정사정이 없었다. 우리는 암자의 문 옆에 있는 성스러운 카담바 나무 그늘에서 더위를 피하기로 했다. 한숨이 흘러나왔다. 지텐드라는 또다시 불안에 떨기 시작했다.

"참 기막힌 식사였어. 그러나 점심은 우연한 행운이었을 뿐이야! 어떻게 돈 한 푼 없이 이 도시를 둘러볼 수 있냐구? 또 아난타 형네 집까지는 어떻게 갈 셈이지?"

"배가 채워졌다고 하느님을 참 빨리도 잊는구나."

나의 말은 물론 가혹할 정도는 아니었지만 약간은 비난이 섞여 있었다. 인간은 하느님의 도움을 얼마나 빨리 잊어버리는가! 누구든 자신의 기도가 약간이라도 이루어진 경험을 해보지 않은 사람은 아마 없을 것이다.

"너처럼 무모한 친구하고 같이 모험을 하는 내가 바보지, 바보야!"

"조용히 좀 있어봐, 지텐드라! 멋진 식사를 제공해주신 바로 그 하느님이 이번에도 우리에게 브린다반을 보여주시고 아그라로 데려다주실 거야."

그때 인상이 좋아보이는 홀쭉한 젊은이가 빠른 걸음으로 다가왔다. 그는 우리가 서 있는 나무 아래에서 걸음을 멈추더니 나에게 절을 했다.

"친애하는 친구여, 그대와 그대 동료는 여기가 처음인 것 같은데, 두 사람을 안내해 드리지요."

인도 사람들은 어지간해선 얼굴이 파랗게 질리지 않는다. 그러나 지텐드라의 얼굴은 창백하다 못해 마치 어디가 대단히 아픈 사람 같았다. 나는 정중하게 그 제안을 거절했다.

"설마 정말로 나를 쫓아내려는 건 아니죠?"

그 낯선 사람의 놀라움은 다른 장소에서였다면 아주 우스꽝스러웠을 것이다.

"왜 당신의 호의를 거절하면 안 되는 겁니까?"

— (왼쪽부터) 브린다반의 '무일푼 시험'을 함께 치른 친구 지텐드라 마줌다르, 사촌 랄리트 다, 나의 산스크리트어 가정교사 스와미 케발라난다(샤스트리 마하사야)와 고등학교 시절의 내가 함께 연화좌를 취하고 앉아 있다.

그가 신뢰의 눈빛으로 내 눈을 쳐다보았다.

"당신은 나의 구루입니다. 오늘 한낮의 기도를 드리는 도중에 신성한 주 크리슈나께서 환시로 나타나셨습니다. 그분은 제게 바로 이 나무 아래서 갈 곳 몰라하는 두 사람을 보여주셨습니다. 하나가 바로 당신의 얼굴이었습니다. 당신은 나의 스승입니다. 나는 명상 중에 자주 당신의 얼굴을 보았습니다. 당신이 저의 작은 봉사를 받아주신다면 얼마나 기쁠까요!"

"나 역시 당신이 나를 찾아주어 매우 반갑습니다. 하느님도, 보통 사람도, 우리를 그냥 내버려두진 않는군요!"

나는 내 앞의 진지한 얼굴을 보고 웃으며 가만히 서 있었지만, 내면에서는 신성한 신의 발치에 엎드려 감격의 눈물을 흘리고 있었다.

"존경하는 두 벗이여, 우리 집을 방문하는 영광을 베풀어주지 않겠습니까?"

"참으로 친절한 분이군요. 그러나 당신의 계획대로 따라갈 수는 없어요. 우리는 지금 아그라에 있는 내 형 집에 묵고 있거든요."

"그렇다면 최소한 함께 브린다반을 여행했다는 추억거리만이라도 제게 남겨주세요, 예?"

나는 기꺼이 승낙했다. 이름이 프라탑 차테르지라고 하는 그 젊은 이가 마차를 불렀다. 우리는 마다나모하나 사원과 크리슈나의 성소들을 방문했다. 사원의 참배를 막 끝내자 사방에 어둠이 내려앉았다.

"산데쉬*를 좀 사올 테니 잠깐만 기다려주세요."

프라탑은 철도역 근처의 상점으로 들어갔다. 지텐드라와 나는 약간 서늘해진 날씨를 느끼며 넓은 거리를 어슬렁거렸다. 우리의 친구는 잠시 뒤에 사탕과자를 듬뿍 사가지고 돌아왔다.

"나에게 종교적 공덕을 쌓게 해주세요."

프라탑은 한 뭉치의 지폐와 방금 사 온 두 장의 아그라 행 승차권을 내놓고 웃으면서 간청했다.

나는 '보이지 않는 손'에 대한 존경의 표시로 그것을 받았다. 그러나 아난타 형을 놀라게 하기엔 하사금이 필요 이상으로 너무 많았다!

우리는 역 근처의 공터를 찾았다.

"프라탑, 당신에게 현대의 가장 위대한 요기이신 라히리 마하사야의 크리야 요가를 가르쳐 줄게요. 그분의 테크닉이 당신의 구루입니다."

---

* 인도의 사탕과자

요가 전수는 30분 만에 끝났다.

"크리야는 당신의 친타마니*입니다."

나는 새로운 학생에게 말했다.

"보다시피 이 기법은 아주 간단하지만 정신의 진화 속도를 단축하는 힘이 있어요. 힌두교 경전에 보면 인간의 에고가 마야로부터 벗어나는 데 백만 년이 걸린다고 씌어 있는데, 그 자연적 기간을 크리야 요가로 크게 단축할 수 있어요. 자가디스 찬드라 보세가 증명한 대로 나무의 성장을 정상 속도보다 훨씬 가속화할 수 있는 것과 마찬가지로, 인간의 정신 발달도 내면의 과학을 통해 더 빠르게 할 수 있지요. 충실하게 실천하기 바랍니다. 당신은 구루 중의 구루를 만나게 될 거예요."

프라탑은 진지하게 이야기했다.

"그동안 나는 이 요가의 열쇠를 찾고자 열중했습니다. 오랫동안 찾아왔어요! 나의 감각적 속박을 풀어주는 요가 열쇠의 효과가 나를 더 높은 차원으로 해방시켜줄 겁니다. 오늘 성스러운 크리슈나의 나타나심은 나에게 최대의 행복이었습니다."

우리는 잠시 동안 앉아서 침묵의 교감을 주고받았다. 그리고 역으로 천천히 걸어갔다. 내가 기차를 타려 할 때, 나의 내면에서는 기쁨이 넘쳤지만 반면에 지텐드라는 울어야 할 판이었다. 프라탑에게 내가 다정한 작별 인사를 건넬 때는 두 친구 모두가 입을 막고 흐느끼고 있었다. 이 여행은 다시 한 번 지텐드라를 슬픔에 잠기게 했다. 그러나 이번엔 자신에 대한 애착 때문이 아니라 반성에서 나오는 회한의 눈물이었다.

"내 신앙이 얼마나 천박했던가. 내 가슴은 돌이었어! 앞으로는 절대

---

* 소원을 성취시키는 힘을 가진 신비로운 보석이자 신의 한 이름이기도 하다.

로 하느님의 가호를 의심하지 않겠어!"

한밤이 다가왔다. 한 푼 없이 나섰던 두 '신데렐라'가 드디어 형의 침실로 들어섰다. 자기가 한 약속이 어떻게 실현되었는가를 확인한 형의 얼굴은 놀라움으로 가득했다. 나는 조용히 지폐 한 뭉치를 형의 책상 위에 꺼내놓았다. 형의 어조는 차라리 희극적이었다.

"지텐드라, 이게 정말이냐! 이 젊은 친구가 강도짓을 한 건 아니겠지?"

그러나 그날의 이야기가 하나하나 펼쳐지자 형은 냉정을 찾더니 그만 엄숙해졌다. 형은 전에 볼 수 없었던 정신적 열정을 가지고 말했다.

"수요와 공급의 법칙은 내가 생각했던 것보다 훨씬 미묘한 영역에도 적용되는구나. 나는 이제야 네가 이 세상의 온갖 잡스럽고 평범한 일들이나 재산 축적 따위에 무관심한 이유를 알겠다."

밤이 늦었음에도 형은 '크리야 요가'로 들어가는 디크샤diksha*를 배우겠다고 고집했다. '구루'가 된 무쿤다는 하룻밤 사이에 예기치 못한 두 '제자'를 가르칠 책임을 져야 했다.

다음 날 아침 식사는 전에 없이 화기애애한 분위기에서 이루어졌다. 나는 지텐드라를 보고 웃었다.

"타지마할 약속은 지킬게. 세람푸르로 가기 전에 같이 보러 가자."

형에게 작별인사를 한 뒤, 나와 친구는 곧 아그라의 영광 타지마할 묘 앞에 섰다. 햇빛에 눈부시게 빛나는 하얀 대리석은 완전한 조화와 균형을 이루고 있었다. 짙은 색깔의 노송과 매끄러운 잔디밭, 잔잔한 호수가 완벽하게 어우러져 배경을 이루었다. 내부는 귀한 보석들이

---

* 영적 입문. 산스크리트어 동사 어근 'diksh'(전념하다)에서 파생된 말이다.

박힌 레이스 모양의 조각들로 장식되어 우아하고 섬세했다. 묘한 화환과 장식 무늬가 갈색과 남색으로 대리석에 복잡하게 얽혀 도드라져 보였다. 둥근 지붕의 그림자가 샤 자한 황제와 그의 제국, 그리고 황제가 사랑한 마음의 여왕 '타지마할'의 기념비에 드리워져 있었다.

구경은 충분했다! 나의 구루가 그리웠다. 지텐드라와 나는 곧 뱅골행 열차를 타고 남쪽으로 향했다.

"무쿤다, 난 몇 달 동안 가족들을 못 봤어. 그래서 생각을 바꿨어. 난 나중에 따로 세람푸르로 가서 스승을 찾아뵐게."

약간 변덕스럽다고 할 수 있는 나의 친구는 캘커타에서 나와 헤어졌다. 지방선을 타고 나는 곧 북쪽으로 20여 킬로미터 떨어진 세람푸르에 도착했다. 바라나시에서 구루를 만난 지 꼭 28일이 지났다는 사실을 깨닫는 순간, 놀라움과 경탄의 느낌이 엄습해왔다.

"넌 4주일 후에 나를 찾아올 것이다!"

정확하게 4주일 후, 나는 뛰는 가슴을 억누르며 조용한 라이 가트 거리에 있는 스승의 정원에 서 있었다. 인도의 '즈나나바타르', 다시 말해 '지혜의 화신'과 앞으로 10년이란 가장 중요한 시기를 보내게 될 그 암자에 처음으로 발을 들여놓았다.

# 12

# 스승의 암자에서
# 보낸 나날

"네가 왔구나." 스리 유크테스와르는 바닥에
호피가 깔린 발코니식 거실에서 나를 맞이하셨다. 목소리는 냉정했으
며 태도 또한 담담했다.

"예, 스승님. 가르침을 받고자 이렇게 왔습니다."

나는 무릎을 꿇고 그의 발에 이마를 조아렸다.

"과연 그럴 수 있겠느냐? 너는 내 뜻을 어기는 자가 아니더냐?"

"앞으로는 절대로 그러지 않겠습니다. 스승님의 뜻을 하늘처럼 받
들겠습니다."

"그렇다면 좋다! 이제 내가 네 삶을 책임지겠다."

"제 모든 것을 스승님에게 맡기겠습니다."

"첫 번째 사항은, 우선 가족들이 있는 집으로 돌아가는 것이다. 그리

185

고 캘커타의 대학에 입학하도록 해라. 너는 정규교육을 계속 더 받아야 한다."

"잘 알겠습니다, 스승님!"

나는 당혹감을 감추면서 순순히 대답했다. 별 흥미도 없는 학문을 익히려고 몇 년씩이나 시간을 허비해야 한단 말인가? 처음엔 아버지가 그러시고, 이제는 스리 유크테스와르도 같은 말씀을 하시다니!

"앞으로 언젠가 너는 서양으로 가게 될 것이다. 이방異邦의 인도 스승이 대학 교육을 마친 사람이라면 그쪽 사람들도 인도의 오랜 지혜를 더욱 잘 수용할 것이다."

"옳은 말씀이십니다, 스승님."

나의 침울한 마음은 곧 사라져버렸다. 서양에 대한 말씀은 나로서는 잘 납득이 안 되고 요원하게 느껴졌지만, 스승의 말씀에 복종함으로써 그분을 기쁘게 해드리는 것이 그 당시 나에게는 가장 중요한 문제였다.

"캘커타는 여기서 가까운 곳이니 시간이 있을 때마다 나를 찾아오도록 하여라."

"가능하다면 매일이라도 오겠습니다, 스승님! 스승님이 단 한 가지만 약속해 주신다면, 저는 스승님의 모든 말씀을 하나도 어김없이 기쁘게 받아들이겠습니다."

"그게 무엇이냐?"

"제가 신을 깨닫도록 꼭 인도해 주십시오."

이 말을 계기로 스승과 나는 한 시간 동안 이에 관한 대화를 나누었다. 스승의 말씀은 하나도 어긋남이 없었고, 모두 깊은 의미를 담고 있었다. 그 말씀들은 나에게 웅장한 형이상학의 세계를 열어보여주었다. 제자가 신을 직접 깨닫게 될 때까지 구루는 제자에게 실로 신과 같은 존재인 것이다. 나는 스리 유크테스와르가 신과 합일된 경지에 있다고 느꼈으며, 그리하여 그분을 통해 최대한 가르침을 받기로 결심했다.

"너는 매사에 정확한 성격이구나."

스승은 흡족한 듯 다음과 같은 말씀으로 대화를 끝내셨다.

"네 뜻이 항상 나의 뜻과 같기를 바란다."

그 순간 나의 마음속에 자리 잡았던 어두운 그림자가 깨끗이 자취를 감추었다. 이제 방황은 끝난 것이다. 진정한 구루의 품에서 영원한 안식처를 발견했기 때문이다.

"따라오너라. 아슈람을 구경시켜주마."

스승은 앉아 있던 호피 깔개에서 일어나셨다. 주변을 둘러보니 재스민 화환으로 장식된 사진틀 하나가 벽에 걸려 있었다.

"라히리 마하사야!"

나도 모르게 탄성이 터져 나왔다.

"그렇다. 나의 성스러운 구루이시다."

스리 유크테스와르의 목소리는 존경심으로 가득 차 있었다.

"그분은 인간으로서, 또 요기로서 내가 만나본 어떤 사람보다도 위대한 분이셨다."

나는 그 친숙한 사진 앞에 조용히 절을 했다. 어머니의 품에 안겨 있던 어린 나를 축복해주셨고, 오늘날 나를 여기까지 인도해주신 비할 바 없이 훌륭한 스승에 대한 존경심이 마음 깊은 곳에서 절로 우러나왔다.

나는 구루를 따라 아슈람의 이곳저곳을 살펴보았다. 정원으로 둘러싸인 오래된 집은 크고 튼튼했으며 기둥이 많았다. 바깥벽의 돌에는 이끼가 끼었고, 평평한 회색 지붕 위로는 비둘기들이 무심히 날개를 퍼덕이며 아슈람 주변을 날고 있었다. 뒤뜰에는 잭푸르트 나무와 망고 나무, 바나나 나무 등이 심어져 평화로운 분위기를 연출했다. 이층 건물인 이 집의 위층 방들은 발코니가 나 있어 세 방향에서 정원을 마주 대하고 있었다. 아래층의 널찍한 홀은 원통형 기둥들이 높은 천정을 떠받치고 있었다. 스승은 이 홀이 매년 두르가푸자* 축제 기간에 주로 사용된다고 말씀해주셨다.

좁은 계단을 따라 올라가니 스승의 거실이 있었는데, 그 방의 조그만 발코니에서는 길거리가 내려다보였다. 아슈람의 분위기는 검소했으며 모든 것이 단순하고 청결하고 실용적이었다. 가구라고는 몇 개의 서구식 의자와 벤치, 탁자 정도가 눈에 띌 뿐이었다. 스승은 나를 그곳에서 하룻밤 묵도록 하셨다. 저녁 식사는 야채 카레였는데, 아슈람에서 공부하는 두 명의 어린 제자가 날라다 주었다.

"스승님, 스승님 얘기를 좀 들려주십시오."

나는 스승의 호랑이 가죽 가까이에 밀짚 깔개를 깔고 웅크리고 앉아서 부탁을 드렸다. 발코니에서 보이는 밤하늘에 반짝이는 영롱한 별들의 모습이 한층 가깝게 느껴졌다.

"집에서 부르던 내 이름은 프리야 나트 카라르Priya Nath Karar였다.

---

* 두르가Durga에 대한 예배. 벵골인에게 가장 중요한 축제로 9월 말에 9일 동안 계속된다. 이 축제가 끝나면 곧 다샤하라의 축제가 열홀간 열린다. 다샤하라는 열 가지 죄악을 없애주는 신인데, 열 가지 죄악에는 육신에 의한 것이 셋, 마음에 의한 것이 셋, 언행에 의한 것이 넷이다. 두 축제는 두르가에게 바치는 행사이다. 두르가의 원뜻은 '가까이할 수 없는 존재'로서, 성모의 한 모습인 샤크티가 인격화된 여성적 창조력을 나타낸다.

이곳 세람푸르에서 태어났고* 부친은 부유한 사업가이셨다. 아버지한 테서 조상 대대로 살아오던 이 집을 물려받았고, 현재는 나의 아슈람이 되었다. 학교 교육은 거의 받지 않았다. 내게는 너무 깊이가 얕고 지루한 과정으로 여겨졌기 때문이다. 청년이 되어서 나는 가정을 이루었고 딸도 하나 두었다. 딸아이는 지금 결혼을 했다. 중년기는 라히리 마하사야께서 인도해주신 축복의 시기였다. 아내가 죽고 나서 나는 스와미 교단에 들어갔으며, 스리 유크테스와르 기리**라는 새로운 이름을 받았다. 이것이 간단한 내 이력이다."

스승은 내 진지한 표정에 미소를 지으셨다. 모든 약력 소개가 그렇듯이 스승도 내면적인 것은 하나도 없이 외면적인 사실들만 나열하셨다.

"스승님의 어린 시절 이야기를 듣고 싶습니다."

"몇 가지 들려주마. 이 이야기들에는 각각 교훈이 들어 있으니 잘 듣도록 해라."

스리 유크테스와르는 두 눈을 반짝이며 내 주의를 환기시키셨다.

"한번은 어머니가 컴컴한 방에 귀신이 있다는 섬뜩한 얘기로 나를 놀라게 하려고 하셨다. 나는 즉각 그 방으로 달려갔다. 그러고는 귀신을 만나지 못했다고 어머니에게 불만을 토로했다. 그 후로 어머니는 절대로 나한테 무서운 이야기를 하지 않으셨다. 여기서 얻은 교훈은, 두려움을 정면으로 대하면 거기서 벗어날 수 있다는 것이다.

---

* 스리 유크테스와르는 1855년 5월 10일에 태어났다.
** 유크테스와르Yukteswar는 '이슈와라(신의 이름 중 하나)와 하나가 됨'이란 뜻이다. 기리 Giri는 열 개의 전통적인 스와미 교단 중의 한 분파를 구분해서 붙이는 명칭이다. 스리Sri 는 '신성한'이란 뜻인데, 이름이 아니고 존칭이다.

또 다른 어렸을 때의 기억은, 이웃집의 못생긴 강아지를 갖고 싶어 했던 일이다. 나는 그 강아지를 갖게 해달라고 몇 주일씩이나 식구들 에게 졸라댔다. 더 예쁜 다른 강아지를 사다준다고 식구들이 나를 달 랬지만 나는 막무가내였다. 여기서 얻은 교훈은, 집착은 이성을 마비 시키며 갈구하는 대상의 좋은 점만 편벽하게 보게 한다는 것이다.

세 번째 이야기는 어린 마음의 순응성에 관한 것이다. 어머니는 때 때로, 다른 사람 밑에서 일하는 사람은 노예나 마찬가지라는 말씀을 들려주셨다. 이 말씀이 어린 나의 마음에 깊이 새겨져서 나는 결혼을 한 다음에도 직장에 들어가기를 거부했다. 그러나 결국 집안의 유산 으로 땅을 샀다가 손해를 보기도 했다. 어린아이들의 민감한 마음에 는 올바르고 긍정적인 말만 들려줘야 한다는 것이 여기서 얻은 교훈이 다. 어린 시절에 심어진 생각들은 마음속에 깊이 새겨져 오랫동안 남 아 있기 마련이다."

스승은 말씀을 마치고 고요한 침묵 속에 잠기셨다. 밤이 깊어지자 스승은 좁은 간이침대가 하나 놓여 있는 방으로 나를 안내해주셨다. 처음으로 구루와 함께 한 지붕 밑에서 지낸 그날 밤, 나는 참으로 깊고 편안한 잠을 이룰 수 있었다.

다음 날 아침 스리 유크테스와르는 내게 크리야 요가를 전수해주기 로 하셨다. 나는 이미 라히리 마하사야의 제자인 아버지와 가정교사 스와미 케발라난다로부터 이 테크닉을 전수받은 적이 있었다. 그러나 스승은 커다란 변화를 안겨주는 특별한 능력을 가지고 계셨다.

스승이 내 몸에 손을 대자마자 내 존재는 온통 밝은 빛 속에 휘감겼 으며, 그것은 마치 수만 개의 태양이 한꺼번에 빛을 발하는 것처럼 엄 청나게 밝았다. 그리고 마음 가장 깊숙한 곳으로부터 말할 수 없는 희열이 샘솟았다.

다음 날 오후 늦게 나는 아슈람을 떠났다.

"너는 30일이 지나서 돌아올 것이다."

캘커타에 있는 우리 집 현관문을 열고 들어설 때, 스승의 예언은 이미 적중되고 있었다. 내 주변 어느 누구도 '솟구쳐 날아오르는 새'의 출현을 두고 심한 말은 하지 않았다.

나는 작은 다락방으로 올라가 신에게 감사의 기도를 드렸다.

"언제나 저의 명상을 돌봐주시고, 당신을 향한 발걸음 속에서 제가 겪은 슬픔과 격정을 목격해오신 신이시여, 이제 거룩한 스승의 발 아래로 인도해주신 것을 감사드립니다."

아버지와 나는 조용한 저녁에 자리를 함께했다.

"애야, 나는 우리 둘 다에 대해서 만족한다. 내가 한때 기적적으로 내 스승을 발견했듯이 너도 이제 네 스승을 찾았구나. 라히리 마하사야님의 거룩하신 손길이 우리의 삶을 지켜주고 계시다. 네 스승은 근접하기 어려운 먼 곳 히말라야에 계시지 않고 바로 가까이에 계셨구나. 신이 내 기도를 들어주신 거야. 네가 언제나 내 곁에 있으면서 신을 찾는 길을 가도록 나는 간절히 기도했단다."

아버지는 또한 내가 정규 학업을 계속하게 되리라는 것을 알고 기뻐하셨다. 아버지는 필요한 제반 조치를 취해주셨다.

다음 날 나는 캘커타 근처에 있는 스코틀랜드 신학대학에 등록을 마쳤다.

행복한 몇 달이 지나갔다. 나는 강의실에 거의 모습을 드러내지 않았다. 세람푸르 아슈람이 달리 저항할 수 없을 만큼 매력적으로 나를 유혹했기 때문이다. 스승은 내가 꾸준히 아슈람을 찾아가도 별말씀없이 받아주셨다. 다행히 학교생활에 관해서는 거의 언급하지 않으셨다.

물론 내가 장학생으로 적임자가 아니라는 것은 모두들 당연하게 생각했지만, 그때그때 유급을 면할 정도의 최저 점수만은 취득했다. 아슈람에서 지내는 나날은 이따금 변화도 있었으나 그런 대로 평탄했다. 스승은 동이 트기 전에 깨셨다. 어떤 때는 누운 채로, 또 어떤 때는 침대에 앉아서 사마디samadhi* 상태에 드셨다.

스승이 깨어나신 때를 알아차리는 것은 아주 쉬웠다. 갑자기 굉장한 코 골기를 멈추고,** 한두 번 한숨을 쉬고 몸을 뒤척이시는 것이 바로 그런 신호이다. 그러고 나서 무호흡의 소리 없는 상태, 즉 심오한 요가의 기쁨에 빠지셨다.

스승은 조반을 들지 않고 맨 먼저 갠지스 강을 따라 오랫동안 산책을 하셨다. 스승과의 아침 산책은 얼마나 생생하고 적요했던가! 그때의 기억을 되살리다 보면 어느새 그분 곁에 있는 내 모습을 발견하곤 한다. 이른 아침 태양이 강을 서서히 덮쳐올 무렵, 그분의 목소리는 진정한 지혜로 충만해 울려퍼졌다.

스승은 목욕을 한 다음 점심을 드셨다. 점심 식사는 스승이 지시하시는 대로 젊은 제자들에 의해 조심스레 차려졌다. 스승은 채식주의자이셨다. 그러나 수도 생활에 임하기 전에는 달걀이나 생선을 드시기도 했다. 제자들에게는 어떤 것이든 각자의 체질에 맞는 식이요법을 이행하도록 충고하셨다.

---

* 글자 그대로 해석하면 '같은 방향으로 함께 가는 것'이란 뜻이다. 사마디는 요기가 우주의 대영혼Cosmic Spirit과 개체 영혼의 동일성을 감지하는 기쁨이 충만한 초월의식 상태이다.
** 생리학자들에 의하면, 코를 곤다는 것은 완전한 휴식의 징표라고 한다.

스승의 식사량은 아주 적었다. 카레, 시금치나 사탕무즙으로 물들인 쌀밥에 물소의 그히(녹인 버터)를 가볍게 흩뿌린 것을 자주 드셨다. 어느 때는 렌즈콩 달을 드시거나 야채와 카레로 버무린 찬나를 드셨다.* 후식으로는 망고나 라이스 푸딩을 곁들인 오렌지 또는 잭푸르트 주스를 드셨다.

오후에는 방문객을 접견하셨다. 속세로부터 이어지는 끊임없는 행렬이 고요한 암자로 밀려들었다. 모든 손님들이 공손하고 친절하게 대접받았다. 스스로를 특정한 개체적 육신이나 자아가 아니라 하나의 영혼으로 지각한 사람에게는 모든 인류가 뚜렷한 공통점을 가진 존재로 다가온다. 성현들의 공명정대함은 지혜에서 비롯된다. 그들은 이미 마야의 변화무쌍한 모습에 구애받지 않으며, 깨치지 못한 사람들의 판단을 흐리게 하는 좋고 싫음의 감정에 얽매이지 않는다. 스승은 권력자나 부자 혹은 성공한 사람이라고 특별히 배려해주지도 않았고, 가난하거나 못 배웠다고 무시하지도 않으셨다. 어린이에게서도 진실한 말은 경청하였으나 잘난 체하는 학자들을 공개적으로 무시하실 때도 있었다.

여덟시가 저녁 식사 시간이었다. 때로는 빈둥거리는 식객도 있었으나 그렇다고 해서 혼자 아무렇게나 식사를 하도록 소홀히 대하시는 법이 없었다. 그분의 아슈람에서 굶주리거나 불평불만을 느끼며 떠난 사람은 아무도 없었다. 스승은 예기치 않은 방문객이 찾아와도 당황해서 쩔쩔매시는 일이 없었다. 제자들에게 수완 좋게 지시하여 아무

---

* 달dhal은 말린 완두나 콩 종류로 만든 걸쭉한 수프이다. 찬나channa는 신선한 우유를 응축시켜 만드는데, 주로 정육면체로 되어 있으며 감자를 곁들여 카레 요리를 만든다.

리 보잘것없는 음식이라도 진수성찬으로 만들도록 하셨다.

스승은 언제나 검소하셨다. 정도를 넘지 않는 씀씀이는 매우 효율적이었다. 스승은 이렇게 말씀하시곤 했다.

"너희가 갖고 있는 범위 안에서 만족할 줄 알아라. 낭비는 너희에게 궁핍을 가져다줄 것이다."

암자의 손님 접대, 건물 수리 작업, 기타 일상생활의 세세한 면에 이르기까지 스승의 창의성이 발현되지 않은 곳이 거의 없을 정도였다.

강의는 주로 조용한 저녁 시간에 행해졌다. 보물같이 귀중한 시간이었다. 스승의 한마디 한마디는 지혜로 점철되었다. 스승의 탁월한 자신감은 그분만의 특유한 표현 양식으로 잘 드러났다. 스승은 내 경험이 미치는 한, 다른 어느 누구도 말한 적이 없는 독창적인 말씀을 하셨다. 그리고 분별력이라는 정교한 저울로 자신의 사상을 달아본 다음에야 비로소 말로 드러내셨다. 온몸 구석구석 배어 있는 진리의 정수가 영혼의 향기처럼 스승에게서 뿜어져 나왔다. 그야말로 살아 계신 신의 면전에 있다는 느낌이었다. 스승 앞에 서면 나는 그분의 거룩한 풍모에 압도되어 자연히 고개를 숙이지 않을 수 없었다.

스리 유크테스와르가 '무한 세계'에 몰입하고 있다는 것을 늦게 온 손님들이 눈치채면, 스승은 금세 그들을 대화에 끌어들이셨다. 그분은 사람들 앞에서 점잖게 자세를 취한다거나 내면세계로 침잠하는 모습을 보여주려고 하지 않으셨다. 그런 행동을 좋아하시지 않았기 때문이다. 항상 절대자와 하나가 되어 있는 그분은 영적 교류를 위한 시간을 따로 내실 필요가 없었다. 자아실현을 이룬 스승은 이미 명상이라는 징검다리를 뒤에 버리고 떠나오신 것이다. "열매가 나오기 시작하면 꽃은 진다." 그러나 성자들은 제자들에게 모범을 보일 목적으로 영적 형체를 고수하는 경우가 많다.

자정이 가까워지면 스승은 천진난만한 어린아이처럼 꾸벅꾸벅 조셨다. 잠자리를 마련하느라 부산을 떨 필요는 없었다. 스승은 늘 사용하던 호피 깔개의 뒤에 놓인 좁은 소파에서 베개도 없이 주무시곤 했다.

밤을 새워가며 철학적 토론을 하는 경우도 드물지 않았다. 어떤 제자든지 강렬한 관심사가 있으면 그런 식의 토론 모임을 소집할 수 있었다. 나는 그때 조금도 권태를 못 느꼈고 자고 싶은 생각도 전혀 나지 않았다. 스승의 살아 있는 말씀을 듣는 것으로 충분했다.

"아, 동이 트는구나! 우리, 갠지스 강가나 산책하자."

수련 기간 동안 많은 밤들이 그렇게 끝났다.

스승과 함께 지낸 처음 몇 달은 '모기 퇴치법'이란 유용한 학습이 절정을 이루었다. 집에서는 밤에 항상 방충망을 사용했다. 그런데 세람푸르 암자에서는 신중한 그 단골손님들이 벽 틈에서 서식할 수 있도록 정중한 예우를 받고 있음을 알고 매우 놀랐다. 벌레들이 온 집 안에 가득했다. 나는 머리끝에서부터 발끝까지 안 물린 데가 없었다. 스승은 그런 나를 가엾게 여기셨다.

"네가 쓸 방충망을 하나 사도록 해라. 이왕이면 내 것도 하나 사거라."

스승은 웃으며 한 말씀 더하셨다.

"네 것만 사면 모기들이 모두 나한테 몰려들 테니까!"

나는 고맙기 그지없었다. 세람푸르에 있는 동안 스승은 밤마다 내게 모기장을 쳐달라고 말씀하셨다.

어느 날 밤 모기떼가 유난히 극성을 부릴 때였는데, 스승은 모기장을 쳐달라는 예의 그 부탁을 잊고 잠이 드셨다. 나는 모기들이 잉잉거릴 것을 예상하고 신경을 곤두세운 채 귀를 기울였다. 잠자리에 들면서 모기들이 날아다니는 쪽을 향해 잘 좀 봐달라고 기도했다. 30분쯤 지나서 나는 스승의 주의를 끌어볼 셈으로 헛기침을 했다. 물것들 중에서도 모기처럼 피를 즐기는 잔인한 의식을 치르며 잉잉 노래하는 놈들 때문에 미쳐버릴 것만 같은 심정이었다.

스승은 아무런 반응이 없으셨다. 나는 스승 곁으로 살금살금 다가갔다. 스승은 숨을 쉬지 않으셨다. 스승이 요가의 무아경에 드신 것을 그렇게 가까이서 관찰해본 것은 그때가 처음이었다. 그 장면은 나를 경악시키기에 충분했다.

'심장이 멎은 게 틀림없어!'

코 밑에 거울을 대보았지만 콧김이 서리지 않았다. 다시 확인해보려고 몇 분간 스승의 코와 입을 손가락으로 동시에 막아보았다. 몸이 싸늘했고 미동도 없었다. 나는 넋이 나간 채 도움을 청하기 위해 출입문 쪽으로 달려갔다.

"섰거라! 이 풋내기 실험주의자! 아, 가엾은 내 코!"

스승의 목소리는 웃음으로 떨렸다.

"왜 잠을 안 자고 있느냐? 온 세상이 너를 위해 변하길 바라느냐? 네 자신을 변화시켜라. 모기에 대한 생각을 떨쳐버리고!"

나는 순순히 내 침대로 돌아왔다. 스승에게는 벌레 한 마리도 가까이 덤벼들지 않았다. 결국 내게 방충망을 사도록 허락하신 것은 오로지 나를 편안하게 하기 위해서였다. 스승은 요가의 힘으로 벌레가 물지 못하게 하실 수 있었으며, 또한 원한다면 상처를 입지 않는 내면세계로 피하실 수도 있었다.

나는 속으로 생각했다.

'내게 시범을 보이신 것이다. 그것이 바로 내가 힘써 도달해야 할 요가의 경지이다.'

진정한 요가 수행자는 이 지구상에 으레 있기 마련인 마음을 혼란시키는 모든 것들, 이를테면 벌레들의 잉잉거리는 소리라든가 눈부신 햇살 따위에 구애받지 않고 초월의식 상태에 지속적으로 몰입할 수 있다. 사마디 초기 상태에서 요가 수행자는 외부 세계에 대한 모든 감각적 보고報告를 차단한다. 그때, 그는 태초의 에덴동산보다 더 아름다운 내면세계의 소리와 광경을 접하게 된다.[*]

모기에 관한 깨우침은 한 차례 더 아슈람의 초기 교육과목이 되었다. 황혼 무렵 조용한 시간이었다. 스승은 고전 격언들을 설명하고 계셨다. 나는 그분의 발치에서 아주 평화롭게 앉아 있었다. 그런데 무례한 모기 한 마리가 한가로운 전원 교실 안으로 날아들어와서 내 주의력을 시험했다. 모기가 넓적다리에 독침을 꽂는 순간, 나는 반사적으로 원한에 찬 손을 들어올렸다.

'당장 해치우고 싶더라도 한순간만 참아보라!'

아힘사(불살생)[**]에 대한 파탄잘리의 격언이 때마침 떠올랐다.

"왜, 계속하지 그러느냐?"

---

[*] 요기의 편재遍在, 즉 '어디에나 있는' 능력을 가리킨다. 이런 능력을 가진 요기는 외적 감각기관을 사용하지 않는데도 보고 듣고 냄새 맡고 맛보고 감촉할 수 있다. 『타잇티리야 아라니아카』는 요기의 편재하는 힘을 다음과 같이 설명한다. "맹인이 진주에 구멍을 뚫었더니, 손가락이 없는 자가 실로 그 진주를 꿰었고, 목이 없는 자가 실에 꿴 진주들을 목에 걸었으며, 혀가 없는 자가 그 진주목걸이를 찬양했다."
[**] "아힘사ahimsa에 완벽한 사람 앞에서는 어떤 생물체도 적의를 품지 못한다." 『요가수트라』 11:35

"스승님! 살생을 옹호하시는 겁니까?"

"아니다. 그러나 너는 이미 마음속으로 살생을 했다."

"이해가 안 됩니다."

"파탄잘리에 의하면, 아힘사란 죽이고 싶은 욕망 그 자체를 없애는 것을 말한다."

스승은 내가 머리로 격언을 떠올려본 것을 이미 알고 계셨다.

"이 세상은 아힘사의 가르침을 그대로 실천하기에는 불편하다. 인간이 해로운 피조물을 박멸하고 싶은 충동을 느끼는 것은 어쩔 수 없는지도 모른다. 그렇지만 그런 피조물에게 느끼는 충동적인 분노나 적의까지 불가피하게 받아들여야 하는 것은 아니다. 모든 형태의 생명체는 마야의 세계에서 동등한 권리를 갖는다. 창조의 비밀을 벗긴 성자는 조물주의 수많은 놀라운 자기표현과 조화를 이룬다. 모든 사람은 파괴 욕구를 극복함으로써 이 진리를 이해하게 될 것이다."

"구루지, 야수를 죽이지 말고 자기 자신을 희생물로 바쳐야 합니까?"

"아니다. 인간의 몸은 소중하다. 인체는 독특한 두뇌와 척추의 중추들 때문에 최고의 진화적 가치를 지닌다. 이 머리와 척추 중추가 존재하기 때문에 수행자는 신성의 가장 숭고한 측면을 완전하게 파악하고 표현할 수 있다. 하등동물은 그런 장치가 없다. 동물이나 다른 생명체를 죽여야 한다면, 인간이 '작은 죄'라는 부채를 안게 되는 것은 사실이다. 베다의 가르침에 따른다면, 정당한 이유 없이 인체를 버리는 것은 카르마 법칙에 대한 심각한 위반이다."

나는 안도의 한숨을 쉬었다. 인간의 자연스러운 본능들을 강화하는 경전 구절을 항상 만날 수 있는 것은 아니기 때문이다. 내가 아는 한 스승이 가까이에서 호랑이나 표범을 만난 적은 없었다. 하지만 치명적인 코브라 한 마리가 스승과 마주친 적이 있었는데, 그만 스승의 사랑에 감복하고 말았다. 이런 종류의 뱀은 인도에서 엄청난 공포의 대상이며, 해마다 5천여 명이 코브라 때문에 목숨을 잃는다고 한다. 코브라와의 위험한 조우는 푸리에서 일어났다. 경관이 수려한 벵골만 근처에 스승의 제2 아슈람이 자리 잡고 있었다. 이 일이 일어났을 때, 만년晩年의 제자인 프라풀라가 스승과 함께 있었다.

프라풀라가 내게 말했다.

"우리는 아슈람 근처의 옥외에 앉아 있었어요. 갑자기 코브라 한 마리가 가까이에 나타났는데 길이가 일미터도 넘는 아주 무서운 놈이었지요. 우리를 향해 달려들 때 놈의 머리덮개는 엄청 화가 났다는 듯이 활짝 펼쳐져 있었어요. 아, 그런데 스승님은 껄껄 웃으시면서 어서 오라는 시늉을 하셨어요. 꼭 어린아이를 안아주려고 할 때처럼 말이에요. 난 스승님이 리듬에 맞춰 손뼉을 치시는 모습*을 보고 소스라쳐 놀랐습니다. 그 무시무시한 손님을 환영하고 계시다니요! 나는 할 수 있는 한 가장 간절한 기도를 마음속으로 외치면서 완전히 그 자리에 얼어붙은 듯이 서 있었어요. 그런데 스승님 옆으로 바짝 다가간 코브라가 마치 아기를 달래는 듯한 스승님의 태도에 매료된 듯이 꼼짝달싹도 못하는 것이었습니다. 그 끔찍스러운 머리덮개가 서서히 줄어들면서 코브라는 스승님의 발 사이로 스르르 빠져나가 숲속으로 자취를 감췄습니다."

프라풀라는 다음과 같은 말로 자기 이야기를 마무리 지었다.

---

* 코브라는 자기 공격 범위 안에서 움직이는 것이면 어떤 물체든 날쌔게 공격한다. 목숨을 건질 수 있는 유일한 희망은 완전무결하게 움직이지 않는 것이다.

"스승님이 왜 두 손을 움직이셨는지, 코브라가 왜 그 손을 공격하지 않았는지, 나로서는 그 당시에 전혀 이해할 수 없었습니다. 훗날 우리의 신성한 구루는 어떤 생물한테서도 해를 입는다는 두려움을 완전히 떨쳐버리셨다는 사실을 깨닫게 되었지만 말이에요."

아슈람에서 머문 지 몇 달 안 되는 어느 날 오후, 꿰뚫을 듯이 나를 응시하고 계신 스승의 눈길이 등 뒤에 꽂혀 있다는 느낌을 받았다.

"무쿤다, 무척 야위었구나."

이 말씀은 아픈 곳을 찔렀다. 나는 움푹 들어간 눈과 바짝 마른 내 외모가 마음에 들지 않았다. 어릴 때부터 만성 소화불량으로 고생했던 터라 내 방의 선반 위에는 위장약들이 즐비했지만 어떤 것도 효험이 없었다. 과연 이렇게 건강하지 못한 몸으로도 인생이 살 만한 가치가 있는지 때때로 비참한 기분마저 들곤 했다.

"의약품은 한계가 있지만, 신이 가진 생명의 창조력은 한계가 없다. 네가 건강하고 강하게 되리라는 사실을 믿어라."

스승의 말씀은 즉시 그 진리를 내 생활에 성공적으로 적용할 수 있으리라는 확신감을 주었다. 수없이 시도했지만 어떤 약도 이렇게 깊은 믿음을 주지는 못했다.

날이 갈수록 나는 원기를 회복해갔다. 스승의 신비한 축복을 통해 두 주일 만에 체중이 그토록 바라던 대로 증가했다. 위장의 고통도 사라져버렸다.

그 후에도 스승이 당뇨병, 간질병, 중풍 등으로 고통받는 환자들을 치유하시는 광경을 목격할 수 있는 특전이 내게 여러 차례 주어졌다.

나를 치유한 직후에 스승은 이렇게 말씀하셨다.

"오래 전에 나도 체중이 늘었으면 하고 바란 적이 있었다. 심하게 병을 앓고 회복기에 들었을 때, 바라나시에 계신 라히리 마하사야님을 찾아뵙고 이렇게 말씀드렸다.

「스승님, 심하게 앓고 난 뒤에 체중이 많이 줄었습니다.」

「알겠다. 유크테스와르,* 하지만 널 건강하지 못하게 만드는 것은 바로 네 자신이다. 지금 너는 스스로 야위었다고 생각하고 있다.」

내가 기대했던 대답과는 전혀 다른 것이었다. 그러면서 스승은 나를 이렇게 격려하셨다.

「난 네가 내일이면 좀 더 나아지리라 확신한다.」

나는 스승이 은밀히 나를 치유하고 계시다는 암시로 그 말씀을 받아들였다. 그리고 이튿날 아침 스승을 찾아뵙고 기쁨에 차서 이렇게 외쳤다.

「스승님, 오늘 훨씬 나아졌습니다.」

「과연 그렇구나! 오늘 네 스스로 몸을 활기 있게 하는구나.」

나는 부정했다.

「아닙니다, 스승님! 저를 도와주신 분은 바로 스승님이십니다. 이렇게 활력이 넘치기는 몇 주 만에 처음입니다.」

「그래! 병이 상당히 심각했지. 네 몸은 아직 약하다. 내일 어떻게 될지 누가 알겠느냐?」

그러자 다시 허약해질지 모른다는 생각이 나를 공포에 떨게 했다. 다음 날 아침에는 라히리 마하사야님에게 내 몸을 이끌고 갈 기력조차 없었다.

---

* 라히리 마하사야는 실제로는 '프리야'(이름)라고 했으며 '유크테스와르'(교단의 법명으로, 라히리 마하사야의 생전에 구루에게서 받은 것은 아님)라고 부르지 않았다. 여기서는 두 이름의 혼동을 피하기 위해 '유크테스와르'라고 썼다.

「스승님, 제가 다시 앓고 있습니다.」

스승은 익살스러운 눈빛으로 나를 보면서 말씀하셨다.

「자! 한 번 더 스스로를 아프게 해보아라.」

내 고통은 극에 달했다.

「스승님, 이제야 저를 매일 놀리고 계셨다는 것을 알았습니다. 왜 제가 진정으로 말씀드리는데도 믿지 않으시는지 이해가 안 됩니다.」

「그래, 어떤 때는 약하다고 느끼고 또 어떤 때는 강하다고 느끼게 하는 것은 바로 네 생각인 것이다.」

스승은 자애롭게 쳐다보면서 말씀하셨다.

「이제, 너는 잠재의식이 시키는 대로 건강이 따라간다는 사실을 알게 되었다. 생각이라고 하는 것은 전기나 중력과도 같은 일종의 힘이다. 인간의 마음이란 전지전능하신 신의 불꽃이다. 나는 무엇이든지 정신을 집중하여 간절히 믿는다면, 그것이 곧 현실로 나타난다는 것을 보여줄 수 있다.」

라히리 마하사야님이 결코 허튼 말씀을 하시지 않는다는 것을 알고 있었기에, 나는 대단한 경외심과 감사하는 마음으로 이렇게 여쭤보았다.

「스승님, 제가 '나는 건강하다. 그리고 나는 예전의 체중을 회복하고 있다.'고 생각한다면, 그런 일이 현실로 나타날까요?」

「그렇다. 바로 지금 이 순간에라도!」

스승은 내 눈을 응시하면서 엄숙히 말씀하셨다. 나는 즉시 힘이 솟고 체중이 늘어나는 것을 느꼈다.

라히리 마하사야님은 명상에 잠기셨다. 그의 발치에서 몇 시간을 보낸 다음, 나는 바라나시 방문 기간 중에 체류하고 있던 어머니의 집으로 돌아갔다.

「애야, 이게 웬일이니? 수종 때문에 이렇게 몸이 불었니?」

어머니는 눈을 의심하시지 않을 수 없었다. 내 몸이 앓기 전처럼 통통하고 튼튼해져 있었기 때문이다.

체중을 재보니까 하루 만에 50파운드(약 22.6킬로그램)가 늘어나 있었다. 그 체중은 아직도 변함이 없다. 내 여윈 모습만 보아왔던 친구나 친지들은 모두 놀라서 정신이 없을 지경이었다. 이런 기적의 결과로 그들 중의 많은 사람이 자신들의 생활 태도를 바꿔서 라히리 마하사야님의 제자가 되었다.

신의 섭리를 깨우친 스승은, 이 세상이란 창조주의 객관화된 꿈에 불과하다는 것을 알고 계셨다. 창조주의 꿈과 합일된 자신을 완전히 이해하고 있었기 때문에, 라히리 마하사야님은 현상 세계의 꿈속에서 원하는 대로 물질을 실체화하거나 비물질화하거나 또는 다르게 변화시키실 수 있었다."*

스승 스리 유크테스와르는 다음과 같은 결론을 내리셨다.

"만물은 법칙의 지배를 받는다. 과학자들이 발견할 수 있는 우주의 표면적 운행 원리를 우리는 자연 법칙이라 부른다. 그러나 감춰진 영적 세계와 내면의 의식 세계를 지배하는 더욱 미묘한 법칙이 있는데, 이런 원리는 요가를 통해 낱낱이 인식할 수 있다. 그 본질을 깨닫게 해줄 수 있는 사람은 과학자가 아니라 스스로 깨달은 스승들인 것이다."**

---

* "너희가 기도하며 구하는 것이 무엇이든 그것을 이미 받았다고 믿기만 하면 그대로 다 될 것이다." 『마가복음』 11:24

** 신과 일치된 스승은 진보한 제자들에게 자신의 신성한 깨우침을 충분히 전달할 수 있다. 마치 라히리 마하사야가 스리 유크테스와르에게 하셨던 것처럼.

그리스도는 그러한 지혜로써 제자들 가운데 한 사람이 자른 어느 하인의 귀를 원상 회복시킬 수 있었다."[*]

스승은 대단히 뛰어난 경전 해설가이셨다. 내 즐거운 기억의 많은 부분도 주로 이런 강의에 집중되어 있다. 그 시간 동안에는 스승의 주옥 같은 사상이 부주의나 어리석음 때문에 잿더미로 변해버리는 일은 허용되지 않았다. 침착하지 못한 몸짓 하나, 또는 방심에서 오는 가벼운 실수 하나에도 스승은 강의를 중단하셨다.

"너는 여기 없구나."

어느 날 오후, 스리 유크테스와르는 이렇게 말씀하시며 강의를 딱 멈추셨다. 스승은 여느 때처럼 가차없이 나의 주의력을 나무라셨다. 나는 투덜거리는 목소리로 말했다.

"스승님! 저는 꼼짝도 하지 않았고, 눈 하나 깜박이지 않았습니다. 스승님이 하신 말씀을 조금도 빼놓지 않고 다시 반복할 수도 있습니다!"

"네가 완전히 나와 함께 있지 않았음에도 불구하고 그렇게 반항을 해오니 나도 한마디 안 할 수가 없구나. 너는 지금 마음속으로 세 개의 건물을 짓고 있다. 하나는 평원에, 또 하나는 언덕에, 또 다른 하나는 바닷가에!"

아닌 게 아니라 그때 막연하게나마 그런 생각을 무의식적으로 하고 있었다. 나는 죄송한 마음으로 스승을 흘끔 쳐다보았다.

"제가 잘못했습니다. 오락가락하는 제 상념들까지도 그렇게 꿰뚫어

---

[*] "그 가운데 한 사람이 대사제의 종의 오른쪽 귀를 내리쳐 떨어뜨렸다. 그러자 예수께서는 '그만해두어라.' 하고 말리시며 그 사람의 귀에 손을 대어 고쳐주셨다." 『누가복음』 22:25-51

보시는 줄 미처 몰랐습니다."

"바로 말했다. 완전히 집중하지 않고서는 내가 해설하는 오묘한 진리를 이해할 수 없다. 필요로 하지 않는다면 나는 닫힌 마음의 문을 열고 들어가지는 않는다. 인간은 누구나 자기 생각들 사이를 은밀히 배회할 특권이 있다. 초대받지 않은 신은 거기에 들어가지 않는다. 나도 그렇게 하지 않는다."

"스승님은 언제라도 환영입니다!"

"네가 그려본 꿈들은 언젠가 실현될 것이다. 하지만 지금은 공부할 시간이다!"

그렇게 우연한 기회에 간단한 방법으로 스승은 내 생애에 닥쳐올 세 가지 중요한 사건을 예견하셨다. 어릴 적부터 나는 어렴풋하게나마 각기 다른 곳에 세 채의 건물을 세워놓고 있었다. 스승은 그 세 채의 건물들을 순서대로 정확히 지적하셨고, 결국은 말씀하신 그대로 실현되었다.

란치 평원에 세운 '소년 요가학교'를 필두로 로스앤젤레스 언덕에 미국 본부를 세웠고, 마지막으로 멀리 광활한 태평양이 건너다보이는 캘리포니아 주 엔시니타스에 아슈람을 세운 것이다.

스승은 결코 "이러이러한 사건이 발생하리라 예언한다."라고 거만스레 말씀하지 않으셨다. 대신 "그런 일이 일어나리라고 생각하지 않느냐?"라고 암시하시는 편이었다. 그러나 그분의 간단한 말씀에는 예언적 능력이 숨겨져 있었다. 당신의 말씀을 취소하신 적도 없었고, 또 사건이 어긋난 적도 없었다.

그분은 내성적이었지만 처신은 실무적이었다. 애매모호하거나 허황된 공상가의 면모는 전혀 찾아볼 수 없었다. 발은 지상에 굳게 딛고 있되 머리는 천국의 안식처에 두셨다. 실용적인 사람들은 항상 스승의 찬사를 받았다.

스승은 곧잘 이런 말씀을 하셨다.

"성자다움은 침묵하는 데 있지 않다! 신을 안다고 해서 사람이 무능력해지는 것은 아니다. 덕을 적극적으로 표현해야만 예리한 지혜도 따라나온다."

스승의 삶에서는 영적인 영역과 겉만 그럴싸한 흐릿한 신비주의 사이의 경계가 확연히 구분되었다. 스승은 초월적 세계에 관한 논의를 달가워하지 않으셨다. '신기한' 오라(aura, 인체나 물체가 주위에 발산한다고 하는 신령스러운 기운—옮긴이)가 있다면, 그것은 오로지 완벽한 단순성뿐이었다.

대화에서는 놀라운 현상에 대해 언급하기를 피하셨지만 행동은 거침이 없으셨다. 다른 성자들은 더러 기적을 언급했지만, 아무런 기적도 현실로 만들지 못했다. 스승은 미묘한 법칙에 대해 거의 거론하지 않았지만 그 법칙을 뜻하는 바대로 은밀히 작용시키셨다.

스승은 또 이렇게 설명하셨다.

"깨달은 사람은 자기 심중의 허락을 얻기까지는 어떤 기적도 일으키지 않는다. 신은 창조의 비밀이 함부로 누설되는 것을 원하지 않으신다.\* 또한 세상의 모든 사람에게는 양도할 수 없는 자유의지가 있다. 성자는 그와 같은 개체적 독립성을 침해하지 않는다."

스리 유크테스와르의 습관적 침묵은 무한자에 대한 깊은 지각에서

---

\* "거룩한 것을 개에게 주지 말고 진주를 돼지에게 던지지 말라. 그들이 발로 그것을 짓밟고 돌아서서 너희를 물어뜯을까 하노라." 『마태복음』 7:5

비롯된 것이었다. 자아실현에 도달하지 못한 가짜 스승들의 일상을 지배하는 끝나지 않는 '계시'에는 시간을 전혀 할애하시지 않았다. "천박한 사람들의 바다에서는 사소한 생각의 작은 물고기들이 요란법석을 떨지만, 넓은 마음을 가진 사람들의 바다에서는 영감의 고래가 거의 물결을 일으키지 않는다." 유머를 구사할 줄 아는 힌두교 경전에 나오는 말이다.

구루의 두드러지지 않는 처신 때문에 동시대 사람들은 극소수만 그분을 초인으로 알아보았다. '자기 지혜를 숨기지 못하는 사람은 바보'라는 격언도 스승에게는 절대 적용될 수 없었다.

다른 모든 사람들처럼 한 번은 반드시 죽어야 하는 필멸자의 몸으로 태어났지만, 스리 유크테스와르는 시공의 지배자와 하나가 되는 동일성을 획득하셨다. 스승의 생애에서 나는 신과 같은 동일성을 보았다. 인간이 신과 융합되는 합일의 과정에서 스승은 어떠한 장애물도 만나지 않았다. 영적인 모험을 포기하는 인간의 나약한 심성 말고는 어떤 장애물도 존재하지 않는다는 사실을 나는 이해하게 되었다.

나는 스리 유크테스와르의 발을 만질 때마다 전율을 느꼈다. 요기들은, 존경하는 마음으로 스승과 접촉하는 제자는 영적으로 자화磁化된다고 가르친다(이때 미묘한 전류가 발생한다). 이런 가운데 수행자의 두뇌에 남은 바람직하지 않은 습관의 메커니즘, 곧 이득을 위해 어지럽게 움직이는 세속적 성향의 분출 통로가 소작(燒灼, 출혈이나 감염을 막기 위해 상처를 지지는 처치—옮긴이)되는 일이 적지 않게 일어난다. 그러면서 제자는 적어도 순간적으로 마야의 은밀한 장막이 걷히는 광경을 보고, 더 없는 행복의 실체를 언뜻 엿보게 된다. 구루 앞에서 인도식으로 무릎을 꿇을 때마다 내 온몸은 의식을 해방시키는 빛에 구석구석 감응

했다.

스승은 또 이렇게 말씀하셨다.

"나는 라히리 마하사야께서 침묵 중에나 종교 이외의 주제를 다루는 대화를 하면서도 말로 다할 수 없는 지혜를 전달해주고 계셨다는 것을 알았다."

스리 유크테스와르도 그와 유사한 영향을 나에게 주셨다. 내가 처음 스승의 암자에 들어섰을 때 한편으론 걱정스럽고 한편으론 아무래도 좋다는 식의 마음가짐이었으나, 눈에 띄지 않을 만큼 조금씩 내 태도가 바뀌었다. 단지 그분을 쳐다보는 것만으로도 어떤 치유의 힘이 은밀히 전달되었다. 그분과 함께 지낸 하루하루는 새로운 기쁨, 새로운 평화, 새로운 지혜를 경험한 나날이었다. 그분이 탐욕이나 분노, 또는 인간적인 애착으로 현혹되거나 감정적으로 흥분하시는 경우를 본 적이 없다.

"마야의 어둠이 조용히 다가오고 있다. 그전에 귀향하도록 서두르자."

이런 경고의 말씀으로 스승은 부단히 크리야 요가의 필요성을 일깨워주셨다. 때때로 어떤 신입생은 자기가 요가 수행에 참여할 자격이 있는지 의심스럽다는 말을 했다.

그런 사람에게는 이렇게 위로의 말씀을 건네시곤 했다.

"과거를 잊어라. 모든 인간의 지나간 삶은 많은 부끄러운 일들로 어둡기 마련이다. 인간의 행위는 신의 항구에 정박할 때까지 전혀 믿을 수 없다. 네가 지금 정신적인 노력을 하고 있다면 장래에는 모든 일이 호전될 것이다."

스승은 아슈람에 늘 어린 제자를 두셨다. 그들을 지성적, 정신적으로 교육하는 것이 그분의 한평생 관심사였다. 돌아가시기 직전까지도 여섯 살짜리 사내아이 두 명과 열여섯 살짜리 소년 한 명을 아슈람에 머물도록 허락하셨다. 그분은 세심한 훈육을 통해 제자들의 마음과 삶을 올바른 방향으로 이끌어주셨다. '제자'라는 말과 '훈육'이라는 말은 어원상으로나 실제상으로나 깊은 연관성이 있다.

아슈람에 거처하는 사람들은 스승을 사모하고 존경했다. 가볍게 손뼉을 치시기만 해도 모두들 열렬히 그분 곁에 모여들었다. 그분이 침묵하시거나 그 비슷한 상황일 경우에는 어느 누구도 감히 말을 붙이지 못했다. 유쾌하게 웃으시기라도 하면 어린이들도 그분을 친구처럼 생각했다.

스리 유크테스와르는 다른 사람들에게 자신의 시중을 들어달라고 요구하는 일이 거의 없었지만, 만약 그럴 경우라도 즐거운 마음으로 시중을 들지 않으면 거절하시곤 했다. 세탁을 맡은 제자들이 혹시 잊기라도 하면 손수 당신 옷을 세탁하셨다. 그분의 평상복은 전통적인 황갈색 힌두교도 예복이었다. 실내화는 요가 수행자들의 관습대로 호랑이나 사슴 가죽으로 만든 끈 없는 구두를 신으셨다.

스승은 영어, 불어, 힌디어, 벵골어를 유창하게 했으며 산스크리트어도 수준급이었다. 그리고 당신이 독창적으로 고안한 영어 및 산스크리트어 습득의 지름길로 제자들을 꾸준히 지도하셨다. 스승은 몸에 전심전력으로 애착을 갖진 않았지만 조심하시는 편이었다. 우리에게는 신성이 건전한 육체와 정신 속에 나타난다고 가르쳐주셨다. 스승은 극단을 배척하셨다. 장기간 단식을 시작한 제자에게 이렇게 웃으며 말씀하셨다.

"개한테 뼈다귀나 하나 던져주지."

스리 유크테스와르의 건강은 훌륭했다. 그분이 건강하시지 않은 모습을 본 적이 없다.* 스승은 도움이 될 것 같으면 제자가 의사를 찾아가는 것을 막지 않으셨다. 이는 세상의 관습에 대한 존중의 표시였다.

"의사들은 물질에 적용되는 신의 법칙을 통해 치유 작업을 수행해야 한다."

그렇지만 스승은 정신 요법의 우수성을 격찬하면서 이런 말씀을 반복하셨다.

"지혜가 가장 위대한 세정제이다."

"육체는 틈만 나면 등을 돌리는 믿지 못할 친구이다. 그에 마땅한 값만을 치르도록 해라. 그 이상을 주어서는 안 된다. 고통도 기쁨도 다 일시적인 것이다. 이런 이원성을 지닌 모든 것을 조용히 참는 동시에 스스로를 그것들의 지배하에 두지 않도록 노력해라. 상상은 치유로 통하는 문인 동시에 질병으로 통하는 문이기도 하다. 병을 얻었을 때라도 그 병의 실재를 믿지 마라. 그러면 인정받지 못한 방문객(질병)은 달아나리라!"

제자들 중에는 의사도 여럿 있었다. 스승은 그들에게 말씀하셨다.

"생리학을 연구해온 사람은 몸에 그치지 말고 정신과학을 탐구해야 한다. 신체 구조 바로 그 이면에 오묘한 정신 구조가 숨겨져 있다."**

---

* 카슈미르(히말라야 산맥 안의 고지대―옮긴이)에서 한 번 병을 앓으신 적이 있는데, 당시에 나는 스승과 떨어져 있었다(제23장 참고).

** 노벨 생리학상을 받은 프랑스의 용감한 의학자 샤를 리셰는 다음과 같은 글을 썼다. "형이상학은 아직 공식적으로 과학이 아니고, 그렇게 인정되지도 않는다. 그러나 곧 과학이 될 것이다. (중략) 에든버러에서 나는 100명의 생리학자들을 앞에 두고, 우리의 오감이 지식 획득의 유일한 수단이 아니며, 때로 실체의 한 조각이 다른 방식을 통해 지성에 도달한다고 확언했다. (중략) 사례가 희귀하다고 해서 그 사례의 존재 자체를 부정해선 안 된다. 연구가 난해하다고 해서 이해하지 못할 이유가 있겠는가? (중략) 형이상학을 마법의 과학으로

스승은 제자들에게 동양과 서양의 도덕을 잇는 살아 있는 가교가 되라고 이르셨다. 그분은 외적으로는 서양식으로 일을 처리했고 내적으로는 동양 정신을 갖고 계셨다. 서양의 진보적이고 실용적이고 위생적인 관습을 찬양했으며, 누대에 걸쳐 광휘로운 동양의 종교적 이상을 찬미하셨다.

고행은 내게 낯선 것이 아니었다. 집에서도 아버지가 엄격하신데다가 형 아난타 또한 거의 용서가 없을 정도였다. 그러나 스승의 훈육은 그야말로 더더욱 철저했다. 완벽주의자인 스승은 일시적인 일이든 혹은 평범한 행동 가운데 벌어지는 미묘한 차이든 가리지 않고 제자들을 질책하셨다.

"진실성이 결여된 예의범절은 생명을 잃은 귀부인의 아름다움과도 같다. 정중함이 없이 저돌적으로 덤벼드는 것은 외과의사의 칼과 같아서 행동 효과는 있을지 모르나 불쾌하다. 공손함을 지닌 솔직담백함이야말로 도움도 되고 유쾌하기도 한 것이다."

스승은 기회가 닿을 때마다 이와 같이 말씀하셨다. 그분은 분명히 나의 영적 진보에 만족하고 계셨다. 그 문제에 대해 거의 언급하지 않으셨기 때문이다. 그러나 다른 면에서는 꾸중을 듣는 데 이력이 날 정도였다. 내가 주로 듣는 꾸중은, '멍하니 있다.', '이따금 슬픈 기분에 빠진다.', '예의범절을 지키지 않는다.', '때로 태도가 정연하지 못하다.'

---

매도하는 사람들은, 철학자의 돌(중세의 연금술사들이 모든 금속을 황금으로 만들고 영생을 가져다 준다고 믿었던 상상의 물질―옮긴이)을 추구하는 것은 환상이라며 화학을 매도한 사람들처럼 스스로를 수치스럽게 여기게 될 것이다. (중략) 원리의 문제에서 보면, 라부아지에, 클로드 베르나르, 파스퇴르 등의 원리가 있을 뿐이다. 그런 과학자들은 언제 어디서나 실험을 수행하고 있다. 그러므로 인간 사고의 방향을 바꾸려는 새로운 과학을 즐겁게 맞이하고자 한다."

등등이었다.

"네 아버지 바가바티의 활동이 모든 면에서 얼마나 잘 조직되어 있고 균형이 잡혀 있는지 잘 관찰해봐라."

스승은 이렇게 지적하셨다. 라히리 마하사야의 두 제자는 내가 세람푸르 암자를 찾기 시작할 무렵에 처음으로 만나셨다. 아버지와 스승은 상대방의 가치를 서로 높이 평가하셨다. 두 분은 시간이 지나도 용해되지 않을 영적인 화강암을 내면적으로 다져두셨던 것이다.

나는 어린 시절에 스쳐갔던 스승들에게서 다소 그릇된 교훈을 받아들였다. 예를 들어, 첼라(제자)는 세속의 각종 의무에 충실할 필요가 없다는 것이다. 그래서 해야 할 일을 부주의하게 하거나 무시하더라도 질책을 받지 않았다. 인간의 본성은 그런 경향에 매우 쉽게 동화되기 마련이다. 그러나 '진짜' 스승의 사정없는 회초리를 맞으면서 그럴 듯해 보이는 무책임의 미망에서 빠르게 벗어날 수 있었다.

어느 날 스승이 다음과 같이 말씀하셨다.

"이 세상을 유익하게 만드는 책무를 다한 사람들은 다른 세상을 꾸미게 된다. 지상의 자유로운 공기를 호흡하는 한, 너는 세상 사람들에게 감사의 봉사를 행할 의무가 있다. 무호흡(사마디)* 상태를 완벽하게 실현한 사람만이 우주적 책무에서 풀려난다. 네가 최후의 완벽한 경지를 성취했을 때 그 사실을 반드시 나에게 알리도록 해라."

어떤 뇌물이나 심지어 애정으로도 스승을 유혹할 수 없었다. 스승은 내게도 그랬지만 제자가 되고 싶어하는 어느 누구에게도 절대로 관대하지 않으셨다. 다른 제자들이나 방문객들과 함께 있을 때든 나

---

* 개체의 영혼이 무한한 영혼과 하나가 되는 완벽한 합일 상태이다.

와 둘만 있을 때든 늘 꾸밈없이 말씀했고 무섭게 나무라셨다. 어리석음이나 자제력 부족에서 비롯된 어떤 사소한 과오도 꾸중을 면할 길이 없었다. 이런 가차 없는 처분은 참아내기가 무척 힘들었다. 그러나 모든 비틀린 심리를 바로잡기 위해 스승을 따르자는 것이 나의 한결같은 결심이었다. 스승이 이런 거대한 변화 작업을 위해 애쓰시는 동안, 나는 훈련용 쇠망치의 무게에 눌려 여러 번 흔들렸다.

스승은 늘 이렇게 말씀하셨다.

"내 말이 싫거든 언제라도 떠나라. 네가 진보하는 것 말고 너한테 바라는 것은 없다. 이롭다고 느낄 때만 머무르도록 해라."

그렇게 여지없이 내 자만심을 질책하신 데 대해 나는 무한한 감사를 드린다. 말하자면 스승은 형이상학적 방법으로 내 입안의 병든 치아를 발견하여 뿌리를 뽑아내고 계셨던 것이다. 자만의 응어리는 그렇게 거칠게 다루지 않으면 제거하기 어렵다. 자만의 응어리가 풀리면서 신은 드디어 방해받지 않는 통로를 찾게 된다. 신의 이런 노력도 인간의 완고한 이기심으로 빨려든다면 그만 헛수고가 되고 만다.

스리 유크테스와르의 직관은 날카로웠다. 누군가 별 생각이 없이 말을 하더라도 항상 말한 사람의 감춰진 생각에 대해 답하시곤 했다. 사람이 사용하는 언어와 그 언어의 이면에 숨겨진 생각은 서로 차이가 나는 경우가 많다.

"자신을 고요하게 하고 사람들의 혼잡한 말 뒤에 숨겨진 생각을 감지하도록 해라."

스승은 종종 이렇게 말씀하셨다.

통찰력이 밖으로 드러나면 세상 사람들의 눈에 거슬리는 경우가 흔하다. 스승은 피상적인 학생들에게는 인기가 없었다. 언제나 몇 안 되는 현명한 사람들만이 스승을 깊이 경배했다.

나는 감히 말한다. 그분이 지나치게 솔직하지 않고 비판적이지만 않았다면 분명히 인도가 바라는 가장 이상적인 스승이 되셨을 것이라고!

스승도 내게 인정하셨다.

"나에게 교육을 받으러 오는 사람에게 나는 엄격하다. 그것이 내 방식이다. 받아들여라. 그게 싫으면 떠나라. 나는 결코 타협하지 않는다. 그렇지만 너는 네 제자들에게 훨씬 더 친절할 것이다. 네 방식은 그러하다. 그러나 나는 격렬한 열정으로만 정화시키려 한다. 나의 '엄격한 불'은 통상적으로 용인할 수 있는 한계를 넘어 태운다. 사랑으로 부드럽게 대하는 것도 물론 감화를 줄 수 있다. 지혜롭게 적용만 한다면 엄격한 방법이나 온화한 방법이나 다 효과적일 수 있다."

스승은 또 이렇게 덧붙이셨다.

"너는 외국으로 갈 것이다. 거기서는 자아에 대해 무심코 공격하면 환영받지 못한다. 융통성 있는 끈기와 인내심 없이는 서양에 인도의 메시지를 전파할 수 없다."

비록 솔직담백한 말씀(미국에 있을 때 스승의 말씀이 얼마나 많이 생각났는지 모른다!)이 생존하시는 동안 많은 문하생을 두는 데는 방해가 되었지만, 가르침을 올바로 받은 다수의 성실한 제자들을 통해 그분의 정신은 오늘날에도 이 세상에 살아 있다. 알렉산더 대왕 같은 제왕들이 영토의 통치권을 추구한 것과는 달리 스리 유크테스와르 같은 성자들은 그 이상의 것, 곧 영혼의 지배권을 추구한다.

하루는 아버지가 세람푸르로 인사를 드리려고 스승을 찾아오셨다. 아버지는 아들을 칭찬해주는 말씀을 기대하셨는데, 내 결점에 대한 스승의 기나긴 말씀을 듣고는 충격을 받아 급히 나를 찾으셨다. 짐짓 엄중한 분위기로 그냥 지나쳐도 될 만한 제자들의 결점을 지적하시는 것이 그분의 관행이었다.

"네 스승님 말씀을 듣고, 난 네가 완전히 망가진 모습으로 나타날 줄 알았다."

아버지의 표정에는 웃음과 울음이 절반씩 섞여 있었다.

그 당시 스승이 불쾌해 하셨던 이유는, 넌지시 암시를 주는데도 내가 거역하면서 어떤 사람을 영적인 길로 개종시키려고 애쓰고 있었기 때문이다.

섭섭한 마음을 참지 못한 나는 서둘러 스승을 찾아뵈었다. 그분은 죄책감이라도 느끼는 듯 눈을 내리뜨고 나를 맞으셨다. 그때야말로 거룩한 사자가 내 앞에서 양처럼 순해진 유일한 순간이었다. 나는 그 특이한 기회를 충분히 음미했다.

"스승님, 왜 아버지 앞에서 저를 그처럼 혹평해서 놀라게 하셨습니까? 꼭 그렇게 하셔야 했나요?"

"다시는 그러지 않겠다."

스승의 어조에는 사과의 뜻이 담겨 있었다.

나의 성난 마음은 즉시 사라져버렸다. 그 위대하신 어른이 얼마나 주저 없이 당신의 잘못을 인정하셨던가! 물론 스승이 두 번 다시 아버지의 마음의 평화를 깨뜨리는 일은 없었지만, 그 후에도 필요하다고 생각하면 언제 어디서나 가차 없이 비판하셨다.

그런데 새 제자들 가운데는 스리 유크테스와르가 타인에 대해 혹평할 때 스승의 의견에 동조하며 나서는 경우가 많았다. 자신들이 구루만큼 지혜롭다는 말인가! 결점 없는 분별의 본보기라도 된다는 말인가! 공격자는 반드시 방어자 신세가 된다. 남의 트집을 잡던 제자들은 스승이 분석의 화살통에서 약간의 화살을 공개적으로 발사하는 순간 바로 꽁무니를 빼고 말았다.

"질책의 손길이 살짝만 닿아도 반발하는 내면의 무른 약점은 아무리 섬세하게 다루어도 움찔하는 육체의 환부와 같다."

달아난 제자들에 대한 스승의 유쾌한 일침이었다.

어떤 제자들은 자신들의 주관적인 선입견을 갖고 스승의 말씀이나 행동을 판단했다. 그들은 스리 유크테스와르를 이해하지 못하겠다면서 불평을 자주 터뜨렸다.

한번은 내가 그런 제자들에게 이렇게 반박했다.

"너희는 절대로 신을 이해하지 못할 것이다! 만일 너희가 어떤 성자를 확실하게 이해하게 된다면 너희도 성자가 될 것이다!"

수많은 신비 속에서 매 순간 불가해한 공기를 호흡하는 인간이 어떻게 감히 대인의 헤아리기 어려운 본성을 즉시 납득하기를 바라겠는가?

대부분 학생들이 왔다가는 그냥 가버렸다. 번지르르한 말로 지지해주고 쉽게 인정받기를 갈망하는 사람들은 스승의 아슈람에서 자신이 원하는 것을 얻지 못했다. 스승은 제자들에게 안식처를 제공하고 영겁의 세계로 이끄셨다. 그러나 많은 학생들이 자기 위안만을 바라는 욕심을 부렸다. 그런 학생들은 떠나갔다. 겸손보다는 숱한 굴욕의 길을 스스로 택했다! 스승의 이글거리는 눈빛과 꿰뚫는 지혜의 햇살은 그들이 지닌 영혼의 병을 치유하기에는 너무나 강렬했다. 그들은 그보다 눈이 덜 부신 스승을 찾았고, 그러한 스승은 그들에게 아첨하여 무지의 겨울잠을 그냥 자도록 내버려두었다.

스승과 지낸 처음 몇 달 동안은 비판에 대한 두려움으로 신경과민이 될 정도였다. 나는 나처럼 스승에게 훈육을 자청한 사람에게만 '언어를 통한 생체 해부'가 행해진다는 것을 알았다. 제자가 괴로워 반항을 하더라도 스승은 화를 내지 않고 다만 침묵에 빠지기만 하셨다. 스승의 말씀은 결코 감정에 물들지 않았으며 지혜의 여과를 거쳐 일반화시킨 것이었다.

일반 방문객은 스승의 힐책을 면할 수 있었다. 아무리 큰 결점을 가지고 있어도 스승이 지적하시는 경우는 거의 없었다. 그러나 자신의 조언을 구하러 온 제자들에게는 끝까지 책임을 다하셨다. 자기중심적 인간성이라고 하는 거친 광석을 손수 다듬는 구루야말로 진정한 용기를 갖춘 분이라고 말할 수 있다. 성자의 용기는 마야 때문에 갈피를 잡지 못한 채 방황하는 인간들을 향한 깊은 연민에 뿌리를 두고 있는 것이다.

마음속에 깔고 있던 원망을 없애고 나자 스승의 꾸중도 눈에 띄게 줄어들었다. 매우 미묘한 방법을 통해 스승은 엄격했던 마음을 풀고 관대한 아량으로 나를 감싸주기 시작하셨다. 이와 때를 같이하여 나는 지나친 합리화와 잠재의식상의 거리감이라는 장벽을 모조리 헐어버릴 수 있었다. 물론 그런 장벽의 배후에는 항시 인간의 개성이 숨어 있기 마련이다.* 그에 대한 보답은 스승과의 자연스러운 조화로 돌아

---

* 랍비 이스라엘 H. 레빈탈은 1929년에 이렇게 지적한 바 있다. "지난 20년간 프로이트의 영향을 받은 심리학자들은 잠재의식의 영역들을 찾는 데 온 힘을 쏟았다. 잠재의식이 인간의 행동(모든 행동은 아니지만!)을 설명할 수 있는 신비의 상당 부분을 드러내는 것은 사실이다. 잠재의식은 '비정상' 행동을 설명할 수 있지만, '정상' 너머의 행동은 설명할 수 없다. 프랑스 학파의 지원을 받는 최근의 심리학계에서는 초월의식이라 불리는 새로운 영역이 인간에게 있다는 사실을 발견했다. 인간 본성의 감춰진 흐름을 표상하는 잠재의식과 달리, 초월의식은 인간 본성이 도달할 수 있는 최상층을 드러낸다. 따라서 인간의 개성은 이중이 아닌 삼중이다. 결과적으로 의식과 잠재의식은 그 위에 초월의식이 왕관처럼 덧씌워져 있는 셈이다. 여러 해 전에 영국의 심리학자 F. W. H. 마이어스는 우리 존재

왔다. 그제야 나는 스승이 간직하신 사랑과 믿음의 마음을 깨달았다. 그렇지만 겉으로 드러내는 애정의 말은 전혀 찾아볼 수 없었다.

나의 기질은 주로 헌신적이다. 즈나나(지혜)에 흠뻑 젖어 있으면서도 겉으로는 바크티(헌신)*가 결여된 것처럼 보이는 스승이 냉정한 영적 수학數學으로 자신을 표현하는 모습을 발견한 나는 처음에는 상당히 당혹스러웠다.

그러나 스승의 천성에 나 자신을 맞춰감에 따라 신을 향한 나의 헌신적 접근은 오히려 심도를 더해갔다. 자아를 실현시킨 스승은 자신을 따르는 수많은 제자를 그들 나름의 개별 성향에 전혀 어긋남 없이 완벽한 방법으로 인도했다.

스리 유크테스와르와 나의 관계는, 다소 불명확하더라도 통할 수 있는 모든 표현법을 갖추고 있었다. 그래서 이따금 나의 사념을 겨냥한 말 없는 신호를 느끼곤 했다. 그런 상황에서는 어떤 언어도 무의미했다. 그냥 곁에 조용히 앉아 있으면, 나의 존재 너머로 평화롭게 쏟아지는 축복이 느껴졌다.

스승의 공평무사한 판단은 대학 1학년 때 맞은 방학 기간에 두드러지게 나타났다. 세람푸르에서 구루와 함께 지내는 생활이야말로 오래전부터 학수고대해온 것이었다. 나의 열성적인 방문은 스승을 기쁘게 해드렸다.

---

의 깊숙한 심층에 보물창고와 쓰레기더미가 나란히 숨어 있다고 주장했다. 인간 본성의 잠재의식에 집중하는 심리학과 대조적으로 이 새로운 초월의식 심리학에서는 인간의 위대하고 비이기적이고 영웅적인 행위를 설명할 수 있는 유일한 영역인 보물창고에 연구의 초점을 맞추고 있다.

* 지혜와 헌신은 신에 이르는 중요한 두 가지 길이다.

"이 암자의 관리를 맡도록 해라. 네가 해야 할 일은 손님들을 접대하고, 다른 제자들의 일을 감독하는 것이다."

그로부터 두 주일 후에 동벵골 출신의 쿠마르라는 시골 젊은이가 아슈람에 수련을 받으려고 들어왔다. 그는 대단히 영리했기 때문에 스승의 애정을 한 몸에 받았다. 어찌 된 일인지 그렇게도 엄한 스승이 새로운 제자만큼은 전혀 비판하지 않으셨다.

"무쿤다야, 네 일은 쿠마르에게 맡기고, 너는 청소와 요리를 담당하도록 해라."

스승의 지시가 내려진 것은 쿠마르가 새로 암자에 들어온 지 한 달만의 일이었다. 통제권을 맡았다는 사실에 한껏 의기양양해진 쿠마르는 아슈람 내부 생활에 관해 거의 독재권을 행사했다. 이에 대한 소리 없는 반항의 표시로 다른 제자들은 날마다 나에게 찾아와서 조언을 구했다. 그 같은 묘한 상황이 3주간이나 계속되던 중에 나는 스승과 쿠마르가 나누는 대화를 언뜻 듣게 되었다.

"무쿤다가 문제입니다. 스승님이 저를 관리자로 임명하셨지만, 아직도 다른 제자들이 무쿤다를 찾아갑니다."

쿠마르의 말이었다.

"바로 그런 이유 때문에 무쿤다에게 주방을 맡기고 너에게 객실을 맡긴 것이다. 진정한 지도자는 봉사를 원하지 결코 지배를 원하지 않는다는 사실을 너도 언젠가는 깨닫게 될 것이다."

이처럼 차가운 말은 쿠마르에게 너무나 낯선 것이었다.

"너는 무쿤다의 위치를 원했지만 지금은 이미 그 자리를 유지할 능력을 상실했으니 요리사를 도와주는 원래의 소임으로 되돌아가라."

이 일이 있고 난 다음에도 스승은 쿠마르에게 가졌던 이상할 정도의 집착을 다시 보이셨다. 누가 이 신비로움을 풀 것인가? 우리의 구루는 쿠마르에게서 분명히 어떤 매력의 원천을 발견하셨던 것이다. 이 새로운 젊은이가 스승의 사랑을 독차지했다고 해서 내가 실망을 느낀 적은 없었다. 스승들도 완전히 떨쳐버리기 어려운 개인적 특이성은 삶의 패턴을 대단히 복잡하게 만든다. 내 본성은 사소한 곁가지에 휘둘리는 일이 결코 없었다. 나는 스리 유크테스와르에게서 외적인 칭찬을 넘어선 보다 높은 차원의 은혜를 찾고 있었다.

쿠마르가 어느 날 아무 이유 없이 던진 악의에 찬 한마디가 내 마음을 몹시도 아프게 했다.

"네 머리는 이제 부풀어오를 대로 올라서 터지기 일보 직전인 것 같은데, 안 그래?"

직감적으로 그 말의 본의를 알아차린 나는 경고했다.

"네가 지금 가고 있는 노선을 수정하지 않으면 언젠가 이 아슈람을 떠나야 할지도 몰라."

그러자 빈정거리는 투로 한바탕 웃고 난 쿠마르는 내 말을 때마침 방으로 들어서던 스승에게 그대로 옮겼다. 엄한 꾸짖음을 예상했던 나는 잠자코 구석으로 물러나 있을 수밖에 없었다.

"무쿤다가 옳다."

스승의 대답은 평소와 달리 냉정했다.

일 년 후, 쿠마르는 고향으로 여행을 떠났다. 결코 제자들의 행동을 강압적으로 억압하신 적이 없는 스승의 조용한 반대를 무시한 결정이었다. 몇 달 후에 다시 세람푸르로 돌아왔을 때, 쿠마르에게서 유쾌하지 못한 변화가 뚜렷이 드러났다. 얼굴에 진지한 열의가 가득 찼던 당당한 쿠마르는 온데간데없고, 이미 많은 악습을 몸에 익힌 한 시골 젊은이가 우리 앞에 서 있었다.

스승은 나를 불러서 매우 가슴 아픈 모습으로, '그 청년은 이제 아슈람 생활에 적합하지 않다.'고 말씀하셨다.

"무쿤다, 내일 그에게 아슈람을 떠나라고 알려라. 나는 차마 그 말을 못하겠구나!"

눈물이 스리 유크테스와르의 뺨을 타고 흘러내렸다. 그렇지만 스승은 끝까지 침착하셨다.

"내 말을 듣기만 했던들 타락의 심연에 그토록 빠져들지는 않았을 테고, 불량한 친구들과 어울리느라 여기를 떠나지도 않았을 것이다. 쿠마르는 내 보호를 저버렸다. 결국 비정한 세상만이 그의 구루가 될 것이다."

쿠마르가 떠났다고 해서 내가 어떤 우월감을 느끼지는 않았다. 오히려 그만한 정도로도 스승의 사랑을 얻었던 젊은이가 어찌하여 세상의 유혹에 그토록 쉽게 굴복했는지, 그것만이 안타까울 뿐이었다. 술과 여자가 주는 즐거움은 보통 자연인의 내면에 깊이 뿌리박혀 있다. 그런 대상을 추구하는 데는 아무런 인식 능력도 필요하지 않다. 감각의 간사한 꾀는 사시사철 푸른 협죽도와 같다. 장밋빛 꽃에서는 향기가 나지만 줄기와 잎사귀 곳곳에 독소를 머금고 있는 협죽도! 치유의 대지는 우리 안에서 행복을 발산하는데, 인간은 수천 군데 바깥만 바라보며 맹목적으로 행복을 추구한다.*

---

* "깨어난 상태에서 인간은 감각적 쾌락을 경험하려고 무진 애를 쓴다. 그리하여 모든 감각 기관이 피로해졌을 때, 인간은 손안에 든 쾌감마저 망각하고 자기 본성인 영혼의 휴식을 즐기기 위해 잠에 빠져든다. 그러므로 감각을 넘어선 지복은 도달하기 전혀 어렵지 않으며, 결국에는 싫증 나고 마는 감각의 희열보다 훨씬 우월한 것이다." 위대한 베단타 학

언젠가 스승은 쿠마르의 영특한 마음과 관련지어 날카로운 지성은 양면적이라고 말씀하셨다.

"지성은 마치 날카로운 칼과 같아서 건설적으로 쓰일 수도 있고 파괴적으로 사용될 수도 있다. 따라서 무지를 끊을 수도 있지만, 오히려 자신의 목을 칠 수도 있다. 마음이 영적 법칙의 불가피성을 받아들인 다음에라야 지성이 올바르게 사용될 수 있다."

스승은 남녀 제자들을 가리지 않고 친자식처럼 보살펴셨다. 영혼의 평등함을 인식하는 분으로서 어떠한 편파성도 보여주지 않으셨다.

"잠들어 있는 상태에서는 자기가 남자인지 여자인지 알 수 없다. 아무리 훌륭하게 분장을 했다손 치더라도 남자가 여자가 될 수 없듯이, 영혼은 남녀 모두의 모습으로 분장했지만 그 본질에는 성별이 없다. 영혼은 순수하고 변하지 않는 신의 모습이다."

스리 유크테스와르는 여자를 '유혹'의 대상이라고 해서 피한다거나 꾸짖는 일이 전혀 없으셨다. 여자도 이성의 유혹에 시달린다고 지적하셨다. 한번은 고대의 한 위대한 성자가 왜 여자들을 가리켜 '지옥에 이르는 문'이라고 불렀는지에 대해 스승에게 질문한 적이 있다.

"과거의 삶에서 어떤 여성이 그에게 많은 곤란을 안겨주었기 때문일 것이다. 그렇지 않다면 그는 여성을 거부한 것이 아니라 스스로를 완전히 통제하지 못한 자기 자신을 혐오한 것이다."

만일 암자를 방문한 사람이 외설적인 이야기를 꺼내면, 스승은 무반응으로 침묵을 지키셨다. 스승은 제자들에게 이렇게 말씀하셨다.

"아름다운 얼굴의 도발적 채찍에 휘둘리면 안 된다. 관능의 노예가

---

자인 샹카라의 말이다.

어찌 세상을 즐길 수 있겠는가? 원시의 진흙에 빠져 있는 동안 세상의 미묘한 향기는 모조리 달아나고 만다. 육욕 앞에서는 아무리 뛰어난 분별력도 사라지고 만다."

마야의 성적 유혹으로부터 벗어나려고 찾아오는 학생들에게 스리 유크테스와르는 끈기 있고 이해심 깊은 조언을 아끼지 않으셨다.

"탐욕이 아닌 배고픔만이 정당한 목적을 가지듯이, 성 충동도 종의 번식을 위해 자연이 부여한 수단이다. 결코 만족을 모르는 갈망을 유발하기 위해 존재하는 것은 절대 아니다. 지금 당장 그릇된 욕망을 없애라. 그렇지 않으면 영체靈體가 물질적인 껍데기를 벗어던진 뒤에도 욕망이 너희의 내면에 그대로 머물러 있을 것이다. 비록 육체는 연약하더라도 정신만은 끝까지 유혹을 견딜 수 있다. 무자비한 힘으로 유혹이 공격해온다면, 냉정한 이지理智의 힘과 불굴의 의지로 그것을 이겨내도록 해라. 모든 자연적 열정은 정복이 가능하다.

힘을 보전해라. 감각의 모든 강줄기들을 흡수해버리는 드넓은 바다가 되어라. 작은 갈망들이 내면의 평화를 좀먹는다. 그런 갈망들은 마치 저수지에 생긴 구멍처럼, 귀중한 물줄기가 물질주의라는 황폐한 사막에 쓸데없이 버려지게 만든다. 그릇된 욕망이 발산하는 강한 충동이야말로 인간의 행복을 넘보는 가장 나쁜 적이다.

자신을 완전히 통제할 수 있는 사자처럼 세상을 활보해라. 결코 연약한 개구리들의 발길질에 휘둘려서는 안 된다. 진실한 구도자는 마침내 모든 본능의 충동으로부터 벗어나 자유를 얻는다. 그는 인간의 애정에 대한 욕구를 오로지 신을 향한 동경으로 변화시킨다. 어디에나 있는 신이기에 바치고 바쳐도 부족한 사랑이지만."

스리 유크테스와르의 어머니는 내가 처음 스승을 방문했던 바라나시의 라나 마할 구에 살고 계셨다. 우아함과 친절함을 고루 갖춘 스승의 어머니는 매우 결의가 굳은 여인이셨다. 어느 날인가 나는 스승과 어머니가 서로 이야기를 나누는 광경을 발코니에서 지켜본 적이 있다. 스승 특유의 조용하고 사려 깊은 방법으로 무언가를 어머니에게 이해시키고 있었다. 그런데 그 설득은 성공하지 못한 것 같았다. 어머니가 고개를 강하게 저으셨기 때문이다.

"아니, 아니야. 지금 곧 가거라! 너의 지혜도 나에게는 아무 소용이 없구나. 나는 네 제자가 아니니까!"

스리 유크테스와르는 마치 야단을 맞고 나오는 아이처럼 말없이 그 자리를 물러나셨다. 불합리하다고 생각하면서도 그대로 따르는, 어머니에 대한 존경심은 나를 매우 감동시켰다. 어머니는 스승을 현자가 아닌 어린 자식으로 보셨던 것이다. 어찌 보면 사소한 그 사건에는 매력적 요소가 있었다. 말하자면 구루의 비범한 천성을 비춰주는 등불 같은 것으로, 안으로는 겸손하고 밖으로는 꺾이지 않는 의지를 드러내주었다.

수행 규칙들은 스와미가 일단 공식적으로 세상과의 인연을 끊은 다음에는 더 이상 관계를 맺지 못하게 한다. 스와미는 가정에서 필수적으로 지내는 제사의 의무도 이행하지 않을 수 있다. 그런데 분명히 고대 스와미의 규율을 알고 있었을 샹카라는 규정을 무시했다. 사랑하는 어머니가 세상을 떠나자 샹카라는 어머니의 시신을 성스러운 불길 속에 화장한 뒤 자신의 합장한 손으로 그 재를 흩뿌렸다.

스리 유크테스와르 역시 규율을 무시했다. 당신의 어머니가 숨을 거두셨을 때, 성스러운 갠지스 강변에서 화장 의식을 치르고 많은 브라만 승려에게 음식을 제공했다. 인도의 가정 관습에 따른 것이다.

경전의 금지 조항은 스와미들로 하여금 편협한 자기본위의 마음을 극복하는 데 기여하기 위한 것이다. 샹카라와 스리 유크테스와르는 자신의 존재를 인격을 초월한 영혼 속에 통합시켰으며, 따라서 그들에게는 규율에 의한 어떠한 구원도 필요치 않았다. 도인은 가끔씩 의도적으로 경전의 규율을 무시하는데, 그것은 그 규율의 원리가 형식보다 앞서고 어떤 형식에도 얽매여 있지 않다는 근본을 지키기 위해서이다. 그래서 예수는 안식일에 곡물의 이삭을 주우셨던 것이다. 예수는 피할 수 없는 비판자들에게 이렇게 말씀하셨다.

"안식일은 인간을 위해서 만들어진 것이다. 결코 안식일을 위해서 인간이 만들어진 것이 아니다."*

경전을 제외하면 스리 유크테스와르의 독서량은 매우 적은 편이었다. 그러나 최근의 과학 발견과 다른 분야의 진보한 지식을 빠짐없이 접했다. 화술이 매우 뛰어났던 스승은 방문객들과 수많은 주제를 놓고 토론을 즐기셨다. 구루의 준비된 재치와 흥겨운 웃음 덕분에 모든 토론이 활기가 넘쳤다. 가끔 근엄한 표정을 지을 때도 있었지만 침울한 모습을 보이신 적은 없었다. 스승은 이렇게 언급하시곤 했다.

"신을 찾는다고 해서 얼굴을 찌푸릴 필요는 없다. 신을 찾는 것은 모든 슬픔의 끝을 의미한다는 사실을 기억하라."

처음 암자를 찾는 철학자, 교수, 변호사, 과학자 가운데 다수는 정통 종교인과의 만남을 예상하고 온 사람들이었다. 그들의 오만한 웃음이나 느긋한 관용의 눈길을 보면, 그 신참들은 결국 약간의 경건한 경구 몇 마디만을 기대하고 온 듯했다. 방문객들은 스승이 자신들의 전문

---

* 『마가복음』 2:27

분야에 대해 매우 정확한 통찰력을 보여주시는 것을 확인한 채 아쉬운 발걸음을 돌려야 했다.

나의 구루는 방문객들에게 매우 친절하고 부드러우셨다. 환영의 표시는 마음에서 우러나오는 매력적인 진실성으로 드러났다. 그렇지만 지독한 이기주의자는 격렬한 반응을 접하기도 했다. 그들이 스승에게서 얻은 것은 얼음처럼 냉랭한 무관심 혹은 무서울 정도의 반대뿐이었다. 얼음 아니면 강철이라고나 할까!

한번은 어떤 유명한 화학자가 스리 유크테스와르에게 반대의 칼을 겨누었다. 과학이 신을 탐지하는 방법을 고안해내지 못하는 한 신의 존재를 인정할 수 없다는 주장이었다.

스승의 시선은 준엄했다.

"그렇다면 당신은 시험관 속에서 절대자의 힘을 분리해내는 데 실패할 뿐이오! 새로운 실험을 제안해보겠소. 스물네 시간 동안 쉬지 말고 당신의 사념들을 조사해보시오. 그런 연후라면 신의 부재에 대한 당신의 의문도 사라질 것이오."

다른 유명한 학자 한 사람도 똑같은 충격을 받았다. 그 학자가 아슈람을 처음 방문했을 때 일어난 일이었다.

그가 『마하바라타』와 『우파니샤드Upanishad』,* 샹카라의 『브하샤

---

* 『우파니샤드』 혹은 『베단타』(문자 그대로는 '베다의 끝'임)는 베다의 어떤 부분들에 그 핵심 내용이 요약되어 나타나 있다. 『우파니샤드』는 힌두교의 교리 기반을 제공한다. 철학자 쇼펜하우어는 이렇게 말했다. "『우파니샤드』는 베다의 성스러운 영혼을 얼마나 철저하게 호흡하는가? 문장 하나하나에서 깊고 독창적이며 숭고한 사실이 솟아난다. 『우파니샤드』는 그 전체가 높고 성스러우며 진지한 영혼으로 흠뻑 젖어 있다. (중략) 『우파니샤드』를 통해 베다에 접근하게 된 것은 금세기가 이전 세기에 대해 주장할 수 있는 가장 위대한 특권이다."

226

Bhasya』* 구절을 낭송했을 때, 그 소리가 어찌나 컸던지 아슈람의 서까래가 다 울릴 정도였다.

"나는 당신 자신의 목소리를 기다리고 있소."

스리 유크테스와르는 마치 처음부터 끝까지 아무 소리도 듣지 못했다는 듯한 어조로 말했다. 산스크리트어 학자는 당황했다.

"인용구가 너무 많았소."

방문객과 거리를 두고 구석에 웅크리고 앉아 있던 나는 스승의 말씀에 기쁨과 흥분을 느꼈다.

"하지만 당신 나름의 생활에서 얻은 독창적인 해석을 내놓을 수 있습니까? 당신 자신의 것으로 만든 경전은 무엇입니까? 이처럼 끝없는 진리가 당신의 천성을 어떻게 혁신시켜왔지요? 남의 말을 그저 기계적으로 반복하기만 하면서 허울 좋은 축음기가 된 것으로 만족합니까?"

학자의 당혹스러운 모습은 가히 희극적이었다.

"졌습니다. 저는 전혀 내면의 깨달음을 얻지 못했습니다."

그는 처음으로 쉼표의 정확한 위치가 혼미한 영혼을 보상해주지 않는다는 것을 이해한 듯했다.

"창백한 학자들은 당치 않게도 빛의 냄새를 뿌린다."

방문객이 정화된 영혼을 안고 떠난 뒤에 스승이 말씀하셨다.

"그들은 철학을 부드러운 지식의 조립 훈련으로 본다. 따라서 그네들의 고상한 생각들은 기껏 조잡한 외적 행동이나 어떤 고통스러운 내적 수행을 겨우 벗어난 정도이다."

---

* 샹카라의 『우파니샤드』 해설은 타의 추종을 불허한다.

스승은 맹목적인 독서의 무용성을 자주 강조하셨다.

"이해를 했다는 것과 많은 수의 어휘를 알고 있다는 것을 혼동하지 마라. 한 번에 하나의 성구聖句가 천천히 흡수되면 성전聖典은 내적 실현을 향한 의욕을 자극하는 데 도움이 된다. 중간에 자주 끊어지는 학습은 그릇된 만족감이나 소화되지 못한 지식으로 끝나고 만다."

스리 유크테스와르는 영혼의 계도 과정에서 겪었던 자신의 경험 하나를 들려주셨다. 장소는 동뱅골의 숲속 아슈람이었다. 거기서 스리 유크테스와르는 유명한 스승 다브루 발라브의 교수법을 목격하셨다. 그것은 단순하면서도 어려운 고대 인도의 보편적인 교육 방법이었다.

다브루 발라브는 숲속에 홀로 있던 자기 주위로 제자들을 불러 모았다. 『바가바드기타』가 그들 앞에 펼쳐져 있었다. 차근차근 한 구절을 30분씩 차례로 본 다음에 그들은 눈을 감았다. 그러고 나서 30분이 흘러갔다. 구루가 간략한 주석을 달았다. 그들은 움직이지 않고 다시 한 시간 동안 명상을 했다. 명상을 마치고 구루가 말했다.

"이해했느냐?"

"예, 스승님."

그 가운데 한 사람이 감히 그렇게 대답했다.

"아니야, 완전하지 않다. 이들 말 속에서 수세기에 걸쳐 인도를 젊게 만들어온 힘을 부여한 정신의 활력을 찾아야 한다."

다시 한 시간이 침묵으로 흘렀다. 구루는 제자들을 해산시켰다. 그리고 스리 유크테스와르 쪽으로 몸을 돌렸다.

"『바가바드기타』를 알겠는가?"

"아니요. 눈과 마음이 여러 번 지나갔어도 전혀 모르겠습니다."

228

위대한 성인은 스리 유크테스와르에게 축복의 웃음을 보냈다.

"수백 명이 서로 다르게 대답하지. 경전의 풍요로움을 외부에 과시하는 데만 골몰한다면, 귀중한 진주를 찾는 데 필요한 내면의 침묵 시간이 과연 얼마나 남겠는가?"

스리 유크테스와르는 당신 제자들에게도 이와 마찬가지로 강한 집중력을 강조하셨다.

"지혜는 눈과 동화되는 것이 아니라 원자와 동화된다. 하나의 진리에 대한 확신이 머리에만 들어 있지 않고 존재 자체에 있을 때, 너희들은 조심스럽게 그것의 의미를 단언할 수 있다."

그는 제자들이 책의 지식을 영적 깨달음을 위해 필요한 단계로 간주하는 경향도 가로막으셨다.

"리쉬들은 주석 학자들이 수세대에 걸쳐 애를 써도 모자랄 정도의 깊이를 문장 하나하나에 담았다. 끊임없는 문헌상의 논쟁은 나태한 자를 위한 것이다. '신은 있다!' 아니, '신이시여!', 이 한마디보다 더 빨리 해방을 가져다주는 생각이 또 어디에 있겠느냐?"

그러나 사람은 단순해지기 어렵다. 그런 사람에게는 신의 존재 대신 학식의 허장성세만 있을 뿐이다. 물론 그런 자아는 자신의 박식함에 흡족할 테지만!

오만할 정도로 재산이나 세속적인 지위를 의식하는 사람일수록 스승 앞에서는 자신의 소유물에다 겸손을 덧붙여야 했다. 한번은 지방 관리 하나가 푸리의 해변가 아슈람에서 스승에게 면담을 요청했다. 인정머리 없기로 소문난 그는 자기 말 한마디면 우리한테서 아슈람을 빼앗아갈 수도 있다고 엄포를 놓았다. 나는 이 사실을 구루에게 알렸다. 그러나 스승은 완고하게 앉아서 관리를 반겨줄 생각조차 하지 않으셨다.

다소 걱정이 된 나는 문 가까이에 쭈그리고 앉았다. 스승이 의자도 내오라고 하시지 않았기 때문에 그는 나무 상자로 만족해야 했다. 다른 곳에서처럼 그의 위치가 인정받을 가능성은 전혀 없어 보였다.

형이상학적 논의가 이어졌다. 그 손님은 경전을 잘못 해석해서 큰 실수를 저질렀다. 한쪽에서 정확성에 흠집이 나자 다른 한쪽에서 분노가 무섭게 고개를 쳐들었다.

"제가 석사과정 시험에서 수석을 했다는 사실을 아십니까?"

이성이 그를 저버렸지만, 그래도 그에게는 아직 소리칠 기운은 남아 있었다.

스승은 차분히 답변하셨다.

"관리 양반, 여기가 당신 집무실인 줄 아시오? 그 철없는 말에서 그대의 학력이 보잘것없다는 것을 알겠소. 대학의 학위는 어떤 경우든 베다의 깨달음과는 무관하다오. 성자들은 회계사처럼 그렇게 매 학기마다 무더기로 나오는 것이 아니라오."

쥐 죽은 듯한 침묵이 흐른 뒤에 방문객은 진심 어린 미소를 지었다.

"이처럼 거룩한 판사를 만난 것은 제 생전 처음입니다."

그는 이렇게 말하면서 자기 삶의 일부가 되어버린 많은 법률 용어를 구사하면서 '실험적' 문하생으로 받아들여지기를 스승에게 정식으로 요청했다.

가끔 스리 유크테스와르는 라히리 마하사야가 그랬듯이 스와미 교단에 참여하길 원하는 '설익은' 학생들의 기를 꺾어놓으셨다.

"신의 인식이 부족한 상태에서 수도승의 옷을 입는다는 것은 그 모임을 그르치기 쉽다."

두 스승의 말씀은 같았다.

"수행자가 됨으로써 얻어지는 '포기'의 외적 상징들을 잊어버려라. 그런 것들은 잘못된 자부심을 유발하여 너희에게 해를 끼칠 수도 있다. 꾸준한 나날의 영적 진보 이외에 중요한 것은 아무것도 없다. 크리야 요가를 실천해라."

한 인간의 가치를 측정하는 데 성인은 변하기 쉬운 세속의 자ℝ와 전혀 다른 자를 사용한다. 인간성은 보는 눈에 따라 대단히 다채롭지만 성자들의 자를 사용하면 두 종류로 나뉜다. 그 두 부류란 신을 추구하지 않는 무지한 사람들과 신을 추구하는 현명한 사람들이다.

나의 구루는 재산 관리와 관련이 있는 세부 사항에까지 몸소 관심을 기울이셨다. 파렴치한 사람들이 여러 번 스승의 집안 토지에 대한 소유권을 확보하려고 했다.

스리 유크테스와르는 단호한 결단력은 물론 필요한 경우라면 까다로운 법적 소송까지 마다 않고 모든 반대자의 허를 찌르셨다. 그것은 구걸하는 구루, 다시 말해서 제자들에게 짐이 되는 구루가 되지 않겠다는 열망에서 나온 고통스러운 경험이었다.

이렇게 재정 독립을 이룬 덕분에, 놀라울 정도로 솔직한 나의 스승은 교활한 권모술수를 영원히 모르고 지내실 수 있었다. 추종자들에게 아첨해야 하는 여느 스승들과는 달리 나의 구루는 타인이 소유한 재산의 영향력 때문에 동요하시는 일이 전혀 없었다. 나는 스승이 어떤 목적에서든 돈을 요구하거나 돈에 대해 암시하시는 말을 들은 적이 없다. 암자에서 하는 수련은 모든 제자들에게 무상으로 자유롭게 제공되었다.

한 사법관리가 어느 날 스승을 법정에 소환하기 위해 세람푸르의 아슈람에 도착했다. 카나이라는 제자와 내가 그를 스승이 계신 곳으로 안내했다. 관리의 태도는 매우 공격적이었다.

"아슈람의 그림자를 떠나 법정의 정직한 공기를 호흡하는 것이 이롭지 않겠소?"

잔뜩 경멸이 담긴 말투였다. 나는 참을 수가 없었다.

"다시 한 번 무례한 말을 하면 당신은 바닥에 쓰러지게 될 것이오."

말을 마치면서 내가 위협적으로 다가갔다. 카나이도 소리쳤다.

"이보시오! 어떻게 그런 모독적인 말을 감히 이 신성한 아슈람에서 할 수 있단 말이오?"

그러나 스승은 그의 면전에서 마치 그를 두둔하듯이 그냥 지켜보고만 계셨다.

"아무것도 아닌 일 가지고 그렇게 흥분하지 마라. 이 사람은 정당한 자기 직무를 수행하는 중이니까."

관리는 이처럼 판이한 응대에 당황한 나머지 사과의 말을 남기고 황급히 가버렸다. 불 같은 의지를 소유한 스승이 그처럼 잔잔한 내적 평정을 유지한다는 것은 놀라운 일이었다. 그는 '신의 사람'에 대한 베다의 정의에 꼭 부합되었다. "친절할 때는 꽃보다 부드럽게, 원칙에 관해서는 천둥보다 강하게."

영국 시인 브라우닝의 말을 빌리면, 이 세상에는 스스로가 흐릿하기 때문에 빛을 견디지 못하는 사람들이 항상 있다. 이따금씩 외부인이 실체도 없는 불만을 품고 스리 유크테스와르를 비방했다. 태연한 구루는 공손히 듣고서 그런 불만 속에 혹시 아주 작은 진리의 조각이라도 들어 있는지를 찾기 위해 자신을 분석했다. 이러한 모습은 아무나 흉내낼 수 없는 스승의 특별한 논평들 가운데 하나를 생각나게 한다.

"어떤 사람들은 타인의 머리를 베어내면 자기 키가 커진다고 생각한다."

성자의 완전한 평정은 그 어떤 설교 이상으로 인상적이다.

> 함부로 화를 내지 않는 사람은 용사보다 낫다. 자기 마음을 다스리는 사람은 성城을 쟁취하는 자보다 낫다.[*]

만일 위엄 있는 스승이 세속의 명성이나 성취에 마음을 두었다면 그다지 어렵지 않게 황제나 세계를 뒤흔드는 전사가 되었을 거라는 생각이 가끔씩 든다. 그러나 그러는 대신 스승은 분노와 자기중심성이라는 내면의 아성을 정복하는 길을 택한 것이다. 세속의 성향을 완전히 극복한 것이야말로 한 인간의 영혼의 깊이를 웅변해준다.

---

[*] 『잠언』 16:32

*13*

# 잠자지 않는
# 성자

"제가 히말라야로 가는 것을 허락해 주십시
오. 아무도 방해하지 않는 고독 속에서 지속적으로 신과 영적 교감을
이루고 싶습니다."

나는 감히 이처럼 배은망덕한 말을 스승에게 했다. 때때로 헌신적
인 추종자를 엄습하는 종잡을 수 없는 환상에 사로잡혀서, 나는 아슈
람에서 해야 할 의무와 대학의 교과목 공부에 점차 싫증을 느끼고 있
었다. 스리 유크테스와르를 만난 지 불과 6개월 만에 드린 요청이니,
사실 그때까지 내가 스승의 우뚝 솟은 모습을 충분히 보지 못했다는
의미였다.

스승은 느리지만 간단하게 대답하셨다.

"많은 산사람들이 히말라야에 산다. 그러나 그들이 다 신을 인식하

는 것은 아니다. 지혜는 무감각한 산에서 나오는 것이 아니다. 깨달은 사람에게서 지혜를 구해야 한다."

산이 아니라 당신 자신이 나의 진정한 스승이라는 암시의 말씀도 외면한 채 나는 같은 간청을 되풀이했다. 스승은 아무런 대답도 하지 않으셨다. 나는 스승의 침묵을 승낙의 표시로 간주했다. 근거 없는, 하지만 참으로 편리한 내 나름의 해석이었다.

캘커타의 집으로 돌아온 그날 저녁, 나는 여행 준비를 하느라 무척 바빴다. 담요 안에 몇 가지 짐을 챙겨 넣노라니 몇 년 전 옛집의 창문에서 몰래 떨어뜨렸던, 지금 것과 비슷한 짐 뭉치가 생각났다. 이것이 히말라야로 향하는 또 한 번의 불운한 여행은 아닌지 걱정이 되었다. 먼젓번에는 정신적으로 사기가 충천했으나 이번에는 구루를 떠나야 한다는 생각에 마음이 무거웠다.

다음 날 아침, 나는 스코틀랜드 신학대학으로 나의 산스크리트어 교수인 베하리를 찾아갔다.

"교수님은 라히리 마하사야의 훌륭한 제자를 잘 알고 계시다면서요? 그분의 주소를 좀 알고 싶습니다."

"람 고팔 무줌다르 이야기로군. 나는 그를 '잠자지 않는 성자'라고 부르지. 그는 항상 희열에 싸인 의식 상태로 깨어 있다네. 그의 집은 타라케스와르 근처의 란바지푸르에 있네."

나는 베하리에게 감사드리고 타라케스와르로 가는 열차를 탔다. '잠자지 않는 성자'에게 히말라야에서 고독한 명상에 잠길 수 있는 허락을 얻음으로써 불안을 잠재우려 했던 것이다. 베하리 교수는 람 고팔이 벵골에 있는 외딴 동굴에서 크리야 요가를 여러 해 수행한 끝에 깨달음을 얻었다고 했다.

타라케스와르에서 나는 유명한 사원으로 발길을 서둘렀다. 프랑스에서 가톨릭 신자들이 성소 루르드에 대해 외경을 느끼듯이 힌두교 신자들은 힌두교 사원에 대해 경외심을 갖는다. 타라케스와르에서는 수많은 치유의 기적이 일어났는데, 그중 하나가 내 가족에게도 일어났다. 숙모는 이런 이야기를 들려주었다.

"나는 그 사원에 일주일 정도 앉아 있었단다. 완전히 금식을 한 상태로 네 숙부가 만성 고질병에서 쾌유되기를 빌었지. 그런데 이레째 되던 날, 어느 틈엔가 내 손에 이름 모를 약초가 쥐어져 있더구나. 그 약초로 즙을 짜서 숙부에게 드렸더니 병이 감쪽같이 사라져버렸지 뭐냐. 그리고 다시는 재발하지 않았단다."

나는 성스러운 타라케스와르 사원에 들어섰다. 제단에는 둥근 돌이 하나 놓여 있었고, 그 이외에는 아무것도 없었다. 제단 위 돌멩이의 둥그런 원은 시작하는 곳도 없고 끝나는 곳도 없어서 그야말로 무한을 상징하고 있었다. 인도에서는 우주와 관련된 형이상학을 가장 미천한 사람까지도 잘 이해하고 있다. 그래서 서구인이 인도인을 가리켜 추상 속에 살고 있다고 비난했던 것이다. 그 당시 내 기분은 무척 근엄해서 돌덩어리 우상 앞에 예배할 기분이 나지 않았다. 내가 생각하기에 신은 마음속에서 찾아야 하는 존재였다.

나는 절을 하지 않고 사원을 나왔다. 그리고 란바지푸르에 있는 외딴 마을로 가볍게 발길을 돌렸다. 길을 잘 몰라서 지나가는 사람에게 길 안내를 부탁했다. 행인은 한참 생각한 끝에 이렇게 말했다.

"가다가 네거리가 나오면 오른쪽으로 돌아서 그 길로 쭉 가세요."

나는 그의 말대로 하천의 제방을 따라 내려갔다. 이미 어둠이 깔린 마을 주변의 정글 외곽 지대는 반짝거리는 반딧불과 자칼 울음소리로 살아서 움직이는 듯했다. 달빛은 워낙 희미해서 전혀 도움이 되지 않았다. 몇 번이나 넘어졌다 일어나기를 반복하면서 두 시간 동안 걸어갔다.

반가운 소방울 소리가 들렸다! 내가 여러 번 소리쳐 부르자 한 농부가 다가왔다.

"람 고팔 바부를 찾고 있습니다만⋯⋯."

농부의 대답은 퉁명스러웠다.

"그런 사람은 우리 마을에 안 살아요. 당신 혹시 가짜 탐정 아니오?"

나는 농부의 엉뚱한 의심을 없애기 위해서 내 어려운 처지를 열심히 설명했다. 그는 나를 자기 집으로 데려가서 친절히 대해주었다.

"란바지푸르는 여기서 멀다오. 당신은 네거리에서 오른편이 아니라 왼편으로 돌았어야 했어요."

나의 첫 번째 안내자는 슬프게도 낯선 여행자에게 큰 실망을 안겨주었다. 거친 쌀밥과 렌즈콩 달과 생 바나나를 섞은 감자 카레를 먹은 다음, 나는 안마당 옆의 조그만 오두막으로 들어갔다. 멀리서 마을 사람들이 므리당가*와 자바라(심벌즈)를 크게 두드리면서 노래하고 있었다. 그날 밤 잠이 제대로 올 리 없었다. 나는 어딘가에 있는 요기 람 고팔에게 인도해 달라고 기도했다.

오두막의 갈라진 틈으로 새벽빛이 비치자마자 란바지푸르로 향했다. 거친 들판을 건너면서 따끔따끔하게 찌르는 나무의 베어진 그루터기와 마른 진흙 언덕 위를 터벅터벅 걸었다. 간혹 가다 마주친 농부들은 한결같이 내 목적지가 1크로샤(약 3.2킬로미터)밖에 남지 않았다고

---

* 손으로 치는 북. 종교 행사를 치르거나 행진할 때 이 북으로 헌신적인 찬송을 반주한다.

말했다. 여섯 시간쯤 지나자 태양은 중천에 떠올랐다. 란바지푸르와 영원히 1크로샤의 거리를 두고 있다는 느낌이 들었다. 이른 오후가 되었는데도 나는 여전히 끝없는 논두렁을 걷고 있었다. 하늘에서 폭염이 쏟아져 거의 기진맥진한 상태였다. 이때 어떤 사람이 천천히 다가오는 모습이 어렴풋이 보였다. 나는 또다시 1크로샤 남았다는 대답을 듣고 싶지 않았지만 똑같은 물음을 되풀이해야 했다.

낯선 사람은 내 옆에서 멈추었다. 그는 조그맣고 여위어서 날카로운 검은 두 눈동자를 빼놓고는 별로 호감이 안 가는 인상이었다.

"란바지푸르를 떠날 계획이었는데, 자네의 뜻이 가상해서 기다리고 있었네."

그는 놀란 내 얼굴 앞에 대고 손가락을 좌우로 흔들었다.

"나에게 알리지도 않고 이렇게 무작정 찾아오는 것이 현명한 일이라고 생각하나? 베하리 교수도 자네한테 내가 있는 곳을 알려줄 권리는 없는데 말이야."

이 도인 앞에서는 나를 소개한다는 것 자체가 단지 수다를 떠는 데 불과하다는 생각이 들었다. 나는 이런 식의 만남에 약간 기분이 상해서 말없이 서 있었다.

그는 뜻밖의 질문을 던졌다.

"신이 어디 계신지 말해보겠나?"

"무슨 그런 질문을 하십니까? 신은 내 안에 계시고, 또 모든 곳에 계십니다."

내가 느낀 당혹감이 아마도 얼굴에 그대로 드러났을 것이다. 성자가 껄껄 웃었다.

"모든 것 안에 신이 계시다는 말이렷다! 그런데 왜 자네는 어제 타라케스와르 사원에서 둥근 돌에 들어 있는 무한자에게 절을 하지 않았나?* 자네가 너무 오만했기 때문에, 왼쪽과 오른쪽의 구별 같은 것쯤 귀찮게 여기는 행인을 만나 길을 잘못 안내받는 벌을 받은 걸세. 오늘도 고생을 좀 했지?"

나는 앞에 있는, 얼핏 보잘것없어 보이는 사람의 내면에 숨겨진 전지全知의 눈에 그만 너무나 놀라서 고개를 숙였다. 그 요기에게서 흘러나온 어떤 치유의 힘이 폭염의 논두렁 위에 지쳐 서 있는 나에게 신선한 기운을 불어넣어 주었다.

이윽고 성자가 말했다.

"구도자는 신을 향해 가는 자신의 길을 유일한 길로 생각하기 쉽네. 신성神聖을 발견하는 방법으로서의 요가는 라히리 마하사야께서 우리에게 말씀하셨듯이 확실히 최상의 길이지. 그러나 우리는 자기 내면의 주인을 발견하자마자 외부에서도 주인을 발견하게 된다네. 타라케스와르에 있는 사원 뿐만 아니라 모든 사원은 어느 곳에 있더라도 신성의 핵심으로 우리가 마땅히 경배해야 하는 법일세."

비판적인 그의 태도는 이미 누그러져 있었다. 눈길이 자비롭고 부드러웠다. 그가 내 어깨를 두드리면서 말했다.

"젊은 요기여, 나는 자네가 스승한테서 도망치는 것을 보았네. 그분은 자네가 필요로 하는 모든 것을 갖고 있다네. 자네는 그분에게 돌아가야 해."

그 성자가 덧붙여 말했다.

"산이 자네의 구루가 될 수는 없지."

---

* "아무것에도 절하지 않는 사람은 스스로가 무거워 견디지 못한다."—도스토예프스키

이틀 전에 스승이 하셨던 말씀과 똑같았다. 성자가 나를 짓궂게 쳐다보았다.

"지혜를 얻은 사람들은 산에서만 살려는 그 어떠한 우주적 충동도 갖고 있지 않다네. 도인들에게 인도와 티벳에 있는 히말라야 산에 대한 독점권이 있지는 않아. 자기 안에서 애써 찾으려고 하지 않는데, 몸을 이리저리 옮긴다고 해서 찾아지겠는가? 영적인 깨달음을 얻기 위해 지구 끝까지라도 가겠다는 마음만 확고하다면, 그런 구도자에게는 곧 가까운 곳에서 구루가 나타나는 법일세."

나는 그 말에 조용히 동의하면서, 바라나시의 은거지에서 기도를 드린 뒤 곧이어 시끄러운 골목길에서 스리 유크테스와르를 만났던 일을 회상했다.

"자네는 문을 닫고 홀로 있을 수 있는 조그만 방 하나를 마련할 수 있는가?"

"예."

나는 이 성자가 당황스럽도록 빨리 일반론에서 개별적인 문제로 넘어간다고 생각했다.

"그것이 자네의 토굴일세."

요기는 내가 결코 잊은 적 없는 형형한 눈빛으로 나를 바라보았다.

"그곳이 자네의 성스러운 산이네. 그대가 신의 왕국을 찾을 장소이지."

그의 단순한 이 말이 히말라야에 대한 나의 기나긴 집념을 단번에 쫓아냈다. 불타는 듯한 논두렁 위에서 나는 비로소 만년설의 꿈에서 깨어났다.

"젊은 친구여, 자네의 신성한 열망은 칭찬할 만하네. 나는 자네에게 무한한 애정을 느낀다네."

람 고팔은 내 손을 붙잡고 정글을 개간해놓은 터에 만든 기묘한 오두막으로 데리고 갔다. 벽돌집은 코코넛 잎사귀로 덮여 있었고 싱싱한 열대 꽃들이 입구를 전원풍으로 장식하고 있었다.

성자는 나를 조그만 가옥의 무성한 대나무 단 위에 앉게 했다. 달콤한 라임 주스와 얼음사탕을 대접받은 뒤, 안뜰로 옮겨서 그와 함께 결가부좌 자세를 취했다. 명상은 네 시간 동안 이어졌다. 눈을 뜨고 보니, 달빛에 비친 요기의 모습은 아직도 움직이지 않고 있었다. 나는 내 뱃속에 대고 사람은 빵만으로 사는 것이 아니라고 엄격하게 타이르고 있었는데, 람 고팔이 자리에서 일어나며 말했다.

"자네, 배가 고픈 것 같군. 음식을 곧 준비하겠네."

그는 안뜰에 있는 진흙 화덕에 불을 지폈다. 우리는 바나나 나무 잎사귀로 싼 밥과 떡을 먹었다. 집 주인은 요리를 할 때 내 도움을 정중히 거절했다. '손님은 신이다.'라는 격언은 인도에서 아주 오랜 옛날부터 성실하게 지켜져 내려오고 있다. 훗날 세계 각처로 여행을 다닐 때, 많은 나라의 시골에서 이와 비슷하게 손님을 대접하는 광경을 보고 매료되었다. 도시인은 낯선 얼굴들이 너무 많아 손님을 일일이 챙기기가 쉽지 않다. 그만큼 환대의 정신도 무뎌졌을 것이다.

조그만 밀림 마을의 고립된 곳에서 요기 옆에 웅크리고 앉아 있노라니 사람들로 북적대는 속세가 거의 상상할 수 없을 정도로 멀게 느껴졌다. 양초 불빛이 오두막 안을 신비스럽게 밝혀주고 있었다. 람 고팔은 내 잠자리를 위해 바닥에 해진 담요를 깔아주었고, 자신은 밀짚단 위에 앉았다. 나는 그의 영적 자력에 압도된 느낌을 받으며 질문했다.

"왜 저에게 사마디를 주지 않으십니까?"

람 고팔은 반쯤 감긴 눈으로 나를 보면서 말했다.

"여보게, 나도 자네가 신을 접촉하도록 해주고 싶네. 그러나 지금은 그럴 때가 아니야. 머지않아 자네가 경험을 할 수 있도록 자네의 스승이 도와줄 걸세. 자네의 육신은 아직 그런 경지를 감당할 준비가 되어 있지 않네. 마치 전압이 너무 높으면 작은 전구알이 터지듯이, 자네의 신경이 우주의 전류를 받아들이기에는 부족하다는 말이네. 만일 내가 지금 자네에게 무한한 황홀경을 경험하게 한다면, 자네는 모든 세포에 불이 붙은 것처럼 타버리고 말 걸세."

요기는 생각에 잠긴 채 말을 이어갔다.

"그리고 자네는 나한테서 깨달음을 구하고 있지만, 나 자신은 스스로를 그렇게 대단한 존재로 인정하지도 않고 명상의 경지도 충분치 않다고 느끼고 있다네. 그래서 만약 내가 신을 기쁘게 해드리는 데 성공했다 하더라도, 최후의 심판에서 그분의 눈에 내가 얼마만큼의 가치가 있을지는 의문이라네."

"당신은 참으로 오랫동안 일념으로 신을 추구해오지 않으셨던가요?"

"별로 그렇지도 못하다네. 베하리 교수에게 내 인생 이야기를 어느 정도 들었겠지만, 20년간 나는 은밀한 동굴 속에서 하루에 열여덟 시간씩 명상을 하면서 보냈지. 그러고 나서 더욱 깊숙한 동굴로 옮겨가서 25년 동안 지냈네. 거기서는 하루에 스무 시간씩 요가 명상을 실천했지. 잠은 별로 오지 않았네. 왜냐하면 항상 신과 함께 있었기 때문이지. 나의 몸은 수면 상태의 불완전한 평화보다 더 완벽한 정적을 초월의식 속에서 경험했던 것일세.

근육이야 잠자는 동안에 이완되지만, 심장과 폐와 순환기 계통은 잠시도 쉬는 법이 없지. 그러나 초월의식에 들어가면 모든 내부 기관이 우주 에너지로 충전되어 신체 활동이 중단된 상태가 지속된다네. 그렇게 해서 나는 몇 년간 잠이 필요없었지."

람 고팔은 덧붙여 말했다.

"자네도 잠을 잘 필요가 없을 때가 곧 올 걸세."

"그렇게 오랫동안 명상을 하고도 신의 은총을 믿지 못하시다니요!"

나는 놀라워하며 말했다.

"그러면 우리 같은 보통사람들은 어떻게 하지요?"

"여보게, 자네는 신이 영원 그 자체라는 것을 모르는가? 45년간 명상을 했다고 해서 신을 완전히 알 수 있다고 생각하는 것이 오히려 터무니없는 기대일세. 그러나 바바지Babaji께서는, 아주 적은 시간의 명상도 죽음과 사후에 대한 공포에서 구해줄 수 있다는 확신을 우리에게 심어주셨지. 자네의 영적 이상을 조그마한 산에 정착시키지 말고, 제한이 없는 신의 영역, 별의 세계로까지 끌어올리게. 열심히 정진하는 만큼 우리는 그곳에 가깝게 다가가는 것일세."

나는 기대에 사로잡혀 깨달음의 말씀을 좀 더 구했다. 람 고팔은 나에게 라히리 마하사야의 구루인 바바지와의 첫 번째 만남에 얽힌 놀라운 이야기를 들려주었다.*

자정이 가까워지자 람 고팔은 침묵 속으로 침잠해버렸다. 나는 담요를 덮고 눈을 감았다. 그런데 눈을 감은 상태에서 번쩍이는 빛이 보였다. 내면의 시야에 보이는 광활한 공간은 하나의 빛나는 방이었다. 눈을 떠도 그 황홀한 빛이 똑같이 보였다. 방이 내면의 시야에 나타났

---

* 람 고팔과 바바지의 만남에 관한 이야기는 제33장의 후반부에 나온다.

던 무한한 창공의 일부분처럼 느껴졌다.

람 고팔이 물었다.

"왜 잠을 자지 않는가?"

"눈을 뜨나 감으나 빛이 환하게 번쩍여서 잠을 잘 수가 없습니다."

"그런 체험을 했다니, 자네는 축복받은 사람일세. 내면의 광휘를 보는 것이 그리 쉬운 일은 아니라네."

요기가 애정 어린 말을 몇 마디 더 보탰다.

새벽이 되자 람 고팔은 나에게 얼음사탕을 주면서 떠나라고 말했다. 나는 작별을 고하기가 정말 싫었기 때문에 눈물이 뺨을 타고 흘러내렸다. 요기가 부드럽게 말했다.

"빈손으로 돌아가게 하지는 않겠네. 나도 자네를 위해 무언가를 해주겠네."

그가 웃으면서 나를 뚫어지게 쳐다보았다. 나는 마치 뿌리가 땅에 박힌 나무처럼 꼼짝도 할 수 없었다. 도인으로부터 나오는 평화의 진동이 내 존재 전체를 감쌌다. 그 순간 수년 동안 나를 간헐적으로 괴롭혀온 등의 상처가 깨끗이 나았다.

환희의 바다에서 목욕한 다음 다시 새로워진 나는 더 이상 울지 않았다. 람 고팔의 발 밑에 인사를 고한 뒤, 나는 밀림 속으로 들어갔다. 열대의 밀림을 헤치고 수많은 논밭을 지난 뒤에 마침내 타라케스와르에 도착했다.

나는 다시 한 번 사원으로 향했다. 두 번째 순례였다. 이번에는 제단 앞에 몸을 완전히 굽혀 엄숙히 경배했다. 제단의 그 둥근 돌이 내 내면의 시야에서 점점 확대되더니 결국 우주의 원환이 되었고, 테 안에 또 테가 보였고, 영역 안에 또 영역이 보였다. 그러더니 모든 것이 신성으로 가득 찼다.

나는 한 시간 뒤 무사히 캘커타로 가는 기차에 몸을 실었다. 나의 여행은 끝났다. 그러나 그것은 높은 산 위가 아닌, 히말라야보다 더 높은 스승 앞에서였다.

# 14

# 우주의식의
# 체험

"스승님, 제가 돌아왔습니다." 나는 부끄러워 얼굴도 제대로 들지 못하고 인사를 드렸다.

"우리, 주방에 가서 먹을 것이 있는지 찾아보자."

스리 유크테스와르는 아무 일도 없었던 듯이 담담했다.

"스승님, 제가 여기서 해야 할 의무를 저버리고 무작정 떠나서 무척 실망하셨지요? 스승님이 화가 나셨을 거라고 생각했습니다."

"아니, 그렇지 않다. 분노는 욕망의 좌절에서 나온다. 나는 다른 사람한테 아무것도 기대하지 않는다. 그래서 남의 행동 때문에 내 마음이 흔들리지 않는다. 나 자신의 목적을 위해서 너를 부리는 것이 아니다. 네가 진정으로 행복해야만 나도 기쁨을 느낄 수 있다."

"사람들은 신성한 사랑에 대해 막연하게 말을 하지만, 저는 오늘에야 스승님의 천사 같은 자아에서 신성한 사랑의 구체적인 본보기를 보고 있습니다. 세상에서는 아들이 아무런 예고 없이 부모의 사업을 나 몰라라 하고 떠나면, 아버지가 그 아들을 쉽게 용서하지 못합니다. 끝내지도 않은 많은 과제를 남겨두고 떠나서 큰 불편을 끼쳤는데도 스승님은 제게 전혀 화를 내지 않으십니다."

우리는 서로의 눈을 바라보았다. 내 눈뿐만 아니라 스승의 눈에도 눈물이 반짝이고 있었다. 환희의 물결이 나를 휩쌌다. 스승은 내 조그만 가슴속에 한정된 열정을 우주적 사랑의 광대한 영역으로 확장시켜 주셨다.

며칠이 지난 뒤 나는 명상을 하려고 비어 있는 스승의 방으로 갔다. 그러나 나의 훌륭한 계획은 잡념에 의해 금방 깨지고 말았다. 마치 사냥꾼 앞을 날아다니는 새처럼 별의별 잡념이 오락가락했다.

"무쿤다!"

나를 부르시는 스승의 목소리가 멀리 발코니에서 들려왔다. 나는 불현듯 짜증이 나서 혼자서 중얼거렸다.

"또 명상을 하라는 충고의 말씀이겠지? 내가 왜 이 방에 들어왔는지 아신다면 그대로 놔두시면 좋을 텐데!"

스승이 나를 부르시는 소리가 다시 들렸다. 그러나 나는 고집스럽게 대답을 하지 않고 가만히 있었다. 세 번째 부르시는 스승의 목소리에서 꾸짖는 기색이 묻어났다. 나는 항의하듯이 외쳤다.

"스승님, 저는 명상 중입니다."

그러자 스승의 엄한 음성이 크게 울려퍼졌다.

"나는 네가 어떻게 명상을 하고 있는지 안다. 마치 폭풍우에 흩어지는 나뭇잎과 같은 상태가 아니더냐! 자, 어서 이리 나오너라."

나는 기가 죽어 스승 곁으로 갔다.

"이 가엾은 친구야, 네가 원한다고 산이 그걸 줄 수 있겠느냐?"

스승은 달래듯이 위로하면서 말씀하셨다. 스승의 고요한 눈동자는 정말로 깊이를 헤아릴 수 없었다.

"내가 네 마음의 열망을 성취시켜주겠다."

스리 유크테스와르는 수수께끼를 내신 적이 거의 없었다. 그랬기 때문에 스승의 말씀을 듣고 당황스러웠다. 그런데 갑자기 스승이 나의 가슴을 살짝 건드리셨다. 그 순간 내 몸은 딱 정지된 채 큰 자력에 끌리듯이 숨이 허파에서 빠져나갔다. 영혼과 마음마저도 모든 털구멍 밖으로 불꽃처럼 빠져나간 듯했다. 육체는 마치 죽은 사람처럼 정지되었지만 의식은 어느 때보다 선명하게 깨어 있었다. 그리고 의식은 육체에서 벗어나 주위의 모든 사물로 확장되었다.

먼저 나의 광대한 시야에 멀리 있는 사람들의 움직임이 들어왔고, 풀과 나무들의 뿌리가 흐릿하게 속이 내비치는 흙을 통해 보였으며, 수액들이 뿌리 속을 흐르는 모습도 보였다. 항상 정면만 보이던 시야는 이제 모든 것을 동시에 볼 수 있는 잠자리눈이 되었다.

내 뒤쪽 저 멀리 라이 가트 골목길을 걸어가는 사람들이 보였고, 흰 소가 한가로이 다가오는 모습도 보였다. 소가 아슈람의 열린 문 앞에 이르렀을 때, 나는 육안으로 소를 관찰했다. 벽돌담 뒤로 지나갈 때도 나는 소를 뚜렷하게 볼 수 있었다.

이러한 모든 것들이 내 시야에서 파동치고 있을 때, 나의 몸과 스승의 몸, 둥근 기둥이 늘어선 뜰과 마루와 수목, 태양 등이 갑자기 무섭게 요동치며 빛나는 바다 같은 곳으로 모두 녹아들기 시작했다. 마치 설탕 덩어리가 유리잔 속에서 흔들리며 용해되듯이, 이 통일된 빛의 바다는 창조된 모든 것에 대한 인과의 법칙을 보여주면서 물질 세계와 비물질 세계를 교차시키고 있었다.

드넓은 대양과도 같은 기쁨이 고요하고 가없는 내 영혼의 바닷가에서 파도쳤다. 신의 영혼은 무한한 기쁨 자체이며, 그 몸은 무수한 빛으로 이루어져 있다는 것을 알았다. 내 안에서 부풀어오르는 하나의 광채가 도시와 대륙과 지구, 태양계와 은하계와 성운과 유동하는 소우주들을 감싸안기 시작했다.

부드러운 광채를 발하는 대우주가, 마치 멀리 보이는 밤의 도시처럼 무한한 존재의 내면에서 반짝였다. 뚜렷한 지구의 윤곽을 넘어선 눈부신 광채는 무한한 우주의 가장자리로 희미해져 갔다. 그곳에서 나는 영원히 꺼지지 않을 부드러운 광채를 보았다. 그것은 도저히 인간의 언어로 표현할 수 없는 신비한 것이었다. 행성들의 모습은 좀 더 거친 빛으로 구성되어 있었다.

성스럽게 펼쳐진 광선 다발은 영원의 원천으로부터 쏟아져나와 불꽃을 일으키며 은하들이 되었다가 이루 형언할 수 없는 오라aura가 되었다. 나는 계속해서 창조의 빛줄기들이 성운으로 뭉쳐졌다가 투명한 불길의 얇은 판으로 녹아드는 모습을 보았다. 주기적인 회귀 작용에 의해 수십조의 세계가 미묘한 광채가 되고, 그 불은 다시 창공이 되었다.

나는 그때서야 최고천(最高天, 신들이 사는 세계)의 중심이 내 가슴속에서 직관적으로 지각할 수 있는 한 점이라는 사실을 깨달았다. 빛나는 광휘는 나의 중핵으로부터 우주적 구조물의 구석구석으로 뻗어나갔다. 더 없는 행복의 암리타(불사를 뜻하는 인도 신화의 생명수—옮긴이), 즉 불멸의 과즙이 수은처럼 흐물흐물 나를 통해 고동치면서 흘렀다. 나는 '옴' 하고 울려퍼지는 신의 창조 음성을 들었다. 옴*이야말로 우주의 발동기發動機가 내는 진동음이었다.

갑자기 숨이 폐로 돌아왔다. 거의 참을 수 없을 정도의 실망감과 함께 무한한 광대함 또한 사라진 것을 느꼈다. 다시 치욕스러운 육체의 동굴에 갇혀버린 나는 희열의 우주의식으로 되돌아갈 수가 없었다. 마치 탕아와도 같이, 대우주의 고향으로부터 도망쳐 나와 협소한 소우주 안에 갇혀버린 것이다.

스승은 내 앞에 미동도 하지 않고 서 계셨다. 나는 무릎을 꿇고 그토록 열망해온 우주의식의 체험을 베풀어주신 데 대해 감사를 드렸다. 스승은 나를 일으켜 세우고는 조용히 말씀하셨다.

"황홀 상태에 너무 도취되어서는 안 된다. 아직 세상에서 할 일이 많이 남아 있다. 자, 우리 발코니를 쓸고 나서 갠지스 강가나 같이 걷도록 하자."

내가 빗자루를 가져왔다. 그러면서 스승이 내게 균형 잡힌 생활의 비밀을 가르쳐주고 계시다는 생각이 들었다. 영혼은 우주의 심연을 건너뛰어야 하고 육체는 일상의 의무를 다해야 하는 것이다.

잠시 뒤 스승과 함께 갠지스 강변을 거닐 때도 나는 여전히 황홀경에 젖어 있었다. 나는 우리의 두 육신을 두 개의 아스트랄 영상으로 보았는데, 두 영상은 강가를 따라 움직이고 있었다. 강의 본질은 순수한 빛이었다.

"우주에 존재하는 모든 형태와 힘을 현상적으로 유지시키고 있는

---

* "태초에 말씀이 있었다. 그리고 그 말씀이 하느님과 함께 있었고, 그리고 그 말씀은 하느님이었다." 『요한복음』 1:1

것은 신의 영혼이다. 그러나 신은 현상계를 초월해 있으며 진동하는 현상계 너머 저 멀리에 자존自存하며 영원한 지복至福의 허공 속에 홀로 계시다."[*]

스승은 계속 설명하셨다.

"지상에서 자아실현을 성취한 사람들은 이와 비슷하게 이중적 존재 양식을 영위한다. 세상에서 자신들이 해야 할 일을 열심히 수행하면서, 한편으로 내면의 지복에 침잠하기도 한다. 신은 자기 존재의 무한한 기쁨 그 자체로부터 모든 인간을 창조하셨다. 인간이 비록 육체에 고통스럽게 속박되어 있지만, 신은 그럼에도 불구하고 인간이 신의 이미지 속에서 모든 감각의 한계를 궁극적으로 초월하여 다시 당신과 결

---

[*] "또한 아버지께서는 친히 아무도 심판하지 않으시고 그 권한을 모두 아들에게 맡기셨다." 『요한복음』 5:22

"일찍이 하느님을 본 사람은 없다. 그런데 아버지의 품 안에 계신 독생자로서 하느님과 똑같으신 그분이 하느님을 알려주셨다." 『요한복음』 1:18

"예수 그리스도를 통해 '모든 것을 창조하신' 하느님……." 『에베소서』 3:9

"나를 믿는 사람은 내가 하는 일을 할 뿐만 아니라 그보다 더 큰일도 하게 될 것이다. 그것은 내가 이제 아버지께 가서 너희가 내 이름으로 구하는 것이면 무엇이든지 이루어주겠기 때문이다." 『요한복음』 14:12

"이제 아버지께서 내 이름으로 보내주실 성령, 곧 그 협조자는 모든 것을 너희에게 가르쳐주실 뿐만 아니라 내가 너희에게 한 말을 모두 되새기게 하여 주실 것이다." 『요한복음』 14:26

성서의 이 같은 말들은 성부, 성자, 성령의 삼위일체적 성격을 언급한 것이다. 힌두교 경전에서는 사트Sat, 타트Tat, 옴Aum에 해당한다. 성부로서의 신은 절대자이고, 표출되지 않으며, 진동하는 창조 세계를 초월하여 존재한다. 성자로서의 신은 그리스도 의식(브라흐마 혹은 쿠타스타 차이타냐)으로서 진동하는 창조 세계에 존재한다. 이 그리스도 의식은 '유일한 독생자' 혹은 창조되지 않은 무한성의 유일한 반영이다. 어디에나 나타나는 그리스도 의식의 외부적 표출은 그것의 '증언'으로서(『묵시록』 3:14) 옴, 말씀, 혹은 성령이다. 또 그것은 보이지 않는 신성한 능력이며, 유일한 행위자이며, 진동을 통해 모든 창조를 바라보는 활동력이며, 유일한 원인이다. '옴'은 지복의 위안자로서 영상 속에서 들리고, 구도자에게 절대적 진리를 드러내주고, 모든 것들을 기억에 되새겨준다.

합되기를 바라신다."

우주적 환시는 나에게 여러 가지 영원한 교훈을 주었다. 그 후 나는 매일 사고 작용을 멈춤으로써, 육신이 단단한 흙을 밟고 다니는 뼈와 살의 덩어리라는 그릇된 인식에서 해방되었다. 호흡과 끊임없는 마음의 진동은 빛의 대양을 흩뜨려 지구, 하늘, 인간, 동물, 새 등 물질 형태의 파도를 일으키는 폭풍우와 같다는 것을 깨달았다. 이 폭풍우를 가라앉히지 않고서는 유일한 광명으로서의 무한자를 인식할 수 없는 것이다.

이 두 가지 자연스러운 소동을 침묵시킬 때마다 나는 창조의 다양한 파도가 하나의 빛나는 바다로 녹아드는 모습을 보았다. 마치 폭풍우가 그치고 모든 파도가 커다란 바다로 잠겨들듯이.

스승은 제자가 명상 수행을 통해 스스로 마음을 강화시켜 아무리 강렬한 의식도 제대로 감당할 정도가 되었을 때 비로소 제자에게 우주의식의 신성한 체험을 전해준다. 단순히 지적인 의욕만으로는 충분하지 않다. 오직 요가 수행과 헌신적인 바크티 수행으로 의식을 올바르게 확장해나갈 때, 모든 곳에 존재하는 신이 주는 해방의 충격을 소화할 수 있다. 신성한 체험은 진지한 구도자에게 반드시 자연스럽게 찾아온다. 당사자의 강렬한 열망이 저지할 수 없는 힘으로 스스로를 신에게 끌고 가는 것이다. 신은 구도자의 열성에 따라 그의 의식 영역 안으로, 마치 자석에 끌리듯이 들어가 우주의 영상을 펼친다. 나는 훗날 〈사마디samadhi〉라는 시를 썼는데, 장엄한 우주의식을 표현한 것이다.

　　　빛과 어둠의 장막 걷히고
　　　모든 슬픔의 안개 사라졌네.

덧없는 쾌락의 뿌리 뽑히고
침침한 감각의 신기루 간 데 없다.
사랑과 미움, 건강과 질병, 삶과 죽음
이원성의 장막에 드리워졌던
이 헛된 그림자들 꺼져버렸네.
마야의 폭풍도
영묘한 통찰의 마술지팡이로 고요히 잠들고
과거, 현재, 미래
그런 것은 더 이상 내게 없다.
다만, 한결같이 지금 있는, 온통 넘실대는
나, 나만이 있다.
행성들, 혹성들, 성운, 지구,
최후의 날에 쏟아져 밀려오는 화산의 폭발,
창조의 이글거리는 용광로, 소리 없는 방사선의 빙하,
불타는 전자 입자의 홍수,
지난 때, 지금, 앞으로 올, 온 인류의 상념들,
하나하나의 풀잎, 나의 자아, 인류,
우주 티끌 낱낱의 입자,
분노, 탐욕, 선, 악, 구원, 욕정,
그 모두를 나는 삼켜,
나 자신의 한 존재 안에서 출렁이는
끝없는 피의 바다 속으로 녹여 넣었다.
끊임없는 명상으로 쌓이는 기쁨은
나의 눈물 어린 눈을 부시게 하면서,

마침내 지복의 영원한 불꽃으로 타올라,

나의 눈물과 나의 뼈대와 나의 전부를 태워버렸네.

당신은 나, 나는 당신,

앎, 아는 자, 알아지는 것이 하나였구나!

고요하면서 한결같이 이어지는 전율,

그것은 영원히 살아 있고 한결같이 새로운 평화이어라.

넘보는 상상을 넘어서는, 그러나 생생히 누릴 수 있는

그것은 사마디, 곧 커다란 복이어라!

그저 텅 빈 혼절의 상태가 아니다.

마음만 먹으면 언제든 깨어날 수 있으니 정신의 마취제도 아니다.

사마디, 그것은 나의 의식 영역을,

필멸의 틀을 넘어 영원의 경계 저 끝,

나 우주의 바다가

내 안에서 떠도는 왜소한 자아를

지켜보는 곳까지 넓혀주는구나.

끊임없이 변하는 원자들의 속삭임이 들리도다.

시커먼 땅, 산과 골짜기들, 오호! 액체로 녹아 내리는구나!

넘실대는 바다가 성운의 안개로 변하네!

옴의 울림이 안개 위로 울려퍼지며

그 장막들을 신기하게 열어젖혀,

대양은 속을 드러내니 눈부신 전자들이어라.

마침내, 마지막 들리는 우주의 북소리!

거친 빛들 모두가

온누리를 꿰뚫어 스며든

지복의 영원한 빛살 속으로 사라져버렸네.

나 기쁨에서 왔고, 나 기쁨 위해 살며,

나 거룩한 기쁨 속으로 녹아드는도다.

마음의 큰 바다여,

나는 모든 창조의 파도를 마신다.

고체, 액체, 기체, 광체의

네 장막을 단정히 걷어 올려라.

모든 것 속에 있는 나, 커다란 나에 들어서네.

변덕스레 깜박이던 덧없는 기억의 그림자들

이제 영원히 사라지고 없다.

티 없이 맑디맑은 내 마음의 하늘,

아래에도, 앞에도, 또 저 높은 위에도.

영원과 나, 그것은 어우러진 하나의 빛살.

조그만 웃음의 물거품이던 나,

열락, 그것의 바다 되었네.


스리 유크테스와르는 어떻게 축복된 경험을 뜻대로 불러낼 수 있는 가를 가르쳐 주셨으며, 또한 직관의 통로가 계발된 타인에게 어떻게 그 경험을 전달할 수 있는지도 일러주셨다.

처음으로 희열 의식을 경험한 후 몇 달 동안 나는 매일같이 그 상태에 몰입하였고, 왜 『우파니샤드』 경전에서 신을 라사rasa, 즉 '가장 맛있는 것'이라고 부르는지를 비로소 이해하게 되었다.

그러던 어느 날 아침 나는 스승에게 한 가지 질문을 던졌다.

"스승님, 저는 언제쯤이나 신을 찾을 수 있을까요?"

"너는 이미 신을 찾았다."

"저는 아직 찾지 못했습니다."

구루는 웃고 계셨다.

"네가, 우주의 어느 순결한 장소에서 왕관을 쓰고 계신 숭엄한 인격체를 기대하는 게 아니라는 것쯤은 잘 안다. 하지만 너는 기적의 힘을 소유하는 것이 신을 찾은 증거라고 생각한다. 우주 전체를 조종하는 능력을 획득하더라도 여전히 신을 놓칠 수 있다. 영적인 진보는 바깥으로 드러나는 능력의 현시顯示에 의해 측정되는 것이 아니라, 오직 명상 가운데서 얻어지는 희열의 깊이로 측정된다.

언제나 새로운 기쁨이 바로 신이다. 그것은 고갈되지 않는다. 네가 수년 동안 명상을 계속 수행해 나가면, 신은 무한한 능력으로 너를 이끌어줄 것이다. 너처럼 신에 이르는 길을 이미 찾은 구도자들은 그분을 다른 어떠한 행복과도 바꾸려 하지 않는다. 경쟁 대상을 상상할 수 없을 만큼 매혹적인 존재가 바로 신이기 때문이다.

우리는 얼마나 빨리 지상의 쾌락에 싫증을 내는가! 물질적인 욕망은 한이 없으니 사람들은 언제까지나 만족할 줄 모르고 또 다른 목표를 추구한다. 인간이 추구하는 '다른 무엇'이 바로 신이며, 오직 신만이 영원한 기쁨을 줄 수 있다.

외적 갈망은 내면에 펼쳐진 에덴동산에서 우리를 쫓아낸다. 그것은 영혼의 행복을 가장한 거짓 즐거움을 제공할 뿐이다. 잃어버린 낙원은 신성한 명상을 통해서 다시 찾을 수 있다. 신은 예측할 수 없는 영원한 새로움이며, 그렇기 때문에 우리는 결코 싫증을 느끼지 않는다. 영원토록 기쁘고 다채로운 더 없는 행복에 질려버리는 일이 어찌 가능하겠느냐?"

— 연화좌로 앉아 있는 스리 유크테스와르.
스승은 우주의식을 체험하고 싶은 나의 오랜 열망을 실현시켜주셨다. 그리고 신은 우주의 어느 순결한 장소에서 왕관을 쓰고 계신 숭엄한 인격체가 아니라 언제나 새로운 기쁨 그 자체라는 진리를 일깨우셨다.

"이제야 왜 성인들이 신을 헤아릴 수 없는 분이라고 불렀는지 알겠습니다. 비록 영생을 산다 하더라도 신을 찬양하는 데는 오히려 부족하다 할 것입니다."

"참으로 옳은 말이다. 그러나 신은 또한 가깝고 친근한 곳에 있다. 크리야 요가를 통해 마음이 감각의 장애물을 벗어나 자유로워진 다음, 명상은 신에 대한 이중 증거를 밝혀준다. 항상 새로운 기쁨이 곧 신의 존재에 대한 증거이며, 그리하여 우리는 원자 속까지 신의 존재를 확신하게 된다. 또한 명상 속에서 우리는 신의 올바른 인도와 모든 난관에 대한 즉각적인 응답을 찾을 수 있는 것이다."

나는 웃음 지으며 감사드렸다.

"알겠습니다. 스승님, 이제 문제가 해결되었습니다. 이제야 제가 신을 찾았다는 것을 알겠습니다. 생각해보니, 깨어 있는 가운데 명상의 기쁨이 저에게 무의식적으로 찾아올 때는 모든 문제에서 아무리 사소한 것이라도 신기하게 항상 올바른 길을 택하도록 인도를 받아왔습니다."

스승은 이렇게 말씀하셨다.

"자기 본위로 작용하는 우리의 지성으로는 당혹스럽게 느껴지는 신의 정당한 의지와 지혜에 우리가 올바로 동화될 때까지 인생은 슬픔으로 덮여 있을 수밖에 없다. 신만이 오류 없는 조언을 해준다. 그분 말고 누가 우주의 짐을 감당하겠는가?"

# 15

# 콜리플라워
# 도둑

"스승님께 드릴 선물이 있습니다! 이 여섯 송
이의 탐스러운 콜리플라워(꽃양배추)는 제 손으로 심은 겁니다. 이 꽃
들이 잘 자라도록 마치 어머니가 자식을 따뜻하게 돌보듯이 정성을 다
해 길렀습니다."

나는 스승에게 예쁜 바구니에 담은 콜리플라워를 바쳤다.

"고맙구나!"

스리 유크테스와르의 미소는 따뜻하고 진실했다.

"그 꽃을 네 방에 보관해둬라. 내일 특별 만찬 때 쓰도록 해야겠다."

나는 푸리*의 해변가에 있는 스승의 거처에서 대학의 여름방학을

---

* 푸리는 캘커타에서 남쪽으로 약 5백킬로미터 떨어져 있는데, 크리슈나의 귀의자들에게

보내기 위해 막 도착한 참이었다.

스승이 제자들과 함께 지은 아름답고 아담한 2층짜리 수행처는 벵골 만을 마주하고 서 있었다. 다음 날 아침, 짠 바닷바람과 아슈람의 고요한 매력에 생기를 얻은 나는 일찍 눈을 떴다. 스승이 쾌활한 목소리로 나를 부르셨다. 나는 소중히 가져온 콜리플라워를 침대 밑에 넣어두었다.

"자, 함께 해변으로 나가자."

스승이 길을 안내하시고 여러 명의 젊은 제자들과 내가 각기 흩어져서 뒤를 따랐다. 구루가 부드럽게 우리를 타이르셨다.

"서양 사람들은 질서정연하게 길을 걷는 것을 자랑으로 삼더구나. 자, 우리도 두 줄로 맞춰서 걸어가보자."

스리 유크테스와르는 우리가 줄지어 가는 것을 보면서 노래를 부르기 시작하셨다.

"앞으로 나가자, 젊은이들이여! 씩씩한 걸음걸이, 멋지게 줄을 지어."

나는 스승이 젊은 제자들의 빠른 보폭에 쉽게 발걸음을 맞추시는 데 감탄했다.

"정지!"

스승이 갑자기 일행을 멈추게 하더니 내 눈을 쳐다보며 물으셨다.

"뒷문은 잠그고 나왔느냐?"

"예, 잠근 것 같습니다, 스승님."

스리 유크테스와르는 잔잔한 미소를 지으면서 아무 말씀이 없다가

---

는 유명한 순례지이다. 크리슈나를 경배하는 두 차례 거창한 연례 축제인 스나나야트라와 라타야트라가 이곳에서 거행된다.

잠시 뒤에 입을 여셨다.

"아니다. 너는 안 잠그고 그냥 나왔다. 신에 대해 명상을 한다고 해서 현상계의 일을 부주의하게 처리해도 괜찮다는 법은 없다. 너는 아슈람을 지키는 의무에 태만했으니 벌을 받아야 한다."

나는 그때 스승이 농담을 하시는 줄 알았다.

"여섯 송이 콜리플라워가 곧 다섯 송이로 줄어들 것이다."

우리는 스승의 지시대로 뒤로 돌아 아슈람 근처까지 되돌아갔다.

"잠깐 쉬도록 하자. 무쿤다, 저기 건너편으로 나 있는 왼쪽 길을 잘 지켜봐라. 거기에 어떤 사람이 곧 나타날 것이다. 그가 바로 너에게 벌을 내릴 사람이다."

이 알쏭달쏭한 말씀에 잠시 당황했다. 정말로 조금 있다가 농부 한 사람이 길에 나타났다. 그는 춤을 추듯이 기묘하게 팔을 휘저으며 다가오고 있었다. 호기심이 잔뜩 발동한 나는 그의 거동을 유심히 지켜보았다. 그가 우리의 시야에서 사라지기 직전에 이르렀을 때 스리 유크테스와르는 다음과 같이 말씀하셨다.

"자, 그는 다시 돌아올 것이다."

순간 농부가 가던 방향을 바꿔 아슈람 뒤쪽으로 향하는 것이 아닌가! 그는 모래밭을 건너서 뒷문을 통해 집 안으로 들어가버렸다. 나는 스승이 지적하신 대로 문을 열어놓고 왔던 것이다. 잠시 뒤 그 사나이는 내 자랑스러운 콜리플라워 한 송이를 들고 나타났다. 원하는 것을 손에 넣었다는 뿌듯함에 기분이 좋았는지 그가 뽐내듯이 걸어왔다.

나는 졸지에 당황한 희생자 역할을 맡아 그 익살스러운 연극에 참여하게 되었다. 그렇게 전개된 소극笑劇에서 내 배역은 당혹감에 빠진

━ 푸리에 있는 구루의 바닷가 암자.

많은 사람들이 번잡한 세속에서 평온한 암자로 꾸준히 찾아들었다. 정통 종교인과의 만남을 예상하고 암자를 찾아오는 지식인들도 많았다. 그들의 오만한 웃음이나 느긋한 관용의 눈길을 보면, 그 신참들은 결국 약간의 경건한 경구 몇 마디만을 기대하고 온 듯했다. 방문객들은 스승이 자신들의 전문 분야에 대해 매우 정확한 통찰력을 보여주시는 것을 확인한 채 아쉬운 발걸음을 돌려야 했다.

희생자로 비쳤지만, 그렇다고 분노에 차서 뒤를 쫓을 만큼 심각한 상황은 아니었다. 스승이 나를 불러 세우셨을 때, 나는 길 한가운데에 서 있었다. 머리끝에서 발끝까지 온통 웃음기를 띠고 있는 스승이 호탕하게 너털웃음을 터뜨리셨다.

"저 가련한 친구는 한 송이 콜리플라워를 사모하고 있었던 모양이다. 나도 그가 네 꽃을 하나 가지면 좋겠다고 생각했다."

방으로 뛰어들어가 확인해보니, 콜리플라워에 대한 애착이 강했던 그 '도둑'은 담요 위에 널려 있던 금반지와 시계, 돈 따위에는 손도 대지 않았다. 침대 밑으로 기어들어가서, 얼핏 보아서는 잘 눈에 띄지 않는 콜리플라워 바구니에서 갖고 싶은 꽃 한 송이만을 훔쳤던 것이다. 그날 저녁, 나는 그 이해할 수 없는 사건에 대해 설명해달라고 스승에게 간청했다. 구루는 머리를 천천히 내저으셨다.

"언젠가 스스로 알게 될 것이다. 과학은 신비에 싸인 수많은 법칙들을 하나하나 발견해낼 것이다."

몇 년 뒤 경이로운 라디오의 출현으로 세상이 놀랐을 때, 나는 스승의 예언을 기억해냈다. 시간과 공간에 대한 오래된 낡은 개념들은 이제 폐기되었다. 아무리 좁은 집이라도 런던이나 캘커타가 방송으로 들어가지 못할 곳은 없었다! 심지어 가장 흐릿한 지능까지도 인간의 편재성을 입증하는 이 반박할 수 없는 증거 앞에서 크게 확장되었던 것이다.

콜리플라워의 희극적인 플롯은 라디오의 비유로 가장 잘 이해할 수 있다.* 나의 구루는 완전한 인간 라디오였던 것이다. 생각은 에테르 속

---

* 라디오 마이크로스코프는 1939년에 발명되었는데, 그때까지 알려지지 않았던 전파의

에서 움직이는 매우 섬세한 진동에 불과하다. 마치 라디오 수신기가 정확하게 다이얼을 맞춰놓기만 하면 모든 방향으로부터 들어오는 수많은 프로그램 중에서 원하는 음악을 골라내듯이, 스리 유크테스와르도 세계의 모든 인간 정신에서 발산되는 무수한 사고파思考波로부터 콜리플라워를 갈망하는 사람의 주파수를 알아냈던 것이다.

해변으로 걸어가는 도중에 스승은 농부의 소박한 갈망을 감지하고 충족시켜 주려고 하셨다. 이는 농부가 제자들의 눈에 띄기 이전이었다. 아슈람의 문을 잠그지 않은 나의 실수가 스승에게는 내가 아끼는 콜리플라워 한 송이를 빼앗아 갈 편리한 구실이 되었다. 수신기 기능을 발휘한 스리 유크테스와르는 자신의 강력한 의지를 통해 방송국 혹은 전파송출기의 역할을 수행하여, 농부로 하여금 발길을 되돌려 콜리플라워가 있는 방으로 향하게 해서 그 꽃을 얻게 하셨던 것이다.

직관은 마음이 맑을 때 자연스럽게 흘러나오는 영혼의 인도자이다.

---

새로운 세계를 전개시켰다. 《연합통신》은 다음과 같은 기사를 내보냈다. "모든 종류의 물질뿐만 아니라 사람도 자체적으로 끊임없이 전파를 방출한다. 텔레파시(정신 감응)나 투시력 등을 믿는 사람들은 이러한 발표를 통해, 실제로 사람 사이에서 전달되는 보이지 않는 전파에 대해 최초의 과학적 증거를 갖게 되었다. 라디오 장치는 실제로 라디오 주파수를 이용하는 분광기이다. 이것은 분광기가 행성을 구성하는 원자의 종류를 밝힐 때처럼 차가운 비발광성 물체에 대해서도 동일한 작용을 한다. (중략) 인간과 모든 생명체에서 나오는 광선의 존재는 수년간 과학자들에 의해 주목을 받아왔다. 오늘날 그 존재에 대한 최초의 실험 증거가 나왔다. 그리하여 자연계의 모든 원자와 분자가 연속적인 라디오 방송국이라는 사실이 밝혀졌다. (중략) 그러므로 사후에도 인간을 구성했던 물질은 섬세한 광선을 자체적으로 계속해서 발산한다. 이 광선들의 파장은 현재 방송에서 이용하는 것보다 짧은 것에서부터 가장 긴 라디오파에 이르기까지 대단히 넓다. 이러한 광선들이 뒤섞인 파동은 거의 인식하기 힘들다. 그런 파동은 수백만 개에 이른다. 가장 거대한 단일 분자는 백만 개의 파장을 동시에 방출하기도 한다. 이 가운데 긴 파장의 유형은 라디오파처럼 쉽고 신속하게 이동한다. (중략) 새로운 라디오 광선들과 빛처럼 익숙한 광선들 사이에는 놀랄 만한 차이점이 하나 있는데, 그것은 원자 상태가 교란되지 않은 물질에서 라디오파가 수천 년 동안 지속적으로 방사되리라는 사실이다."

사람들은, 설명하기는 힘들지만 예감이 들어맞거나 자신의 생각이 다른 사람에게 저절로 전달되는 경험을 하는 때가 있다. 인간의 마음은 산만한 잡음에서 벗어나면 복잡한 라디오 장치의 모든 기능을 수행할 능력이 있다. 따라서 생각을 받을 수도 보낼 수도 있으며, 바람직하지 않은 생각을 몰아낼 수도 있다. 라디오 방송의 능력이 방송사가 사용하는 전류 양에 의해 조절되듯이, 인간이라는 라디오의 효율성은 각 개인의 의지력에 좌우된다.

모든 사념은 우주에서 영원히 진동한다. 깊은 명상을 통해 스승은 산 사람이나 죽은 사람의 생각을 뜻대로 탐지해내셨다. 생각은 개인에게 속한 것이 아니고 우주에 속해 있다. 진리는 창조되는 것이 아니라 그냥 인식되는 것이다. 인간의 잘못된 생각은 분별력이 불완전하기 때문에 나타나는 결과이다.

요가 과학의 목적은 마음을 고요하게 하여 내면의 음성에 담긴 오류 없는 조언을 있는 그대로 들을 수 있게 만드는 것이다. 라디오와 텔레비전은 멀리 있는 사람의 목소리와 모습을 즉시 수많은 대중의 안방으로 전달해준다. 그것은 인간이 어디에나 존재하는 편재omnipresence의 영혼이라는 사실을 희미하게나마 처음으로 암시해준 과학 현상이다.

자아는 가장 야만적인 방법으로 인간을 노예화하려고 하지만, 인간은 공간상의 한 점에 국한된 육체가 아니라 본질에 있어서는 어디에나 존재하는 영혼이다.

생리학 분야의 노벨상 수상자인 샤를 로베르 리셰는 다음과 같이 선언했다.

"대단히 이상하고, 대단히 신기하고, 대단히 희귀한 현상이 아직도 더 일어날지 모른다. 하지만 그런 현상들은 일단 사실로 확립되고 나면, 지난 세기 동안 과학이 밝혀놓은 성과에 대해 지금 우리가 놀라고 있는 것만큼 우리를 놀라게 하지는 않을 것이다. 우리가 경이로움을 갖고 대하는 현상은, 그 현상에 대한 이해가 이루어지면 더 이상 경이로움의 대상이 되지 않는다.

그러나 반드시 그런 것만도 아니다. 비록 이해는 못한다고 할지라도 자주 접해서 친숙해진 현상에 대해서는 경이감을 갖지 않는다. 만일 이해되지 않는 것이 우리를 놀라게 한다면 우리는 거의 모든 현상에 놀랄 것이다. 공중에 던져진 돌의 낙하, 상수리나무가 되는 도토리 열매, 열을 받으면 팽창하는 수은, 자석에 끌리는 쇠붙이 등 모든 것에 놀라야 할 것이다.

오늘의 과학은 그렇게 대단한 것이 아니다. 후손들이 발견할 놀라운 진리들은 이미 우리의 눈을 응시하며 우리 주위에 다가와 있다. 그럼에도 불구하고 우리는 그것을 보지 못한다. 아니, 그것을 보지 못한다는 것은 충분한 표현이 아니다. 보기를 원하지 않는다고 해야 맞을 것이다. 왜냐하면 예측하지 못한 낯선 사실이 나타나면 우리는 즉시 그것을 이미 알려진 지식의 일상적 틀에 짜 맞추고, 누군가 더 새로운 세계를 드러내려고 들면 오히려 화를 내고 말기 때문이다."

내가 콜리플라워를 도둑맞은 지 얼마 뒤에 또 재미있는 사건이 일어났다. 집안에 있던 석유램프 하나가 사라진 것이다. 모든 것을 투시할 수 있는 스승의 능력을 불과 며칠 전에 목격했던 터라 스승이 램프를 찾아내시는 일은 식은 죽 먹기라고 생각했다. 스승은 내가 기대하는 바를 알아차리셨다. 짐짓 엄숙한 모습으로 스승은 모든 아슈람의 학생들에게 램프의 행방을 추궁했다. 한 젊은 제자가 뒷마당에 있는 우물에 가기 위해 램프를 사용했다고 실토했다. 스리 유크테스와르는 진지하게 말씀하셨다.

"우물가에 가서 찾아봐라."

나는 곧장 우물가로 달려갔다. 그러나 램프는 없었다. 나는 풀이 죽어 그냥 되돌아왔다. 구루는 나를 곯려준 것이 전혀 미안하지 않은지 호탕하게 웃고 계셨다.

"사라진 램프를 못 찾아줘서 매우 유감이구나. 하지만 난 점쟁이가 아니다."

눈을 찡긋 하면서 스승이 덧붙여 말씀하셨다.

"나는 또 셜록 홈즈처럼 훌륭한 탐정도 못 된다."

그제야 나는 사소한 일로 시험당할 때는 절대로 당신의 능력을 발휘하지 않으신다는 사실을 깨달았다.

재미있는 몇 주일이 지나갔다. 스리 유크테스와르는 종교 행진을 계획하고 계셨다. 스승은 나에게 도시를 가로질러 푸리의 해변으로 제자들을 데리고 가도록 하셨다.

하지夏至 축제일 새벽, 푹푹 찌는 열기 속에 동이 트기 시작했다. 나는 풀이 죽은 채 여쭈었다.

"스승님, 모래가 불같이 뜨거운데 그 위를 어떻게 맨발로 걸어갈 수 있겠습니까?"

그러자 스승이 말씀하셨다.

"내가 너에게 비밀을 알려주마. 하늘이 구름 우산을 마련해주실 것이니 너희들은 편안히 걷게 될 것이다."

나는 즐겁게 대열을 정비했다. 우리는 사트상가* 깃발을 들고 줄을

---

* 사트Sat는 '존재'를 뜻하며 '본질, 진리, 실재'라는 뜻도 된다. 상가Sanga는 '모임' 혹은 '회

지어 아슈람에서부터 행진을 시작했다. 스리 유크테스와르가 직접 디자인한 깃발에는 한 개의 눈이 그려져 있었는데, 직관의 천리안을 상징했다.* 우리가 아슈람을 떠나자마자 마치 마술처럼 하늘이 구름으로 뒤덮였다. 이를 지켜보던 모든 사람들이 '와' 하는 함성을 질렀고, 가벼운 소나기가 거리와 해변을 촉촉하게 적시면서 시원하게 쏟아졌다. 행진을 하는 두 시간 동안 빗방울은 우리의 마음을 달래주듯이 계속 내렸다. 우리가 다시 아슈람으로 되돌아오자 구름과 비가 감쪽같이 걷히고 그쳤다.

내가 감사드리자 스승은 이렇게 말씀하셨다.

"신의 보살핌이 어떠한지를 잘 알았느냐? 신은 모두에게 응답하시고 모두를 위해 일하신다. 나의 기도에 비를 내려주시듯이, 그분은 구도자의 진지한 소망을 채워주신다. 사람들은 신이 얼마나 자주 자신들의 기도에 귀를 기울이시는지 거의 깨닫지 못한다. 신은 어떤 사람만을 편애하지 않으시며, 진실로 가까이 다가서려고 하는 모든 사람에게 귀를 기울이신다. 신의 자녀들은 어디에나 존재하는 신**의 사랑과 친절에 대해 언제나 절대적인 믿음을 가져야 한다."

스리 유크테스와르는 춘분, 하지, 추분, 동지 등 일 년에 네 번 축제

---

합'을 뜻한다. 스리 유크테스와르는 자신의 수도 단체를 '사트상가'라고 불렀는데, 그것은 '진리와 함께한 회합'이라는 뜻이다.

\* "그러므로 너의 눈이 하나라면, 너의 온몸은 빛으로 가득 찰 것이다." 『마태복음』 6:22
'하나의 눈' 혹은 영안은 깊은 명상을 하는 수행자의 이마 중앙에서 나타난다. 이 전지全知의 눈은 각종 경전에서 '제3의 눈', '동방의 별', '내면의 눈', '하늘에서 내려오는 비둘기', '시바의 눈', '직관의 눈' 등 다양한 이름으로 언급되어 있다.

\*\* "귀를 심어준 그가 듣지 못합니까? 눈을 만들어준 그가 보지 못합니까? …… 인간에게 지식을 가르쳐준 그가 알지 못합니까?" 『시편』 94:9-10

를 주관하셨다. 그때는 제자들이 가깝고 먼 지역에서 모두 모여들었다. 동지 축제는 세람푸르에서 거행되었는데, 내가 처음으로 참가한 이 축제는 나에게 영원한 축복을 남겨주었다.

축제는 아침에 맨발로 거리를 행진하면서 시작되었다. 백 명의 제자들이 내는 목소리가 감미로운 성가와 함께 울려퍼졌다. 악사 몇 명이 피리와 북과 자바라를 연주했다. 시민들은 열광하며 길가에다 꽃들을 뿌렸다. 그들은 우리가 신성한 신의 이름을 찬양하면서 자신들을 평범한 일상생활로부터 이처럼 성스러운 축제의 자리에 불러낸 것에 대해 매우 기뻐했다.

긴 행진은 아슈람의 뒷마당에서 막을 내렸다. 거기서 우리가 구루를 에워싸는 동안 2층 발코니에 있는 제자들은 금잔화 꽃잎을 흩뿌렸다. 많은 손님들이 찬나와 오렌지 푸딩을 받으러 2층으로 올라갔다. 나는 요리를 맡은 동료 제자들에게 갔다. 손님들이 어찌나 많은지 마당에 큰 솥을 놓고 요리해야 할 정도였다. 벽돌을 쌓아 만든 임시 화덕에서 피어오르는 장작 타는 연기 때문에 눈물이 마구 흘러나왔으나, 우리는 아랑곳하지 않고 웃으면서 열심히 일했다.

인도에서는 종교 축제가 전혀 성가신 일이 아니다. 모든 신도들이 돈과 쌀, 채소 등을 제공하거나 혹은 직접 근로 봉사를 하면서 즐겁게 자신의 역할을 다한다.

스승은 축제의 과정을 하나하나 지휘하면서 어느새 우리들 곁에 와 계셨다. 그렇게 분주한 와중에도 스승은 부지런한 제자들과 보조를 맞춰주셨다. 2층에서는 하모니움(작은 오르간과 비슷한 악기—옮긴이)과 손으로 두들기는 인도 북을 반주로 하여 산키르탄(합창)이 진행되었다. 스승은 음악을 찬찬히 음미하면서 듣고 계셨다. 스승의 음감은 꽹

장히 완벽했다.

"건반이 틀렸어!"

스승은 부엌을 떠나서 연주자들과 합세하셨다. 선율은 곧 수정되어 올바르게 다시 연주되었다.


인도에서는 음악, 회화, 연극이 성스러운 예술로 간주된다. 영원한 삼위三位인 브라흐마, 비슈누, 시바야말로 최초의 음악가들이었다. 나타라자, 즉 '우주의 무용가'로 나타나는 시바는 경전에서 우주의 창조와 보존과 파괴의 진행 과정에 따라 무한한 리듬의 양태로 움직이는 신으로 표현된다. 반면에 브라흐마와 비슈누는 박자를 맞춘다. 브라흐마는 자바라를 흔들고 비슈누는 므리당가, 즉 성스러운 북을 친다.

사라스바티는 지혜의 여신으로서 모든 현악기 가운데 어머니 격인 비나를 연주하는 모습으로 상징화된다. 크리슈나는 비슈누의 화신인데, 힌두 미술에서 피리와 함께 나타난다. 크리슈나는 피리를 가지고 마야의 환영에서 방황하는 인간의 영혼을 진정한 고향으로 돌아가게 하는 황홀한 노래를 연주한다.

『사마베다Sama Veda』에는 세계에서 가장 오래된 음악학 관련 기록이 담겨 있다. 힌두 음악의 주춧돌은 라가raga라고 하는 고정된 가락의 음계이다. 여섯 개의 기본 라가는 126개의 라기니(아내)와 푸트라(아들)로 가지를 쳐나간다. 각각의 라가는 5음으로 되어 있는데, 주음(바디: 왕)과 부음(사마바디: 수상)은 보조음(아누바디: 수행원)들과 불협화음(비바디: 적) 등을 돕는다. 여섯 개의 기본 라가 각각은 하루의 어느 시간과 1년의 어느 계절, 그리고 특정한 능력을 부여하는 주재 신과 자연적으로 상응한다.

— 1935년 12월, 스리 유크테스와르가 주관한 마지막 동지 축제.
구루가 세람푸르 암자의 너른 마당의 중앙에 앉아 계시고, 그 오른쪽에 내가 있다.


힌돌레 라가는 우주적 사랑의 분위기를 불러일으키기 위해 봄의 여명기에만 든다. 데파카 라가는 자비심을 불러일으키기 위해 여름날 저녁에만 연주된다. 메그하 라가는 용기를 불러일으키기 위해 우기의 낮 동안에 연주되는 선율이다. 브하이라바 라가는 평정을 얻기 위해 8월, 9월, 10월 아침에 연주된다. 스리 라가는 순수한 사랑을 얻기 위해 가을 황혼기에 연주된다. 말코운사 라가는 용맹을 위해 겨울철 한밤중에 연주된다.

고대의 리쉬들은 자연과 인간 사이에 존재하는 소리의 연관성에 관한 일련의 법칙을 발견해냈다. 원초적 소리 혹은 진동하는 말씀인 옴의 객관적 구현물이 자연이기 때문에 사람들은 만트라나 어떤 곡조*를 사용함으로써 자연계의 현상을 통제할 수 있는 것이다.

역사 문헌들은 16세기 아크바르 대제 당시 궁정 음악가였던 미얀 탄 센의 놀라운 능력에 대해 언급하고 있다. 해가 머리 위에 떠 있는 동안 밤의 라가를 노래하라는 대제의 명령에 탄 센은 즉각 만트라를 읊조려 왕궁의 경내 전체를 어둠에 휩싸이도록 만든 것이다.

인도 음악은 옥타브를 22스루티(반의 반음)로 분할한다. 이처럼 짧은 음의 간격은 12음을 가진 서양의 반음계가 도저히 얻을 수 없는 섬세한 음악 표현을 가능하게 해준다. 한 옥타브의 기본 7음은 힌두 신화에서 색채 또는 새나 짐승의 자연스러운 울음소리와 관련이 있다. 도 소리는 초록색과 공작에 상응하고, 레 소리는 붉은색과 종달새에, 미 소리는 황금색과 양에, 파 소리는 연노랑색과 왜가리에, 솔 소리는 검은색과 나이팅게일 새에, 라 소리는 노란색과 말에, 시 소리는 모든 색채의 배합과 코끼리에 각각 상응한다.

인도 음악은 72음계(타타)로 구성된다. 힌두 음악가는 얼마든지 창조성을 발휘하여 전통적인 고정 멜로디(라가)로부터 끝없이 즉흥적 변주를 이뤄낼 수 있다. 그리고 구조상으로 두드러진 주제의 분위기 또

---

* 모든 민족의 민요는 자연의 힘에 관한 주술과 관계가 있다. 아메리카 인디언은 비와 바람을 부르기 위해 효과음을 내는 의례를 발달시켰다. 위대한 힌두 음악가였던 탄 센은 노래의 주력呪力으로 불을 끌 수도 있었다. 찰스 켈로그는 캘리포니아의 박물학자인데, 1926년에 일단의 뉴욕 소방수들 앞에서 소리의 진동 효과로 불을 끄는 시범을 보였다. 그는 바이올린을 켜듯이 알루미늄 소리굽쇠를 활로 빠르고 크게 그어 라디오 정전靜電현상 때 나는 날카로운 소리를 만들어냈다. 순간 노란 가스 불꽃이 텅 빈 가스 튜브 안에서 30센티미터 정도 솟아올랐다. 그리고 15센티미터 정도로 가라앉더니 탁탁 튀는 푸른 불꽃이 되었다. 또 한 번 활을 그으면서 날카로운 진동음을 내자 불이 꺼졌다.

는 정감에 초점을 맞추고, 거기에 자신의 창조적 재능을 더하여 주변을 장식한다.

힌두 음악가는 고정된 음계를 읽지 않고, 연주할 때마다 라가의 골격에 새로 옷을 입힌다. 가끔 단순한 선율의 연속에 머물기도 하고, 반복하여 아주 섬세한 변주를 강조하기도 한다. 서구의 작곡가 중에 바흐는 백여 가지 복잡한 방법으로 미묘하게 분화되는 반복음의 매력과 효과를 잘 이해한 음악가였다.

산스크리트 문학에서는 120탈라(시간 단위)를 이야기한다. 전통 힌두 음악의 창시자였던 바라타는 종달새의 노래에서 32종류의 탈라를 구별했다고 전해진다. 탈라, 즉 리듬의 기원은 사람의 움직임에 뿌리를 두고 있다. 한 걸음을 내딛는 데 필요한 시간의 두 배와 수면 시 한 번 호흡할 때 걸리는 시간의 세 배가 그러한 움직임이다(수면 시에는 들숨이 날숨의 두 배가 된다).

인도에서는 인간의 음성을 가장 완벽한 악기로 인식해왔다. 따라서 힌두 음악은 대부분 3옥타브의 음성 범위에 국한된다. 같은 이유로 화음(음의 동시적 관계)보다는 가락(음의 연속적 관계)이 더 강조된다.

힌두 음악은 주관적이고, 정신적이며, 개인적인 예술이다. 그것은 교향악의 화려한 광채를 목표로 한다기보다 우주 영혼과 개인의 조화를 추구한다. 인도의 모든 유명한 노래는 신성을 추구하는 구도자들이 작곡했다. 음악가를 산스크리트어로 '바가바타르'라고 하는데, 그 뜻은 '신의 영광을 노래하는 자'이다.

산키르탄, 즉 음악 모임은 요가나 영성 수행을 위한 효과적 방식으로서 깊은 정신 집중, 근원적 사고 및 소리에 대한 진지한 몰입이 필요하다. 인간 자신이 창조적 말씀(옴)의 한 표현이기 때문에 소리는 인간에게 직접적이고 강력한 영향력을 행사한다. 동서고금의 위대한 종교 음악은 척추의 신비한 중심*을 일깨워 일시적인 진동을 일으킴으로써 인간에게 기쁨을 준다. 그러한 희열의 순간에 명상자에게는 자신의 신성한 근본에 대한 희미한 기억이 떠오른다.

축제 날 스리 유크테스와르의 2층 명상실에서 울려 나오는 찬가는 김이 솟는 솥 앞의 요리사들에게도 생기를 불러일으켰다. 동료 제자들과 나는 손뼉으로 박자를 맞추면서 즐겁게 후렴을 따라 불렀다.

해 질 무렵까지 우리는 키추리(쌀과 콩 요리)와 야채 카레, 라이스 푸딩을 장만해 수백 명의 손님들을 대접했다. 우리는 마당에 무명 담요를 깔고 앉았다. 사람들은 반짝이는 무수한 별빛 아래 둘러앉아서 스리 유크테스와르의 입에서 흘러나오는 지혜의 말씀을 경청했다. 그의 말씀은 크리야 요가의 가치, 자기 자신을 존중하는 생활, 평정심, 확고

---

* 오묘한 뇌척수 중추(차크라: 아스트랄체 연꽃)들의 각성은 요기의 성스러운 목표이다. 서구의 경전 주석가들은 『요한계시록』이 예수의 가까운 제자들과 요한에게 전수된 요가학의 상징적 표현들을 설명하고 있다는 사실을 깨닫지 못하고 있다. 요한은 '일곱 개 별의 신비'와 '일곱 개 교회'에 대해 언급한다.(『요한계시록』 1:20) 이러한 상징들은 요가학에서 일곱 개의 들창으로 묘사되는 뇌척수의 축에 있는 일곱 송이 빛의 연꽃을 말하는 것이다. 이렇게 신이 고안해놓은 출구를 통해 요기는 과학적 명상 수행으로 육체의 감옥을 탈출하여 우주정신으로서 자신의 진정한 본질을 회복한다. 일곱 번째 중심부인 뇌척수 속의 '천 개의 꽃잎을 가진 연꽃'은 무한의식의 왕관이다. 성스러운 깨달음의 상태에서 요기는 브라흐마, 즉 연꽃에서 태어난 파드마자로서의 창조자, 신을 의식한다고 한다.
연꽃 자세는 전통적 자세를 취한 요기들이 뇌척수의 중심에 자리 잡은 다채로운 연꽃을 보기 때문에 그렇게 명명된 것이다. 각각의 연꽃은 프라나로 구성된 특정한 수의 꽃잎 또는 광선을 갖고 있다. 파드마는 또한 차크라, 즉 바퀴로도 알려져 있다. 연꽃 자세는 척추를 꼿꼿이 세우고 초월의식 상태에 잠겨 있는 동안에 앞이나 뒤로 넘어지지 않도록 자세를 고정시켜준다. 요기들은 명상 자세 중에서 연꽃 자세를 가장 좋아한다. 그러나 연꽃 자세는 초보자에게 약간 어려우므로 하타 요가 전문가의 지도를 반드시 받아야 한다.

한 태도, 단순한 식이요법, 규칙적인 운동 등에 관한 내용이었다. 그러고 나서 제일 어린 제자들이 몇 곡의 찬가를 부른 다음, 마지막으로 다함께 찬가를 부르는 것으로 그날의 행사는 경건하게 막을 내렸다.

열시에서 자정까지 아슈람의 식구들이 솥과 냄비를 깨끗이 닦고 마당을 청소했다. 스승이 나를 가까이 부르셨다.

"오늘 즐겁게 봉사해주고, 지난 주 내내 준비하느라고 수고를 많이 해줘서 고맙고 기쁘다. 오늘밤엔 내 방에서 나와 함께 자도록 해라."

이것은 내가 생각지도 않았던 행운이었다. 나는 스승과 함께 스승의 방에서 신성한 정적 상태에 잠겨 잠시 동안 앉아 있었다. 우리가 잠자리에 누운 다음 10분 정도 지나자 스승이 일어나서 옷을 입기 시작하셨다.

"무슨 일이십니까?"

스승 곁에서 잠을 잔다는 기쁨이 갑자기 사라지는 듯했다.

"학생들 몇이서 기차를 놓쳐 다시 이리로 올 것 같구나. 바로 음식을 준비해야겠다."

"스승님, 새벽 한시에 여기 올 사람은 아무도 없습니다."

"그냥 누워 있도록 해라. 오늘 너는 일을 너무 많이 했다. 음식은 나 혼자 장만해도 된다."

스승의 확고한 태도에 나는 벌떡 일어나서 2층 내실 발코니에 딸려 있는 조그만 부엌으로 스승을 따라갔다. 밥과 수프가 곧 끓기 시작했다. 스승은 흐뭇한 미소를 지으면서 말씀하셨다.

"너는 피곤과 과로의 공포를 이겼다. 앞으로는 이런 것 때문에 고통받는 일이 없을 것이다."

스승이 내리는 축복의 말씀이 끝나자마자 바깥에서 여러 사람의 발

소리가 들렸다. 나는 아래층으로 내려가서 학생들을 맞아들였다. 그 중 한 학생이 말했다.

"이 시간에 스승님을 깨우고 싶지는 않았습니다. 기차를 놓쳤는데, 구루를 잠시라도 뵙지 않고는 집에 갈 수가 없었어요."

"스승님은 자네들을 기다리고 계셨다네. 그리고 음식까지 손수 마련해 놓으셨어."

스리 유크테스와르가 어서 안으로 들어오라고 반가운 목소리로 부르셨다. 나는 놀라워하는 학생들을 데리고 부엌으로 갔다. 스승은 나에게 시선을 돌리더니 눈을 찡긋하면서 말씀하셨다.

"자, 이제 사실 확인을 끝냈으니, 이 친구들이 정말로 기차를 놓쳤다는 사실에 틀림없이 만족하겠구나!"

나는 반 시간쯤 뒤 스승과 함께 다시 자리에 누웠다. 신과 같은 구루의 옆자리에 누워 잠을 자는 영광을 가슴 벅차도록 느끼면서!

16

# 별들의 메시지를
## 이해하다

"무쿤다, 너는 왜 점성술이 권하는 팔찌를 끼지 않느냐?"

"스승님, 그걸 꼭 끼어야 합니까? 저는 점성술을 안 믿습니다."

"그건 '믿음'의 문제가 아니다. 우리가 지녀야 할 과학적 태도는 '믿음'보다는 '옳고 그름'의 여부에 달려 있다. 만유인력의 법칙은 뉴턴이 발견하기 이전에나 이후에나 똑같이 존재한다. 우주의 법칙들이 인간의 믿음에 따라 좌우된다면 우주는 그야말로 무질서한 난장판이 되고 말 것이다. 고대 점성학이 현재처럼 악평을 받고 있는 것은 사이비 학자들 때문이다. 점성학이란 수학적으로나* 철학적으로나 워낙 방대한

---

* 학자들은 고대 힌두 문학에 나타난 천문학의 주석을 보고 그 저자들의 연대를 확인

277

체계여서 심오한 지혜를 가진 사람이 아니면 제대로 파악하기가 어렵다. 무식한 사람들이 천체를 잘못 읽고 엉뚱하게 해석한다 해도 그것은 이 불완전한 세계에서 충분히 예상할 수 있는 일이다. 그러므로 올바른 '현자들'과 함께 점성술의 지혜도 내쳐서는 안 된다."

스승의 이야기는 계속되었다.

"만물의 모든 부분은 서로 연계되어 있으며 서로 영향을 끼치는 법이다. 우주의 균형 잡힌 리듬은 바로 그러한 상호의존성에서 나온다. 사람은 인간의 형상으로 있는 한 두 가지 힘과 계속 싸워야 한다. 첫째는 자기 내부에 도사린 소용돌이, 즉 흙과 물과 불과 공기와 기타 에테르 원소들의 혼합물에서 비롯되는 격정과 싸워야 한다. 둘째는 외부의 힘, 즉 대자연의 분산력(혹은 원심력)과 싸워야 한다. 그러므로 인간이 육신의 존재로 남아 있는 한 하늘과 땅의 무수한 상호작용에 의해 영향을 받게 되는 것이다.

점성학이란 행성의 자극에 대한 인간의 반응을 연구하는 분야이다.

---

할 수 있었다. 그 당시 리쉬들의 과학적 지식은 매우 훌륭했다. 『카우시타키 브라흐마나 Kaushitaki Brahmana』에는 기원전 3100년에 인도 사람들이 천문학에 많은 진보를 보여 점성 의식을 위한 상서로운 시각을 알아맞힐 정도였다는 기록이 있다. 1934년 《동서》 2월호 기사 중에는 베다의 천문학에 관한 설명이 있다.

"그 안에는 인도로 하여금 모든 고대 국가의 선두에 서고, 지식을 탐구하는 구도자들의 메카가 되게 한 과학 지식이 포함되어 있다. 베다 점성술을 다룬 업적의 하나인 〈브라흐마굽타Brahmagupta〉는 태양계 내에서 움직이는 행성들의 태양 중심의 운동에 관한 문제와, 황도 경사, 지구의 구형, 달의 반사광, 지구의 자전, 은하수 내 항성의 존재, 인력의 법칙, 그리고 서양에서 코페르니쿠스나 뉴턴 시대 전까지 상상도 할 수 없었던 과학적 사실에 관한 문제들을 다루고 있는 천문학 논문이다."

서양 수학의 발전에 지대한 영향을 끼친 소위 '아라비아 숫자'는 인도에서 표기 체계가 원형적으로 형성된 뒤에 아라비아를 거쳐 19세기에 유럽으로 들어간 것이다. 인도의 방대한 과학 유산에 관한 책으로는 『힌두 화학의 역사History of Hindu Chemistry』와 『고대 힌두의 적극적 과학Positive Sciences of the Ancient Hindus』이 권할 만하다.

별들이 의식적으로 호의나 적의를 품지는 않을 것이다. 별들은 다만 긍정적이거나 부정적인 일정한 빛을 발할 뿐이다. 그것들 자체로는 인간에게 해롭거나 이롭지 않지만, 인간이 각자 전생에서부터 작용시킨 인과율의 외부 작용에 일정한 통로를 제공해준다.

아이는 천체의 빛들이 개인의 업과 수학적으로 조화를 이루는 그날 그 시각에 태어난다. 그러므로 그의 천궁도天宮圖는 불변의 전생과 가변의 미래를 표시해주는 중요한 그림이다. 하지만 탄생의 별자리는 직관적인 통찰력을 가진 사람이 아니고는 정확하게 해석할 수 없는데, 그런 사람은 아주 드물다.

탄생의 순간에 하늘로부터 발산되는 메시지는 전생의 선과 악의 결과, 즉 운명을 강조하려는 것이 아니라, 그가 우주의 속박에서 벗어날 수 있도록 의지를 북돋우려는 것이다. 사람은 자기가 한 일을 다시 원상회복시킬 수 있다. 자기 인생을 지배하는 것이 어떤 결과물이든 간에 그 원인은 바로 자기 자신에게 있다. 인간은 어떠한 한계도 극복할 수 있다. 왜냐하면 한계 자체를 만들어낸 것이 애당초 자신의 행동이기 때문이며, 또 인간은 별들의 압력으로부터 자유로운 영적 자질을 가지고 있기 때문이다.

점성학을 잘 모르고 미신적으로 두려움을 갖게 되면, 그런 사람은 별들이 기계적으로 이끄는 대로 따라가는 비굴한 노예가 된다. 현명한 사람은 자신의 별들, 다시 말하면 전생을 극복하기도 하는데, 그것은 충성의 대상을 피조물에서 창조주로 옮김으로써 가능하다. 사람은 신과의 일체감을 깨달을수록 사물에 지배당하지 않는다. 영혼은 언제나 자유롭다. 영혼은 태어나지 않으므로 죽음도 모른다. 영혼은 결코 별들에게 지배받지 않는다.

사람은 영혼이며, 육체를 가지고 있다. 사람이 창조주와의 올바른 일체감을 가지고 있으면 모든 구속으로부터 해방된다. 영적 혼동 상태에 머물러 있는 한 그 사람은 환경의 질곡으로부터 벗어날 수 없다.

신은 조화이다. 그러므로 자기 자신을 신의 의지에 맞춘 수행자는 결코 행동을 그르치지 않는다. 그의 모든 행동은 점성학적 법칙과 일치되어 정확하고 자연스럽게 이루어진다. 깊은 기도와 명상을 하는 사람은 내부의 신성의식과 접촉하는 것이고, 그러한 내면의 보호보다 더 큰 힘은 없다."

"그런데 스승님, 왜 저에게 점성술 팔찌를 권하십니까?"

나는 오랜 침묵 끝에 감히 여쭤보았다. 스리 유크테스와르의 차원 높은 설명을 소화하려고 노력했으나 내게는 너무나 생소한 사상이었다.

"여행하는 사람이 지도를 버려도 괜찮은 때는 목적지에 도착했을 때이다. 여행 중에는 편한 지름길이 있다면 어떤 길도 이용하지 않을 이유가 없다. 옛 스승들은 인간이 미망 속에서 헤매는 기간을 단축시키는 많은 방법을 발견해냈다. 업의 법칙에는 지혜의 힘으로 교묘히 조정할 수 있는 모종의 역학적 특징들이 있는 것이다.

인간의 모든 병은 우주의 법칙을 어기는 데서 발생한다. 경전에 보면, 인간은 신의 전지전능을 부정하지 않으면서 자연 법칙을 만족시켜야 한다고 되어 있다. 사람은 모름지기 "신이여, 저는 당신을 믿나이다. 당신이 저를 도우실 것을 알고 있나이다. 그러나 제가 저지른 잘못을 소멸시키기 위해 최선을 다하겠나이다."라고 다짐해야 한다. 또한 여러 가지 방법으로(기도, 의지력, 요가 명상, 성자와의 대화, 점성 팔찌 따위를 사용하여) 전생의 잘못이 빚어내는 역효과를 극소화시키거나 중화시켜야 한다.

집에 피뢰침을 설치하여 번개 충격을 흡수하듯이 육체라는 사원도 일정한 방법으로 보호할 수 있다. 고대의 요기들은 순금속이 행성들의 부정적인 인력을 강력히 상쇄하는 아스트랄 빛을 발산하는 것을 발견했다. 우주에는 전기와 자기의 방사 물질이 끊임없이 순환하고 있어서 인간의 육체에 좋든 나쁘든 영향을 미치지만, 당사자는 그런 사실을 알지 못한다.

옛날 인도의 리쉬들은 그처럼 미묘한 우주적 영향력의 역효과를 극복하는 문제에 대해 깊이 생각했다. 리쉬들은 금속과 금속의 결합인 합금 뿐만 아니라 식물과 식물의 결합도 유익하다고 밝혀냈다. 그중 가장 효과적인 것은 2캐럿 이상의 흠집 없는 보석이다. 이와 같은 점성학의 실용적 활용에 대해 인도 밖에서는 별로 진지한 연구를 수행하지 않았다. 잘 알려지지 않은 사실 중 하나는 그러한 보석이나 금속, 기타 성분의 결합체는 필요한 무게가 확보되지 않거나 그 물건들이 피부에 밀착되지 않으면 아무 소용이 없다는 점이다."

"스승님, 꼭 스승님의 충고대로 점성술 팔찌를 하겠습니다. 그래서 별들의 힘을 이겨내겠습니다."

"일반적인 목적을 위해서는 금이나 은, 구리로 만든 팔찌를 쓰라고 하겠지만, 특수한 목적을 위해서는 은과 납의 합금으로 된 것을 쓰라고 권하고 싶다."

"스승님, '특수한 목적'이란 무슨 뜻입니까?"

"무쿤다야, 별들은 지금 너에게 '불길한' 영향을 끼치려고 한다. 하지만 두려워 마라. 내가 너를 보호해주겠다. 한 달 정도 지나면 너는 간에 큰 병을 얻게 된다. 병은 6개월간 지속될 예정이지만 점성술 팔찌를 하면 24일로 단축될 것이다."

나는 다음 날 보석상을 찾아가 팔찌를 하나 구해 끼었다. 건강은 아주 좋았다. 그래서 스승의 예언을 깜빡 잊어버렸다. 스승은 세람푸르를 떠나 바라나시로 가셨다. 스승과 이야기를 나누고 나서 꼭 30일이 됐을 때 갑자기 간에 통증을 느꼈다. 그 다음 주에는 찢어지는 듯한 고통의 악몽에 시달렸다. 스승을 찾아가 귀찮게 해드리기 싫어서 혼자 시련을 견뎌보기로 작정했다.

그러나 23일 동안 이어지는 고통을 견디다 못해 내 결심은 무너졌다. 나는 바라나시로 출발했다. 스승은 매우 따뜻하게 나를 맞아주셨다. 하지만 나에게 개인적인 고충을 이야기할 기회는 주지 않으셨다. 그날 스승으로부터 다르샨*만이라도 얻기를 원하는 많은 신봉자들이 찾아왔기 때문이다. 나는 몸이 아픈 채로 구석에 앉아 있었다. 손님들이 다 떠나고 저녁 식사 때가 되어서야 스승이 나를 팔각 발코니로 부르셨다.

"분명 간 문제로 찾아왔겠구나."

스승은 나를 외면한 채 이리저리 왔다 갔다 하면서 이따금 달빛을 가리곤 하셨다.

"가만있자, 병을 앓은 게 지금 24일째지, 그렇지?"

"맞습니다, 스승님."

"내가 가르쳐준 위장 운동을 해라."

"저의 고통을 모르시니 운동을 하라고 하시는군요."

그러면서도 나는 스승의 말을 따르려고 운동을 약간 해보았다.

"너는 아프다고 하고 나는 아프지 않다고 하니, 세상에 그런 모순이

---

* 성자를 쳐다보기만 해도 흘러나오는 축복

어떻게 있을 수 있느냐?"

스승이 나를 유심히 바라보셨다. 순간 갑자기 아찔하더니 희열에 찬 안도감이 엄습해왔다. 여러 날 동안이나 잠을 못 잘 정도로 나를 괴롭혔던 고통은 더 이상 느낄 수 없었다. 스승의 말씀으로 고통이 씻은 듯이 사라진 것이다.

나는 감사의 표시로 스승의 발 앞에 엎드리려 했지만 스승은 제지하셨다.

"어린애처럼 그러지 마라. 일어나 갠지스 강 위에 떠 있는 아름다운 달을 보아라."

내가 스승 옆에 잠잠히 서 있자 스승의 눈이 행복하게 빛났다. 스승의 태도로 보아 내 병을 고쳐준 것은 당신이 아니라 신이라는 사실을 알려주고자 하시는 것 같았다.

나는 지금까지도 무거운 은과 납으로 된 팔찌를 끼고 있다. 그것은 내가 진실로 초인과 함께 살고 있음을 새삼 깨달은 날(오래 전이지만 아직도 잊혀지지 않는다!)을 기념하기 위해서이다. 그 후 나는 아픈 친구들을 스승에게 데리고 갔는데, 스승은 점성술의 지혜를 응용하는 게 좋다고 하면서 언제나 보석이나 팔찌를 권하셨다.

나는 어렸을 적부터 점성학에 대해 편견이 있었다. 그 이유는, 첫째로 많은 사람들이 맹목적으로 점성술에 집착하는 것 같았고, 다음으로는 우리 집안의 점성술사가 나를 두고 말한 예언 때문이었다. 내가 두 번 홀아비가 되고, 세 번 결혼할 운명이라는 것이었다. 그 일을 생각하면 나 자신이 삼혼三婚의 제단 앞에 희생되는 속죄양처럼 느껴졌다.

"운명에 따르는 것이 좋다. 너의 천궁도를 읽어보건대, 너는 일찍이 집을 떠나 히말라야로 갔다가 어쩔 수 없이 되돌아오게 되어 있어. 네가 세 번 결혼하리라는 예언 역시 적중될 거야."

아난타 형은 자신 있게 말했다. 어느 날 밤, 그 예언이 모두 엉터리라는 명확한 직감이 들었다. 나는 천궁도 두루마리를 태워버리고 재를 가방 속에 넣은 다음, 그 위에 이렇게 써놓았다. '신성한 지혜의 불길로 그을린 전생 업보의 씨앗은 발아할 수 없다.' 그리고 그 가방을 눈에 잘 띄는 곳에 놓아두었는데, 형이 나의 도전적인 글을 읽은 모양이었다.

"종이 두루마리를 불태우듯 진실을 없애진 못할 거다."

형은 나를 비웃으며 말했다. 내가 어른이 되기 전에 가족들이 세 번이나 나를 약혼시키려고 했던 것은 사실이다.* 그때마다 나는 그 계획에 말려들지 않으려고 했는데, 신을 향한 나의 사랑이 어떠한 점성학적 암시보다 크다는 사실을 알고 있었기 때문이다.

"깨달음의 수준이 높은 사람일수록 미묘한 영적 진동으로 우주 전체에 더욱더 커다란 영향을 끼칠 수 있고 현상적 동요에 영향을 덜 받는다."

스승의 이 말씀은 자주 되살아나 나의 마음을 격려해주었다. 가끔 나는 점성가에게 부탁해서 별자리에 따른 가장 불길한 시기를 선택하여 어떠한 일이건 이룩해보려고 했다. 그 시기에는 일에 성공하기에 앞서 많은 어려움이 따랐던 것이 사실이다. 그러나 '신의 보호'에 대한 믿음, 신이 주신 자유의지의 올바른 사용이 천체로부터 오는 영향력보다 훨씬 강한 힘을 가지고 있다는 나의 확신은 항상 옳았다.

---

* 우리 가족이 나의 신붓감으로 점찍어둔 여자 중의 한 명이 내 사촌인 프라브하스 찬드라 고세와 결혼했다.

태어날 때 별들로부터 오는 메시지는 사람이 전생의 노예임을 나타내는 것이 아니라 자만을 경계하기 위한 것이다. 바로 천체 자체가 어떠한 한계에서도 자유롭고자 하는 인간의 결심을 북돋우려는 것이기 때문이다. 신은 인간을 영혼으로 창조하시고, 각각 개성을 부여하셨다. 따라서 인간은 주역이든 조역이든 모두가 우주의 구조에서 없어서는 안 될 존재이다. 원하기만 한다면 인간의 자유는 최종적이고 직접적으로 획득된다. 그 자유는 외적 승리보다 내적 승리에 달려 있기 때문이다.

스리 유크테스와르는 현 시대에 24,000년을 순환 주기로 하는 주야평분선equinoctial circle을 수학적으로 적용하는 방법을 발견하셨다. 그 주기는 상승기와 하강기로 구분되는데, 각 주기의 12,000년 동안 네 가지 시대Yuga, 즉 칼리 시대, 드와파라 시대, 트레타 시대, 사트야 시대로 나뉜다. 이것은 각각 희랍의 철·동·은·금 시대에 해당한다.[*]
스승은 여러 가지 복잡한 계산 끝에 상승기의 칼리 시대, 즉 철의 시대가 서기 약 500년경부터 시작된다고 결론지었다.
"1,200년간 지속되는 철의 시대는 물질의 시대로서 서기 1700년경에 끝난다. 그 다음에 오는 드와파라 시대는 2,400년간 지속되는데, 전기와 원자 에너지 시대로서 전신, 라디오, 비행기, 기타 공간 파괴자의 시대이다. 3,600년간 지속되는 트레타 시대는 서기 4,100년경에 시작되는데, 그 시대는 텔레파시 통신과 기타 시간 파괴자의 시대로 특징

---

[*] 유가(시대)에 관한 스리 유크테스와르의 이론을 역사적으로 입증하는 13편의 글이 1932년 9월부터 1933년 9월까지 《동서》에 게재되었다.

지을 수 있다. 상승기의 최종 시대로서 4,800년간 지속되는 사트야 시대에는 인간의 지능이 고도로 발달되어 인간이 하는 일이 신의 계획과 일치될 것이다.

하강기 12,000년간은 4,800년 동안의 금의 시대 하강기로부터 시작되는데, 인간은 서기 12500년경부터 점차 무지 속으로 빠져들 것이다. 이 주기는 마야의 영원한 순환으로서, 분별과 상대성이 지배하는 현상 세계의 변화를 조정한다.* 인간은 창조주와 자신이 분리될 수 없는 신성한 통일성을 공유하고 있다는 의식을 깨달아가면서 이원성이라는 피조물의 감옥에서 하나씩 벗어나게 된다."

나의 스승은 점성학뿐만 아니라 세계의 경전에 관해서도 이해를 넓혀주셨다. 스승은 오점이 없는 마음의 탁자에 성스러운 경전들을 펼쳐놓고, 직관적인 추리의 메스로 그것을 해부하여 예언자가 본래 표현한 진리에서 오류와 가필加筆을 낱낱이 분리해내셨다.

코 끝에 시선을 고정시켜라.

---

* 힌두교 경전에서는 현세現世를, 스리 유크테스와르가 관심을 가진 24,000년의 평분 주기보다 훨씬 긴 우주 주기인 칼리 유가(철의 시대)의 일부로 본다. 우주의 순환 주기는 창조일로부터 재어 4,300,560,000년인데, 이 방대한 수는 태양년의 길이와 원주율의 관계에서 나온 것이다. 고대 연구자에 따르면 우주의 수명은 태양년으로 314,159,000,000,000년인데, 이것이 곧 '브라흐마 1기'이다.
힌두교 경전은 우리가 살고 있는 지구가 두 가지 이유 중의 하나로 분해된다고 가르친다. 인류 전체가 완전히 선해지거나, 완전히 악해지거나 둘 중 하나에 의해서이다. 그리하여 세계정신이, 지구와 같이 한데 뭉친 원소들을 분해하는 힘을 발생시킨다는 것이다. 지구의 종말이 임박했다는 무시무시한 선언이 가끔 발표되기도 한다. 그러나 천체의 순환 주기는 질서정연한 신의 계획에 따라 진행된다. 지구의 분해는 요원하다. 아직도 수많은 상승과 하강의 주기가 현재 상태대로 우리 지구에 남아 있기 때문이다.

이것은 『바가바드기타』의 한 구절*에 대한 오역으로, 동양의 권위자들이나 서양의 번역자들 모두에게 널리 받아들여져 있다. 스승은 이에 대해 다음과 같이 재미있는 비평을 하셨다.

"요가 수행의 길은 매우 단순한 것인데, 왜 수행자를 사팔뜨기로 만들려고 하는가? '나시카그람'의 올바른 뜻은 '코 끝'이 아니라 '코의 시발점'이다. 코는 눈썹 가운데의 한 점, 즉 영적 시각이 자리 잡고 있는 곳에서 시작되는 것이다."**

어느 상크야***의 경구에는 '이슈와르 아싯드헤'('창조주는 연역될 수 없다.' 혹은 '신은 증명될 수 없다.')****라는 구절이 있는데, 이것 때문에 많은 학자들은 이 철학을 무신론으로 본다.

스리 유크테스와르는 다음과 같이 설명하셨다.

"그 구절은 무신론을 의미하는 것이 아니라 단지 자기 감각에만 의지하여 최종 판단을 내리는 무지한 사람에게는, 신이 증명될 수 없고 따라서 존재하지 않는다는 것을 의미할 뿐이다. 진정한 상크야 신봉자들은 명상에 의한 확고한 통찰력을 통해, 신이 존재하며 따라서 인식할 수 있다고 생각한다."

스승은 성경에 대해 기막힌 명확성을 가지고 자세히 설명하셨다. 내가 성경의 정수를 알게 된 것과 그리스도의 "하늘과 땅은 지나가되

---

* 『바가바드기타』 VI:13

** "네 몸의 등불은 눈이라. 네 눈이 성하면 온몸이 밝을 것이요, 만일 나쁘면 네 몸도 어두우리라. 그러므로 네 속에 있는 빛이 어둡지 아니한가 보라." 『누가복음』 11:34-35

*** 힌두교 철학의 6대 체계 중의 하나. 상크야는 프라크리트, 즉 자연으로부터 시작하여 푸루샤, 즉 영혼으로 끝나는 25개의 원리를 인식함으로써 최종적인 해탈을 얻게 된다고 가르친다.

**** 『상크야 경구Sankhya Aphorisms』 I:92

내 말은 영원히 있으리라."[*]라는 가장 무서운 독단적 선언의 참된 의미를 이해하게 된 것은 기독교도가 아닌 나의 힌두교 스승 덕분이다.

인도의 대성자大聖者들은 예수와 같은 신성한 이념에 따라 자기 일생을 살아간다. 이런 사람들은 예수가 다음과 같이 선언한 바대로 그의 친족이다.

> 누구든지 하늘에 계신 내 아버지의 뜻대로 하는 자가 내 형제요, 자매요, 어머니이니라.[**]
>
> 너희가 내 말에 거하면 내 참 제자가 되고 진리를 알지니, 진리가 너희를 자유케 하리라.[***]

모두 자유인이면서 자신의 주인인 인도의 요기-그리스도들은 불멸의 형제들이며, 자아를 해방시키는 지식, 곧 '하나의 아버지'에 대한 깨달음을 획득한 사람들이다.

"저는 아담과 이브의 이야기를 이해할 수 없습니다! 왜 하느님은 죄지은 부부만 벌하지 않고, 아직 태어나지도 않은 죄 없는 사람까지 벌하시는지 모르겠습니다."

나는 어느 날 이 비유와 일찍부터 씨름하다가 흥분된 어조로 스승에게 여쭤보았다. 스승은 내 무지보다는 열의에 웃으며 다음과 같이

---

[*] 『마태복음』 24:35

[**] 『마태복음』 12:50

[***] 『요한복음』 8:31-32

"영접하는 자, 곧 그 이름을 믿는 자에게는 하느님의 자녀가 되는 권세를 주셨으니……."
『요한복음』 1:12

설명해주셨다.

"『창세기』는 매우 상징적이어서 문자 그대로 해석해서는 그 의미를 파악할 수 없다. '생명의 나무'는 사람의 육체이다. 척추는 뒤집힌 나무와 같은 모습이다. 따라서 사람의 머리는 나무의 뿌리이며, 신경조직은 나무의 가지와 같다.

신경조직의 나무는 많은 쾌락의 열매를 맺는데, 시각·청각·후각·미각·촉각 등이 그것이다. 사람이 그러한 감각을 즐기는 것은 허용되었지만, 섹스만은 금지되었다. 섹스는 사람의 몸 한가운데(정원의 가운데)에 있는 '사과'를 의미한다.[*]

'뱀'은 섹스 신경을 자극하는, 말아올려진 척추의 힘을 나타낸다. 아담은 이성이고, 이브는 감각이다. 사람에게 있어 이브 의식, 즉 감각이 섹스 충동으로 지배될 때 이성, 즉 아담은 굴복하게 된다.[**]

신은 당신 의지의 힘으로 남자와 여자의 몸을 빚어 인류를 창조하셨다. 신은 이와 유사하게 '순결한' 방식으로 혹은 신성한 방식으로 자녀를 창조할 수 있는 힘을 새로운 종(인간)에 부여하셨다.[***] 신은 개별화된 영혼에 자신의 모습을 드러내는 것이 그때까지는 본능적이고 이성이 부족한 동물에 한정되었으므로, 이제 최초로 사람을 만들어 상징적

---

[*] "동산 나무의 실과는 우리가 먹을 수 있으나 동산 중앙에 있는 나무의 실과는, 하느님의 말씀에, 너희는 먹지도 말고 만지지도 말라, 너희가 죽을까 하노라 하셨느니라." 『창세기』 3:2-3

[**] "하느님이 주셔서 나와 함께하게 한 여자가 그 나무의 실과를 내게 주므로 내가 먹었나이다. 여자가 가로되 뱀이 나를 꾀므로 내가 먹었나이다." 『창세기』 3:12-13

[***] "하느님이 자기 형상, 곧 하느님의 형상대로 사람을 창조하시되, 남자와 여자를 창조하시고 하느님이 그들에게 복을 주시고 그들에게 이르시되 생육하고 번성하여 땅에 충만하라, 땅을 정복하라 하셨다." 『창세기』 1:27-28

으로 아담과 이브라고 부르신 것이다. 그리고 계속적인 진화를 위해 두 동물에게 신의 본질인 영혼을 심으셨다.[*]

아담, 남자에게는 이성이 우선하고 이브, 여자에게는 감성이 우월하도록 하셨다. 현상계의 배후에 존재하는 이원성 또는 양극성을 표현한 것이다. 인간의 마음이 동물적 충동의 간교한 힘에 속지 않는 한 이성과 감성은 상호 조화를 이루어 천국의 기쁨을 누리게 되는 것이다.

그러므로 인간은 단순히 동물로부터 진화한 결과일 뿐만 아니라 신에 의해 특별히 창조된 것이기도 하다. 동물의 형태는 신성을 표현하기에 너무 조잡했으므로, 인간은 척추에 예민하게 각성된 마법의 중추들과 함께 두뇌에 잠재적으로 전지全知가 가능한 '일천 개의 연꽃잎'(뇌세포)이 특별히 부여되었다.

신, 즉 최초로 창조된 부부의 내면에 존재하는 신성 의식은 모든 인간의 감각을 즐겨도 좋으나 촉각만은 너무 빠져들지 말라고 했다.[**] 이것을 금한 이유는 인간이 저열한 동물의 번식 방법으로 빠져들지 않게 하시기 위함이었다.

동물의 감각을 일깨우지 말라는 신의 경고는 묵살당하고 말았다. 동물의 생식 방법을 다시 시작하면서 아담과 이브는 완전한 인간이 누릴 수 있는 천국의 열락 상태에서 추방당했다. 자신들이 벌거벗었다는 사실을 깨달았을 때, 이미 그들의 영원성은 상실된 것이다. 하느님이 적절하게 경고하셨음에도 불구하고, 그들은 자진해서 육체의 탄생이 육체의 죽음을 수반한다는 물리 법칙의 지배하에 들어갔다.

---

[*] "하느님께서 흙으로 사람을 지으시고 생기를 그 코에 불어 넣으시니 사람이 생령生靈이 된지라." 『창세기』 2:7

[**] "들짐승(육체의 다른 감각) 가운데 뱀(성욕)이 가장 간교하더라." 『창세기』 3:1

    뱀이 이브에게 약속한 '선과 악'에 관한 지식은 마야의 지배하에 있는 생물들이 겪어야 하는 이원적 혹은 상반된 경험을 나타낸다. 인간은 이성과 감성, 즉 아담과 이브의 의식을 남용함으로써 미망에 빠졌으며, 스스로 신성한 자족을 누릴 수 있는 낙원에 들어갈 권리를 포기한 것이다.* 그러므로 모든 인간이 져야 할 책임은 자기의 이원성을 에덴동산(통일적 조화) 상태로 회복하는 일이다."

    스리 유크테스와르가 강론을 끝내자 나는 새로운 경의를 품고『창세기』를 보게 되었다.**

---

* "하느님이 동방의 에덴에 동산을 창설하시고 그 지으신 사람을 거기에 두시고……."
『창세기』 2:8
"하느님이 에덴동산에서 그를 내보내고, 그의 근본된 토지를 갖게 하시니……."『창세기』
3:23
신이 만든 최초의 인간은 그 의식이 이마(동방)의 전능한 한 눈에 집중되도록 했다. 그 점에 집중된 모든 창조적 힘은 육체적 본성의 '토지를 갈기' 시작했을 때 인간으로부터 상실되었다.

** 동서양을 막론하고 스리 유크테스와르처럼 예리한 통찰력으로 기독교의 성경을 해설하는 사람을 나는 아직 보지 못했다. 그는 "신학자들이 그리스도의 말씀을 왜곡하고 있다."고 말했다. "나는 길이요 진리요 생명이니 나를 말미암지 않고는 아무도 아버지께 갈 자가 없느니라."(『요한복음』 14:6)와 같은 구절은, 예수가 하느님의 독생자라는 사실을 주장하는 것이 아니고, 자신이 창조물 앞에서 하느님의 '아들' 혹은 살아 있는 그리스도로 나타나기 전까지는 아무도 창조물을 뛰어 넘어 절대 존재나 초월자에 이를 수 없음을 의미한다. 그리스도 의식과 완전한 일치를 이룩한 예수는 그 자신이 오래 전에 자아를 탈피했다는 점에서 그리스도 의식과 자신을 동일시할 수 있었던 것이다.
사도 바울이 "하느님은 예수 그리스도를 통해 만물을 창조하시고……"(『에베소서』 3:9)라고 말하거나, 예수가 "아브라함 이전에 내가 있었노라."(『요한복음』 8:58)라고 할 때, 그 순수한 의미는 비인격성을 나타낸다.
정신적 굴종자들은 오직 한 사람만이 신의 아들이라고 편리하게 믿도록 유도한다. '그리스도는 유일하게 창조되었는데, 단순한 생물체인 내가 어떻게 그와 경쟁할 수 있을까? 하고 생각해버리는 것이다. 그러나 모든 인간은 신성하게 창조되었으며, 언젠가는 모두 그리스도의 다음 명령에 따라야 한다.
"하늘에 계신 너희 아버지가 완전하신 것처럼 너희도 완전하라."『마태복음』 5:48
"하느님 아버지께서 우리에게 베푸신 사랑이 얼마나 큰가 생각해보라. 하느님의 그 큰 사

"스승님, 저는 처음으로 아담과 이브의 후예로서 져야 할 의무를 깨달았습니다."

---

랑으로 우리는 하느님의 자녀라고 불리게 되었다."『요한1서』3:1

업과 그 결과의 법칙을 이해하게 되면, 성경의 여러 구절에서 영혼 재래설 또는 윤회설이 나타남을 알 수 있다. 예를 들면, "무릇 사람의 피를 흘리면 사람이 그 피를 흘릴 것이니"(『창세기』9:6)에서, 모든 살인자가 '사람에 의해' 죽어야 한다면 그 응보 과정은 대부분의 경우 분명히 1회 이상의 삶을 요한다. 현대 경찰이 그렇게 신속하지는 않다!

초기 기독교 교회는 그노시스파와 많은 교부(알렉산드리아의 클레멘트, 오리겐(모두 3세기), 성 제롬(5세기))들에 의해 해설된 영혼 재래설을 받아들였다. 그 교리가 최초로 이단으로 선언된 것은 A.D 553년 '제2차 콘스탄티노플 회의'에서였다. 그 당시 많은 기독교인들은 영혼 재래설이 인간에게 너무 많은 시간과 공간을 허락하여 직접 구원을 얻으려는 노력을 포기하게 한다고 생각했다. 그러나 왜곡된 진리는 좌충우돌하면서 많은 오류를 나타냈다. 수백만의 사람들이 단 한 번뿐인 자신의 삶을 하느님을 찾는 데 이용하지 않고, 세상을 즐기기 위해 사용했다. 유일하게 얻은 인생을 그렇게 간단하게 영원히 상실해 버리다니! 인간이 의식 차원에서 신의 아들의 지위를 회복할 때까지는 지상에서 윤회한다는 것은 진리이다.

# 17

# 스승의 예언과
# 세 개의 사파이어

"자네와 내 아들이 스리 유크테스와르를 그렇게 칭송하니 어디 내가 한번 만나봐주지."

나라얀 춘데르 로이 박사의 이 말에는 얼간이들을 곯려주겠다는 뜻이 어느 정도 담겨 있었다. 나는 개종을 권하는 자가 취할 수 있는 최선의 방책에 따라 분한 마음을 꾹꾹 눌렀다. 수의사인 그는 철저한 불가지론자였다. 그의 아들 산토슈가 나에게 자기 아버지에 대해 관심을 좀 가져달라고 간청해서 눈에 띄지 않게 약간 도와주던 상태였다.

다음 날 로이 박사는 나를 따라 세람푸르의 아슈람으로 갔다. 스승이 그와 잠시 접견하고 나서 서로 침묵으로 시간을 보냈다. 그러자 그는 퉁명스럽게 자리를 떠나버렸다. 그가 나가자마자 스리 유크테스와르는 의아스럽다는 듯이 물으셨다.

"왜 다 죽은 사람을 아슈람으로 데려왔느냐?"

"스승님, 그는 아주 팔팔한 사람입니다!"

"그러나 그는 곧 죽게 될 것이다."

나는 큰 충격을 받았다.

"스승님, 그렇게 되면 그 아들에게는 너무 무서운 고통이 될 것입니다. 아들은 자기 아버지의 유물론적 견해를 바꿔보려고 노력하고 있으니, 간청하건대 스승님께서 그 사람을 도와주시기 바랍니다."

스승의 얼굴에는 아무런 표정도 없었다.

"그 거만한 의사는 이미 당뇨병이 심각하다. 자신은 아직 모르고 있지만 보름 후에 병석에 눕게 될 것이다. 의사들도 어쩔 수 없이 손을 들게 될 테고. 그가 세상을 떠나는 날은 오늘부터 여섯 주밖에 안 남았지만, 너의 간청으로 그날 회복될 것이다. 그러나 조건이 하나 있다. 너는 그에게 점성 팔찌를 끼게 해야 한다. 그는 물론 수술 직전의 말馬처럼 격렬히 반대할 것이다만!"

스승은 껄껄 웃으셨다. 나는 잠시 그 의사를 설득하기 위해 산토슈와 내가 무진 애를 쓰는 장면을 상상해보았다. 스승은 더 자세히 설명해주셨다.

"회복되자마자 그에게 고기를 먹지 말라고 일러라. 그는 물론 이 충고를 듣지 않겠지만, 6개월이 지나 건강이 아주 좋아지다가 갑자기 죽게 될 것이다. 그의 수명이 6개월 연장되는 것은 오로지 너의 간청 때문이다."

다음 날 나는 산토슈에게 보석상에 팔찌를 주문하라고 말해두었다. 그러고 나서 일주일 만에 구했는데, 물론 로이 박사는 팔찌 끼는 것을 단호히 거부했다.

"나는 아주 건강이 좋아. 이런 미신으로 나를 괴롭힐 순 없다!"

그는 나를 잡아먹을 듯이 노려보았다. 스승이 그를 말에 비유한 것이 옳았다는 생각이 들자 슬며시 웃음이 나왔다. 또 한 주일이 지났을 때, 그 사람은 갑자기 아프기 시작했으며 그제야 겨우 팔찌를 끼는 데 동의했다. 두 주일이 지난 뒤, 담당 의사는 그의 병이 회복될 가망이 없다고 진단했다. 그리고 당뇨병의 비참한 결과를 자세하게 설명해주었다.

나는 머리를 흔들었다.

"나의 스승께서는 한 달 가량 아픈 다음에 다시 건강을 되찾을 거라고 하셨습니다."

담당 의사는 못 믿겠다는 표정으로 나를 쳐다보았다. 그러나 보름 뒤에 나를 찾아와 사과했다.

"로이 씨는 완전히 회복이 되었습니다! 내 경험으로는 아주 놀라운 일입니다. 나는 여태까지 다 죽어가던 사람이 그렇게 감쪽같이 회복되는 경우를 본 적이 없습니다. 당신의 스승님은 정말 질병까지도 치료하는 예언자시군요!"

그는 거듭거듭 감탄했다. 나는 로이 박사를 만나 식사 중에 고기를 먹지 말라는 스승의 충고를 전달했다. 그 뒤로 6개월간 그를 만나지 못했다.

어느 날 저녁 가르파르에 있는 우리 집 베란다에 앉아 있을 때 로이 박사가 놀러왔다.

"고기를 자주 먹었지만 건강은 아주 좋아졌다고 자네 스승께 전하게. 그 사람의 비과학적 처방이 나에게는 아무런 도움도 되지 않네."

사실 그는 정말로 건강이 좋아 보였다. 그러나 이튿날, 산토슈가 바로 옆 구역에 있는 자기 집에서 헐레벌떡 뛰어왔다.

"오늘 아침 아버지가 갑자기 돌아가셨어!"

이것은 내가 스승과 같이 지내면서 겪은 아주 신기한 일 중의 하나이다. 스승은 산토슈의 아버지가 신을 믿지 않았음에도 병을 고쳐주셨으며, 자연 수명을 오직 나의 간청 때문에 6개월이나 연장해주셨던 것이다. 스승은 당신을 따르는 신봉자의 절박한 간청에는 한없이 친절하셨다.


대학 친구들을 스승에게 알현시키는 것은 나만이 자부할 수 있는 하나의 특권이었다. 많은 친구들이 적어도 아슈람에서만은 멋들어진 종교 회의주의의 현학적 외투를 훌훌 벗어던졌다.

사시라는 친구 하나가 세람푸르에서 주말을 여러 번 재미있게 보낸 적이 있었다. 스승은 그를 매우 좋아했는데, 단 한 가지 사생활이 너무 거칠고 무절제하다고 안타까워하셨다.

"사시야, 네가 생활 태도를 바꾸지 않는다면 앞으로 1년 후에 몸이 아주 위독하게 될 것이다. 무쿤다가 증인이다. 나중에 내 경고를 못 들었다고 하지 마라."

스리 유크테스와르는 애정 어린 질책의 눈으로 내 친구를 바라보셨다. 사시는 웃었다.

"스승님, 우주의 자비를 구하는 문제는 스승님께 맡기겠습니다! 마음은 그러고 싶지만 제 의지가 약합니다. 스승님께서는 지상에 계신 저의 유일한 구세주이십니다. 그 외에 다른 것은 아무것도 믿지 않습니다."

"적어도 너는 2캐럿짜리 파란 사파이어 한 개를 끼어야 한다. 그게 너한테 도움이 될 것이다."

"저는 그럴 여유가 없습니다. 하지만 병이 나면 스승님께서 저를 보호해주실 것을 전적으로 믿습니다."

스리 유크테스와르가 대답하셨다.

"1년 후에 너는 사파이어 세 개를 가져올 것이다. 그러나 그때는 아무 소용도 없다."

이러한 내용의 대화가 자주 있었다.

"저는 생활 태도를 바꿀 수가 없습니다! 그리고 저는 스승님에 대한 믿음이 그 어떠한 보석보다도 훨씬 값지다고 생각합니다."

사시의 말은 어찌 들으면 우습기까지 할 정도였다.

1년이 지났다. 하루는 캘커타에서 나렌 바부라는 제자의 집에 묵고 계신 스승을 만나고 있었다. 오전 열시 무렵, 스리 유크테스와르와 내가 2층 응접실에 앉아 있는데 현관문이 열리는 소리가 났다. 스승은 꼿꼿이 몸을 일으키셨다. 그리고 무겁게 입을 여셨다.

"사시가 왔구나. 1년이 됐다. 그의 양쪽 폐가 다 없어졌다. 그 아이는 내 충고를 무시했다. 만나고 싶지 않다고 전해라."

내가 스리 유크테스와르의 엄숙한 표정에 어리둥절하면서 계단을 내려가는 순간 사시는 막 계단을 올라오고 있었다.

"아, 무쿤다. 스승님이 여기 계시겠지? 내 예감으로는 여기 계실 것 같아."

"그래, 하지만 널 만나고 싶지 않다고 하셔."

사시는 눈물을 흘리며 나를 밀어제치고 올라가 스승의 발밑에 엎드리면서 아름다운 사파이어 세 개를 앞에 내놓았다.

"전능하신 스승님, 의사 말이 제가 폐결핵에 걸렸다고 합니다. 앞으로 석 달밖에 살 수 없답니다! 이렇게 간청드립니다. 도와주십시오. 스승님께서는 저를 치료하실 수 있습니다."

"목숨을 걱정하는 시간이 좀 늦지 않았느냐? 보석들을 가져가라. 그것이 필요한 때는 이미 지났다."

스승은 자비를 구하는 친구의 흐느낌에도 끄덕하지 않고 스핑크스처럼 묵묵히 앉아 계셨다.

순간 내 뇌리에는 스승이 신통한 치료의 힘을 믿는 사시의 신앙심이 얼마나 깊은지를 시험하고 계시다는 직감이 스치고 지나갔다. 그리하여 긴장된 시간이 흐른 뒤, 스승이 그때까지 엎드려 있던 친구를 동정 어린 눈으로 바라보셨을 때도 나는 그다지 놀라지 않았다.

"사시야, 일어나라. 남의 집에서 이 무슨 소란이냐! 사파이어는 보석가게에 돌려주어라. 그건 이제 필요가 없다. 대신 점성 팔찌를 하나 구해서 끼어라. 염려 마라. 수주일 뒤면 너는 다시 건강해질 것이다."

젖은 대지 위로 갑자기 햇살이 비치는 것처럼 사시의 미소가 눈물로 얼룩진 얼굴을 환하게 만들었다.

"사랑하는 스승님, 의사가 처방해준 약은 복용할까요, 말까요?"

"네가 하고 싶은 대로 해라. 먹든 버리든 그건 별 문제가 안 된다. 해가 달이 되지 않는 한 너는 이제 절대 폐결핵으로 죽지 않을 것이다."

말을 마치고 나서 스승은 돌연 이렇게 덧붙이셨다.

"이제 가거라. 내 마음이 변하기 전에!"

당황한 모습으로 인사를 마치고 사시는 황급히 떠났다. 다음 수주일 동안 나는 여러 번 그를 찾아갔는데 상태가 더욱 악화되어서 아연실색했다.

의사는 사시가 그날 밤을 넘기지 못할 것이라고 말했다. 거의 해골

이 된 친구의 얼굴을 보고 나는 황급히 세람푸르로 달려갔다. 스승은 나의 눈물 어린 이야기를 냉정하게 듣고 계셨다.

"왜 너는 나를 찾아와서 귀찮게 구느냐? 내가 사시의 병을 고쳐주겠다고 약속한 것을 이미 들어서 알고 있지 않느냐!"

나는 두려운 마음이 들어서 인사를 한 다음에 물러났다. 스승은 작별 인사도 하지 않고 침묵 속에서 정면을 향해 눈을 반쯤 뜬 채 또 다른 세계로 빠져들고 계셨다.

나는 캘커타에 있는 사시의 집으로 얼른 돌아갔다. 놀랍게도 그는 일어나 앉아 우유를 마시고 있었다.

"오, 무쿤다! 기적이 일어났어. 네 시간 전에 스승님께서 내 방에 나타나셨어. 그러자 끔찍한 병이 갑자기 사라져버렸어. 스승님 덕택에 나는 완전히 건강을 되찾았어."

몇 주일이 지나 사시는 건강해졌고, 전보다 훨씬 몸이 좋아졌다.[*] 그러나 건강 회복에 대해 그는 별로 감사하는 태도가 아니었다. 스승을 자주 찾아가지도 않았다. 어느 날 그는 지난날의 생활 방식이 너무 후회스러워서 스승을 찾아뵐 면목이 없다고 나에게 고백했다. 나는 사시의 병이 의지를 굳게 다져준 동시에 예의를 훼손시키는 결과를 불러왔다고 결론지었다.

내가 다니는 스코틀랜드 신학대학의 초반 2년 과정이 거의 끝나가고 있었다. 나는 수업에 출석하는 경우가 매우 드물었다. 그래도 공부

---

[*] 그 후에도 사시가 계속 좋은 건강 상태를 유지하고 있다는 소식을 1936년에 친구에게서 들었다.

를 조금이라도 한 것은 가족들과의 불화를 피하기 위해서였다.

가정교사 둘이 규칙적으로 집을 찾아왔지만 나는 규칙적으로 집에 없었다. 대학 과정에서 적어도 이 규칙 하나만큼은 잘 지켰다.

인도에서는 대학에서 2년을 무사히 마치면 준峻 문학사 학위를 수여한다. 그런 다음에 또 2년을 제대로 마쳐야만 문학사 학위를 취득할 수 있다.

준 문학사 결정 시험이 괴롭게도 점점 다가오고 있었다. 나는 스승이 몇 주일째 머물고 계시는 푸리로 갔다. 그리고 스승이 그 최종 시험에 응시할 필요가 없다고 말씀해주시기를 막연하게나마 기대하면서, 시험 준비가 전혀 안 되어 있음을 고백했다.

스리 유크테스와르는 위로의 웃음을 지으셨다.

"너는 온 마음으로 영적 의무를 추구해 왔으므로 대학 공부를 제대로 할 수 없었을 것이다. 다음 주에는 열심히 책에만 몰두해라. 그러면 너는 그 시험을 무사히 통과할 것이다."

때때로 고개를 드는 이성적인 의구심을 굳게 억누르며 캘커타로 돌아왔다. 나는 책상 위에 쌓인 산더미 같은 책들을 섭렵하면서 광야에서 길을 잃고 헤매는 방랑자의 처지를 새삼 느꼈다.

오랜 명상 끝에 나는 노력을 절감하는 영감을 얻었다. 아무렇게나 책을 펼치고 그 페이지만 공부했다. 하루에 열여덟 시간씩 일주일간을 이렇게 공부하고 나니 스스로도 벼락공부의 도사라는 생각이 들었다.

시험 당일, 위험천만이었던 벼락공부가 신통하게도 다 맞아 들어갔다. 비록 간신히 통과하긴 했지만 모든 시험에 합격했다. 가족과 친구들은 자기들 예상과 달라서 의외라는 탄성과 함께 축하의 인사를 익살스레 보내주었다.

푸리에서 돌아온 스승이 내게 놀라운 소식을 전해주셨다.

"이제 캘커타에서 할 공부는 끝났다. 나머지 대학 2년 과정은 세람 푸르에서 마치게 될 것이다."

나는 어리둥절해서 물었다.

"스승님, 이 도시에는 문학사 과정이 없는데요?"

유일한 고등교육 기관인 세람푸르 대학은 준 문학사를 위한 2년 과 정밖에 없었다. 스승은 장난스레 웃으며 말씀하셨다.

"나는 너무 늙어 문학사 과정의 대학을 설립하기 위한 기부금을 걷 으러 다닐 수가 없구나. 다른 사람을 통해 추진되도록 해야겠다."

두 달 뒤에 세람푸르 대학 총장인 하우웰즈 교수가 4년제 대학 설치 를 위한 충분한 기금을 확보했다고 공표했다. 세람푸르 대학이 캘커 타 대학의 분교가 된 것이다. 나는 문학사 과정에 등록한 세람푸르 대 학 최초의 학생 가운데 하나가 되었다.

"스승님, 고맙습니다. 저는 항상 캘커타를 떠나 스승님 곁에 있고 싶 었습니다. 하우웰즈 교수는 자신이 스승님의 보이지 않는 도움을 얼 마나 크게 받았는지 상상도 못할 겁니다."

스승은 짐짓 엄격한 눈빛으로 나를 바라보며 말씀하셨다.

"이제 너는 기차를 타기 위해 많은 시간을 소비할 필요가 없을 것이 다. 얼마나 공부 시간이 많아졌느냐! 시험에 임박해서야 서두르는 벼 락치기 때보다 훨씬 학자다워질 것이다."

하지만 스승의 어조는 왠지 모르게 확신이 약간 부족했다.*

---

* 다른 현자들과 마찬가지로 스리 유크테스와르도 현대 교육의 물질주의적 경향을 한탄 했다. 행복을 누리기 위한 영적 법칙을 강의하고, 지혜란 '신에 대한 외경', 즉 자신의 창조 주에 대한 두려움 속에서 인생을 이끌어가는 데 있음을 가르치는 학교가 거의 없다는 것

이다.

오늘날 고등학교와 대학에서 인간을 단순히 '고등동물'이라고만 배우는 젊은이들은 무신론자가 되기 십상이다. 그래서 그들은 영혼의 탐험을 시도하거나 스스로를 그 본질에 있어서 '신의 형상'이라고 생각하지 않는 것이다. 에머슨은 이렇게 말했다. "우리는 우리 안에 있는 것, 그것만을 밖에서 볼 수 있다. 우리가 신들을 만나지 못한다면 그것은 우리가 우리의 안에 신을 담고 있지 못하기 때문이다."

동물적 속성만이 자기의 실체라고 생각하는 사람은 신성한 열망으로부터 차단된다. '대영혼'을 인간 존재의 핵심 사실로 상정하지 않는 교육 체계는 '아비댜', 곧 거짓 지식을 제공하는 것이다.

"네가 스스로 부자라고 말하고 풍족하며 부족한 것이 없다고 하지만, 사실은 너 자신이 비참하고 불쌍하고 가난하고 눈멀고 벌거벗은 것을 깨닫지 못하고 있다." 『요한계시록』 3-17

고대 인도에서 행해지던 청년 교육은 이상적이었다. 학생들은 아홉 살 때 구루쿨라(배움의 장소로서 구루의 집)에 '아들'로서 받아들여진다. S. V. 벤카테스와라는 자신의 저서 『시대별 인도 문화Indian Culture Through the Ages』에 이렇게 적고 있다.

"현대의 소년들은 자기 시간의 8분의 1을 학교에서 보낸다. 그러나 고대 인도에서는 모든 시간을 구루쿨라에서 보냈다. 거기에는 건전한 단결력과 책임감이 있었고 자립정신과 개성의 함양을 위한 충분한 기회가 있었다. 고도의 문화와 자기 극복, 엄격한 의무감, 이타적 행동, 희생정신이 자존심과 타인에 대한 존경심과 결합되어 있었다. 높은 수준의 학문적 권위, 고상한 의식, 그리고 인생의 위대한 목적도 있었다."

# 18

# 신비로움을 행한
# 이슬람 도인

"수년 전 네가 앉아 있는 바로 이 방에서 한
이슬람 도인이 기적을 네 가지나 보여주었다!"

스리 유크테스와르는 내가 새로 주거지를 정한 뒤에 나를 찾아와
이런 이야기를 해주셨다. 세람푸르 대학에 입학하자마자 나는 대학
근처에 판티*라고 불리는 하숙집을 하나 구했다. 갠지스 강 맞은편에
있는 낡은 벽돌집이었다.

나는 흥미로운 눈으로 내 소박한 방을 둘러보며 여쭤보았다.

"스승님, 우연의 일치군요! 새로 단장한 이 벽들이 그런 추억을 간직
할 정도로 오래 됐습니까?"

---

* 학생들의 거주처. '방랑자', '지식 추구자'라는 뜻의 'pantha'에서 온 말이다.

스승은 회상에 잠긴 듯이 웃으면서 말씀하셨다.

"긴 이야기다. 그 파키르*의 이름은 아프잘 칸이었다. 그는 우연히 힌두 요기를 만나면서 초능력을 갖게 되었다. 먼지투성이 산야시가 어느 날 동벵골의 조그만 마을에 살던 소년 아프잘에게「얘야, 목이 마르니, 물 좀 가져다주겠니?」하고 부탁했다.

「저는 이슬람교도입니다. 힌두교도인 당신이 어떻게 제 손으로 퍼 온 물을 받아 마시겠습니까?」

「너의 성실성이 마음에 드는구나. 얘야, 나는 신을 무시하는 분파주의의 규칙은 지키지 않는단다. 그러니 빨리 가서 물을 퍼 오너라.」

요기는 아프잘의 공손한 태도를 사랑스러운 눈길로 바라보았다.

「너는 전생에서부터 좋은 업을 가지고 태어났구나. 너에게 보이지 않는 세계의 한 분야를 지배할 수 있는 요가를 가르쳐주고 싶다. 네가 그런 힘을 가지게 되더라도 절대 이기적인 목적으로 사용하지 말고 가치 있게 사용해야 한다. 그러나 아깝도다! 너는 약간 나쁜 기질이 섞인 전생의 씨앗도 함께 가지고 있으니! 나쁜 행동을 자꾸 해서 그 나쁜 기질을 북돋으면 안 된다. 네 전생의 업이 이런 복합성을 가지고 있으니, 이승에서 닦는 요가를 높은 인도주의적 이상과 일치되도록 사용하여 복합적인 업을 원만하게 해소시켜야 한다.」

요기는 이렇게 엄숙하게 말하면서, 어리둥절한 소년에게 복잡한 요가 테크닉을 가르쳐주고 사라졌다.

아프잘은 20여 년 동안 그 요가 운동을 충실히 연습했다. 점차로 그

---

* 모슬렘 요기. '가난한'이라는 뜻의 아랍어 'faqir'에서 왔는데, 본래 가난을 맹세한 탁발승에게 적용되었던 말이다.

의 기적적 행위가 세상의 이목을 끌기 시작했다. 그에게는 언제나 '하즈라트'라는 눈에 안 보이는 영靈이 따라다니는 것처럼 보였다. 이 영이 아무리 작은 것이라도 그의 소원을 들어주었다.

아프잘은 스승의 경고를 무시하고 그 힘을 남용하기 시작했다. 어떤 물건이든지 그가 집었다가 놓으면 잠시 뒤에 흔적도 없이 사라졌다. 이러한 기괴한 일이 잇따르자 사람들은 그를 달갑지 않은 불청객처럼 생각했다.

그는 때때로 캘커타의 보석상에 들러 고객으로 가장해서 나쁜 짓을 저질렀다. 한 번 만진 보석은 어떤 것이든 그가 상점을 떠나는 즉시 모조리 사라지고 말았다.

아프잘은 그 비결을 배우고자 모여든 수백 명의 학생들로 둘러싸이곤 했는데, 자기 '학생'들에게 같이 기차 여행을 하자고 초청하기도 했다. 그는 철도역에서 차표를 만지작거리다가 역무원에게 되돌려주고는 「마음이 변했습니다. 이젠 차표를 살 필요가 없습니다.」라고 말했다. 그러나 학생들과 함께 기차에 탔을 때는 이미 차표가 그의 수중에 들어 있는 것이었다.*

이런 사기술은 당연히 분노의 소요를 일으켰다. 벵골의 보석상과 철도 매표원들은 신경쇠약에 걸릴 지경이었다. 아프잘을 체포하려던 경찰도 속수무책이었다. 모슬렘 요기가 그냥 「하즈라트야, 없애버려!」라고 한마디만 하면 자기가 유죄라는 증거를 없앨 수 있기 때문이었다.」

---

* 벵골 나그푸르 철도회사도 아프잘 칸에게 당했다는 이야기를 나중에 아버지에게서 들었다.

스승은 자리에서 일어나 갠지스 강 쪽으로 난 발코니로 걸어가셨다. 나는 그 망나니 이슬람 도인 이야기를 더 듣고 싶어서 스승의 뒤를 따랐다.

"이 판티는 내 친구의 집이었다. 그가 아프잘을 알게 되어 여기에 초청했지. 친구는 그와 함께 나를 포함해서 20명의 이웃 사람들을 초대했다. 나는 그때 청년이었는데, 그 악명 높은 모슬렘 요기에 대해 강한 호기심이 일더구나."

스승은 웃으면서 말씀하셨다.

"나는 값나가는 물건을 아무것도 지니지 말라는 경고를 받아들였다. 아프잘은 나를 꼼꼼히 살펴보고 나서 말했다. 「당신은 위력 있는 손을 가졌소. 정원으로 내려가 매끄러운 돌을 골라 그 위에 백묵으로 당신 이름을 쓰시오. 그리고 그 돌을 갠지스 강 쪽으로 될 수 있는 대로 멀리 던지시오.」

나는 그대로 했다. 그 돌이 강물 속으로 사라지자 아프잘이 나에게 다시 말했다. 「집 근처에 있는 갠지스 강물을 한 그릇 떠 오시오.」

내가 물 한 그릇을 떠서 돌아오자 이슬람 요기는 「하즈라트야, 이 그릇에 돌을 담아라.」라고 말했다. 그러자 돌이 즉시 나타났다. 나는 그릇 속에서 돌을 꺼내어 좀 전에 썼던 내 이름을 확인할 수 있었다.

내 친구*는 묵직한 골동품 금시계를 금줄에 차고 있었는데, 모슬렘 요기가 매우 좋아 보인다면서 시계를 살펴보았다. 그리고 나자 곧 그 시계가 없어졌다. 친구는 눈물을 글썽거리면서 사정을 했다.

---

* 스리 유크테스와르의 친구 이름은 기억이 나지 않는다. 그래서 '바부'라고 부를 수밖에 없다.

「아프잘, 그 시계는 우리집 가보요! 시계를 돌려주시오!」

모슬렘 도인은 잠시 태연하게 침묵하더니 친구에게 말했다.

「당신 금고에 500루피가 들어 있소. 그걸 가져오도록 하시오. 그러면 시계가 어디 있는지 말해주겠소.」

친구는 집으로 황급히 달려가서 아프잘이 말한 돈을 가져와 그에게 주었다.

「당신 집 옆에 있는 조그만 다리로 가서 하즈라트에게 시계를 달라고 하시오.」

이슬람 요기는 친구에게 그렇게 말했다. 친구는 쏜살같이 달려갔다. 돌아오는 길에는 안도의 웃음이 어려 있었지만 시계는 지니고 있지 않았다. 친구가 말했다.

「지시받은 대로 내가 하즈라트에게 명령을 했더니 시계가 갑자기 공중에서 떨어져 내 손에 쥐어지지 않겠소. 그래서 여기 오기 전에 금고에 그 가보를 넣고 열쇠를 채워두고 오는 길이오.」

시계 값으로 돈을 주는 웃지 못할 희극을 본 다른 친구들은 증오의 눈으로 아프잘을 바라보았다. 그러자 모슬렘 요기는 좌중을 달래는 어조로 말했다.

「여러분이 원하는 음료수를 말해 보시오! 하즈라트가 만들어낼 것이니!」

어떤 사람은 우유를, 또 다른 사람은 과일 주스를 청했다. 나는 시계를 잃은 친구가 위스키를 청하는 것을 보고도 그렇게 놀라지는 않았다. 모슬렘 도인이 명령을 내리자 하즈라트는 바닥에 병을 여러 개 내려놓았다. 각자 모두 자기가 주문한 음료수를 발견했다.

그날의 네 번째 기적은 우리의 초대자에게 사례하기 위해 아프잘이 즉석에서 점심을 제공한 것이다. 내 친구가 이런 제안을 했다.

「가장 비싼 것으로 주문합시다. 나는 500루피나 주었으니 아주 고급 요리를 원합니다. 그리고 모든 요리를 금으로 만든 그릇에 담아주시지요.」

각자가 좋아하는 요리를 주문하자마자 이슬람 요기는 하즈라트에게 명령했다. 그러자 요란한 소리가 나면서 금으로 된 그릇에 여러 가지 요리와 철 이른 과일들이 쏟아져 나왔다. 모든 음식이 매우 맛있었다. 한 시간 가량 잔치를 벌인 뒤에 우리가 방을 떠나려고 일어섰다. 바로 그때 접시들이 부서지는 것처럼 커다란 소리를 내기에 방을 둘러보았다. 그러나 이미 방 안에 있던 음식 찌꺼기와 반짝이는 그릇들이 흔적도 없이 사라진 뒤였다."

나는 스승의 말씀을 잠시 가로막았다.

"스승님, 아프잘이 그렇게 금제 그릇들을 쉽게 만들어낼 수 있는데, 왜 남의 것을 탐냈는지 모르겠습니다."

스승의 설명이 이어졌다.

"그 파키르는 정신적으로 높은 수준에 도달하지 못한 사람이다. 그는 특정한 요가 기법을 정복함으로써 어떤 욕구도 즉시 물질로 만들어내는 아스트랄 차원에 도달했다. 그는 아스트랄 존재인 하즈라트를 통해 강력한 의지의 힘으로 에테르 에너지로부터 원하는 물체의 원소를 끄집어낼 수 있었던 것이다. 그러나 그처럼 아스트랄체의 힘으로 얻어진 물체는 구조적으로 오래 가지 못하고 곧 없어지기 마련이다."

---

* 은으로 된 내 부적과 마찬가지로 아스트랄체의 힘으로 만들어진 물체는 결국 이 지상에서 사라져버린다(제43장 참고).

아프잘은 비록 힘은 들지만, 그래도 아스트랄체보다 훨씬 오래 가는 세상의 재물을 원했던 것이다."

나는 웃었다.

"때로는 그것 역시 까닭 모르게 사라지고 마는데요."

스승이 계속 말씀하셨다.

"아프잘은 신을 깨달은 사람이 아니었다. 영원하고 은혜로운 기적은 진정한 성자들에 의해 이루어지는 것이다. 그들은 자신을 전능하신 창조주와 일치시켜가기 때문이다. 아프잘은 보통 사람들이라면 살아서는 들어갈 수 없는 그러한 미묘한 영역으로 침투하는 초능력을 가진 단순한 보통 사람이었다."

"스승님, 이제 알겠습니다. 그 사후세계의 영역은 정말 매력적인 것 같습니다."

스승은 고개를 끄덕이셨다.

"나는 그 뒤로 아프잘을 본 적이 없지만, 수년 후에 바부(금시계 주인)가 내게 신문 기사를 하나 보여주었는데, 그 모슬렘 도인의 공식적인 고백이 실려 있었다. 거기서 나는 방금 네게 말한 것처럼 아프잘이 어렸을 때 힌두 성자로부터 요가를 전수받았다는 사실을 알게 되었다."

스리 유크테스와르가 회상하신 신문 기사의 뒷부분은 대략 다음과 같다.

나, 아프잘 칸은 이 이야기를 속죄의 표시이자 기적의 힘을 갖고자 하는 사람들에 대한 경고로 여기에 쓴다. 여러 해 동안 나는 하느님과 나의 스승으로부터 얻은, 기적을 행사하는 능력을 오용해왔다. 나는 너무나 나 자신에 심취한 나머지 일상의 도덕 법칙을 넘어섰다. 그러나 최후의 심판일은 다가오고 말았다.

최근 캘커타 근교에서 길을 걸어가는 한 노인을 만났다. 그는 금처럼 보이는 번쩍이는 물건을 지고 고통스럽게 다리까지 절름거리며 걷고 있었다. 나는 마음속에 탐욕을 품고서 노인에게 말을 건넸다.

"난 모슬렘 요기 아프잘 칸이오. 거기 뭐가 들었소?"

"이 금덩어리는 나의 전 재산이오. 그러니 파키르의 관심거리가 될 수 없소. 간청하건대, 나의 절름거리는 이 다리를 고쳐주시오."

나는 금덩어리를 만지고 아무 대답 없이 그냥 걸어갔다. 그 노인은 헉헉거리며 나를 쫓아왔다. 이윽고 "내 금덩이가 없어졌소!" 하고 소리를 질렀다.

내가 쳐다보지도 않자 노인은 가냘픈 몸에서 이상할 정도로 큰 목소리를 내며 말했다.

"이놈! 나를 몰라보느냐?"

나는 너무 놀라서 장승처럼 딱 멈춰 섰다. 볼품없는 늙은 절름발이가 다름 아닌 예전에 나에게 요가를 가르쳐준 바로 그 성자라는 사실을 뒤늦게야 알아차렸던 것이다. 노인의 몸이 곧바로 펴지더니 순식간에 강하고 젊은 모습으로 변했다.

스승의 눈초리는 무서웠다.

"그래! 내 눈으로 직접, 네가 네 능력을 고통받는 사람을 돕는 데 사용하지 않고 좀도둑처럼 사람들을 착취하는 데 사용하는 장면을 똑똑히 보았다. 나는 너에게서 그 신비한 재능을 뺏어버리겠다. 하즈라트는 이제 너와 아무런 상관도 없다. 이제 너는 더 이상 벵골에서 무서운 존재가 되지 못할 것이다!"

나는 고통스럽게 하즈라트를 불러보았으나 처음으로 하즈라트가 내면의 시야에 나타나지 않았다. 그러자 갑자기 어두운 장막이 벗겨지고 모멸에 찬 내 인생이 똑똑히 보였다. 나는 스승의 발밑에 엎드려 흐느꼈다.

"스승이시여, 오랜 환상을 없애주시려고 이렇게 나타나셨으니 정말로 감사합니다. 저는 이제 세상의 욕심을 버리겠습니다. 어두운 악의 과거를 보상하고자 산 속으로 들어가서 신을 향한 고독한 명상을 수행하겠습니다."

스승은 나를 조용한 연민의 눈으로 바라보셨다. 그리고 마지막으로 말씀하셨다.

"나는 너의 진지한 성품을 알고 있다. 어렸을 적에 보였던 공손한 태도와 지금의 후회하는 태도를 보아 기회를 한 번 더 주겠다. 네가 가진 다른 능력은 이제 모두 사라졌고, 음식과 옷이 필요할 때만 하즈라트를 불러 도움을 받게 될 것이다. 산 속에 들어가 신을 깨닫기 위해 전심전력으로 몸을 바치도록 하라."

그리고 나서 스승은 사라지고 나는 눈물과 회한 속에 홀로 남았다. 아, 세상이여, 잘 있거라! 이제 나는 자애로운 주主의 용서를 구하러 길을 떠나겠노라!

# 캘커타의 스승이
# 세람푸르에 나타나다

내가 스승님을 뵈러 가자고 하자 판티 하숙집의 룸메이트인 디젠 비부가 말했다.

"나는 때때로 무신론적 의문에 시달리고 있어. 그러면서도 '아직 손대지 못한 영혼의 가능성들이 존재하지 않을까? 그것을 찾지 못하면 진정한 목표를 상실하는 것이 아닐까?' 하는 괴로운 억측이 가끔씩 나를 사로잡아."

"스리 유크테스와르 스승께서 너에게 크리야 요가를 가르쳐주실 거야. 그것을 배우면 우리 내부에 신이 존재한다는 확신을 얻게 되고, 그러면 근원적인 혼란을 극복할 수 있어."

나는 이렇게 대답했다. 그날 밤 디젠은 나를 따라 아슈람으로 갔다. 스승과 함께한 친구는 영적인 평화를 얻었고, 지속적으로 아슈람을 찾게 되었다.

"일상생활의 사소한 문제들은 깊은 욕구를 만족시키지 못한다. 인간은 날 때부터 지혜를 갈구하는 존재이기 때문이다."

스리 유크테스와르의 말에 고무된 디젠은 무상한 육신 속의 천박한 자아보다 진정한 자아를 찾으려고 노력했다. 세람푸르 대학의 문학사 과정을 함께 공부하던 우리는 수업이 끝나면 습관처럼 아슈람으로 향했다. 스리 유크테스와르는 그때마다 2층 발코니에 서서 우리를 웃음으로 따뜻하게 맞아주셨다.

어느 날 오후, 아슈람에 거주하는 어린 카나이가 문간에서 실망스러운 소식을 전해주었다.

"스승님은 지금 안 계십니다. 급한 일로 캘커타에 가셨어요."

다음 날 나는 스승의 엽서를 한 장 받았다.

> 수요일 오전에 캘커타를 떠날 예정이다. 디젠과 함께 아침 아홉시에 세람푸르 역으로 나와주기 바란다.

그리고 수요일 오전 여덟시 반 경, 스리 유크테스와르가 보낸 텔레파시가 내 마음에 지속적으로 떠올랐다.

'나는 늦는다. 아홉시 차에 맞춰 나오지 마라.'

나는 마중을 나가려고 옷을 다 입은 디젠에게 이 '느낌'을 말해주었다. 디젠이 나를 조롱하는 투로 말했다.

"네 직감보다는 스승님의 엽서를 믿겠어."

나는 어깨를 움츠린 채 입을 다물고 자리에 앉았다. 그는 화가 났는지 투덜거리며 문을 거칠게 쾅 닫고 나가버렸다.

방 안이 좀 어두워서 나는 거리가 내려다보이는 창가로 다가갔다. 그때 비스듬히 비치던 햇빛이 갑자기 눈부시게 변하더니 쇠틀로 된 창문이 없어졌다. 이어서 스리 유크테스와르의 모습이 분명히 형상화되어 어리둥절해하는 내 앞에 나타났다.

몹시 당황한 나는 의자에서 일어나 무릎을 꿇었다. 존경의 표시로 스승의 발밑에서 인사하면서 신발을 만져보았다. 실로 꿰맨 오렌지색의 매우 낯익은 신발이었다. 스승의 스와미 옷이 내 얼굴을 스쳤다. 분명히 스승의 옷자락을 만졌고, 매끄러운 신발 표면과 발가락의 탄력까지 감지했다. 나는 너무 놀라 한마디 말도 못한 채 일어나서 경이로운 눈으로 스승을 응시했다. 스승은 조용하고 완전히 정상적인 목소리로 말씀하셨다.

"네가 나의 텔레파시를 받아서 기쁘다. 나는 캘커타에서 이제 일을 끝내고 열시 기차로 세람푸르에 도착할 것이다."

말문이 막혀 바라보고만 있자 스승이 계속 말씀하셨다.

"나는 유령이 아니다. 이렇게 살과 피가 있는 몸이다. 세상에서는 거의 알 수 없는 이 경험을 너에게 전할 것을 신으로부터 지시받았다. 역에서 만나자. 너와 디젠은 내가 이 옷을 입은 채로 다가오는 모습을 보게 될 것이다. 내 앞으로 은빛 물병을 든 조그만 아이 하나가 걸어 나올 것이다."

스승은 내 이마에 손을 얹고 축복을 내리셨다. 그가 '타바 아시'* 라는 말로 축복을 마치자 우르릉** 하는 소리가 들렸다. 스승의 몸은 점차

---

* 뱅골어로 '안녕'인데, 문자 그대로는 '그럼, 온다.'는 역설적 의미이다.
** 신체의 원소가 분해될 때 나는 소리이다.

눈부신 햇빛 속에서 용해되었다. 처음에는 발과 다리가, 이어서 가슴과 머리가 두루마리 말리듯이 사라졌다. 최후의 순간까지 머리에 가볍게 올려 놓은 스승의 손길이 느껴졌다. 광채가 사라지자 내 앞에는 창문과 흐릿한 햇빛만이 남아 있었다.

나는 유령에 홀린 것만 같아 정신이 멍했다. 잠시 뒤 디젠이 풀죽은 모습으로 방에 들어와서 조금 미안하다는 투로 말했다.

"스승님은 아홉시 차는 물론 아홉시 반에도 오시지 않았어."

"이봐, 스승님은 열시 차로 오실 거야."

나는 디젠의 손을 잡고 그의 반대에도 아랑곳하지 않고 강제로 끌고 집을 나왔다. 약 10분 뒤 우리가 역에 막 들어서자 때마침 기차가 도착했다. 나는 기쁨에 넘쳐 소리쳤다.

"기차 전체가 스승님의 후광으로 가득 찼구나! 저기 스승님이 계시다!"

디젠이 조롱하듯 웃었다.

"꿈꾸고 있는 거 아냐?"

"여기서 기다리자."

나는 이렇게 말하면서 친구에게 스승님이 어떻게 나타나실지 자세히 설명했다. 곧이어 스승은 내가 바로 조금 전에 본 것과 똑같은 옷을 입고, 은빛 물병을 든 조그만 소년의 뒤를 따라 천천히 걸어오셨다.

믿을 수 없는 기이한 경험에 순간 일말의 공포감이 스쳐 지나갔다. 20세기 물질문명의 세계에서 벗어난 것 같았다. '내가 지금 예수가 바다에서 베드로 앞에 나타났던 그 옛날로 돌아간 것인가?'

현대의 요기 그리스도인 스리 유크테스와르는 디젠과 내가 말없이 서 있는 곳으로 다가와서 친구에게 웃으면서 말씀하셨다.

"너에게도 메시지를 보냈는데, 너는 받지 못했구나."

디젠은 잠자코 나를 의심하는 눈초리로 바라보았다. 우리는 스승을 아슈람에 모셔드린 다음 세람푸르 대학으로 함께 걸어갔다. 길을 가던 디젠이 화가 잔뜩 난 채 멈춰 서서 말했다.

"그래! 스승님은 내게도 메시지를 보내셨어! 그런데 너는 그걸 내게 숨겼지. 어디 해명을 해봐!"

나는 이렇게 대꾸했다.

"네 마음의 거울이 그렇게 요란하게 요동을 쳐서 스승의 지시를 받아들이지 못하는데, 내가 어떻게 도와줄 수 있겠어?"

그의 얼굴에서 분노가 가시고 뉘우치는 기운이 퍼져갔다.

"네가 무슨 말을 하는지 알겠어. 그런데 물병을 든 소년 이야기는 어떻게 알았는지 이야기 좀 해줘."

그날 아침 하숙집에 스승의 형상이 나타난 이야기를 다 마칠 즈음 우리는 세람푸르 대학에 도착했다. 디젠이 말했다.

"스승님의 능력에 관한 이야기를 들으니 세계의 모든 대학이 단지 유치원에 불과하다는 생각이 든다."*

---

* 성 토마스 아퀴나스는 『신학대전Summa Theologiae』을 완성해달라고 독촉하는 비서에게 이렇게 말했다. "그 일들을 겪고 나니, 내가 저술한 모든 것이 이제 내 눈에는 지푸라기만도 못한 것 같다." 그는 1273년 어느 날 나폴리 교회에서 있었던 미사 중에 신비한 경험을 했다. 신성한 지식의 영광이 그에게 흘러넘쳐 그 뒤로는 지성에 관해 아무런 흥미도 느끼지 못했다. 플라톤의 『파이드로스Phaidros』에 나오는 소크라테스의 말 가운데 "내가 아는 모든 것은 내가 아무것도 모른다는 사실뿐이다."와 좋은 비교가 된다.

## 20

# 멀고 먼
# 히말라야

"아버지, 이번 여름방학에 스승님과 친구 넷을 초대해서 히말라야 기슭으로 여행을 가고 싶어요. 죄송하지만 카슈미르 행 기차표 여섯 장과 여행 경비를 좀 마련해주시면 안 될까요?"

예상했던 대로 아버지는 껄껄 웃으며 말씀하셨다.

"네가 되지도 않는 이야기를 하는 것이 이번이 세 번째이다. 작년에도, 재작년에도 비슷한 부탁을 하지 않았니? 내가 허락을 해도 결국에는 스리 유크테스와르님이 거절하실 거다."

"맞아요, 아버지. 왜 스승님이 카슈미르 방문에 대해 명확한 답변을 안 하시는지 모르겠어요.* 그렇지만 아버지가 차표를 이미 준비했다

---

* 스승은 아무런 설명도 하지 않지만, 두 번의 여름방학 동안에 카슈미르 방문을 꺼린

고 말씀드리면 이번에는 여행을 허락하실지도 몰라요."

아버지는 그때 별로 믿어지지 않는다는 표정이셨지만, 다음 날 익살 섞인 농담을 하면서 기차표 여섯 장과 10루피짜리 지폐 여러 장을 건네주셨다.

"너의 이론적인 여행에 이런 실제적인 '지원'이 필요할지는 모르겠다만, 그래도 준비는 해두었으니 받도록 해라."

그날 오후 스승에게 준비물을 보여드렸다. 스승은 내 열성에 미소를 지으면서도 확실한 언질을 주지는 않은 채로 이렇게 말씀하셨다.

"나도 가고 싶구나. 좀 기다려보자."

내가 아슈람의 소년 카나이를 동행시켜 달라고 해도 별다른 반응이 없으셨다. 나는 라젠드라 나트 미트라, 조틴 오디와 또 다른 친구 한 명, 이렇게 셋을 초대했다. 우리의 출발 날짜는 그 다음 주 월요일로 잡혀 있었다.

토요일과 일요일은 사촌의 결혼식 때문에 캘커타에 머물렀다. 월요일 아침 일찍 짐을 가지고 세람푸르에 도착했는데 라젠드라가 암자의 문간에서 나를 맞아주었다.

"스승님은 밖에서 산책하고 계셔. 같이 안 가시겠다는 뜻이야."

슬프기도 하고, 한편으로는 은근히 오기도 났다.

"카슈미르에 가겠다는 터무니없는 계획으로 아버지에게 세 번씩이나 웃음거리가 될 수는 없어. 우리끼리라도 가야 해."

라젠드라도 동의했다. 나는 일꾼을 구하러 아슈람을 떠났다. 카나

---

것은, 아마도 아직은 거기서 병을 앓을 때가 안 되었다는 사실을 미리 알고 계셨기 때문일 것이다.

이는 스승과 동행하지 않으면 안 갈 생각이라서 대신 짐을 들어줄 사람이 필요했기 때문이다.

나는 전에 우리 집 하인이었다가 지금은 어느 세람푸르 학교 교장의 집에서 일하는 베하리를 떠올렸다. 서둘러 가는 길에 세람푸르 법원 근처 교회 앞에서 스승을 만났다.

"어디 가느냐?"

웃는 얼굴이 아니셨다.

"예, 스승님과 카나이가 여행에 참가하지 않으신다기에 베하리를 찾으러 가는 길입니다. 기억하시겠지만 그는 작년에 카슈미르를 매우 보고 싶어해서 무보수로 봉사를 하겠다고까지 했거든요."

"알고 있다. 그러나 베하리는 가려고 하지 않을 것이다."

나는 약간 흥분했다.

"그가 이런 기회를 얼마나 애타게 기다리고 있는데 그런 말씀을 하십니까?"

스승은 걸음을 옮기셨다.

나는 곧 교장의 집에 도착했다. 베하리가 정원에 있다가 나에게 따뜻하게 인사를 건네왔다. 그러나 카슈미르 이야기를 꺼내자 돌연 머뭇거리더니 사과의 말을 하고는 주인집 안으로 들어갔다. 그러고는 30분을 기다려도 나오지 않았다. 필경 그가 여행 준비 때문에 그럴 것이라 생각하던 나는 마침내 현관문을 두드렸다.

"베하리는 30분 전에 뒷문으로 나갔는데요."

어떤 사람이 수상쩍은 미소를 지으며 알려주었다.

나의 초대가 너무 강압적이었나, 아니면 스승의 보이지 않는 영향력이 작용한 것인가, 이런저런 생각을 하면서 돌아오는 내내 슬픈 심정이었다.

교회를 지날 때, 나는 다시 스승이 천천히 걸어오시는 모습을 보았다. 내 이야기를 듣지도 않고 스승이 말씀하셨다.

"그래, 베하리는 안 간다지? 이제 넌 어떻게 할 계획이냐?"

나는 마치 권위적인 아버지에게 저항하는 반항아처럼 느껴졌다.

"숙부한테 가서 그분의 하인인 랄 드하리의 도움을 받게 해달라고 할 참입니다."

"그렇다면 가보아라. 그러나 그리 만족스럽지 못할 것이다."

스승은 웃으면서 말씀하셨다.

불안했지만 반항하는 심정으로 나는 스승과 작별하고 세람푸르 법원으로 들어갔다. 숙부 사라다 고슈는 검사였는데, 나를 따뜻하게 맞아주었다.

"오늘 친구들과 함께 카슈미르로 떠나기로 했어요. 수년 동안이나 이번 히말라야 여행을 학수고대해 왔거든요."

"그래, 아주 반갑구나. 무쿤다야, 내가 뭐 도와줄 일이라도 있느냐?"

친절한 말씀에 나는 새삼 용기가 솟았다.

"숙부님, 제게 랄 드하리를 며칠간만 내어주실 수 있을까요?"

이 간단한 부탁이 지진과도 같은 결과를 몰고 올 줄이야! 숙부가 얼마나 사납게 일어섰는지 의자가 넘어졌고, 책상 위의 서류가 사방으로 흩어졌으며, 코코넛 줄기로 만든 그의 긴 담배 물부리가 마룻바닥에 덜커덕 소리를 내며 떨어질 정도였다.

숙부는 분노로 치를 떨며 소리쳤다.

"이 자기밖에 모르는 놈! 어디 와서 그런 엉터리 수작을 부리는 게냐! 네가 놀러 가는 일 때문에 내 하인을 내어주면, 나는 누가 돌본단 말이냐?"

성격이 온순한 숙부가 그렇게 급작스럽게 돌변한 것은 그날 하루 동안 일어난 여러 번의 알 수 없는 수수께끼들 중 하나였으므로 그다지 크게 놀라지도 않았다.

나는 법원 사무실을 얼른 빠져나왔다. 그리고 친구들이 모여 있는 아슈람으로 돌아왔다. 스승의 태도에는, 비록 알 수 없지만 그럴 만한 충분한 동기가 있을 것이라는 생각이 점차 들었다. 그걸 모르고 스승의 뜻을 꺾으려 했던 내 행동이 후회스러웠다.

스승은 내 뜻을 물으셨다.

"무쿤다야, 나하고 조금만 더 같이 있지 않겠느냐? 친구들은 먼저 가서 캘커타에서 기다리도록 하고 말이다. 아직 캘커타에서 카슈미르로 가는 막차 시간은 많이 남아 있으니까……."

나는 슬픈 어조로 대답했다.

"스승님, 저는 스승님과 함께하지 않는다면 가고 싶지 않습니다."

친구들은 내 말에 아랑곳하지 않고 마부를 불러 짐을 싣고 떠나버렸다. 카나이와 나는 스승의 발밑에 조용히 앉아 있었다. 묵묵히 반 시간쯤 지난 뒤 스승은 자리에서 일어나 2층 발코니로 가면서 말씀하셨다.

"카나이야, 무쿤다의 식사를 차려주어라. 기차가 곧 떠날 것이다."

담요 방석에서 막 일어나려는데, 갑자기 속이 메슥거리고 위장에 심한 경련이 느껴지면서 몸이 비틀거렸다. 찌르는 듯한 고통이 어찌나 심한지 돌연 무서운 지옥으로 떨어지는 듯했다.

스승을 찾아 더듬거리던 나는 무서운 콜레라 증상을 보이면서 스승 앞에서 쓰러졌다. 스승과 카나이가 나를 거실로 옮겼다. 나는 고통 속에서 소리쳤다.

"스승님, 제 생명을 당신께 맡기겠습니다."

생명이 내 몸에서 썰물처럼 빠르게 빠져나가는 느낌이 들었기 때문이다. 스리 유크테스와르는 자신의 무릎 위에 내 머리를 올려놓고 천사처럼 부드럽게 이마를 쓰다듬으며 말씀하셨다.

"친구들과 같이 역에 갔더라면 어떤 일이 일어났을지 이제 알겠느냐? 네가 처음부터 이번 여행에 대한 내 생각을 의심했기 때문에 나는 이런 방법으로라도 너를 돌봐야만 했다."

나는 드디어 깨달았다. 위대한 스승들은 자신의 힘을 공개적으로 과시하지 않으므로 그날 일어난 사건들도 무심코 관찰한다면 모두가 아주 자연스럽게 보였을 것이다. 스승의 힘이 개입되었음에도 너무나 미묘하여 전혀 몰랐다. 그분은 암암리에 베하리와 숙부와 라젠드라와 다른 친구들을 통해 당신의 의지를 작용시키신 것이다. 아마도 나 말고는 모두가 그 상황을 합리적이고 지극히 정상적인 것으로 생각했으리라.

스리 유크테스와르는 언제나 사회적 의무를 어김없이 준수했으므로 카나이를 시켜 의사를 불러오고 숙부에게 연락을 취하도록 하셨다. 나는 스승의 그 같은 조치에 반대했다.

"스승님, 스승님만이 제 병을 고치실 수 있습니다. 의사가 병을 치료할 수 있는 상태는 이미 지났습니다."

"얘야, 넌 이미 신의 자비로 보호를 받았다. 의사에 대한 걱정은 하지 마라. 그가 올 때쯤이면 너는 결코 이런 상태가 아닐 것이다. 너는 이미 나아 있을 테니까."

스승의 말씀이 끝나자 끔찍한 고통이 지나갔다. 나는 힘없이 일어나 앉았다. 곧 의사가 도착하여 나를 주의 깊게 관찰했다.

"심한 고비는 지난 것 같군요. 몇 가지 가검물可檢物을 가져가서 살펴보겠습니다."

다음 날 아침, 의사가 허겁지겁 달려왔다. 나는 기분이 무척 좋아 앉아 있는 중이었다. 그는 내 손을 가볍게 두드리며 말했다.

"당신이 여기 이렇게 웃으면서 앉아 있다니! 죽음과는 아무런 연관이 없는 사람처럼 얘기도 하고……. 당신의 병이 아시아형 콜레라라는 것을 알고 여태 살아 있으리라고는 꿈에도 생각하지 않았네. 젊은이, 당신은 행운아야. 신성한 치유의 힘을 가진 스승을 모시고 있으니 말이야! 난 진심으로 그렇게 믿네!"

나 역시 전적으로 동감했다. 의사가 떠날 준비를 하고 있는데, 라젠드라와 오디가 문가에 모습을 드러냈다. 친구들은 몹시 화가 난 듯했지만, 내 야윈 얼굴과 의사를 번갈아 바라보고는 이내 동정하는 표정으로 바뀌었다.

"캘커타 역에 네가 나타나지 않아서 몹시 화가 났었는데……, 몸이 아팠었니?"

"그래."

친구들이 어제 그 자리에 짐을 다시 내려놓는 것을 보고 웃지 않을 수 없었다. 나는 다음과 같은 구절을 인용했다.

"스페인으로 가는 배가 한 척 있었다. 하지만 도착과 동시에 다시 돌아왔다!"

스승이 방에 들어오셨다. 나는 회복 중인 환자로서 누릴 수 있는 '무례'를 이용해서 스승의 손을 따스하게 잡았다.

"스승님, 저는 열두 살 때부터 히말라야에 가려고 노력했지만 매번

# 실패했습니다. 이제 깨달았어요. 스승님의 축복이 없이는 파르바티*

* 원뜻은 '산들의'이다. 파르바티는 신화적으로 티벳 경계의 어떤 봉우리에 사는 히말라야(원래 뜻은 '눈들의 영역'이다) 왕의 딸로 표현된다. 그 난공불락의 봉우리 밑을 지나노라면, 멀리 보이는 얼음 돔과 얼음 탑들로 된 궁전 같은 광대한 눈의 형태에 여행자는 놀라게 된다.

파르바티, 칼리, 두르가, 우마, 기타 여신들은 역할에 따라 여러 가지로 불리는 자간마트리, 즉 '세계의 어머니 신'의 모습들이다. 신 혹은 시바는 그의 파라, 즉 초월적 위상으로 보면 피조물에서 활동하지 않는다. 그의 샤크티(에너지, 활력)가 '배우자들'에게 위탁되어, 생산을 하는 그 '여성적' 힘이 우주의 무한한 전개를 가능케 해주는 것이다.

『푸라나Purana』에 나오는 신화는 히말라야를 시바의 거처로 보고 있다. 강가ganga 여신은 하늘에서 내려와 히말라야 원류 강(갠지스)의 지배신이 되었다. 그러므로 갠지스 강은, 하늘로부터 시바의 머리를 타고 지상으로 흘러내린다고 시적으로 표현되기도 한다. 시바는 '요기의 왕'이며, 3위 신 중에서 파괴-혁신을 담당한다.

'인도의 셰익스피어'인 칼리다사는 히말라야를 '시바의 커다란 웃음'으로 묘사하고 있다. 또 F. W. 토머스는 『인도의 유물The Legacy of India』에서 "독자들은 하얗게 뻗은 커다란 이빨만을 상상할지 모르나 그것으로는 불충분하다. 높이 솟아오른 산들로 뒤덮인 영원의 왕관을 쓰고, 달이 그 꼭대기에 장식되어 하늘로부터 내려온 갠지스 강이 흐트러진 머리 타래를 타고 흘러내리는, 그처럼 거대한 은자의 모습을 떠올리지 않으면 그 의미를 제대로 파악할 수 없다."라고 쓰고 있다.

힌두 예술에서 시바는 흔히 벨벳 같은 흑색 영양의 가죽옷을 입고 나타나는 것으로 묘사된다. 흑색은 밤의 어둠과 신비를 상징하는 것으로 디감바라, 즉 '하늘을 입은' 그의 유일한 옷이다. 어떤 시바의 종파들은 옷을 입지 않는데, 그것은 아무것도 가지지 않는, 그럼으로써 모든 것을 가지는 주(시바)를 존경하는 뜻에서이다.

카슈미르의 수호성자 중 한 명인 14세기의 랄라 요기스와리(요가의 최고 여왕)는 '하늘을 입은' 시바의 신봉자였다. 나체 상태를 수치스럽다고 생각한 어떤 사람이 왜 옷을 입지 않느냐고 그 성녀에게 물어보았다. 랄라는 신랄하게 대답했다. "옷을 왜 안 입느냐고요? 난 주위에서 남자를 찾아볼 수 없기 때문이에요." 랄라의 약간 기이한 사고 방식에서 보면, 신에 대한 깨달음이 결여된 남자는 '남자'라는 이름을 누릴 자격이 없다는 것이다. 그녀는 크리야 요가와 밀접한 관련이 있는 기법을 수행했는데, 여러 편의 4행시에서 그 자유로운 효능에 관해 찬양하고 있다. 여기 그중 하나를 번역해본다.

> 어떤 슬픔의 산酸인들, 나 마셔보지 않았겠는가.
> 셀 수 없이 반복된 나의 삶과 죽음이여,
> 보라! 내 잔에는 감로주만 있으니,
> 호흡의 기술로 이를 들이켠다네.

그 성녀는 어떠한 필멸의 죽음도 겪지 않았으며, 자신을 불로 소멸시켰다. 뒤에 그녀는 자

여신이 저를 받아주지 않는다는 것을 말입니다."

---

기를 애도하는 사람들 앞에 다시 몸을 드러냈는데, 황금빛 외투를 걸친 살아 있는 모습 그
대로였다. 드디어 그녀는 옷을 완전히 입게 된 것이다.

## 21

# 드디어 히말라야를
# 여행하다

내가 아시아형 콜레라에서 기적적으로 회복
된 지 이틀 뒤에 스리 유크테스와르가 말씀하셨다.

"너는 이제 여행을 할 수 있을 만큼 충분히 건강을 회복했다. 나도
카슈미르에 같이 가겠다."

그날 저녁, 우리 일행 여섯 명은 기차를 타고 북쪽으로 향했다. 첫날
은 히말라야 산맥의 옥좌에 여왕처럼 눌러앉은 도시 시믈라에서 여장
을 풀고 휴식을 취했다. 그리고 웅장한 경관에 찬사를 보내면서 가파
른 절벽의 험로를 돌아다녔다.

"영국산 양딸기 사세요."

그림 같은 노점상에 쭈그리고 앉아 있던 노파가 소리쳤다. 스승은
작고 빨간 그 열매에 상당한 호기심을 느끼신 모양이었다. 한 바구니

를 사서 옆에 있던 카나이와 나에게 주셨다. 나는 한 개를 맛보았으나 얼른 땅에 뱉어버렸다.

"스승님, 굉장히 맛이 신데요? 저는 아무래도 양딸기를 좋아할 것 같지 않습니다!"

스승은 웃으셨다.

"그래? 미국에 가면 좋아하게 되겠지. 저녁 식사에 너를 초대한 여주인이 설탕과 크림을 함께 넣은 딸기를 갖다줄 것이다. 그녀가 포크로 짓이겨 주면, 너는 그 맛을 보고「정말 맛있는 딸기네요!」하고 말할 것이다. 그때 너는 시믈라에서 있었던 오늘의 일을 기억하게 될 것이다."

스승의 예언은 곧 뇌리에서 사라졌지만 몇 년 뒤 미국에 도착하고 나서 얼마 안 되어 다시 생각났다.

매사추세츠 주 웨스트 서머빌에 있는 앨리스 T. 헤이지 부인(요그마타 수녀) 댁의 저녁 식사에 초대를 받은 적이 있었는데, 부인은 식사가 끝난 뒤에 으깬 딸기에 크림과 설탕을 발라 주면서 말했다.

"이 과일은 좀 신데, 이렇게 해서 드시면 좋아하실 것 같군요."

나는 한 입을 먹었다. 그리고 곧 "정말 맛있는 딸기네요!" 하고 감탄했다. 그 순간 갑자기 기억의 밑바닥에서 스승의 예언이 떠올랐다. 나는 그렇게 오래 전에, 미래의 창공에서 떠돌아다니는 업의 계획까지 알아맞힌 스승의 신비한 의식을 깨닫고는 무섭도록 놀라운 존경심을 느꼈다.

우리는 곧 시믈라를 떠나 기차를 타고 라왈핀디로 향했다. 거기서 커다란 삼두마차 한 대를 빌려 탔는데, 이레 걸려서 카슈미르의 주도州都인 스리나가르에 도착했다.

북부 여행의 둘째 날에는 히말라야의 장관을 볼 수 있었다. 마차가 더운 돌밭길을 삐꺽거리며 가는 동안, 우리는 그만 장엄하고 변화무쌍한 산악 조망의 포로가 되고 말았다.

오디가 말했다.

"스승님, 스승님과 동행하여 이 장관을 감상하니 정말 기쁩니다."

나는 이 여행의 리더였으므로, 오디의 찬사를 듣고 약간 우쭐한 느낌이 들었다. 스리 유크테스와르가 내 마음을 들여다보고 속삭이듯 말씀하셨다.

"너무 우쭐대지 마라. 오디는 경치에 취한 게 아니라 담배 한 대 태우려고 우리를 피하고 싶은 생각에 취해 있다."*

나는 약간 충격을 받아 낮은 소리로 말씀드렸다.

"스승님, 제발 언짢은 말씀으로 화합을 깨지 마십시오. 오디가 담배를 피우고 싶어서 안달을 부린다고는 도저히 생각되지 않습니다."

나는 언제나 저항할 수 없는 스승을 불안하게 바라보았다.

"좋다. 나는 오디에게 아무 말도 하지 않겠다. 마차가 정지하면 그가 재빨리 기회를 잡는 광경을 보게 될 것이다."

스승이 웃으셨다. 마차가 작은 여관 앞에 도착했다. 잠시 말들에게 물을 먹이는 사이 오디가 스승에게 여쭈었다.

"스승님, 잠시 마부와 함께 타고 가도 되겠습니까? 바깥 바람을 좀 쐬고 싶습니다."

스리 유크테스와르는 이를 허락하셨다. 그러나 나에게는 "신선한 공기가 아니라 신선한 담배 맛을 보고 싶겠지." 하고 말씀하셨다. 마차

---

* 인도에서는 어른이나 연장자 앞에서 담배를 피우는 것을 불경한 태도로 간주한다.

는 다시 먼지투성이 길을 덜컹거리며 달리기 시작했다. 스승이 눈을 반짝이며 말씀하셨다.

"마차 문 밖으로 고개를 내밀어서 오디가 무슨 행동을 하고 있는지 봐라."

스승이 시키신 대로 밖을 내다보던 나는 깜짝 놀랐다. 오디가 담배 연기를 동그랗게 내뿜고 있었던 것이다. 스승을 바라보는 내 시선에는 사과의 뜻이 담겨 있었다.

"스승님 말씀은 언제나 옳군요. 오디는 경치와 함께 담배 연기도 즐기고 있습니다."

친구는 마부에게 담배를 빌린 모양이었다. 내가 알기로는 캘커타에서 담배를 전혀 가져오지 않았으니 말이다.

우리는 강과 계곡, 가파른 바윗길과 다양한 단층의 산들을 감상하면서 미로 같은 길을 계속 나아갔다. 밤이면 시골풍의 여관에 머물며 식사를 했다. 스승은 나의 식사에 각별한 관심을 가지며 항상 라임 주스를 마셔야 한다고 말씀하셨다. 나는 아직 몸이 약했지만 덜컹거리는 마차에 시달리면서도 날마다 상태가 호전되어 갔다.

마차가 점점 카슈미르의 중심부로 가까이 가면서 우리의 마음도 즐거운 기대로 가득 찼다. 카슈미르는 연꽃 호수와 떠도는 정원, 화사한 덮개의 선상 가옥, 다리가 많은 즈헬룸 강, 꽃이 흩뿌려진 초원 등이 히말라야 산들로 둘러싸인 천국의 땅이었다.

커다란 나무들이 우리를 환영하는 듯이 줄지어 서 있는 거리를 지나 스리나가르로 들어갔다. 그리고 멋진 언덕이 내려다보이는 이층집 여관에 객실을 예약했다. 흐르는 물은 구할 수 없어서 우물에서 물을 떠왔다. 낮에는 따뜻하고 밤에는 선선해서 여름 날씨치곤 아주 이상적이었다.

우리는 스와미 샹카라를 모신 오래된 스리나가르 사원을 순례했다. 나는 하늘로 높이 솟아오른 산꼭대기 암자를 바라보고 황홀경에 빠져들었다. 먼 나라의 언덕 위에 세워진 저택이 환시로 나타났다. 스리나가르에 높게 솟은 샹카라 사원이 수년 후에 내가 미국에 설립한 '자아실현협회Self-Realization Fellowship' 본부의 건물로 변형되었다. 나는 로스앤젤레스를 처음으로 방문하여 워싱턴 산 정상에 있는 커다란 건물을 보고, 곧바로 오래 전 카슈미르와 다른 장소들에서 본 환시가 떠올랐다.

스리나가르에서 며칠을 지낸 다음, 우리는 해발 1,800미터 높이에 우뚝 솟은 굴마르그(꽃의 산길)로 갔다. 거기서 나는 처음으로 커다란 말을 타보았다. 라젠드라는 작은 조랑말을 탔는데, 그 조랑말은 속도를 향한 열망이 심장에 장전된 동물이었다. 우리는 매우 험준한 킬란마르그로 나아갔다. 나무버섯들이 지천으로 널린 빽빽한 숲으로 길이 나 있었다. 안개가 자욱한 오솔길을 만나면 때때로 위태롭기까지 했다.

그렇지만 라젠드라가 탄 작은 조랑말은 가장 위험한 굽이에서도 나의 준마에게 잠깐의 휴식을 허락하지 않았다. 계속해서 길을 가는데도 라젠드라의 조랑말은 지칠 줄 몰랐다. 오로지 경쟁의 기쁨 외에는 다 잊어버린 기색이었다.

우리의 격렬한 경주는 숨막힐 듯한 전망으로 충분히 보상을 받았다. 나는 난생 처음 사방으로 눈이 덮인 장엄한 히말라야를 바라보았다. 히말라야는 거대한 북극곰의 그림자처럼 켜켜이 쌓인 설산을 거느리고 있었다. 화창한 푸른 하늘을 배경으로 끝없이 이어지는 설산을 보면서 내 눈은 기쁨에 겨워 관람의 향연을 마음껏 누렸다.

외투를 입었던 나와 젊은 동료들은 하얀 산비탈에서 즐겁게 굴렀다. 하산길에는 저 멀리 노란 꽃이 양탄자처럼 펼쳐진 넓디넓은 꽃밭이 나타났다. 덕분에 황량한 언덕의 분위기가 완전히 달라보였다.

다음 소풍은 샬리마르와 니샤트 바그흐에 있는 자항기르 황제의 유명한 '쾌락의 정원'으로 가는 일정이었다. 이 고대 궁전은 자연 폭포 바로 위에 건립되었다. 높은 산에서 쏟아져 내려오는 급류가 교묘한 장치들로 조절되어 다채로운 테라스들을 넘고 넘어 눈부신 꽃밭 한가운데에 있는 분수들로 흘러들었다. 물살은 또 궁전의 방들을 지나 종국에는 그 아래에 있는 호수로 동화처럼 흘러내렸다. 거대한 정원들은 장미와 재스민, 백합, 금어초, 팬지, 라벤더, 양귀비 등의 다채로운 색상으로 화려한 모습을 뽐내고 있었다. 치나르(플라타너스), 삼나무, 벚나무가 대칭으로 줄지어선 광경은 마치 주변 풍경을 둘러싸는 에메랄드 보석처럼 보였다. 그 너머로는 흰색의 가파른 히말라야가 우뚝우뚝 솟아 있었다.

카슈미르 포도는 캘커타에서는 맛보기 힘든 특별한 진미로 여겨진다. 카슈미르에 도착하자마자 포도의 성찬을 즐기자고 약속했던 라젠드라는 드넓은 포도밭이 전혀 없다는 사실을 알고 몹시 실망했다. 나는 가끔씩 라젠드라의 근거 없는 기대감을 익살스럽게 놀려주었다.

"아, 포도를 배 터지게 먹었더니 이제 걷지도 못하겠네. 눈에 안 보이는 포도가 내 안에서 발효되고 있다니까!"

나중에 듣고 보니 달콤한 포도는 카슈미르의 서쪽 지역인 카불에서 많이 나는 것이었다. 라브리(고농축 우유)로 만들어 피스타치오로 풍미를 더한 아이스크림으로 만족할 수밖에 없었다.

우리는 빨간 자수가 수놓인 덮개로 그늘막을 친 작은 배(시카라)도 여러 번 탔고, 달 호수Dal Lake의 복잡한 수로를 지나가기도 했는데, 그 수로는 마치 물 위에 뜬 거미줄로 짠 그물망처럼 보였다. 통나무와 흙으로 대충 얽어 만든 채마밭들이 물길에 많이 떠다녔다. 광대한 호수 한가운데를 떠다니는 채마밭에서 자라는 채소들과 멜론을 처음 본 순간 그 독특한 광경에 놀라움을 금할 수 없었다. 여기서는 '땅에 뿌리내리기'를 거부하는 농부가 자신의 사각형 '경작지'를 끌고 갈래갈래 이어진 호수의 새로운 장소로 옮겨다니는 모습도 심심찮게 보였다.

이 유명한 계곡은 지상의 모든 아름다움의 축소판과도 같았다. 비유하자면, 카슈미르 여사가 산을 왕관으로 쓰고 호수를 화환으로 두르고 꽃을 신발로 신고 있는 격이다. 몇 년 뒤 여러 나라를 여행하고 나서 나는 왜 카슈미르가 세계 최고의 명승지로 불리는지 이해하게 되었다. 카슈미르는 스위스의 알프스, 스코틀랜드의 로몬드 호수, 영국의 빼어난 호수들이 가진 매력을 조금씩 품고 있다. 카슈미르를 찾은 미국인 여행자들은 알래스카와 덴버 근처 파이크스 피크의 강인한 장엄미를 생각나게 하는 장소가 카슈미르에 많다는 이야기를 자주 한다.

아름다운 경치 경연에 작품을 출품하라면, 나는 수천 자락의 수로에서 퍼덕이는 물고기들 사이로 하늘과 산과 포플러 나무가 반사되는 멕시코 소치밀코의 찬란한 풍경, 아니면 히말라야라는 엄한 감독의 보호를 받는 아름다운 아가씨들 같은 카슈미르의 보석처럼 빛나는 호수들을 으뜸으로 꼽고 싶다. 이 두 곳은 지상에서 가장 아름다운 장소로 기억 속에 뚜렷이 남아 있다.

그렇지만 옐로스톤 국립공원과 콜로라도의 그랜드 캐니언, 알래스카 등의 경이로운 경치를 보았을 때도 경외감을 느꼈다. 옐로스톤 국립공원은 아마도 시계가 작동하듯이 매년 규칙적으로 무수한 간헐천이 하늘 높이 분출하는 광경을 볼 수 있는 지상 유일의 구역일 것이다. 자연은 이 화산 지역에 가장 이른 시기의 창조 표본을 적잖게 남겨 두었다. 오팔색과 사파이어색 웅덩이, 뜨거운 유황온천, 곰들을 비롯한 야생동물이 바로 그러한 표본들이다. 자동차로 와이오밍의 도로를 달려 뜨겁게 끓어오르는 진흙탕인 '악마의 물감통Devil's Paint Pot'에 가서 꿀렁거리는 온천, 사방으로 뿜어대는 간헐천, 수증기가 뽀얀 샘을 보고, 나는 옐로스톤이 독특함으로 특별상을 받을 만하다고 말하고 싶어졌다.

요세미티 국립공원에서 자라는 고대의 장엄한 삼나무 군락이 하늘 끝까지 거대한 기둥을 뻗치고 있는 광경은 마치 신의 솜씨로 만들어진 자연의 초록 성당들처럼 보인다. 동양에도 놀라운 폭포가 더러 있지만, 미국과 캐나다 접경지대에 위치한 나이아가라 폭포의 아름다운 격류에 필적하지는 못한다. 고드름을 닮은 온갖 형체를 간직한 켄터키의 매머드 동굴과 뉴멕시코의 칼스바드 동굴은 놀라운 요정의 나라이다. 동굴 천장에 매달려 지하를 흐르는 물길에 반사되는 기다랗고 뾰족한 종유석들은 우리가 상상하던 다른 세상들을 얼핏 보여주는 것 같다.

아름다움으로 세계적 명성을 얻고 있는 카슈미르 지역 사람들은 서양인처럼 피부가 희고, 신체 특징과 골격 구조도 유사하다. 파란 눈에 금발인 사람도 많다. 양장을 하면 미국인처럼 보일 정도이다. 히말라야 산맥의 냉기가, 작열하는 태양으로부터 카슈미르 사람들을 보호해주고 밝은 혈색을 보전해주는 것이다. 인도의 남쪽 지방과 적도 부근으로 갈수록 사람들의 피부색이 점점 더 검어진다.

카슈미르에서 행복한 몇 주일을 보낸 후 나는 세람푸르 대학의 가을 학기를 수강하기 위해 벵골로 돌아갈 준비를 했다. 스리 유크테스와르와 카나이, 오디 일행은 스리나가르*에 더 머물고 싶은 눈치였다. 내가 떠나기 직전에 스승은 자신의 몸이 카슈미르에서 아플 것이라는 암시를 주셨다.

"스승님, 건강하게 보이시는데요."

나는 반문했다.

"내가 이 세상을 떠날지도 모르는 때가 한 번 있단다."

나는 스승의 발밑에 엎드려 애원했다.

"스승님. 제발, 스승님. 지금 돌아가시지 않겠다고 약속해 주십시오. 저는 스승님 없이는 아무것도 해나갈 준비가 되어 있지 않습니다."

스승이 잠자코 나를 바라보며 다정하게 웃으셨으므로 확약을 얻은 것으로 생각했다. 나는 마지못해 그 곁을 떠났다.

내가 세람푸르로 돌아온 뒤 얼마 안 되어 오디에게서 전보가 왔다.

"스승님이 매우 위독하시다."

나는 미칠 것 같은 심정으로 전보를 쳤다.

"스승님, 저를 떠나지 않겠다고 약속해주십시오. 제발 건강을 잘 지키십시오. 그렇지 않으면 저도 죽고 말 겁니다."

카슈미르에서 스승의 답장이 날아왔다.

---

* 카슈미르의 주도인 스리나가르는 기원전 3세기에 아소카 왕이 건설했다. 그는 거기에 500개의 수도원을 지었는데, 그중 100개는 천 년 뒤에 중국인 순례자 현장(당나라의 승려)이 카슈미르를 방문했을 때까지도 남아 있었다. 다른 중국인 작가 법현(15세기)은 파탈리푸트라(현재의 파트나)에 있는 아소카 왕의 광대한 궁전 폐허를 돌아보고, 그 궁전의 구조가 건축과 장식 조각 면에서 믿기 어려울 정도로 아름다워 "인간의 손으로 만든 작품일 수가 없다."라는 말을 남겼다고 한다.

"네가 원하는 대로 되리라."

며칠 뒤 오디에게서 온 편지에는 스승이 회복하셨다는 내용이 적혀 있었다. 2주일 후 스승이 세람푸르로 돌아오셨을 때, 나는 스승의 몸이 반이나 축난 것을 보고 매우 슬펐다.

성스럽게도 스리 유크테스와르는 카슈미르에서 겪은 심한 열병의 불길로 제자들의 죄를 태우신 것이다. 고도의 경지에 오른 요기들은 형이상학적으로 육체의 병을 옮겨오는 방법을 잘 알고 있다. 힘이 센 사람이 약한 사람의 무거운 짐을 들어주어 도와주듯이, 영적 초인도 자기 제자들이 지은 업보의 짐을 감당하여 제자들의 육체적 고통과 영적 고통을 최소화시킬 수 있다.

부자가 자기 아들이 진 큰 빚을 갚아줄 때 어느 정도의 재산을 포기함으로써 낭비벽이 있는 아들을 어리석음이 초래할 무서운 결과에서 구제하듯이, 스승도 기꺼이 육체의 건강을 일부 희생함으로써 제자들의 고통을 경감시켜주셨던 것이다.*

성자는 신비한 요가 행법으로 자기 마음과 아스트랄체를 고통받는 사람의 그것과 묶음으로써 병의 전부 혹은 일부가 자신의 육체로 옮아오게 한다.

육체적으로 신성을 성취한 성자는 더 이상 자신의 육체에 관심을 갖지 않는다. 그가 다른 사람을 구제하기 위해 몸에 병을 얻는다 할지라도 마음은 오염되지 않으므로 영향을 받지 않는다. 그는 오히려 그러한 도움을 줄 수 있다는 사실을 스스로 축복으로 생각한다. 신의 최

---

* 테레제 노이만을 비롯한 많은 기독교 성자들도 질병의 형이상학적 이전에 대해 잘 알고 있었다(제39장 참고).

종 구원을 얻기 위해서는 인간의 육체가 완전하게 그 목적을 충족시켰음을 깨달아야 한다. 그래서 스승은 적합하다고 생각하는 어떠한 방법으로든 자신의 육체를 사용하는 것이다.

지상에서 맡은 구루의 임무는 영적 수단이나 지적 충고, 혹은 의지력, 질병의 육체적 전이를 통해서 인류의 비애를 경감시키는 데 있다. 깨달은 이는 원하면 언제든지 초월의식에 몰입함으로써 육체의 질병을 망각할 수 있다. 때때로 제자들에게 시범을 보이기 위해 육체의 고통을 태연히 참기도 한다. 요기는 다른 사람의 질병을 짊어짐으로써 그들의 인과응보의 법칙도 충족시킬 수 있다. 인과율의 법칙은 기계적으로 수학적으로 정확하게 작용하는데, 신성한 지혜를 가진 사람은 이 작용을 과학적으로 조절할 수 있다.

스승이 다른 사람을 치료할 때마다 영적 법칙에 따라 반드시 아파야 할 필요는 없다. 질병의 치료는 보통 성자가 지닌 여러 가지 즉각적인 방법으로 이루어지는데, 이때 치료자에게는 아무런 해가 되지 않는다. 그러나 구루가 제자들의 영적 진보 기간을 대단히 크게 단축시키려 하는 드문 경우에는, 자의로 자기 몸을 써서 제자들의 나쁜 업보를 많이 소진시키기도 한다.

예수는 스스로를 무수한 사람들의 죄를 위한 속죄양으로 삼기를 자처했다. 예수는 신성한 권능이 있었으므로 만일 자발적으로 우주의 미묘한 인과법칙에 기꺼이 동참하지 않았더라면, 결코 십자가의 처형을 당하지 않았을 것이다.* 예수는 다른 사람, 특히 제자들의 업의 결

---

* 십자가로 끌려가기 직전 그리스도는 말했다. "너는 내가 내 아버지께 구하여 지금 열두 군단 더 되는 천사를 보내시게 할 수 없는 줄로 아느냐? 내가 만일 그렇게 하면 이런 일이 있으리라 한 성경이 어떻게 이루어지겠느냐?" 『마태복음』 26:53-54

과를 스스로 짊어졌다. 그리하여 예수의 제자들은 고도로 정결해져서 훗날 자신들에게 내린 성령, 즉 무소부재無所不在의 의식을 받아들일 수 있게 되었다.*

오직 자아를 실현시킨 스승만이 자신의 생명력을 이전시킬 수 있고, 타인의 질병을 자신의 몸속으로 옮겨놓을 수 있다. 보통 사람은 이러한 요가의 치료 방법을 사용할 수도 없고, 또한 그렇게 하는 것이 바람직하지도 않다. 왜냐하면 불건전한 육체는 깊은 명상에 장애가 되기 때문이다. 힌두교 경전은 인간의 긴요한 의무가 자신의 몸을 건전한 상태로 유지해야 하는 것이라고 가르친다. 그렇지 않으면 마음이 깊은 정신 집중 상태에 고정될 수 없기 때문이다.

그러나 정신적으로 매우 강한 사람은 모든 육체의 고통을 초월하여 신의 인식에 도달할 수 있다. 많은 성자들이 육체의 질병을 극복하고 신성한 탐구에 성공했다. 아시시의 성 프란체스코는 질병으로 극심한 고통을 받았는데도 다른 사람을 치료하였으며 또한 죽은 사람을 일으키기도 했다.

내가 알았던 인도의 한 성자는 몸의 절반이 어렸을 적부터 문드러진 상처로 뒤덮여 있었다. 당뇨병도 매우 심하여 한 번에 15분 이상을 가만히 앉아 있을 수조차 없었다. 그러나 그의 정신적 열망은 가히 불굴이었다. 그는 기도했다.

"신이시여, 당신께서는 제 부서진 몸뚱아리에 들어오지 않으시렵니까?"

그 성자는 끝없는 불굴의 의지로 점차 하루에 18시간 동안 황홀경

* 『사도행전』 1:8, 2:1-4

에 몰입하여 연화좌로 앉아 있었다.

그는 나에게 말했다.

"그렇게 3년이 지나자 내면에서 무한한 빛이 불타오르는 것을 발견했다. 그 찬란함을 만끽하며 나는 육체를 잊어버렸지. 나중에야 내 몸이 신의 자비를 통해 온전해졌다는 사실을 알게 되었다."

역사적인 질병 치유 사건으로는 인도 무굴제국의 건설자 바부르 왕(1483~1530)의 사례를 들 수 있다. 아들 후마윤이 중병을 앓게 되자 그는 비장한 결심으로 그 병을 자기가 받아들일 테니까 아들을 낫게 해달라고 기도했다. 그러자 후마윤은 회복되었다.* 그리고 바부르는 즉시 병에 걸렸는데, 아들과 똑같은 병으로 죽고 말았다.

사람들은 위대한 스승이라면 모름지기 산도우**의 건강과 힘을 지녀야 한다고 믿는다. 그런 가정은 근거가 없다. 평생 건강한 것이 반드시 내면의 밝음을 나타내지는 않듯이 몸이 아픈 것이 신성한 권능이 없다는 지표도 아니다. 스승의 근본 자격은 영적인 것이지 육체적인 것이 아니다.

서양의 많은 탐구자들은 그릇되게도 형이상학에 관해 웅변적으로 말하는 사람이나 글을 쓰는 사람을 인류의 스승이라고 생각한다. 그

---

* 후마윤은 아크바르 대제의 아버지이다. 이슬람교에 대한 열정으로 아크바르는 처음에 힌두교도를 박해했다. 그러나 나중에 이렇게 말했다. "점차 지식이 늘어나면서 나는 수치심에 휩싸였다. 기적은 모든 종교의 사원에서 일어난다."
그는 『바가바드기타』의 페르시아어 번역 사업을 이끌었고, 로마로부터 많은 예수회 신부들을 궁정으로 초대하기도 했다. 아크바르는 확실치는 않지만 사랑의 마음으로 다음과 같은 말씀(아크바르의 새 도시 파테프르 시크리의 개선문에 새겨져 있음)을 그리스도의 말로 돌렸다. "마리아의 아들 예수(그에게 평강이 있을지어다)가 말씀하셨도다. '세상은 하나의 다리이니, 그 위를 지나가되 그 위에 집을 짓지는 말지어다.'"
** 유젠 산도우. '세계에서 가장 강한 사람'으로 알려진 독일의 체육인이다(1925년 사망).

러나 어떤 사람이 스승이라는 증거는, 자기 의지로 무호흡 상태(사비칼파 사마디)에 들어가는 능력과 불변의 기쁨(니르비칼파 사마디)에 도달할 수 있는 능력에 달려 있다.* 리쉬들은 오로지 이러한 경지를 성취해야만 마야, 즉 우주의 이원적 환영을 정복했음을 증명할 수 있다고 말한다. 그런 사람만이 깊은 깨달음에서 "오직 한 분만이 존재하신다."라고 말할 수 있다.

위대한 일원론자인 샹카라는 이렇게 적은 바 있다.

> 무지로 인해 이원성이 존재할 때, 사람은 삼라만상 모든 것을 '지고의 자아'로부터 구별된 다른 것으로 본다. 모든 것이 '자아'로 인식될 때, 원소 하나까지도 '지고의 자아'와 다르지 않은 것으로 보이게 될 때, (중략) '참된 실체'에 대한 지식이 솟아오르자마자 육체의 환상으로 말미암은 과거 행위의 업보는 더 이상 나타나지 않는다. 마치 잠에서 깨어나면 꿈이 사라지듯이!

오직 위대한 구루만이 제자들의 업을 짊어질 수 있다. 스리 유크테스와르도 만약 내면의 '대영혼'이 그토록 기이한 방법으로 제자들을 도우라고 허락하지 않았더라면, 스리나가르에서 그렇게 고통받지 않으셨을 것이다. 오직 신의 뜻에 따라 움직이는 나의 스승보다 더 신의 명령을 이상적으로 수행할 수 있는 지혜를 구비한 성자는 참으로 드물 것이다.

내가 스승의 수척한 모습에 감히 연민 어린 몇 마디를 올리자 스승

---

* 제26장 참고

은 기쁘게 말씀하셨다.

"아픈 게 좋은 점도 있지. 난 이제 수년 동안 입지 않았던 작은 간지스(내의)를 입을 수 있게 되었다."

스승의 유쾌한 웃음소리를 들으며 나는 성 프란치스코 살레시오의 말을 떠올렸다.

"슬픔에 젖어 있는 성자는 가련한 성자이다!"

# 22

# 석상의
# 미소

"충실한 힌두교도의 아내로서 남편에 대해
불평하고 싶진 않지만, 물질만능적인 사고방식만은 어떻게든 돌려놓
고 싶어. 내 명상실에 걸려 있는 성자들의 사진을 보고도 코웃음을 칠
정도야. 너라면 그 사람을 좀 도와줄 수 있을 것 같은데, 어떻게 생각
하니?"

나를 바라보는 큰누나 로마의 눈길은 애원에 가까웠다. 기리시 비
댜라트나에 있는 누나 집에 잠시 들렀을 때였다. 누나의 간청이 내 마
음을 움직였다. 사실 누나는 어린 시절 나의 영적 삶에 깊은 영향을 끼
쳤고, 어머니가 돌아가시고 나서 가족들 사이의 공허감을 메우기 위해
많은 애를 썼다.

"그래요, 누나. 당연히 내가 할 수 있는 일이라면 뭐든지 할게요."

누나의 얼굴에 뚜렷이 나타난 수심을 걷어낼 마음으로 활짝 웃으며 대답했다. 평상시에 보던 침착하고 쾌활한 표정이 아니었기 때문이다.

로마 누나와 나는 잠시 동안 말없이 앉아서 기도를 드렸다. 누나는 1년 전에 크리야 요가에 입문시켜 달라고 나에게 부탁을 했었는데, 그동안 상당한 진보를 이루고 있었다.

나는 어떤 영감에 휩싸였다.

"내일, 내가 다크쉬네스와르에 있는 칼리 사원에 갈 예정인데, 누나도 같이 가고 매형한테도 같이 가자고 해봐요. 그 성스러운 장소에서 울리는 진동을 통해 성모께서 매형의 마음을 움직여주실 것 같거든요. 하지만 매형한테는 우리가 가는 목적을 미리 이야기하지 말아야 해요."

누나는 희망을 갖고 내 제안에 동의했다. 다음 날 아침 일찍부터 누나와 매형이 떠날 준비를 다 갖추고 나와 있는 모습을 보니까 상당히 기분이 좋았다. 우리를 태운 마차가 다크쉬네스와르를 향하여 덜컹대며 굴러가는 도중에 매형 사티슈 찬드라 보세는 구루들이 아무런 쓸모가 없다고 비웃느라 여념이 없었다. 가만히 살펴보니 누나는 소리 없이 울고 있었다.

내가 속삭였다.

"누나, 기운을 내요! 우리가 매형의 야유를 심각하게 생각하고 있다는 눈치를 보여선 안 돼요."

매형은 계속 중얼거렸다.

"무쿤다, 자네 같으면 사기꾼을 존경할 수 있겠나? 난 사두라는 작자들의 지저분한 꼴만 봐도 구역질이 난다니까. 어떤 놈은 뼈만 앙상하게 남아서 꼬챙이처럼 보이는가 하면, 또 어떤 놈은 코끼리만큼 뚱뚱하기도 하고, 여하튼 다 그 모양 그 꼴이야."

나는 미소를 지으며 잠자코 듣고만 있었다. 그런 반응이 곤혹스러웠는지 매형은 이내 굳은 침묵 속으로 빠졌다. 우리를 태운 마차가 다크쉬네스와르의 사원 경내에 들어서자 매형은 이제 빈정거리는 웃음을 감추려 들지도 않았다.

"이번 여행은 나를 좀 어떻게 고쳐보려고 꾸민 일 같은 냄새가 나는걸?"

아무 대꾸도 하지 않고 그냥 앞서 가는데, 매형이 내 팔을 붙잡았다.

"젊은 수도승 양반, 사원 관리자들한테 우리 점심 식사를 준비해 달라고 미리 부탁하는 걸 잊으면 안 돼."

매형은 사원의 승려들을 붙들고 논쟁을 벌이고 싶은 눈치였다.

"저는 지금 명상을 해야 됩니다. 점심 걱정은 하지 마세요. 성모께서 어떻게든 마련해주실 테니까요."

나는 간단하게 대답했다.

"난 성모를 믿지 않네. 나를 위해서 뭘 해줄 리가 없어. 그러니까 자네가 알아서 챙겨야 한다는 말이지."

매형의 어조는 다분히 위압적이었다. 나는 커다란 칼리(여신) 사원의 정면에 위치한 현관 쪽으로 혼자서 걸어갔다. 기둥 사이의 그늘진 곳을 택해 자리를 잡고 앉은 다음 연화좌를 취했다. 아직 일곱시밖에 안 되었지만 금세 뜨거운 햇볕이 내리쬘 터였다.

경건하게 명상에 잠기자 온 세상이 나에게서 멀어져갔다. 내 마음은 온통 칼리 여신에게 집중되었다. 다크쉬네스와르 사원에 있는 석상은 위대한 성자 라마크리슈나 파라마한사의 특별한 찬양을 받은 여신상이었다. 석상은 라마크리슈나의 고뇌에 찬 기도에 답하여 이따금

살아 있는 형체가 되어 성자와 이야기를 나누기도 했다.

나는 기도했다.

"고요한 성모상이시여, 당신은 사랑하는 헌신자 라마크리슈나의 간청을 듣고 살아 있는 모습이 되셨습니다. 이 아들의 울부짖음에도 귀를 기울여 주시겠지요?"

성스러운 평화와 함께 나의 열망은 깊이를 더해갔다. 하지만 다섯 시간이 흘러도 마음에 그리고 있는 여신은 응답을 해주시지 않았다. 나는 약간 의기소침해졌다. 신은 가끔 기도의 실현을 늦춤으로써 기도자의 열망을 시험하신다. 그러나 결국에는 기도자가 마음속에 그리는 형태로 모습을 드러내신다. 경건한 크리스천은 예수 그리스도의 모습을 보고, 힌두교도는 크리슈나 혹은 칼리 여신의 모습을 본다. 특별한 믿음의 대상이 없으면 무한히 뻗어나가는 빛을 보게 된다.

마지못해 눈을 뜨니, 한 승려가 정오의 일과대로 사원의 문이란 문은 모조리 닫고 있었다. 현관의 한적한 자리에 앉아 있던 나는 몸을 일으켜 사원 마당으로 걸어들어갔다. 석상의 표면은 한낮의 태양에 한창 달궈져 있었고, 내 맨발도 고통스럽게 타들어갔다.

"성모님이시여, 당신은 제 앞에 나타나지 않고 사원의 닫힌 문 뒤에 숨어 계십니다. 매형을 대신해서 당신에게 특별한 기도를 드리고 싶습니다."

내면의 탄원은 곧 응답을 받았다. 먼저 기분 좋고 차가운 기운이 등과 발밑으로 내려와서 모든 불쾌함을 씻어주었다. 그러더니 놀랍게도 사원이 엄청나게 확대되었다. 커다란 문이 천천히 열리고 칼리 여신의 석상이 나타났다. 그 석상은 점차 살아 있는 형체로 바뀌어 고개를 끄덕이며 미소를 지었다. 내 몸은 환희로 떨렸다. 신비한 주사라도 맞은 것처럼 폐에서 숨이 날아가고 몸도 지극히 고요하게 가라앉았지만, 기력이 없지는 않았다.

무아경에서 의식의 확장이 일어났다. 나는 왼쪽으로 갠지스 강 너머의 먼 거리를 분명히 볼 수 있었다. 그리고 사원 너머로 다크쉬네스와르 전역이 눈에 들어왔다. 모든 건물의 벽이 투명하게 빛을 발하는 가운데 멀리서 사람들이 오가는 모습도 보였다.

숨이 멎고 몸도 이상할 정도로 고요한 상태였지만, 손과 발은 자유롭게 움직일 수 있었다. 잠시 동안 눈을 떴다 감았다 실험을 해보았다. 눈을 감았을 때나 떴을 때나 다크쉬네스와르의 파노라마가 뚜렷이 보였다.

영적 시력은 엑스광선처럼 모든 물질을 투과한다. 신성한 눈은 주변 어디가 아니라 모든 곳의 중앙에 자리한다. 나는 햇볕이 내리쬐는 사원 마당에 서서, 거품처럼 공허하고 꿈에 불과한 물리적 세계에 빠져 있는 신의 탕아이기를 그만두는 사람은 영원한 영역을 상속받는다는 사실을 다시금 깨달았다. 만약 편협한 개성에 갇힌 인간에게 '현실 도피'가 필요하다면, 장엄한 신의 영역보다 더 좋은 곳이 어디 있겠는가!

다크쉬네스와르에서 겪은 신성한 체험에서 이상하게 커진 것은 사원과 여신의 형체였다. 다른 모든 것은 희고 푸른 무지갯빛에 싸여 있었지만 정상적인 크기였다. 내 몸은 공중에 떠오를 수 있는 에테르체가 된 것 같았다. 주변의 사물을 충분히 의식하며 사방을 둘러보고 나서 나는 서서히 발걸음을 옮겼다. 그래도 환희에 찬 환시는 끝나지 않았다.

갑자기 성스러운 벨나무의 가시 많은 가지 아래 앉아 있는 매형의 모습이 벽 뒤에 나타났다. 어렵지 않게 그의 생각을 알아차릴 수 있었다.

그의 마음은 다크쉬네스와르의 성스러운 영향력 때문에 약간 고양되어 있긴 했지만, 아직도 나에 대한 좋지 않은 상념을 붙들고 있었다. 나는 다시 여신의 우아한 형체 쪽으로 몸을 돌리고 기도했다.

"성모님이시여, 왜 제 매형을 영적으로 변화시켜주지 않으십니까?"

여태까지 말없이 서 있기만 하던 그 아름다운 형체가 드디어 입을 열었다.

"그대의 바람이 받아들여졌도다!"

나는 기쁜 마음으로 매형을 바라보았다. 매형은 무언가 영적인 힘이 자신에게 미치고 있다는 것을 본능적으로 감지하면서도 못마땅한 표정으로 자리에서 일어났다. 그는 사원 뒤편에서 주먹을 휘두르며 나에게 달려 왔다.

모두를 감싸던 환시가 갑자기 사라졌다. 더 이상 영광스러운 여신의 모습도 보이지 않았으며, 사원도 투명함을 잃고 원래의 차원으로 돌아가 있었다. 다시 내 몸은 내리쬐는 태양의 혹독한 기운으로 땀투성이가 되었다. 나는 현관의 내 자리로 뛰어갔다. 매형은 화난 얼굴로 거기까지 나를 쫓아왔다. 시계를 보았다. 오후 한시였다. 신성한 환시가 한 시간이나 계속되었던 것이다.

"이 작은 바보야, 거기서 그렇게 다리나 꼬고 사팔눈을 해가지고 몇 시간이고 앉아 있기만 하면 다인가? 나는 그런 자네를 지켜보느라 계속 앞뒤로 왔다 갔다 했단 말이네. 우리 점심은 어디 있지? 이제 사원도 닫혔고, 관리자에게 부탁도 못했고, 점심은 늦어서 다 틀린 것 같은데."

매형은 되는 대로 불평을 터뜨렸다. 여신의 모습에서 느꼈던 환희가 내 몸을 맴돌고 있었다. 나는 큰 소리로 말했다.

"성모께서 먹여주실 거예요!"

346

■ 로마 누나(왼쪽)와 여동생 날리니와 함께.

"제발 덕분에 그랬으면 얼마나 좋겠나? 미리 주문하지 않고서도 우리한테 점심을 준비해줄 수 있는 여신이라면 나도 한번 봤으면 좋겠네!"

매형은 비웃는 눈치였다. 매형의 말이 떨어지기 무섭게 사원의 승려 한 명이 마당을 가로질러 우리에게 다가와서 말했다.

"아들아, 나는 네 얼굴이 여러 시간 명상을 하는 동안 진지하게 타오르는 모습을 쭉 지켜보았다. 오늘 아침에 네 일행이 도착하는 광경도

보았다. 그때 왠지 성대한 점심 식사를 마련해주고 싶은 생각이 들었다. 미리 부탁을 하지 않은 사람들에게 식사를 제공하는 것은 사원의 규칙에 어긋나지만 너한테만은 예외로 해두겠다."

나는 그에게 감사의 인사를 전하면서 매형의 눈을 똑바로 쳐다보았다. 그의 얼굴은 어떤 격정으로 붉어져 있었다. 그리고 후회의 빛이 역력한 가운데 조용히 눈을 내리깔았다. 우리가 철이 지난 망고까지 곁들인 성찬을 대접받았을 때, 매형은 전혀 식욕이 생기지 않는 표정이었다. 다만 당황한 표정으로 깊은 생각에 잠겨 있었다.

캘커타로 돌아오는 길에는 매형의 표정이 한결 부드러웠다. 가끔씩 무언가를 호소하는 눈길도 보내왔다. 하지만 자신의 도전에 응전이라도 하듯이 승려가 우리를 점심에 초대한 다음부터 매형은 입을 굳게 닫고 단 한마디도 꺼내지 않았다.

다음 날 오후에 누나를 만나러 갔다. 누나가 따뜻하게 맞아주었다.

"애야, 기적이 일어났다. 어제 저녁에 네 매형이 내 앞에서 눈물을 흘리면서 이렇게 말하지 뭐냐! 「사랑하는 데비Devi*, 처남이 나를 완전히 다른 사람으로 바꿔놓았소. 나는 지금 얼마나 행복한지 모른다오. 당신에게 그동안 저질렀던 모든 나쁜 짓을 속죄할 생각이오. 오늘밤부터 우리의 커다란 침실을 기도하는 곳으로 사용하겠소. 당신의 그 좁은 명상실은 이제부터 우리 침실이 되는 거요. 그동안 처남을 조롱했던 것은 정말로 미안하오. 그래서 사죄의 뜻으로 내가 영적인 길에서 진보를 이룰 때까지 처남에게 말을 걸지 않는 벌을 나 자신에게 내

---

* '여신' 혹은 '빛나는 존재'라는 뜻으로 '빛나다'라는 뜻을 가진 산스크리트어 동사 어근 'div'에서 나왔다.

릴 예정이오. 지금 이 순간부터 마음속 깊이 성모를 찾아보겠소. 언젠
가는 그분을 찾고 말 거요!」"

몇 년의 세월이 흘러 1936년에 델리로 매형을 찾아간 나는, 그가 상
당한 영적 진보를 이룩하고 성모의 환시를 통해 축복까지 받았다는 것
을 알고 대단히 기뻤다. 그는 심각한 병에 걸려 건강이 상당히 나쁜 상
태였는데도, 낮 동안 격무에 시달리고 나서 밤 시간을 거의 전부 할애
하여 명상 수행을 계속하고 있었다. 함께 머무는 동안 매형의 수명이
얼마 남지 않았다는 직감이 들었다. 누나도 내 느낌을 읽은 모양이었
다. 누나가 말했다.

"애야, 나는 건강하지만 네 매형은 몸이 좋지 않아. 하지만 진실한
힌두교 신자로서 나는 절대로 내 남편을 먼저 보내지 않을 거다.* 이
누나가 세상을 뜰 날도 얼마 안 남았어."

누나의 불길한 말에 놀란 나는 그래도 그 말이 담고 있는 진실을 직
시해야 했다. 내가 미국에 있을 때, 자신이 예언한 지 꼭 18개월 만에
누나는 세상을 떠났다. 막내 동생 비슈누가 당시 상황을 자세히 알려
주었다.

"누님이 숨을 거두던 날, 누님과 매형은 캘커타에 있었어. 그날 아침
누님은 웬일인지 화사한 신부복을 차려 입고 있었어.

「아니, 당신 왜 갑자기 예복을 입었지?」

당연히 매형이 물었지.

「오늘이 이 지상에서 당신에게 드리는 내 마지막 봉사예요.」

---

* 힌두교도 아내는 남편에 대한 충실한 봉사의 표시로 남편보다 먼저 죽거나 '집안일을
하다가 죽으면' 그것이 영적인 진보의 증거라고 믿는다.

누님의 대답이었어. 잠시 뒤 누님은 심장마비를 일으켰는데, 조카가 도움을 청하러 달려나가려 하자 누님은 이렇게 말했어.

「얘야, 내 곁을 떠나지 마라. 소용없는 일이다. 의사가 오기도 전에 나는 이미 이 세상 사람이 아닐 테니까.」

그로부터 10분이 지나서 누님은 존경의 표시로 매형의 발을 붙잡은 채 의식적으로 자신의 육체를 떠났어. 물론 지극히 행복한 표정이었고 아무런 고통의 빛도 없었지.

매형은 누님이 세상을 떠난 이후로 꼭 속세를 등진 사람처럼 살았어. 하루는 내가 매형과 함께 웃고 있는 누님의 사진을 보고 있었어.

「아니, 당신 왜 웃고 있지? 나보다 먼저 떠나서 아주 잘했다 싶겠지만, 나하고 떨어져서 그리 오래 있진 못할 걸. 곧 당신과 함께하게 될 테니까.」

매형은 마치 누님이 그 자리에 있기라도 한 것처럼 말했어. 사실 그때는 병도 완전히 회복이 되어서 건강을 되찾은 시점이었는데, 매형은 갑자기 뚜렷한 원인도 없이 이상스러운 말을 하고 난 직후에 세상을 떠났어."

사랑하는 누나 로마는 자신의 예언대로 세상을 떠났고, 다크쉬네스와르를 다녀온 다음부터 평범한 세속인에서 조용한 성자로 탈바꿈한 매형 사티슈도 그렇게 세상을 떠났다.

# 23

# 학사 학위를
# 받다

　　　　　　　"자네는 철학 교과서의 과제를 무시하고 있
군. 시험을 치를 때 전혀 노력을 기울이지 않고 '직관'에만 의존하고 있
어. 자네가 지금보다 좀 더 학구적인 태도를 취하지 않으면 결코 이 과
정을 통과할 수 없다는 것을 꼭 보여주고 말겠네."

　세람푸르 대학의 D. C. 고샬 교수는 내게 단호히 말했다. 만약 고샬
교수의 교과 필기시험에 합격하지 못하면, 최종 시험을 칠 자격도 사
라지는 것이었다. 이 시험은 캘커타 대학의 교수진이 관리하는데, 세
람푸르 대학은 캘커타 대학 소속이었다. 인도의 대학에서는 문학사
자격 최종 시험에서 어느 한 과목이라도 낙제한 학생은 다음 해에 모
든 과목을 다시 치러야 한다.

　세람푸르 대학의 교수들은 보통 나를 친절하게 대했지만 흥미롭다

는 눈치를 감추지는 않았다.

"무쿤다는 종교에 다소 심취해 있다."

교수들이 나를 이렇게 간단히 정리해버렸기 때문에 나는 수업 시간에 각종 질문에 대답해야 하는 곤혹스러움을 면할 수 있었다. 교수들은 그들 나름대로 최종 필기시험이 나를 문학사 대상 명단에서 제외시킬 것이라고 믿었다. 나에 대한 학교 친구들의 인상은 '광적인 수도사'라는 내 별명에 잘 드러나 있다.

나는 철학 과목에서 나를 낙제시키려는 고샬 교수*의 위협에서 벗어나기 위해 교묘한 방법을 썼다. 필기 시험 결과가 공개될 즈음에 한 급우에게 고샬 교수의 연구실에 함께 가주기를 부탁했다.

"증인이 필요해. 만약 교수를 못 이기면 난 정말 실망스러울 거야."

내가 몇 점을 받았는지 묻자 고샬 교수는 고개를 가로저으면서 의기양양하게 말했다.

"자네는 통과하지 못했네."

그는 두꺼운 답안지 뭉치를 뒤적이며 말을 이었다.

"자네 답안지는 여기 없더군. 시험에 출석하지 않았으니 낙제야."

나는 기다렸다는 듯이 웃으며 말했다.

"교수님, 저는 출석했습니다. 제가 직접 찾아봐도 되겠습니까?"

교수는 잠시 망설이다가 허락해주었다. 나는 재빨리 내 답안지를 찾아냈다. 나는 답안지에 출석 번호를 제외한 모든 신분 표시를 고의로 빼버렸던 것이다. 내 이름이라는 '적색 경보'를 미처 보지 못한 교수

---

* 고샬 교수와 나 사이의 긴장된 관계는 그의 잘못이 아니라, 오직 나의 결석 때문이라는 점을 인정한다. 그는 당시에 광범한 철학적 지식을 가진 뛰어난 교수였고, 지금도 그러하다. 몇 년 후에 우리는 서로를 진심으로 이해하게 되었다.

는 교재에서 인용한 내용으로 답안을 꾸미지 않았는데도 내 답안에 높은 점수를 매겨놓고 있었다. 그제야 내 책략을 간파한 교수는 몹시 화를 냈다.

"아주 뻔뻔스러운 행운이군!"

그의 음성에는 그래도 희망이 남아 있었다.

"하지만 틀림없이 문학사 최종 시험에서는 탈락할 거야."

다른 과목의 시험에 대비해서 나는 약간의 개인 지도를 받았는데, 특히 내 친구이자 사라다 숙부의 아들인 사촌 프라바스 찬드라 고시가 많은 도움을 주었다. 나는 고통스럽게 비틀거리면서도 성공적으로 앞으로 나아갔다. 그리하여 모든 필기 시험을 최저 점수로 통과했다.

이제 대학 4년을 보낸 나는 문학사 최종 시험을 치를 자격을 갖췄다. 그렇지만 스스로 그런 특권을 감당할 수 있으리라고 기대하지 않았다. 세람푸르 대학의 필기 시험은 캘커타 대학의 어려운 문학사 학위 시험에 비하면 어린애 장난과도 같았기 때문이다.

나는 거의 매일 스승을 방문하느라 강의에 들어갈 시간이 없었다. 결석보다 출석이 학교 친구들로 하여금 놀라운 탄성을 지르게 할 정도였다. 판에 박힌 듯 날마다 비슷한 나의 일과는 아침 아홉시 삼십분에 자전거를 타고 집을 떠나는 것으로 시작되었다. 나는 스승을 위해 선물을 들고 가기도 했다. 선물은 판티 하숙집 정원에서 꺾은 몇 송이 꽃이었다. 스승은 나를 반갑게 맞아주었으며, 점심 식사에 초대하곤 하셨다. 나는 언제나 이를 쾌활히 응낙했고, 그날 하루 동안은 대학 생각을 잊을 수 있어서 즐거웠다.

스승의 비할 바 없는 풍부한 지혜를 듣고 아슈람의 일을 도우면서 여러 시간을 함께 보낸 뒤 거의 자정이 되어서야 마지못해 돌아오곤 했다. 때로는 스승과 온 밤을 지새웠다. 너무나 즐거이 대화에 열중하여 새벽이 밝아오는 것도 모를 정도였다.

어느 날 저녁 열한시쯤 하숙집으로 가기 위해 자전거를 타려고 신발을 신는데,[*] 스승이 나에게 심각하게 질문을 던지셨다.

"문학사 시험이 언제 시작되느냐?"

"지금부터 닷새 뒤입니다."

"시험 준비는 다 되어 있겠지?"

놀라움에 움찔한 나는 신발 한 짝을 든 채 멈춰 서버렸다. 나는 반문했다.

"스승님! 제가 교수님들보다 오히려 스승님과 대부분의 시간을 보냈다는 것을 잘 알고 계시잖습니까? 어떻게 제가 기껏 어릿광대극 한 편을 연기하려고 그 난해한 최종 시험들을 치를 수 있겠습니까?"

스승은 내 눈을 날카롭게 쏘아보셨다.

"너는 출석해야 한다."

스승은 냉담하고도 단호했다.

"우리는 네 아버지와 친척들한테, 네가 아슈람 생활만 좋아한 탓이라고 비난할 근거를 주어서는 안 된다. 내게 그 시험을 치르겠다고 약속해라. 그리고 할 수 있는 최선의 방법으로 답안을 작성해라."

억제할 수 없는 눈물이 얼굴을 타고 흘러내렸다. 스승의 명령이 불합리할 뿐더러 이미 늦었다고 생각했다. 나는 흐느끼며 말했다.

"스승님이 원하신다면 시험을 치르겠습니다. 그렇지만 준비할 시간이 거의 없습니다."

---

[*] 수도원에서 수행자는 언제나 신발을 벗도록 되어 있다.

그리고 혼잣말처럼 중얼거렸다.

"문제를 보고 답안을 쓸 때 스승님의 가르침으로 답안지를 채우겠습니다."

다음 날 평소와 같은 시간에 아슈람에 들어서면서 우울한 마음으로 스승에게 꽃다발을 바쳤다. 스승은 슬픔에 잠긴 나를 보고 웃으셨다.

"무쿤다, 신이 시험이나 혹은 다른 것에서 너를 실패하게 하신 적이 있느냐?"

"없습니다, 스승님."

나는 충심으로 대답했다. 감사했던 기억들이 되살아났다. 스승은 인자하게 말씀하셨다.

"네가 대학에서 우등생이 되지 못한 것은 게으름 탓이 아니라 신을 향해 타오르는 열의 때문이다."

잠시 침묵이 흐른 뒤 스승이 성경 구절을 인용하여 말씀하셨다.

"너희는 먼저 하느님의 나라와 그의 의를 구하라. 그리하면 이 모든 것을 너희에게 더하시리라."*

수천 번 반복된 일이었지만 나는 다시 한 번 스승의 존재 덕분에 부담이 한결 덜어진 느낌을 받았다. 이른 점심을 먹고 나니 스승이 나에게 판티로 돌아가라고 하셨다.

"네 친구 로메시 찬드라 두트는 여전히 같은 하숙집에 사느냐?"

"예."

"그를 만나봐라. 신이 그로 하여금 네가 시험에 대비하도록 도와주실 것이다."

---

* 『마태복음』6:33

"잘 알겠습니다. 그렇지만 로메시는 매우 바쁜데요? 그는 우리 학과에서 우등생입니다. 게다가 다른 학생들보다 더 어려운 과정을 밟고 있습니다."

스승은 나의 우려를 잠재우셨다.

"로메시는 너를 위해 시간을 내줄 것이다. 이제 가보거라."

나는 자전거를 타고 판티로 되돌아왔다. 내가 하숙집에서 처음 만난 친구는 학구파 로메시였다. 그는 매우 한가하게 시간을 보내고 있었다는 듯이 내가 머뭇거리며 부탁하자 기꺼이 응해주었다.

"좋아. 원하는 대로 해줄게."

그는 그날부터 며칠 동안 매일 많은 시간을 할애해서 시험에 나오는 여러 과목의 핵심 내용을 가르쳐주었다.

"나는 영문학 시험에서 차일드 해럴드가 다녔던 행로와 관계 있는 문제가 많이 나올 거라고 믿어. 얼른 지도를 구해와."

나는 서둘러 사라다 숙부 댁으로 가서 지도를 빌려왔다. 로메시는 바이런의 낭만적인 여행자 차일드 해럴드가 방문했던 지점들을 유럽 지도에 하나하나 표시했다.

몇몇 친구들이 모여 그의 개인 지도를 받았다. 그들 중 한 친구가 나에게 로메시의 방식을 지적했다.

"로메시는 엉터리 조언을 해주고 있어. 일반적으로 문제의 반만 책에 관한 것이고, 나머지 반은 저자들의 생애와 관련된 것이거든."

영문학 시험 당일, 문제들을 훑어보던 내 눈에서 감사의 눈물이 흘러나와 뺨을 타고 내려 답안지를 적셨다. 시험 감독관이 내 책상으로 다가와서 동정 어린 마음으로 이유를 물었다. 나는 그에게 이렇게 대답했다.

"나의 훌륭하신 스승님이 로메시가 나를 도와줄 것이라고 예언하셨습니다. 보세요, 로메시가 예상한 바로 그 문제들이 여기 시험지에 있어요."

나는 덧붙여 말했다.

"다행스럽게도 올해는 영국 작가들에 관한 문제가 적군요. 그들의 생애는 너무 난해한 수수께끼로 싸여 있어서 걱정이 많았거든요."

하숙집으로 돌아오자 방 안이 몹시 소란스러워졌다. 로메시의 지도에 대한 나의 믿음을 조롱했던 친구들이, 이젠 거의 귀가 멍멍할 정도로 나를 축하해주었다.

시험 기간 동안 나는 가능한 한 많은 시간을 로메시와 함께 보냈다. 그는 담당 교수가 출제할 가능성이 높은 문제들을 제시했다. 시험지에는 로메시의 예상과 거의 동일한 문제들이 나왔다. 기적 같은 일이 일어나고 있었고, 멍청한 '광적인 수도사'가 시험에 통과할 가능성이 보인다는 소식이 온 교정에 널리 퍼졌다.

나는 그 사실을 숨기려 하지 않았다. 우리 대학 교수들은 문제를 변경시킬 수 없었다. 그 문제들은 캘커타 대학 교수진이 출제한 것이기 때문이었다.

그런데 전날 치른 영문학 시험의 답안을 자세히 점검하면서 나는 중대한 실수를 저질렀다는 사실을 깨달았다. A 혹은 B, C 혹은 D 식으로 두 부분으로 나누어져 그 가운데 한 문제를 택하는 것이었는데, 그만 각 문항마다 하나를 고르는 대신에 첫 문항의 두 문제를 모두 답하고 나머지 문항은 부주의하게 놓쳐버린 것이다. 이제 내가 받을 수 있는 최대 점수는 합격점인 36점보다 3점이 낮은 33점이 분명했다. 나는 스승에게 달려가서 고민을 털어놓았다.

"스승님, 돌이킬 수 없는 큰 실수를 저질렀습니다. 저는 로메시를 통해 신의 축복을 받을 자격이 없어요. 저는 아무 가치도 없습니다."

"기운을 내거라, 무쿤다."

스승의 어조는 가볍고 담담했다. 스승이 푸른 하늘을 가리키셨다.

"네가 학위를 못 받는 것보다 태양과 달의 위치가 바뀌는 편이 더 쉬울 것이다."

수학적으로는 내가 합격할 가능성을 상상할 수 없었지만, 좀 진정된 기분으로 아슈람을 떠났다. 나는 불안한 마음으로 하늘을 한두 번 쳐다보았다. 태양신은 정상 궤도에서 벗어날 것 같지 않았다.

판티에 도착했을 때 한 친구의 말이 귓결에 들려왔다.

"올해 처음으로 영문학 과목 합격점이 낮아진 걸 지금 막 알았어."

내가 어찌나 빨리 친구의 방에 뛰어들었던지 그가 깜짝 놀라서 나를 쳐다보았다. 나는 흥분해서 다급하게 재차 확인하며 물었다. 그가 웃으며 말했다.

"긴 머리 수도사야! 어째서 학사 학위 문제에 갑자기 관심을 갖게 되었지? 막판에 와서 왜 이렇게 야단이냐구? 하지만 합격점이 33점으로 낮아진 건 사실이야."

나는 좋아서 껑충껑충 뛰면서 내 방으로 돌아와서 무릎을 꿇고 신의 수학적 완벽성을 찬양했다. 그리고 매일 로메시를 통해 나를 인도해주신 성령의 존재를 명백히 깨닫고 감격했다.

또 하나의 중요한 사건이 벵골어 시험과 관련하여 발생했다. 어느 날 아침, 하숙집을 떠나 시험장을 향해 가고 있을 때였다.

"로메시가 너를 부르고 있어."

한 친구가 다급하게 뒤쫓아와서 알려주었다.

"하지만 가지 마. 시험장에 지각할 테니까."

나는 충고를 무시하고 집으로 달려갔다. 그동안 로메시는 그 과목에 대해서는 전혀 지도해준 적이 없었다.

"보통 우리 벵골 학생들은 벵골어 시험에 쉽게 통과해. 그러나 올해는 교수들이 필독 도서에 관한 문제를 출제해서 학생들을 무더기로 탈락시키려 한다는 느낌을 받았어."

그리고 그는 19세기의 유명한 박애주의자 비댜사가르의 생애에 관한 두 편의 일화를 요약해주었다. 나는 로메시에게 감사를 전하고 급히 시험장으로 자전거를 타고 갔다.

벵골어 문제는 두 부분으로 이루어져 있었다. 첫 번째 문제는 비댜사가르가 행한 '자비'의 두 가지 예를 들라는 것이었다.* 나는 바로 직전에 얻어들은 지식을 답안지에 옮겨 적으면서, 로메시의 마지막 강의에 주의를 기울인 일에 감사했다. 만약 비댜사가르의 '자비'(나에게도 자비를 베푼 것이 되었지만)에 대해 몰랐다면 벵골어 시험을 통과할 수 없었을 것이다.

두 번째 문제는 다음과 같았다.

'자신에게 가장 감동을 준 사람의 생애에 대해 벵골어로 수필을 쓰시오.'

관대한 독자들이여, 내가 어떤 인물을 선택했는지 이야기할 필요가 있겠는가? 나는 페이지마다 나의 스승에 대한 찬양으로 빈 칸을 채워나갔다. 그리고 내가 중얼거렸던 말이 그대로 적중했다는 사실을 깨

---

* 그 문제의 정확한 문장은 잊어버렸다. 그러나 그것이 로메시가 비댜사가르에 관해 내게 말해준 내용이었다는 것만은 기억한다. 푼디트 이슈와 찬드라는 박학다식한 학문을 갖춰 비댜사가르(지식의 바다)라는 칭호로 벵골 지방에서 널리 알려졌다.

닫고 조용히 미소를 지었다.

"스승님의 가르침으로 답안지를 채우겠습니다."

나는 철학에 관해서는 로메시에게 질문하고 싶지 않았다. 스리 유크테스와르 밑에서 쌓았던 오랜 수련을 신뢰하고 있었기 때문에 교재의 설명을 안심하고 무시할 수 있었다.

나는 철학에서 최고 점수를 받았다. 나머지 과목의 점수는 모두 합격점을 간신히 넘었다. 무엇보다도 헌신적인 친구 로메시가 우등으로 학위를 수여받은 사실을 이 자리에 적게 되어서 기쁘다.

아버지는 졸업식 때 희색이 만면한 채 솔직히 털어놓으셨다.

"난 네가 졸업을 하리라고는 거의 예상하지 않았다, 무쿤다. 어지간히도 많은 시간을 스승님과 함께 보내지 않았니!"

스승은 아버지의 근심을 아주 정확하게 파악하고 계셨다. 수년 동안 나는 문학사라는 말이 내 이름 뒤에 붙는 날이 과연 오게 될지 확신할 수 없었다. 이 칭호를 사용할 때면 언제나 어떤 알기 힘든 이유로 내게 주어진 신의 선물이라고 생각한다.

대학생들이 일단 졸업을 하고 나면 머리에 들어있던 지식이 거의 남지 않는다는 말을 때때로 듣는다. 이런 말은 의심할 여지 없이 부족한 나의 학문에 대해 조금은 위안이 되기도 한다.

캘커타 대학 학위를 받던 1915년 6월 어느 날, 나는 스승의 발 아래 무릎을 꿇고 스승이 당신의 삶에서 나의 삶으로 흘러 보내주신 모든 은혜에 진심으로 감사드렸다.*

---

* 타인의 마음과 사건들의 흐름에 영향을 미치는 힘은 파탄잘리의 『요가수트라』 3장 24절에 언급되어 있는 비부티(요가의 힘)이다. 그 힘이란 '우주적 공감'의 결과라고 이 경전은 설명하고 있다. 모든 경전은 신이 자신의 완전한 모습 그대로 인간을 창조했다고 선언한

스승은 인자하게 말씀하셨다.

"일어나라, 무쿤다야. 신은 태양과 달을 뒤바꾸느니 너를 졸업시키는 편이 더 쉽다는 걸 알고 계셨을 뿐이다!"

---

다. 전 우주에 대한 통제는 초자연적인 것으로 보인다. 그러나 사실은 자신의 신성한 근원에 대한 올바른 기억을 얻은 모든 이는 그러한 힘을 본유적으로 타고난다. 스리 유크테스와르와 같이 신성을 실현한 사람들은 '에고 원리'(아한카라)와 개인의 욕망이라는 자아의 반발이 없다. 진정한 스승들의 행위는 리타, 즉 자연의 정의(질서)와 쉽게 일치한다.

에머슨의 말에 의하면, 모든 위대한 사람들은 덕이 높은 것이 아니라 덕 그 자체이다. 그 다음에 창조의 목적이 이루어지며, 신이 매우 기뻐하는 바가 된다. 신성을 진실로 깨달은 사람들은 기적을 행할 수 있다. 왜냐하면 예수 그리스도와 같이 창조의 미묘한 법칙을 이해하기 때문이다. 그러나 모든 참사람들이 굉장한 힘을 발휘하려고 하지는 않는다. 성인들은 저마다 그 나름의 방법으로 신을 나타낸다. 개성의 표현은 두 개의 모래알도 똑같지 않은 현상 세계에서는 기본적인 것이다.

신을 깨달은 성자들에게 불변의 법칙이 공식처럼 적용되는 것은 아니다. 어떤 사람은 기적을 행하지만, 그렇게 하지 않는 사람도 있다. 활동을 전혀 하지 않는 사람이 있는 반면, 고대 인도의 자나카왕과 아빌라의 성녀 테레사처럼 광대한 사업에 관여하는 사람도 있다. 한편에서 응달처럼 조용히 자신의 삶을 겸손하게 보내는 사람이 있는가 하면, 다른 한편에서 가르치고 여행하고 사도들을 받아들이는 사람도 있다. 어떤 세속적인 비평가도 성자마다 각기 다른 사본을 펼쳐 보이는 카르마의 비밀스러운 두루마리를 제대로 판독하지는 못할 것이다.

# 24

# 스와미 교단의
# 수도승이 되다

"스승님, 아버지는 제가 벵골 나그푸르 철도
회사의 관리직에 종사하기를 바라셨어요. 하지만 저는 단호히 거부했
습니다."

이렇게 말씀드린 다음 기대감에 차서 덧붙였다.

"스승님, 저를 스와미 교단의 수도승으로 받아주지 않으시겠습니
까?"

나는 간절한 마음으로 구루를 바라보았다. 지난 몇 년 동안 나의 결
심을 시험하기 위해 스승은 이와 같은 요청을 번번이 거절하셨다. 그
러나 오늘은 호의적으로 미소를 지으셨다.

"좋다. 내일 너를 스와미 교단에 입문시키도록 하겠다."

그리고 조용히 말씀을 이으셨다.

"나는 네가 수도승이 되겠다는 열망을 지속시켜온 것을 기쁘게 생각한다. 라히리 마하사야께서는 가끔 이런 말씀을 하셨다. 「만일 그대가 신을 여름 손님으로 초대하지 않는다면, 신은 그대 생애의 겨울에도 결코 찾아오지 않을 것이다.」"

나는 무한한 애정이 담긴 미소를 지었다.

"존경하는 스승님, 저는 결코 스승님이 몸담고 계신 스와미 교단에 입문하는 소망을 버릴 수가 없었습니다."

"결혼하지 않은 남자는 어떻게 하면 신을 기쁘게 해드릴까 하고 신의 일에만 마음을 쓰지만, 결혼한 남자는 어떻게 하면 아내를 기쁘게 할까 하고 세상사에 신경을 쓰게 되어 마음이 갈라진다."[*]

나는 상당한 영적 수련을 경험한 다음에 결혼한 많은 친구들의 삶을 분석해보았다. 세속적인 책임의 바다로 출항한 그들은 깊이 명상한다는 결의를 곧잘 잊어버렸다. 신을 인생의 부차적인 위치에 놓는다는 것[**]은 나로서는 상상조차 할 수 없는 일이었다.

신은 우주의 유일한 소유자로서 인간에게 생애를 거듭해가며 온갖 선물을 말없이 베푼다. 하지만 신이 소유하지 못한 것이 단 하나 남아 있으니 그것은 인간의 사랑이다. 인간의 마음은 자율적이어서 신을 향한 사랑을 보류하기도 하고 실행하기도 한다.

창조주가 스스로 창조한 모든 존재에 속속들이 깃들어 있는 자신의 모습을 신비의 베일 속에 감추는 무한한 수고로움을 감수하신 것은 오직 하나의 동기, 즉 하나의 섬세한 의도에서 비롯되었다. 그것은 인간

---

[*] 『고린도전서』 7:32-33
[**] "하느님을 부차적으로 생각하는 자는 하느님을 완전히 무시하는 자와 같다."―러스킨

으로 하여금 절대자 창조주의 모습을 모든 것에서 스스로 자유의지를 통해 찾아내게 하기 위해서이다. 그분은 겸손이라는 부드러운 장갑으로 전능이라는 철의 주먹을 감싸서 감추고 있다!

다음 날은 내 생애에서 가장 기억에 남을 만한 날이었다. 내가 기억하기로는 1915년 7월, 대학을 졸업한 지 몇 주일이 지난 어느 화창한 목요일이었다. 세람푸르 아슈람의 안쪽 발코니에서 스승은 스와미 교단의 전통 색깔인 황토색 물감 속에 하얀 비단 한 필을 담갔다. 비단이 마르자 구루는 내 몸에 맞게 승복으로 만들어주셨다. 스승이 말씀하셨다.

"언젠가 너는 비단을 좋아하는 서양으로 가게 될 것이다. 일종의 상징으로서 전통적인 목면 대신에 이 비단 옷감을 너를 위해 선택했다."

인도에서는 승려들이 청빈을 이상으로 생각하기 때문에 비단옷을 입은 스와미는 보기 드물었다. 그러나 모종의 미묘한 육체 전류를 더 잘 보존한다는 이유로 목면보다 비단옷을 선호하는 요기들도 더러 있다. 스승이 말씀하셨다.

"나는 의식을 좋아하지 않는다. 비드와트(의식을 따르지 않는) 식으로 너를 스와미로 만들겠다."

비비디사, 즉 스와미가 되는 의식에는 불의 의식이 들어 있다. 불의 의식을 진행하는 동안 상징적인 장례 의식이 함께 거행된다. 사도들의 물리적 육체는 지혜의 불꽃에 의해 화장된다. 이렇게 해서 새로 태어난 스와미에게는 '이 아트마는 브라흐마이다.'* 혹은 '당신은 그것이

---

* 문자 그대로 풀면 '이 영혼은 대영혼이다.' 정도가 된다. 지고의 대영혼 혹은 창조되지 않은 자는 조건에서 전적으로 자유로운 존재이지만, 베단타 철학에서는 흔히 '사트-치트-아난다', 즉 '존재-지성-지복'으로 언급된다.

다.', '나는 그분이다.' 등 범아일여梵我一如를 노래하는 찬가가 뒤따른다. 그러나 스리 유크테스와르는 단순한 것을 좋아했기 때문에 모든 형식적 의례를 폐기하고 간단히 나에게 새로운 이름만을 선택하도록 하셨다.

"네 이름을 스스로 선택하는 특권을 너에게 주겠다."

스승이 미소 지으며 말씀하셨다. 나는 잠시 생각한 끝에 이렇게 대답했다.

"요가난다."

이 이름은 '신과의 합일yoga에 의한 행복ananda'*을 의미한다.

"그러면 너는 속명俗名인 무쿤다 랄 고시를 버리고, 이제부터 스와미 교단 기리 지부의 요가난다라고 불릴 것이다."

스리 유크테스와르 앞에 꿇어앉아 처음으로 스승이 나의 새 이름을 발표하는 것을 듣는 순간, 내 가슴은 감사의 마음으로 벅찼다. 무쿤다 라는 소년이 요가난다라는 수도승으로 변신하기까지 그분은 얼마나 큰 애정을 가지고 지치지 않고 열심히 애써 오셨던가! 나는 즐겁게 샹카라**의 고대 산스크리트 노래 가운데 몇 구절을 불렀다.

지성도, 자아도, 감정도 아닌 마음,
흙도 쇠도 아닌 하늘이야말로 나.

---

* '요가난다'는 스와미들 사이에서 상당히 널리 쓰이는 이름이다.
** 샹카라Shankara는 종종 샹카라차랴Shankaracharya라고 불리기도 한다. '아차랴acharya'의 의미는 '종교적 스승'이다. 샹카라의 연대에는 여러 가지 학설이 있다. 이 비할 데 없이 훌륭한 일원론자가 기원전 510년에서 478년까지 살았다는 기록도 있다. 서양의 역사학자들은 그를 서기 8세기 말엽의 인물로 추정한다.

나는 그, 나는 그, 축복받은 영혼, 나는 그!

삶도, 죽음도 그 어떠한 계급도 내게는 없다네.

어머니도, 아버지도 내게는 없으니

나는 그, 나는 그, 축복받은 영혼, 나는 그!

환상의 솟구침까지도 넘어선 형체 없는 나!

그리하여 모든 생활의 부분 부분을 파고드니

그 어떠한 구속도 두려워하지 않는

나는 자유로워라, 영원히 자유로워라.

나는 그, 나는 그, 축복받은 영혼, 나는 그!

모든 스와미는 고대의 수도승 교단에 속한다. 현재의 교단 형태는 샹카라에 의해 체계화되었다. 스와미 교단은 능동적인 지도자로 봉사해온 성자들이 중단없이 계보를 이어온 공식 교단이기 때문에, 아무도 '스와미'라는 칭호를 함부로 사용할 수 없다. 스와미는 다른 스와미에게서 정당하게 '스와미' 칭호를 얻어야 한다. 그러므로 스와미 교단의 모든 승려는 영적 계보의 근원을 한 명의 공통된 구루인 아디(첫 번째) 샹카라차랴로 여긴다. 그들은 청빈(소유에 집착하지 않음)과 순결, 지도자나 영적 권위자에 대한 복종을 맹세한다. 많은 점에서 가톨릭 수도승단은 고대 스와미 교단을 닮았다.

스와미는 보통 아난다(최고의 기쁨)로 끝나는 자신의 새로운 이름에 더하여, 스와미 교단의 10개 지부 중의 하나와 맺고 있는 형식적 관계를 지시하는 호칭 하나를 추가한다. 이들 다사나미 혹은 열 개의 별명은 스리 유크테스와르 기리와 내가 속한 기리(산)를 포함한다.

다른 지부들의 스와미에게는 사가르(바다), 브하라티(대지), 아라냐

(숲), 푸리(지대), 티르타(순례지), 사라스와티(자연의 지혜) 등의 이름이 뒤에 붙는다.

따라서 스와미가 받아들인 새로운 이름은 양면적 의미, 곧 신성한 특성(사랑, 지혜, 분별, 헌신, 봉사, 요가)을 통한 지복의 성취와, 무한하고 광대한 산맥, 대양, 창공 등으로 나타나는 자연과의 조화를 통한 지복의 성취를 의미하고 표상한다.

모든 인류에 대한 순수한 봉사, 그리고 개인적 욕구와 야망의 포기라는 이상을 가지고 대부분의 스와미들은 인도나 혹은 다른 여러 나라에서 능동적으로 인도주의 활동에 참여한다.

스와미는 카스트 제도나 신조, 계급, 피부색, 성별, 종족 등에 대한 편견을 버리고 인간적 우애의 교훈을 따른다. 스와미의 목표는 신과의 절대 합일이다. 깨어 있을 때나 잠들어 있을 때나 '내가 곧 절대적 존재'라는 생각에 철저히 몰입함으로써 그는 세상사에 물들지 않으면서 만족스럽고도 자유롭게 세상 속에서 살아간다. 이를 통해 절대 자아, 즉 '스와'와의 합일을 추구하는 자인 '스와미'라는 이름이 정당화되는 것이다.

스리 유크테스와르는 스와미이자 요기이다. 권위 있는 종단에 공식적으로 소속된 승려인 스와미가 반드시 요기인 것은 아니다. 신과 접촉하기 위한 과학적 기술을 수행하는 사람은 누구나 요기일 수 있다. 그는 기혼일 수도 있고, 미혼일 수도 있고, 또한 세속적 책임을 진 사람일 수도 있고, 공식적으로 종교적 관계를 맺은 사람일 수도 있다. 스와미가 감정에 휘둘리지 않는 추론과 엄정한 금욕의 길을 따른다고 한다면, 요기는 몸과 마음을 단계적으로 수련하여 영혼을 해방시키는 데 확고히 종사한다고 말할 수 있다.

요기는 각자의 감정적 바탕이나 사념에 얽매이지 않고 고대의 스승 (리쉬)에 의해 완벽하게 검증된 연속적인 훈련 과정을 수행한다. 요가는 인도의 모든 시대를 통해서 진정으로 자유로운 인간, 즉 참된 요기 그리스도를 만들어냈다.

다른 과학과 마찬가지로 요가는 모든 국가, 모든 시대의 사람에게 적용될 수 있다. 요가가 서양인에게는 '위험한' 또는 '적당하지 않은' 것이라는 무지한 저술가들의 주장은 전적으로 잘못이다. 이러한 오해가 수많은 진지한 학생들이 요가의 다양한 축복을 추구하는 길을 막아왔다는 것은 참으로 애석한 일이다.

요가는 생각이 자연적으로 격동하는 것을 억제하는 한 방법이다. 만일 격동적인 생각을 억제하지 않으면 모든 땅의 모든 사람이 자신에게 들어 있는 대영혼의 진정한 본성을 감지하지 못한다. 요가는 태양의 치유 광선처럼 동양과 서양의 모든 사람에게 똑같이 이롭다. 사람들은 대부분 침착하지 못하고 변덕스럽다. 여기에 요가의 명백한 필요성이 있다.

요가는 정신 통제의 과학이다. 고대의 리쉬 파탄잘리*는 요가를 "의식에서 넘실대는 교체 파동의 중화"**로 정의했다. 그의 짤막한 대작

---

* 많은 책자들이 기원전 2세기경으로 추정하고 있지만, 파탄잘리의 정확한 활동 연대는 알려져 있지 않다. 옛 스승들은 많은 주제로 글을 써서 후세에 남겼지만, 역사학자들이 계속 당혹해하는 바와 같이 결코 시간의 흐름 따위가 자기 글의 가치를 퇴색시키지 못한다는 사실을 이미 통찰하고 있었기 때문에, 작품 속에서 자신에 관한 이야기나 연대를 언급하지 않았다. 스승들은 자신의 짧은 일생이 다만 무한한 생명이 발하는 순간의 섬광에 지나지 않으며, 진리는 시대의 제약을 받지 않으며 상품이 될 수 없고, 따라서 어느 누구의 전유물도 아니라는 사실을 잘 알고 있었다.

** "치타 브리테 니로다Chitta vritte nirodha" 『요가수트라』 1:2
이 말은 '마음 상태의 변화가 멈춤'으로 번역될 수 있다. '치타'는 사고의 원리를 지칭하는

『요가수트라』는 힌두 철학의 6파 체계 가운데 한 가지 유형이다. 서양철학과는 대조적으로 힌두 육파철학*은 이론 교육만이 아니라 실제 교육도 포함한다.

모든 가능한 존재론적 질문을 파헤친 뒤에 힌두 철학 체계는 고통의 제거와 끊임없는 행복의 소유를 목적으로 여섯 가지 중요한 훈련을 제시한다. 후기 『우파니샤드』는 진리의 직접 인식을 수행하는 가장 유효한 방법으로 여섯 가지 체계 중에서도 특히 『요가수트라』를 들고 있다. 요가의 실용적 기법들을 통해서 인간은 척박한 사고思考의 땅을 영원히 뒤로하고, 참된 본질을 경험적으로 인식하게 된다. 파탄잘리의 요가 체계는 팔성도八聖道**로 알려져 있다.

첫째 단계는 (1) 야마(도덕적 행동) (2) 니야마(종교적 규율 준수) 등 두 가지이다. 야마는 타인에게 해를 끼치지 않음, 성실, 도둑질하지 않음, 자제, 탐하지 않음에 의해 완성된다. 니야마에 제시된 규칙은 정신과 육체의 순결, 모든 환경에 대한 만족, 자기 훈련, 자기 탐구, 신과 구루에 대한 헌신 등이다.

둘째 단계는 (3) 아사나(올바른 자세: 척추는 곧게 유지해야 하며, 신체는 명

---

포괄적인 용어로서 여기에는 프라나(생명력), 마나(마음 또는 감각 의식), 아한카라(에고 의식), 붓디(직관적 지성) 등이 포함된다. '브리테'(원뜻은 '소용돌이'이다)는 끊임없이 생겨났다가 의식 속으로 침잠하는 사념과 감정의 물결을 의미한다. '니로다'는 중화中和, 멈춤, 통제 등을 뜻한다.

* 베다에 입각한 여섯 가지의 권위 있는 체계는 상크야, 요가, 베단타, 미맘사, 니야야, 바이세시카 등이다.

** 숭고한 불교의 팔정도八正道와 혼동하면 안 된다. 불교 신도들이 지켜야 하는 실천 수행 지침인 팔정도는 다음과 같다. (1) 바른 견해[正見] (2) 바른 사유[正思惟] (3) 바른 말[正語] (4) 바른 행위[正業] (5) 바른 생계[正命] (6) 바른 정진[正精進] (7) 바른 마음챙김[正念] (8) 바른 삼매[正定]

상을 위해 안락한 자세를 취한다) (4) 프라나야마(프라나의 통제, 섬세한 생명력의 흐름) (5) 프라탸하라(외부 대상으로부터 감각을 회수함) 등이다.

마지막 단계는 엄밀한 의미의 요가 방식으로서 (6) 다라나(집중: 마음을 하나의 생각으로 집중시키는 것) (7) 드야나(명상) (8) 사마디(초월의식의 경험) 등이다.

이와 같은 요가의 팔성도는 카이발라(절대성)라는 최종 목표로 나아간다. 이 단계에 이르면 요기는 모든 지적인 이해를 넘어서는 진리를 깨닫는다.

"어느 쪽 길이 더 뛰어난가? 스와미인가, 요기인가?"라고 물을 수 있다. 그러나 신과 '하나 됨'이 이루어지면, 이러한 다양한 방법들의 구별은 사라진다. 『바가바드기타』는 요가의 방법들 속에 모든 것이 포함되어 있다는 점을 지적한다. 요가의 기술은 수도자 기질이 있는 소수의 사람만을 위한 것이 아니며, 또한 어떤 형식적 맹종도 요구하지 않는다. 요가의 방법은 보편적 필요성을 충족시키기 때문에 누구나 당연히 가능하다.

진정한 요기는 자기 의무를 다하면서 세속에 머무를 수 있다. 세속에서 그는 훈련되지 않은 인간들과 함께 있되, 휘젓지 않아도 쉽게 녹는 우유가 아니라 물 위에 떠 있는 버터와 같은 존재로 남아 있다. 만일 그가 이기적인 욕망에 정신을 쏟지 않고 신의 자발적인 도구로서의 역할을 다한다면, 속세의 책임을 완수하는 것이 그가 신으로부터 멀어진다는 의미가 될 수 없다.

오늘날 미국이나 유럽, 또는 다른 비非힌두교 집단에도 비록 '요기'나 '스와미'라는 말을 들어보지 못했을지라도 진정한 의미에서 요기나 스와미의 표본이라고 할 수 있는 위대한 사람들이 많이 있다. 인류에 대한 사심 없는 봉사를 통해, 정열과 생각에 대한 지배력을 통해, 신에 대한 한마음의 사랑을 통해, 엄청난 집중력을 통해 자기 분야에서 활동하는 사람들 역시 어떤 의미에서는 요기들이다. 그런 사람들은 요가의 목표인 자기 통제를 수행하고 있으므로, 만일 인간의 마음과 생명을 의식적으로 이끌어줄 수 있는 명확한 요가의 과학을 배운다면 한층 더 높은 단계로 비약할 수 있을 것이다.

요가는 일부 서양 저술가들에 의해 너무 피상적으로 잘못 이해되어 왔다. 그런 비평가들은 요가 수행을 한 경험이 전혀 없다. 요가에 대해 사려 깊은 찬사를 보낸 사람 중에는 스위스의 유명한 심리학자 칼 구스타브 융 박사*가 있다. 그는 이렇게 기술하고 있다.

> 어떤 종교적 수행 방법이 스스로 '과학적'이라고 말할 때, 그것은 서양의 대중에게도 인정받을 것이다. 요가는 이러한 기대를 충족시켰다. 새로운 것이면 무턱대고 매력을 느낀다거나 잘 모르기 때문에 오히려 흥미를 자아낸다는 차원을 벗어나서도, 요가에는 많은 추종자들이 있을 만한 충분한 이유가 있다. 그것은 통제 가능한 경험의 가능성을 제공하고 '사실'에 대한 과학적 필요성을 만족시킨다. 뿐만 아니라 그 자체의 폭과 깊이, 존경할 만큼 오래된 연륜, 삶의 모든 단계를 내포하는 원리와 방법 등의 이유로, 요가는 상상하지도 못했던 각종 가능성의 실현을 약속해준다.

모든 종교적, 철학적 수행은 심리적 수련을 의미한다. 즉 정신 건강을

---

\* 융 박사는 1937년에 개최된 인도과학자협의회에 참석해서 캘커타 대학으로부터 명예 박사 학위를 받았다.

위한 방법이다. 순전히 육체적인 수행 절차로 구성된 다양한 요가*는 기계적이고 과학적일 뿐만 아니라 철학적인 것이기도 하다. 따라서 일반적인 체조와 호흡 수련법보다 우수한 생리적인 건강법이다. 요가에서는 육체 부위를 수련할 때 해당 부위들을 온 정신을 다해 통합하는데, 예컨대 프라나야마 수련에서도 프라나는 호흡인 동시에 우주의 보편적 역동성이 된다.

요가 수행은 그 자체의 근거가 되는 개념들과 유리되어서는 별로 효과가 없다. 그것은 완벽한 방법으로 육체와 정신을 결합시킨다.

원리와 방법을 꾸준히 발전시켜온 동양에서는 수천 년에 걸쳐서 결코 깨뜨릴 수 없는 필연적인 영적 기반들을 창출해냈다. 그리하여 동양에서 요가는 육체와 정신을 결합시키는 완벽하고도 가장 적합한 방법인 것이다. 이와 같은 융합의 결과로 정신과 육체는 더 이상 의문의 여지가 없는 하나의 단일 형태가 된다. 이러한 통일성은 의식을 초월하는 직관을 만들어낼 수 있는 심리적 기질을 창조한다.

서양에서는 날이 갈수록, 외부적인 자연 정복만큼이나 인간에게 필요한 내부적인 자기 통제의 과학에 접근해가고 있다. 이 새로운 원자 시대를 사는 인류는, 물질이 에너지의 농축이라고 하는(과학적으로 이론의 여지가 없는) 진리의 도움으로 정신세계의 각성과 확장을 도모한다. 그러므로 보다 섬세한 인간 정신은 금속과 암석의 에너지보다 훨씬 거

---

* 융 박사는 여기서 하타 요가에 대해 언급하고 있는데, 그것은 신체 각 부분의 자세를 어떻게 취할 것인가 하는 문제와 그 기법을 다루는 특수한 분야로서 건강과 장수를 목표로 하고 있다. 하타 요가는 유익하고, 상당한 정도의 물리적 결과를 낳는다. 하지만 영적인 해방을 추구하는 요기들은 이 방면의 요가를 별로 사용하지 않는다.

대한 인간 내면의 에너지를 해방시킬 수 있고 또 해방시켜야 한다. 그래야만 새로 목줄이 풀린 원자탄이라는 거인이 이 세계를 온통 어리석은 파괴의 구렁텅이로 몰아넣는 사태를 막을 수 있다.[*]

---

[*] 아틀란티스 대륙에 관한 『티마이오스Timaios』 이야기에서 플라톤은 상당한 수준의 과학 지식을 가졌던 주민들에 대해 언급하고 있다. 이 잃어버린 대륙은 기원전 9500년경에 대재앙을 만나 사라진 것으로 추정된다. 그렇지만 일부 형이상학에 심취한 작가들은 아틀란티스 제국이 원자탄의 오용으로 파괴되었다고 주장한다.

# 형 아난타와
# 여동생 날리니

"금생의 카르마가 다했으니 아난타는 이제
더 살 수 없다." 이 돌이킬 수 없는 말이 내 의식에 떠오른 것은 어느
날 아침 깊은 명상에 잠겨 있을 때였다. 나는 스와미 교단에 들어간 직
후에 형의 초대로 고향인 고라크푸르를 잠시 방문했는데, 형이 갑작스
럽게 병이 나서 침대에 꼼짝 못하고 붙들려 있었다. 나는 정성을 다해
형을 간호했다.

엄숙한 내면의 음성이 나를 슬픔에 떨게 했다. 고라크푸르에 더 머
물러 있어봐야 형이 내 눈 앞에서 떠나는 장면밖에 볼 것이 없다는 생
각이 들었다. 주변 친척들의 따가운 눈총을 의식하면서 인도를 떠나
는 첫 배를 탔다. 나는 버마와 중국 연안을 거쳐 일본으로 갔다. 고베
항에 내려서 며칠을 보냈는데, 한가하게 구경이나 할 만큼 마음이 가

볍지 않았다.

　다시 인도로 돌아오는 길에 배가 잠시 상하이에 머물렀다. 거기서 선박 주치의인 미스라 박사가 나를 골동품 상점으로 안내해서 스승과 가까운 친구들에게 나눠줄 선물을 몇 점 샀다. 형을 위해서는 커다란 대나무 제품을 하나 구입했다. 상점 주인에게 그 대나무 기념품을 건네받는 순간 나는 그것을 바닥에 떨어뜨리면서 소리를 질렀다.

　"죽은 형한테 주려고 선물을 샀구나!"

　형의 영혼이 무한 공간 속에서 자유로워지려 한다는 분명한 깨우침이 내 의식 안으로 들어왔다. 기념품은 충격으로 날카로운 금이 가 있었다. 나는 흐느끼면서 곁에다가 이렇게 적었다.

　'사랑하는 형 아난타에게, 지금은 가고 없는!'

　이 광경을 지켜보던 미스라 박사가 약간 비웃는 표정으로 말했다.

　"눈물을 아꼈다가 직접 눈으로 보고 나서 울어도 늦지 않네."

　배가 캘커타에 도착한 뒤에 박사가 다시 한 번 동행해주었다. 막내 동생 비슈누가 항구로 마중을 나와 있었다. 동생이 미처 말을 꺼내기도 전에 내가 먼저 말했다.

　"아난타 형이 세상을 떠났지? 언제였는지 말해줘."

　비슈누가 이야기한 날짜는 상하이에서 기념품을 샀던 바로 그날이었다. 박사가 갑자기 외마디 소리를 질렀다.

　"여보게! 그런 말은 더 이상 하지 말게! 자꾸 그러면 교수들이 안 그래도 충분히 긴 의과대학 과정에 정신 텔레파시 과목을 일 년 과정으로 추가할 거야."

　집에 들어서자 아버지가 따뜻하게 나를 껴안아주셨다.

　"돌아왔구나."

아버지의 눈에서 굵은 두 줄기 눈물이 떨어졌다. 좀처럼 속에 있는 생각을 드러내지 않았던 아버지가 그만큼 애정을 표시한 적은 전혀 없으셨다. 겉으로는 엄한 아버지였지만 안으로는 어머니의 따뜻한 가슴을 가지고 계셨다. 아버지는 모든 집안일에서 양친의 역할을 다하셨던 것이다.

형 아난타가 세상을 떠난 직후에 누이동생 날리니가 신성한 치료를 통해 죽음의 문턱에서 돌아온 일이 있었다. 그 이야기를 하기에 앞서 내 삶의 전반기에 대해 몇 가지 더 언급하고 싶다.

어린 시절, 나와 누이동생의 관계는 썩 좋았다고는 할 수 없다. 나도 말랐지만 누이동생은 더 심했다. 정신분석가라면 어렵지 않게 끄집어내겠지만, 나는 어떤 무의식적인 동기에서 누이동생의 외모를 자주 놀림거리로 삼았다. 동생의 반격도 어린 만큼 대단히 직선적이었다. 가끔 어머니가 중재를 했는데, 한 살이라도 더 먹은 내 귀를 살짝 때리는 것으로 아이들의 다툼을 정리하곤 하셨다.

학교를 졸업한 날리니는 캘커타의 호남형 의사인 판차논 보세 박사와 약혼을 했다. 적절한 시기에 상당히 공을 들여 준비한 결혼식이 거행되었다. 결혼식 날 밤에 나는 캘커타 집의 거실에 모인 친척들을 만났다. 신랑은 날리니를 곁에 두고 금실로 수를 놓은 커다란 베개에 기대어 있었다. 그런데 화려한 보랏빛 비단 사리*가 뼈만 앙상하게 남은 동생의 몸을 전부 가리지는 못했다. 나는 매제의 베개 뒤로 몸을 기대면서 그에게 친근하게 싱긋 웃어주었다. 그는 결혼식 당일까지도 신

---

* 인도 여인들이 입는 우아한 예복

376

부의 얼굴을 보지 못한 상태였는데, 마침내 결혼이라는 복권 추첨에서 자신이 어떤 제비를 뽑았는지 알아차렸다.

내 마음을 눈치 챘는지 매제가 조심스럽게 누이동생 쪽을 가리키면서 내 귀에다 속삭였다.

"말해봐요. 이게 무슨 일이지요?"

"보다시피 깡마른 사람과 결혼한 거잖아요."

세월이 흘러 보세 박사는 우리 집안의 사랑을 듬뿍 받았다. 누구든 아프기만 하면 박사가 와서 돌봐주었기 때문이다. 그래서 나와 매제는 금방 친구가 되어 가끔씩 농담도 주고받는 사이가 되었는데, 그 내용은 주로 날리니에 대해서였다. 그러던 어느 날 매제가 이런 이야기를 했다.

"마른 아내를 위해 별의별 노력을 다했지만 소용이 없으니 의학적으로도 기이하네요. 대구 간유도 써봤고 버터와 엿기름도 써봤고, 벌꿀, 계란, 쇠고기 등등 안 써본 것이 없는데 단 백분의 일인치도 몸이 불지 않으니 말이에요."

며칠 뒤 나는 보세의 집을 방문했다. 잠시 일을 보고 나서 무심코 집을 나서려는데, 현관에 이르자 애절하면서도 거역할 수 없는 동생의 목소리가 들려왔다. 그때까지만 해도 날리니는 내가 온 걸 모르는 줄 알았다.

"오빠, 이리 와봐. 이번엔 그냥 갈 수 없어. 오빠하고 얘기하고 싶어."

나는 계단을 올라 동생 방으로 갔다. 놀랍게도 동생은 울고 있었다.

"오빠, 우리 지난 감정은 묻어버리자. 오빠는 이제 확고하게 영적인 길로 들어섰잖아. 나도 모든 면에서 오빠처럼 되고 싶어."

그러고 나서 이렇게 덧붙였다.

"오빠는 이제 건장해 보이는데, 나 좀 도와줘. 남편이 곁에 가까이 오질 않아. 나는 정말 너무도 사랑하는데 말이야. 하지만 계속 이렇게 빼빼 마른* 매력 없는 여자로 남아 있더라도 내가 진짜 원하는 것은 신을 깨닫는 일이야."

누이동생의 간청을 듣고 내 마음은 깊은 감동을 받았다. 우리의 '새로운' 우정은 날이 갈수록 깊어졌다. 어느 날 동생이 나에게 제자가 되겠다고 했다.

"오빠가 하고 싶은 대로 나를 이끌어줘. 강장제보다는 신을 믿겠어."

누이동생은 말을 마치기가 무섭게 약을 한아름 들고 나와서 창문 곁의 하수구에 쏟아버렸다. 나는 동생의 믿음을 시험해보려고 식단에서 모든 생선과 고기, 계란을 빼라고 했다. 몇 개월 동안 동생은 내가 제시한 엄격한 규칙을 잘 따라 어려움을 무릅쓰고 완전히 채식으로만 된 식단을 지켰다.

나는 동생집에 잠시 들러 짓궂게 웃음을 지으며 말했다.

"얘야, 영적인 규율들을 지금까지 잘 지켜왔으니까 곧 보답이 있을 거야. 얼만큼 살이 붙고 싶니? 발이 안 보일 정도로 살찐 숙모처럼?"

"아니, 아니야. 오빠 정도면 돼."

나는 엄숙하게 말했다.

"신의 은총으로 지금까지 항상 진리를 말해왔듯이 나는 지금도 진리를 말하노라. 신성한 축복을 통해 네 몸은 오늘부터 변화하기 시작하여 한 달 후에는 내 몸과 같게 될 것이다."

내 가슴에서 나온 이 말은 사실로 입증되었다. 30일 만에 동생의 몸

---

* 인도에서는 사람들이 대개 마른 몸매여서 적당히 살이 붙어야 보기 좋다고 생각한다.

무게는 나와 같아졌다. 토실토실한 몸매가 동생의 아름다움을 한층 더해줘서 남편도 더욱 깊이 동생을 사랑하게 되었다. 그리하여 지극히 불행하게 시작된 둘의 결혼 생활은 그 이후로 대단히 행복하게 지속되었다.

한번은 일본에 다녀오는 길이었는데, 내가 없는 동안 날리니가 장티푸스에 걸렸음을 알게 되었다. 나는 곧장 동생의 집으로 달려갔다. 너무나 쇠약해진 동생이 혼수상태에 빠진 채 누워 있었다. 깜짝 놀란 내게 매제가 이렇게 말했다.

"병으로 정신이 혼미해지기 전에 가끔씩 「무쿤다 오빠만 있으면 괜찮을 텐데, 괜찮을 텐데.」라고 말했지요. 나와 다른 의사들의 소견으로는 더 이상 희망이 없어요. 장티푸스가 오래 계속되다 보니 혈액 이질痢疾 증상이 생기기 시작했어요."

나는 기도를 통해 하늘과 땅을 움직여보려고 했다. 영국계 인도인 간호사 한 사람을 고용했는데, 나를 썩 잘 도와주었다. 나는 요가의 다양한 치료술을 적용했다. 그러자 혈액의 이질이 깨끗이 사라졌다. 하지만 보세 박사는 슬픈 표정으로 고개를 가로저었다.

"이제 더 흘릴 피도 없어요."

나는 단호하게 말했다.

"동생은 나을 것이네. 이레 안에 병이 사라질 거야."*

---

* 힌두교 경전은 곳곳에서, 진리를 말하는 사람들이 자신의 말을 실체화할 수 있는 힘을 계발한다고 선언하고 있다(『요가수트라』 1:36).
가슴에서 우러나오는 명령은 삶에서 그대로 실현된다. 이 세계가 진리에 기초하고 있기 때문에 모든 경전은 진리와 함께라면 누구든 무한자와 조화를 이룰 수 있다고 찬양한다. 마하트마 간디는 진리가 신이라고 했다. 결국 평생에 걸친 간디의 노력도 생각과 말과 행동에서 완벽한 진리를 구현하는 것이었다. 사탸(진리)의 이상은 여러 세기 동안 힌두 사회

일주일 뒤 나는 동생 날리니가 눈을 뜨고 사랑스러운 눈길로 나를 바라보는 장면을 떨리는 가슴으로 지켜보았다. 동생은 정상적인 몸무게를 되찾았지만, 치명적인 병으로 인한 슬픈 흔적이 남았다. 다리가 소아마비에 걸린 것이다. 인도인 전문의와 영국인 전문의는 모두 나을 희망이 없는 불구자가 되었다고 공언했다.

동생의 생명을 구하기 위해 기도하면서 끊임없이 간병해온 터라 거의 탈진한 상태였다. 나는 세람푸르로 스승을 찾아갔다. 여동생의 어려운 상태에 대해 들으시던 스승의 눈에 깊은 동정의 빛이 서렸다.

"한 달만 있으면 동생의 다리는 정상이 될 것이다. 띠를 만들어서 거기에 고리를 달고 구멍을 뚫으지 않은 2캐럿짜리 진주 하나를 매달아 몸에 지니게 하여라."

나는 안도의 한숨을 내쉬면서 스승의 발치에 꿇어앉았다.

"스승님이시여, 스승님의 말씀 한마디면 충분합니다만 굳이 진주가 필요하다면 즉시 구하겠습니다."

스승이 고개를 끄덕이셨다.

"그래, 그렇게 하여라."

이윽고 스승은 한 번도 본 적이 없는 동생 날리니의 육체와 정신 상태를 정확하게 묘사하셨다.

"점성학적으로 분석하신 건가요? 생년월일도 모르시잖습니까?"

스승이 미소를 지으셨다.

"더 깊은 차원의 점성학이다. 단순히 달력이나 시계에 의존하는 점성술이 아니다. 사람은 누구나 창조주 혹은 '우주적 인간Cosmic Man'의

전체에 깊이 스며들었다.

한 부분이다. 따라서 지상의 몸뿐만 아니라 천상의 몸도 가지고 있는 셈이다. 인간의 눈은 물리적인 형체를 보지만, 내면의 눈은 더 깊이 뚫고 들어가서 자기 자신의 통합적이면서도 개별적인 부분을 이루는 보편적인 유형까지 보게 된다."

나는 캘커타로 돌아와서 동생을 위해 진주*를 구입했다. 한 달 뒤에 동생의 소아마비는 완전히 치료되었다.

동생은 가슴에서 우러난 감사의 뜻을 나를 통해 스승에게 전했다. 스승은 그 메시지를 말없이 듣고만 계시더니 내가 자리를 뜨려 하자 의미심장한 말씀을 해주셨다.

"네 동생은 여러 의사들로부터 아이를 가질 수 없다는 이야기를 들어왔을 것이다. 하지만 수년 안에 딸 둘을 낳게 될 것이다."

스승의 말씀대로 몇 년 뒤 기쁨에 겨운 날리니의 환희 속에 딸아이가 한 명 태어나더니, 몇 해 지나지 않아 딸을 하나 더 얻었다.

---

* 직접 인간의 피부에 닿은 금속과 식물뿐만 아니라 진주 등의 보석도 신체 세포에 전자기적 영향을 끼친다. 인간의 몸에는, 식물과 금속과 보석에도 있는 탄소와 기타 금속 원소들이 포함되어 있다. 이 분야에서 리쉬들이 거둔 업적은 언젠가 반드시 생리학자들에게 인정받을 것이다. 전기적인 생명 전류를 지닌 인간의 섬세한 신체는 아직까지 탐구되지 않은 많은 신비의 핵심이다. 물론 보석과 금속 팔찌가 신체에 치료 효과가 있는 치유 가치를 갖는 것은 사실이지만, 스리 유크테스와르가 그런 것들을 권한 데는 또 다른 이유가 있다. 스승들은 치료사처럼 보이는 것을 원치 않기 때문이다. 신만이 치료자이다. 그래서 성자들은 자신이 창조주로부터 겸손히 받은 힘을 다양한 치장으로 숨긴다. 사람은 보통 만질 수 있는 것만을 믿는다. 사람들이 나의 구루에게 치료를 부탁하러 올 때, 구루는 그들의 신념을 불러일으키고 자신에 대한 관심을 다른 곳으로 돌리기 위해 그들에게 팔찌나 보석을 지니도록 조언해주신 것이다. 팔찌와 보석은 그 자체에 내재된 전자기적 치유력에 더하여 스승의 감춰진 영적 축복까지 담고 있다.

# 영적 진화를 위한
# 크리야 요가

여태까지 이 책의 여러 곳에서 자주 언급된 크리야 요가의 체계는, 나의 스승의 스승인 라히리 마하사야에 의해 현대 인도에 널리 알려졌다.

크리야의 산스크리트어 어원은 크리kri로서 '행하는' 또는 '행위하고 반응하는'이란 뜻이다. 동일한 어원은 카르마karma에서도 발견된다. 카르마란 원인과 결과의 자연스러운 원리를 말한다. 따라서 크리야 요가란, '일정한 행동 또는 의식kriya을 통한 무한 존재(신)와의 합일yoga'을 뜻한다. 이 테크닉을 성실히 수행하는 요기는 점진적으로 카르마, 즉 인과응보의 평형 법칙이라는 사슬로부터 벗어나 자유를 얻을 수 있다.

요가의 오래된 계명 때문에, 일반 대중을 대상으로 집필하는 이 책에서는 크리야 요가에 대한 상세한 설명이 불가능하다. 그러므로 이에 대한 실제적인 테크닉은 SRF(Self-Realization Fellowship)의 정통 크리야반(kriyaban, 크리야 요기)을 통해 전수받아야만 한다. 여기서는 개괄적인 언급만으로도 충분할 것이다.

크리야 요가는 어떻게 보면 매우 단순한 정신생리학 기법이다. 이 기법에 의해 혈액은 이산화탄소가 제거되고 산소로 재충전된다. 여분의 산소 원자들은 생명 전류로 변환되어 두뇌와 척추의 중추들을 다시 생생하게 만들어준다.* 이러한 과정을 통해 정맥혈의 축적을 중단시킴으로써 요기는 조직의 부패를 감소시키거나 방지할 수 있다.

상당한 정도의 진보를 이룩한 요기는 자신의 세포들을 에너지로 변환시킬 수 있다. 엘리야, 예수, 카비르 등의 예언자들은 크리야나 혹은 이와 비슷한 테크닉을 제대로 사용할 수 있는 경지에 이른 인물들이었다. 그들은 이런 기법을 통해 자신의 육체를 임의로 나타나게(실체화) 하거나 사라지게(비물질화) 했다.

크리야는 오래된 수행 체계이다. 라히리 마하사야는 그 체계를 자신의 위대한 구루인 바바지로부터 전수받았다. 중세의 암흑 시대에 사라진 이 기법을 재발견하여 간명한 체계로 다시 정리한 분이 바로 바바지였다. 그는 이 체계를 크리야 요가라고 명명했다. 바바지는 라히리 마하사야에게 다음과 같이 말했다.

---

* 저명한 과학자이자 클리블랜드의 외과의사인 G. W. 크라일 박사는 1940년에 개최된 한 미국 진보과학자협회 모임에서 자신이 모든 절차를 입증 완료한 실험 결과를 발표했다. 그는 두뇌와 신경계 조직을 제외한 인체 조직은 전기적으로 음성이며, 두뇌와 신경계 조직은 보다 신속하게 새로운 활력을 불어넣는 산소를 취하기 때문에 전기적으로 양성으로 남아 있다고 설명했다.

"내가 19세기인 지금 너를 통해 세상에 전수하는 이 크리야 요가는 크리슈나가 수천 년 전에 아르주나에게 전해주고, 이어서 파탄잘리와 그리스도, 성 요한과 바울 및 다른 제자들에게 전해준 것과 똑같은 것을 부흥시킨 체계이다."

크리야 요가는 인도의 가장 위대한 예언자인 주 크리슈나에 의해 『바가바드기타』에서 이와 같이 언급된다.

> 들숨을 날숨 속으로, 그리고 날숨을 들숨 속으로 각각 집어넣음으로써 이들을 중화시킨다. 그리하여 그는 심장으로부터 프라나를 해방시켜 생명력을 자신의 완전한 통제 아래 두게 된다.*

이를 현대적 의미로 해석하면 다음과 같다.

"요기는 폐와 심장의 활동을 침묵시킴으로써 프라나(생명력)의 추가 공급을 확보하며, 이를 통해 육체 안에서 일어나는 부패 현상을 중단시킨다. 그는 또한 아파나(노폐물 제거를 위한 순환 작용)의 통제로 육체에서 일어나는 생장의 변화를 억제할 수 있다. 따라서 생장과 소멸의 중화에 의해 요기는 생명력을 조절하는 방법을 획득하게 된다."

크리슈나는 또 이렇게 말하고 있다.**

> 고대의 계몽가인 비바스바트에게 불멸의 요가를 전수해준 것은 바로

---

\* 『바가바드기타』 IV:29
\*\* 앞의 책 IV:1-2

전생의 나였으며, 비바스바트는 이것을 위대한 입법가 마누*에게 전해

주었고, 마누는 다시 이를 인도 태양전사太陽戰士 왕조의 창시자인 이크

슈와쿠에게 전해주었다.


이처럼 여러 사람을 거쳐 전달되면서 이 장엄한 요가는 유물론의

시대**가 전개되기 전까지 리쉬들에 의해 수호되었다. 그런데 성직자

의 배타적 태도와 일반인의 무관심 때문에 이 신성한 과학은 점차 사

람들이 접근하기 어려운 것이 되고 말았다.

크리야 요가는, 요가에 관한 주석으로 유명한 고대의 현인 파탄잘

리에 의해 두 번 언급된다. 그는 다음과 같이 말한다.


크리야 요가는 육체의 훈련과 정신의 통제, 그리고 옴 명상으로 이루어

져 있다.***


파탄잘리는 신을, 명상 중에 들리는 실제적인 우주 음성 옴이라고

---

* 『마나바 다르마 샤스트라Manava Dharma Shastras』(마누법전)의 창제자이다. 이 성문화된
관습법의 법전은 인도에서 오늘날까지도 그 효력을 발휘하고 있다.

** 힌두교 경전의 산출 방식에 의하면, 유물론의 시대는 기원전 3102년부터 시작된다. 그
해는 주야평분畫夜平分의 순환 주기인 드와파라 유가의 마지막 쇠퇴기가 시작되는 시점
과 일치하며, 또한 우주 주기인 칼리 유가의 시작이기도 하다. 1만 년 전에는 인류가 야만
적인 석기시대를 살았다고 믿는 대다수 인류학자는 레무리아, 아틀란티스, 인도, 중국, 일
본, 이집트, 멕시코 등지의 고대 문명을 '신화'라는 이름으로 일축해버린다(제16장 참고).

*** 『요가수트라』 2:1
파탄잘리가 사용한 크리야 요가라는 말은 그 후에 바바지에 의해 전수된 기법이거나, 아
니면 이와 비슷한 어떤 것을 가리킨다. 파탄잘리가 분명히 생명력을 통제하는 기법에 대
해 말하고 있다는 사실은 『요가수트라』에 나타난 경구(2:49)로 입증된다.

말한다.* 옴은 창조의 '말씀'이며 진동을 발생시키는 소리인 동시에 신의 존재에 대한 증거**이다. 요가 초보자들도 시작한 지 얼마 안 되어 신비한 음성인 옴을 듣게 된다. 이런 희열을 통해 그는 자신이 천상의 영역과 영적으로 교섭하고 있다는 사실을 확신한다.

파탄잘리는 이어서 크리야의 기법(생명력의 통제)에 대해 두 번째로 다음과 같이 말한다.

> 해방은 프라나야마에 의해 획득될 수 있으며, 또 프라나야마는 들숨과 날숨의 과정을 해체함으로써 이루어진다.***

성 바울은 크리야 요가 또는 이와 유사한 기법을 알고 있었고, 이 기법을 사용하여 감각들로 들어가고 나오는 생명 전류를 조절하는 데 성공했다. 그리하여 바울은 이렇게 말할 수 있었다.

> 내가 그리스도 안에서 가진 우리의 기쁨으로 확언하노니,
>
> 나는 매일 거듭 죽노라.****

---

\* 앞의 책 I:27

\*\* "아멘이시며 진실하고 참되신 증인이시며 하느님의 창조의 시작이신 분이 말씀하신다." 『요한계시록』 3:14

"맨 처음 천지가 창조되기 전부터 말씀이 계셨다. 말씀은 하느님과 함께 계셨고 하느님과 똑같은 분이셨다. …… 모든 것은 그분(말씀 또는 옴)으로 생겨났고 그분 없이 생겨난 것은 하나도 없다." 『요한복음』 1:1-3

베다의 옴은 티벳인의 신성한 말씀인 훔과 모슬렘인의 아민, 그리고 이집트인, 그리스인, 로마인, 유대인 및 크리스천들의 아멘이 되었다.

\*\*\* 『요가수트라』 2:49

\*\*\*\* 『고린도전서』 15:31

일반적으로 알려져 있는 '너희의 기쁨'은 옳은 번역이 아니다. '우리의 기쁨'이 정확한 번

모든 육체적 생명력을 매일같이 거두어들임으로써 바울은 요가를 통해 육체적 생명력을 그리스도 의식이 가져다주는 희열(영원한 지복)과 통합시켰다. 바울은 그 행복한 상태에서 감각적 망상 혹은 마야의 세계가 '죽었음'을 의식했으며, 그리하여 그러한 세계에서 벗어나 해방되었음을 의식했다.

　　신과의 합일(사비칼파 사마디)을 이룬 최초의 상태에서 수행자의 의식은 우주적 영혼 속으로 침잠된다. 그의 생명력은 육체로부터 벗어나기 때문에 '죽어 있는' 상태 또는 무동작, 또는 굳어 있는 모습으로 나타난다. 요기는 자신의 육체적 생기가 중단되는 상태를 분명하게 의식한다. 보다 높은 정신 상태(니르비칼파 사마디)로 진보함에 따라 육체의 제한을 넘어서 신과 교류하게 되며, 일반적인 각성 상태나 심지어 세속의 의무를 빈틈없이 처리하는 가운데서도 신과의 교류가 가능하게 만든다.*

　　스리 유크테스와르는 제자들에게 이렇게 설명하셨다.

　　"크리야 요가는 인간의 진화를 가속화하는 도구이다. 고대의 요기들은 우주의식의 비밀이 호흡의 지배와 밀접한 관련이 있음을 간파했다. 이것은 세계 지성계에 대한 인도만의 독특한 불멸의 공헌이다. 보통 심장 활동을 유지하는 데 흡수되는 생명력은 끊임없는 호흡의 요구를 가라앉히고 그치게 하는 방법으로 보다 높은 차원의 활동에 전용될 수 있도록 해방되어야 한다."

---

역이다. 왜냐하면 성 바울은 그리스도 의식의 보편성에 관해 언급하는 것이기 때문이다.
* 산스크리트어로 '칼파kalpa'는 '시간' 혹은 '영겁'을 뜻한다. 그리고 '사비칼파'는 '시간 혹은 변화에 종속된 상태'를 뜻하고, '니르비칼파'는 '시간이 없는 혹은 변화가 없는 상태'를 뜻한다. 후자는 사마디의 최고 경지이다.

크리야 요기는 자신의 생명 에너지를 척추의 여섯 중추(숨뇌, 경부, 배부, 요추부, 천골, 미골) 주변으로 상하 회전시킨다. 그 여섯 개의 중추(차크라)는 '우주적 인간'의 상징인 황도대黃道帶의 열두 별자리와 상응한다. 인간의 민감한 척추를 따라 에너지를 30초 동안 돌리는 것은 수행자의 진화에 미세한 진보를 가져온다. 이 30초 동안의 크리야 요가 수행은 자연적인 영적 진화로 1년에 해당한다.

전지한 영안이라는 '태양'의 둘레를 도는 여섯 개(양극을 고려하면 열두 개가 됨)의 내적 별자리(성좌)를 지닌 인간의 아스트랄체는 물리계의 태양과 열두 개의 황도대 별자리(점성학의 12궁)와 상호 관련되어 있다. 그러므로 모든 인간은 내적 우주와 외적 우주의 영향권 아래에 있다.

고대의 리쉬들은 지상 환경과 천상 환경이 12년 주기의 연속 과정으로 인간의 자연적 인생 행로에서 앞으로 나아가게 해준다는 것을 발견했다. 각종 경전에서는, 인간이 육체적 두뇌를 완성하고 우주의식을 획득하려면 정상적이고 질병 없는 상태로 백만 년간 진화해야 한다고 말한다.

여덟 시간 반 동안 실행되는 일천(1,020) 회의 크리야 수행은, 자연적으로 일어나려면 일천 년이 걸리는 진화를 하루 만에 가능하게 해준다. 결과적으로 1년 동안 크리야 요가를 수행하면 365,000년의 진화를 앞당기는 셈이다. 따라서 크리야 요기는 자연적으로 하려면 백만 년이 걸리는 영적 진화를 지적인 자기 노력에 의해 3년 만에 성취할 수 있다. 물론 크리야 요가라는 진화의 지름길은 심오한 영적 발달을 이룩한 요기들만 선택할 수 있다. 그런 요기들은 구루의 지도를 통해 강렬한 수행에서 발생되는 힘을 견딜 수 있도록 육체와 두뇌를 조심스럽게 단련해둔다.

크리야의 초보자는 요가 기법을 단지 열네 번 내지 스물네 번씩 하루에 2회만 실행한다. 많은 요기들은 6년 혹은 12년, 24년, 48년 이내에 해방(해탈)을 얻는다. 완전한 깨달음을 얻기 전에 죽은 요기는 과거에 크리야를 수행한 좋은 업을 지니고 간다. 그러므로 새로운 삶에서 무한한 목적을 향하여 지극히 자연스럽게 나아가게 되는 것이다.

평균적인 인간의 육체는 50와트의 램프와 같다. 따라서 크리야를 과도하게 실행할 때 야기되는 10억 와트의 힘에 적응할 수 없다. 크리야라는 단순하고 안전한 방법을 차츰 규칙적으로 증가시키면, 육체는 날마다 아스타랄체의 변형을 겪게 되고, 마침내는 우주 에너지의 무한한 잠재력을 표출하기에 적합하게 된다. 이것은 '대영혼'이 물리적 혹은 물질적 활동으로 표현되는 첫 단계가 되는 셈이다.

크리야 요가는 길을 잘못 들어선 광신자들에 의해 전수되는 비과학적 호흡 연습과는 전혀 무관하다. 허파에서 강제적으로 호흡을 억제하려는 시도들은 매우 부자연스러운 것이며 따라서 불쾌한 것이다. 이에 반해 크리야의 실행은 최초의 순간부터 척추에서 발생되는 재생 효과가 가져오는 위무와 평화의 감정이 수반된다.

고대의 요가 기법은 호흡을 정신(마음)-질료로 변화시킨다. 영적인 진보에 의해 수행자는 자신의 호흡을 정신적인 개념 혹은 정지 행위로 인식할 수 있다. 다시 말해서 실제의 호흡을 꿈에서 실행하는 호흡으로 인식하는 것이다.

인간의 호흡률과 의식 상태의 변이 사이에 존재하는 수학적 관련성에 대해서는 많은 실례를 제공할 수 있다. 완벽한 주의 집중을 이룩한 사람, 예컨대 매우 정교한 지적 논쟁에 몰두해 있거나 혹은 상당히 힘이 드는 육체 묘기를 연출하는 경우는 자동적으로 호흡이 느려진다.

정신 집중은 느린 호흡에 의존하고 있다. 공포, 욕정, 분노 등과 같은 해로운 정서 상태에는 어쩔 수 없이 지나치게 빠르거나 고르지 못한 호흡이 뒤따른다.

잠시도 가만히 있지 못하는 원숭이는 1분에 32회의 비율로 호흡하지만, 사람의 평균값은 1분에 18회에 불과하다. 일반적으로 장수하는 생물로 알려진 코끼리나 거북이, 뱀 등은 인간보다 호흡률이 낮다. 예를 들면, 300살 정도까지 장수할 수 있는 거북이는 1분에 단 4회만 호흡한다.

수면에 의한 원기 회복 효과는 인간이 잠을 잘 동안 일시적으로 육체와 호흡을 자각하지 못한다는 사실에서 기인한다. 말하자면, 잠을 자면 자는 동안만큼은 요기가 되는 것이다. 그리하여 매일 밤 비록 무의식적이긴 하지만 자신을 육체와 동일시했던 단계에서 벗어나서 자신의 생명력을 두뇌의 주요부와 척추 중심부의 여섯 하위 발전기를 흐르는 치료의 전류와 통합시키는 요가 기법을 수행하는 셈이다. 따라서 수면 중에 있는 사람은 자기도 모르는 사이에 모든 생명을 지속시키는 우주 에너지를 재충전받게 된다.

수면에 빠진 사람이 무의식적으로 요가를 수행하는 것이라면, 자발적인 요기는 의식적으로 단순하면서도 자연스러운 과정을 수행해 나간다고 할 수 있다. 크리야 요기는 자기 몸의 세포들을 방부제 광선으로 흠뻑 적시고, 자화磁化 상태를 유지하기 위해 요가 기법을 사용한다. 그는 과학적으로 호흡을 불필요하게 만들며, 따라서 요가를 실행하는 동안에는 수면이나 무의식 또는 죽음 등과 같은 부정적인 상태에 들어가지 않는다.

마야 혹은 자연 법칙의 지배를 받는 인간들에게는 생명 에너지의 흐름이 외부 세계를 지향한다. 그러므로 그 흐름은 온갖 감각들로 탕진되고 만다. 크리야 요가의 실행은 이러한 흐름을 역전시킨다. 따라서 크리야 요가를 수행하면 외부로 나가던 생명력이 온갖 감각으로 탕진되는 대신, 적절하게 조절되어 보다 섬세한 척추 에너지와 재결합한다. 그와 같은 생명력의 강화 작용에 의해 요기의 육체와 두뇌 세포들은 영적인 불로초에 의해 전기를 띠게 된다. 그런 요기는 이제 자연 법칙을 꼼꼼하게 준수하지 않아도 된다.

보통 사람들은 자연 법칙을 일일이 준수하고, 적절한 음식과 태양빛, 조화로운 사고 작용을 수반한다고 해도 백만 년이 걸려야 자아실현 혹은 의식의 해방이라는 목표를 성취할 수 있다. 두뇌 조직에서 일어나는 향상은 아무리 경미한 것이라도 12년 동안 정상적이며 건강한 삶을 지속해야 성취된다. 우주의식을 실현하기에 충분할 정도로 두뇌 조직을 정화시키려면 백만 태양년이 반드시 필요하다. 그러나 정신과학 방법을 이용하는 크리야 요기는 오랜 기간에 걸쳐 조심스럽게 준수해야 하는 자연 법칙의 필연성에서 자유로울 수 있다.

크리야는 영혼을 육체에 구속시키는 호흡의 끈을 끊어버림으로써 생명을 연장하고 의식을 무한히 확장하는 데 기여한다. 요가 기법은 물질에 얽매인 감각과 마음 사이의 격렬한 갈등을 해소하며, 수행자가 자신의 영원한 왕국을 다시 상속받을 수 있게 의식을 해방시킨다. 그러면 그는 자신의 참된 존재가 육체에 구속되거나 호흡에 예속되어 있지 않음을 알게 된다. 여기서 호흡은, 반드시 한 번은 죽어야 하는 인간이 공기, 곧 저항할 수 없는 자연의 힘에 얽매여 있음을 상징한다.

내적 성찰 또는 '침묵 속으로의 침잠'은 정신과 감각을 분리시키기에 적절한 과학적 수단이 못 된다. 신성으로의 복귀를 시도하는 명상 중의 마음은 생명의 흐름 때문에 항상 감각 쪽으로 끌려나온다. 생명력을 통해 마음을 직접 통제하는 크리야 요가는 무한자에게 접근하는 가장 간단하고 효과적인 동시에 가장 과학적인 길이다. 신에 이르는 불확실하고도 지지부진한 신학적 수단을 '소달구지'라고 한다면, 크리야 요가는 가히 '비행기'를 이용한 여정이라고 말할 수 있다.

요가 과학은 모든 형태의 집중과 명상 기법을 경험하고 고찰한 결과에 근거한다. 요가는 수행자가 시각, 촉각, 후각, 미각, 청각이라는 오감의 전화기에서 나오는 생명 전류를 의지대로 이었다 끊었다 단속斷續할 수 있게 해준다. 이처럼 감각을 차단할 수 있는 능력을 얻은 요기는 원하는 대로 자신의 마음을 신의 영역과 결합하거나 물질계와 결합하는 일이 간단하다는 것을 알게 된다. 요기는 더 이상 난폭한 감각과 산만한 생각이 난무하는 세속의 영역으로 억지로 끌려갈 염려가 없다.

육체와 정신을 정복한 크리야 요기는 마침내 '최후의 적'*인 죽음에 대한 승리를 획득한다.

그리하여 그대는 사람을 먹고 사는 죽음을 먹고 살지니
죽음이 한 번 죽으면, 더 이상 죽음이란 없으리라.**

---

* "마지막으로 물리치실 원수는 죽음입니다." 『고린도전서』 15:26
파라마한사 요가난다의 육체가 사후에도 부패하지 않았다는 사실은 그가 완전한 크리야 요기였음을 입증한다. 그러나 모든 도인들의 육체가 사후에 부패하지 않는 것은 아니다. 힌두교 경전에 따르면, 그와 같은 기적은 '특별한 목적'을 위해서만 나타난다고 한다. 요가난다의 경우에 특별한 목적이란 곧 서양인들에게 요가의 가치를 인식시키는 것이었다. 요가난다는 바바지와 유크테스와르를 통해 서양에 요가를 전파하라는 명령을 받았다. 요가난다는 결국 자신의 삶에서뿐만 아니라 죽음에서도 그 사명을 완수했다. ─원서 편집자 주
** 셰익스피어, 『소네트Sonnet』 146

상당한 진보를 이룩한 크리야 요기의 삶은 과거의 행동으로부터 영향받지 않으며, 오로지 영혼의 지침에 의해서만 영향을 받는다. 그러므로 수행자는 일상의 삶에서 드러나는, 진화를 지연시키는 이기적 행위들의 관리감독에서 벗어나게 된다.

영적인 삶이라고 하는 우수한 방법은 요기에게 자유를 부여하며, 자기 에고라는 철창에서 벗어나 편재의 심오한 공기를 맛보게 해준다. 반면에 일상의 삶이라는 속박은 굴욕적인 방식으로 인간에게 다가온다. 인간은 진화의 질서에 순응하는 것만으로는 자연으로부터 아무런 단축 효과를 기대할 수 없다. 아무리 마음과 육체를 지배하는 법칙에 반하는 실수를 저지르지 않고 '건강하게' 살더라도, 궁극의 해방을 얻으려면 여전히 백만 년이라는 기나긴 가장행렬 같은 환생을 거듭하며 살아야 하는 것이다.

그러므로 영혼의 개체성을 굳히는 정신과 육체의 동일시에서 스스로를 해방시키는 요기의 (망원경으로 보듯 멀리 내다보는) 원대한 수행 방법은 백만 년이라는 시간을 혐오의 시선으로 바라보는 사람들에게 권장할 만하다. 자기 영혼은 고사하고 자연과도 조화를 이루지 못한 채 억지로 번잡한 생활을 추구하여 정신과 육체가 자연이 주는 상쾌하고 온전한 상태를 거스르는 보통 사람들은 백만 년의 두 배가 걸려도 해방이나 해탈을 얻기 어렵다.

우둔한 사람은 자기 육체가 여섯 의식 영역 또는 척추 중추에 있는 '여섯 명의 섭정'과 함께 '두개골의 왕좌'에 군림하는 '영혼 황제Emperor Soul'의 통치를 받는 하나의 왕국이라는 사실을 절대 깨닫지 못한다. 이러한 신권정치는 영혼 황제에게 충성을 다하는 수많은 신민들에게 펼쳐지는데, 이들 신민은 27조 개의 세포들(육체의 성장, 변화, 분해에 필요한 모든 임무를 수행할 수 있도록 자동적이고 확실한 지성이 부여되어 있다!), 60 여 년의 평균 수명을 사는 동안 인간의 의식에서 발생하는 5천만 가지 기층적 생각, 감정, 그 밖의 다양한 단계의 의식 등이다.

질병이나 부조리한 생각들로 나타나는, 영혼 황제에 대한 정신과 육체의 반란은 신민들이 불충해서가 아니라 과거나 현재에서 자유의지가 오용되었기 때문이다. 그렇지만 그것은 영혼과 동시에 주어졌으므로 반란은 결코 돌이킬 수 없다.

인간은 자신을 천박한 자아와 동일시함으로써 생각하고 느끼고 소화하고 삶을 유지하는 주체가 자기 자신이라는 사실을 당연한 것처럼 받아들인다. 그리하여 조금만 생각해도 금방 알 수 있는 사실인데도, 일상의 삶에서 자기가 단지 과거의 업, 또는 환경이 하라는 대로 움직이는 꼭두각시에 불과하다는 사실을 인정하려 하지 않는다. 모든 사람의 지적인 반응, 느낌, 정서, 습관 등은 과거의 원인에 대한 결과일 뿐이다. 그것이 현생에서 지은 것이든 아니면 전생에서 지은 것이든 상관이 없다.

하지만 이러한 영향들 위에 우뚝 솟아 있는 것이 바로 그의 군주인 영혼이다. 덧없는 진실과 자유를 일축함으로써 크리야 요기는 미망을 초월하여 아무 거리낌이 없는 경지에서 절대의 존재를 만나게 된다. 이 세상의 모든 경전들은 이구동성으로, 인간이란 결국에는 스러질 육신이 아니라 언제나 살아 있는 영혼이라고 말한다. 우리는 크리야 요가에서 경전의 단언을 입증해줄 명백한 증거를 발견할 수 있다.

샹카라는 저 유명한 『시의 세기』에서 다음과 같이 말했다.

외형적인 의식儀式은 무지를 타파할 수 없다. 양자는 서로 모순되는 것

394

이 아니기 때문이다. 깨달은 지혜만이 무지를 타파할 수 있다. …… 지혜는 탐구 이외의 그 어떤 다른 수단으로도 솟아날 수 없다. '나는 누구인가? 이 우주는 어떻게 탄생되었는가? 그리고 이 우주를 만든 자는 누구인가? 우주의 물질적 근원은 무엇인가?' 이것이 사람들이 언급하는 탐구의 종류이다.

지성은 이에 대한 해결책을 갖고 있지 않다. 그래서 리쉬들은 영적인 탐구 방법으로서 요가를 발전시켜온 것이다.

크리야 요가야말로 『바가바드기타』가 찬양하는 진정한 '불의 의식 fire rite'이다. 크리야 요기는 자신의 모든 인간적 열망을 비할 바 없는 신에게 바쳐진 신성한 불꽃 속으로 아낌없이 던진다. 이것은 진실로 진정한 요기가 행하는 불의 의식이다. 이 의식에서 과거와 현재의 열망이란 오직 신을 사랑하기 위해서 기꺼이 쓰이는 연료일 뿐이다. 궁극의 불꽃은 인간의 광기를 제물로 받아들인다. 그리하여 인간은 순수하게 정화된다. 모든 욕심의 살점이 떨어져나간 유골과 방부제인 지혜의 태양에 의해 표백된 업의 뼈대를 남기고 인간과 창조주 앞에 평화롭게 서 있는 요기는 이제 완전히 깨끗해지는 것이다.

육체적 욕망과의 그릇된 동일시에서 비롯된 자신의 생각과 의지와 감정을 억제하고, '척추의 사원'에 존재하는 초월의식적 힘과 마음을 통합한 진정한 요기는, 신이 계획한 바대로 이 세상에서 벌어지는 삶을 영위해나간다. 그런 요기는 과거에서 연유하는 충동에 압박받지도 않고, 인간의 무분별에서 비롯되는 새로운 동기에 강요당하지도 않는다. 최상의 욕구(신)를 성취한 요기는 결코 소진되지 않는 지복으로 가득한 '대영혼'이라는 최후의 안식처에 안주한다.

요가의 확실하고도 경험적인 효용성을 이야기하면서 크리슈나는 다음과 같은 말로 크리야 요기를 찬양하고 있다.

요기는 금욕적인 방법으로 육체를 수련하는 자보다 위대하며, 지혜의 길(즈나나 요가)이나 행위의 길(카르마 요가)을 따르는 수행자보다 위대하다. 오, 제자 아르주나여, 요기가 되라!*

---

\* 『바가바드기타』 VI:46
현대 과학은 이제 서서히 호흡 운동의 중단이 정신과 육체에 끼치는 놀랄 만한 치료 회복 효과에 눈을 떠가고 있다. 뉴욕 소재 '내과 외과 대학College of Physicians and Surgeons' 소속의 앨번 L. 바라흐 박사는 많은 폐결핵 환자의 건강을 회복시키는 방법으로 '국부적인 폐의 휴식'이라는 치료법을 창안해냈다. 등가等價 압력장치를 사용하여 환자의 호흡을 중단시키는 방법이 그것이다. 1947년 2월 1일 자《뉴욕 타임즈》는 바라흐 박사의 말을 인용하여 다음과 같이 보도했다.

"호흡 운동의 중단이 중추신경계에 끼치는 영향은 매우 주목할 만하다. 사지의 근육을 움직이고자 하는 충동이 이때 현저하게 감소된다. 그래서 그 압력실에 있는 환자는 손발을 움직이지 않거나 자세를 바꾸지 않고도 몇 시간 동안 누워 있을 수 있다. 매일 두 갑 이상의 담배를 피우던 환자라 할지라도 자발적인 호흡이 중단되면 담배를 피우고 싶은 마음이 싹 가셔버린다. 많은 경우에 그러한 긴장 이완은 매우 자연스러운 것이어서 환자는 더 이상 어떠한 오락거리도 요구하지 않게 된다."

1951년에 이르러 바라흐 박사는 공식적으로 이와 같은 치료법의 효과를 확인했다. "그러한 치료 방법은 폐에 휴식을 가져올 뿐만 아니라 몸 전체, 나아가서는 정신에까지도 휴식을 가져다준다. 예컨대 심장 운동도 3분의 1로 떨어지게 된다. 피실험자들은 아무런 불안감도 느끼지 않았으며 아무도 지루함을 느끼지 않았다."

이 사실로 미루어보면, 요기가 어떻게 해서 정신적으로나 육체적으로 아무런 활동을 하지 않은 채 오랫동안 앉아 있을 수 있는가 하는 문제에 대한 답변도 가능하다. 위와 같은 경우에는 호흡의 중단이 가져오는 혜택을 위해 앞서 말한 등가압력실에 얼마간 머물러 있어야 하지만, 요가 수행자는 오직 크리야 요가의 테크닉만을 필요로 한다.

27

# 요가학교를
# 세우다



　　　　　　　"너는 어찌하여 조직 활동을 싫어하느냐?" 스
승의 질문에 약간 움찔하지 않을 수 없었다. 사실 대부분의 조직들이
소리만 요란하지 실속은 하나도 없다는 것이 그 당시 나의 개인적인
소신이었다. 그래서 이렇게 대답했다.

"그것은 보람 없는 일입니다. 지도자는 무슨 일을 하면 한다고 비판
받고, 아무 일도 안 하면 그때는 또 안 한다고 비판을 받습니다."

그러자 스승은 엄한 시선과 함께 따끔한 일침을 가하셨다.

"신성한 찬나(응고 우유)를 너 혼자 차지하고 싶다는 것이냐? 만약 너
그러운 마음을 가진 스승들이 자신의 지식을 다른 사람들에게 기꺼이
전달해주지 않았다면 오늘날 어찌 요가를 통한 신과의 합일이 가능할
수 있었겠느냐?"

그리고 다음과 같이 덧붙이셨다.

"신은 꿀이고, 조직체는 벌집이다. 둘 다 벌에게 필요한 것이다. 물론 영혼이 담겨 있지 않은 것이라면, 그 어떠한 형식도 무의미하겠지. 그러나 그 벌통이 영적인 감로#露로 가득 차 있다면, 벌떼가 바쁘게 드나드는 벌통도 거리낄 이유는 전혀 없지 않겠느냐?"

스승의 충고는 매우 감동적이었다. 비록 겉으로 드러내지는 않았지만, 내 마음속에는 그때부터 철석같은 결의가 자리를 잡게 되었다. 힘이 다할 때까지 나는 구루의 발치에서 배운, 그 무엇에도 얽매이지 않는 진리를 동료들과 함께 나누어 가지리라.

나는 기도했다.

'신이시여, 당신의 사랑이 내 헌신의 신전에 영원토록 밝은 빛을 드리워 모든 이들의 가슴에 당신의 사랑을 일깨울 수 있게 해주소서.'

내가 스와미 교단에 입문하기 전에 언젠가 스리 유크테스와르는 매우 뜻밖의 말씀을 하신 적이 있었다.

"너도 나이가 들면 아내의 우정이 그리워질 텐데, 처자식을 부양하기 위해 유용한 일에 종사하는 가장으로서의 역할도 신의 은혜에 대한 보답이라고 생각하지 않느냐?"

나는 깜짝 놀라서 즉각 항변했다.

"스승님, 제가 금생에서 가진 유일한 욕망은 오로지 우주의 님을 향한 사랑뿐이라는 사실을 잘 알고 계실 텐데요."

스승이 너무나 유쾌하게 웃음을 터뜨리셨기 때문에 나는 그 말씀이 단지 내 마음을 시험해보는 것이었음을 금방 알아차렸다. 잠시 뒤 스승은 천천히 말씀하셨다.

"세속의 일상적인 의무를 벗어버린 사람은, 오로지 보다 큰 '가족'에 대한 책임을 져야만 자신을 정당화시킬 수 있다는 사실을 잊어서는 안 된다."

내 가슴속에는 젊은이들을 다양한 각도에서 바르게 교육시키고자 하는 열망이 항시 자리 잡고 있었다. 신체와 지능 발달만을 목표로 삼는 통상적인 제도권 교육이 가져오는 무미건조한 결과는 실로 명백했다. 도덕과 영혼의 가치에 대한 인식이 없는 사람은 절대 행복할 수 없다. 그런데도 공식 교과 과정에는 그런 내용이 빠져 있는 실정이었다. 그리하여 나는 어린 청소년들이 완전한 인간성의 계발을 도모할 수 있는 학교를 세우기로 결심했다. 벵골 지역에 위치한 작은 마을 디히카에서 일곱 명의 아이들과 함께 마침내 그 계획의 첫발을 내디뎠다.

그로부터 1년 뒤인 1918년, 카심바자르의 성주 마닌드라 찬드라 눈디 경의 호의에 힘입어 나는 급속도로 성장하던 우리 학교를 란치로 옮겼다. 캘커타에서 약 3백여 킬로미터 떨어진 비하르에 위치한 이 고장은, 인도에서도 매우 기후가 좋은 지역에 속한다. 그리하여 란치의 카심바자르 궁전이, 내가 리쉬(현자)들의 교육적 이상을 좇아 '요고다 사트상가 브라흐마차랴 비드얄라야'*라고 이름 붙인 새 학교의 본부 건물로 탈바꿈했다. 그 옛날 리쉬들의 숲속 아슈람(암자)은 승속僧俗을 막론하고 인도 청년들을 위한 배움의 전당이었다.

---

* 비드얄라야는 '학교'를 의미하며, 브라흐마차랴(브라흐마차리)는 베다에 기술된 인생의 4단계 가운데 하나이다. 4단계는 다음과 같다.
(1) 결혼 이전에 공부하는 학생−브라흐마차랴 (2) 세속의 의무를 감당해야 하는 가장−그리하스타 (3) 은둔 수행자−바나프라스타 (4) 세속의 관심사에서 벗어나 각지를 떠돌아다니는 유행자 또는 숲속 거주자−산야시
물론 현대 인도에서는 이러한 구도의 일생이 널리 준수되고 있지 않지만, 그래도 아직 상당수 사람들은 이 단계를 진지하게 따르고 있다. 그리고 이러한 4단계는 평생토록 이어지는 구루의 지도를 받으며 종교적 의미를 간직한 채 이행되고 있다.

란치에서 내가 마련한 프로그램은 초등학교와 중등학교 과정을 모두 포함한 것인데, 그 가운데는 농업과 공업, 상업 및 기타 교과목도 들어 있었다. 란치의 학생들은 요가 집중력 훈련과 명상을 배우고, 아울러 건강과 신체 발달을 위한 독특한 기법인 '요고다'를 배웠다. 요고다 원리는 내가 1916년에 발견한 것이다.

인간의 육체는 일종의 건전지와 같기 때문에 의지의 직접 개입을 통해 재충전될 수 있다. 의지의 작용이 없다면 크든 작든 어떠한 행위도 불가능하기 때문에, 그 최초의 동인인 의지를 적절히 활용하면 인간은 부담스러운 각종 도구를 쓰거나 기계적인 훈련을 하지 않고도 자신의 신체 조건을 혁신할 수 있다. 그래서 나는 란치의 학생들에게 단순한 요고다 기법을 가르쳐서, 인간의 숨뇌에 집중된 생명력이 무한히 공급되는 우주 에너지를 받아 즉각 의식적으로 재충전되게 했다.

학생들은 이 수련법을 대단히 충실하게 따라서 각자의 생명 에너지를 신체의 일정 부위에서 다른 부위로 이동시키는 놀라운 능력을 계발하는 한편, 상당히 어려운 자세*로 완벽한 균형을 잡고 앉아 있기도 했다. 그들은 대다수 힘센 어른들조차 감히 해내기 어려운 힘과 인내가 필요한 묘기를 멋지게 연출했다.

막내 동생 비슈누 차란 고시도 란치 학교에 합류했는데, 훗날 그는 벵골에서 유명한 신체 단련가로서 이름을 날리게 되었다. 동생은 자기 제자들과 함께 미국과 유럽을 순회하면서 체력과 기술 시범을 보였는데, 이 광경을 지켜본 뉴욕 소재 콜롬비아 대학을 비롯한 여러 대학의 석학들은 놀라움을 금치 못했다고 한다.

---

* 많은 미국 학생들도 이러한 다양한 자세를 익혔다.

■ B. K. 미트라가 그린 〈구루와 제자〉.
숲속의 암자들은 고대 인도의 젊은이를 위한 배움의 장소였다. 이 그림을 보면, 명상용 목재 팔걸이에 기댄 덕망 높은 구루가 엄숙한 대영혼의 신비로운 세계로 제자를 인도하고 있다.

란치에서 첫해가 거의 끝나갈 무렵이 되자, 우리 학교에 입학하려는 지원자의 수가 2천여 명에 달했다. 그러나 당시의 학교는 기숙 형태로 운영되었기에 고작 백여 명만 수용할 수 있었다. 그래서 주간에 수업을 받는 통학생 과정을 추가로 개설했다.

비드얄라야에서 나는 어린 학생들에게 부모의 역할까지 해주면서 단체의 유지에 필요한 갖가지 난제에도 적절히 대처해야 했다. 그때마다 그리스도의 말씀을 떠올렸다.

> 누구든지 나를 위해, 또 복음을 위해 집이나 형제나 자매나 어머니나 아버지나 아내나 자식이나 논밭을 버린 자는, 금세에 있어 집과 형제와 자매와 어머니와 자식과 논밭을 백 배나 받되 핍박을 겸하여 받고 내세에 영생을 얻으리라.*

스리 유크테스와르는 이 구절을 다음과 같이 풀이하신 적이 있다.

"더욱 크고 중대한 의무, 즉 사회 전반에 대한 책무를 떠맡기 위해 결혼하고 가족을 부양하는 일상생활을 포기한 수행자는, 그의 뜻을 제대로 이해하지 못하는 세상으로부터 박해받는 과업을 실행하고 있는 셈이다. 물론 내면의 신성한 만족감도 수반되지만 말이다."

하루는 아버지가 나를 축복해주시기 위해 란치에 오셨다. 일전에 내가 벵골 나그푸르 철도회사의 일자리를 맡으라는 제안을 거절해서 아버지의 마음을 상하게 한 탓에 오랫동안 미뤄져온 일이었다.

아버지가 말씀하셨다.

---

\* 『마가복음』 10:29-30

"애야, 나는 지금 네가 스스로 선택한 삶에 대해 만족하고 있다. 이처럼 행복하고 열의에 찬 아이들 가운데 서 있는 너를 보니 무척 기쁘구나. 역시 너는 무미건조한 열차 시간표의 숫자들과 함께 있는 것보다 여기 있는 광경이 더 잘 어울리는구나."

아버지는 내 발뒤꿈치를 바짝 따라다니는 여남은 명의 학생들에게 작별을 고하면서 말씀하셨다.

"나한테 자식이 여덟 명 있지만, 너희도 모두 내 자식 같구나."

아버지의 눈이 반짝였다.

건물 밖에는 우리가 마음대로 사용할 수 있는 25에이커(약 101,170제곱미터)의 땅과 널찍한 과수원이 있었기 때문에, 나는 학생과 교사들을 이끌고 이상적인 환경에서 야외 활동을 하면서 행복한 시간을 즐겼다.

우리는 애완동물도 여러 마리 키웠는데, 그중에서 학생들이 특히 좋아하는 어린 사슴이 한 마리 있었다. 나 역시 그 새끼 사슴을 어찌나 좋아했는지 방에서 함께 잠을 잘 정도였다. 동이 터서 아침 햇살이 창문을 넘어올 무렵이 되면, 이 작은 짐승은 마치 아침 인사라도 해달라는 듯이 침대 위를 아장아장 걸어 다니곤 했다.

그러던 어느 날, 란치 읍내에 볼 일이 있어 나가는 길에 평소보다 일찍 사슴에게 먹이를 준 적이 있었다. 그래서 학생들에게 내가 돌아올 때까지 먹이를 주어서는 안 된다는 말을 일러두었다. 그런데 한 아이가 말을 안 듣고 새끼 사슴에게 우유를 듬뿍 먹였다. 저녁 때 돌아와보니 슬픈 소식이 기다리고 있었다.

"새끼 사슴이 너무 많이 먹어서 거의 다 죽게 됐어요."

비 오듯 쏟아지는 눈물을 닦을 겨를도 없이 나는 겉으로 보기에 분명 숨이 끊어진 사슴을 무릎 위에 올려놓았다. 그리고 이 어린 생명을

구해달라고 신에게 간절히 기도를 올렸다. 몇 시간이 지나자 그 작은
짐승은 눈을 뜨고 일어서더니 연약한 모습으로 걸음을 옮겨놓기 시작
했다. 학생들은 일제히 기쁨의 환성을 질러댔다.

　그러나 그날 밤 평생을 두고 잊을 수 없는 심오한 교훈을 얻었다. 나
는 어린 사슴과 함께 새벽 두시까지 앉아 있다가 깜빡 잠이 들었다. 바
로 그때, 사슴이 꿈에 나타나 내게 속삭였다.

　"선생님은 나를 붙들고 있어요. 제발 나를 놓아주세요. 제발 놓아주
세요!"

　나는 꿈속에서 대답했다.

　"그러마."

　나는 즉시 잠에서 깨어 큰 소리로 말했다.

"애들아, 사슴이 죽어가고 있구나!"

그 소리를 듣고 학생들이 내 곁으로 모여들었다. 나는 사슴을 놓아두었던 방 한구석으로 급히 다가갔다. 그 가련한 동물은 일어나려고 안간힘을 쓰면서 비틀비틀 내게 다가오더니 마침내 내 발 바로 앞에서 숨을 거두고 말았다.

동물의 운명을 조절하고 인도하는 수많은 업보에 의해 그 사슴의 생명은 이미 끝이 나고 바야흐로 보다 높은 형태로 진보하기 위한 준비가 끝난 상태였다. 그런데 깊은 집착(훗날 이 집착이 이기적이었음을 깨달았다)과 열렬한 기도 때문에 그 생명은 동물의 형태라는 제한된 틀 속에 그대로 붙잡혀 있었으며, 그 영혼은 구속을 벗어나려고 애처롭게 몸부림쳤던 것이다. 그렇지만 나의 자애로운 승낙이 없이는 가고 싶지 않아서인지, 아니면 갈 수가 없어서인지, 영혼이 내 꿈을 통해 호소했다. 그리하여 내가 허락하자마자 사슴의 영혼은 동물의 몸뚱이를 떠난 것이다.

슬픔이 사라지자 나는 다시금 깨달았다. 신은 당신의 자녀들이 모든 것을 당신의 한 부분으로 사랑하기를 원하시며, 또한 죽음이 모든 것을 끝낸다는 잘못된 생각을 가져서는 안 된다는 사실을. 무지한 사람은 자신이 그렇게도 소중하게 여겨오던 친구들을 영원히 사라진 것처럼 숨겨버리는, 결코 넘어설 수 없을 것 같은 죽음의 벽만을 본다. 그러나 집착에서 벗어나서 만물을 신의 한 표현으로서 사랑하는 사람은, 자신이 아끼던 모든 것이 죽음에 이르러서는 신 안에서 열락을 호흡하는 공간으로 돌아간다는 사실을 이해한다.

란치 학교는 아주 작고 소박한 모습으로 문을 열었지만, 점차 성장을 거듭하여 이제는 인도에서 널리 알려진 이름난 교육 기관이 되었다. 그리고 학교의 여러 부서는 많은 사람의 자발적인 기부로 유지되고 있다. 물론 그들은 리쉬들의 교육적 이상을 지속시키는 데서 보람을 느끼는 자발적 기부자들이다. 한편 미드나포르, 락슈만푸르, 푸리에는 '요고다 사트상가Yogoda Sat-Sanga'*라는 통칭 아래 날로 뻗어가는 란치의 분교들이 설립되었다.

란치 본부는 의료 기관을 운영하고 있는데, 여기서는 지역의 가난한 주민들에게 무상으로 의약품과 의술을 베풀고 있다. 이러한 혜택을 받는 주민의 수는 연평균 1만 8천 명을 웃돈다. 란치 학교는 인도 안에서 운동 경기와 학술 분야에서도 두각을 나타내어 졸업생들은 대학에 진학해서도 제각기 이름을 떨치고 있다.

올해(1946년)로 28년째를 맞이한 란치 학교는 각종 활동**의 중심지로서 동서양 각지로부터 이름난 남녀 명사들의 방문이 끊이지 않는다. 초창기에 학교를 찾았던 위대한 인물로는 '두 개의 육신을 가진 성자'인 바라나시의 스와미 프라나바난다를 꼽을 수 있다. 이 위대한 스승은 나무 밑에서 진행되는 그림 같은 야외 수업 장면과 저녁 무렵 어린 소년들이 몇 시간 동안이나 요가 명상에 잠긴 채 꼼짝도 않고 앉아 있는 모습을 보고서 깊은 감명을 받았다.

"올바른 청소년 교육에 대한 라히리 마하사야님의 이상이 이곳에서 실천되는 광경을 보니 밀려드는 기쁨으로 가슴이 터질 것 같네. 내 구루의 축복이 반드시 여기에 함께할 걸세."

---

* '요고다Yogoda'는 '합일, 조화, 평형'을 뜻하는 '요가'와 접사 '다'가 합쳐진 말이고, '사트상가Sat-Sanga'는 '진리'를 뜻하는 '사트'와 '단체'를 뜻하는 '상가'가 합쳐진 말이다.
** 란치의 각종 활동에 대해서는 제40장에 더욱 상세하게 나와 있다.

내 옆에 앉아 있던 어린 학생 하나가 용기를 내어 위대한 요기에게 다음과 같이 질문했다.

"스승님, 저는 장차 수도승이 되나요? 제 인생은 오직 신만을 위한 것인가요?"

스와미 프라나바난다는 부드러운 미소를 지었지만 두 눈은 이미 미래를 날카롭게 꿰뚫어보고 있었다. 그가 대답했다.

"오, 얘야, 네가 장성하면 아름다운 신부가 너를 기다리고 있을 거란다."(그 소년은 수년 동안 스와미 교단에 들어가기 위한 준비를 계속하다가 마침내 결혼하고 말았다)

스와미 프라나바난다가 란치를 방문하고 나서 얼마 뒤, 나는 그가 캘커타에 잠시 머무르고 있는 집으로 아버지를 모시고 갔다. 그때 불현듯 여러 해 전에 들었던 예언이 머리를 스쳐갔다.

"훗날 네 아버지와 함께 너를 다시 보게 될 것이다."

아버지가 스와미의 방으로 들어서자 위대한 요기는 자리에서 일어나 정겨운 인사의 표시로 아버지를 껴안았다. 프라나바난다가 말했다.

"바가바티, 뭘 하고 있는 거요? 당신의 아들이 무한자를 향해 달려가는 모습이 보이지 않소?"

아버지 앞에서 칭찬을 듣자 얼굴이 붉어졌다. 스와미는 말을 계속 이어갔다.

"우리의 신성한 구루께서 언제나 입버릇처럼 되뇌시던 말씀이 생각날 것이오. '바나트, 바나트, 반 자이.'* 그러니 쉬지 말고 크리야 요가

---

* 'Banat, banat, ban jai' 제자들의 인내심을 고취하기 위해 라히리 마하사야가 즐겨 사용하던 어구이다. 그 뜻을 의역하면 다음과 같다. '노력하라, 노력하라, 그러면 어느 날엔가 보일 것이다, 신의 문이!'

를 계속 수행하여 빨리 성스러운 신전에 도달하도록 하시오."

자세는 여전히 놀랍도록 꼿꼿했지만, 프라나바난다의 육신은 바라나시로 처음 찾아갔을 때와 달리 눈에 띄게 나이를 먹어가는 흔적이 보였다.

나는 그의 눈을 똑바로 보면서 물었다.

"스와미시여, 부디 제게 진실을 말씀해 주십시오. 나이를 먹는다는 느낌이 전혀 안 드십니까? 육체가 약해지면서 신에 대한 지각도 그만큼 약해지는 건 아닙니까?"

그는 천사처럼 인자한 미소를 지으며 말했다.

"신은 지금 그 어느 때보다 더욱 풍성하게 나와 함께하고 계신다네."

그의 완벽한 확신은 내 정신과 영혼을 압도하고도 남았다. 그가 덧붙였다.

"나는 여전히 두 개의 연금을 누리고 있다네. 하나는 여기 바가바티에게서 나오는 연금이고, 또 하나는 천상에서 나오는 연금이지."

손가락을 들어 하늘을 가리키던 성자는 잠시 동안 미동도 하지 않은 채 무아경에 들었다. 그의 얼굴은 신성한 빛으로 붉게 타올랐다. 이얼마나 충분한 답변인가!

그의 방에 있는 식물들과 씨 뭉치를 본 나는 이들의 용도에 대해 물어보았다. 그가 말했다.

"나는 바라나시를 영원히 떠났네. 이제 히말라야로 가는 길이지. 거기서는 제자들을 위해 아슈람을 개설할 생각이야. 이 씨앗들을 심으면 시금치와 약간의 다른 채소들을 거두겠지. 그러면 내 사랑하는 제자들은 지극히 소박한 생활을 영위하면서, 오로지 기쁨에 넘친 신과의 합일에만 시간을 쏟을 수 있을 걸세. 그 밖에는 아무것도 필요가 없네."

아버지는 자신의 동학同學에게 언제 캘커타로 돌아올 것인지 물으셨다. 성자가 대답했다.

"다시는 돌아오지 않을 것이오. 올해가 바로 라히리 마하사야님이 내가 바라나시를 아주 떠나 히말라야로 가게 된다고 말씀하신 해라오. 한 번은 죽어야 하는 인간의 굴레를 그곳에서 벗어던질 참이오."

그의 말을 듣고 있던 나의 두 눈에 눈물이 고였다. 그렇지만 스와미는 잔잔한 미소만 지을 뿐이었다. 그의 모습을 보니 성모의 무릎 위에 안전하게 앉아 있는 천상의 어린아이가 떠올랐다. 숱한 세월의 무게도 이 위대한 요기가 지닌 지고의 영적 능력에는 아무런 손상을 입히지 못한 것이다. 그는 자신의 육체를 의지대로 새롭게 할 수 있었다. 그러나 노화를 늦추는 데 신경 쓰는 대신, 자신의 업이 육체의 차원에서 소진되도록 그대로 내버려두었다. 말하자면 현재의 육신을 시간 절약을 위한 장치로 사용하는 것인데, 새로 태어날 때 없애야 할 그 어떤 업의 찌꺼기도 남기지 않으려는 의도였다.

그로부터 몇 달 뒤, 나는 옛 친구 사난단을 만났다. 그는 프라나바난다의 가까운 제자 가운데 하나였다. 그가 반쯤 흐느끼면서 내게 말했다.

"존경하는 나의 구루께서 사라지셨어. 스승께서는 리시케시 인근에 아슈람을 짓고 우리에게 자애로운 가르침을 베푸셨지. 어느 정도 안정이 되고 급속도로 영적인 진보를 이뤄나갈 무렵, 스승께서는 어느 날 갑자기 엄청난 수의 리시케시 주민들에게 식사를 대접하자고 하셨어. 나는 어째서 그토록 많은 사람이 필요한지 스승에게 이유를 여쭤봤지. 스승께서는 이렇게 대답하셨어.

「이것이 내가 베푸는 마지막 의식이다.」

물론 나로서는 그 말의 함축적인 의미를 완전히 이해할 수 없었지. 프라나바난다께서는 거대한 분량의 음식 만드는 작업을 도와주셨어. 손님들이 아마도 한 2천 명 가량 왔던 것 같아. 연회가 끝나자 스승께서는 약간 높은 단상으로 오르셔서 무한자에 관한 영감이 깃든 진리를 설파하셨지. 연설을 끝내고 수천 명의 시선이 지켜보는 바로 그 앞에서, 스승께서는 단상 옆 자리에 앉아 내 쪽으로 몸을 돌리고 평소에 들을 수 없던 강한 어조로 말씀하셨어.

「사난단, 준비하거라. 이제 이 형틀을 벗어던지고자 한다.」[*]

잠시 숨 막힐 듯한 침묵이 흐른 뒤 나는 큰 소리로 울부짖었다네.

「스승님, 안 됩니다. 제발, 그러지 마십시오!」

그 자리에 모인 사람들은 마치 입술이 붙은 듯 아무 말도 못하고 호기심 어린 눈길로 나를 바라보았지. 프라나바난다님은 나에게 미소를 보내셨어. 하지만 스승님의 장엄한 두 눈은 이미 영원을 응시하고 계셨다네. 스승께서 말씀하셨지.

「이기심을 버려라. 나 때문에 슬퍼할 필요는 없다. 나는 오랫동안 즐거운 마음으로 너희 모두를 도와주었다. 그러니 이제 기쁜 마음으로 먼 길을 떠나는 나의 앞길을 축복해주기 바란다. 나는 나의 님, 우주의 님을 만나기 위해 떠난다.」

그리고 스승께서는 이렇게 덧붙이셨어.

「나는 머지않아 다시 태어날 것이다. 잠시 동안 무한한 열락을 누린

---

[*] 육신을 버리겠다는 뜻이다.

다음 이 지상으로 돌아와서 바바지*님을 만날 것이다. 내 영혼이 언제 어디서 새로운 육체에 담겨질지는 곧 알게 된다.」

스승께서는 다시 한 번 외치셨어.

「사난단, 제2의 크리야 요가**에 의해 나는 여기서 육체의 형틀을 버리겠다.」

그러고 나서는 우리 앞에 바다처럼 펼쳐진 수많은 얼굴을 바라보며 축복을 내리셨지. 자신의 시선을 영안靈眼으로 향하신 채 스승께서는 이내 움직이지 않으셨어. 당황한 군중들은 무아지경에 드신 상태로 명상 중인 것으로 생각했지만, 스승께서는 영혼이 잠시 거주했던 육체를 이탈하여 이미 광대무변한 우주의 품속으로 당신의 영혼을 내던지신 다음이었다네. 우리 제자들이 연화좌를 취하고 계신 스승의 육체를 만져보았을 때는 더 이상 체온이 느껴지지 않았어. 다만 딱딱하게 굳은 육신의 형틀만 남아 있을 뿐, 그 형틀의 주인은 이미 다시는 죽음이 없는 피안으로 길을 떠난 다음이었지.”

나는 프라나바난다가 다시 태어날 장소가 어디인지를 알고 싶었다. 그가 대답했다.

---

* 라히리 마하사야의 구루로서 지금까지도 살아 있다.
** 라히리 마하사야에 의해 전수된 제2의 크리야 요가 기법을 완전히 익힌 수행자는 언제라도 자신의 의지대로 육체를 이탈하거나, 혹은 다시 육체로 돌아올 수 있다. 상당한 정도의 진보를 성취한 요기들은 죽음의 마지막 순간에 제2의 크리야 요가 테크닉을 사용한다. 물론 그들은 자신이 죽는 시간을 미리 알고 있다. 위대한 요기들은 영안靈眼으로 출입한다. 그것은 프라나 상태의 문으로 ‘구원의 문’이다. 그리스도도 다음과 같이 말씀하셨다. “나는 문이니, 누구든지 나를 거쳐서 들어오면 구원받을 것이며 마음대로 드나들며 좋은 꼴을 뜯을 수 있다. 도둑(마야, 환영)은 오직 훔치고, 죽이고, 파괴하기 위해 오지만 나(그리스도 의식)는 양들이 생명을 얻고 또 더욱 얻어서 풍성하게 해주려고 왔다.”『요한복음』 10:9-10

"그건 일종의 성스러운 신탁信託이라고 생각하네. 그래서 그 이야기는 아무에게도 함부로 누설할 수 없어. 하지만 자네는 어떻게든 알게 될 것으로 믿네."

그로부터 수년 후 나는 스와미 케샤바난다*로부터 이에 관한 소식을 들었다. 프라나바난다가 새롭게 태어난 지 몇 년 뒤 히말라야 산맥의 바드리나라얀으로 가서 위대한 바바지를 비롯한 많은 성자들의 집단에 합류했다는 내용이었다.

---

* 스와미 케샤바난다와 만난 이야기는 제42장에 나와 있다.

# 28

# 카시의 환생이
# 윤회를 실증하다

"물속에 들어가서는 안 된다. 목욕은 양동이
로 물을 길어서 하거라. 알겠지?"

나는 13킬로미터쯤 떨어진 인근 언덕으로 도보 여행을 떠나온 란치
의 어린 학생들에게 이런 주의를 주었다. 앞에 있는 연못이 마치 손짓
해서 부르는 것처럼 우리를 유혹하고 있었는데, 마음속에서는 뭔지 모
르게 연못에 대해 불편한 느낌이 들었다.

대부분의 소년들이 내 말대로 양동이로 물을 길었지만, 몇몇 아이
들은 시원한 연못 물의 유혹에 그만 굴복하고 말았다. 아이들이 물속
으로 뛰어들자마자 커다란 물뱀들이 주변에서 꿈틀대기 시작했다. 아
이들은 기겁하여 물을 팀벙대면서 재빨리 연못에서 빠져나왔다.

목적지에 도착한 다음, 우리는 즐겁게 점심을 들었다. 나는 아이들에

게 둘러싸여 나무 밑에 앉아 있었다. 학생들은 내가 어떤 영적인 분위기에 젖어들고 있음을 알아차리고 질문을 해왔다. 한 아이가 물었다.

"스승님, 저는 앞으로 언제까지나 스승님과 함께 세속적인 삶을 포기하는 길을 걸어가게 될까요?"

나는 곧 대답해주었다.

"아니, 그렇지 않단다. 너는 타의에 의해 집으로 돌아갈 것이다. 그리고 결혼을 하게 된다."

아이는 믿을 수 없다는 듯이 거세게 항의했다.

"죽어서라면 모를까, 그렇지 않고서는 절대로 집으로 끌려가지 않을 거예요!"

그러나 몇 달 뒤, 부모가 와서 안 가겠다고 울며불며 떼를 쓰는 그 소년을 강제로 데리고 갔다. 그로부터 수년 후에 아이는 실제로 결혼을 했다.

이런저런 질문에 응답을 해주고 나자, 카시라는 학생이 말을 붙여왔다. 열두 살쯤 된 영특한 학생으로 모든 사람들에게 사랑받는 아이였다. 아이가 물었다.

"스승님, 제 운명은 어떤 모습을 하고 있습니까?"

"너는 곧 죽는다."

어떤 항거할 수 없는 힘에 의해서 그런 대답이 불쑥 내 입에서 튀어나왔다. 이 의외의 발언은 충격 그 자체였다. 물론 나를 비롯해서 거기 있던 모두를 놀라게 했다. 스스로를 '무서운 작자'라고 말없이 꾸짖으면서 나는 더 이상의 답변을 피했다.

학교로 돌아오자마자 카시는 내 방에 들렀다.

"만일 제가 죽는다면, 다시 태어났을 때 저를 알아보고 한 번 더 저를 영적인 길로 인도해주실 수 있으세요?"

절반은 울음 섞인 목소리로 카시가 물었다. 나는 이 어렵고 비밀스러운 책임을 거절해야겠다는 느낌이 들었다. 몇 주일간 카시는 끈덕지게 나를 채근했다. 극도로 낙담한 아이의 모습을 보고서 마침내 그를 위로해주었다. 나는 약속했다.

"그래, 만일 하늘에 계신 아버지께서 내게 힘을 빌려주신다면 그렇게 하도록 노력해보마."

여름방학 기간에 나는 짧은 여행길에 올랐다. 카시를 함께 데리고 갈 수 없어서 애석했던 터라 떠나기에 앞서 그를 내 방으로 불러, 무슨 일이 있어도 절대로 학교의 영적인 파장을 벗어나지 말라고 일러주었다. 집에만 가지 않는다면 카시가 다가올 재앙을 피할 수도 있을 것 같다는 생각이 어렴풋이 들었기 때문이다.

그런데 내가 떠나자마자 카시의 아버지가 란치에 도착했다. 그는 아들에게 캘커타로 가서 딱 나흘간만 어머니를 만나고 나면 학교로 돌아가도 좋다는 이야기를 하면서, 아들의 뜻을 꺾기 위해 보름 동안 갖은 애를 다 썼다. 카시는 완강하게 거절했다. 카시의 아버지는 마침내 경찰의 힘을 빌려서라도 아이를 데리고 가겠다고 으름장을 놓았다. 그 위협적인 말이 효력을 나타냈다. 학교에 안 좋은 소문이 퍼지는 것이 부담스러웠던 카시로서는 아버지를 따라갈 수밖에 없었다.

얼마 뒤 여행을 마치고 란치로 돌아온 나는 그 사이에 일어난 카시 이야기를 소상하게 전해들었다. 그리고 즉시 캘커타 행 기차에 몸을 실었다. 도착한 뒤에는 마차 한 대를 세내어 탔다. 놀랍게도 마차가 갠지스 강을 건너기 위해 하우라 다리를 지날 때, 가장 먼저 눈에 띈 장면이 바로 상복을 입은 카시의 부친과 다른 친척들의 모습이었다. 나

— 란치의 학생들과 교사진이 카심바자르의 마하라자(가운데 흰 옷차림)를 모시고 기념촬영을 하고 있다. 존경하는 마하라자는 1918년에 카심바자르 궁전과 25에이커의 대지를 소년들을 위한 요가학교 부지로 영구 기증했다.

는 큰 소리로 마차를 세운 다음 뛰다시피 다가가 비탄에 잠긴 카시의 아버지를 노려보았다. 나는 약간 이성을 잃은 상태로 그에게 외쳤다.

"살인자! 당신이 내 아이를 죽였소!"

카시의 아버지는 아이를 캘커타로 데려온 것이 잘못이었다는 사실을 이미 깨닫고 있었다. 카시는 캘커타에 머무는 며칠 동안 부패한 음식물을 잘못 먹은 탓에 콜레라에 걸려 숨을 거두었던 것이다.

카시에 대한 애정과 환생한 그 아이를 찾겠다는 약속이 밤낮으로 나를 괴롭혔다. 어디를 가도 아이의 얼굴이 따라다녔다. 마치 어머니를 잃었을 때처럼, 나는 카시를 간절히 찾기 시작했다.

신이 나에게 이성적 능력을 부여하신 이상, 나는 그것을 사용하고 가진 능력을 최대한 발휘하여 카시가 영계의 어디에 있는지를 알려주는 신묘한 법칙을 찾아야만 했다. 그는 못다 이룬 욕망들을 품은 채 진동하는 하나의 영혼이 되어, 아스트랄계(영계)에서 반짝이는 수백만 영혼들 사이를 떠다니는 빛 덩어리였다. 수많은 영혼의 진동하는 빛들 가운데서 어떻게 카시의 영혼과 주파수를 맞출 수 있을까.

요가의 비밀스러운 기법을 사용해서 나는 양 눈썹 사이에 있는 한 점인 영안靈眼의 마이크로폰을 통해 카시에게 나의 애정을 전달했다. 안테나처럼 손과 손가락을 치켜들고 빙글빙글 돌며 카시가 배아 상태로 다시 태어난 장소를 찾기 위해 안간힘을 썼다. 그리고 내 심장의 라디오를 잘 조율해두고 혼신의 힘을 다해 카시의 응답을 듣고자 했다.*

직감적으로 나는 카시가 곧 지상으로 돌아올 것이라는 사실과 만일 내가 계속해서 그에게 메시지를 전달하면 그의 영혼이 응답해 오리라는 것을 느낄 수 있었다. 카시가 나에게 보낸 아주 미세한 박동이 손가락과 팔, 그리고 척추를 달리는 신경을 자극할 것이었다.

나는 카시가 죽고 나서 6개월 동안 지칠 줄 모르는 열망으로 끈기 있게 요가 행법을 수행했다. 어느 날 아침, 친구 몇몇과 함께 캘커타의

---

* 양 눈썹 사이의 지점에서 투사되는 의지는 생각을 방송하는 기구이다. 잔잔한 상태에서 심장에 집중된 인간의 감정이나 정서적 힘은 다른 사람들이 보내는 메시지를 받아들이는 일종의 정신적 라디오 구실을 한다. 텔레파시의 전달 과정을 보면, 한 사람의 마음속에서 일어난 생각의 미세한 진동은 전기적 파동을 발생시키는 영계나 지상의 에테르를 통해 전달되는데, 그 전기적 파동은 다른 사람의 마음속에서 사고파思考波로 다시 변환된다.

번화가인 보우바자르를 걷다가 평상시에 하던 대로 두 손을 들어 올렸다. 그랬더니 최초의 반응이 왔다. 손바닥과 손가락을 타고 내려오는 전기적인 박동을 감지해내고, 나는 가볍게 몸을 떨었다. 이 전류가 내 의식의 가장 깊숙한 곳으로부터 나오는 하나의 저항할 수 없는 생각으로 변환되었다.

"카시예요, 카시. 저한테 오세요!"

내가 심장의 라디오에 온 신경을 집중하자 그 메시지는 거의 귀에 들릴 만큼 뚜렷해졌다. 카시 특유의 약간 허스키한 속삭임으로[*] 그가 나를 부르고 또 불렀다. 나는 곁에 있던 동료 프로카시 다스[**]의 소매를 잡아끌면서 유쾌하게 미소를 지었다.

"이제야 카시의 거처를 알아낸 것 같네!"

나는 곁에 있는 친구들과 지나가는 행인들의 시선에도 아랑곳하지 않고 그 자리에서 빙글빙글 돌고 또 돌았다. '뱀길'이라는 이름이 붙은 근처의 골목 쪽으로 고개를 돌리자 전기 파동이 아플 정도로 손가락들을 타고 내려왔다. 다른 방향으로 몸을 돌리자 그 영계의 전류는 금세 사라지고 말았다. 나는 소리쳤다.

"오, 카시의 영혼은 여기, 이 골목 부근에 사는 어떤 어머니의 자궁 속에 있는 것이 분명하다네!"

나는 친구들과 함께 뱀길 가까이로 다가갔다. 치켜올린 양손에서 느껴지는 진동이 점점 강렬해지고 뚜렷해졌다. 마치 자석에 이끌리듯

---

[*] 순수한 상태의 모든 영혼은 무엇이든 다 알고 있다. 카시의 영혼도 그의 특징들을 전부 기억하고 있기 때문에 나의 이해를 돕기 위해 허스키한 음성을 흉내 냈던 것이다.

[**] 프로카시 다스는 현재 벵골의 다크쉬네스와르에 있는 우리 '요고다 마트'(은둔처)의 책임자이다.

이 그 길의 오른편으로 끌려갔다. 어느 집 대문 앞에 이르자 놀랍게도 발걸음이 멈춰졌다. 나는 극도의 긴장감에 숨을 죽여가며 대문을 두드렸다. 그토록 온 정성을 바친 길고도 신비한 나의 탐색이 드디어 성공적으로 막을 내리는 순간이었다.

하녀가 나와 문을 열어주고 우리에게 주인이 집에 있다는 말을 전했다. 곧이어 주인이 이층에서 내려와서 나에게 호기심 어린 미소를 보냈다. 나는 질문의 윤곽을 어떻게 잡아야 할지 몰라서 잠시 머뭇거렸다.

"선생님과 부인은 혹시 6개월째 아기의 탄생을 기다리고 있지 않은지요?"*

"그렇습니다만……."

그는 내가 전통적인 오렌지색 복장을 한 스와미라는 사실을 알고

---

* 많은 사람들이 육체의 사후에도 영계에 약 500~1,000년 동안 남아 있게 되지만, 다시 태어날 때까지 걸리는 시간에는 어떤 일정한 규칙이 있는 것이 아니다. 한 사람의 육체적 탄생이나 영계에서의 탄생에 걸리는 기간은 각자의 업에 따라서 미리 결정된다. 죽음과 '작은 죽음'이라고 할 수 있는 잠, 이 두 가지는 반드시 필요하다. 왜냐하면 양자는 아직 깨달음을 얻지 못한 인간으로 하여금 감각의 속박에서 벗어나게 해주기 때문이다. 인간은 본질적으로 영혼이기 때문에 수면과 죽음 속에서 자신의 원상태(신체가 없는 영혼)를 일깨워주는 어떤 환원자를 받아들이게 된다. 힌두교 경전에 설명되어 있는 것처럼, '업의 평형 법칙'은 작용과 반작용, 원인과 결과, 파종과 수확의 법칙이라고 말할 수 있다. 지극히 자연적이고 정의로운 과정을 통해서, 인간 각자는 자신의 생각과 행동에 의해 스스로의 운명을 주조해나가는 것이다. 현명하든 어리석든 인간은 스스로 우주의 에너지들을 발동시키며, 발동된 모든 에너지는 자기에게 돌아와서 다시 출발점에 정착한다. 동그란 원주를 달리는 한 점처럼 그것은 조금의 예외도 없다.
"이 세상은 마치 수학 방정식처럼 생겼다. 제아무리 뒤집어도 균형을 잃지 않는, 그리하여 모든 비밀은 남김없이 드러나고 모든 범죄는 반드시 처단된다. 모든 선은 보답을 받고 모든 잘못은 시정된다. 조용한 가운데, 그러나 분명히."—에머슨, 『보상Compensation』
개인들의 삶에 나타나는 갖가지 불공평한 모습의 기저를 이루는 정의의 법칙으로 업을 이해한다면, 인류의 마음은 신과 인간에 대한 증오심으로부터 벗어날 수 있을 것이다.

공손하게 한마디 덧붙였다.

"어떻게 저희 사정을 알고 계신지요?"

카시와 나의 약속에 관한 이야기를 소상히 듣고 난 그는 깜짝 놀라면서 내 말을 그대로 믿어주었다. 나는 그에게 말했다.

"살결이 하얀 사내아이가 당신에게서 태어날 것입니다. 그 아이는 얼굴이 넓고, 이마 위쪽 머리카락이 꼿꼿할 겁니다. 그리고 영적 기질이 뚜렷할 거예요."

나는 장차 태어날 아이가 카시와 많이 닮을 거라고 확신했다.

훗날 내가 찾아갔을 때, 그 부모는 아이에게 카시라는 이름을 그대로 지어주었다고 했다. 아직 아기였지만, 모습이 내 사랑스런 란치의 학생과 너무나 비슷했다. 그리고 아기는 금방 나에게 애정을 나타냈다. 과거의 인력引力이 두 배로 강렬하게 깨어났던 것이다.

세월이 흘러 몇 년 뒤, 십대가 된 소년이 당시 미국에 머무르고 있던 나에게 편지를 보내왔다. 소년은 수행자의 길을 가고 싶다는 강렬한 갈망을 자세히 적었다. 그리하여 나는 소년을 히말라야의 한 요기에게 인도해주었고, 그 요기는 다시 태어난 카시를 제자로 받아들여 오늘날까지 잘 이끌어주고 있다.

# 29

# 시성 타고르를
# 만나다

"라빈드라나트 타고르는 마치 새처럼 힘 안
들이고 자신을 표현할 수 있는, 매우 자연스러운 모습으로 노래 부르
는 법을 우리에게 가르쳐 주셨습니다."

어느 날 아침, 내가 란치 학교에서 아름다운 선율로 노래 부르던 한
학생을 칭찬하자 , 그 영리한 14세 소년 브홀라 나트는 나에게 그렇게
설명해주었다. 나를 의식했는지는 모르지만, 소년은 천상의 선율을
마음껏 풀어냈다. 소년은 란치 학교에 오기 전, 볼푸르에 있는, 타고르
가 세운 유명한 학교 산티니케탄(평화의 안식처)에 다녔다.

나는 브홀라에게 이렇게 말했다.

"타고르의 노래들은 내가 아주 어렸을 때부터 내 입술 위에서 춤을
추었지. 모든 벵골 사람은, 심지어 글자를 모르는 농부들도 그의 격조

높은 운문에서 기쁨을 찾는단다."

나는 브홀라와 함께 타고르의 시가詩歌에 나오는 후렴구 몇 마디를 불렀다. 타고르는 수천 편의 인도 시가에 곡을 붙였는데, 그 가운데 일부는 직접 작곡한 것이고 일부는 예로부터 전해 내려오는 것이었다. 노래를 마치고 나서 내가 말을 꺼냈다.

"내가 타고르를 만난 것은 그가 노벨 문학상을 수상한 바로 직후였단다. 자기 문학에 대한 갖가지 비평들을 잘 처리해나가는 모습을 지켜보면서 꾸밈없는 용기를 항상 찬탄해오던 터였기에 그를 방문하기로 결심했지."

나는 싱긋 웃어 보였다. 브홀라는 호기심이 가득 찬 두 눈을 반짝였다. 나는 이야기를 계속했다.

"학자들은 타고르가 벵골의 시가에 새로운 양식을 유입시켰다는 이유로 심하게 혹평을 해댔어. 말하자면 학자들에게 친근한 기존의 모든 규범적 제약을 무시하고, 고전적인 표현과 구어체를 융합시킨 게 거슬렸던 거야. 타고르의 노래들은 기존의 문학 형태를 무시하고 정서적으로 독자의 마음을 끄는 어휘를 통해 심오한 철학적 진리를 구현하고 있었거든.

어떤 영향력 있는 비평가가 악의에 찬 어조로 라빈드라나트를 가리켜, '고작 1루피에 자신의 울음소리를 활자화시켜 팔아먹는 비둘기 시인'이라고 한 일도 있었어. 하지만 타고르에게도 곧 반격할 기회가 생겼지. 자신의 작품 〈기탄잘리Gitanjali〉(찬송 헌정)를 그가 직접 영어로 번역하자마자, 서양의 문학계가 일제히 그의 발치에 경의를 표했단다. 그러자 한때는 그를 혹평해마지 않던 수많은 비평가를 비롯해 열차 한 칸을 꽉 채운 학자들이 이제는 축하 인사를 전하기 위해 산티니케탄으로 밀어닥쳤어.

타고르는 그 손님들을 일부러 오랫동안 기다리게 한 다음에 극도의 침묵 속에서 그들의 찬사를 들었어. 그리고 마지막으로 그네들이 상습적으로 사용하는 비평의 무기로 일격을 가했지.

「여러분, 어찌 된 일인지 여러분이 이 자리에서 저에게 베풀어주신 향기로운 존경의 말들이, 과거에 저를 경멸하던 표현들에서 발산되던 악취와 이상하게 뒤섞여 있는 것 같습니다. 그렇다면 제가 노벨상을 수상한 일과 여러분이 갑작스럽게 제 작품의 가치를 인정하기 시작한 사실 사이에 어떤 관련성이라도 있다는 뜻입니까? 벵골의 사당에 처음으로 볼품없는 꽃다발을 바쳐서 여러분을 불쾌하게 만들어드렸던 그 시인과 현재의 저는 같은 사람입니다.」

신문에서도 앞다투어 타고르의 용감한 단죄를 보도했단다. 그래서 나는 아첨에 기만당하지 않은 한 인간의 솔직한 발언을 높이 평가하게 되었던 거야.

나는 캘커타에서, 무척 소박한 벵골 도티(허리에 두르는 면포) 복장을 한 C. F. 앤드루스*라는 비서를 통해 그에게 소개되었어. 그는 타고르를 다정하게 '구루데바'라고 부르더구나.

라빈드라나트는 나를 정중하게 맞아들였어. 그는 매력과 교양과 예의가 깃든 분위기를 발산하고 있었지. 자신의 문학적 배경에 관한 질문에 응답하는 자리에서, 그는 인도의 종교 서사시와 아울러 14세기 민중시인 비댜파티의 작품에서 주로 영감을 얻었다고 했어."

---

* 영국의 문필가이자 홍보 전문가로 마하트마 간디와도 가까운 사이였던 그는 제2의 조국 인도를 위한 많은 봉사로 인도인들 사이에서 깊은 존경을 받았다.

이러한 기억의 편린을 되살리는 과정에서 어떤 영감을 느낀 나는 타고르가 개작한 벵골의 옛 노래 〈당신의 사랑, 그 등불을 밝히소서〉를 읊조리기 시작했다. 그리고 브홀라와 함께 즐겁게 노래를 부르며 비드얄라야의 교정을 천천히 거닐었다.

란치 학교를 세우고 약 2년이 지난 뒤, 나는 산티니케탄으로 와서 각자의 교육적 이상에 관해 토의해보자는 타고르의 초청을 받았다. 기쁜 마음으로 찾아갔을 때, 시인은 서재에 앉아 있었다.

처음 만났을 때와 마찬가지로 그는 모든 화가들이 한번쯤은 그리고 싶어할 만큼 남성다운 힘이 넘치는 훌륭한 모델 같은 인상을 풍겼다. 아름답고 윤곽이 뚜렷한 귀족풍 얼굴은 기다란 머리칼과 흘러내린 수염 속에서 환상적인 균형을 이뤘다. 커다랗고 마음을 녹이는 두 눈, 천사 같은 미소, 그리고 플루트 음색을 닮은 매혹적인 음성, 큰 키에 위엄 있는 풍모를 갖추었으면서도 여성적인 부드러움과 어린이의 천진난만함을 함께 지니고 있었다. 한 시인에 대한 어떠한 이상화된 개념도 이 친절한 가인歌人의 육신으로 실체화된 모습을 능가할 수 없을 것이다.

타고르와 나는 곧바로 제도권 노선을 벗어나 설립된 우리 두 학교에 대한 비교 연구에 빠져들었다. 예컨대 실외에서 이뤄지는 야외 수업이라든가, 학교 자체가 소박하다든가, 또는 학생들의 창조적인 영혼을 위해 광범위한 교육 목표가 설정되었다든가 하는 등의 영역에서 우리는 서로 공통점을 발견했다.

그렇지만 라빈드라나트는 문학과 시의 학습에 역점을 두었으며, 또한 앞서 브홀라의 경우에서 보듯이 음악과 노래를 통한 자기표현을 매

— 1940년에 촬영한 시성 타고르와 위대한 영혼 마하트마 간디의 모습.

우 중시했다. 산티니케탄의 학생들은 때때로 침묵의 시간을 갖기도
했지만, 특별히 요가 수련은 받지 않았다.

타고르는 란치의 모든 학생들이 배우고 있는 요가의 집중 기법과
에너지 충전 '요고다' 수련에 관한 나의 설명에 깊은 관심을 표명했다.
그리고 자신이 어렸을 적에 겪었던 교육적 투쟁에 대한 이야기를 들려
주었다.

"나는 5학년을 마친 다음 학교에서 도망쳤어요."

시인이 웃으면서 말했다. 내면에 잠재된 섬세한 시심이 무미건조하
고 딱딱한 교실 분위기를 만나면 어떻게 되겠는가? 묻고 따져보지 않

아도 자명한 일이었다.

"그 때문에 나는 산티니케탄을 나무 그늘과 아름다운 하늘 아래 펼쳐놓게 된 겁니다."

그는 아름다운 정원에서 공부하는 몇몇 학생들을 향해 천천히 몸을 돌렸다.

"아이 하나가 꽃들과 새들 사이에 천진스럽게 앉아 있습니다. 그 속에서 아이는 재능을 더욱더 손쉽게 활짝 꽃피울 수 있습니다. 진정한 교육이란, 밖에서부터 안으로 무언가를 집어넣는 것이 아니라 내면에 잠재된 무한한 지혜가 자연스럽게 표면에 떠오르도록 조금 도와주는 데 불과한 것입니다."*

나는 그의 말에 동의하면서 한마디 덧붙였다.

"일반 학교에서는, 영웅을 숭배하고 이상을 추구하는 소년들의 본능이 통계 수치와 연대기에 대한 극심한 편식으로 아사 직전에 있지요."

타고르는 산티니케탄의 초창기에 많은 영감을 불어넣어준 자신의 아버지에 관해서 이야기했다.

"부친이신 데벤드라나트는 이 비옥한 토지를 내게 물려주셨죠. 그전에 이미 손님을 맞이하기 위한 숙소와 사원을 이곳에 지어놓으셨습니다. 1901년에 여기서 단 열 명의 소년들과 함께 교육적인 실험을 시작했답니다. 노벨상과 더불어 받은 8천 파운드도 모두 이 학교의 운영을 위해 투자했지요."

---

\* "인도사람들은 곧잘 이렇게 말한다. 「영혼이라는 것은 일단 한 번 태어나고 나면, 수천 번의 탄생을 통해 존재의 여정을 따라 여행을 거듭하게 된다.」 (중략) 영혼이 획득하지 못한 지식이란 있을 수 없으며, (중략) 영혼이 이전에 알고 있던 것을 모두 회상할 수 있다는 것은 당연하다. (중략) 참구와 학습은 회상이 전부이다."―에머슨

'마하리쉬'(위대한 현자)로 널리 알려진 데벤드라나트 타고르는 자서전을 남긴 매우 뛰어난 인물이었다. 시인의 아버지는 청년기에 2년간 히말라야에서 명상 수행을 하며 지냈다. 할아버지 드와르카나트 타고르도 너그러운 자선사업가로 벵골 전역에 이름을 떨쳤다. 이러한 사례들은 시인의 혈통이 천재적인 가계임을 쉽게 짐작하게 해준다. 라빈드라나트만이 아니라 친척들 모두가 창조적인 표현 방식으로 제각기 이름을 떨치고 있었다. 그의 사촌인 고고넨드라와 아바닌드라는 인도에서 아주 유명한 화가\*들 명단에 포함되어 있다. 또 한 명의 형제인 드위젠드라는 심오한 혜안을 지닌 철학자로서 하늘을 나는 새나 수풀에서 사는 짐승들까지도 그의 부드러운 음성에 대답할 정도였다.

타고르는 나를 객사로 초대하여 하룻밤 머물게 해주었다. 저녁 무렵 안뜰에 모여 앉은 타고르와 학생들의 모습은, 그야말로 매혹적인 한 폭의 그림이었다. 시간이 거꾸로 흐르는 듯했다. 눈앞에 전개된 광경은 마치 고대의 암자를 보는 느낌을 주었다. 모두가 성스러운 사랑의 후광을 받는 가운데, 기쁨에 넘친 시인은 헌신적인 제자들에 둘러싸여 있었다. 타고르는 조화의 밧줄로 하나하나 매듭을 짜나갔다. 결코 독단적으로 주장하지 않았으며, 일종의 불가항력적인 자력으로 타인의 마음을 끌고 또 사로잡았다. 오! 참으로 희귀한 시의 꽃이 신의 정원에 만개해 있었다. 그리고 이 시의 꽃은 자연이 내린 향기로 모두의 마음을 매혹시켰다!

---

\* 라빈드라나트 자신도 60대에 이르러 회화에 깊이 몰두했다. 미래파의 영향을 강하게 받은 그의 작품들은 수년 전에 유럽의 주요 도시와 뉴욕에서 전시된 적이 있다.

타고르는 아름다운 음성으로 우리에게 자신의 최근작 시를 몇 편 낭송해주었다. 학생들의 기쁨을 위해 집필한 그의 노래와 희곡은 대부분 산티니케탄에서 창작되었다. 그의 작품에 담긴 아름다움은, 거의 모든 연聯에서 신을 찬미하면서도 성스러운 신의 이름을 절대 언급하지 않는, 예술적 차원에서 비롯된 것으로 보인다. 타고르는 이렇게 적고 있다.

노래하는 희열에 취해, 나는 나 자신을 잊고 나의 주님인 그대를 친구라고 부르노라.

다음 날 점심 식사를 마치고 나서 나는 시인에게 아쉬운 작별을 고했다. 그의 작은 학교가 지금은 '비스와 브하라티'*라는 국제적인 대학으로 성장한 것은 매우 기쁜 일이다. 여러 국가의 많은 학자들이 이곳에서 이상적인 교육 환경을 발견했다고 입을 모으고 있다.

마음이 공포를 떨쳐버리고, 머리가 저 높은 곳을 향하는 곳
지식이 자유롭고
세상이 편협한 담벼락으로 조각조각 갈라지지 않은 곳
말과 말이 진리의 심연에서 솟아나는 곳
지칠 줄 모르는 열망이 완성을 향하여 팔을 뻗치는 곳

---

* 모든 이들의 사랑을 받던 시인은 비록 1941년에 세상을 떠났지만, 그의 '비스와 브하라티' 학교는 지금도 발전을 거듭하고 있다. 1950년 1월에는 산티니케탄에서 65명의 교사와 학생들이 10일간 란치의 '요고다 사트상가' 학교를 방문했다. 인솔 책임자는 학장인 스리 S. N. 고살이었으며, 그들은 라빈드라나트의 아름다운 시 〈푸자리니Pujarini〉를 연극으로 공연하여 란치의 학생들에게 큰 기쁨을 안겨주었다.

깨끗한 이성의 시냇물이 죽어버린 습관의 황량한 사막 모래밭으로 흘러 길을 잃지 않는 곳
신을 향한 우리의 마음이 무한히 퍼져나가는 생각과 행동으로 인도되는 곳
아버지시여, 그런 자유의 천국으로 내 조국이 깨어나게 해주소서!<sup>*</sup>

라빈드라나트 타고르

---

* 『기탄잘리Gitanjali』

# 30

# 기적의
# 법칙

위대한 소설가 레오 톨스토이*는 『3인의 은
둔자The Three Hermits』라는 제목의 흥미로운 민간 신화를 책으로 엮은
적이 있다. 그의 친구인 니콜라스 로에리치**가 이를 요약한 내용을 보
면 다음과 같다.

---

* 톨스토이의 이념은 마하트마 간디의 사상과 공통점이 많다. 두 사람은 비폭력이라는
문제를 두고 서로 편지를 주고받기도 했다. 톨스토이는 그리스도의 중심적인 가르침을
'악과 대적하지 말라'(『마태복음』 5:39)로 보았다. 논리적으로 악과 반대되는 선과 사랑만이
효율적으로 악을 대적할 수 있다는 것이다.
** 이 유명한 러시아의 화가이자 철학자는 히말라야 산맥 인근에서 여러 해 동안 살았다.
그는 다음과 같은 기록을 남겼다. "산꼭대기에서 계시가 내려온다. 동굴과 산봉우리에 리
쉬들이 거주한다. 눈 덮인 히말라야의 산꼭대기 위로 찬란한 불빛이 이글거리는데, 별빛
보다 밝고 번개의 섬광보다 밝다."

어느 섬에 늙은 은둔자 세 사람이 살고 있었다. 어찌나 단순한 사람들이었던지 외우는 기도문도 오직 한 가지뿐이었다. '우리는 셋입니다. 당신께서도 셋이십니다. 제발, 우리를 불쌍히 여기소서!' 이처럼 소박한 기도가 진행되는 동안 엄청난 기적들이 눈앞에서 전개되었다.

지역 주교*가 어느 날 절대 인정할 수 없는 기도문을 이들이 외운다는 이야기를 듣고서, 그 섬을 방문해서 정식으로 기도하는 법을 가르쳐주기로 결심했다. 이윽고 섬에 도착한 주교는 은둔자들을 만나서 하늘에 올리는 기도가 불경스럽다고 지적한 다음, 그들에게 여러 가지 정형화된 기도를 가르쳐주었다. 그러고 나서 주교는 섬을 떠났다.

그런데 배를 타고 가던 중에 보니 무언가 찬란한 빛이 뒤를 따르고 있었다. 발광체가 가까이 접근하자 주교는 그 속에서 서로 손을 맞잡고 배를 따라잡으려고 파도 위를 달려오는 세 은둔자를 확연히 알아볼 수 있었다.

그들은 주교에게 다가오면서 큰 소리로 외쳤다.

"주교님이 가르쳐주신 기도를 잊어버렸습니다. 그래서 다시 한 번 부탁을 드리려고 이렇게 서둘러 왔습니다."

외경심에 사로잡힌 주교는 고개를 절레절레 흔들었다. 그리고 겸손하게 대답했다.

"부디, 여러분이 하던 예전의 기도를 계속해 주십시오."


세 성자는 어떻게 하여 물 위를 걸었을까? 그리스도는 어떻게 하여

---

* 이 이야기는 역사적인 배경을 가졌을 가능성이 높다. 편집자의 주석에 따르면, 그 주교는 아르항겔스크를 떠나 슬로베츠키 수도원까지 항해를 하던 중에 드비나 강 어귀에서 세 은둔자를 만난 것으로 되어 있다.

십자가에 못 박힌 자신의 육체를 부활시키셨을까? 라히리 마하사야와 스리 유크테스와르는 어떻게 하여 갖가지 기적을 연출해내셨을까?

현대 과학은 아직까지 이에 대한 해답을 갖고 있지 못하다. 물론 원자탄과 레이더가 출현하면서 인류의 세계관이 갑작스럽게 확장된 것은 사실이다. '불가능'이라는 단어는 과학사전의 어휘 목록에서 점차 사라져가고 있다.

고대 베다의 여러 경전에 의하면, 물질계는 상대성과 이원성의 근본 원리인 마야의 법칙 아래 작동한다. '유일한 생명'인 신은 절대적 통일성이 특징이다. 따라서 분리되고 다양한 창조의 모습은 거짓되거나 비현실적인 장막이 걷히면 사라져버린다. 그와 같은 우주의 환영이 마야이다. 현대가 이룩한 수많은 과학적 대발견은 고대 리쉬들의 단순한 발언을 재삼 확인시켜준다.

뉴턴이 제창한 '운동의 법칙'은 마야의 법칙이다.

"모든 운동에는 항상 작용과 반작용이 있다. 두 가지 물체의 상호 작용은 언제나 그 크기가 같고 방향이 반대이다. 작용과 반작용은 따라서 정확히 등가이다. 단일한 힘만을 갖는 것은 불가능하다. 항상 크기가 같고 방향이 반대인 한 쌍의 힘이 반드시 존재한다."

근본적인 자연 운동은 모두 마야의 속성을 잘 드러내준다. 예컨대 전기는 일종의 견인(인력)과 반발(척력) 현상이다. 전기의 전자와 양자가 전기적인 상극에 해당하기 때문이다. 또 다른 예로는 원자 혹은 물질의 최종 입자를 들 수 있는데, 이것도 지구 자체와 마찬가지로 양극과 음극을 가진 하나의 자석이다. 모든 현상계는 결국 양극성의 냉정한 흔들림 아래서 존재하며, 물리학이나 화학 등 과학의 법칙도 결코 고유한 대립 원리를 벗어날 수 없다. 그러므로 자연과학은 창조의 질료와 구조 자체인 마야의 영역을 벗어난 법칙을 형식화할 수 없다. 자연 자체가 마야이기 때문에 자연과학도 부득이 자신의 불가피한 본질을 다루지 않으면 안 되는 것이다. 자연은 스스로의 영역 안에서 영원하고 무궁무진하다. 미래의 과학자들은 다양하고 무한한 자연의 모습을 한 꺼풀씩 벗겨내기만 하면 된다.

이러한 관점에서 볼 때 과학은 영원히 분출되는 물줄기 속에 존재하며, 따라서 결코 종착점에 도달할 수 없다. 또한 과학은 지금 존재하면서 기능을 수행하는 우주 법칙을 발견할 수 있지만, 그 법칙을 만든 유일자를 탐지하는 데 있어서는 아무런 힘도 발휘할 수가 없다. 중력과 전기의 장엄한 현상은 알려지게 되었지만, 과연 중력과 전기가 무엇인가를 아는 사람은 하나도 없다.*

마야를 극복하는 것은 수천 년 동안 예언자들에 의해 인류에게 부과된 과업이다. 창조의 이원성을 초월하여 창조주의 단일성을 인식하는 것이야말로 인간의 가장 높은 목표로 인식되어 왔다.

우주의 환영에 집착하는 사람들은 그 본질적 법칙인 양극성을 인정해야만 한다. 밀물과 썰물, 상승과 하강, 낮과 밤, 쾌락과 고통, 선과 악, 태어남과 죽음. 이러한 순환적 패턴은 견디기 힘들 만큼 단조롭다. 그리하여 인간은 수천 번의 윤회를 거듭하고 나서 마야의 억압 너머로 희망의 빛을 던지기 시작한다.

마야의 장막을 찢어 헤치는 것은 곧 창조의 비밀을 밝혀내는 일이

---

* 위대한 발명가인 마르코니도 궁극적인 문제를 앞에 둔 과학의 불충분성을 인정하는 다음과 같은 말을 한 적이 있다. "과학은 절대로 생명을 해결할 수 없다. 만일 신념이 없다면, 이 같은 사실은 정말로 놀라울 것이다. 생명의 신비는 여태까지 인간의 사고 앞에 제기되었던 그 어떤 것보다도 짐요한 문제임이 확실하다."

다. 우주를 발가벗기는 요기만이 진정한 일신론자이다. 그 밖의 다른 모든 사람들은 이교도의 우상을 숭배하고 있다. 자연의 이원적 환상에 굴복하는 한 야누스의 얼굴을 가진 마야가 숭배의 대상이 된다. 그런 사람은 결코 진정한 절대자를 만나지 못한다.

이 세상의 환영인 '마야'가 개인에게 나타날 때는 '아비댜'(문자 그대로는 '지식이 아님', '무지', '미망'이라는 뜻)로 불린다. 마야 혹은 아비댜는 결코 지적인 확신이나 분석으로 깨뜨릴 수 없으며, 오로지 '니르비칼파 사마디'라고 하는 내면의 특정 경지에 도달해야만 극복할 수 있다. 『구약성서』의 예언자들을 비롯하여 모든 시대, 모든 땅의 선지자들은 그러한 의식 상태에서 초월적 언어를 끄집어냈다.

에스겔(기원전 6세기경 유대의 예언자—옮긴이)은 말했다.

> 그 후에 그가 나를 데리고 문에 이르니, 곧 동쪽으로 향한 문이라. 그리고 보라. 이스라엘 하느님의 영광이 동편에서부터 오니, 그 음성은 많은 물줄기들의 소리와 같고 땅은 그 영광으로 빛이 가득하도다.[*]

이마(동쪽)에 있는 신성한 눈을 통해 요기는 자신의 의식을 편재遍在 속으로 향해시키면서, 창조의 유일한 실체인 '많은 물줄기들' 혹은 '진동들'의 신성한 소리인 '말씀' 또는 '옴'을 듣는다.

우주에 존재하는 무수한 신비 현상 중에서도 단연 으뜸은 바로 빛이다. 음파(음파를 전달하려면 공기나 다른 매질이 필요하다)와 달리 광파는 별들 사이의 진공 속을 자유롭게 통과할 수 있다. 파동설을 주장하는

---

[*] 『에스겔서』 43:1-2

학자들 사이에서 빛의 매질媒質로 알려져 있는 가상의 에테르까지도, 공간의 기하학적 특성이 에테르의 존재를 필요로 하지 않는다는 아인슈타인의 이론에 근거하여 폐기될 수 있다. 어떠한 가설에 입각하든 빛은 모든 자연 현상 가운데서 가장 미묘하며, 또한 물질 의존도라는 측면에서 가장 자유롭다.

아인슈타인의 거대한 개념 체계에서 광속(초속 30만 킬로미터)의 개념은 상대성이론 전체를 지배한다. 아인슈타인은 인간의 유한한 지성으로 생각할 수 있는 한 광속이야말로 가변적인 우주 안에 존재하는 유일한 상수常數라는 사실을 수학적으로 입증해냈다. 우리 인간이 가진 시간과 공간의 모든 표준은 바로 이 유일한 절대 개념인 광속에 의존하고 있다. 여태까지 생각했던 것과 달리 시간과 공간은 영원한 것이 아니라, 오직 광속 척도에 의해서 유효한 측정값을 갖는 상대적이고 유한한 인자이다.

공간이 상대성의 차원으로 넘어가면 시간도 고정불변이라는 오래된 주장을 포기해야 한다. 시간은 이제 올바른 본성, 즉 애매모호한 중의적 본질을 드러냈다. 아인슈타인은 몇 항의 간단한 방정식을 사용하여 빛을 제외한 모든 고정적 실체를 우주에서 추방해버렸다.

그 후 이 위대한 물리학자는 더욱 발전된 자신의 '통일장 이론'에서 중력과 전자기에 관한 각종 법칙들을 단 하나의 수학 공식으로 구체화한다. 우주의 구조를 다양한 변환식들을 파생시키는 단일 법칙으로 환원하는 과정을 통해, 아인슈타인*은 시대를 거슬러 창조의 유일한

---

* 아인슈타인이 평생 위대한 철학자 스피노자의 제자였다는 사실은 그의 천재성이 지향하는 방향을 엿볼 수 있는 단서이다. 스피노자의 널리 알려진 역작으로는 『기하학적 순서로 증명한 윤리학Ethica in Ordine Geometrico Demonstrata』이 있다.

질료, 곧 변화무쌍한protean 마야를 상정했던 리쉬들의 사상에 당도하게 되었다.

획기적인 상대성 이론의 출현으로 궁극의 원자를 수학적으로 탐구할 수 있는 가능성이 고개를 들었다. 저명한 과학자들은 이제 원자란 물질이 아닌 에너지이며, 원자 에너지란 본질적으로 '정신(마음)-질료'라는 주장을 용감하게 펼치고 있다.

아서 스탠리 에딩턴 경은 『물질계의 본성The Nature of the Physical World』이라는 책에서 다음과 같이 말했다.

> 자연과학이 그림자들의 세계와 연관되어 있음을 솔직하게 인정하는 것이야말로 가장 중요한 학문적 진보 가운데 하나라고 말할 수 있다. 물리학의 세계로 잠깐 눈을 돌리면, 우리는 친숙한 일상생활을 X선 사진으로 찍는 모습을 관찰할 수 있다. 내 팔의 그림자가 역시 그림자에 불과한 탁자 위에 놓여 있고, 잉크의 그림자가 역시 그림자인 종이 위로 흘러내린다. 이 모든 것은 상징적이다. 물리학자는 이 모든 것을 상징으로 놔두고 있다. 그때 그 상징들을 변형시키는 연금술사인 '마음'이 나타난다.
>
> (중략) 조금 거칠게 결론을 말한다면, 세계의 질료는 바로 '정신-질료'인 것이다. (중략) '정신-질료'가 무수한 영상을 직조하는 한 기존 물리학의 역학장力學場과 물리적 실체 개념은 전적으로 세계의 본성과 무관한 이론이다. (중략) 따라서 외부 세계는 그림자들의 세계이다. 갖가지 환상을 걷어내면서 우리는 실체라는 개념도 제거하게 된다. 실체의 개념 자체가 바로 거대한 환상의 일부이기 때문이다.

최근에 발명된 전자현미경의 도움으로 우리는 빛을 닮은 원자의 본질과 자연의 불가피한 이원성에 대한 명백한 증거를 얻게 되었다. 1937년, 미국 고등과학협의회 회의에서 선을 보인 전자현미경에 대하여《뉴욕 타임즈》는 다음과 같이 보도했다.

> 지금까지 X선에 의해 간접적으로만 알려져왔던 텅스텐의 결정 구조가 형광판 위에 뚜렷이 그 윤곽을 드러냈다. 그것은 입방체로 공간 격자格子 속에 각자 정확한 위치를 확보하고 있는 아홉 개의 원자를 보여주었다. 이 입방체의 격자 구조는 각각의 꼭지점에 하나씩의 원자와 중앙부에 한 개의 원자를 가지고 있다. 텅스텐의 결정 격자에 드러난 원자들은 형광판 위에서 기하학적 패턴으로 배열된 광점光點들로 나타났다. 우리는 이러한 빛의 결정 입방체에 충돌하는 공기의 분자들을 춤추는 광점들로 관찰할 수 있다. 이는 마치 출렁이는 수면에서 명멸하는 햇빛의 광점들과 비슷하다. (중략)
>
> 전자현미경의 원리는 벨 전화연구소의 클린턴 데이비슨과 레스터 저머에 의해 1927년에 처음으로 발견되었다. 이들은 전자가 파동성과 입자성을 동시에 갖는다는 사실*을 밝혀냈다. 파동적 특질은 전자에 빛의 속성을 부여했으며, 이를 기반으로 과학자들은 렌즈를 이용하여 빛을 모으는 것과 동일한 방법으로 전자를 한곳에 모을 수 있는 장치를 개발하는 중이다.
>
> 전자의 지킬-하이드적 특성을 발견함으로써 데이비슨 박사는 노벨 물리학상을 수상했다. 전자의 양면적 특성은 노벨상을 수상한 프랑

---

* 에너지의 특성과 물질의 특성을 동시에 갖는다는 뜻이다.

스의 물리학자 드 브로이 박사가 1924년에 예언했던 주장을 확증하는 동시에 물질계의 모든 영역이 이중성을 띠고 있음을 보여주었다.

제임스 진스 경은 『신비한 우주The Mysterious Universe』라는 책에서 이렇게 썼다.

"지식의 흐름은 점차 비기계론적 실체를 향하고 있다. 그에 따라 우주는 이제 하나의 거대한 기계가 아니라 거대한 생각인 것처럼 보이기 시작한다."

그리하여 20세기의 과학은 마치 백발이 성성한 베다의 경전들을 한 페이지씩 들추는 것처럼 보인다.

이러한 과학적 사실이 확실히 옳다면, 우리 인간은 마땅히 여하한 물리적 우주도 존재하지 않으며, 우주의 기틀이 마야 혹은 환영에 불과하다는 철학적 진리를 과학에서 배워야 한다.

환영이 만들어낸 실체의 신기루는 정밀한 분석과 함께 모두 흩어져 버리고 만다. 물리적 우주를 받쳐주던 굳건한 기둥들이 하나씩 인간의 발밑에서 굉음을 내며 무너지면서, 인간은 어렴풋하게나마 자신의 맹목적인 우상숭배와 아울러 신성한 계명을 어긴 과거의 죄책감을 깨닫게 된다.

너희는 내 앞에서 나 이외의 다른 신들을 모실 수 없느니라.*

질량과 에너지의 등가等價를 설명하는 자신의 유명한 방정식을 통

---

* 『출애굽기』 20:3

해 아인슈타인은 어떤 물질 속에 담긴 에너지라 할지라도 그 에너지는 질량에 광속의 제곱을 곱한 값과 같다는 사실을 입증했다. 원자 에너지의 방출은 미립자들의 완전한 파괴를 통해 이루어진다. 결국 물질의 '죽음'이 원자 시대의 '탄생'을 낳은 것이다.

광속도가 수학적 표준 내지 상수인 것은, 초속 30만 킬로미터라는 빠르기에 어떤 절대적인 값이 있기 때문이 아니라, 속도에 따른 질량의 증가를 경험하는 그 어떠한 물질도 결코 광속도만큼의 빠르기에 도달할 수 없기 때문이다. 무한한 질량을 가진 물체만이 광속도에 필적할 수 있는 것이다.

바로 이 개념을 통해 우리는 기적의 법칙에 도달하게 된다. 자신의 육체와 다른 물체들을 나타나게 하거나 사라지게 하고, 광속과 같은 빠르기로 움직이며, 창조의 광선을 이용하여 어떤 물체를 순간적으로 현상화할 수 있는 성자들은 모두 아인슈타인의 법칙에 맞는 조건을 충족시켰다. 즉 그들은 질량이 무한하다.

완전한 요기의 의식은 전혀 힘들이지 않고서도 좁다란 한 인간의 육신이 아닌 우주의 구조와 하나가 된다. 뉴턴 식으로 '힘'이라고 부르든, 아니면 아인슈타인 식으로 '관성의 표현'이라고 부르든, 중력은 모든 물체가 뚜렷이 중력 조건의 지배를 받는다는 증거인 '무게'로 드러난다. 그렇지만 성자에게는 중력의 법칙도 아무런 효력을 발휘하지 못한다. 자기 자신이 그 어느 곳에도 존재할 수 있는 영혼임을 아는 자만이 시간과 공간 속에 얽매여 있는 육체라는 고정된 형틀로부터 자유로울 수 있다. 이제 자신을 속박하고 있던 족쇄가 마침내 '내가 그(신, 절대자)이다.'라는 용해제 앞에 무릎을 꿇고 말았다.

빛이 있으라 하시매 빛이 있었다.*

    천지 창조에서 절대자가 내린 첫 번째 명령은 유일한 원자의 실체인 빛의 탄생이었다. 모든 신성한 현상은 바로 이처럼 비물질 매체인 광선을 기초로 이루어졌다. 시대를 초월하여 모든 종교인은 절대자의 형상을 한결같이 불과 빛으로 증언하고 있다.

    만왕의 왕이시며 만주의 주님이시여, 오직 그에게만 죽지 아니함이 있고 가까이 가지 못할 빛에 거하시고…….**

    완벽한 명상을 통해 자신의 의식을 창조주와 합일시킨 요기는 우주의 본질이 빛이라는 사실을 감지한다. 그에게는 물을 구성하는 빛과 땅을 구성하는 빛 사이의 구별이 없다. 물질에 대한 의식으로부터 벗어나고, 3차원 공간과 4차원 시간으로부터 벗어나 자유를 얻은 요기는, 자신의 몸을 이루는 빛들을 땅과 물과 불과 공기를 이루는 빛들과 손쉽게 바꿀 수 있다. 의식의 해방을 가져오는 영안에 오랫동안 의식을 집중시킨 요기는 물질과 중력이 작용하는 무게와 관련된 모든 미망을 깨뜨릴 수 있다. 그리하여 요기는 우주를 절대자가 창조하신 형상, 곧 본질적으로 미분화된 빛의 덩어리로 본다.
    하버드 대학의 L. T. 트롤랜드 박사는 다음과 같이 말했다.

---

\* 『창세기』 1:3
\*\* 『디모데전서』 6:15-16

시각 이미지는 보통의 망점 인쇄와 동일한 원리에 기초하고 있다. 다시 말해서 시각 이미지는 사람의 눈으로 탐지할 수 없는 매우 미세한 점들로 이루어진다. (중략) 망막은 그 감도가 엄청나게 높기 때문에 적절한 종류의 빛이라면 상대적으로 적은 양으로도 시각을 작동시킬 수 있다.

창조의 본질이 빛이라는 사실을 깨달은 사람은 빛의 현상에 관한 자신의 신성한 지식을 이용하여, 도처에 존재하는 빛의 원자들을 순식간에 지각이 가능한 형상 속으로 투사할 수 있다. 그러한 투사가 취하는 실제적인 형태는 나무가 될 수도 있고, 약품이 될 수도 있으며, 인간의 육체가 될 수도 있다. 실제 형태를 결정하는 것은 오로지 요기의 희망과 의지력, 구상화具象化의 강도뿐이다.

밤이 되면 인간은 몽상적인 의식 상태로 들어가서, 매일같이 자신을 에워싸고 있는 그릇된 에고의 제약들에서 벗어나게 된다. 그리하여 수면 중에는 마음에 담긴 전능한 힘의 과시를 끊임없이 경험하게 된다. 자, 보라! 꿈속에서는 오래 전에 죽은 친구들이 나타나고, 가장 멀리 떨어진 대륙이 나타나며, 어린 시절의 장면들이 나타난다. 사람들이 꿈속에서 경험하는 그러한 자유로운 의식을 활용하여 절대자와 조화를 이룬 요기는 결코 끊어지지 않는 연결고리를 더욱 굳건하게 벼린다. 모든 개인적 충동에서 벗어나 창조주로부터 부여받은 창조적 의지를 사용함으로써, 요기는 우주에 충만한 빛의 원자들을 재배열하여 헌신적인 신앙인의 어떠한 절실한 기도라도 만족시킬 수 있다.

하느님께서 말씀하시기를, 우리의 형상을 따라 우리의 모양대로 사람을 만들고, 그로 하여금 바다의 고기와 공중의 새와 모든 가축과 모든

땅과 땅을 기는 모든 것을 다스리게 하자 하시고.[*]

　스와미 교단에 입문한 직후인 1915년, 나는 폭력의 대립이 난무하는 환시를 경험했다. 그것을 통해서 인간 의식의 상대성을 이해하게 되었으며, 또한 마야의 고통스러운 이원성의 배후에 존재하는 영원한 빛의 단일성을 확연히 깨달았다.

　그 환시는, 내가 가르파르 거리에 있는 아버지 집의 조그만 다락방에 앉아 있던 어느 날 아침에 다가왔다. 당시는 제1차 세계대전의 포성이 몇 달째 유럽 전역을 휩쓸고 있어서, 비통한 마음으로 어마어마한 인명들의 죽음에 대해서 깊이 생각하던 중이었다.

　눈을 감고 명상에 잠기자마자 나의 의식은 갑자기 어떤 전함 위에 올라탄 한 지휘관의 육체로 전이되었다. 해안가의 포대와 함상의 기관포 사이에서 포탄이 서로 엇갈려 날기 시작하자 대기를 갈라놓을 정도로 엄청난 폭음이 들렸다. 그때 거대한 포탄 한 발이 화약고를 명중시키는 것과 동시에 내가 탄 전함이 삽시간에 박살이 나고 말았다. 나는 폭발에서 살아남은 몇몇 선원들과 함께 물로 뛰어들었다.

　두근거리는 심장으로 나는 해안까지 무사히 헤엄쳐 나왔다. 그러나 아뿔사! 그만 허공을 떠돌던 유탄 하나가 내 가슴 위에서 그 무시무시한 비행을 끝마쳤다. 나는 신음 소리를 내며 땅바닥에 쓰러졌다. 온몸이 마비되어 움직일 수 없었지만, 저려서 감각이 없어진 다리를 의식하듯이 아직 육체를 지니고 있다는 의식은 남아 있었다.

　'드디어 신비스러운 죽음의 발자국이 나를 따라잡았구나!'

-----

[*] 『창세기』 1:26

마지막 한숨을 내쉬면서 막 무의식 속으로 빠져들려던 찰나 나는 가르파르의 내 방에서 연화좌를 취하고 있었다.

다시 찾은 나의 소유물, 즉 가슴에 난 총탄 구멍으로부터 자유로워진 육신을 기쁜 마음으로 쓰다듬고 꼬집어보았다. 눈물이 왈칵 쏟아졌다. 나는 살아 있다는 사실을 스스로에게 확신시키기 위해 몸을 앞뒤로 움직이기도 하고 숨을 들이쉬었다 내쉬기도 했다. 이처럼 자기축복에 한창 빠져 있던 중에, 나의 의식은 다시금 해변에 쓰러져 있는 함장의 참혹한 사체로 옮겨졌다. 그러자 뒤엉킨 마음이 나를 엄습해왔다. 나는 기도했다.

"신이시여! 저는 살아 있습니까, 아니면 죽은 것입니까?"

그러자 온 시야가 눈부시게 반짝이는 빛으로 가득 찼다. 그리고 부드럽게 울리는 진동 소리가 말로 바뀌었다.

"빛이 어찌 삶이나 죽음 따위와 관계를 맺을 수 있겠느냐? 내가 빛의 영상 속에서 그대를 만들었노라. 삶이나 죽음과 관련된 모든 것은 한낱 우주의 꿈에 불과한 것이니라. 꿈이 아닌 네 존재를 똑바로 보라! 깨어나라, 나의 아들아, 깨어나라!"

인간이 깨우친 단계에 따라 신은 적절한 시간과 장소에서 자신이 이루어놓은 창조의 비밀을 발견할 수 있도록 과학자들에게 영감을 준다. 현대에 이루어진 수많은 발견 덕분에 우리는 이제 우주를 한 가지 힘, 곧 신성한 지혜가 인도하는 빛의 다양한 표현으로 이해하게 되었다. 활동사진, 라디오, 텔레비전, 레이더, 모든 것을 보는 '전자눈'인 광전관, 원자력 에너지 등의 신비는 모두 빛의 전자기電磁氣 현상을 기초로 하고 있다.

영화는 어떤 기적도 연출해낼 수 있다. 생생한 시각의 관점에서 본다면, 아무리 경이로운 사건이라도 교묘한 사진술로 영상화할 수 있다. 인간도 조잡한 육체를 초월한 투명한 영체(아스트랄체)로 나타날 수 있다. 그렇게 되면 영화 속에서 인간은 물 위를 걸어 다닐 수 있고, 죽은 사람을 살릴 수 있으며, 자연적인 사건 발달의 순서를 역전시킬 수 있을 뿐만 아니라 심지어 시간과 공간을 초월할 수도 있다. 전문가라면 자신이 원하는 대로 빛의 이미지들을 모아서 진정한 성자가 실제 광선으로 만들어내는 것과 비슷한 시각상의 기적을 연출할 수 있다.

영화는 실감나는 영상들을 통해 창조와 관련된 많은 진리를 실례로 보여줄 수 있다. 우주의 지배자는 스스로 각본을 쓰고 수많은 배역들을 동원하여 여러 세기 동안 화려한 무대를 꾸며오셨다. 캄캄한 영원의 영사실로부터 그분은 당신의 빛을 보내 연속되는 시대가 담긴 필름을 공간이라는 스크린에 투영하셨던 것이다. 마치 실제처럼 보이는 영화 장면들이 사실은 빛과 그림자의 단순한 조합에 불과하듯이, 우주의 다양한 모습도 헛된 껍데기에 지나지 않는다. 무수한 형태의 생명이 존재하는 혹성들도 말하자면 우주 차원의 영화 속에 등장하는 형체들일 뿐이다. 그런 장면들은 인간의 오감으로 볼 때 잠시 잠깐 진실처럼 보이겠지만, 결과적으로 무한한 창조의 광선이 인간 의식이라는 영사막에 투사한 것이다.

물론 영화를 보는 관객들은 모든 장면이 아무 형체도 없는 한 줄기 광선의 조작을 통해 스크린에 나타난다는 사실을 잘 알고 있다. 다채로운 우주 드라마도 이와 마찬가지로 우주 근원인 한 줄기 하얀 빛으로부터 생겨난다. 상상할 수도 없는 놀라운 솜씨로 신은 당신의 자녀들을 위해 연극을 상연하고, 이들을 행성 극장의 관객이면서 배우로 만드신 것이다.

어느 날, 나는 유럽 전장의 기록을 담은 뉴스 영화를 보기 위해 극장에 갔다. 서양에서는 아직도 제1차 세계대전이 한창이었다. 뉴스는 참혹한 살육의 현장을 너무나 사실감 있게 보여주었다. 그래서 영화관을 나오는 나의 가슴은 격심한 고통으로 터질 것만 같았다. 나는 기도했다.

'신이시여! 어찌하여 당신은 이토록 엄청난 고난을 허락하셨나이까?'

그러자 놀랍게도 실제 유럽의 전장이 환시의 형태로 나타나면서, 그 안에서 즉각적인 대답이 들려왔다. 죽어가는 사람들과 이미 죽어 쓰러진 사람들로 가득 찬 참혹한 전쟁터의 모습은 어떤 기록 영화보다도 더 끔찍했다. 그때 부드러운 음성이 나의 내면 의식을 두드렸다.

"잘 보아라! 지금 프랑스에서 벌어지고 있는 이 장면 장면이 단지 명암의 배합에 불과함을 알게 될 것이다. 그 장면들은 방금 네가 보고 나온 뉴스 영화처럼 사실이기도 하고 사실이 아니기도 한 우주의 영화이다. 결국 연극 속의 연극인 것이다."

내 마음은 여전히 편하지 않았다. 성스러운 목소리는 계속해서 이어졌다.

"빛과 그림자 둘 다 창조이다. 그렇지 않다면 모든 사진은 불가능하다. 마야의 선과 악은 절대적으로 번갈아 나타난다. 만일 이 지상에 기쁨만이 끝없이 계속된다면, 인간이 기쁨 말고 다른 것을 희구하려 하겠는가? 고통이 없다면 인간은 자신이 영원한 집을 버렸다는 사실을 상기하려 하지 않을 것이다. 고통이야말로 그 기억을 일깨워주는 바늘이다. 탈출구는 지혜를 통하는 길 뿐이다. 죽음의 비극도 실제가 아니다. 죽음에 직면하여 몸서리치는 자는, 마치 무대 위에서 공포탄을 맞고 놀라 죽어 넘어지는 배우와 마찬가지로 어리석은 사람이다. 나의 자녀들은 빛의 후예이다. 그들은 절대 미망 속에서 영원히 잠들지 않는다."

나도 마야에 대한 경전의 설명은 전부 읽었지만, 책에서는 개인의 환영과 위안의 언어를 동반한 깊은 통찰력을 얻을 수 없었다. 창조란 한 편의 거대한 영화에 불과하며, 따라서 자신의 실상도 영화가 아니라 영화를 초월한 경지에 있다는 궁극적인 진리를 깨닫게 되었을 때, 한 인간의 가치관은 심오한 변화를 겪는다.

나는 이 대목까지 집필을 마친 다음, 연화좌를 취한 채 침대 위에 앉았다. 내 방에는 어두운 등잔 두 개가 희미한 빛을 비추고 있었다. 시선을 위로 옮겨 천장에 박힌 작은 겨자색 불빛들을 바라보았다. 그 빛들은 라듐과 같은 광채를 반짝이며 흔들리고 있었다. 연필로 그린 것처럼 무수한 빛이 한 줄기 빛다발로 모이더니 조용히 머리 위로 쏟아져 내렸다.

갑자기 내 육신이 조악한 속성을 잃고 영계의 구조로 탈바꿈되었다. 아무 무게가 없는 육신이 침대와 닿을락말락 하며 오른쪽과 왼쪽을 바꿔가면서 가볍게 움직일 때마다 공중에 떠 있는 느낌이 들었다. 방 안을 둘러보았다. 가구와 사방의 벽들은 평상시와 같았지만, 천장이 보이지 않을 정도로 넓게 퍼진 작은 빛다발이 시야에 들어왔다. 너무나 놀라운 광경이었다. 마치 그 빛 안에서 나오는 것처럼 어떤 목소리가 내게 들려왔다.

"이것이 우주 영화의 작동 원리이다. 네 침대 시트에 펼쳐진 하얀 스크린 위에 빛을 비추면, 네 육체의 영상이 생긴다. 보라! 네 형체란 단지 빛에 불과하지 않은가!"

나는 팔을 바라보면서 이리저리 움직여 보았지만 전혀 무게가 느껴지지 않았다. 황홀한 희열이 나를 압도해왔다. 내 몸에서 환하게 만개한 우주의 빛줄기는 마치 극장의 영사기에서 흘러나온 광선다발의 신성한 복제물 같았다.

나는 한동안 침침한 침실 극장에서 내 몸의 활동사진을 관람했다. 그동안 수없이 많은 환시를 겪었지만, 이만큼 신묘한 것은 없었다. 딱딱한 육체의 환상이 완전히 사라지고, 모든 물체의 본질이 빛이라는 깨달음이 깊어졌을 때, 나는 고개를 들고 고동치는 생명자의 흐름을 바라보며 애원하듯 말했다.

"신성한 빛이시여, 제발 이 비천한 제 육신의 영상을 당신에게로 거두어가소서. 엘리야를 불수레 속에서 하늘로 승천시키셨듯이."*

---

\* 이 말의 뒷부분은 『열왕기하』 2:11의 내용이다. 보통 기적이라고 하면 법칙이 없는, 아니면 법칙을 초월한 사건으로 여겨진다. 그러나 정확하게 계획된 이 우주 안에서 일어나는 모든 사건은 일정한 법칙에 따라서 이루어지며, 모든 현상은 법칙에 의한 설명이 가능하다. 위대한 스승의 소위 기적의 능력도 자신의 내면에 존재하는 우주의식의 영역 속에서 작용되는 미묘한 법칙들을 완전히 이해한 데서 자연적으로 비롯된 것이다. 삼라만상이 일종의 기적이라고 하는 심오한 의미에서 본다면, 진실로 기적이라고 말할 수 있는 현상은 존재하지 않는다. 우리 각자가 정교하게 조직된 육체 속에 담긴 채, 별들 사이의 공간을 돌고 있는 이 지구 위에 세워져 있다는 사실이 어찌 평범한 사건일 수 있겠는가? 그리스도나 라히리 마하사야와 같은 위대한 예언자들은 많은 기적을 연출해냈다. 그러한 스승들은 인류를 위해 실행해야 하는 거대하고 어려운 영적 사명을 간직하고 있다. 고통에 잠긴 이들을 기적적으로 도와주는 것도 그 사명의 일부분이다. 고칠 수 없는 질병과 해결할 수 없는 인간의 문제들에는 신성한 명령이 필요한 것이다. 가버나움의 한 교관에게서 죽어가는 자기 아들의 병을 낫게 해달라는 부탁을 받은 그리스도는 씁쓸한 유머와 함께 다음과 같이 말했다. "너희는 표시와 기사奇事를 보지 못하면 도무지 믿지 아니하리라." 그러나 곧 다음과 같이 덧붙였다. "가라, 네 아들은 살았다." 『요한복음』 4:46-54

본 장에서 나는 현상계의 근간을 이루고 있는, 환영의 마술적 힘인 마야에 관한 베다의 설명을 기술했다. 서구의 과학은 이미, 비실체적인 어떤 '마술'이 원자적 '물질'에 가득 차 있음을 발견했다. 그러나 마야에 종속된 것이 비단 자연만은 아니다. 우리 인간 역시 마찬가지이다. 상대성, 대립, 이원성, 역전, 반대의 원리는 현상계의 모든 곳에 침투해 있다.

이 기도는 분명 놀라운 것이었다. 빛은 사라졌다. 내 육체도 다시 정상적인 무게를 되찾아 침대 위로 털썩 떨어졌다. 천장에 어른거렸던 빛의 무리도 깜빡이면서 자취를 감추었다. 분명 내가 이 지상을 떠날 시간은 아직 당도하지 않았던 것이다.

나는 찬찬히 생각해보았다.

'게다가, 엘리야께서 내 주제넘은 생각에 불쾌해 하신 것도 무리는 아니리라!'

---

마야에 대한 진리가 오직 리쉬들에 의해서만 이해되었다고 생각해서는 안 된다. 『구약성서』의 예언자들은 마야를 사탄('적'을 뜻하는 히브리어)이라는 이름으로 불렀다. 희랍의 경전(『구약성서』)에서는 이것을 '디아블로스', 즉 악마라고 했다. 사탄, 곧 마야야말로 오직 하나의 무형적 진리를 감추기 위해서 다양한 형태를 만들어내는, 말하자면 우주의 인간으로 하여금 영혼으로부터 물질로, 실상으로부터 허상으로 잘못 들어서게 만드는 존재이다. 그리스도는 마야를 악마와 살인자와 거짓을 말하는 자로 생생하게 묘사했다.

"악마는 처음부터 살인한 자요, 진리가 그 속에 없으므로 진리의 편에 서지 못하고, 거짓을 말할 때마다 제 것으로 말하나니, 이는 거짓말쟁이요, 거짓의 아비인 까닭이니라." 『요한복음』 8:44

"악마는 처음부터 죄를 저질렀느니라. 그리하여 하느님의 아들이 나타나신 것은 악마의 일을 멸하려 하심이니라." 『요한1서』 3:8

이는 곧 우리 인간 존재의 내면에 실현된 그리스도 의식이 환상, 즉 악마의 일을 멸할 수 있다는 뜻이다. 마야는 현상계 속에 잠재된 자신의 구조적 본성 때문에 처음부터 존재하고 있다. 이 현상계는 신성한 불변성에 대한 반反 명제로서 항상 무상한 움직임을 쉬지 못하는 것이다.

31

# 성스러운
# 어머니와의 면담

　　"성스러운 어머니시여, 저는 갓난아기였을
때 예언자이신 당신의 남편으로부터 세례를 받았습니다. 그분은 제
부모님의 구루이시며, 저의 구루이신 스리 유크테스와르님의 구루이
십니다. 그러니 제게 당신의 성스러운 생애 이야기를 들을 수 있는 특
권을 내려주시지 않겠습니까?"

　나는 라히리 마하사야의 평생지기였던 스리마티 카시 모니에게 이
렇게 부탁했다. 바라나시에서 잠시 머무르게 된 기회에 그 성결한 여
인을 만나려던 오랜 희망을 이루고 싶었던 것이다.

　그녀는 바라나시의 가루데스와르 모홀라 지구에 있는 라히리 가문
의 저택에서 나를 따뜻하게 맞이했다. 카시 모니는 나이가 들긴 했어
도 활짝 핀 연꽃처럼 영혼의 향기를 사방으로 발산하고 있었다. 체구

449

는 중간 정도였으며, 하얀 살결에 가냘픈 목덜미가 특징이었다. 아름답게 반짝이는 커다란 두 눈 덕분에 어머니 같은 얼굴이 한층 부드럽게 보였다.

"오, 아들아, 잘 왔다. 어서 이리로 올라오너라."

카시 모니는 한동안 남편과 함께 살던 작은 방으로 나를 안내했다. 이 세상에서 비할 바 없이 위대한 스승이 결혼이라는 인간 드라마를 손수 연출하셨던 성전을 직접 목격하게 된 나는 솟아오르는 존경심을 억누를 수 없었다. 카시 모니는 친절하게도 몸을 움직여서 자신의 옆자리를 내게 권했다. 이야기가 시작되었다.

"그분이 지닌 신성한 품격을 깨닫기까지는 여러 해가 걸렸단다. 어느 날 밤, 바로 이 방에서 나는 너무나 생생한 꿈을 꾸었지. 거룩한 천사들이 상상할 수조차 없는 아름다운 모습으로 내 머리 위에 떠 있었어. 그 장면이 어찌나 사실적이었던지 바로 꿈을 깼지. 그랬는데 참으로 이상하게도 이 방이 현란한 빛으로 가득하더구나.

남편은 연화좌를 취한 채 방 한가운데에 떠 있었는데, 그 주변을 천사들이 둘러싸고 손을 모아 경배를 드리고 있었지. 너무 놀라서 그저 아직도 꿈을 꾸는 중이라고 생각했는데, 그때 라히리 마하사야께서 말씀하셨단다.

「여인이여, 그대는 지금 꿈을 꾸는 것이 아니오. 영원히 꿈을 깨시오, 영원히.」

말을 마친 그가 서서히 바닥으로 내려왔고, 나는 남편의 발밑에 엎드렸어. 너무 감격해서 눈물이 흘렀지.

「대인이시여, 나는 언제까지나 당신 앞에서 고개를 숙이겠습니다. 지금껏 대인을 남편이라고만 감히 생각해온 죄를 용서해주십시오. 성스럽게 깨어 있는 분을 바로 곁에 두고도 이처럼 무지한 잠을 계속 자고 있었으니, 너무나 부끄럽습니다. 오늘밤부터 대인은 더 이상 제 남편이 아니십니다. 이제부터 당신은 제 구루이십니다. 이처럼 보잘 것 없는 존재를 당신의 제자로 받아줄 수 있으신지요?」*

대인은 나를 부드럽게 어루만지셨지.

「성스러운 영혼이여, 일어나시오. 그대는 이미 제자요.」

그리고 천사들을 향해 몸을 돌리셨어.

「이들 거룩한 천사들에게 차례로 고개 숙여 인사를 드리시오.」

무릎을 꿇고 겸손한 경배를 마쳤을 때, 천사들의 목소리가 고대 경전의 합창처럼 일제히 들려오더구나.

「성스러운 대인의 동반자시여, 그대는 축복받은 몸이십니다. 우리 모두 당신에게 경배합니다.」

천사들이 내 발 아래에 고개를 숙였단다. 오! 그러더니 그 찬란한 형체들이 그만 온데간데 없이 사라져버리고 말았지. 방은 다시 어두워졌어. 구루께서는 크리야 요가에 입문하라고 하셨지. 나는 대답했어.

「감사합니다. 이런 축복을 좀 더 일찍 가지지 못한 것이 아쉬울 뿐입니다.」

라히리 마하사야께서는 나를 위로해주듯이 미소를 지으셨어.

「이제야 때가 된 거라오. 그대가 지닌 많은 업이 소멸되도록 말없이 도와주고 있었소. 그대는 이제 기꺼운 마음으로 모든 준비를 갖추었다오.」

---

* 밀턴의 다음 시 구절이 생각난다. "남자는 오직 신을 찾고, 여자는 남자에게서 신을 찾는다."

그분이 내 이마에 손을 대시자 여러 갈래의 빛이 빙글빙글 돌면서 나타났어. 그 광채는 차츰차츰 푸른 오팔처럼 영안으로 빨려들어 황금빛 원환이 되었는데, 그 중심에는 하얀 오각형 별 하나가 자리를 잡고 있었지.

「그 별을 뚫고 의식을 무한자의 왕국으로 침투시키도록 하시오.」

　구루의 음성에는 마치 멀리서 들려오는 나직한 음악과도 같은 새로운 어조가 담겨 있었단다.

　무수한 환시가 대양의 파도처럼 내 영혼의 해변에서 차례로 부서졌어. 파노라마처럼 잇닿은 장면 장면이 마침내 희열의 바닷속으로 용해되어 들어갔지. 나는 그칠 줄 모르고 솟아오르는 축복감에 싸여 완전히 나 자신을 잃어버리고 말았어. 몇 시간이 흐른 다음 이 세상의 의식 상태로 돌아오자 대인께서는 나에게 크리야 요가의 기법을 전수해 주셨지. 그날 밤 이후, 라히리 마하사야께서는 결코 두 번 다시 내 방에서 잠을 자지 않으셨단다. 아니, 그 이후로는 전혀 잠을 자지 않으셨다는 표현이 옳을 거야. 밤이고 낮이고 제자들과 함께 아래층의 거실에서 지내셨지."

　여인은 잠시 침묵에 빠져들었다. 그 숭고한 요기와 맺어온 관계가 몹시 독특하다는 사실을 깨닫고 나는 용기를 내어 더욱 많은 추억을 들려달라고 부탁했다.

　"오, 아들아, 무척 욕심이 많구나. 하나만 더 들려주마."

　카시 모니는 부끄러운 듯 미소를 지었다.

　"내가 구루이자 남편에게 저지른 죄 하나를 고백해야겠구나. 그로부터 몇 달이 지나 나는 점차 버림받고 무시당했다는 느낌이 들기 시작했단다. 어느 날 아침, 라히리 마하사야님이 무언가를 가지러 이 작은 방에 들어오셨지. 나는 재빨리 뒤로 다가갔어. 난폭한 미망에 사로잡혀 있던 나는 그분에게 신랄한 어조로 말을 쏟아냈지.

「당신은 모든 시간을 제자들과 함께 지내는 데 쓰고 계십니다. 처자식에 대한 책임은 어쩌실 셈인가요? 가족을 위해 더 많이 벌려고 하지 않으시니 정말 답답합니다.」

대인께서는 한동안 나를 뚫어지게 바라보셨어. 아! 그러더니 그만 순식간에 자취를 감추셨지. 나는 놀라면서도 한편으로는 두려운 생각이 들었단다. 그때 방 전체로부터 울려나오는 음성이 들렸어.

「그것이 참으로 헛된 짓이라는 사실을 그대는 모르오? 나는 텅 빈 존재인데 어떻게 그대를 위해 재물을 만들어낼 수 있겠소?」

나는 그만 울음을 터뜨리고 말았지.

「구루시여. 천 번 만 번 용서를 애원합니다! 이 죄 많은 눈으로는 더 이상 대인의 모습을 뵐 수 없습니다. 제발 그 성스러운 모습을 나타내주십시오.」

「여기 있다오.」

응답의 목소리가 바로 내 머리 위에서 들려왔어. 고개를 들었더니 공중에 실체화된 대인의 모습이 보이더구나. 머리는 천장에 닿아 있고, 눈은 보는 이의 눈을 멀게 하듯 타오르는 불꽃과 같았지. 극심한 공포로 거의 넋이 나간 나는 대인께서 조용히 바닥으로 내려오시자마자 발밑에 엎드린 채 흐느끼기 시작했단다.

「여인이여. 신성한 풍요를 찾으시오. 결코 하잘것없는 지상의 금붙이 따위에 마음을 두어서는 안 되오. 내 안의 보화를 얻고 나면 바깥의 공급은 저절로 따라오기 마련이오.」

그리고 한마디 덧붙이셨지.

「내 영혼의 아들 하나가 그대에게 필요한 물품을 갖다줄 것이오.」

구루의 말씀은 곧 사실로 이루어졌단다. 한 제자가 우리 식구를 위해 상당한 금액을 전해주었지."

소중한 경험을 나누어준 데 대해 나는 카시 모니에게 감사의 뜻을 전했다.* 다음 날 나는 다시 카시 모니의 집을 찾아가서 틴쿠리 라히리와 두쿠리 라히리를 만나 여러 시간에 걸쳐 철학 토론을 즐겼다. 인도가 낳은 위대한 요기의 두 아들은, 스승의 이상적인 발자취를 가장 가까이에서 뒤따랐다. 둘 다 키가 크고 건장한 체격을 갖췄으며, 살결이 희고 수염이 무성했다. 부드러운 목소리와 예스러운 멋이 담긴 태도가 매력적이었다.

부인만이 라히리 마하사야의 유일한 여성 제자는 아니었다. 제자들 가운데는 나의 어머니를 포함한 수백 명의 여성 제자들이 있었다. 언젠가 젊은 여제자 하나가 구루께 사진을 부탁드린 일이 있었다. 그러자 대인은 사진 한 장을 건네주며 다음과 같이 말씀하셨다.

"네가 만일 이 사진을 수호 장치로 생각한다면 그런 역할을 하게 되지만, 그렇지 않다면 그냥 사진 한 장에 지나지 않을 것이다."

며칠 후 이 여인은 라히리 마하사야의 수양딸과 함께 탁자에서 『바가바드기타』를 공부하게 되었다. 구루의 사진이 바로 탁자 뒤에 걸려 있었다. 그런데 갑자기 뇌우가 맹렬한 기세로 쏟아졌다.

"라히리 마하사야시여, 우리를 지켜주소서!"

두 여인은 구루의 사진 앞에 급히 머리를 조아렸다. 바로 그때, 번갯불이 읽고 있던 책을 강타했다. 하지만 기도를 올리고 있던 두 여인은

---

* 이 훌륭한 어머니는 1930년 3월 25일, 바라나시에서 세상을 떠났다.

아무런 상처도 입지 않았다.

젊은 여제자는 이렇게 말했다.

"마치 내 주위에 얼음판이 있어서 뜨거운 열기를 막아주는 것 같았어요."

라히리 마하사야는 아브호야라는 여제자와 관련된 두 가지 기적을 연출한 적이 있다. 어느 날 아브호야는 캘커타에서 변호사로 활동하는 남편과 함께 구루를 방문하기 위해 바라나시로 길을 떠났다. 숨 막히는 시내의 교통지옥을 빠져 나오느라 시간을 지체한 두 사람이 간신히 캘커타의 호우라흐 역에 도착했지만, 바라나시 행 기차는 이미 출발의 기적을 울리고 있었다.

그녀는 매표창구 곁으로 바짝 다가가서 기도했다.

'라히리 마하사야시여, 제발 저 기차를 세워주십시오.'

그녀의 기도는 침묵 속에 계속 이어졌다.

'당신을 뵙기 위해 다른 날을 기다려야 한다는 건 참을 수 없는 고통입니다.'

칙칙폭폭 소리와 함께 힘차게 증기를 내뿜는 기관차의 바퀴들은 계속해서 돌고 있었지만, 어찌 된 일인지 전혀 앞으로 나아가지 못했다. 기관사와 승객들이 플랫폼으로 내려서서 이 신기한 광경을 구경했다. 그때 한 영국인 역무원이 아브호야와 그녀의 남편 곁으로 다가왔다. 그는 전례를 깨고 이들의 편의를 봐주겠다고 자진해서 나섰다. 그가 이렇게 말했다.

"선생님, 저에게 돈을 주시죠. 그러면 두 분이 차에 오르시는 동안 제가 대신 표를 끊어 드리겠습니다."

이들 부부가 자리에 앉아서 기차표를 받은 것과 거의 동시에 열차

455

가 서서히 앞으로 움직이기 시작했다. 크게 당황한 기관사와 승객들은 기차가 처음에 왜 섰으며 어떻게 해서 다시 움직이게 되었는지 영문도 모른 채 각기 제자리로 돌아갔다.

바라나시에 있는 라히리 마하사야의 집에 도착하자마자 아브호야는 스승 앞에 엎드려 스승의 발에 손을 대려고 했다.

"이제 진정해라. 나를 성가시게 하려고 작정한 것처럼 구는구나. 다음 기차를 타면 꼭 여기 못 올 것처럼 말이다!"

아브호야는 라히리 마하사야를 방문하면서 기억에 남을 만한 또 다른 일화를 남겼다. 이번에는 기차가 아닌 황새(서양에서는 황새가 사람들에게 아기를 데려다준다는 전설이 전해오며, 다산을 상징하기도 한다―옮긴이)의 중재가 필요했다.

"제 아홉 번째 아이가 살 수 있도록 축복을 내려주십시오. 아기를 여덟이나 낳았지만 모두 태어나자마자 세상을 등졌습니다."

대인은 연민의 미소를 보냈다.

"지금 태어나는 아기는 죽지 않는다. 내 말을 주의깊게 들어라. 여자 아기가 밤중에 태어날 것이다. 동이 틀 때까지 등잔불을 켜놓아라. 잠이 들어서도 안 되고 불이 꺼져서도 안 된다."

전지전능하신 구루의 예언에 한 치의 어긋남도 없이 아기는 딸이었으며, 또한 밤에 태어났다. 아브호야는 유모에게 부탁하여 등잔에 기름을 가득 채우도록 했다. 두 여인은 이른 새벽까지 절박한 심정으로 등불을 지켰다. 그러나 아뿔사! 마지막 순간에 그만 깜빡 잠이 들고 말았다. 등잔의 기름도 거의 바닥이 나고, 불꽃도 가물가물한 상태였다.

그때 갑자기 빗장이 벗겨지는 소리가 들리더니 침실 문이 열렸다. 깜짝 놀라서 잠을 깬 두 여인의 시야에 라히리 마하사야의 모습이 들어왔다.

"아브호야는 보라, 불꽃이 거의 다 꺼지지 않았느냐!"

그가 손으로 등잔을 가리키자 유모가 황급히 기름을 채워 넣었다. 다시 불꽃이 환하게 타오르기 시작했을 때는 이미 대인의 형체는 사라지고 없었다. 열렸던 문도 닫혀 있었고, 아무도 도와주지 않았는데 빗장도 다시 걸려 있었다. 1935년에 알아본 결과, 아브호야의 아홉 번째 아이는 건강하게 잘 지내고 있었다.

라히리 마하사야의 제자들 가운데 한 사람인 칼리 쿠마르 로이도 스승과의 사이에 있었던 여러 가지 흥미로운 일화를 들려주었다.

"나는 바라나시에 있는 스승의 집에서 몇 주일씩 머물러 있을 때가 많았다네. 한번은 많은 단다danda* 스와미들이 한밤중에 도착해서 구루의 발치에 앉아 있는 광경을 목격했지. 이들은 때때로 명상이나 철학의 논점들을 놓고 토론에 몰두하기도 했네. 그러다가 먼동이 트면 이 행복한 '손님'들은 길을 떠나는 것이었어. 내가 스승을 방문했을 때도 대인께서는 잠시도 드러누워 잠들지 않으셨지.

스승과 유대를 맺고 나서 처음 얼마 동안 나는 회사 사장과 심한 마찰을 겪고 있었다네. 사장은 유물론에 완전히 경도된 사람이었거든. 사장은 언제나 나를 비웃었지.

「광신도를 직원으로 쓰고 싶은 생각은 없네. 자네의 그 돌팔이 구루를 만나기만 하면 제대로 한마디 해줘야겠어.」

그렇지만 이런 위협도 내 규칙적인 일과를 가로막을 수는 없었네.

---

* 인간의 척수를 상징하는 브라흐마 단다(브라흐마의 지팡이)를 의전용으로 가지고 다니는 수도승 집단도 있다. 일곱 개의 뇌척수 중심 부위의 각성은 무한자에 이르는 진정한 경로라고 할 수 있다.

나는 거의 매일 저녁을 스승과 함께 보냈지. 그러던 어느 날 밤, 사장이 몰래 내 뒤를 따라와서 현관으로 불쑥 들어서지 않았겠나. 사장은 분명히 자기가 일전에 약속한 그 한마디를 멋지게 내뱉고 싶은 표정이었지. 그가 자리에 앉자마자 라히리 마하사야님은 열두 명 정도 되는 제자들에게 이렇게 말씀하기 시작하셨네.

「모두들 영화 한 편 감상해볼까?」

우리가 고개를 끄덕이자 대인은 실내를 어둡게 하라고 지시한 뒤 이렇게 말씀하셨어.

「앞사람의 뒷머리를 보는 자세로 빙 둘러앉아라. 각자 손을 앞사람의 눈 위에 대어 가리도록 해라.」

마지못해 한다는 표정이었지만 사장도 스승의 지시를 따르고 있었네. 잠시 뒤 라히리 마하사야님은 우리에게 무엇이 보이느냐고 물어보셨어. 내가 대답했지.

「예, 선생님, 아름다운 여인이 보입니다. 빨간색 테를 두른 사리를 입고 토란 옆에 서 있습니다.」

다른 제자들도 모두 같은 대답을 했지. 그러자 스승께서 우리 사장 쪽으로 몸을 돌리셨어.

「그대도 그 여인을 알아보겠는가?」

「그렇습니다.」

그런데 어쩐지 사장의 얼굴에는 지금까지 느껴보지 못한 새로운 감정들과 싸우고 있는 모습이 역력했어.

「저는 착한 아내가 있는데도 어리석게 그 여인에게 돈을 낭비했습니다. 여기 온 동기가 부끄럽습니다. 제발 저를 용서하고 제자로 받아들여 주십시오.」

「만일 6개월 동안 도덕적인 생활을 영위한다면 제자로 받아들이겠지만, 그렇지 않으면 나도 그대를 입문시킬 수 없다네.」

뒷부분 말씀은 수수께끼 같았네. 사장은 3개월쯤 유혹을 잘 이겨내는가 싶더니 급기야는 그 여자와의 관계를 다시 시작하더군. 그러고는 두 달 후에 세상을 떠났지. 그제야 사장의 입문에 대해 확실한 답변을 흐리고 묘한 여운을 남기셨던 구루의 예언을 이해할 수 있었지."

라히리 마하사야에게는 스와미 트라일랑가라는 유명한 친구가 한 사람 있는데, 3백 살도 넘었다고 알려져 있다. 두 요기는 이따금씩 함께 명상에 잠겼다. 트라일랑가의 명성이 어찌나 널리 퍼져 있던지, 인도 사람이라면 누구도 그가 연출한 놀라운 기적들에 대해 의심하지 않을 것이다. 만일 그리스도가 이 땅에 재림하여 뉴욕 거리를 활보하면서 갖가지 신통력을 발휘하신다면, 그것은 아마도 트라일랑가가 수십 년 전에 인파로 꽉 막힌 바라나시의 골목을 뚫고 지나가면서 군중들 사이에 불러일으켰던 것과 동일한 경이로움을 자아내는 일대 사건이 될 것이다.

그 스와미는 치명적인 독을 여러 차례나 마셨는데도 아무런 해를 입지 않았다. 지금도 생존해 있는 일부 사람들을 포함한 수천의 군중이 갠지스 강을 떠다니는 트라일랑가의 모습을 목격한 바 있다. 그는 며칠씩 물 위에 앉아 있거나 한참동안 파도 밑에 몸을 숨기곤 했다. 인정사정없는 인도의 태양 아래서 넓적한 돌바닥 위에 꼼짝 않고 앉아 있는 그의 모습을 가장 흔하게 볼 수 있는 장소가 바로 바라나시의 가트였다.

이와 같은 기적들을 통해 그가 우리에게 가르쳐준 것은, 요기의 생명이 반드시 산소나 혹은 어떤 특정 조건들에 의존하는 것이 아니라는

— 1920년 대 바라나시의 풍경. 요기 트라일랑가가 인생의 많은 시간을 보냈던 바라나시는 인도에서 가장 오래된 도시 중 하나이며, 힌두교에서 매우 신성한 곳으로 여겨진다. 불교와 자이나교에서도 역사적으로 중요한 성지로 손꼽힌다.


사실이었다. 물 위에 있건 물 아래에 있건, 그리고 살인적인 태양 광선에 몸을 노출시켰건 아니건 간에, 그 스와미는 자신이 죽음도 건드릴수 없는 신성한 의식에 의지해 살고 있음을 입증했던 것이다.

그 요기는 영적으로뿐만 아니라 육체적으로도 위대했다. 그의 몸무게는 3백 파운드(약 135킬로그램)를 넘었는데, 말하자면 한 살 먹을 때마다 1파운드씩 늘어난 셈이다. 그는 거의 먹지도 않기 때문에 몸무게의신비는 더욱더 미궁이다. 자신만이 아는 어떤 특수한 이유가 있었는지, 그 스와미는 건강에 관한 일반 규칙들도 대수롭지 않게 무시했다.

우주적 마야의 환영에서 깨어나 이 세상이 오직 신의 마음속에 내재된 관념일 뿐이라는 사실을 깨달은 위대한 성자들은, 육체가 응축 혹은 동결 상태의 에너지이므로 조작이 가능하다는 진리를 알고 있기에 자신의 육신도 원하는 대로 통제할 수 있다. 물론 지금은 물리학자들도 물질이 단지 응결된 에너지에 불과하다는 사실을 이해하고 있지만, 완전하게 깨달은 위대한 스승들은 물질 통제에 관한 한 이미 이론에서 실천으로 나아가는 데 성공했던 것이다.

트라일랑가는 늘 완벽한 나체였다. 그 때문에 골머리를 앓은 바라나시의 경관들은 그를 대단한 골칫덩이로 취급했다. 에덴동산 초기의 아담처럼 자연 그대로를 즐긴 이 스와미는 자기가 벌거벗었다는 사실을 전혀 의식하지 못했다. 경관들도 그 사실을 잘 알고 있었지만, 무례하게도 그를 감옥에 가두는 일이 벌어졌다. 그러자 당혹스러운 사건이 뒤를 이었다. 트라일랑가의 거대한 몸이 감옥 지붕 위에 모습을 드러낸 것이다. 물론 감방은 여전히 안전하게 자물쇠가 채워져 있었기 때문에 탈출 수단에 대한 단서는 전혀 찾아낼 수 없었다.

낙담한 법원 관리들은 다시 한 번 자신들의 의무를 수행했다. 이번에는 간수 한 사람을 스와미의 방 앞에 세워두었다. 권력은 정의 앞에서 또 한 번 물러났다. 지붕 위를 유유히 걷고 있는 그 위대한 요기의 모습이 곧 사람들의 눈에 띄었던 것이다. 정의는 맹목적이다. 다시 뒤통수를 맞은 경찰은 정의의 본보기를 따르기로 했다.

트라일랑가는 습관적으로 침묵을 지켰다.* 둥근 얼굴과 꼭 드럼통

---

* 그는 마우나(영적인 침묵)를 준수하는 무니(수행자, 명상가)였다. 산스크리트어 무니muni

처럼 생긴 거대한 배에 어울리지 않게 아주 이따금씩만 식사를 했다. 몇 주일씩 음식을 입에 대지 않다가 자신을 따르는 신도들이 보내준 굳은 우유 대여섯 동이로 금식을 깨뜨리곤 했다. 그런데 그의 명성에 회의적이던 사람 하나가 요기의 허위성을 만천하에 폭로하겠다고 마음을 먹었다. 그는 벽을 희게 칠하는 데 사용하는 칼슘 석회를 담은 커다란 양동이를 스와미 앞에 갖다놓았다. 그 유물론자는 짐짓 존경심을 가장하며 말을 꺼냈다.

"여기 된 우유를 좀 가져왔습니다. 드시지요."

트라일랑가는 조금도 주저하지 않고 양동이 가득 든, 니글거리는 석회를 마지막 한 방울까지 말끔히 마셔버렸다. 그러자 얼마 안 있다가 유물론자가 오히려 배를 고통스럽게 움켜잡고 땅바닥을 구르기 시작했다. 그는 거의 울부짖다시피 외쳤다.

"도와, 도와주세요! 몸에 불이 붙었어요! 사악한 제 시험을 제발 용서해주십시오!"

위대한 요기가 이윽고 늘 지켜오던 침묵을 깨고 말했다.

"자네는 나를 조롱했다. 나한테 독약을 건넬 때 내 생명이 자네의 생명과 하나라는 사실은 미처 몰랐겠지. 피조물을 이루는 원자 하나하나에서와 마찬가지로 내 뱃속에도 신이 깃들어 있다는 사실을 몰랐다면, 그 석회가 나를 죽였을지도 모른다. 이제 부메랑의 신성한 의미를 알았을 테니, 다시는 누구에게도 그런 속임수를 쓰지 마라."

죗값을 톡톡히 치른 악인은 트라일랑가의 말로 복통이 치유되고 나

---

는 '혼자, 하나'를 뜻하는 희랍어 'monos'와 유사한데, 영어의 'monk'(수도승)나 'monism' (일원론) 등도 'monos'에서 파생된 단어이다.

서 비실비실 어디론가 가버렸다.

이처럼 고통이 뒤바뀌는 현상은 요기의 의지에 의한 것이 아니라, 창조의 중심으로부터 가장 멀리 떨어진 궤도에까지도 정확하게 적용되는 정의의 법칙*이 작용한 결과이다. 트라일랑가처럼 신의 인식에 도달한 사람들에게는 그러한 신성한 법칙이 즉각적으로 작용한다. 그들은 에고가 설치해놓은 모든 장애물을 영원히 추방해버렸기 때문이다.

정의가 악을 자동으로 바로잡아준다는 굳은 신념은 트라일랑가와 그 잠재적 살인자의 경우처럼 예상치 못한 결과를 낳기도 하지만, 정의롭지 못한 인간사를 향한 우리의 성급한 분노를 가라앉히기도 한다.

> 원수 갚는 것은 내가 할 일이니, 내가 갚으리라고 주께서 말씀하시니라.**

그러니 구태여 인간의 빈약한 수단을 동원할 필요가 있겠는가? 대우주에서는 가장 정당한 응보를 위해 삼라만상이 협조하고 있다. 어리석은 인간의 마음은 신성한 정의와 사랑, 전지전능, 불멸 영생을 믿지 못한다. "그건 모두 경전에나 나오는 공허한 억측일 뿐이야!" 이처럼 둔감한 눈을 가진 사람들은 거대한 우주의 장관을 목격하고도 아무런 경외감을 느끼지 못하다가, 자신들의 삶 속에서 앞뒤가 맞지 않는

---

* 『열왕기하』 2:19-24 참고. 엘리사가 여리고에서 '물을 고치는' 기적을 행했을 때, 많은 아이들이 그를 조롱했다. 그러자 암곰 두 마리가 수풀에서 나와 그들 가운데 42명을 찢어 죽였다.

** 『로마서』 12:19

일련의 사건을 당하고 나서야 그런 사건을 계기로 궁극의 지혜를 찾게 된다.

영적인 법칙의 전능한 힘은 예루살렘에 영광스럽게 입성할 때 예수에 의해 언급되었다. 제자들과 수많은 군중이 기쁨에 넘쳐 "하늘에는 평화, 하느님께는 영광"을 외칠 때, 바리새인들은 그 환호하는 모습이 점잖지 못하다고 투덜거렸다.

"선생님, 제자들을 좀 꾸짖어 주시지요."

그러나 예수는 만일 제자들이 입을 다문다면, "돌들이 즉시 소리를 지를 것이니라."라고 대답하셨다.[*]

바리새인들을 꾸짖는 말씀에서 그리스도가 지적한 것은, 신성한 정의란 결코 상징적이거나 추상적인 것이 아니며, 또한 평화로운 사람은 비록 혀를 잘렸어도 창조의 근원, 즉 우주의 질서 안에서 자기 말을 하고 스스로를 지킬 수 있다는 점이다. 예수는 이렇게 말했다.

> 생각해보아라. 어찌 평화로운 자를 침묵시키겠는가? 물론 너희는 하느님의 목소리까지도 막고 싶을 것이다. 바로 그 하느님께서 손수 창조하신 돌멩이들이 그분의 영광과 자유자재하심을 노래하고 있는데도, 너희는 사람들에게 하늘의 평화를 찬양하지 말라고 요구하겠는가? 지상에서 벌어지는 전쟁을 위해서만 사람들을 모이도록 할 것인가? 그렇다면 너희 바리새인들은 이 세상의 기초가 뿌리째 흔들릴 각오를 해야 한다. 이 지상의 돌과 흙과 물과 불과 공기, 그리고 어진 이들이 모두 함께 너희를 딛고 일어서서 하느님의 정연한 조화를 증언해줄 것이다.

---

[*] 『누가복음』 19:37-40

내 외삼촌도 이 위대한 요기의 은총을 받은 적이 있다. 어느 날 아침, 외삼촌은 바라나시의 가트에 모인 수행자들 한가운데에 있는 트라일랑가를 보았다. 그는 가까스로 곁으로 다가가서 그 요기의 발에 손을 댔다. 그 순간 놀랍게도 오랫동안 외삼촌을 괴롭혀오던 만성질환의 고통이 씻은 듯이 사라졌다.*

그 위대한 요기의 제자들 가운데 현재 유일한 생존자로 알려진 사람은 샹카리 마이 쥬Shankari Mai Jiew**인데, 그녀의 아버지 역시 트라일랑가의 제자였다. 그녀는 아주 어렸을 적부터 그 스와미로부터 수련을 받았다. 그리고 약 40년을 바드리나트, 케다르나트, 아마르나트, 파수파티나트 부근의 외진 히말라야 동굴을 옮겨 다니며 지내왔다. 그 브라흐마차리니(여성 고행자)는 1826년에 태어났으니, 세기를 넘겨 생존해 있는 셈이다. 그렇지만 외모만 보면 전혀 나이가 들어 보이지 않는다. 여전히 머리카락도 검고, 치아도 반짝이며, 에너지도 놀랄 만큼 넘쳐난다. 그녀는 몇 년에 한 번씩 반드시 은거지 밖으로 나와서 정기적인 멜라(종교 행사)에 참석한다.

이 여자 성자는 가끔씩 캘커타 부근의 바락포레 지역에 계시던 라히리 마하사야를 방문했다. 어느 날은 스승 곁에 앉아 있는데, 그분의 위대한 스승이신 바바지께서 문득 조용히 문을 열고 들어오셔서 두 사람과 대화를 나누셨다고 한다.

---

* 트라일랑가나 그 밖의 다른 위대한 스승들의 생애를 접하게 되면, 그리스도의 이런 말씀이 생각난다. "믿는 자들에게는 이러한 표적들이 따르리니, 그들은 나의 이름(그리스도 의식)으로 마귀도 쫓아내고, 새로운 방언(언어)들로 말을 하며, 뱀을 집어내고, 또한 무슨 독을 마실지라도 해를 입지 아니하며, 병든 사람에게 손을 얹으면 병이 나으리라." 『마가복음』 16:17-18

** 'Jiew'는 존칭을 나타내는 산스크리트어 접미사 'ji'의 뱅골어이다.

트라일랑가는 언젠가 바라나시에서 평상시의 침묵을 깨고 라히리 마하사야에게 공식적으로 경의를 표한 적이 있었다. 그때 한 제자가 이의를 제기했다.

"스승님은 스와미이자 세속을 등진 수행자이신데, 어찌하여 가정을 가진 자에게 그처럼 대단한 존경을 표하시는 겁니까?"

트라일랑가가 대답했다.

"아들아, 그분은 마치 신성한 아기 고양이와 같으시다. 그러니 우주의 어머니가 데려다주시는 장소라면 그 어디에라도 존재하실 수 있지 않겠느냐? 그분은 세속인으로서 맡은 바 역할을 충실히 수행해 나가면서도, 내가 모든 것, 심지어 도티마저 버린 끝에 찾아낸 바로 그 완벽한 우주의식을 실현하셨느니라!"

*32*

# 죽음에서
# 일어난 라마

　　　　　　어느 화창한 아침, 스리 유크테스와르는 세
람푸르에 있는 아슈람의 발코니에서 성경을 해설하는 중이셨다. 스승
곁에 자리를 잡은 다른 제자들과 함께 나도 란치 학생 몇 명을 데리고
참석해 있었다.

　　이때 어떤 병든 자가 있으니, 이는 나사로라……. 예수께서 들으시고
　　말씀하시기를, 이 병은 죽을병이 아니라 하느님의 영광을 위한 것이요,
　　하느님의 아들이 이로 인하여 영광을 얻게 하려 함이니라 하셨다.[*]

---

[*] 『요한복음』 11:1-4

"이 대목에서 예수는 스스로를 하느님의 아들이라 부르고 있다. 물론 그가 하느님과 진정한 합일을 이룬 것은 분명하지만, 여기서 예수가 이런 표현을 사용한 것은 인격체와 무관한 심오한 의미를 담고 있다."

나의 구루는 설명을 계속하셨다.

"하느님의 아들이란 인간 속에 실현된 그리스도 의식 혹은 신성 의식을 말한다. 반드시 한 번은 죽어야 하는 필멸의 존재는 그 누구도 하느님의 영광을 찬양할 수 없다. 인간이 창조주에게 드릴 수 있는 유일한 존경은 그분을 찾는 것뿐이다. 인간은 결코 자신이 알지 못하는 어떤 추상체의 영광을 찬양할 수 없다. 성자들의 머리 주위에서 찬란하게 빛을 발하는 원광圓光이야말로 신을 경배할 수 있는 자신들의 능력에 대한 상징적인 증거이다."

스리 유크테스와르는 계속해서 나사로의 소생에 관한 신기한 이야기를 읽어나가셨다. 이야기가 끝나자 그는 한동안 깊은 침묵에 잠겨들었다. 그 성스러운 책은 스승의 무릎 위에 그대로 펼쳐져 있었다. 마침내 구루는 엄숙한 어조로 입을 여셨다.

"나 역시 비슷한 기적을 목격하는 특권을 부여받은 일이 있다. 라히리 마하사야님은 내 친구 하나를 죽음에서 소생시켜주셨다."

내 옆에 앉아 있던 어린 학생들이 강한 호기심을 나타냈다. 철학적 논점들 뿐만 아니라 스리 유크테스와르가 당신 스승과의 사이에서 겪었던 신비한 체험이라면 아무 이야기라도 즐길 수 있는 소년다운 기질은 나에게도 충분히 잠재되어 있었다.

"내 친구 라마와 나는 결코 떼려야 뗄 수 없는 관계였다."

스승은 이렇게 서두를 꺼내셨다.

"그 친구는 수줍음을 많이 타고 내성적이었기 때문에, 우리의 구루이신 라히리 마하사야님을 방문할 때는 반드시 낮에 있던 제자들이 돌아가고 난 다음 한밤중과 새벽녘 사이를 택하곤 했다. 나는 라마와 무척 가까운 사이여서 그 친구도 나에게만큼은 속내를 털어놓고 자신의 심오한 영적 체험들을 여러 차례 들려주었다. 나는 그와의 이상적인 교우 관계에서 어떤 영감 같은 것을 발견할 수 있었다."

지나간 기억을 더듬는 구루의 얼굴 표정이 부드러워졌다.

"그러던 라마가 갑자기 너무나 힘든 시험에 들게 되었다. 아시아형 콜레라라는 무서운 질병에 걸렸던 거지. 스승은 우리가 심한 병에 걸렸을 때 의사의 도움을 거부한 적이 없었다. 곧 두 명의 내과의사가 방에 들어섰다. 의사들이 어수선하게 병자를 돌보느라 서두르는 와중에도, 나는 간절히 라히리 마하사야님에게 도와달라는 기도를 드렸다. 그러고는 급히 스승의 거처로 찾아가 울면서 자초지종을 이야기했다.

「의사들이 라마를 돌봐주고 있으니 곧 완쾌될 것이다.」

나의 구루는 명랑한 미소까지 머금고 계셨다. 그래서 가벼운 마음으로 라마의 곁으로 돌아왔는데, 그 친구는 거의 숨이 넘어가고 있는 상태였다.

「한두 시간 이상 버티기 힘들겠습니다.」

의사들 가운데 한 사람이 낙담한 표정을 지으며 내게 말했다. 나는 한 번 더 라히리 마하사야님에게 달려갔다.

「의사는 성심을 다하는 사람들이다. 라마는 곧 낫는다.」

스승은 명랑한 표정으로 나를 또 돌려보내셨다. 다시 친구 곁으로 돌아와보니, 의사들은 이미 가버리고 없었다. 옆에는 간단히 적은 메모지가 한 장 놓여 있었는데, 이런 내용이었다.

「최선을 다했습니다만, 친구 분은 가망이 없을 것 같습니다.」

친구는 정말로 죽은 사람의 모습 그대로였다. 어떻게 라히리 마하사야님의 말씀이 틀릴 수 있는지, 나는 도저히 그 까닭을 이해할 수 없었다. 빠른 속도로 빠져나가고 있는 라마의 생명력을 지켜보고 있으려니, 모든 것이 끝났다는 생각이 들었다. 내 마음은 믿음과 의심 사이의 바다를 넘나들고 있었지만, 그래도 최선을 다해 라마를 보살폈다. 그때 친구가 간신히 몸을 일으키며 외쳤다.

「유크테스와르, 스승님에게 달려가서 내가 죽었다고 말씀드려. 그리고 마지막 의식을 집행하기 전에 내 육신에 축복을 내려달라는 부탁도 함께 드려주게.」

이 말과 함께 라마는 깊은 한숨을 쉬더니 그만 숨을 거두고 말았다.[*] 나는 사랑하는 친구 곁에서 한 시간 동안 눈물을 흘렸다. 언제나 고요함을 사랑했던 친구는 이제 죽음이 가져다준 완전한 정적을 얻게 되었다. 다른 제자 하나가 들어오기에 나는 그에게 내가 돌아올 때까지 자리를 지켜달라는 부탁을 남기고, 곧장 구루의 거처로 터벅터벅 무거운 발걸음을 옮겼다. 라히리 마하사야님은 만면에 웃음을 띠고 계셨다.

「라마는 지금 좀 어떤가?」

약간은 감정이 섞인 말이 불쑥 내 입에서 튀어나왔다.

「스승님, 라마가 어떤지는 곧 보시게 될 겁니다. 몇 시간 이내에 화장터로 운구될 그의 육신을 보실 것입니다.」

말을 마치고 그 자리에 털썩 주저앉은 나는 드디어 오열하기 시작했다.

「유크테스와르, 그만 진정해라. 조용히 앉아서 명상을 해라.」

---

[*] 콜레라 환자는 죽음에 임박해서 잠깐 완전한 의식 상태를 되찾는 수가 있다.

구루는 사마디(선정)에 드셨다. 그날 오후와 밤이 깨지지 않는 침묵 속에서 흘러갔다. 나는 내면의 평정을 다시 찾으려고 필사적으로 노력했지만 허사였다. 새벽녘이 되자 라히리 마하사야님은 위로하는 눈빛으로 나를 바라보셨다.

「보아하니 아직도 혼란스러운 모양이로구나. 어찌하여 어제는 약품처럼 손에 잡히는 물리적 도움을 바란다는 말을 하지 않았느냐?」

스승은 피마자 기름이 담긴 잔 모양의 등잔을 가리키셨다.

「저 등잔 기름을 작은 병에 담아서 라마의 입에다 일곱 방울만 떨어뜨려라.」

나는 즉각 이의를 제기했다.

「스승님, 라마는 어제 오후에 이미 죽었습니다. 이제 와서 그 기름이 무슨 소용이 있겠습니까?」

「걱정하지 말고 내가 시키는 대로만 해라.」

스승의 밝은 표정이 나로서는 오히려 이해하기 힘들었다. 그때까지도 나는 친구를 잃은 비탄에 빠져 있었다.

나는 약간의 기름을 담아 가지고 라마의 집으로 향했다. 가서 보니 친구의 육신은 죽음의 빗장이 굳게 잠겨 이미 딱딱하게 굳어 있었다. 그 유령 같은 모습에도 아랑곳하지 않고 오른손 손가락을 써서 친구의 입술을 열었다. 그러고는 왼손과 코르크 마개의 도움으로 굳게 다문 치아 위로 기름을 한 방울 한 방울 떨어뜨렸다. 일곱 번째 기름방울이 친구의 차가운 입술을 어루만지자 라마의 몸이 갑자기 후들후들 떨렸다. 그리고 놀랍게도 머리끝에서부터 발끝까지 근육들이 경련을 일으키더니 라마가 벌떡 일어나 앉았다. 그는 이렇게 소리쳤다.

「엄청난 광휘에 싸인 라히리 마하사야님을 뵈었어! 그분은 마치 태양처럼 빛을 비추고 계셨어. 그리고 나에게 잠을 깨고 일어나 유크테스와르와 함께 오라고 명령하셨어.」

나는 라마가 몸을 일으켜 옷을 입고 건강한 모습으로 구루의 집까지 걸어가는 광경을 지켜보고, 정말로 내 눈을 의심하지 않을 수 없었다. 라마는 감사의 눈물을 펑펑 쏟으며 라히리 마하사야님 앞에 그대로 엎드렸다.

스승은 무척 기분이 좋으셨던지 나를 향해 반짝이는 두 눈에 장난기까지 어려 있었다. 스승은 내게 말씀하셨다.

「유크테스와르야, 앞으로는 반드시 피마자 기름병을 갖고 다니도록 해라. 그러다가 죽은 사람을 보게 되면 언제든지 그 기름을 입에 떨어뜨리도록 해라. 일곱 방울의 기름이야말로 야마*의 위력을 꺾을 수 있는 힘을 지니고 있느니라.」

「구루시여, 스승님은 저를 놀리고 계십니다. 저로서는 도저히 이해할 수 없습니다. 제발 제 잘못의 본질이 무엇인지 알려주십시오.」

「나는 너에게 두 번씩이나 라마가 괜찮을 거라고 말했다. 그런데도 너는 내 말을 완전히 믿지 못했다. 내 말은 결코 의사들이 그의 병을 치료할 수 있다는 뜻이 아니었다. 다만 의사들이 라마를 간호하고 있다는 말을 했을 뿐이다. 두 말 사이에는 인과관계가 없었다. 나는 의사들 사이에 끼어들고 싶지 않았다. 그들도 살아야 하니까.」

나의 구루는 기쁨으로 일렁이는 목소리로 계속 말씀하셨다.

「무궁무진한 파라마트만**께서는 누구든지 고칠 수 있다는 사실을

---

* 죽음의 신
** 문자 그대로의 뜻은 '지고至高의 영혼'이다.

항상 가슴에 새겨두어라.」

「이제 잘못을 알겠습니다. 스승님의 단순한 말 한마디가 온 우주와
연관되어 있음을 깨달았습니다.」

나는 진심으로 잘못을 뉘우치게 되었다."

스리 유크테스와르가 이처럼 놀랍고도 두려운 이야기를 마치고 나
자, 란치의 학생 하나가 용기를 내어 질문했다. 사실 그것은 어린이로
서 지극히 당연한 질문이었다.

"스승님의 구루께서는 왜 피마자 기름을 사용하셨나요?"

"얘야, 기름을 주셨다는 사실은 특별한 의미가 없단다. 다만 내가 어
떤 물질적인 것을 기대했기 때문에 라히리 마하사야님은 그냥 가까이
에 있던 기름을 집어들고 보다 깊은 내 신념을 일깨워주기 위한 상징
적 물질로 활용하셨을 따름이다. 내가 조금이라도 의문을 가졌기 때
문에 스승께서는 라마를 그대로 죽게 내버려두셨던 것이다. 그렇지만
신성한 구루께서는 제자가 괜찮을 거라고 일단 말씀하신 이상 어떻게
해서든지 치유의 효력이 나타나야 한다는 사실을 너무나 잘 알고 계셨
다. 그리하여 일반적으로 최후의 질병인 죽음 앞에서도 라마를 치유
하셨던 것이다."

스리 유크테스와르는 사람들을 모두 돌려보내고 나서 나에게로 몸
을 돌려 자신의 발치에 놓인 담요에 앉으라고 말씀하셨다. 평소와 다
른 엄숙한 분위기가 느껴졌다.

"요가난다여, 너는 태어날 때부터 이미 라히리 마하사야님의 직
계 제자들로 둘러싸여 있었다. 위대한 스승께서는 당신의 숭고한 삶
을 어느 정도 은둔 속에서 영위해오셨기 때문에 주변에 따르는 자들
이 어떤 조직체를 만들려는 움직임을 보일 때마다 결코 허락하지 않으

셨다. 그럼에도 불구하고 그분은 다음과 같은 의미심장한 예언을 하셨다. 「내가 죽고 나서 약 50년이 지나면, 나의 생애를 담은 글이 쓰여질 것이다. 그때가 되면 서양에서 요가에 대한 깊은 관심이 고개를 들기 때문이다. 그리하여 요가의 메시지는 이 지구를 한 바퀴 돌면서 인류의 형제애를 확고하게 하는 데 크게 도움을 줄 것이다. '한 아버지'에 대한 직접 지각direct perception에서 비롯되는 인류의 형제애 말이다.」

나의 아들 요가난다여, 너는 그 메시지를 널리 펴고 그분의 성스러운 생애를 기록하는 역할을 다해야 한다."

라히리 마하사야가 세상을 떠난 것이 1895년이므로 그로부터 50년 후라면 정확히 1945년이 되는데, 바로 이 해야말로 이 책이 완성되는 때이기도 하다. 그리고 이 1945년에 공교롭게도 새로운 시대, 곧 가공할 원자 에너지의 시대가 개막되었다는 사실에 놀라지 않을 수 없다. 세계의 모든 지성인들은 이런 물리력의 지속적인 사용으로 인류가 멸망할 가능성이 생기지 않도록, 과거 그 어느 때보다도 절실하게 평화와 형제애라고 하는 당면한 문제들에 큰 관심을 쏟고 있다.

인간과 그 흔적은 시간이나 폭탄으로 자취도 없이 사라질 수 있지만 태양은 정상적인 궤도를 결코 벗어나지 않으며, 별들도 또한 변함없이 떠올라 불침번을 선다. 우주의 법칙은 절대로 지체되거나 뒤바뀌지 않으며, 따라서 인간은 자연과 조화를 이뤄야만 순조로운 삶을 영위할 수 있다. 만일 우주가 절대자에게 반기를 들고 태양이 적절한 시간에 물러나지 않아서 별들이 뜨지 못한다면, 인간의 무력이 무슨 소용인가? 그러한 상황에서 평화가 잉태될 수 있을까? 증오가 아닌 선의만이 우주의 동력을 계속해서 돌릴 수 있다. 그리하여 평화로운 인류는 영원한 승리의 열매가 피의 토양에서 자라난 그 어떤 과실보다 달콤하다는 사실을 알게 된다.

능률적으로 움직이는 국제연맹은 인간의 가슴과 가슴이 모인 자연스럽고 이름 없는 동맹이 될 것이다. 이 지상의 모든 고통을 치유하는 데 필요한 폭넓은 공감대와 예리한 통찰력은, 그저 인간의 다양한 모습에 대한 지적인 고려에서 나오는 것이 아니라, 오직 절대자와의 유대라고 하는 인간의 유일한 통일성에 대한 인식에서 나온다. 세상에서 가장 고귀한 이상인 형제애를 통한 평화의 실현을 위해서는, 인간과 신의 접촉을 가르치는 요가 과학이 모든 땅의 모든 사람들에게 점차적으로 확산되어야 한다.

인도 문명은 다른 어떤 나라보다 오래되었다. 하지만 그 생존의 위업은 결코 우연의 소치가 아니라 오로지 전 세대에 걸쳐 인도가 가장 충실한 일꾼들을 통해 창출해낸 궁극적 진리를 추구해온 결과라는 사실을 제대로 주목한 역사가는 거의 없었다. 오랜 옛날부터 스스로 존립해온 존속의 위업 자체가, 시간의 도전에 직면한 모든 민족에게 인도가 내놓은 가장 가치 있는 답변인 것이다.

만일 이 성 안에 의로운 자들이 열 명만 있어도 소돔이 구원받게 해달라는 아브라함의 간청과 "나는 그 열 사람을 보아서라도 멸하지 않겠다."라고 하신 신성한 응답을 담은 성경의 이야기\*는, 한때 인도와 동시대를 구가하던 강한 국가들이 걸렸던 망각의 덫에서 빠져나온 인도의 관점에서 볼 때, 새로운 의미를 획득하게 된다. 막강한 무력을 자랑하던 바빌로니아와 이집트 같은 제국들은 모두 어디로 사라졌는가!

신성한 절대자의 응답은, 한 국가의 생존이 결코 물질적인 성취에

---

\* 『창세기』 18:23-32

있지 않고 그 땅의 인간이 이룩해놓은 정신적 유산에 있음을 분명하게 보여준다.

50년도 채 지나기 전에 두 번씩이나 지구를 피로 물들인 20세기에도 그러한 신의 말씀이 들리도록 해야 한다. 부패를 모르는 판관인 신의 눈으로 볼 때, 가히 위대하다고 말할 수 있는 백성을 단 열 명만이라도 가질 수 있는 나라는 결코 이 지상에서 없어지지 않는다. 인도는 수천 가지 잔꾀를 부리는 시간의 침식에 항복할 정도로 어리석지 않았다. 자아실현을 이룩한 스승들은 한 세기도 거르지 않고 조국의 토양이 언제나 신성하도록 보살폈다. 라히리 마하사야와 그의 제자인 스리 유크테스와르 같은 현대의 그리스도적 성자들도, 신성을 실현하기 위한 요가 과학이야말로 인간 행복과 국가 존속에 매우 중요한 요소라는 사실을 분명하게 선언하고 있다.

라히리 마하사야와 그의 보편적인 가르침에 대한 정보는 지금까지 책자 형태로 출간된 적이 거의 없다. 지난 30년 동안 나는 인도와 미국, 유럽에서 의식의 해방을 가져오는 요가의 메시지에 대해 깊고 진지한 관심이 일어나고 있음을 목격해왔다. 앞서 라히리 마하사야가 예언했던 대로 위대한 스승의 생애가, 현대의 위대한 요기들에 관해 거의 알려지지 않았던 서구 세계에 소개될 때가 무르익은 것이다.

비록 한두 장짜리 팸플릿에 지나지 않지만 라히리 마하사야의 생애를 다룬 글이 영어로 출간된 적이 있다. 그리고 『스리* 스리 슈야마 차란 라히리 마하사야Sri Sri Shyama Charan Lahiri Mahasaya』라는 전기도 1941년에 벵골어로 출간되었다. 그 책은 내 제자 스와미 사탸난다가

---

* 접두사 '스리'는 인도에서 위대한 스승들의 이름 앞에 두세 번 덧붙는다.

저술했는데, 그는 여러 해 동안 란치 학교에서 '아차랴'(영적 교사)를 맡아왔다. 나는 그 책 가운데 몇 구절을 영어로 번역해서 라히리 마하사야의 생애를 소개하는 이 장에 포함시켰다.

라히리 마하사야는 1828년 9월 30일, 신앙심이 매우 돈독한 고대 브라만의 혈통을 이어받은 가문에서 태어났다. 출생지는 벵골의 크리슈나가르 부근인 나디아 지역 구르니 마을이다. 그는 존경받는 가우르모한 라히리의 두 번째 부인(첫 번째 부인은 세 아들을 낳고 나서 순례 도중에 숨을 거두었다)인 묵타카시의 유일한 아들이었다.

소년의 어머니는 그가 아직 소년기를 벗어나지 못했을 때 세상을 떠났다. 어머니에 대해서는 거의 알려진 사실이 없지만, 경전에서 '요기들의 왕'으로 지칭되는 주主 시바*를 열렬히 신봉했다는 사실만 알려

---

* 3위三位의 주신主神 가운데 하나이다. 3위의 신들은 브라흐마, 비슈누, 시바인데, 이 신들이 우주에서 맡고 있는 역할은 각각 창조, 보존, 파괴-복구라고 한다. 신화 속에서 수행자들의 주신으로 묘사되는 시바는 신봉자들에게 여러 가지 환시를 통해 나타난다. 예컨대 헝클어진 머리를 한 금욕의 신인 마하데바, 우주의 춤을 추는 나타라자의 모습 등이 그것이다.
파괴의 신 시바는 참으로 어려운 개념을 함축하고 있다. 시바의 신봉자인 푸스파단타는 자신이 지은 시가인 〈마힘나스타바Mahimnastava〉에서 다음과 같이 애처로운 어조로 묻고 있다. "이 세상을 단지 파괴해버릴 바에야, 당신은 어찌하여 이 세계의 모든 것을 만드셨나이까?" 여기에 〈마힘나스타바〉의 한 연(아서 아발론 번역)을 옮겨본다.

당신의 발이 한 번 지나가면,
그렇게도 안전했던 이 지상의 모든 것이
순식간에 위험 속으로 빠져버리네.
무쇠처럼 단단한 당신의 팔이 한 번 움직이면,
에테르 속의 별들이 산산이 흩어지네.
당신의 늘어진 머릿단이 바람을 가르면,
저 창공도 고통으로 몸을 떠네.
참으로 당신은 아름다운 춤을 추시도다.
그러나 세상에 고통을 주심이 세상을 구함이시라니,

져 있다.

정식 이름으로는 슈야마 차란 라히리Shyama Charan Lahiri라 불린 소
년은 어린 시절을 선조 때부터 대대로 내려온 구르니의 집에서 보냈
다. 나이 서너 살 때 가끔 머리를 제외한 온몸을 모래 속에 숨긴 채 요
가 자세를 취하고 있는 장면이 목격되기도 했다.

라히리 가문의 토지는 1833년 겨울, 인근을 흐르던 잘랑기 강이 물
길을 바꾸어 갠지스의 심연 속으로 자취를 감추면서 완전히 파괴되었
다. 라히리 가문이 건립한 시바 사원 하나도 집과 함께 강물에 휩쓸려
갔다. 당시 한 신도가 무섭게 소용돌이치는 물속에서 시바의 석상을
구해 새로운 사원에 가져다 놓았는데, 이곳이 바로 잘 알려진 구르니
시바 유적이다.

가우르 모한 라히리와 그의 가족들은 나디아를 떠나 바라나시로 이
주했는데, 그곳에서 소년의 아버지는 즉시 시바 사원을 한 채 건립했
다. 아버지는 자신의 가정을 베다의 규율에 맞춰 이끌어 나갔기 때문
에, 각종 의례와 자선 활동, 경전 학습 등을 규칙적으로 준수했다. 그
렇지만 공정하고 열린 마음의 소유자여서 현대 사상들의 유익한 흐름
도 결코 무시하지 않았다.

소년 라히리는 바라나시의 공부 모임에서 힌디어와 우루두어(파키

---

이 어찌된 신비란 말인가?
(하지만 고대의 시인은 이렇게 결론짓는다)
아무것도 이해할 수 없고, 쉽사리 슬퍼지는
내 마음과
그 모든 상징을 뛰어넘는
당신의 영원한 영광
그 사이에 벌어진 틈이야말로 위대하도다!

478

■ B. K. 미트라가 그린 〈시바 신으로 나타난 주主〉

시바는 크리슈나와 마찬가지로 역사 속 인물이 아니다. 시바는 삼면적 속성(창조자-보존자-파괴자)의 마지막 역할을 맡은 신에게 부여된 이름이다. 마야 혹은 환영의 파괴자로서의 시바는 경전에서 상징적으로 포기의 주主, 요기들의 왕으로 묘사되어 있다.

힌두 미술에서 시바는 항상 머리에 새로 떠오른 달이 있고, 악을 극복하고 완벽한 지혜를 성취했다는 표식으로 고대에 사용되던 문양인 코브라 화환을 쓴 모습으로 그려진다. 이마에는 전지전능을 상징하는 '외눈'이 뜬 상태로 그려져 있다.

스탄의 공용어로 인도에서도 널리 사용됨―옮긴이)로 교육을 받았다. 라히리는 또한 조이 나라얀 고살이 운영하는 학교에 다니면서 산스크리트어와 벵골어, 프랑스어, 영어로도 교육을 받았다.

점차 베다 연구에 익숙해지면서 이 젊은 요기는 마라타인(인도 중부와 서부의 힌두족―옮긴이) 석학 나그 브하타를 비롯해 여러 브라만 학자들이 벌이는 경전 토론을 진지하게 듣기 시작했다.

그는 동료들에게 아낌없는 사랑을 받았다. 그리고 건강하게 균형 잡힌 탄탄한 신체를 바탕으로 수영을 비롯한 여러 분야에서 뛰어난 기량을 발휘했다.

1846년, 슈야마 차란 라히리는 스리 데브나라얀 산얄의 딸인 스리마티 카시 모니와 결혼했다. 전형적인 인도 주부라고 할 수 있는 카시 모니는 즐겁게 가사 의무를 다하면서 손님들을 맞이하거나 가난한 사람들을 돕는 안주인의 책무도 게을리하지 않았다. 성스러운 두 아들 틴쿠리와 두쿠리가 이 집안에 축복을 더해주었다.

23세 때인 1851년, 라히리 마하사야는 영국 정부의 군수기술국에서 회계직을 맡게 되었다. 그는 재직하는 동안 여러 차례 승진을 거듭했다. 그는 신의 눈으로 볼 때 성자였을 뿐만 아니라 인간의 눈으로 볼 때 성공을 거둔 인물이기도 했다. 신의 눈으로 보면 보잘것없는 인간 드라마 속에서도 한 사람의 직장인으로 자신에게 주어진 배역을 멋지게 수행해냈다.

군수국 사무실이 장소를 옮길 때마다 라히리도 가지푸르, 미르자푸르, 다나푸르, 나이니 탈, 바라나시 등지로 전근을 갔다. 아버지가 세상을 떠나고 나자, 이 젊은이는 가족을 부양할 전적인 책임을 떠맡았다. 그는 가족을 위해 바라나시 근교의 인적이 드문 가루데스와르 모홀라에 주택을 한 채 구입했다.

라히리 마하사야*가 이 지상에 환생한 목적이 완수되었다는 사실을 깨달은 것은 33세 때였다. 잿더미에 묻혀 마음껏 타오르지 못했던 불꽃이 마침내 활활 연소할 기회를 받아들였다. 인간의 시선이 미치지 못하는 저 너머에서 들려오는 신성한 '판결'은 신비하게 움직여서 꼭 적당한 때 모든 것이 이 세상에 드러나게 한다. 라히리 마하사야는 라니케트 부근에서 그의 위대한 구루 바바지를 만나 크리야 요가에 입문한 것이다.

이 상서로운 사건은 비단 라히리 마하사야 혼자에게만 일어난 것이 아니었다. 그것은 모든 인류를 위해서도 다행스러운 사건이었다. 영혼을 일깨우는 선물인 크리야 요가에 입문하는 특권을 많은 사람들이 누리게 되었기 때문이다.

이제 오랫동안 추방당해 사람들의 뇌리에서 잊혀졌던 요가의 최고 기법이 다시 한 번 세상의 조명을 받게 되었다. 영적인 갈증에 시달렸던 수많은 사람들이 결국 크리야 요가에서 시원한 물줄기를 찾아냈다. 마치 인도의 고대 설화에서, '어머니 갠지스'**가 천상에서 지상으

---

* 산스크리스트어의 종교적 호칭인 '마하사야'는 '넓은 마음을 가졌다.'는 뜻이다.

** 인도의 거룩한 강인 '어머니 강가Mother Ganga'의 물줄기들은 그 근원을 만년설과 고요로 뒤덮인 히말라야의 얼음 동굴에 두고 있다. 무수한 세기를 지나오면서 수천의 성자들은 갠지스 부근에서 머무는 순례를 통해 지극한 기쁨을 맛보았다. 그리하여 그들은 갠지스의 둑을 따라가면서 축복의 후광을 남겨놓았다. 갠지스 강은 한 가지 기이한 특징이 있는데, 그것은 이 강에 공해가 없다는 사실이다. 그 변함없는 무균실에는 박테리아가 전혀 살고 있지 않다. 수백만의 인도인들이 갠지스 강의 물을 이용하여 목욕을 하거나 그 물을 마시는데도 몸에는 전혀 해가 없다. 이런 사실은 현대의 과학자들을 매우 당혹스럽게 만드는 문제이다. 그들 가운데 한 사람으로서 1946년 노벨 화학상 공동 수상자인 존 하워드 노스럽 박사는 최근 다음과 같이 말한 바 있다.

"우리는 갠지스 강이 매우 불결하다는 사실을 알고 있다. 그렇지만 인도 사람들은 그 물

로 내려오면서 극심한 갈증을 호소하는 구도자 바기라트에게 신성한 물 한 줄기를 부어주었듯이, 크리야 요가도 거룩한 홍수가 되어 히말라야의 은밀한 요새로부터 척박한 인간의 마을로 흘러내리기 시작한 것이다.

---

을 마시고 그 물에서 수영을 해도 아무런 영향을 받지 않는다." 그는 희망적인 어조로 이렇게 덧붙였다. "아마도 박테리오파지(박테리아를 파괴하는 바이러스)가 이 강을 세균이 없는 정결한 장소로 만들어주는 것 같다."

베다에서는 누누이 모든 자연 현상에 대한 존경심을 가르치고 있다. 신앙심이 깊은 인도인이라면 아시시의 성 프란체스코의 다음과 같은 찬사를 충분히 이해할 수 있을 것이다. "이처럼 유용하고 겸손하고 정결하고 귀중한 우리의 자매인 물을 만들어주신 나의 주님께 영광 있으라."

# 33

# 현대 인도의
# 요기-그리스도, 바바지

히말라야 북부 바드리나라얀 부근에 험준하 게 치솟은 암벽들은, 라히리 마하사야의 구루로서 지금도 살아 계신 바바지의 존재를 통해 여전히 축복을 누리고 있다.

속세를 떠난 그 스승은 수백 년, 아니 어쩌면 수천 년인지도 모르는 오랜 기간 동안 자신의 육신을 보전해왔다. 그러므로 죽음을 모르는 바바지야말로 하나의 '아바타라avatara'이다. 이 산스크리트어 단어는 '하강'을 의미하는데, 그 어근은 아바(ava, 아래로)와 트리(tri, 지나가다)이 다. 힌두교 경전에서 '아바타라'는 신이 인간의 육신으로 하강한 상태 를 말한다.

스리 유크테스와르는 바바지에 대해 이렇게 설명하셨다.

"바바지님의 영적 단계는 인간이 가질 수 있는 이해력의 범위를 훨씬 초월한다. 인간의 왜소한 시각으로는 결코 바바지님의 초월적인 별을 꿰뚫어볼 수 없다. 아무리 노력해도 바바지님의 영적 성취 단계는 그려내지 못한다. 상상조차 할 수 없는 경지이기 때문이다."

『우파니샤드』에서는 영적 진보의 각 단계를 다음과 같이 상세하게 분류하고 있다. 싯다(완성된 존재)는 지반무크타(살아 있으면서 자유를 얻은)의 단계부터 파라무크타(더할 나위 없이 자유로운, 죽음까지도 정복할 수 있는 충분한 힘)의 단계로 진보한 것이다. 후자의 단계는 마야의 속박과 생사의 윤회로부터 완벽히 탈출한 상태이다. 그러므로 파라무크타는 육체로 다시 돌아오는 일이 없다. 만일 파라무크타가 다시 돌아온다면, 그는 천상의 축복을 이 지상에 전하기 위해 신성한 계획에 따라 선택된 중재자, 즉 '화신化身'인 것이다.

화신은 일반적인 경제 법칙에 지배받지 않는다. 빛의 영상으로 보이는 그의 순수한 육체는 자연에게 진 빚이 없다. 화신의 형체는 얼핏 보면 별로 특이한 점이 없지만, 필요에 따라 그림자를 드리우지 않고 땅바닥에 발자국을 남기지 않는다. 이런 특징은 어둠과 물질적 구속에서 벗어난 내부의 자유를 외부로 드러내는 상징적 증거이다. 신과 인간의 합일을 이룬 화신만이 삶과 죽음의 상대성 뒤에 숨겨진 진리를 알아낼 수 있다.

오마르 하이얌(11~12세기 페르시아의 시인, 천문학자, 수학자—옮긴이)은 불멸의 경전인 『루바이야트Rubaiyat』에서 이러한 자유인을 노래했다(이 시의 의미 해석은 오독의 극치를 보이고 있다).

아, 이울지 않는 내 기쁨의 달,
창공의 달이 다시 떠오르고 있구나.

장차 언제까지 떠올라

이 똑같은 동산에서 나를

보살펴줄 것인가, 헛되이!

'이울지 않는 기쁨의 달'은 신이요, 영원한 북극성이다. '다시 떠오르는 창공의 달'은 외부적인 우주로서 주기적인 순환 법칙에 얽매여 있다. 이 페르시아의 예언자는 자아실현을 통해 스스로를 우주의 모든 속박에서 영원히 해방시켰으며, 자연 혹은 마야의 '동산'인 지상으로의 강제 회귀도 더 이상 없다. '장차 언제까지 떠올라 나를 보살펴줄 것인가, 헛되이!'는 미친 듯이 찾아 헤맸는데, 찾고 보니 우주의 순환에서 절대적으로 떨어져 나와야 한다는 역설적 명제와 마주친 좌절감을 표현한다.

그리스도는 자신의 자유로움을 다른 방법으로 나타냈다.

그런데 한 율법학자가 와서 예수께 말했다.

"선생님, 저는 선생님이 가시는 곳이면 어디든지 따라가겠습니다."

그러나 예수께서는 "여우도 굴이 있고, 하늘을 나는 새도 보금자리가 있건만, 사람의 아들은 머리를 둘 곳이 없도다."라고 대답하셨다.[*]

삼라만상을 품은 대영혼 안에서가 아니라면 대체 어디서 편재의 그리스도를 따를 수 있단 말인가?

---

[*] 『마태복음』 8:19-20

크리슈나, 라마, 붓다, 파탄잘리는 모두 고대 인도의 화신들이다. 인도 남부에서 활동했던 화신 아가스티야 주변에서는 타밀어로 쓴 상당한 분량의 시가 문학이 발달하기도 했다. 그는 서력기원을 전후한 수 세기에 걸쳐 수많은 기적을 행했는데, 오늘날까지도 자신의 육신을 보전하고 있다는 믿음이 전해진다.

인도에서 바바지가 부여받은 사명은 예언자들이 각자의 특별한 역할을 완수하도록 돕는 일이었다. 그러므로 바바지는 경전상의 분류에서 '마하바타르'(Great Avatar, 대화신)에 해당한다. 바바지는 자신이 스와미 교단을 중건한 샹카라*와 중세의 유명한 성자 카비르에게 요가를 전수해주었음을 분명히 밝혔다. 제자들 가운데 19세기에 활약한 사람으로는, 우리가 잘 알고 있듯이, 잊혀졌던 크리야 기법을 부활시킨 라히리 마하사야가 있다.

마하바타르는 늘 그리스도와 교류한다. 그들은 구원의 진동을 발산하며, 또한 금세기를 영적으로 구원할 기법을 마련해두고 있다. 완벽한 깨달음을 얻은 두 스승(한 사람은 육신을 가지고 있고, 다른 한 사람은 육신을 가지고 있지 않다!)이 수행하고 있는 사명은, 모든 민족들이 전쟁과 인종차별과 종교적 분파주의를 버리고, 물질주의의 악순환을 끊도록 영감을 불어넣는 것이다. 바바지는 현대의 추세, 특히 서구 문명의 복합성과 영향력을 잘 알고 있으며, 그리하여 동양에서와 마찬가지로 서양에서도 요가의 자기해방 기법을 확산시켜야 한다는 사실을 깊이 인식하고 있다.

---

* 샹카라(역사적으로 알려진 그의 스승은 고빈다 자티이다)는 바라나시에서 바바지로부터 크리야 요가를 전수받았다. 바바지는 이 위대한 일원론자와의 만남을 라히리 마하사야와 스와미 케발라난다에게 자세히 얘기해주었다.

바바지에 관한 역사적인 언급이 전혀 없다고 놀랄 필요는 없다. 그 위대한 구루는 어느 세기에도 공공연히 모습을 드러낸 일이 없다. 오해를 잘하는 대중의 시선 따위는 애초부터 바바지의 천년 계획에 없었다. 바바지는 고독하지만 무언의 힘을 지닌 창조주처럼 겸허하게 정체를 감추고 자신의 역할을 수행한다.

그리스도나 크리슈나처럼 위대한 예언자들은 각기 나름대로의 특별하고 장엄한 목적을 띠고 이 지상에 온다. 그러므로 이들은 자신의 사명이 완수되는 대로 즉시 지상을 떠난다. 바바지와 같은 다른 화신들은, 역사상의 어떤 획기적인 사건보다는 여러 세기에 걸쳐 서서히 이뤄지는 인간의 진보와 관련된 일을 맡고 있다.

그러한 스승들은 언제나 대중의 시선으로부터 자신의 모습을 가리며, 의지대로 육신을 감추는 능력을 가지고 있다. 아울러 제자들에게는 대중을 향해 침묵을 지키라고 가르치기 때문에 뛰어난 영적 인물들이 많이 있는데도 세상에 알려지지 않은 것이다. 내가 여기에 적고 있는 내용도 단순히 바바지의 생애에 대한 암시 정도에 불과하다. 물론 이 같은 몇몇 가지 사실은 바바지가 대중에 공개되어도 좋고 또 공개될 필요가 있다고 생각하는 내용이다.

연대기를 집필하는 사람에게는 매우 소중한 자료가 되겠지만, 유감스럽게도 가족 관계나 출생지 등과 같이 바바지에 관한 기본적인 사실조차 지금껏 발견된 적이 없다. 바바지는 보통 힌디어를 사용하지만, 어떤 언어로든 손쉽게 바꿔서 말할 수 있다.

그는 바바지(존경하는 아버지)라는 단순한 이름을 선택했지만, 라히리 마하사야의 제자들이 바친 또 다른 존칭으로는 마하무니 바바지 마하라즈(지고의 무아경에 든 스승), 마하 요기(대요기), 트람바크 바바와

━ 신성의 화신 바바지.
한 화가의 도움을 받아 현대 인도의 위대한 요기인 바바지의 모습을 실물과 최대
한 흡사하게 그렸다.

시바 바바(시바의 화신들이 갖는 호칭들) 등이 있다. 이 지상의 속박에서 벗어나 완전한 해방을 성취한 스승에게 성씨 따위는 사실상 그다지 중요한 문제가 아니다.

라히리 마하사야는 이렇게 말했다.

"누구든지 진정한 존경심을 갖고 바바지의 이름을 부른다면, 그 수행자는 언제든지 즉각 영적인 축복을 이끌어낼 수 있다."

죽음을 모르는 이 구루의 육신에는 나이를 짐작할 만한 아무런 흔적도 없다. 그는 스물다섯 안팎의 젊은 청년처럼 보인다. 하얀 피부에 중간 정도의 키와 체격을 가진 그의 아름답고 건강한 육신에서는 분명히 눈에 보이는 빛이 발산된다. 눈은 검고 그윽하며 부드럽다. 또한 길고 윤기 있는 머릿결은 구릿빛을 띤다. 신기한 일은 그의 얼굴이 제자인 라히리 마하사야의 얼굴과 꼭 닮아 보일 때가 많다는 사실이다. 그 유사성이란 실로 놀랄 만한 것이어서, 누군가 만년의 라히리 마하사야를 겉보기에 청년처럼 보이는 바바지의 아버지라고 불러도 이상하지 않을 정도였다.

진실로 성자다운 나의 산스크리트어 가정교사였던 스와미 케발라난다는 얼마간을 바바지*와 함께 히말라야에서 보낸 적이 있었다.

"비할 바 없이 위대한 스승께서는 자신의 집단을 이끌고 산의 이곳 저곳을 옮겨 다니셨지. 그 소규모 집단에는 고도의 진보를 이룬 두 사람의 미국인 제자도 끼여 있었어. 한 군데 얼마간을 머무르고 나면 바바지께서는 이렇게 말씀하시곤 했다네.

---

* 바바지는 보편적인 호칭이다. 그래서 이름난 인도의 스승들도 대부분 바바지로 불린다. 그렇지만 누구도 라히리 마하사야의 구루는 아니다. 그 위대한 화신의 존재가 처음으로 세상에 알려지는 것은 1946년, 바로 이 책을 통해서이다.

「데라 단다 우타오.」(천막과 막대기를 걷도록 하세)

구루께서는 상징적인 '단다'(대나무 막대기)를 가지고 다니셨지. 그러니까 그 말은 바로 다른 장소로 거처를 즉각 옮기자는 신호인 셈이라네. 구루께서 항상 이런 아스트랄계의 여행 방법만을 사용한 것은 아니야. 가끔은 걸어서 봉우리를 넘어가시는 일도 있었지.

바바지께서는 오로지 자신이 그렇게 되기를 원할 때에만 다른 사람들 앞에 존재를 드러내신다네. 구루께서는 수많은 수행자들에게 각기 조금씩 다른 모습으로 나타나신다고 알려져 있어. 어떤 때는 콧수염과 턱수염이 있다가도, 또 어떤 때는 그런 흔적이 전혀 없기도 하다는 거야. 결코 부패하지 않는 구루의 육체는 음식을 필요로 하지 않아. 따라서 먹는 것도 거의 없으시지. 제자들의 방문을 받는 경우에는 사회적인 예의상 가끔씩 과일이나 쌀밥(우유와 정제된 버터로 조리한)을 드신다네.

바바지님의 생애에서 벌어졌던 아주 놀랄 만한 사건 두 가지를 알고 있지. 어느 날 밤, 그의 제자들이 신성한 베다 의식을 위해 활활 타오르는 불길 주위에 둘러앉아 있었어. 구루께서 갑자기 타고 있는 나무 조각 하나를 잡으시더니 불 가까이에 앉아 있던 한 제자의 맨 어깨를 툭 치셨지. 그러자 함께 있던 라히리 마하사야가 항의했어.

「스승님, 그건 너무하십니다!」

「내가 이렇게 하지 않았다면, 그는 과거의 업에 따라 네 눈앞에서 한 줌의 재로 타버리고 말았을 것이다.」

이렇게 말씀하시면서 바바지께서는 자신의 손을 그 제자의 보기 흉한 어깨에 올려놓으셨어.

「내가 오늘밤 고통스러운 죽음으로부터 너를 해방시켰다. 네 업의 법칙은 이제 가벼운 화상을 통해 완전히 충족되었다.」

또 다른 사건은, 성스러운 바바지의 집단에 낯선 외부인이 침입해서 소란을 피웠을 때의 일이지. 그는 보통 사람으로서는 거의 접근이 불가능할 정도의 깎아지른 절벽을 그야말로 놀랄 만한 기술로 타고 올라와 구루의 캠프에 도달했던 거야.

「도인이시여, 당신은 위대하신 바바지님이 분명하십니다.」

그의 얼굴은 뭐라 표현할 수 없는 경외감으로 활활 타올랐어.

「지난 몇 달 동안 저는 이처럼 앞을 가로막는 수많은 암벽을 뚫고 끝없이 스승님을 찾아 다녔습니다. 제발 저를 제자로 받아들여 주십시오.」

위대한 구루께서 아무런 반응도 보이지 않으시자 그 사나이는 자기 발밑으로 바위들이 줄지어 서 있는 골짜기를 가리켰어.

「만일 제자로 받아들이지 않으신다면, 저는 이 산에서 이대로 뛰어내리겠습니다. 신에게 다다를 수 있는 스승님의 인도를 받지 못한다면, 제 삶은 더 이상 무의미합니다.」

바바지께서는 무표정하게 말씀하셨지.

「그렇다면 뛰어내려라. 지금 너의 진보 상태로는 제자로 받아들일 수 없다.」

그러자 그는 곧 낭떠러지로 몸을 날렸어. 바바지께서는 넋을 잃고 앉아 있는 제자들에게 그 사나이의 시체를 가져오라고 지시하셨어. 제자들이 참혹하게 망가진 그의 시체를 안고 돌아오자 구루께서 자신의 손을 그의 몸에 올려놓으셨지. 그랬더니 놀랍게도 그가 눈을 뜨고, 전능하신 구루 앞에 겸손히 엎드렸다네. 바바지께서는 부활한 제자를 향해 애정 어린 미소를 보내셨어.

「너는 이제 제자가 될 준비가 되었다. 참으로 용감하게도 이 어려운 시험*을 통과했으니, 다시는 죽음이 너를 건드리지 못할 것이다. 이제 너는 두 번 다시 죽지 않는 나의 무리에 들어왔다.」

그러더니 출발을 알리는 예의 그 일상적인 말씀을 하셨어.

「데라 단다 우타오.」

그러자 모든 회중이 그 산에서 사라져버렸지."

화신은 어느 곳에나 존재할 수 있는 대영혼 속에서 산다. 따라서 화신에게는 제곱에 반비례하는 거리의 개념(거리가 멀어지면 그와 반비례해서 힘이 약해지는 일반적인 물리 법칙)이 없다. 바바지가 여러 세기에 걸쳐 육신을 유지하는 것은 오로지 모든 인류에게 인간의 가능성에 대한 가장 구체적인 증거를 보여주기 위해서이다. 만일 인간이 자신의 육신 속으로 언뜻언뜻 비치는 신의 모습을 엿볼 수 있는 축복을 받지 않았다면, 언제까지나 그 무거운 마야의 무게에서 헤어나지 못할 뿐더러 한 번은 죽어야 하는 자신의 운명도 초월할 수 없을 것이다.

예수는 처음부터 자기 생애의 주기표를 알고 있었다. 예수가 각각의 사건을 순차적으로 경험한 것은 자신을 위해서가 아니고, 그 어떤 업보의 강요 때문도 아니며, 오로지 뉘우칠 줄 아는 인간이라는 존재의 영적인 향상을 위해서였다. 또한 예수의 복음을 전파한 네 사람의 사도인 마태, 마가, 누가, 요한도 그 다음 세대들을 위해 이루 형언할

---

* 그 시험은 복종심에 관련된 것이었다. 위대하신 스승이 뛰어내리라고 하셨을 때, 그 사나이는 그대로 복종했다. 만일 그가 주저했더라면, 바바지의 인도 없이는 삶이 무의미하다고 한 자신의 말을 스스로 부정하는 꼴이 되었을 것이다. 그것은 구루에 대한 자신의 불완전한 신뢰를 노출시키는 셈이었다. 그렇기 때문에 비록 어찌 보면 기이하고 무모하게 생각되지만, 그 테스트는 그런 상황에서 가장 완벽한 방법이었던 것이다.

수 없는 고난의 드라마를 연출했던 것이다.

바바지에게도 과거와 현재, 미래라는 상대성이 존재하지 않는다. 바바지 역시 자기 생애의 모든 국면을 미리부터 알고 있었다. 그런데도 바바지는 인간의 제한된 이해력에 맞추어 한 사람 혹은 그 이상의 증인을 두고 자신의 신성한 생애에 들어 있는 수많은 배역을 수행했다. 그래서 바바지가 육체적 불멸의 가능성을 선언할 시기가 되었다고 생각한 바로 그때, 라히리 마하사야의 한 제자가 그와 자리를 함께하게 된 것이다.

바바지는 이 약속을 람 고팔 무줌다르 앞에서 말했으며, 마침내 다른 구도자들의 영적 진보를 위해 널리 알려졌다. 위대한 스승들은 각기 자신의 약속을 말하고 나서 오직 인류의 행복만을 위해, 겉으로 보기에는 극히 자연스러운 일련의 사건에 동참한다. 이런 맥락에서 그리스도는 다음과 같이 말했다.

> 아버지, 언제나 제 청을 들어주시는 것을 저는 잘 압니다. 그러나 이제 저는 여기 둘러선 사람들로 하여금 아버지께서 저를 보내셨다는 것을 믿게 하려고 이 말을 합니다.[*]

내가 란바지푸르로 '잠자지 않는 성자' 람 고팔[**]을 방문했을 때, 그는 자신과 바바지의 첫 만남에서 있었던 신기한 일을 얘기해주었다.

---

[*] 『요한복음』 11:41-42
[**] 내가 타라케스와르 사원에서 경배를 올리지 않은 것을 지적한 무소부재無所不在의 요기이다(제13장 참고).

"나는 이따금 한적한 동굴을 떠나서 바라나시에 계신 라히리 마하사야님의 발치에 앉아 있곤 했다네. 그러던 어느 날 한밤중에 다른 제자들과 함께 조용히 명상에 잠겨 있는데 스승께서 갑자기 놀라운 지시를 하시더군.

　「람 고팔, 즉시 다사사메드흐의 가트 목욕장으로 가보거라.」

　나는 곧 그 외딴 장소에 도착했지. 밤은 달빛과 반짝이는 별들로 아주 환했다네. 잠시 동안 참을성 있게 침묵을 지킨 채 앉아 있으려니 문득 내 발치에 있던 거대하고 널따란 돌이 눈에 들어오더군. 그런데 그 판석이 점차 떠오르더니 지하 동굴이 드러나지 뭔가. 판석이 어떤 알 수 없는 힘에 의해 딱 고정이 되자 천으로 감싼 매우 젊고 아름다운 한 여인의 형체가 동굴에서 나와 하늘 높이 떠올랐다네. 그 여인은 부드러운 후광에 둘러싸여 천천히 내 앞으로 내려왔어. 그러고는 내면의 무아경에 잠긴 모습으로 꼼짝도 않고 서 있었지. 이윽고 여인이 몸을 움직이더니 부드럽게 말을 건네왔네.

　「나는 바바지의 누이인 마타지*입니다. 오늘밤 바바지와 라히리 마하사야에게 내 동굴로 와달라고 부탁했지요. 중요한 문제를 논의해야 합니다.」

　그때 성운 모양의 한 줄기 빛이 빠르게 갠지스 강 위를 떠나녔다네. 신기한 발광이 수면에 비춰졌지. 그 빛이 점차 가깝게 접근해오더니 눈도 제대로 뜰 수 없을 정도로 강렬한 섬광을 발산하면서 마타지님의 곁에 다다르더군.

---

* '성스러운 어머니' 마타지 역시 여러 세기 동안 생존해 있다. 마타지는 거의 자신의 오빠와 비견될 정도로 영적인 진보를 이룩했다. 마타지는 다사사메드흐 가트 근처의 지하 동굴에서 은밀하게 무아경에 들어 있다고 한다.

그러고는 곧 라히리 마하사야님의 모습으로 응축되었지. 스승은 성녀의 발밑에 겸손하게 고개를 숙이셨어.

　내가 미처 정신을 차리기도 전에 이번에는 더욱 엄청난 장면이 벌어졌다네. 하늘을 날아다니는 원형의 신비한 빛무리가 나타난 거야. 타오르는 듯한 그 빛의 소용돌이는 빠른 속도로 하강하여 우리 곁으로 다가오더니, 이윽고 한 아름다운 청년의 육신으로 실체화되었네. 나는 그분이 바바지님이라는 사실을 즉시 알아챘지. 그분은 라히리 마하사야님과 매우 흡사했는데, 유일한 차이는 길고 윤기 있는 머릿결 때문에 바바지님이 제자보다 훨씬 더 젊어 보인다는 점뿐이었지.

　라히리 마하사야님과 마타지님, 그리고 나는 위대한 구루의 발치에 무릎을 꿇었네. 내가 그분의 신성한 살에 손을 대자 축복에 찬 영계의 느낌이 내 존재의 모든 촉수를 남김없이 전율시켰지.

　바바지께서 말씀하셨네.

　「신성한 누이여, 나는 이제 내 형틀을 벗어던지고 무한의 흐름으로 들어가고자 한다.」

　「자애로운 스승이시여, 저는 이미 당신의 계획을 알고 있습니다. 그래서 오늘밤 그 문제를 의논하고 싶었습니다. 어찌하여 육신을 떠나려 하십니까?」

　바바지님을 바라보는 성녀의 눈빛에는 간절한 애원의 뜻이 담겨 있었지.

　「내 영혼의 대양에서 보이는 파도를 타든 보이지 않는 파도를 타든 차이가 있겠는가?」

　그러자 마타지님이 번뜩이는 재치로 응답하셨네.

　「죽음을 넘어선 구루시여, 아무 차이도 없을진대, 제발 육신의 형틀을 버리지 마소서.」*

바바지께서는 엄숙한 어조로 말씀하셨지.

「그렇게 되리라. 나는 물리적인 육신을 결코 떠나지 않을 것이다. 적어도 이 지상에 사는 소수의 사람들만이라도 볼 수 있도록 내 육체는 언제나 그대로 있을 것이다. 절대자께서는 너희의 입술을 통해 당신의 희망을 말씀하신 것이니라.」

겁에 질려 성자들의 대화를 듣고 있던 나에게 위대한 구루께서 자애로운 표정을 지으며 얼굴을 보이셨네.

「두려워하지 마라, 람 고팔이여. 너는 이 불사의 약속 장면을 지켜본 축복받은 증인의 몸이니라.」

바바지님의 감미로운 음성이 스러지는 동시에 그분과 라히리 마하사야님의 육신이 서서히 공중으로 솟아오르더니 갠지스 강 너머로 물러갔네. 두 분의 모습이 밤하늘 속으로 자취를 감추는 동안에는 눈부신 후광이 그분들의 형체를 둘러싸고 있었어. 마타지님의 형체도 공중에 떠서 동굴 가까이까지 날아가더니 곧장 아래로 내려갔지. 그러자 마치 보이지 않는 지렛대가 움직이기라도 하듯 판석이 저절로 닫혔다네.

나는 무한한 영감을 느끼며 라히리 마하사야님이 계신 곳으로 발걸음을 옮겼지. 이른 아침 먼동이 틀 무렵, 스승께 경배를 드리자 구루께서는 모든 것을 다 알고 계시다는 듯이 나에게 미소를 지으셨네.

「기쁘구나, 람 고팔. 가끔씩 비치던 네 소원이 드디어 성스러운 결

---

* 이 사건은 탈레스의 경우와 흡사하다. 그 위대한 그리스의 철학자는 삶과 죽음 사이에는 아무런 차이도 없음을 가르쳐주었다. 그를 비난하던 한 사람이 그에게 물었다. "그렇다면 당신은 왜 죽지 않습니까?" 탈레스가 대답했다. "별 차이가 없기 때문이오."

실을 맺었구나. 바바지님과 마타지님을 뵈었으니 말이다.」

동료들 말로는, 내가 출발하고 나서 스승께서는 단상을 떠나신 적이 없었다고 하더군.

「스승님은 자네가 다사사메드흐 가트를 향해 떠난 다음 불사에 관한 놀랄 만한 이야기를 우리에게 해주셨다네.」

제자들 가운데 하나가 나에게 이렇게 말했지. 그제야 나는 자아실현을 이룩한 수행자가 동시에 둘 이상의 육체를 가지고 각기 다른 장소에 출현할 수 있다고 분명히 밝히는 경전의 시구를 완전히 이해하게 되었다네.

라히리 마하사야님은 그 후로 지상에 감춰진 절대자의 신성한 계획에 관한 많은 형이상학적 논점을 설명해주셨네. 바바지께서는 이 특정한 세계의 순환 주기가 지속되는 동안 육신을 그대로 갖도록 신에게서 선택을 받으셨던 거야. 시대는 앞으로도 계속해서 오고, 또 왔다가는 가겠지. 하지만 불멸의 대스승*께서는 모든 시대의 드라마를 지켜

---

* "내 말을 지키는 사람은, 변함없이 그리스도 의식 속에 머물러 있다면 영원히 죽지 않을 것이다." 『요한복음』 8:51

예수의 이 말은 육신의 영생을 의미하는 것이 아니다. 단조로운 육체의 속박이란 실로 죄인에게조차 부과하기 힘든 형벌일진대, 하물며 성자에게 있어서야 더더욱 말이 되지 않는 것이다. 그리스도가 말한 '각성된 인간'은 바로 영원한 삶을 가로막는 치명적인 무지의 몽환 상태로부터 깨어난 자를 말한다.

인간의 본질적 특성은 어디든지 존재할 수 있는 무형의 영혼이다. 강제적인, 혹은 업력에 의한 육화肉化는 곧 무지(아비댜)의 결과이다. 힌두교 경전은, 삶과 죽음이야말로 우주의 환영인 마야의 드러남이라는 사실을 가르쳐준다. 삶과 죽음은 오직 상대성의 세계 안에서만 그 의미를 갖는다.

바바지는 육신에 한정되어 있지도 않고 지구상에 한정되어 있지도 않다. 절대자의 뜻에 따라 지구를 위한 특수한 사명을 수행하고 있다.

새로운 육체를 통해 지상으로 다시 돌아온 스와미 프라나바난다처럼 위대한 스승들은 자신만이 알고 있는 목적을 위해 환생한다. 그들이 이 지상에 다시 태어난 것은 결코 업보에

보면서 언제까지나 이 지상에 머물러 계실 거라네."

의한 강제적인 속박이 아니다. 그러한 자발적 귀환은 비유타나, 즉 마야가 더 이상 앞을
가리지 못하게 되었을 때 지상의 삶으로 환원되는 형태라고 불린다.
　그 죽음의 형태가 범상한 것이든 아니면 회귀한 것이든, 완전한 신의 인식에 도달한 성자
는 자신의 육체를 부활시킬 수 있으며, 또한 지상에 거주하는 사람들의 눈앞에 자신의 모
습을 드러낼 수 있다. 물리적인 육체의 구성 원자들을 실체화시키는 작업은, 창조주와의
통합을 이룩한 사람의 힘을 결코 벗어날 수 없다. 그분께서 거느리고 계신 태양계야말로
이미 수학적 계산을 초월하고 있지 않은가!
　그리스도는 이렇게 선언했다. "나는 다시 목숨을 얻기 위해 목숨을 버리노라. 누가 나에
게서 목숨을 빼앗아가는 것이 아니라, 내가 스스로 바치는 것이다. 나에게는 목숨을 바칠
힘도 있고, 다시 얻을 힘도 있다."『요한복음』10:17-18

# 34

# 히말라야에
# 황금 궁전을 실체화하다

　　"바바지와 라히리 마하사야의 첫 번째 만남
은 그 자체가 한 편의 매혹적인 드라마인 동시에, 영원히 죽지 않는 구
루의 면모를 자세히 볼 수 있는 흔치 않은 일화라네."

　이 말은 스와미 케발라난다가 들려준 신기한 이야기의 서곡이었다.
그가 처음 이 이야기를 시작했을 때, 나는 말 그대로 완전히 넋을 잃은
상태였다. 나는 이 이야기를 반복해서 들려달라고 인자하신 산스크리
트어 선생님을 졸라댔다. 물론 내용은 훗날 스리 유크테스와르님에게
들은 이야기와 모두 동일했다. 라히리 마하사야의 제자인 두 사람은
그 놀라운 일화를 자신들의 구루로부터 직접 전해 들었던 것이다.

　라히리 마하사야는 스와미 케발라난다에게 이렇게 말했다.

　"바바지님을 처음으로 만난 것은 내 나이 서른세 살 때였다. 1861년

— 존경하는 스와미 케발라난다의 브린다반 암자에서 나의 제자이자 비서인 라이트 씨와 함께 포즈를 취했다. 한쪽 옆에 서 있는 사람은 케발라난다의 제자이다.

가을이었는데, 당시 나는 다나푸르에 있는 정부 군수기술국에서 회계 업무를 보고 있었다. 어느 날 아침 사무소장이 나를 불렀다.

「라히리, 본사에서 방금 전보가 한 통 왔는데, 군사우체국* 건설 공사가 진행되고 있는 라니케트로 전근을 가야 되겠소.」

나는 하인 한 명과 함께 장장 800킬로미터에 달하는 여행을 떠났다. 말과 마차를 이용하여 여행을 거듭한 끝에, 우리는 30일 만에 라니케트**의 히말라야 대지에 도착했다.

내가 그 사무소에서 맡은 업무는 그다지 힘들지 않았다. 그래서 장엄한 산언덕을 천천히 걸으면서 많은 시간을 보낼 수 있었다. 그러던 중 한 가지 소문을 듣게 되었다. 그 지역은 위대한 성자들이 출현해서 축복을 내리는 성소라는 것이다. 성자들을 직접 보고 싶은 강한 열망이 일어났다.

어느 오후, 느린 걸음으로 산책을 하고 있던 나는 멀리서 내 이름을 부르는 소리를 듣고 깜짝 놀랐다. 나는 드롱기리 산을 힘차게 올라갔다. 어둠이 정글을 뒤덮기 전에 되돌아올 수 없을지도 모른다는 생각에 약간 불안하기도 했다.

한참 뒤 조그마한 빈터에 도착했는데, 양편에는 여러 개의 동굴이 점점이 뚫려 있었다. 그런데 마치 선반처럼 평평한 바윗돌 위에서 어떤 젊은이가 나를 환영한다는 듯이 손을 내밀면서 미소를 짓고 있었다. 놀랍게도 그는 구릿빛 머리칼을 제외하면 나와 너무나 닮은 모습

---

* 이 시설은 훗날 군사요양소가 되었다. 영국 정부는 1861년에 이미 인도에 각종 전신 체계를 완비해놓았다.
** 알모라 지역에 속한 라니케트는 히말라야의 높은 봉우리들 가운데 하나인 난다 데비 봉 기슭에 있다.

이었다.

「라히리,* 드디어 네가 왔구나!」

성자는 힌디어로 부드럽게 말을 건네오셨다.

「여기 이 동굴에서 쉬도록 해라. 너를 부른 것은 바로 나였느니라.」

나는 작은 동굴로 들어갔다. 안에는 양털 담요 몇 장과 카만달루스 (탁발 그릇) 몇 개가 놓여 있었다.

「라히리, 그 자리가 기억나느냐?」

요기는 한쪽 구석에 접혀 있는 담요 한 장을 가리켰다.

「아니오. 기억이 안 납니다.」

내가 감행하고 있던 모험에 약간 현기증을 느끼면서 나는 급히 한 마디를 덧붙였다.

「땅거미가 지기 전에 돌아가야 합니다. 내일 아침 사무실에서 봐야 할 업무가 있습니다.」

신비스러운 성자께서 이번에는 영어로 응답을 하셨다.

「그 사무실이 너를 위해 존재하는 것이지, 결코 네가 사무실을 위해 존재하는 것이 아니다.」

이 신비한 수행자가 영어로 말할 뿐만 아니라 그리스도의 말**까지

---

* 바바지는 실제로는 '강가다르Gangadhar'라고 불렀다. 그것은 라히리 마하사야의 전생에서 사용되던 이름이다.
강가다르(강가, 즉 갠지스 강을 붙잡고 있는 사람이라는 뜻)는 시바 신의 여러 이름들 가운데 하나이다. 고대 인도의 전설에 따르면, 신성한 강인 강가는 하늘에서 내려왔다고 전해진다. 지상의 인간들이 너무나 세차게 떨어지는 그 물줄기의 힘을 견뎌낼 수 있도록 시바 신은 물을 자신의 헝클어진 머릿단 속에 붙잡아 두었다가 조금씩 조금씩 부드럽게 내려보냈다고 한다. '강가다르'의 형이상학적인 의미는 '척추를 흐르는 생명의 강을 통제할 수 있는 사람'이다.
** "안식일이 사람을 위해 있는 것이지, 사람이 안식일을 위해 있는 것은 아니다." 『마가복

인용하자 나는 그만 어안이 벙벙했다.

「내가 친 전보가 효과가 있었구나.」

그 말이 얼른 납득이 되지 않아 무슨 뜻인지 여쭤보았다.

「이 외딴 곳으로 너를 불러들인 전보에 관해 말하는 것이다. 네 상사의 마음속에 너를 라니케트로 전근시킬 생각을 갖도록 무언의 암시를 준 것은 바로 나였다. 사람이 일단 인류와 하나라는 인식에 도달하면, 모든 사람의 마음이 자신의 의지에 따라 움직이는 송신소가 될 수 있다.」

그리고 다정하게 덧붙이셨다.

「라히리, 확실히 이 동굴이 친숙하게 보이지 않느냐?」

내가 얼떨떨한 상태에서 계속 침묵을 지키자 성자께서는 가까이 다가와서 내 이마를 부드럽게 치셨다. 마치 자석과도 같은 손길이 스쳐가자 한 줄기 신기한 전류가 두뇌를 타고 흐르면서 전생의 감미로운 근원적 기억들이 풀려나기 시작했다.

「아, 생각이 납니다!」

내 음성은 환희의 격정으로 거의 흐느낌에 가까웠다.

「당신은 저의 구루 바바지님이십니다. 언제나 제 내면에 깃들어 계셨던 분입니다! 과거의 장면들이 생생하게 마음속에 나타납니다. 여기 이 동굴에서 저는 바로 직전 전생의 수많은 시간을 지냈습니다!」

억누를 길 없는 회상의 기억들이 압도하는 바람에 나는 그만 스승의 발을 껴안은 채 울음을 터뜨리고 말았다.

「나는 30년 이상을 여기서 네가 다시 내게로 돌아오기를 기다리고

음」 2:27

있었다.」

천상의 사랑을 담은 바바지님의 음성이 울려 퍼졌다.

「너는 죽음 너머 떠들썩한 삶의 파도 속으로 슬며시 사라져버렸다. 네 업보의 마술 지팡이가 너를 건드리자마자 너는 떠나가버렸다! 너는 나를 잊었지만, 나는 결코 너를 잊지 않았다! 나는 너를 찾아 거룩한 천사들이 항해하는 빛나는 영계(아스트랄계)의 바다를 넘었다. 어둠과 폭풍과 지진과 빛을 뚫고 너를 따라갔다. 새끼를 보살피는 어미새처럼, 그렇게 너를 따라갔다.

네가 인간의 자궁에서 갓 나와 아기로 자랐을 때도 나의 눈은 항상 너를 떠나지 않았다. 어린 시절 나디아의 백사장에서 연화좌를 취한 네가 모래더미 밑으로 작은 몸을 감췄을 때도 나는 거기 있었다. 보이지 않지만 항상 네 곁에 있었다. 참을성 있게 달을 보내고 해를 보내면서 오직 이 완벽한 날을 기다리면서 너를 보살펴왔다.

이제 너는 나와 함께 있다. 여기가 바로 옛날 옛적 네가 사랑하던 동굴이다. 나는 이 동굴을 언제나 깨끗하게 치워두고 너를 기다렸다. 자, 여기 네 신성한 '연화좌 담요'를 보거라. 너는 이 위에 앉아서 끝없이 넓어져가는 가슴을 신성의식으로 채우고 또 채웠다. 이것은 네 잔이다. 이것으로 너는 이따금 내가 준비한 감로수를 마시곤 했다. 언젠가 네가 다시 사용할 날을 위해 그 청동잔을 얼마나 깨끗하게 닦아 두었는지 잘 들여다보거라. 이제 알겠느냐?」

나는 띄엄띄엄 간신히 말을 이었다.

「구루시여, 제가 무슨 말을 할 수 있겠습니까? 죽음도 넘어선 이 같은 사랑을 세상 어느 곳에서 들어보겠습니까?」

나는 한참 동안 황홀경에 빠져 내 영원한 보물인 구루를 바라보며

504

구루의 삶과 죽음을 생각했다.

「라히리, 너는 정화가 필요하다. 이 잔 속에 든 기름을 마시고 강가에 누워라.」

바바지님의 실용적인 지혜는 언제나 중요한 의미를 지니고 있었다. 나는 그분의 지시를 따랐다. 얼음처럼 차디찬 히말라야의 밤이 내리고 있었지만, 어찌된 일인지 나의 내면에서 방사되는 온기가 온몸의 세포 하나하나에서 고동치기 시작했다. 놀라움을 금할 수 없었다. 그 이름 모를 기름이 우주의 열기를 공급해주었단 말인가?

매서운 바람이 날카로운 비명을 질러대면서 어둠 속에서 내 몸을 후려치기 시작했다. 고가쉬 강의 차가운 잔물결이 이따금씩 살갗을 핥으면서 바위 둑의 상단까지 넘실대고 있었다. 그런가 하면 호랑이들도 가까이에서 으르렁거렸다. 하지만 마음은 전혀 두렵지 않았다. 내 안에서부터 새롭게 발산해 나오는 힘이 그 누구도 침범할 수 없는 굳건한 보호벽에 대한 확신을 안겨주었다. 몇 시간이 순식간에 지나갔다. 그러자 다른 생에서 얻은 빛바랜 기억들이 나의 신성한 구루와 합일된 현재의 찬란한 모습을 엮어냈다.

나의 고독한 상념은 다가오는 발자국 소리로 뚝 끊기고 말았다. 어둠 속에서 한 남자의 손이 내가 일어서도록 부드럽게 돕고 나서 마른 옷가지를 건네주었다. 그가 말했다.

「이리 오세요, 형제여. 스승님이 당신을 기다리십니다.」

동료는 숲속으로 길을 안내했다. 캄캄한 밤이 멀리서 발산되는 은은한 빛으로 환해졌다. 내가 그에게 물었다.

「저게 일출인가요? 아직 날이 밝을 시간은 아닐 텐데요.」

안내하는 동료가 부드럽게 웃었다.

「지금은 한밤중입니다. 저기 보이는 빛은 비할 바 없는 스승 바바지님께서 오늘밤 여기에 실체화시키신 황금 궁전에서 발산되는 것이죠. 언젠가 아득한 과거에 당신이 궁전의 아름다움을 만끽하고 싶다는 희망을 드러낸 적이 있었지요. 구루께서 지금 당신의 소원을 이뤄주려고 하십니다. 이제 당신은 그 업의 속박에서 벗어나게 될 것입니다.」[*]

그가 이어서 말했다.

「오늘밤 저 장엄한 궁전은 당신이 크리야 요가에 입문하는 무대가 될 거예요. 모든 형제가 환희의 노래를 부르면서 당신의 긴 추방 생활이 끝난 것을 축복해줄 겁니다. 자, 보세요!」

휘황찬란한 금으로 이루어진 거대한 궁전이 우리 앞에 우뚝 서 있었다. 아름다운 정원 한복판에 무수한 보석으로 장식된 궁전은 정말로 그 무엇과도 견줄 수 없는 장관이었다. 반짝이는 루비들로 반쯤 붉은색을 띤 여러 개의 눈부신 문 앞에는 천사의 용모를 갖춘 성자들이 있었다. 큼직하고 빛나는 다이아몬드와 진주, 사파이어, 에메랄드가 높다랗게 솟은 아치에 박혀 있었다.

나는 동료를 따라 널찍한 응접실로 들어갔다. 향 내음과 장미꽃 향기가 공기 중에 떠돌고, 희미한 등불들이 갖가지 색깔의 빛살을 발산하고 있었다. 흰 피부와 검은 피부를 가진 소규모의 수행자 무리들이 은은하게 노래를 부르거나 내면의 평화에 잠겨 조용히 명상 자세를 취하고 있었다. 어디를 가나 활기찬 기쁨으로 충만했다.

내가 놀라워 탄성을 지르자 동감 어린 미소를 지으며 동료가 말했다.

---

[*] 업의 법칙은 모든 인간의 원망顧望이 궁극적으로 성취되기를 요구한다. 그러므로 모든 욕망은 인간을 윤회의 수레바퀴에 붙들어 매는 속박의 사슬이다.

「이 궁전의 찬란한 예술성을 마음껏 보고 즐기세요. 오로지 당신을 위해 지어진 것이니까요.」

「형제여, 이 구조물의 아름다움은 인간이 가진 상상력의 한계를 훨씬 넘어서고 있습니다. 부디 이러한 신비를 설명해주기 바랍니다.」

동료의 검은 눈동자가 지혜로 반짝였다.

「물론 기꺼이 밝히지요. 실제로 이 실체화는 하나하나 전부 설명할 수 있습니다. 온 우주는 창조주의 생각이 실체화된 결과입니다. 우주 공간을 떠다니는 이 무거운 지구 덩어리도 절대자의 꿈인 셈이지요. 마치 인간이 꿈속에서 온갖 피조물을 복제하고 생기를 불어넣듯이, 창조주는 모든 것을 그분의 의식으로 만들어 내십니다.

신은 먼저 상념으로서 이 세상을 창조하셨습니다. 그런 다음 그 일에 박차를 가하셨지요. 여기서 원자 에너지가 발생했습니다. 창조주는 원자들을 단단한 구체球體 속에 조직화하셨습니다. 지구의 모든 분자는 신의 의지로 결합된 것이지요. 신이 당신의 의지를 거두어들이면 이 세상은 다시 에너지로 분해될 것입니다. 에너지는 의식으로 회귀하고, 결국 상념으로서의 세상은 객관적 실재성이 사라지고 말 것입니다.

꿈의 실체는 꿈꾸는 사람의 잠재의식적 생각의 구현입니다. 잠에서 깨어나 그 응집된 생각이 물러나면, 꿈을 이루고 있던 요소들과 함께 꿈 자체도 용해됩니다. 인간은 눈을 감고 꿈의 창조물을 만들었다가도 눈을 뜨고는 아무 힘 안 들이고 그것을 사라지게 하지요. 신의 원형적인 창조 방식을 따르는 것입니다. 마찬가지로 우주의식 속에서 각성한 수행자는 우주의 꿈이 만들어낸 환상을 손쉽게 허물 수 있습니다.

모든 것을 성취할 수 있는 '무한 의지'와 하나가 된 바바지님은 필요한 원자들을 마음대로 결합해서 무슨 형태든지 만들어내실 수 있습니다. 순식간에 창조된 이 황금 궁전도 이 세상만큼이나 사실적인 것이지요. 바바지님은 이 아름다운 저택을 자신의 마음으로부터 창조하셨고, 또한 자신의 의지로 그 원자들을 한곳에 묶어두고 계십니다. 마치 조물주의 생각이 세상을 창조하고, 조물주의 의지가 세상을 온전히 유지하고 있듯이 말입니다. 이 구조물이 목적을 다하게 되면, 바바지님은 곧 궁전을 허물어 비물질화하실 겁니다.」

놀랍고 두려운 마음에 아무 말도 못하고 그대로 서 있는데, 동료가 손으로 무언가를 쓸어내는 동작을 하며 말했다.

「온갖 보석으로 호화찬란하게 장식된 이 아름다운 궁전은 인간의 노력이나 땅에서 공들여 캐낸 황금과 보석들로 세워진 게 아닙니다. 인간에 대한 기념비적인 도전의 의미로서 견고히 서 있는 것입니다.* 바로 바바지님의 경우와 마찬가지로, 자신이 신의 아들임을 깨달은 자는 누구나 자기 내면에 숨겨진 무한한 힘을 활용하여 어떠한 목표에든 도달할 수 있지요. 흔한 돌멩이 하나도 그 은밀한 내면세계에는 엄청난 원자 에너지가 포함되어 있는데,** 하물며 인간은 어떻겠습니까? 인간은 진실로 신성한 힘의 발전소라고 할 수 있습니다.」

동료는 가까이에 있던 탁자에서 매우 아름다운 꽃병 하나를 집어들었다. 꽃병의 손잡이 부분이 다이아몬드들로 휘황찬란하게 빛나고

---

* "무엇이 기적인가? / 그건 하나의 비난, / 그건 하나의 은근한 야유, / 인류에게 가해지는." —에드워드 영, 〈밤의 상념들Night Thoughts〉

** 모든 물체가 원자 구조로 이루어졌다는 이론은 고대 인도의 바이세시카 학파와 니야야 학파의 저작물들에 자세히 설명되어 있다. "마치 태양 광선에 무수한 먼지가 섞여 있는 것처럼 각개 원자의 구멍들 속에도 엄청난 수의 세계가 깃들어 있다."

있었다.

「우리의 위대한 구루는 자유로운 우주 광선들을 무수히 고형화固形
化시켜서 이 궁전을 창조하셨습니다. 꽃병과 다이아몬드들을 만져보
세요. 감각적으로도 아주 완벽할 겁니다.」

나는 그 꽃병을 찬찬히 살펴보면서 반짝이는 황금이 두껍게 입혀진
매끈한 실내의 벽에 손을 대었다. 벽에 박힌 보석들은 가히 왕의 애장
품이라고 해도 손색이 없을 정도로 값진 것들이었다. 깊은 만족감이
마음속에 번져갔다. 그러자 여러 번의 생을 통해 잠재의식에 숨어 있
던 욕망이 순간적으로 충족되면서 소멸되는 것 같았다.

나는 동료의 안내를 받으며 화려한 아치들과 복도들을 거쳐, 제왕
의 궁전 양식으로 장식된 여러 개의 방들이 이어진 곳으로 들어갔다.
우리가 들어선 곳은 거대한 홀이었고, 홀의 중앙에는 황금 옥좌가 하
나 있었는데, 그것은 마치 스펙트럼처럼 여러 가지 빛깔로 반짝이는
갖가지 보석들로 장식되어 있었다. 바로 거기에 연화좌를 취한 지고
의 바바지님이 앉아 계셨다. 나는 그분의 발밑, 찬연히 빛나는 마룻바
닥에 무릎을 꿇었다.

구루의 두 눈이 사파이어처럼 반짝였다.

「라히리, 아직도 황금 궁전의 욕망을 눈으로 즐기고 있느냐? 깨어나
라! 세속의 모든 갈망은 이제 영원히 꺼질 것이다.」

구루께서는 몇 마디 신비한 축복의 말을 중얼거리셨다.

「나의 아들아, 일어나라. 크리야 요가를 통해 신의 왕국으로 입문하
도록 해라.」

바바지께서 손을 뻗치시자 호마(homa, 희생)의 불길이 나타났다. 주
위에는 온갖 과실과 꽃들이 가득 차 있었다. 그렇게 나는 타오르는 제

단 앞에서 의식을 해방시키는 요가의 기법을 전수받게 되었다.

의식은 이른 아침에 모두 끝났다. 나는 황홀경에 빠져 전혀 잠을 자고 싶다는 생각이 들지 않았다. 갖가지 보물과 귀한 예술품이 가득 차 있는 궁전의 방을 여기저기 둘러보았다. 화려한 정원으로 내려서자 전날 보았던 황량한 암벽이며 동굴들이 바로 옆에 있었다. 물론 그때는 궁전이나 꽃이 만개한 테라스가 절대로 가까이에 없었다.

차가운 히말라야의 햇빛을 받아 놀랍도록 반짝이는 궁전으로 다시 발을 들여놓은 나는 스승님을 찾았다. 스승님은 여전히 고요한 제자들에게 둘러싸여 옥좌에 앉아 계셨다.

「라히리, 배가 고픈 모양이구나?」

그리고 이렇게 덧붙이셨다.

「눈을 감도록 해라.」

내가 다시 눈을 떴을 때는 매혹적인 궁전과 그림 같은 정원이 모두 사라지고 없었다. 나의 육신과 바바지님을 위시한 제자들의 형체는 이제 그냥 맨 땅에 앉아 있었다. 그곳은 방금 사라져버린 궁전이 있던 자리였고, 그로부터 얼마 안 떨어진 곳에 햇살을 받는 동굴 입구가 하나하나 모습을 드러내고 있었다. 그제야 나는 붙잡혀 있던 원자들이 풀려나 본질인 창조주의 상념으로 돌아갈 때 궁전이 비물질화될 것이라던 동료의 말이 생각났다. 비록 놀라운 일이긴 했지만 나는 깊은 신뢰감을 가지고 구루를 바라보았다. 이 기적의 날에 앞으로 무슨 일이 일어날지 전혀 알 수가 없었다.

「그 궁전은 자신의 소임을 다했다.」

바바지께서 상황을 설명해주며 땅바닥에서 질그릇 하나를 집어 올리셨다.

「거기에 손을 넣고 원하는 음식을 받도록 하라.」

안에 아무것도 없는 넓적한 그릇에 손을 대자마자 버터로 맛을 들인 뜨거운 루치(밀가루로 만든 납작한 빵으로 벵골의 보편적인 음식)와 카레, 진기한 사탕이 나타났다. 한참을 먹었는데도 그릇은 여전히 가득 차 있었다. 식사를 마치고 나는 물을 찾았다. 나의 구루께서는 내 앞에 놓인 그릇을 다시 가리키셨다. 아! 안에 있던 음식은 어느 틈엔가 온데간데없이 사라지고 그 대신 물이 담겨 있었다.

바바지께서는 이렇게 말씀하셨다.

「신의 왕국은 세속의 왕국도 거느리고 있다는 사실을 아는 인간은 거의 없다. 신의 영역은 세속 어디라도 다스릴 수 있다. 그러나 세속의 왕국은 본질적으로 환상에 불과하기 때문에 실체의 본질을 거느릴 수 없다.」

「자애로운 구루시여, 어젯밤 당신은 저에게 천상과 지상을 연결하는 아름다운 가교를 보여 주셨습니다!」

나는 사라진 궁전의 기억들을 더듬으며 잔잔하게 미소를 지었다. 평범한 요기라면 절대로 그토록 인상적이고 호화로운 광경에 둘러싸여 대영혼이 펼치는 장엄한 신비의 세계에 입문하지 못했을 것이다. 나는 평온한 마음으로 현재의 광경이 보여주는 완벽한 대조를 응시했다. 척박한 땅, 드높이 솟은 하늘, 원시적인 피난처를 제공해주는 동굴들. 이 모든 것이, 내 주위를 둘러싼 천사 같은 성자들을 위한 더할 나위 없이 자연스러운 배경처럼 보였다.

그날 오후 내내, 나는 전생에서 얻은 깨달음과의 연결을 통해 한층 신성해진 내 담요 위에 앉아 있었다. 성스러운 구루께서 가까이 다가오시더니 내 머리 위에 손을 얹으셨다. 그러자 나는 곧 니르비칼파 사마디의 상태에 들어가서 7일 동안 끊임없이 희열을 경험했다. 나는 연속적인 자아의 층위들을 차례로 통과하여, 마침내 영원히 죽지 않는 실체의 영역으로 뚫고 들어갔다. 미망의 모든 한계들이 풀리고, 내 영혼은 '우주 영혼'의 제단 위에 확고히 자리를 잡게 되었다.

8일째 되는 날, 나는 구루의 발치에 쓰러져서 언제까지나 이 신성한 벌판에서 스승의 곁을 지킬 수 있게 해달라고 간청했다.

바바지께서는 나를 껴안으며 말씀하셨다.

「나의 아들아, 금생에서 너에게 부여된 역할은 반드시 수많은 사람들 앞에서 외부 세상을 배경으로 수행되어야 한다. 너는 이미 여러 번의 삶을 거치는 동안에 쌓은 고독한 명상을 통해 축복받은 몸이므로 이제는 인간 세계에 동참해야만 한다. 네가 결혼해서 한 가정을 이루고 소박한 일상사를 처리하고 있는 지금에 와서야 나를 만났다는 사실을 잘 생각해보아라. 그러므로 히말라야에 있는 우리의 비밀 모임에 참여하려는 생각을 떨쳐버려야 한다. 네 삶은 번잡한 장터에서 살아가면서 가정을 가진 요기의 이상적인 삶을 보여주는 데 있다.

삶의 방향을 잡지 못하고 방황하는 수많은 세속 남녀들의 외침이 위대한 스승들의 귀에 안 들릴 리가 있겠느냐? 너는 다수의 진정한 구도자들에게 크리야 요가를 통한 영적 위안을 가져다주도록 선택받았다. 그리하여 가족 간의 유대와 과도한 세속의 책임에 얽매인 수백만 대중이 자기들처럼 가족을 부양하는 너에게서 새로운 의미를 찾을 것이다.

너는 마땅히 그들을 인도하여, 가정이 결코 요가의 최고 경지를 가로막는 장애물이 될 수 없다는 사실을 분명히 인식시켜야 한다. 비록 세간에 몸을 두고 있더라도, 개인적인 충동이나 집착을 떠난 상태에서 자기 의무를 성실하게 이행해나가는 요기는 참다운 깨달음의 여정을 밟는 것이다.

너는 이제 세상을 등질 필요가 없다. 이미 내면에서 모든 업보의 사슬을 끊어버렸기 때문이다. 너는 이 세상에 속하지 않지만 그래도 세상 안에 머물러야 한다. 앞으로 여러 해 동안, 가정과 직장과 사회에서 주어진 책임과 함께 영적인 의무를 양심적으로 수행해야 한다. 신성한 희망의 달콤한 새 숨결이 세속인들의 건조한 가슴속을 파고들 것이다. 절묘한 균형을 이룬 네 생활을 보는 사람들은, 모든 속박으로부터의 해방이 외적인 포기가 아닌 내적인 포기에 달려 있음을 이해하게 될 것이다.」

높디높은 히말라야 산맥의 고독 속에서 구루의 말씀을 듣고 있는 동안 가정과 직장과 이 세상이 얼마나 멀게 느껴졌는지 모른다. 하지만 스승의 말씀에는 부동의 진리가 가득했다. 그리하여 나는 구루의 말씀을 좇아 그 축복받은 평화의 안식처를 떠나기로 했다. 바바지께서는 구루가 제자에게 전하는 전수 방식을 관장하는 고대의 엄격한 규율에 따라 나를 지도하셨다. 바바지님은 이렇게 말씀하셨다.

「자격을 갖춘 제자들에게만 크리야의 핵심을 전수해주어라. 신을 찾기 위해 모든 것을 희생하겠다고 맹세한 사람만이 명상 과학을 통해 삶의 궁극적인 신비를 풀기에 적합하다.」

「천사와 같은 구루시여, 당신은 이미 실전失傳된 크리야의 기법을 부활시켜 인류를 향한 무한한 사랑을 보여 주셨습니다. 그 혜택을 넓히려면, 제자가 되기 위한 엄격한 조건을 조금 누그러뜨려야 하지 않겠습니까?」

나는 간절한 애원의 눈빛으로 바바지님을 바라보았다.

「처음에는 비록 완전한 내적 포기를 맹세하지 못하더라도, 모든 구도자에게 크리야를 전수할 수 있도록 허락해 주십시오. 삼중고三重苦[*]에 시달리는 세상 남녀들에게는 특별한 격려가 필요합니다. 만일 크리야 요가를 접하지 못한다면, 사람들은 진정한 자유를 향한 여정을 시작조차 안 할지 모릅니다.」

「그렇게 되리라. 신의 희망이 이미 너를 통해 표현되었다. 너를 찾아와서 겸손하게 도움을 구하는 모든 사람에게 크리야 요가를 전수해 주어라.」

자비로운 구루께서는 이 간단한 몇 마디 말씀으로 오랫동안 크리야 요가를 세상에서 떨어진 곳에 숨겨왔던 고대의 엄격한 안전장치를 모두 추방해 버리셨다.[**]

---

[*] 육체의 고통은 질병으로, 정신의 고통은 심리적 부조화나 '강박관념'으로, 영혼의 고통은 영혼에 대한 무지로 각각 나타난다.

[**] 바바지는 처음에 라히리 마하사야에 한해서만 크리야 요가를 가르칠 수 있도록 허락했다. 그러자 요가의 화신(라히리 마하사야)은 자신의 일부 제자들도 크리야를 가르칠 수 있는 권한을 갖게 해달라고 부탁했다. 바바지는 이를 승인했고, 라히리 마하사야나 그의 정식 제자가 설립한 기관이 권한을 부여한 사람들과 크리야 요가의 수행에서 상당한 진보를 이룩한 사람들만이 크리야의 정수를 전수하도록 했다. 바바지는 자비롭게도 정식으로 권한을 부여받은 크리야 교사들에 의해 크리야 요가의 길로 들어선 모든 충실한 크리야 요가들의 영적인 행복을 위해 거듭되는 생애에서도 책임을 떠맡겠다고 약속했다.
SRF와 인도의 YSS(Yogoda Sat Sanga)에 입문하는 사람들은 반드시 크리야의 기법을 다른 사람들에게 누설하지 않겠다는 엄격한 서약을 해야 한다. 사실 이런 절차를 통해서, 단순하지만 정확한 크리야의 기법이 무자격 교사들에 의해 변개되거나 왜곡되지 않고, 오염되지 않은 원형을 그대로 유지할 수 있었던 것이다. 많은 사람들이 크리야 요가의 혜택을 누릴 수 있도록 금욕과 포기라는 고대의 계율을 유보한 것은 사실이지만, 바바지는 라히리 마하사야와 그의 후계자들(SRF와 YSS 구루들의 계보를 따르는)이, 입문을 원하는 자라면 누구에게나 크리야 요가 수행을 위한 준비 단계로서 일정 기간 예비적인 영적 수련을 실행하도록 했다. 크리야처럼 고도로 진보된 테크닉을 수행하기 위해서는 산만한 영적 생활을 깨끗이 청산해야 한다. 크리야 요가는 명상 기법 이상의 어떤 것이다. 그것은 하나의 생활양식이며, 그에 따른 영적인 제반 규율을 수용할 것을 수행자에게 요구한다.

한동안 침묵이 흐르고 자비로운 구루께서는 이렇게 덧붙이셨다.

「네 제자들 각자에게 『바가바드기타』에 나오는 이 장엄한 약속 (II:40)을 반복해서 들려주어라. "스왈파마파샤 드하르마샤, 트라야타 마하토 브호야트."(이 다르마(법)를 조금만 수행해도 엄청난 공포와 생사윤회에 내재된 거대한 고통에서 벗어날 것이다.)」

다음 날 아침, 구루의 발밑에 무릎을 꿇고 고별의 축복을 부탁드릴 때 구루께서는 마지못해 떠난다는 내 속마음을 이미 감지하고 계셨다. 스승께서는 어깨를 다정하게 토닥여주셨다.

「우리에게 이별이란 없다. 사랑하는 아들아, 네가 있는 곳이라면 어디든지, 네가 나를 부르면 언제든지, 즉시 너와 함께할 것이다.」

이 감격스러운 약속으로 마음의 위로를 받은 나는 새롭게 찾은 신성한 지혜를 안고 산을 내려갔다.

사무실에 도착하자 동료들이 나를 반갑게 맞아주었다. 열흘 동안 히말라야의 정글에서 길을 잃었다고 걱정한 모양이었다. 바로 그 시각에 한 장의 편지가 본사에서 도착했다.

라히리는 다나푸르(바라나시 부근의 소도시) 사무소로 복귀할 것. 라니케트 전근은 착오였음. 라니케트에는 원래 다른 직원이 파견되어야 했음.

---

SRF와 인도의 YSS는, 바바지와 라히리 마하사야, 스리 유크테스와르와 파라마한사 요가 난다를 거쳐 내려온 제반 규율을 충실히 지키고 있다. 크리야 요가의 예비 과정으로서 SRF와 YSS의 권위 있는 스승들이 가르치는 홍사우Hong-Sau와 옴 테크닉은 크리야 수행의 필수적인 부분이다. 이들 테크닉은 자아실현 의식을 증진시키고, 온갖 속박으로부터 영혼을 해방시키는 데 매우 효과적이다. —원서 편집자 주

인도에서 가장 외진 이 고장으로 나를 이끈 사건에 담긴 숨은 뜻을 생각하며 나는 슬며시 미소를 지었다.

다나푸르로 돌아가기 전에 나는 한 벵골인 가족과 모라다바드에서 며칠을 보냈다. 여섯 명의 친구들이 나를 맞이하려고 모였다. 내가 화제를 영적인 대화로 옮기자 집주인이 우울한 표정으로 말을 꺼냈다.

「아, 요즘 인도는 성자들의 씨가 말랐어요.」

나는 부드럽게 이의를 제기했다.

「아닙니다. 이 땅에는 위대한 스승들이 여전히 계십니다!」

나는 약간 들뜬 기분으로 히말라야에서 겪었던 신비한 체험을 털어놓았다. 그 자리에 모인 사람들은 모두 도저히 믿을 수 없다는 눈치였다. 한 사람이 위로하듯이 말했다.

「라히리, 그동안 산소가 희박한 고산지대에 있었던 탓에 정신이 극도로 긴장한 것 같네요. 방금 한 이야기는 백일몽처럼 들리는군요.」

내 이야기가 진짜라는 사실을 밝히겠다는 격정에 사로잡힌 나는 그만 앞뒤 생각 없이 기어코 그 한마디를 꺼내고 말았다.

「내가 부르기만 하면 구루께서는 곧바로 이 집에 모습을 나타내실 겁니다.」

사람들의 눈동자에 관심의 기색이 드러났다. 기적을 목격하고 싶던 것이다. 나는 마지못해 조용한 방과 새 모직 담요 두 장을 부탁했다.

「스승께서는 에테르로부터 당신의 모습을 실체화시킬 것입니다. 문 밖에서 조용히 기다리세요. 때가 되면 여러분을 부르겠습니다.」

나는 명상에 몰입하여 겸허하게 구루를 불렀다. 그러자 어둡던 방 안이 이내 영기靈氣를 띤 희미한 달빛으로 가득 차기 시작했다. 그러더니 바바지님의 찬란한 형체가 모습을 드러냈다. 스승의 시선은 매우 준엄했다.

「라히리, 어찌하여 사소한 일로 나를 부르느냐? 진리는 진지한 구도자들을 위한 것이지 게으른 호사가들의 호기심을 위한 것이 아니다. 눈에 보이는 것을 믿기는 쉽다. 부정할 것이 없기 때문이다. 감각을 초월한 진리를 발견하려면 자기 내면에 존재하는 물질 본위의 회의주의를 극복하지 않으면 안 된다.」

그리고 엄숙하게 덧붙이셨다.

「이제 가게 해다오!」

나는 스승의 발치에 그대로 쓰러져서 애원했다.

「성스러운 구루시여, 중대한 과오를 깨달았습니다. 이렇게 진심으로 용서를 빕니다. 제가 감히 스승님을 부른 것은 영혼의 눈이 먼 사람들에게 믿음을 심어주기 위해서입니다. 제 기도에 응답하여 이처럼 모습을 나타내셨으니, 제발 제 친구들에게 축복을 내려주고 떠나십시오. 저들이 비록 믿음이 없다고 하지만 적어도 제가 아까 말한 기이한 이야기의 진실성만큼은 꼭 알고 싶어합니다.」

「그럼 좋다. 잠시 머물러 있겠다. 나 역시 제자의 말이 친구들 앞에서 불신당하는 것은 바라지 않는다.」

스승의 얼굴이 잠시 풀어지는가 싶더니 덧붙여 말씀하셨다.

「나의 아들아, 앞으로는 네가 나를 필요로 할 때만 올 것이다. 나를 부를 때마다 언제나 나타나지는 않겠다.」*

---

* 무한자를 찾는 구도의 여정에서는 라히리 마하사야처럼 깨달음을 얻은 스승들조차도 과도한 열정으로 고통을 겪을 수 있으며, 따라서 그들도 계율에 복종해야 하는 것이다. 『바가바드기타』를 읽다 보면, 우리는 신성한 구루인 크리슈나가 모든 수행자들의 왕자인 아르주나에게 벌을 내리는 구절을 여러 번 만나게 된다.

나는 문을 열었다. 밖에서 기다리던 사람들 사이에는 긴장된 침묵이 무겁게 깔려 있었다. 마치 자신의 감각기관을 못 믿겠다는 듯 사람들은 담요 위에 앉은 빛나는 형체를 뚫어지게 바라보았다. 누군가가 큰 소리로 외쳤다.

「이건 집단 최면술이야! 우리 모르게 사람이 들어갈 수는 없잖아!」

바바지께서는 미소를 지으며 앞으로 걸어 나오셔서 당신의 단단하고 따뜻한 살점을 직접 만져보라고 말씀하셨다. 모든 의심이 걷히자 사람들은 존경과 참회의 마음을 담아 마룻바닥에 그대로 엎드리고 말았다.

「할루아*를 준비하도록 하라.」

그 자리에 모인 사람들이 당신의 실체를 더욱 확실하게 인식하도록 바바지께서는 이런 부탁을 하셨다. 죽이 끓는 동안 신성한 구루께서는 부드럽게 담소를 나누셨다. 의심 많은 도마(그리스도 12사도 중의 한 명)들이 신앙심 깊은 사도 바울로 탈바꿈되는 광경은 정말 감동이었다.

식사를 마치고 나자 바바지께서는 우리 모두에게 한 사람씩 차례로 축복을 내려주셨다. 이윽고 갑자기 섬광이 번쩍했다. 바바지님의 육신을 이루던 전자파 요소들이 안개처럼 희뿌연 파열 광선으로 분해되는 순간의 화학 변화를 모두가 목격한 것이다. 절대자와의 조화를 이룩한 스승의 의지력이 자신의 육체로 결합되어 있던 에테르 원자들을 풀어준 순간, 수십억 개의 미세한 생명자가 발하는 불꽃도 무한 공간속으로 소멸해버렸다.

「오, 나는 죽음을 정복하신 분을 두 눈으로 똑똑히 보았습니다.」

---

* 버터에 튀긴 밀가루 크림으로 쑤는 죽인데, 우유에 끓인다.

마이트라*라는 사람이 경건한 어조로 말했다. 그의 얼굴은 방금 얻은 깨달음으로 기쁨에 넘쳐 모습까지 달라 보였다.

「비누 거품을 가지고 노는 어린이들처럼, 지고의 구루께서는 시간과 공간을 마음대로 움직이십니다. 나는 천상과 지상을 드나드는 열쇠를 모두 갖고 계신 분을 보았습니다.」

나는 곧 다나푸르로 돌아왔다. 대영혼의 바다에 굳게 닻을 내린 나는 다시금 가정과 사회에서 해야 할 다양한 책무를 떠맡았다.”

라히리 마하사야의 긴 이야기는 이렇게 끝이 났다.

라히리 마하사야는 스와미 케발라난다와 스리 유크테스와르에게 바바지와의 또 다른 만남에 대해 이야기해주신 적이 있다. 그것은 위대하신 구루께서 “네가 나를 필요로 할 때는 언제든지 온다.”라는 약속을 지키신 경우들 가운데 하나였다.

라히리 마하사야는 제자들에게 이렇게 말씀하셨다.

“무대는 인도 북부 알라하바드에서 열린 ‘쿰 메일러Kumbh Mela’**였다. 그때 나는 직장에서 잠깐 동안 휴가를 얻어 그곳에 가 있었다. 성스러운 축제에 참가하려고 매우 멀리서부터 온 수많은 수행승과 사두의 무리를 헤치면서 여기저기를 걸어 다니고 있는데, 탁발 그릇을 들고 있는 남루한 고행자가 눈에 띄었다. 순간 그 고행자가 겉으로만 포

---

* 여기서 라히리 마하사야가 언급하고 있는 이 사람은 훗날 고도의 자아실현을 이룩하게 되었다. 내가 그를 만난 것은 고등학교를 졸업하고 난 직후였는데, 그는 당시에 내가 머무르고 있던 바라나시의 마하만탈 수도장을 방문했다. 그는 모라다바드에서 있었던 바바지의 실체화에 대해 이야기해 주었다. “그 기적의 결과로 나는 라히리 마하사야님의 평생 제자가 되었다네.”

** 인도에서 열리는 최대 규모의 힌두교 순례 축제. 여기서는 영어권에서 굳어진 발음에 따라 ‘쿰 메일러’로 음역 표기했다. ‘mela’(축제, 행사)가 단독으로 나올 때는 ‘멜라’로 표기했다. —옮긴이

기의 상징으로 누더기를 걸쳤을 뿐 안으로는 그에 합당한 품격을 갖추지 못한 위선자라는 생각이 들었다.

내가 그 고행자를 지나치기 무섭게, 깜짝 놀란 내 눈 앞에 바바지님이 와 계셨다. 그런데 놀랍게도 구루께서는 헝클어진 머리를 한 어떤 수행자 앞에 무릎을 꿇고 계셨다. 나는 급히 스승 곁으로 뛰어갔다.

「구루지! 구루지, 여기서 무얼 하고 계십니까?」

「나는 이 산야시(고행자)의 발을 씻어주고 있다. 다 씻고 나면 밥그릇도 깨끗하게 씻어줄 생각이다.」

바바지께서는 꼭 어린아이처럼 웃으셨다. 그제야 나는 깨달았다. 구루께서는 내가 아무도 비난하지 않기를, 우수하건 열등하건 모든 사람이 육체의 사원에서 신을 찾기를 바라셨던 것이다.

위대하신 구루께서는 이렇게 덧붙이셨다.

「현명한 사두와 무지한 사두 모두를 섬기면서, 나는 신을 가장 기쁘게 해드릴 수 있는 최고의 미덕을 배우고 있다. 그것은 바로 겸손이라는 이름의 미덕이다.」"*

---

* "스스로 낮추사 천지를 살피시고"『시편』113:6
"누구든지 자기를 높이는 자는 낮아지고, 자기를 낮추는 자는 높아지리라." 『마태복음』23:12
에고, 즉 '그릇된 자아'를 낮추는 것은 존재의 영원한 참모습을 찾는 행위이다.

# 35

# 라히리 마하사야의
## 생애

우리가 이렇게 하여야 모든 정의가 이루어지느니라.*

예수는 세례 요한에게 들려준 이 말과, 요한에게 세례를 부탁하는 말에서 자기 구루의 신성한 권리를 인정하고 있다.

동양적인 관점**에서 성경을 경건하게 연구한 결과, 나는 직관적 인

---

\* 『마태복음』 3:15

\*\* 성경의 많은 구절을 보면, 편찬자들이 환생의 법칙을 이해하고 수용하고 있음을 알 수 있다. 서양의 보편 이론은 존재(에고 의식)가 무無에서 나와 30~90년 동안 활력의 증감을 겪으면서, 다시 근원의 무로 돌아가는 것으로 본다. 하지만 동양에서 말하는 '환생의 주기'라는 개념을 사용하면, 서양의 보편 이론보다 훨씬 더 합리적인 방법으로, 개별 인간이 처한 각기 다른 진화의 단계를 설명할 수 있다. 도저히 알 수 없는 '무'의 본질이야말로 중세 스콜라 철학자들의 가슴을 환희로 떨게 하던 문제였다.

식을 통해 세례 요한이 여러 번의 전생에서 그리스도의 구루였다는 확신에 도달했다. 성경에는 요한과 예수가 그들의 마지막 환생(가장 최근의 전생)에서 각각 엘리야Elijah와 그의 제자인 엘리사Elisha였음을 암시하는 구절들이 많이 나온다.*

『구약성서』의 대단원은 엘리야와 엘리사의 환생을 예언하는 장면이다.

> 보라, 여호와의 크고 두려운 날이 도래하기에 앞서서 내가 선지자 엘리야를 너희에게 보낼 것이다.**

그리하여 '여호와의 크고 두려운 날이 도래하기에 앞서서' 온 요한(엘리야)은 그리스도의 출현을 알리기 위해 예수보다 조금 일찍 태어났다.

한 천사가 세례 요한의 아버지 사가랴에게 나타나서, 장차 태어날 아들 요한이 바로 엘리야(엘리아스)임을 증언했다.

> (그러나 천사가 그에게 말하기를) 두려워하지 말라, 사가랴여. 하느님께서 너의 간구를 들어주셨도다. 네 아내 엘리사벳이 너에게 아들을 낳아줄 것이니, 아기의 이름을 요한이라 하여라. …… 그는 많은 이스라엘 자손들을 그들의 주 하느님의 품으로 다시 돌아오게 할 것이다. 그

---

\* 이들의 철자는 『구약성서』의 표기를 따랐다. 그리스의 번역자들은 두 사람의 이름을 각각 'Elias'와 'Eliseus'로 표기했는데, 『신약성서』에서는 다시 'Elijah'와 'Elisha'로 변형되어 등장한다.

\*\* 『말라기』 4:5

리고 그가 바로 엘리아스의 힘과 혼을 가지고 그보다 먼저* 올 사람이
니라. 그는 아버지의 마음을 자식에게, 거스르는 자를 의인의 슬기로
돌아오게 하여 주를 위한 백성을 예비하리라.**

예수는 두 번이나 엘리야가 요한이라는 점을 분명히 밝혔다.

엘리아스가 이미 왔으되 사람들이 그를 알아보지 못하였도다. …… 그
제야 비로소 제자들은 이것이 세례 요한을 두고 하신 말씀인 줄을 깨달
았다.***

다시 한 번 그리스도는 말한다.

모든 예언서와 율법이 예언하는 일은 요한에 이르러 끝난다. 만일 너희
가 그 말을 받아들인다면, 다시 오기로 된 엘리아스가 바로 그 요한임
을 알 것이다.****

자신이 엘리아스(엘리야)가 아니라고 부정했을 때***** 세례 요한이 의미
한 것은 비천한 육신의 옷을 걸친 자신이 더 이상 위대한 구루 엘리야
의 숭고한 옷을 걸친 모습으로 오지 않았다는 사실이었다. 이전 생에

---

\* '그보다 먼저'는 곧 '그리스도보다 먼저'를 의미한다.
\*\* 『누가복음』 1:13-17
\*\*\* 『마태복음』 17:12-13
\*\*\*\* 『마태복음』 11:13-14
\*\*\*\*\* 『요한복음』 1:21

서 이미 자신의 영광과 영적 풍요가 깃든 그 '껍데기'를 제자인 엘리사에게 주어버렸기 때문이다.

> 그러자 엘리사가 말했다. '당신의 영혼이 갑절이나 내게 있기를 구하나이다.' 엘리야가 말했다. '네가 어려운 일을 구하는도다. 그러나 내가 너에게서 떠나는 것을 네가 본다면 소원대로 되겠거니와, 그렇지 않다면 네 뜻대로 되지 아니하리라.' …… 그리고 그는 엘리야의 몸에서 떨어진 그 겉옷을 가지고 갔다.[*]

'엘리야-요한'이 더 이상 완벽한 신성을 깨달은 '엘리사-예수'의 명목상 스승이 될 필요성이 사라졌기 때문에, 둘의 역할도 역전되기에 이른 것이다.

산 위에서 자기 모습이 변했을 때[**] 그리스도가 본 것은 모세와 함께 있는 자신의 구루 엘리아스였다. 십자가에 못 박힌 최후의 순간, 그리스도 예수는 신성한 이름을 부르짖었다.

> "엘리 엘리 라마 사박타니?" 이는 곧 나의 하느님, 나의 하느님, 어찌하여 나를 버리셨나이까? 하는 뜻이라. 거기에 서 있던 몇몇 사람들이 이를 듣고 이 사람이 엘리아스를 부른다 하고 …… 엘리아스가 와서 그를 구원해주는가 보자고 하더라.[***]

---

[*] 『열왕기』 2:9-14
[**] 『마태복음』 17:3
[***] 『마태복음』 27:46-49

요한과 예수 사이에 맺어진 사제지간의 영원한 결속은 바바지와 라히리 마하사야의 경우에도 역시 똑같았다. 죽음을 초월한 그 위대한 구루는, 자신의 제자가 지나온 두 번의 생에서 소용돌이쳤던 '망각의 강' 레테의 물살을 가르면서, 부드러운 보살핌의 손길로 어린이에서 어른 라히리 마하사야가 걸었던 모든 단계를 이끌어주셨다. 그 제자가 서른셋이 되고 나서야 비로소 바바지는 단 한 번도 끊어지지 않았던 자신들의 연결 고리를 공개적으로 재정립할 시기가 무르익었다고 생각하셨다.

라니케트 부근에서 잠시 동안 제자를 만난 구루는 사랑하는 제자를 당신 곁에 붙들어두고 싶은 이기심을 말끔히 버리고 제자를 바깥세상으로 내려보내셨다.

"나의 아들아, 네가 나를 필요로 할 때면 나는 언제라도 올 것이다."

평범한 인간이라면 아무리 제자를 사랑한다 해도 어찌 그처럼 '무모한' 약속을 해줄 수 있겠는가!

사회에는 널리 알려지지 않았지만, 위대한 영적 르네상스가 바라나시의 한적한 교외에서 일어났다. 꽃의 향기를 힘으로 막을 수 없듯이, 이상적인 가장으로서 조용히 살고 있는 라히리 마하사야 역시 타고난 찬란한 아름다움을 감출 수 없었다. 완전한 자유를 얻은 스승 곁으로 인도 각지에서 '열성적인 벌들'이 신성한 '꿀'을 찾아 모여들기 시작한 것이다.

자기 직원에게 일어난 이상한 초월적 변화를 처음으로 눈치 챈 사람은 당시 지사의 최고책임자로 있던 영국인이었다. 그는 라히리를 '무아無我 선생'이라는 친근한 호칭으로 불렀다.

"표정이 무척 슬퍼 보이는데, 무슨 걱정이라도 있으십니까?"

어느 날 아침, 라히리 마하사야가 지사장에게 위로를 담아 물었다.

"영국에 있는 아내가 위독해서 내 마음이 찢어질 듯 아프다오."

"부인의 상태가 어떤지 알아보고 소식을 전해 드리지요."

라히리 마하사야는 그 자리를 떠나 잠시 격리된 장소에 가서 앉았다. 다시 방으로 돌아오는 구루의 얼굴에 안도의 기색이 역력했다.

"병세가 점차 호전되고 있습니다. 마침 지사장님에게 편지를 쓰고 있네요."

어디에든 존재할 수 있는 편재遍在의 요기는 편지의 일부까지 인용해 소식을 들려주었다.

"오호, '무아 선생', 사실 진작부터 평범한 사람이 아니라는 사실을 알고 있었소. 하지만 시간과 공간까지 의지대로 없앨 수 있다는 건 믿지 못하겠소."

마침내 지사장 앞으로 편지가 당도했다. 지사장이 뜯어본 편지에는 아내가 완쾌되었다는 희소식과 함께 몇 주일 전 위대한 스승이 전해준 내용과 똑같은 구절이 담겨 있었다.

몇 달 후, 지사장의 부인이 인도로 건너왔다. 부인이 지사를 방문했는데, 그때 라히리 마하사야는 조용히 자기 책상 앞에 앉아 있었다. 라히리를 보자 부인은 존경하는 표정으로 가까이 다가갔다.

"몇 달 전 런던의 병실 침대 옆에서 제가 본 형체가 바로 당신이었군요. 찬란한 후광이 감싸고 있었지요. 그 순간 완전히 병이 나았어요. 그래서 이내 대양을 건너 인도까지 긴 여행을 할 수 있게 되었답니다."

매일같이 한두 명의 수행자가 숭고한 구루를 찾아와 크리야 요가에 입문했다. 이런 영적인 의무나 가정과 사회에 대한 책임 말고도, 위대한 스승은 교육 문제에 상당한 관심을 보였다. 라히리 마하사야는 여러 학습 모임을 조직하여 적극적인 활동을 벌였고, 바라나시의 벵갈리 톨라 지구에 자리 잡은 많은 중등학교의 성장에 크게 기여했다. 경전에 대한 스승의 정기 강론은 차츰 '기타Gita 모임'이라는 이름으로 알려졌는데, 진지한 구도자들 다수가 여기에 참석했다.

이처럼 다방면에 걸친 활동을 통해 라히리 마하사야는 다음과 같은 가장 보편적인 물음에 대한 해답을 찾으려 했다.

"자신의 생업과 사회적 의무를 모두 수행하고 나서도 과연 경건한 명상을 위한 시간이 날까?"

가정을 가진 이 위대한 구루의 균형 잡힌 삶은 수천 명의 남녀에게 말없는 영감을 불어넣었다. 최소한의 봉급으로 지극히 검소한 생활을 하는 데다가, 누구나 쉽게 다가갈 수 있는 겸손한 성품 덕분에 라히리 마하사야는 자연스럽고 행복하게 속세의 삶을 헤쳐나갈 수 있었다.

지고의 옥좌에 앉아 있으면서도 라히리 마하사야는 인품에 개의치 않고 모든 사람에게 존경심을 나타냈다. 자신을 따르는 신도들이 인사를 하면, 스승도 언제나 답례를 했다. 아이 같은 겸손한 마음으로 이따금씩 다른 사람들의 발을 만지기도 했다. 그러나 그런 인사법이 인도의 전통적인 관습임에도 불구하고 자신한테는 그렇게 인사하는 것을 절대로 허락하지 않았다.

라히리 마하사야의 생애에서 한 가지 중요한 특징은, 그가 사람들의 신앙을 가리지 않고 크리야 요가를 전수했다는 점이다. 그의 유명한 제자들 가운데는 힌두교도는 물론, 이슬람교도와 기독교도도 포함되어 있었다. 일원론자와 이원론자, 신앙인과 무신론자 등의 구별은 이 위대한 스승 앞에서 한갓 불필요한 꼬리표에 불과했다. 고도의 영적 진보를 이룩한 위대한 구루의 제자들 가운데는 이슬람교도인 압둘

구포오르 칸이라는 인물도 있었다.

라히리 마하사야는 스스로 가장 높은 신분인 브라만 계급이면서도 당시의 엄격한 카스트 제도를 깨뜨리는 데 용감하게 앞장섰다. 신분을 불문하고 모든 사람이 스승이 펼친 편재의 날개 아래 자기만의 아늑한 피난처를 찾았다.

신에게 영감을 얻은 다른 모든 선지자와 마찬가지로 라히리 마하사야도 사회에서 버림받은 자들이나 고통받는 자들에게 새로운 희망을 안겨주었다.

"너희는 모두 어느 누구에게도 속해 있지 않으며, 또 어느 누구도 너희에게 속해 있지 않다는 사실을 명심하라. 언젠가 너희는 갑자기 이 지상에 모든 것을 놓아두고 떠나야 한다. 그러니 지금 이 순간에 신과 영적 교류를 이루어야 한다."

구루는 제자들에게 이렇게 말했다.

"매일같이 신을 지각하는 깨달음의 공기를 채운 풍선을 타고 다가올 죽음의 영계 여행을 준비해라. 너희는 미망 때문에 스스로를 기껏 고통의 둥지*에 불과한 살점과 뼈의 다발로밖에 인식하지 못한다. 쉬지 말고 명상해라. 명상을 통해 스스로가 모든 불행으로부터 자유로운 '무한한 본질' 자체임을 보도록 해라. 더 이상 육체의 감옥에 갇혀 있지 말고, 크리야의 신비한 열쇠를 사용하여 대영혼 속으로 탈출하는 방법을 배워라."

위대한 구루는 다양한 제자들에게 자기 신앙이 정한 전통 규율을

---

* "우리의 육신에는 얼마나 많은 모습의 죽음들이 존재하고 있는가! 그 안에는 죽음밖에 없다."—마틴 루터(『탁상담화Table-Talk』)

충실히 지키라고 격려했다. 의식의 해방을 얻기 위한 실천적 기법으로서 모든 것을 포괄하는 크리야 요가의 본성을 강조하는 자리에서, 라히리 마하사야는 제자들에게 저마다의 환경과 교육에 맞추어 자신의 삶을 표현할 수 있는 자유를 부여했다.

"모슬렘(이슬람교도)은 매일 네 번씩 나마즈 예배*를 수행해야 한다. 힌두교도는 매일 네 번씩 명상 시간을 가져야 한다. 기독교도는 하루에 네 번씩 무릎을 꿇고 하느님에게 기도를 드리면서 성경을 읽어야 한다."

구루는 매우 예리한 안목으로 제자들을 각자의 자연스러운 기질에 따라 바크티(헌신) 요가, 카르마(행위) 요가, 즈나나(지혜) 요가, 라자(제왕 혹은 완벽성) 요가 등으로 이끌었다.

정식으로 수도승의 길에 입문하고자 하는 수행자들에게 서둘러 허락하지 않았던 이 위대한 구루는, 수도 생활의 엄격함에 대해 먼저 잘 생각해보라고 주의를 주었다.

구루는 제자들에게 경전의 이론 논쟁을 삼가라고 가르쳤다.

"고대의 계시를 단지 읽는 데만 그치지 말고 온 마음을 다 바쳐 실현하고자 노력하는 자야말로 지혜로운 사람이다. 너희의 모든 문제는 명상을 통해서 해결해라.** 쓸데없는 종교적 사색 대신 실제로 신과 만나도록 해라. 모든 독단적인 신학 나부랭이를 깨끗이 청소해버려라. 직접 지각이라는 신선한 치유의 물줄기가 마음속에 흐르게 해라. 내면의 '안내자'가 들려주는 능동적인 목소리를 따라라. 신성한 목소리

---

* 하루에 15회씩 반복되는 이슬람교도들의 주요한 기도 의식이다.
** "곰팡내 나는 책 대신 명상에서 진리를 찾으라. 달을 보려거든 하늘을 쳐다보라. 연못 속을 들여다보지 말고."―페르시아 속담

에는 삶의 모든 질곡에 대한 해답이 담겨 있다. 스스로를 고통에 빠뜨리고 마는 인간의 얕은 꾀가 비록 끝이 없어 보일지라도, 무한자의 구원 또한 그만큼 무궁무진하다."

스승의 편재는 어느 날인가 『바가바드기타』 해설을 듣고 있던 제자들의 눈앞에서 사실로 입증되었다. 모든 진동체의 창조 속에 깃든 쿠타스타 차이타냐(그리스도 의식)의 의미를 설명하다가 말고 갑자기 숨을 가쁘게 쉬며 라히리 마하사야가 외마디 소리를 질렀다.

"아, 일본 해안을 떠나는 많은 영혼들의 육체가 나를 물속으로 끌어당기는구나!"

다음 날 제자들이 본 신문에는 전날 일본 근해에서 침몰한 배에 탔던 많은 사람들의 사망 소식이 실려 있었다.

먼 곳에 떨어져 있는 라히리 마하사야의 제자들은 자신을 포근히 감싸주는 스승의 존재를 언제나 느낄 수 있었다. 스승은 가까이에 머물 수 없는 제자들에게 이런 격려의 말을 건넸다.

"나는 크리야를 수행하는 사람들과 항상 함께 있다. 끝없이 확장되는 그대들의 영적 지각을 통해 모두를 우주의 본향으로 인도해 주겠다."

스와미 사탸난다는 바라나시에 갈 수 없었던 한 수행자에게서 자신이 꿈속에서 크리야 요가에 입문했다는 이야기를 들었다. 스승 라히리 마하사야가 그의 기도에 응답해서 가르침을 베풀었던 것이다.

만일 어떤 제자가 꼭 이행해야 하는 세속의 책임을 한 가지라도 무시하면, 스승은 부드럽게 타일러 고쳐주었다.

"제자의 잘못을 공개적으로 이야기해야 할 때도 라히리 마하사야의 말씀은 항상 온화했다. 그것은 꾸중이 아닌 치유의 수단이었다."

스승 스리 유크테스와르는 언젠가 나에게 이렇게 말씀하면서 다음과 같이 덧붙이셨다.

"지금까지 스승님의 '미늘'을 피해 달아날 수 있는 제자는 하나도 없었다."

나는 웃지 않을 수 없었지만, 진정으로 스승의 모든 언사가 내 귀에는 음악처럼 들렸다고 자신 있게 말씀드렸다.

라히리 마하사야는 조심스럽게 크리야를 점진적인 네 단계로 나누었다.* 구루는 수행자가 명확한 영적 진보를 나타낸 다음에만 상위 세 가지 단계의 기법을 전수해주었다.

어느 날 자신의 수행 단계가 정당하게 평가받지 못하고 있다고 생각한 한 제자가 불만을 토로했다

"스승님, 저는 이제 제2단계에 들어갈 준비가 되어 있습니다."

바로 그때 문이 열리면서 브린다 바가트라고 하는 초라한 제자가 안으로 들어섰다. 그는 바라나시의 우편 집배원이었다.

위대한 구루가 그에게 애정 어린 미소를 보내며 말했다.

"브린다, 이리 와서 옆에 앉아라. 말해보거라, 제2단계 크리야를 수행할 준비가 되어 있느냐?"

그 작은 집배원은 마치 애원하듯이 두 손을 꼭 모아 쥐고, 놀라움에 가득 찬 음성으로 말했다.

"구루데바, 제발, 더 이상의 전수는 불가능합니다. 어떻게 제가 지금보다 더 높은 가르침을 소화해낼 수 있겠습니까? 오늘 저는 스승님에

---

* 크리야 요가 단계는 많은 하위 구분이 있다. 라히리 마하사야는 그 가운데서 가장 높은 실천 가치를 지닌 네 가지 필수 단계들만을 가려냈다.

게 축복을 부탁드리러 왔습니다. 제1단계의 신성한 크리야가 어찌나 저를 도취시키는지 이제 편지 배달도 힘들 정도입니다."

"브린다는 벌써부터 대영혼의 바다에서 헤엄치고 있구나."

스승의 말씀이 떨어지기가 무섭게 앞서 불만을 꺼냈던 제자가 고개를 숙이며 말했다.

"스승님, 저는 지금까지 연장 탓만 하던 서투른 목수였습니다."

겸손한 집배원 브린다는 교육도 전혀 받지 못했지만, 훗날 크리야를 통해 자신의 통찰력을 계발하여 학자들까지 이따금씩 경전의 쟁점에 대한 그의 해석을 구하러 올 정도가 되었다. 문법은 몰랐지만 죄악 또한 모를 만큼 순수했기 때문에, 이 키 작은 집배원 브린다는 박식한 학자들 사이에서도 명성을 얻었다.

바라나시에 거주하는 수많은 제자들 말고도 인도 전역에서 수백 명씩 위대한 스승을 만나러 먼 길을 마다하고 라히리 마하사야를 찾아왔다. 스승 자신이 가끔씩 벵골 지방을 여행하면서 두 아들의 장인들을 만나기도 했다. 이처럼 그의 존재가 내려준 축복에 의해 벵골 지방은 소규모 크리야 모임을 여럿 거느린 '벌통'이 되었다. 특히 크리슈나가르와 비슈누푸르 지역에서는 오늘날까지도 묵묵히 많은 수행자들이 보이지 않는 영적 명상의 흐름을 이어오고 있다.

라히리 마하사야로부터 크리야를 전수받은 성자들 가운데는 바라나시의 유명한 스와미 브하스카라난다 사라스와티와 데오가르의 고매한 고행자 발라난다 브라흐마차리 등이 있다. 라히리 마하사야는 한동안 바라나시의 성주인 이스와리 나라얀 신하 바하두르의 아들에게 개인 교습을 한 적이 있었다. 스승의 영적인 성취 단계를 알아차린 성주와 그의 아들은, 앞서 또 다른 성주인 조틴드라 모한 타쿠르가 그랬던 것처럼 크리야의 비전秘傳을 추구하게 되었다.

세속적으로 상당한 영향력을 가진 많은 제자들이 크리야의 영역을 대중적 차원으로 확장하려고 했지만, 위대한 구루는 이를 허락하지 않았다. 바라나시 성주의 주치의였던 한 제자는 스승을 '카시 바바'(바라나시의 존자)*라는 이름으로 널리 퍼뜨리고자 힘을 모으기 시작했다. 그러나 위대한 구루는 다시 한 번 그런 노력을 금했다.

"크리야 꽃의 향기는 저절로 퍼지도록 놔두어야 한다. 크리야의 씨앗들은 영적으로 비옥한 수행자들의 토양에 반드시 뿌리를 내릴 것이다."

이 위대한 스승은 비록 조직이라는 현대적 체계나 출판 등을 통한 설교 방식을 택하지 않았지만, 자신의 메시지에 담긴 힘이 저항할 수 없는 거센 홍수처럼 불어나서 마침내 인간의 마음이라는 둑을 넘게 되리라는 사실을 잘 알았다. 변화되고 정화된 수행자들의 삶 자체야말로 바로 크리야의 영원한 생명력을 보증하는 증거였다.

라니케트에서 크리야를 전수받은 지 25년째가 되던 1886년, 라히리 마하사야는 정년이 되어 연금을 받고 퇴직했다.** 시간을 낼 수 있는 낮 시간에는 스승을 만나러 오는 제자들이 꾸준히 줄을 이었다. 위대한 구루는 고요히 연화좌를 취한 채 대부분의 시간을 침묵으로 일관했다. 잠시 산책을 하거나 집의 다른 곳을 둘러보는 일도 없이, 조그만 거실을 좀처럼 뜨는 일이 없었다. 그래도 스승의 다르샨(신성한 시선)을 받기 위

---

* 제자들이 붙인 라히리 마하사야의 호칭에는 이 밖에도 요기바르(가장 위대한 요기), 요기라즈(요기들의 왕), 무니바르(가장 위대한 성자) 등이 있다. 나는 여기에 요가바타르(요가의 화신)라는 호칭을 덧붙인 바 있다.

** 그는 인도 정부의 한 부서에서 도합 35년간 봉직했다.

한 어린 제자들의 조용한 물결은 거의 끊어지지 않았다.

라히리 마하사야를 만나본 사람들은 모두 그의 생리 상태가 보여주는 초인적 특징들인 무호흡, 무수면, 심장박동 정지, 몇 시간 동안 눈을 깜빡이지 않는 상태, 온몸에서 발산되는 심오한 평화의 후광 등에 대해 무한한 경외감을 느꼈다. 영혼의 고양을 느끼지 못하고 돌아간 방문객은 단 한 사람도 없었다. 그들은 모두 자신들이 진정한 신인神人의 말없는 축복을 받았다는 사실을 너무나 잘 알았다.

이 위대한 스승은 제자 판차논 바타차랴에게 캘커타에 요가 센터를 개소하도록 허락했다. 여기서는 그 성스러운 제자가 크리야 요가의 메시지를 전파하면서, 요가에 바탕을 둔 약초*를 일반인에게 나눠주기도 했다.

위대한 스승은 고대의 관습에 따라 일반 사람들에게 여러 가지 질

---

\* 약초에 관한 지식은 산스크리트 문헌에서 광범위하게 발견된다. 히말라야의 약초는 회춘 처방에 사용되어, 1938년 세계적으로 뜨거운 관심을 받았다. 당시 이 약초 요법을 처방받은 사람은 바라나시 힌두 대학 부총장이던 77세의 마단 모한 말라비야 박사였다. 이 저명한 학자는 놀랍게도 45일 만에 건강과 근력, 기억력, 정상 시력을 되찾았다. 뿐만 아니라 세 번째 치열이 나오는가 하면 주름살이 모조리 사라지기도 했다. '카야 칼파'로 알려진 약초 요법은 힌두교의 의학서인 『아유르베다Ayurveda』에 나오는 80가지 회춘 처방 가운데 하나이다. 말라비야 박사는 자칭 1766년생이라고 주장하는 스리 칼파차랴 스와미 베슌다스지의 손으로 시술을 받았다. 이 스와미는 자신이 백 살이 넘었음을 입증하는 기록을 소지하고 있었는데, 《연합통신》 기자의 표현을 빌리면 마치 40세처럼 보였다고 한다. 고대 인도의 의학서는 의술을 다음과 같은 8개 분야, 즉 살야(수술), 살라캬(목 위의 질병), 카야치키트사(적절한 의약), 브훈타비댜(정신 질환), 카우마나(유아 돌보기), 아가다(독성학), 라사야나(수명), 바기카라나(강장) 등으로 분류했다. 베다 시대의 의사들은 정교한 수술 기구를 사용하고, 성형수술을 시행했으며, 독가스의 영향력에 대처하는 방법을 이해하고 있었다. 또한 그들은 제왕절개 수술과 뇌수술을 실행했으며 각종 의약품의 활성화에 대해서도 정통했다. 기원전 5세기 그리스의 유명한 의학자 히포크라테스는 자신의 저서 『의학 원료Materia Medica』의 많은 부분을 인도의 전통 의학서에서 차용했다.

병을 치료하는 님* 기름을 주었다. 구루가 기름을 한 방울씩 추출해달라고 하면, 제자는 쉽사리 그 일을 수행할 수 있었다. 만일 제자가 아닌 다른 사람이 시도하면, 그 사람은 곧 이상한 난관에 부딪혔다. 지시받은 대로 기름을 한 방울씩 추출해도 그 액체는 어느 틈엔가 이미 증발해버리고 없었다. 결과적으로 스승의 축복이 약효에 꼭 필요한 요소였던 것이다.

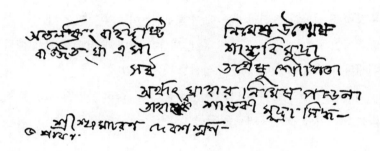

위의 글씨는 벵골어로 된 라히리 마하사야의 필적과 자필 서명인데, 제자에게 보낸 편지에 들어 있었다. 위대한 스승은 산스크리트어 시가를 다음과 같이 해석했다.

"눈꺼풀조차 깜빡거리지 않는 정적의 경지를 성취한 사람은 이미 삼브하비 무드라** 단계를 성취했도다."

---

* 동인도에서 자라는 마르고사 나무. 이 나무의 의학적 가치는 현재 서양에서도 충분히 인정하고 있다. 쓴맛이 나는 껍질은 강장제로 사용하고, 씨와 열매에서 추출한 기름은 나병과 그 밖의 질병을 치료하는 처방으로 사용한다.

** 삼브하비 무드라는 시선을 눈썹 사이의 일점에 고정시키는 단계를 의미한다. 요기가 정신적인 평온의 단계에 도달하면 눈꺼풀이 움직이지 않는다. 말하자면 내면의 세계에 몰입되어 있는 것이다. '무드라'란 보통 손가락과 손을 사용하는 의식상의 동작을 가리킨

아래쪽에 보이는 서명은 다음과 같다.

"스리 슈야마 차란 데바 샤르만Sri Shyama Charan Deva Sharman"

캘커타에 있는 바타차랴의 요가 센터에서는 구루의 경전 주석을 다수의 책으로 출간했다. 예수를 비롯한 다른 위대한 선지자들과 마찬가지로 라히리 마하사야는 어떤 책도 직접 저술한 적이 없지만, 핵심을 찌르는 스승의 경전 해석은 다양한 제자들의 손을 빌려 기록되고 정리되었다. 이 자발적인 대필자들은 무엇보다 위대한 구루의 심오한 통찰력을 정확하게 전달하는 데 주력했다. 이들의 작업은 대체로 성공적이었다. 제자들의 열정을 통해 세상은 고대의 경전 26권에 대한 위대한 구루의 비할 바 없는 주석서를 갖게 되었다.

위대한 구루의 손자인 나의 사랑하는 친구 스리 아난다 모한 라히리는 크리야에 관한 흥미로운 글을 썼다.

『바가바드기타』의 텍스트는 대서사시 『마하바라타』의 일부인데, 여기에는 몇 군데의 중요한 결절점結節點이 있다. 이 매듭들을 해명하지 않은 상태로 그대로 둔다면, 우리는 수천 년에 걸친 실험을 통해 동양이 초인적인 인내심으로 간직해온 과학을 잃는 결과가 되고 만다.* 경전

---

다. 여러 가지 무드라는 각기 특정한 신경 조직에 영향을 끼쳐서 정적을 유도해낸다. 고대 힌두교의 경전들은 나디스(신체에 존재하는 72,000가지 신경 통로)와 무드라가 정신세계에 끼치는 영향 사이의 상호 관계를 자세하게 분류했다. 그러므로 요가나 각종 의례에 사용되는 무드라는 과학적 기반을 가지고 있는 것이다. 이처럼 정교한 언어인 무드라는 인도의 각종 제례 무용에서도 발견된다.

* "최근에 인더스 계곡의 고대 유적지에서 발굴된 기원전 3000년경으로 추정되는 많은 인장印章에서 명상 자세로 앉은 모습이 드러났는데, 이런 자세는 현재 요가에서도 사용되고 있다. 그렇다면 당시에도 요가의 필수 요소 일부가 알려져 있었다는 추론이 가능하다. 하지만 정밀한 방법론의 도움을 받은 체계적인 내성적內省的 수행법이 5,000년 동안 인도

의 글자들과 그림들이 벌이는 수수께끼로 치부되어 세인들의 관심 영역에서 벗어났던 종교의 과학성에 명징한 빛을 던져준 것은 바로 위대한 구루 라히리 마하사야의 주석이었다. 만일 이 위대한 구루의 주석이 없었다면 그냥 무의미한 공식이 되고 말았을 베다 신앙의 여러 가지 양상이 더 이상 불가해한 언어의 마술이 아니라, 과학적 의미로 가득 찬 지식의 결정체라는 사실이 입증된 것이다.

인간은 보통 사악한 열정을 만나면 무력해진다. 그러나 만일 크리야 요가를 통해서 보다 우월하고 지속적인 희열과 축복을 의식하게 된다면, 이 모든 사악한 열정도 힘을 발휘하지 못한다. 그리고 수행자는 더 이상 그런 열정에 탐닉할 필요성을 느끼지 않는다. 이처럼 저급한 열정을 극복하는 과정은 참다운 행복에 대한 확신과 경험을 따라 동시에 일어난다. 적절한 경로를 거치지 않고 무조건 하면 안 된다고만 규정하는 수백 가지 도덕법칙은 아무런 소용이 없다. 세속적인 활동을 바라는 열망은 우리의 내면에 잠재된 영적인 경외감을 말살해버린다. 우리는 모든 이름과 형상의 이면에 깃든 '위대한 생명'을 이해할 수 없다. 그것은 우리가 현대 과학 덕분에 자연의 갖가지 힘을 활용하는 방법에 익숙해졌기 때문이다. 자연과의 친밀감 때문에 우리는 오히려 자연의 궁극적 신비를 무시하게 되었다. 그리하여 자연과의 관계는 이제 실용적인 일

---

에서 지속되었다는 결론을 내리기는 힘들다. (중략) 인도에서는 마음과 윤리 개념을 다루는 모종의 가치 있는 종교적 태도를 발전시켰는데, 이것은 적어도 생활에 광범위하게 적용할 수 있다는 점에서 독특하다고 할 만하다. 그 가운데 하나는 지적인 신념 혹은 교리에 대한 관용의 정신이다. 여러 세기 동안 이단 사냥이 흔했고, 종파 분쟁을 빌미로 벌이는 피비린내 나는 전쟁이 잦았던 서구 사회에서 이런 관용의 태도는 대단히 놀라운 것이다." 이것은 미국 학술단체평의회의 기관지 1939년 호에 기고한 노먼 브라운 교수의 글에서 발췌한 내용이다.

거리의 하나가 되어버렸다. 말하자면 자연을 되도록 괴롭혀서 우리의 목적에 맞출 궁리만 하는 것이다. 우리는 자연 에너지를 이용하고 있지만, 그 '근원'은 아직 모른다. 과학의 관점에서 본다면 인간과 자연의 관계는 주인과 하인 사이와 흡사하고, 철학적 의미로 말한다면 자연이란 증인석에 앉은 포로라고 할 수 있다.

우리는 자연을 구석구석 조사하고, 자연에 도전하고, 숨겨진 자연의 가치를 절대 알 수 없는 인간의 척도를 가지고 자연의 증거를 가늠했다. 그러나 이와 달리 인간의 자아가 보다 높은 힘과 교류하게 되면, 자연은 아무런 부작용 없이 인간의 의지에 자동으로 순응한다. 이와 같이 자연에 손을 대지 않는 지배야말로 유물론자들이 말하는 '기적'이라는 현상이다.

라히리 마하사야의 생애는, 요가가 신비주의 수행법이라는 잘못된 인식을 뒤바꿔놓은 전형적인 사례의 하나이다. 자연과학의 객관성에도 불구하고, 사람들은 누구나 크리야 요가를 통해 자연과 인간의 적절한 관계를 이해하고, 그것이 신비한 것이든 일상적인 것이든 모든 현상에 대해 영적인 경외감을 느끼게 된다.* 일천 년 전에는 신비로웠던 것이 지금은 더 이상 신비롭지 않으며, 지금 신비로운 것도 백년이 지나면 그 법칙을 이해할 수 있다는 사실을 우리는 명심해야 한다. 모든 드러난 현상의 배후에 존재하는 것은 바로 '대양과도 같은 힘' 혹은 '무한자'이다.

---

* "비록 어떤 사람이 수많은 학술 단체의 의장이고, 자신의 머릿속에 모든 실험실과 관측소의 축소판을 다 운영한다 하더라도, 놀라움을 느낄 수 없거나 아무 대상도 숭배하지 않는 데 익숙해진 사람은, 눈 없이 안경만 하나 달랑 가진 존재에 불과할 따름이다."—토머스 칼라일

바바지가 기거하던, 히말라야 라니케트 인근 드롱기리 산의 수행처 가운데 하나. 라히리 마하사야의 손자인 아난다 모한 라히리(오른쪽에서 두 번째 흰 옷차림)를 포함한 네 명의 수행자가 신성한 장소를 방문했다.

크리야 요가의 과학은 영원하다. 그것은 수학만큼이나 진리이며, 더하기나 빼기처럼 단순한 계산 규칙만큼 분명하다. 크리야의 법칙은 결코 파괴될 수 없다. 수학을 다룬 모든 책이 불 속에 던져져 잿더미가 된다 해도, 논리를 존중하는 인간의 지성은 언제나 그 같은 진리를 다시 찾아낼 것이다. 요가에 관한 모든 책이 금서가 된다 해도, 요가의 근본 법칙은 순수한 신앙심과 순수한 지식을 내면에 지닌 현자의 출현과 함께 다시 세상에 모습을 드러낼 것이다.

바바지가 신성의 화신 '마하바타르'로 불리고, 스리 유크테스와르가 지혜의 화신 '즈나나바타르'로 불리듯이, 라히리 마하사야는 요가의 화신 '요가바타르'로 불릴 수 있다.*

이 위대한 스승은 질과 양 모든 차원에서 사회의 영적 수준을 고양시켰다. 가까운 제자들을 그리스도의 경지로 끌어올린 힘, 대중들 사이에 진리의 복음을 널리 전파한 행적으로 미루어볼 때 라히리 마하사야는 분명 인류의 구세주 가운데 한 사람으로 평가할 수 있다.

선지자로서 그의 독특한 측면은, 모든 인간에게 요가를 통한 자유의 문을 처음으로 열어준 크리야라는 명확한 방법의 실천을 강조했다는 점이다. '요가바타르'는 자신의 기적은 차치하고라도, 대단히 복잡한 체계를 지닌 고대의 요가를 일반인도 접근할 수 있는 단순한 형태로 간소화시키는 데 탁월한 능력을 보여주었다.

기적에 관해 언급하는 자리에서 라히리 마하사야는 가끔 다음과 같은 이야기를 했다.

"보통 사람들에게 알려지지 않은 미묘한 법칙들의 운용을 두고 그 내용을 공개적으로 거론하거나 혹은 무분별하게 출판해서는 안 된다."

만일 이 책에서 내가 스승의 경고를 조금이라도 무시한 것처럼 보였다면, 그것은 스승이 그렇게 해도 좋다고 나의 내면에서 안심을 시켰기 때문이다. 그러나 바바지와 라히리 마하사야, 스리 유크테스와르의 생애를 기록하는 과정에서 특정한 기적 몇 가지에 관한 이야기는

---

* 스리 유크테스와르는 자신의 제자인 파라마한사 요가난다를 '신성한 사랑의 화신'으로 지칭한 적이 있다. 그리하여 요가난다가 죽고 나자 그의 주요한 제자인 라자르시 자나카난다(제임스 J. 린)는 파라마한사에게 '프레마바타르'(사랑의 화신)라는 적절한 호칭을 붙였다.─원서 편집자 주

생략하는 것이 좋다고 판단했다. 난해한 철학을 동원해서 구구절절 엄청난 분량의 설명을 붙이지 않고서는 도저히 이 책에 포함시키기가 어렵기 때문이다.

라히리 마하사야는 가정을 가진 요기로서 현대 세계의 요구에 적합한 실천적 메시지를 전해주었다. 그야말로 완벽에 가까웠던 고대 인도의 경제적·종교적 상황은 이제 더 이상 기대할 수 없다. 이 위대한 스승은 그래서 탁발 그릇 하나만을 든 채 각지를 유행遊行하던 고대의 이상적인 수행자상을 강요하지 않았던 것이다. 그러는 대신 자신의 삶을 꾸려가면서도 생존을 위해 각박한 사회에 지나치게 의존하지 않고, 가정이라는 은밀한 장소에서 요가를 수행할 수 있는 이점을 충분히 활용했다. 아울러 스스로 그러한 생활에서 모범을 보임으로써 자신을 따르는 모든 사람에게 용기를 주었다. 그는 현대의 이상적인 요기 그 자체였다. 바바지에 의해 설계된 라히리 마하사야의 생활 방식은 세계 모든 지역의 열성적 요기들에게 하나의 길잡이가 되었다.

새로운 사람들을 위한 새로운 희망! 요가의 화신 라히리 마하사야는 다음과 같이 선언했다.

"신과의 합일, 그것은 어떤 신학적 견해나 '우주의 독재자'의 독단적 의지에 의존하는 것이 아니라, 오직 스스로의 노력을 통해 이루어지는 경지이다."

인간의 신성을 믿을 수 없는 사람들도 크리야의 열쇠를 사용함으로써 마침내는 자신의 내면에 깃든 충만한 신성을 보게 될 것이다.

# 36

# 서양에 대한
# 바바지의 관심

세람푸르에서 맞은 고요한 여름밤이었다. 열대의 커다란 별들이 머리 위로 명멸하는 가운데 나는 스승의 암자 2층 발코니에서 스리 유크테스와르와 함께 있었다.

"스승님은 바바지님을 만나뵌 적이 있으십니까?"

"있다."

스승은 나의 직선적인 물음에 미소를 지으셨다. 스승의 눈은 바바지에 대한 존경심으로 은은히 빛나고 있었다.

"나는 죽음을 모르는 그 구루를 세 번씩이나 만나는 축복을 받았다. 우리의 첫 번째 만남은 알라하바드에서 있었던 쿰 메일러 축제에서 이루어졌다."

아득한 옛날부터 이어져온 인도의 종교 행사들을 '쿰 메일러'라고 부른다. 이들 행사는 수많은 사람의 시야에 항상 영적인 목표를 심어 주었다. 6년마다 한 번씩 독실한 힌두교도들이 수천 명의 사두와 요기, 스와미, 온갖 종파의 고행자들을 보기 위해 각지에서 무수히 모여든다. 그 수행자들은 대부분 축제 참석이 아니면 절대로 거처를 떠나는 일이 없는 은둔자들로서, 축제에 참여한 속세의 남녀에게 축복을 내려준다.

스리 유크테스와르는 이야기를 계속하셨다.

"바바지님을 만났을 때, 나는 아직 스와미 신분이 아니었다. 그렇지만 라히리 마하사야로부터 이미 크리야 요가를 전수받고 있었다. 라히리님은 1894년 1월에 알라하바드에서 열리는 축제에 참가하라고 격려해주셨다. 나는 그때 처음으로 쿰 메일러를 경험했기 때문에 수많은 인파와 사람들이 뿜어내는 함성으로 약간 현기증을 느낄 정도였다. 주변을 둘러보았지만 빛나는 도인의 얼굴은 하나도 눈에 띄지 않았다. 그런데 갠지스 강둑의 다리를 건너다가 수행자 한 사람이 탁발 그릇을 내밀고 있는 모습을 보게 되었다. 많이 보던 익숙한 광경이었다. 나는 환멸감에 싸여 이렇게 생각했다.

'아, 이 행사는 소음과 거지들만 우글거리는 난장판에 지나지 않는구나. 서양의 과학자들은 인류의 실용적인 복리를 위한 지식의 영역을 끈기 있게 넓혀가고 있는데, 그에 비하면 신앙 고백 대신 탁발에만 정신을 쏟는 저 게으른 자들은 전혀 신을 기쁘게 해드리는 게 아니야.'

그렇게 사회 개혁에 대한 생각에 골똘히 잠겨 있는데, 갑자기 내 앞에 우뚝 멈춰선 키 큰 산야시의 목소리가 들려왔다.

「선생, 어떤 성자가 당신을 부르고 있소.」

「누굽니까?」

「직접 가서 만나보시오.」

이 간결한 안내를 따라 내키지 않는 걸음을 옮기다 보니, 어느새 어떤 나무 근처에 당도했다. 늘어진 나뭇가지들을 안식처 삼아 강렬한 인상을 풍기는 구루 한 사람이 제자들과 함께 앉아 있었다. 환하고 비범한 모습을 한 그 도인은 내가 다가가자 짙은 눈을 깜빡이며 자리에서 일어나 나를 껴안았다.

「어서 오게, 스와미여.」

그는 애정이 가득 담긴 어조로 말했다.

「아니, 어르신. 저는 스와미가 아닙니다」

나는 '아니'라는 말을 애써 강조하면서 대답했다.

「내가 신의 인도로 '스와미' 호칭을 부여한 자들은 절대 그 호칭을 던져버리지 않았다.」

성자는 매우 간단하게 말했지만, 그 한마디에서 진리에 대한 깊은 확신이 울려나왔다. 나는 순간적으로 영적인 축복의 파장 안으로 쑥 빠져 들어갔다. 그리고 고대의 수도승 교단*에 입문하는 급작스러운 지위 상승에 미소를 지으면서, 인간의 형체를 갖추었지만 분명 천사와 같은 이 위대한 존재의 발밑에 고개를 숙였다.

바바지님(그 성자는 확실히 그분이셨다!)은 나에게 나무 밑으로 와서 자기 곁에 앉으라고 손짓을 하셨다. 그분의 모습은 무척 강인하고 젊었는데, 라히리 마하사야님과 비슷해보였다. 두 분 스승이 이상할 정도로 서로 닮은 모습이라는 이야기를 가끔 들어본 적이 있기는 했어도

---

* 스리 유크테스와르는 훗날 붓다가야의 마한트(교단의 우두머리)의 인도로 정식으로 스와미 교단에 입문했다.

닮았다는 사실 자체 때문에 그렇게 놀라지는 않았다.

바바지님은 사람의 마음속에서 일어나는 모든 생각을 저지할 수 있는 어떤 힘을 갖고 계셨다. 그러니까 그 위대한 구루께서는 내가 당신의 정체를 알게 되더라도 압도당하지 않고 자연스럽게 행동하기를 바라셨던 것이다.

「쿰 메일러에 대해 어떻게 생각하는가?」

「무척 실망했습니다.」

나는 이같이 대답하고 급히 덧붙였다.

「우리가 만나기 바로 직전까지 그랬다는 뜻입니다. 어쩐지 성자들과 이 소란스러운 분위기는 전혀 무관할 것 같습니다.」

「얘야.」

외모로는 내 나이가 두 배쯤 많아 보였지만, 그 도인은 나를 그렇게 불렀다.

「다수의 잘못을 가지고 전체를 판단하면 안 된다. 지상의 모든 것은 마치 모래와 설탕이 섞이듯이 서로 혼합된 속성을 갖는다. 설탕만을 붙잡고 모래 알갱이는 건드리지 않는 현명한 개미가 되어라. 비록 많은 사두들이 미망 속을 방황한다 할지라도, 축제는 신과의 합일에 도달한 소수의 사람들에 의해 축복받고 있다.」

나는 고매한 스승을 직접 만나고 있다는 사실을 떠올리면서 즉시 그분의 말씀에 동의했다.

「스승님, 그런데 저는 지금까지 서양의 선도적인 과학자들에 대해 계속 생각해 왔습니다. 그들은 여기 모인 대다수 사람들보다 지적인 면에서 훨씬 우수하고, 또 여기서 멀리 떨어진 유럽과 미국에 살면서 우리와 다른 신앙 고백을 합니다. 그렇지만 서양 과학자들은 지금

이 자리에서 벌어지는 쿰 메일러와 같은 축제의 진정한 가치를 모릅니다. 그들은 인도의 스승들을 만남으로써 반드시 커다란 이익을 얻을 수 있을 겁니다. 비록 높은 수준의 지적 성취를 이루었다 해도 많은 서구인들은 유물론에 심하게 경도되어 있는 실정입니다. 과학과 철학 분야에서 이름을 떨치는 다른 서구 학자들도 종교에서만큼은 근본적인 통일성을 깨닫지 못하고 있습니다. 그들이 믿는 신조가 오히려 그들과 우리를 영원히 갈라놓고 극복할 수 없는 장벽으로 군림하고 있습니다.」

도인의 표정에 공감의 빛이 어렸다.

「나는 네가 동양뿐만 아니라 서양에 대해서도 지대한 관심을 기울이고 있다는 사실을 잘 알고 있다. 동양이든 서양이든 모두를 위한 네 가슴의 고통은 나 역시 절실히 느꼈다. 너를 여기로 부른 것도 바로 그 때문이다.

동양과 서양은 마땅히 활동성과 영성을 결합한 중용의 길을 수립해야 한다. 물질의 발달이라는 측면에서는 인도가 서양에서 배워야 할 것이 많다. 반면에 인도는 영성을 다루는 보편적인 방법을 가르쳐서 서구 사람들이 자신의 종교적 신념을 요가라는 확고부동한 기반 위에 올려놓을 수 있도록 도와주어야 한다.

스와미여, 장차 다가올 동양과 서양의 조화로운 교호交好작용에서 그대가 꼭 해야 할 역할이 있다. 앞으로 수년 후, 나는 서양에 요가를 전파하도록 훈련시킬 수 있는 제자 하나를 너에게 보내줄 것이다. 영적인 길을 찾는 수많은 영혼이 발산하는 진동이 밀물처럼 나에게 다가온다. 나는 깨어나기만을 기다리는 미국과 유럽의 잠재적 성자들을 잘 알고 있다.」

여기까지 이야기하던 스리 유크테스와르가 갑자기 시선을 돌려 내 눈을 바라보셨다. 스승은 밝은 달빛 속에 비치는 잔잔한 미소를 지으며 말씀하셨다.

"나의 아들아, 연전에 바바지님이 내게 보내주겠다고 약속하신 그 제자가 바로 너다."

나는 바바지님이 나를 스승에게 인도해주셨음을 알고 무한한 행복을 느꼈다. 그러나 한편으로는 자애로운 나의 구루와 그 소박한 암자의 평화를 떠나 이역만리 서양에 가야 한다는 사실이 쉽게 머릿속에 그려지지 않았다.

"바바지님은 그러다가 『바가바드기타』 이야기를 하셨다."

스리 유크테스와르가 이야기를 계속 이어 나가셨다.

"놀랍게도 그분은 내가 『기타』의 몇몇 대목을 번역했다는 사실을 알고 계셨다. 간단한 몇 마디 칭찬이 그 증거였다.

위대한 스승은 이렇게 말씀하셨다.

「스와미여, 다른 과제를 하나 시작해보지 않겠는가? 기독교와 힌두교의 경전들 사이에 근원적으로 존재하는 조화를 다루는 간결한 책을 써보도록 해라. 그리하여 깨달음을 얻은 신의 아들은 모두 똑같은 진리를 말하고 있음을 세상에 보여주어라. 사실이 그런데도 분파를 좋아하는 사람들은 '똑같은 진리'를 흐리고 있지 않은가!」

나는 약간 머뭇거리며 대답했다.

「마하라즈,* 그건 너무 벅찹니다. 제가 과연 그 일을 해낼 수 있겠습니까?」

---

* '대왕'이라는 뜻의 존칭

바바지님은 부드럽게 웃으셨다.

「나의 아들아, 무엇을 못 미더워하느냐? 진실로 이 모든 것이 누구의 일이며, 이 모든 행위를 하는 자가 과연 누구이겠느냐? 신이 나를 시켜 사역하신 모든 것은 반드시 그대로 정확하게 이루어지고 만다.」

성자의 축복으로 무한한 힘이 생겼다는 느낌을 받은 나는 그 책을 쓰는 데 동의했다. 아쉽지만 작별의 시간이 이미 지났음을 느낀 나는 그때까지 앉아 있던 나뭇잎이 무성한 자리에서 몸을 일으켰다. 그때 도인께서 이렇게 물으셨다.

「너는 라히리를 아는가? 그는 진정 위대한 영혼이다. 그에게 우리가 만났던 이야기를 해주도록 하라.」

그러고 나서 라히리 마하사야를 위한 메시지를 나에게 전해주셨다. 내가 겸손히 작별 인사를 드리자 성자께서는 자애로운 미소를 지으며 이야기하셨다.

「네 책이 완성되면 잠시 너에게 들르겠다만, 지금은 작별을 고해야겠구나.」

다음 날 나는 알라하바드를 떠나서 바라나시로 가는 기차에 몸을 실었다.

구루의 집에 도착한 나는 쿰 메일러에서 만난 놀라운 성자의 이야기를 그대로 쏟아놓았다. 라히리 마하사야님의 두 눈에는 웃음기가 가득 어려 있었다.

「오호, 그렇다면 너는 그분을 알아보지 못했단 말이냐? 하긴 일부러 그러셨을 테니까 네가 몰랐던 것도 당연하겠지. 그분은 바로 비할 바 없는 나의 구루이신 천상의 바바지님이시다!」

나는 너무나 놀라서 이렇게 반복했다.

「바바지! 요기 그리스도 바바지! 눈에 보이면서 보이지 않는 이 세계의 구원자 바바지님! 오, 그분을 만났던 과거로 다시 돌아갈 수 있다면, 연꽃 같은 성자의 발 아래 최대한 존경의 마음을 표시할 텐데!」

라히리 마하사야는 나를 위로해주려는 듯 부드럽게 말씀하셨다.

「걱정마라. 그분은 분명히 너를 다시 만나주겠다고 약속하셨다.」

「구루데바께서 스승님에게 메시지를 전해드리라고 부탁하셨습니다. 그분은 금생을 위해 축적된 에너지가 이제 고갈되어가고 있으니 머지않아 끝나리라는 사실을 알려드리라고 하셨습니다.」

이 수수께끼 같은 말을 듣고 있던 라히리 마하사야의 얼굴이 마치 번갯불에 닿은 듯이 떨리기 시작했다. 순식간에 삼라만상이 침묵으로 빠져들었다. 그리고 미소가 어려 있던 스승의 표정도 믿을 수 없을 만큼 엄숙해지셨다. 마치 나무를 깎아 만든 목상처럼 그 자리에 꼼짝도 하지 않고 멈춰 있던 스승의 육체가 점차 색채를 잃어갔다. 놀랍고 한편 당혹스럽기도 했다. '그처럼 쾌활하던 스승님이 왜 갑자기 무서울 정도로 심각해지셨을까?' 그 자리에 함께 있던 다른 제자들도 근심 어린 눈으로 스승의 표정만 지켜보고 있었다.

침묵 속에서 세 시간이 지나갔다. 그제야 라히리 마하사야님이 평상시처럼 유쾌한 태도를 되찾고 제자들에게 사랑스러운 어조로 말씀하셨다. 우리 모두는 안도의 한숨을 내쉬었다.

스승의 이러한 반응을 대하고 나자, 나는 라히리 마하사야님이 바바지의 확실한 메시지를 통해 자신의 육체가 더 이상 유지될 수 없음을 이해했다는 사실을 깨달았다. 나의 구루는 순간적으로 자기 존재를 통제하여 물질세계와 연결된 마지막 집착의 끈을 끊어버리고, 영원히 살아 있는 대영혼과 하나가 되어 날아가셨던 것이다. 위엄 있는 침묵이 바로 그 증거였다. 바바지님은 언젠가 나의 구루에게 이렇게 말씀하셨다.

「나는 언제나 너와 함께 있을 것이다.」

바바지님과 라히리 마하사야님은 편재의 존재이기 때문에 굳이 나나 다른 매개자를 통해서 서로 의사를 전달할 필요는 없지만, 그 위대한 두 분은 겸손하게도 가끔씩 인간의 드라마 속에서 자신들의 역할을 수행하곤 하셨다. 두 분은 자신들의 예언을 다른 사람을 통해 평범한 방법으로 전달하는 경우가 있었다. 그렇게 되면 훗날 예언이 그대로 실현되었을 때, 그 이야기를 알고 있는 보다 많은 사람들의 가슴속에 신성한 믿음이 스며들리라고 생각하신 것이다.

나는 곧 바라나시를 떠나 세람푸르에 머무르면서 바바지님이 지시하신 저술 작업에 착수했다. 그 일을 시작하자마자 죽음을 모르는 불멸의 구루께 바치는 시 한 수를 짓고 싶다는 영감을 받았다. 전에는 한 번도 산스크리트어로 시가를 지어본 적이 없었는데, 어찌 된 일인지 아름다운 시행들이 아무 힘도 안 들이고 나의 붓끝에서 흘러나왔다.

밤의 정적 속에서 나는 성경과 사나탄 다르마Sanatan Dharma* 경전의

---

* 글자 그대로의 뜻은 '영원한 종교'이며, 베다 교리의 본체에 붙여진 이름이다. 알렉산더 대왕 시대에 인도 북서부에 침입한 그리스인들이 인더스 강 기슭에 살던 사람들을 '인두스' 혹은 '힌두스'라고 지칭했기 때문에, 사나탄 다르마는 '힌두교'로 불리게 되었다. 그러므로 정확한 의미에서 '힌두'라는 말은 사나탄 다르마 또는 '힌두교'의 추종자만을 가리키는 것이다. 반면에 '인디언'이라고 하면 힌두교도나 모슬렘을 포함하여 인도라는 토양에 뿌리를 내리고 사는 모든 거주자를 가리킨다. 또한 콜럼버스의 지리학적 착오로 인해 미국에 사는 몽고계의 원주민들도 '인디언'이라고 부른다.

고대에 인도를 지칭하는 이름은 아랴바르타Aryavarta였는데, 이는 '아리안족의 거주지'라는 뜻이다. 'arya'라는 산스크리트어 어근은 '가치 있는, 신성한, 고상한'이라는 뜻이다. 그런데 훗날 이 아리안Aryan이란 말이 정신적 특징이 아닌 육체적 특징을 의미하는 것으로 잘못 쓰인 결과, 위대한 동양학자인 막스 뮐러로 하여금 다음과 같은 흥미로운 발언을 남

비교에 온 힘을 기울였다. 예수의 말씀을 인용하면서 예수의 가르침이 본질적으로 베다의 계시 내용과 하나라는 사실을 밝혀냈다. 그리고 나의 '파람 구루 마하라즈Param-Guru-Maharaj'[*]의 은총 덕분에 그 책을 짧은 시간에 끝마칠 수 있었다. 책의 내용은 처음에 학술지《사드후삼바드Sadhusambad》에 실렸다가 나중에 키데르포어에 거주하는 제자에 의해 공적 간행물이 아니라 사적 간행물의 형태를 띤 한 권의 책으로 출간되었다.

집필을 끝낸 다음 날 아침, 나는 갠지스 강에서 목욕을 하기 위해 라이Rai 가트로 갔다. 가트는 고적했다. 잠시 동안 햇살이 선사하는 평화를 만끽하면서 그대로 서 있었다. 그리고 반짝이는 물결에 몸을 담그고 나서 곧 집으로 향했다. 정적 속에서 들리는 것이라곤 발걸음을 옮길 때마다 갠지스 강물에 흠뻑 빠졌다가 나온 옷자락이 찰싹거리는 소리뿐이었다. 막 강둑 근처의 커다란 보리수를 지나치려는데, 강한 자극이 나를 이끌어 뒤돌아보게 되었다. 거기, 보리수 그늘 아래 몇몇 제자들에게 둘러싸인 위대한 바바지님이 앉아 계셨다.

「잘 있었는가, 스와미여!」

내가 절대로 꿈을 꾸는 게 아님을 확인시켜주듯이 스승의 아름다운 목소리가 잔잔하게 울렸다.

---

기게 했다. "아리안족, 아리안 혈통, 아리안계의 눈과 머리칼에 대해 이야기하는 인종학자는 장두長頭 사전이나 단두短頭 문법에 대해 논쟁하는 언어학자만큼이나 중대한 과오를 저지르는 사람이라고 생각된다."

[*] '파람 구루'는 '구루의 구루'를 말한다. 그러므로 바바지는 라히리 마하사야의 구루인 동시에 스리 유크테스와르의 '파람 구루'인 셈이다. 대화신 바바지는, 크리야 요가를 충실히 수행하는 모든 SRF–YSS 수행자들의 영적 행복에 대한 책임을 떠맡고 있는 인도의 스승들 가운데서 가장 높은 구루이다.

「네가 성공적으로 책을 마무리했음을 잘 알고 있다. 약속한 대로 고마운 뜻을 전하려고 이 자리에 왔다.」

나는 빠르게 울리는 심장의 고동을 느끼며 그분의 발밑에 엎드렸다. 내 목소리는 거의 울음에 가까울 정도였다.

「파람 구루지! 제자들과 함께 제 집까지 동행하는 축복을 내려 주십시오.」

지고의 구루는 웃으면서 부탁을 거절하셨다.

「아니다, 애야. 우리는 나무가 드리우는 그늘막을 좋아하는 사람들이다. 여기는 아주 편안한 장소란다.」

「그러면 제발 이곳에 잠시만 머물러 주십시오, 스승님.」

나는 강한 애원의 눈빛으로 그분을 바라보았다.

「지금 곧 집으로 가서 사탕을 준비해 오겠습니다.」[*]

잠시 뒤에 과자가 담긴 접시를 들고 다시 돌아와보니, 천계의 무리는 이미 성스러운 나무 밑을 떠난 다음이었다. 나는 가트를 여기저기 살펴보았다. 그렇지만 마음속으로는 그 작은 군단이 에테르의 날개를 달고 이미 멀리 날아갔다는 사실을 받아들이고 있었다. 나는 깊은 상처를 받고 이렇게 다짐했다.

「다시 만나도 말을 걸지 않겠다. 그렇게 갑자기 떠나버리다니, 정말 야박하시구나!」

물론 이런 느낌은 사랑의 격정이었을 뿐 결코 그 이상은 아니었다. 몇 달 후에 바라나시로 라히리 마하사야님을 찾아갔다. 내가 현관문을 들어서자 구루께서 웃으면서 반겨주셨다.

---

[*] 인도에서는 제자가 구루에게 다과를 대접하지 않는 것을 불경으로 여긴다.

「어서 오너라. 유크테스와르! 내 방 문턱을 넘어설 때 바바지님을 만났겠구나?」

「예? 못 만났는데요!」

나는 깜짝 놀라서 이내 대답했다.

「이리 와보거라.」

라히리 마하사야님이 내 이마에 부드럽게 손을 대셨다. 그랬더니 그 문 가까이에서 마치 활짝 핀 한 송이 연꽃처럼 바바지님의 형체가 보이는 게 아닌가!

나는 오래 전에 받은 상처를 기억해내고 고개를 숙이지 않았다. 라히리 마하사야님이 놀라움에 가득 찬 눈으로 나를 바라보셨다. 신성한 구루는 헤아릴 수 없는 눈길로 나를 응시하셨다.

「나 때문에 화가 났구나.」

「그렇습니다. 당신은 신비한 무리를 거느리고 공중에 나타나셨다가 공중으로 사라지셨습니다. 왜 저는 함께할 수 없는 겁니까?」

바바지께서는 부드럽게 미소를 지으셨다.

「나는 우리가 만나게 된다고만 말했지 얼마 동안 머물러 있겠다는 말은 하지 않았다. 너는 그때 너무 흥분한 상태였다. 그래서 너의 불안한 격정 때문에 내가 에테르 속으로 완전히 사라졌던 것이다.」

차분한 설명을 듣자 곧 이해가 되었다. 나는 얼른 그분의 발치에 무릎을 꿇었다. 지고의 구루께서 내 어깨를 부드럽게 토닥여주셨다.

「더 깊이 명상해야 한다. 네 눈은 아직도 투명하지 못하다. 사실 그 때문에 햇살 뒤에 숨어 있던 나의 모습을 보지 못한 것이다.」

천상의 피리 소리처럼 들려오는 이 말씀과 함께 바바지님은 신비한 광채 속으로 자취를 감추셨다.

그것이 내가 바라나시로 스승을 뵈러 간 마지막 방문이 되었다. 앞서 쿰 메일러에서 그분이 말씀하신 대로 가정을 가진 수행자로서 이어져온 라히리 마하사야님의 생명이 끝나가고 있었던 것이다.

1895년 여름을 나는 동안 그렇게도 튼튼했던 라히리님의 몸에 등창이 생겨났다. 그분은 치료를 거부하고, 자신의 살점에 남아 있는 몇몇 제자들의 악업을 소진시키기에 여념이 없으셨다. 어린 제자들이 끈질기게 물어오자 스승은 마침내 다음과 같은 신비한 대답을 남기셨다.

「육체는 마땅히 자신이 떠나갈 이유를 찾아야 한다. 나는 이제 너희가 하고자 하는 것이면 무엇이든 기꺼이 동의할 것이다.」

얼마 후, 비할 바 없는 구루께서는 바라나시에서 당신의 육체를 버리셨다. 그리하여 더 이상 그 응접실로 스승을 찾아갈 필요가 없어졌다. 하지만 나의 삶은 매일같이 천지에 미만해 있는 스승의 가호에 의해 축복을 받았다."

몇 년이 지난 다음, 나는 상당한 영적 진보를 이룩한 스와미 케샤바난다의 입을 통해 라히리 마하사야님의 죽음에 얽힌 놀랄 만한 이야기를 상세히 듣게 되었다.

"당신의 육체를 버리기 수일 전, 내가 하르드와르의 암자에 앉아 있을 때 구루께서 내 앞에 나타나셨다네.

「지금 즉시 바라나시로 오라.」

말씀을 마치자마자 라히리 마하사야님의 모습은 흔적도 없이 사라져버렸어. 나는 서둘러서 바라나시 행 기차에 몸을 실었지. 구루의 댁에 도착해보니, 그곳에는 많은 제자들이 모여 있었다네. 그날* 몇 시간

---

* 1895년 9월 26일, 라히리 마하사야가 자신의 육체를 버린 날이다. 며칠만 더 있었으면

동안이나 『기타』를 자세하게 풀이해주시던 구루께서 돌연 우리에게 간단히 이렇게 말씀하시지 뭔가.

「이제 집에 간다.」

나는 마치 막을 수 없는 거대한 물줄기처럼 비통한 격정이 한꺼번에 터져나왔지.

「진정해라. 나는 다시 일어날 것이다.」

이 말씀을 마치고 나서 라히리 마하사야님은 자리에서 일어나 둥그렇게 세 바퀴를 돈 다음 북쪽을 향해 연화좌를 취하더니 마침내 거룩하게 최후의 마하사마디에 드셨다네.* 라히리 마하사야님의 아름다운 육신은 제자들의 애도 속에 신성한 갠지스 강변의 마니카르니카 가트에서 엄숙한 의례에 따라 화장되었지.

다음 날 아침 열시 무렵, 아직 바라나시에 머물고 있을 때였는데, 갑자기 내 방이 굉장한 빛으로 가득 차는 것이었어. 오! 내 앞에 서 있는 형체는 분명 피와 살을 가진 라히리 마하사야님이었지. 더욱 젊어지고 찬란해졌다는 것 말고는 예전 육신의 모습과 완전히 똑같았다네. 내 신성한 구루께서 나에게 이렇게 말씀하셨지.

「케샤바난다여, 나를 보아라. 화장으로 흩어진 육체의 원자들로부터 나는 다시 나의 형체를 부활시켰다. 이 세상에서 가정을 가진 요기로서 내가 해야 할 일은 이미 끝이 났다. 하지만 이 지상을 완전히 떠나지는 않는다. 앞으로 나는 한동안 바바지님과 히말라야 산중에서

---

라히리는 67번째 생일을 맞이했을 것이다.

* 이처럼 몸을 세 번 돌리고 북쪽을 향하는 것은, 최후의 시간이 다가오고 있음을 미리 아는 도인들이 사용하던 베다 의식의 일부이다. 자신을 우주의 진동인 옴에 통합시키는 마지막 명상을 '마하사마디Mahasamadhi', 즉 '위대한 열반'이라고 부른다.

지내다가 때가 되면 대우주에서 바바지님과 함께 지낼 것이다.」

몇 마디 축복의 말씀을 남기고, 이미 지상을 초월한 스승님은 자취를 감추셨어. 내 마음은 신비한 영감으로 가득 찼고, 나는 육체적 죽음 이후에도 살아 있는 자신들의 구루를 본 예수 그리스도나 카비르*의 제자들처럼 의식이 고양되었지.

하르드와르의 고적한 내 암자로 돌아올 때, 라히리 마하사야님의 신성한 재를 한 줌 가져왔다네. 나는 이미 시공의 새장을 탈출한 라히리님이 편재의 새가 되어 완전한 자유를 얻으셨다는 것을 알았지. 그분의 신성한 재를 간직하고 있다는 사실은 너무나 큰 위안이 되었네."

부활한 구루의 모습을 볼 수 있는 축복을 누린 또 다른 제자로는 캘커타에 요가 센터를 건립한 성자 판차논 바타차랴**가 있다. 나는 캘커타에 있는 그의 집을 방문하여 그가 스승과 함께 지낸 여러 해 동안 있었던 일화를 듣는 기쁨을 맛보았다. 이야기가 막바지에 접어들 무렵,

---

* 카비르는 16세기의 위대한 성자이다. 그를 따르는 많은 추종자들 가운데는 힌두교도뿐만 아니라 이슬람교도도 있었다. 카비르가 죽었을 때, 제자들이 장례 절차를 놓고 싸우기 시작했다. 이에 화가 난 스승은 마지막 명상 중에 깨어나서 벌떡 일어나 앉았다. 그러고는 이렇게 지시를 내렸다. "내 시체의 반은 이슬람 의식에 따라 매장하고, 나머지 반은 힌두교 의식에 따라 화장하라." 이 말을 마치고 다시 사라져버렸다. 제자들이 그의 시체를 덮고 있던 수의를 들춰봤을 때는 이미 아무것도 남아 있지 않았으며, 황금빛 목련 꽃다발만 가지런히 놓여 있었다. 이 꽃들의 반은 이슬람교도들에 의해 마가르에 충실히 매장되었는데, 이슬람교도들은 오늘날까지 그의 사당을 숭배하고 있다. 나머지 반은 힌두교 의식에 따라 바라나시에서 화장되었다. 그 자리에는 카비르 체우라라는 사원이 세워져서 많은 순례자들의 발길을 끌고 있다. 카비르는 젊었을 때 신비의 길에 이르는 지적인 방법을 자세하게 안내해달라는 두 제자의 질문을 받은 일이 있었다. 그는 다음과 같이 간단히 대답해주었다. "님을 찾는 길은 멀게도 보여라. 그러나 님께서 가까이에 계시다면 어떤 길도 필요치 않으리. 그러니 참으로 우습구나, 물속에서 목말라하는 물고기들 꼴이라니!"
** 판차논은 비하르 데오가르흐에 사원을 건립하고 그곳에 라히리 마하사야의 석상을 모셔놓았다.

그는 나에게 자신의 생애에서 가장 신기한 사건을 들려주었다.

"스승의 장례를 치른 다음 날 아침 열시 경, 라히리 마하사야님이 이곳 캘커타에 살아 있는 모습으로 내 앞에 나타나셨다네."

소위 '두 개의 육신을 가진 성자' 스와미 프라나바난다도 자기가 겪은 신비한 체험을 나에게 털어놓은 적이 있다. 프라나바난다는 란치의 우리 학교를 방문했을 때 다음과 같이 말해주었다.

"라히리 마하사야님이 육체를 떠나기 수일 전에 나는 스승으로부터 즉시 바라나시로 오라는 내용의 편지를 받았네. 그렇지만 불가피한 사정으로 바로 출발할 수가 없었다네. 마침내 출발 당일 아침 열시경막 바라나시로 갈 채비를 하고 있을 때였네. 갑자기 내 방에 구루의 찬란한 형체가 나타났고, 나는 넘치는 환희에 그대로 압도되었지. 라히리 마하사야님이 웃으면서 말씀하셨다네.

「왜 서둘러 바라나시로 떠나려 하는가? 거기서는 이제 나를 보지 못한다.」

그 말씀이 무슨 뜻인지 알아차린 나는 오직 환시 속에서만 스승을 만날 수 있다는 생각에 그만 비통하게 흐느끼기 시작했네. 스승께서 나를 위로해주려는 듯 가까이 다가오셨지.

「이리 와서 내 살을 만져보아라. 나는 살아 있다, 언제나 그렇듯이. 슬퍼하지 마라. 나는 영원히 너와 함께한다.」

이들 세 제자의 입에서 나온 이야기를 종합해보면, 한 가지 신기한 사실이 드러난다. 라히리 마하사야님은 당신의 육신을 화염 속에 내 맡긴 바로 다음 날 아침 열시경에 더욱 거룩해진 실제 모습 그대로 부활하여 각기 다른 도시에 사는 세 제자들 앞에 나타나셨던 것이다.

이 썩을 것(육신)이 썩지 아니함을 입고 죽을 것이 죽지 아니함(불사)의 옷을 입게 될 때에는 죽음을 삼키고 이기리라고 기록된 말씀이 이루어지리라. 오! 죽음이여, 네 독침은 어디에 있느냐? 오, 무덤이여, 네 승리는 어디로 갔느냐?*

* 『고린도전서』 15:54-55
"어찌하여 저들은 하느님께서 죽은 자들을 살리신다는 것을 믿을 수 없는 일로 돌려버리는지 모르겠나이다." 『사도행전』 26:8

# 37

# 미국으로
# 건너가다

'미국! 이들이 바로 미국인이구나!' 서양인들의 얼굴이 파노라마처럼 내면의 영상을 스쳐가자 그런 생각이 떠올랐다. 나는 란치 학교의 창고에 있던 몇 개의 먼지투성이 상자들 뒤에 앉아 명상에 잠겨 있었다. 당시는 어린 소년 소녀들에게 신경을 쓰다 보니 개인적인 틈은 전혀 낼 수가 없는 나날의 연속이었다.

그 환시는 계속 이어졌다.* 나를 유심히 바라보는 수많은 군중**이 마치 배우들처럼 내면 의식의 무대 위를 스쳐 지나갔다.

* SRF의 회장 스리 다야 마타는, 파라마한사지에게 환시가 떠올랐던 란치의 창고 자리에 요가난다 드야나 만디르(명상 수도원)를 세워 봉헌했다. ─원서 편집자 주
** 환시 속의 얼굴들을 미국에서 직접 만났다. 나는 만나자마자 그들을 단번에 알아볼 수 있었다.

그때 창고 문이 열렸다. 평상시처럼 한 소년이 내가 은밀히 있는 장소를 발견해낸 것이다. 나는 유쾌하게 그 아이를 불렀다.

"이리 와, 비말. 너에게 알려줄 소식이 있단다. 신이 나를 미국으로 부르고 계시단다."

"미국이라고요?"

마치 내가 '달나라로 간다.'고 말하기라도 한 듯이 아이가 놀란 목소리로 내 말을 되받았다.

"그렇단다. 콜럼버스처럼 미국을 발견하러 떠날 계획이다. 콜럼버스는 당시에 자기가 인도를 발견했다고 믿었지. 인도와 아메리카 대륙 사이에는 분명히 업의 연계가 존재하고 있단다!"

비말은 황급히 창고에서 뛰어나갔다. 그러자 곧바로 이 '두 발 달린 신문'*이 알린 소식으로 학교 안이 온통 들끓게 되었다.

나는 당황한 교사진을 모두 불러 몇 가지 사항을 당부했다.

"여러분이 라히리 마하사야님의 교육적 이상을 앞장 서서 지켜나갈 것으로 믿습니다. 틈 나는 대로 자주 편지를 쓸 겁니다. 신의 의지에 따라 나는 다시 돌아옵니다."

어린 학생들과 햇빛 화사한 란치의 대지에 마지막 눈길을 주고 있던 눈에 어느덧 이슬이 맺혔다. 내 삶의 뚜렷했던 한 시대가 이제 그 막을 내리려 하고 있었다. 머잖아 저 멀리 떨어진 새로운 땅에 머물게 될 것이었다. 환시를 보고 나서 몇 시간이 지난 다음, 캘커타 행 열차에 몸을 실었다.

---

* 스와미 프레마난다는 내가 미국으로 떠날 당시 란치 학교의 학생이었다. 그때 이름은 브라흐마차리 조틴이었다.

다음 날 나는 미국에서 열리는 진보종교지도자국제대회에 인도 대표로 참석해달라는 초청장을 받았다. 그해는 미국일신교연합회 주관으로 보스턴에서 개최될 예정이었다. 착잡한 심정으로 나는 세람푸르로 스리 유크테스와르를 찾아갔다.

"구루지, 저는 방금 미국에서 열리는 종교지도자대회에서 연설을 해달라는 초청을 받았습니다. 가도 되겠습니까?"

스승은 간단히 대답하셨다.

"너를 위해 모든 문이 열려 있다. 지금이 아니면 기회는 영원히 없다."

나는 힘없이 말했다.

"하지만 스승님, 제가 대중 연설에 대해 뭘 알겠습니까? 연설을 해본 적도 없고, 더군다나 영어로 해본 적은 전혀 없습니다."

"영어든 영어 아닌 다른 언어든, 요가에 관한 네 이야기는 서양인의 귀에 깊숙이 새겨질 것이다."

내가 웃으며 말씀드렸다.

"그럼, 좋습니다. 하지만 미국인들이 벵골어를 어떻게 알아듣겠습니까? 영어라는 장벽을 훌쩍 뛰어넘을 수 있게 축복을 내려주십시오."*

아버지에게 계획을 털어놓자 무척 놀라셨다. 미국이란 나라가 너무나 멀게 느껴졌으리라. 혹시나 나를 다시 못 보게 되지나 않을까 두려우신 모양이었다. 아버지는 근엄하게 물으셨다.

"그런데 어떻게 간다는 말이냐? 돈은 또 누가 대지?"

아버지는 그때까지 고맙게도 내 교육비와 생활비 전체를 부담하고

---

* 스리 유크테스와르와 나는 보통 벵골어로 대화했다.

계셨기 때문에, 분명 그런 질문이 내 계획을 중단시킬 수 있으리라 기대하셨을 것이다.

"하느님이 꼭 마련해주실 겁니다."

이렇게 대답하면서 나는 오래 전에 아그라에서 형 아난타에게 했던 비슷한 말을 떠올렸다. 그래서 솔직하게 다음과 같이 덧붙였다.

"아버지, 아마도 하느님은 아버지한테서 저를 도와주고 싶은 생각이 솟아나게 해주실 겁니다."

"아니, 그럴 리는 없지!"

아버지는 애처로운 시선으로 나를 바라보셨다. 상황이 이랬으니 다음 날 아버지가 상당한 금액이 적힌 수표를 건네주셨을 때 깜짝 놀라지 않을 수 없었다.

아버지는 이렇게 말씀하셨다.

"이 돈은 아버지로서 주는 게 아니라, 라히리 마하사야님의 충실한 제자로서 주는 것이다. 먼 서양의 대지로 가거라. 가서 그 땅에 모든 교리를 초월한 크리야 요가의 가르침을 펴도록 해라."

그토록 빨리 사적인 욕망을 제쳐놓을 수 있는 그 사심 없는 영혼에 깊은 감명을 받았다. 아버지는 전날 밤 내 계획이 결코 외국을 여행하고 싶은 평범한 욕망에서 비롯된 것이 아니라는 사실을 깨달으셨던 것이다.

"아마도 금생에서는 우리가 다시 만나기 힘들 것 같구나."

당시 예순일곱 살이었던 아버지가 슬픈 어조로 말씀하셨다. 어떤 직관적인 확신이 내 대답을 재촉했다.

"하느님은 분명히 우리를 다시 만나도록 해주십니다."

스승과 고국을 떠나 미국이라는 미지의 땅으로 가기 위한 준비를 서두르고 있을 때, 적잖은 불안감을 경험하게 되었다. 이미 서구 세계의 유물론적 분위기에 관해 들은 이야기가 많았다. 그곳은 여러 세기에 걸쳐 성자들의 영적 후광으로 둘러싸인 인도와는 판연히 달랐다.

나는 속으로 생각했다.

'동양의 선생이 서구의 풍조에 도전하려면, 히말라야의 차디찬 시련 그 이상을 견딜 수 있어야겠지!'

어느 이른 아침, 만일 신의 목소리를 듣지 못한다면 죽음까지도 불사하겠다는 굳은 결의로 기도를 올리기 시작했다. 현대의 공리주의의 안개 속에서도 나 자신을 잃지 않으리라는 신성한 축복과 확신을 기원했다. 나의 마음은 이미 미국에 갈 준비가 되어 있었지만, 그래도 신성한 허락의 위안을 꼭 듣고 싶었던 것이다.

흐느낌을 억눌러가며 나는 기도하고 또 기도했다. 아무런 응답이 없었다. 정오가 되자 침묵 속의 간구는 절정에 이르렀다. 머리가 이제 더 이상 고뇌의 압력을 이기지 못할 것 같았다. 내면에 잠재된 열정의 깊이가 자꾸만 더해져서 폭발한다면, 머리통이 쪼개질 것만 같았다.

바로 그때 내가 앉아 있던 가르파르 거리의 우리 집 문을 두드리는 소리가 들렸다. 노크 소리에 대답하면서 문을 연 내 시야에 들어온 것은 남루한 수행자 복장을 한 젊은이의 모습이었다. 젊은이가 문을 닫고 집 안으로 들어왔다. 젊은이는 앉으라는 내 말도 무시하고 그대로 서서 이야기를 나누고 싶다는 의사를 몸짓으로 표시했다. 나는 약간 현기증을 느끼며 생각했다.

'저 분은 틀림없이 바바지님이시다.'

앞에 서 있는 청년의 모습이 젊은 라히리 마하사야님의 특징적인 면모를 갖추고 있었기 때문이다. 청년이 내 생각에 대답이라도 하듯이 아름다운 힌디어로 말했다.

"그렇다. 나는 바바지이다. 천상에 계신 우리의 아버지께서 너의 기도를 들으셨다. 그분은 너에게 이렇게 말해주라고 명령하신다. 네 구루의 간청을 좇아 미국으로 가라. 두려워하지 마라. 너는 보호받을 것이다."

잠시 떨리는 침묵이 흐른 다음, 바바지께서는 다시 이야기를 시작하셨다.

"너는 크리야 요가의 메시지를 서양에 전파하도록 내가 선택한 자이다. 오래 전에 쿰 메일러에서 나는 너의 구루 유크테스와르를 만났다. 그때 나는 그에게 너를 보내 수련을 받게 하겠다고 말했다."

경외감에 압도되어 그만 할 말을 잊었다. 그리고 스리 유크테스와르님에게 나를 인도한 사람이 바로 자신이었다는 말을 그분의 입으로 직접 듣고 깊은 감동을 받았다. 나는 죽음을 초월한 큰스승에게 무릎을 꿇고 엎드렸다. 그분은 따뜻하게 나를 바닥에서 일으켜 세우셨다. 내 삶에 관한 많은 이야기를 하고 나서 그분은 몇 가지 개인적인 당부와 아울러 약간의 은밀한 예언을 들려주셨다. 그리고 마지막으로 엄숙하게 말씀하셨다.

"신을 깨닫는 과학적 기법인 크리야 요가는 궁극에 가서 온 대지에 퍼져, '무한의 아버지'를 향한 인간의 개별적이고 초월적인 인식을 통해 국가들 간의 화합을 도모하는 데도 도움을 줄 것이다."

그분은 장엄한 힘이 담긴 시선과 함께 당신의 우주의식으로 나를 충전시켜 주셨다. 바바지께서 문을 향해 몸을 돌리시는 순간이었다.

"나를 따라오려 하지 마라. 너는 절대 그렇게 할 수 없다."

나는 울면서 애원했다.

"제발, 가지 마십시오! 저도 함께 데리고 가주십시오!"

뒤를 돌아보면서 그분이 대답하셨다.

"지금은 아니다. 언젠가는 그렇게 되리라."

나는 그만 북받쳐 오르는 격정을 이기지 못하고 그분의 경고를 무시했다. 아무리 따라가려고 애를 써도 두 발이 그대로 바닥에 굳게 박혀 있었다. 문가에 이르자 바바지님이 마지막으로 인자한 눈길을 보내주셨다. 그분이 손을 들어 축복을 표하고 걸어갔을 때도 내 눈은 애타게 그분의 형체에 고정되어 있었다.

몇 분이 지나자 내 발은 다시 자유로워졌다. 나는 자리에 앉아서 깊은 명상에 빠져들었다. 내 기도에 응답해주시고, 바바지님과의 만남을 통해 축복을 내려주신 데 대해 신에게 끊임없이 감사를 드렸다. 언제나 젊음을 간직하고 있는 그 스승의 손길을 통해 온몸이 더할 나위 없이 신성해진 것처럼 느껴졌다. 그분을 만나는 것이야말로 오래도록 간직해온 간절한 열망이 아니었던가!

지금까지 나는 누구에게도 바바지님을 만났다는 이야기를 한 적이 없다. 그 이야기를 내가 인간으로서 경험할 수 있는 가장 신성한 체험으로 여기고 가슴 깊은 곳에 숨겨왔던 것이다. 그렇지만 직접 내 눈으로 그분을 보았다는 사실을 말한다면, 이 전기를 읽는 독자들도 속세를 떠난 바바지님이 이 세상에 지대한 관심을 갖고 있다는 것을 보다 잘 믿게 되리라는 생각이 들었다. 나는 한 화가의 도움으로 현대 인도의 요기 그리스도인 바바지님의 실제 모습을 그려 이 책에 실었다(488쪽 참고).

미국으로 출발하기 전날 저녁, 나는 거룩한 스리 유크테스와르님을 뵈었다.

"네가 인도 사람으로 태어났다는 사실은 잊어라. 그렇다고 미국 사람이 되려고도 하지 마라. 양쪽 세계의 장점을 취하도록 해라."

스승은 지혜가 흐르는 조용한 어조로 말씀을 이어 나가셨다.

"항상 진정한 네 자아, 신의 아들임을 잊지 마라. 다양한 종족으로 이 지구상 도처에 흩어져 있는 네 모든 형제들이 가진 좋은 특질을 찾아 네 존재 안으로 통합시키도록 해라."

그러고 나서 스승은 축복의 말씀을 내려주셨다.

"신을 갈망하는 굳은 믿음을 가지고 너에게 다가가는 모든 이들은 구원받게 될 것이다. 네가 그들을 볼 때마다, 네 눈에서 발산되는 영혼의 전류가 그들의 머릿속으로 파고들어 그들의 유물론적 습관을 변화시킬 것이며, 그리하여 그들은 더욱더 확고한 신의 인식에 도달할 것이다."

스승은 웃으면서 덧붙이셨다.

"진지한 영혼을 끌어당기는 너의 운명은 참으로 대단하다. 어디를 가든, 설령 황무지에 있다 해도 많은 친구를 만나게 될 것이다."

스리 유크테스와르님의 두 가지 축복은 여태까지 모두 그대로 입증되었다. 단 한 사람의 친구도 없는 미국이라는 황무지에 홀로 갔지만, 시간을 초월한 영혼의 가르침을 기다리는 수천 명의 친구들을 만날 수 있었다.

1920년 8월, 나는 제1차 세계대전이 끝나고 미국으로 처음 출항하는 여객선 스파르타 호를 타고 인도를 떠났다. 여권 발급과 관련된 여러 가지 '관료적 형식주의'를 어렵사리 넘긴 다음, 거의 기적적으로 배편을 예약했다.

두 달을 항해하는 동안 내가 인도 대표로 보스턴 진보종교지도자국

제대회에 간다는 사실을 알게 된 사람이 한 명 있었다. 그는 진기한 발음으로 나를 불렀다. 이 발음은 훗날 미국인들이 내 이름을 부를 때마다 듣게 되는 갖가지 기이한 발음들 가운데 최초의 것이었다.

"스와미 요가난다, 이번 목요일 밤에 함께 타고 있는 승객들을 위해 강연을 부탁드립니다. '삶이라는 전쟁과 그런 전쟁에 대처하는 방법'이라는 주제에서 우리 모두 많은 것을 얻으리라고 확신합니다."

아! 그런데 나는 강연 제목대로 나 자신의 삶과 싸워야만 했다. 강연을 부탁받은 날이 바로 수요일이었던 것이다. 필사적으로 생각을 영어로 정리하려고 애를 쓰다가 마침내 모든 노력을 포기했다. 생각의 조각들이, 마치 미심쩍게 안장을 쳐다보는 야생마처럼 그 어떠한 영어 문법과의 타협도 거부했기 때문이다. 그렇지만 스승이 일전에 해주셨던 보장을 믿고 홀에 모인 청중들 앞에 나섰다. 나는 청중들 앞에서 할 말을 잊은 채 서 있었다. 인내심을 시험해보는 듯 10여 분이 지나자 청중들은 내 곤경을 알아차리고 폭소를 터뜨리기 시작했다.

하지만 그 당시의 상황은 나에게 결코 웃을 일이 아니었다. 나는 분연히 스승을 향해 무언의 기도를 보냈다. 그분의 목소리가 의식 안에서 즉각 들려왔다.

"너는 할 수 있다! 말하라!"

그러자 내 생각의 조각들이 곧바로 영어와 친밀한 관계를 맺게 되었다. 약 45분이 지나서도 청중은 여전히 내 말에 귀를 기울이고 있었다. 그 강연으로 나는 미국 내 여러 단체로부터 수많은 초청을 받았다.

나중에 내가 했던 이야기 가운데서 단 하나의 단어도 기억해낼 수 없었다. 그래서 그 자리에 참석했던 사람들에게 조심스럽게 하나씩 물어본 결과를 종합할 수밖에 없었다.

━ 미국 수도 워싱턴에서 열린 강연회에 천여 명의 요가 수련자들이 참석하여 나의 강연을 듣고 있다.

"매우 감동적이었고, 정확한 영어로 대단한 영감을 주는 연설을 해주셨습니다."

이 유쾌한 소식을 듣게 된 나는 기적을 베풀어주신 나의 구루에게 겸허한 마음으로 감사를 드렸다. 그리고 그분이 시간과 공간의 모든 장벽을 넘어서서 언제나 나와 함께 계시다는 사실을 다시 한 번 깨달았다.

남은 여행 기간 내내 다가올 영어 연설의 걱정 때문에 심각한 고통을 경험한 적이 많았다. 나는 겸허한 마음으로 기도를 올렸다.

"신이시여, 제 고독한 영감이 당신의 것이 되게 해주소서."

스파르타 호는 9월 말경 보스턴 근교에 닻을 내렸다. 1920년 10월 6일, 나는 진보종교지도자국제대회에 참석한 많은 사람들 앞에서 미국에서의 첫 연설을 시작했다. 반응은 좋았다. 나는 안도의 한숨을 내쉬었다. 미국일신교연합회의 사무국장은 협의회의 자료집\*에 나의 강연 내용을 다음과 같이 적었다.

> 란치의 브라마차랴 아슈람에서 온 인도 대표 스와미 요가난다가 자신의 단체를 본 협의회에 소개했다. 그는 유창한 영어와 강력한 전달력으로 '종교 과학'에 관한 철학적 특징을 강론했다. 그 내용은 보다 많은 사람들이 볼 수 있도록 소책자 형태로 나와 있다. 그는 종교가 보편적이며, 따라서 하나라고 주장했다. 특정한 인습이나 신앙은 보편화할 수 없지만, 종교 속에 존재하는 공통적인 요소는 보편화가 가능하다. 그렇기 때문에 우리는 모든 사람에게 그 공통 요소 혹은 원리를 따르고 그것에 복종하라고 말할 수 있다.

아버지의 후한 수표 덕분에 회의가 끝난 뒤에도 미국에 남아 있을 수 있었다. 검소한 보스턴의 환경에서 4년을 행복하게 보냈다. 공개 강연도 하고, 강의도 했으며, 뉴욕 시립대학 총장인 프레드릭 로빈슨 박사\*\*가 서문을 쓴 시집 『영혼의 송가Songs of the Soul』도 출간했다.

1924년 여름에 대륙 횡단 여행을 시작한 나는 주요 도시 여러 곳에

---

\*『영혼의 새로운 순례New Pilgrimages of the Spirit』(Boston: Beacon Press, 1921)

\*\* 1939년 인도를 방문한 로빈슨 박사 부부는 '요고다 사트상가' 모임에 초대 손님으로 참석했다.

서 수천의 청중을 상대로 강연을 가졌다. 이 서부 여행은 아름다운 알래스카에서 보낸 휴가로 막을 내렸다.

1925년이 끝나갈 무렵, 나는 여러 학생들의 도움으로 로스앤젤레스의 워싱턴 산 대지에 크리야 요가의 보급을 위한 미국 내 본부를 세웠다. 그 건물은 바로 수년 전에 카슈미르에서 보았던 환시 속의 그것이었다. 이처럼 먼 미국 땅에서 벌인 활동을 사진에 담아 스리 유크테스와르님에게 서둘러 보냈다.

스승은 벵골어로 쓴 한 장의 엽서를 답장 삼아 보내셨다. 여기에 그 내용을 옮겨본다.

사랑하는 나의 아들 요가난다여!
네 학교와 학생들 모습이 담긴 사진들을 대하고 나니, 이루 다 말로 표현할 수조차 없는 벅찬 기쁨이 솟는구나. 여러 도시의 요가학교 학생들을 보면서 기쁨에 젖어들고 있다.
확신을 위한 찬송, 치료를 위한 진동, 신성한 치유의 기도 등 네가 사용하는 방법을 보고 나니, 정말로 가슴속으로부터 우러나는 고마운 마음을 금할 길이 없다.
학교 정문, 구불구불 오르는 언덕길, 워싱턴 산 아래로 펼쳐진 아름다운 광경을 사진으로 보니, 그 모든 것을 직접 내 눈으로 보고 싶은 열망이 생길 정도이다.
이곳의 모든 일은 잘 돌아가고 있다. 신의 은총으로 항상 너에게 기쁨이 충만하기를 바란다.

스리 유크테스와르 기리
1926. 8. 11.

— 1925년 로스앤젤레스 워싱턴 산 대지에 세워진 SRF 미국 본부의 본관 건물.

세월은 빨리 지나갔다. 나는 새로운 땅의 이곳저곳을 돌아다니며 수백 군데의 단체와 대학, 교회, 각종 종파의 모임에서 강연했다. 수천, 수만 명의 미국인들이 요가에 입문했다. 1929년에 그들 모두에게 아멜리타 갈리 구르치 여사*의 서문이 실린 새로운 기도서 『영원으로부터 울리는 속삭임Whispers From Eternity』을 한 권씩 증정했다. 나는 강연 연단에 섰던 하룻밤을 소재로 〈신이시여! 신이시여! 신이시여!〉라는 시를 한 편 써서 그 책에 실었는데, 여기에 소개한다.

---

* 아멜리타 갈리 구르치 여사와 피아노 연주자인 남편 호머 사무엘즈 부부는 20년 동안 크리야 요가를 수행하고 있다.

깊고 깊은 잠을

나선형의 계단을 오르고 올라 깨어납니다.

나는 속삭입니다.

신이시여! 신이시여! 신이시여!

당신은 양식입니다. 내가 단식을 끝낼 때,

밤새 당신과 떨어져서도

나는 당신을 맛봅니다, 그리고 마음으로 말합니다.

신이시여! 신이시여! 신이시여!

어디를 가든, 내 마음의 조명은

언제나 당신에게 맞춰져 있습니다.

일상사의 소음으로 가득 찬 싸움터에서도

내 말없는 전쟁의 외침은 영원합니다.

신이시여! 신이시여! 신이시여!

온갖 시련의 난폭한 폭풍이 소리칠 때,

걱정과 근심이 나를 뒤흔들 때,

나는 아우성에 빠져서도 큰 소리로 찬양합니다.

신이시여! 신이시여! 신이시여!

내 마음이 꿈을 엮을 때,

기억의 실로

내가 찾은 저 마법의 천에 도드라지게 새깁니다.

신이시여! 신이시여! 신이시여!

모든 밤, 가장 깊은 잠을 잘 때,

내 평화는 꿈꾸며 부릅니다, 환희여! 환희여! 환희여!

그러면 나의 환희가 항상 노래하며 다가옵니다.

신이시여! 신이시여! 신이시여!

깨어나고, 먹고, 일하고, 꿈꾸고, 잠자고,

봉사하고, 명상하고, 찬송하고, 신성한 사랑을 하면서,

내 영혼은 끊임없이 읊조립니다, 아무도 귀 기울이지 않을지라도.

신이시여! 신이시여! 신이시여!


보통 워싱턴 산의 SRF 본부와 다른 지부 기관들의 유지 경비는 매달 초하루에 정산한다. 그럴 때면 이따금씩 인도의 소박한 평화를 간절히 생각하곤 했다. 그렇지만 나는 매일같이 동양과 서양 사이의 이해가 확장되어가는 광경을 목격할 수 있었다. 내 영혼은 기쁨으로 흘러넘쳤다.

# 38

# 장미 속의 성자
# 루터 버뱅크

"우리가 알고 있는 '과학적' 지식과는 별개로 식물 품종 개량의 비밀은 사랑입니다."

캘리포니아 주 산타로사에 있는 루터 버뱅크의 집 정원을 함께 거닐고 있을 때, 그는 자신이 깨달은 바를 이야기해 주었다. 우리는 식용 선인장 밭 근처에서 걸음을 멈추었다.

"가시가 없는 선인장을 만드는 실험을 수행하는 동안, 나는 이따금 사랑의 진동을 창조해내려고 식물들에게 말을 걸곤 했습니다. 「너는 아무것도 두려워할 게 없어. 그러니 방어를 위한 가시도 필요 없는 거야. 내가 너를 지켜줄게.」 그랬더니 그 사막의 식물은 점차 가시가 없는 변종으로 바뀌었습니다."

나는 이 기적에 완전히 매혹되었다.

"루터 선생, 워싱턴 산에 있는 내 정원에도 심을 수 있도록 선인장 잎을 조금 나눠주지 않으시럽니까?"

곁에 서 있던 정원사가 잎을 약간 잘라내자 버뱅크가 제지했다.

"내가 직접 스와미를 위해 뽑아드리겠네."

그는 이파리 셋을 건네주었는데, 훗날 나는 그것을 옮겨 심어 많이 자랐을 때 큰 기쁨을 누렸다.

이 위대한 원예가는 자신이 거둔 첫 번째 주목할 만한 승리가 현재 그의 이름으로 알려진 커다란 토마토라고 했다. 지칠 줄 모르는 천재성으로 그는 계속해서 전 세계에 수백 종의 개량 품종을 선사했다. 새로운 버뱅크 변종 토마토, 옥수수, 버찌, 자두, 천도복숭아, 딸기, 양귀비, 백합, 장미 등이었다.

루터가 그 유명한 호두나무 옆으로 나를 데리고 갔다. 나는 카메라의 초점을 맞추었다. 그는 호두나무를 통해 자연계의 진화가 압축적으로 급속히 진행될 수 있음을 입증해낸 바 있다.

"단지 16년 안에 이 호두나무는 풍성한 열매를 맺는 단계에 도달했습니다. 외부의 도움 없이 자연 그대로 놓아둔다면 그보다 두 배 정도의 시간이 걸릴 것입니다."

버뱅크의 어린 양녀가 강아지와 함께 정원에서 뛰놀고 있었다. 루터는 아이를 향해 다정하게 손을 흔들었다.

"저 아이는 나의 인간식물입니다. 나는 인류를 하나의 거대한 식물로 봅니다. 인간이 최고의 성취를 얻으려면 사랑과 함께 옥외생활을 통한 자연의 축복, 그리고 지식의 교배와 선택이 필요하다고 생각합니다. 지금까지 살아오면서 식물의 진화에서 보았던 진보가 너무나 기적적이었기 때문에, 어린이들이 소박하고 합리적인 삶의 원리들을 배우기만 한다면 금방 건강하고 행복한 세상이 펼쳐지리라고 낙관하고 있습니다. 우리는 자연으로, 그리고 자연의 신에게로 반드시 돌아가야 합니다."

"루터 선생, 야외수업을 하는 우리 란치 학교의 단순하면서도 기쁨에 찬 분위기를 보면 좋아하실 겁니다."

내 이야기가 버뱅크의 가슴속 깊은 곳에 담긴 아동 교육을 향한 열망을 건드린 모양이었다. 그의 깊고 평온한 눈에서 솟아나는 관심을 그대로 느낄 수 있었다. 그는 나에게 갖가지 질문을 던졌다. 버뱅크는 마지막으로 이렇게 말했다.

"스와미지, 당신의 학교 같은 곳이야말로 새로운 천 년의 유일한 희망입니다. 나는 자연으로부터 격리되고 모든 개성을 질식시키고 있는 우리 시대의 교육제도에 대해 강한 거부감을 느낍니다. 당신의 실천적인 교육관에 담긴 정신과 영혼에 공감합니다."

내가 그 부드러운 현인에게 작별 인사를 건넬 즈음 그는 작은 책 한 권에 손수 서명을 해서 내게 주었다.*

"이 책은 내가 쓴 『인간식물의 훈련The Training of the Human Plant』입니다. 새로운 유형의 훈련(공포를 모르는 실험)이 요구되고 있습니다. 이따금 가장 모험적인 시도가 최상의 꽃과 열매를 맺게 하는 경우가 있

---

* 버뱅크는 자필 서명이 된 사진도 주었다. 나는 링컨의 초상화를 소중하게 간직했던 인도 상인처럼 버뱅크의 사진을 보물로 간직했다. 남북전쟁 때 미국에 체류하던 한 인도 상인은 링컨에 대한 존경심이 어찌나 강렬했던지, 그 위대한 해방자의 초상화를 얻을 때까지 인도로 돌아가지 않으려 했다. 상인은 링컨의 집 층계에 떡 버티고 서서, 깜짝 놀란 링컨 대통령이 뉴욕의 저명한 화가인 다니엘 헌팅튼에게 자신의 초상화를 그려도 좋다는 허락을 내릴 때까지 한 발자국도 물러설 수 없다고 말했다. 초상화가 완성되자 그는 그림을 들고 캘커타로 개선장군처럼 돌아왔다.

지요. 그러므로 어린이를 위한 교육의 혁신적 조치들도 좀 더 늘어나고 과감해져야 할 것입니다."

나는 그날 밤 강렬한 흥미를 느끼며 그의 책을 읽었다. 버뱅크는 인류의 영광스러운 미래를 눈으로 그려보면서 다음과 같이 말하고 있었다.

세상에서 가장 완고하고 가장 방향을 틀기 어려운 생명체는 일정한 습성이 고착된 식물이다. (중략) 이 식물은 엄청난 세월을 거치면서도 자기 개성을 보전해 왔다. 어쩌면 이 나무의 개성이 숱한 세월을 거슬러 올라가면 전혀 큰 변화를 겪지 않은 바윗덩이 자체로 소급될 수도 있다. 이 모든 시대를 반복적으로 지내오면서 그 식물이 어떤 의지를 갖게 되었다고 생각할 수 있지 않겠는가? 원한다면 의지 대신 비할 바 없는 끈기라고 해도 좋다. 사실 종려나무와 같은 종들은 의지력이 너무나 집요하여 인간의 힘으로는 절대 변화시킬 수 없다. 인간의 의지란 식물의 의지에 견주어보면, 너무나 연약하다. 그러나 이처럼 평생 동안 지속되는 식물의 완고한 성질도 새 생명의 혼합이나 종의 교배를 통해 간단히 파괴할 수 있으며, 그에 따라 완전하고 강력한 변화를 만들어 낼 수 있다. 그런 변화가 일어났을 때, 여러 세대 동안 참을성 있게 (형질을) 관리하고 선택하여 변화된 특성을 고정시키면, 그 새로운 식물은 새로운 방식으로 살아가게 되고 다시는 과거로 돌아가지 않는다. 그렇게 되면 완강했던 특성도 마침내 무너지고 변화하고 말 것이다. 만일 어린이의 천성처럼 민감하고 유연한 식물이라면, 형질 변화의 문제는 훨씬 더 쉬워진다.

LUTHER BURBANK

SANTA ROSA, CALIFORNIA

U. S. A.

December 22, 1924

I have examined the Yogoda system of
Swami Yogananda and in my opinion it is
ideal for training and harmonizing man's
physical, mental, and spiritual natures.
Swami's aim is to establish "How-to-
Live" schools throughout the world,
wherein education will not confine it-
self to intellectual development alone,
but also training of the body, will,
and feelings.
Through the Yogoda system of physical,
mental, and spiritual unfoldment by
simple and scientific methods of con-
centration and meditation, most of the
complex problems of life may be solved,
and peace and good-will come upon earth.
The Swami's idea of right education is
plain commonsense, free from all mys-
ticism and non-practicality; otherwise
it would not have my approval.
I am glad to have this opportunity of
heartily joining with the Swami in his
appeal for international schools on the
art of living which, if established,
will come as near to bringing the mil-
lennium as anything with which I am
acquainted.

*Luther Burbank*

━ 루터 버뱅크가 보낸 편지.

"스와미 요가난다의 요고다 체계를 검토해본 결과, 나의 견해로는 그것이 인간의 육체적,
정신적 그리고 영적 본성들을 훈련시키며 또한 조화시키는 데 매우 이상적이라고 판단합
니다. 스와미의 목표는 전 세계에 걸쳐서 '어떻게 살 것인가?'를 다루는 학교를 설립하는 것
입니다. 그 학교에서 이뤄지는 교육은 결코 지적 발달에만 한정되지 않고, 육체와 의지와
감정의 훈련에도 두루 확장될 것입니다.

집중과 명상이라는 간단하고 과학적인 방법들에 의해, 신체와 정신과 영혼의 발달을 도모
하는 요고다 체계를 통해, 인생의 복잡한 문제들이 대부분 해결되고, 평화와 선의가 지상에
도래할 것입니다. 올바른 교육에 대한 이 스와미의 이상은 모든 신비주의와 비실용성에서
벗어난 것으로 철저하게 상식적인 목표입니다. 만일 그렇지 않았다면 나의 찬동을 얻지 못
했을 것입니다.

살아가는 기술을 다루는 국제적인 학교들을 설립하고자 하는 스와미의 호소에 기쁜 마음
으로 동참할 수 있는 기회가 주어져서 몹시 행복합니다. 그러한 학교들이 설립된다면, 나에
게는 새로운 천 년도 전혀 낯설게 느껴지지 않을 것입니다."

마치 자석에라도 이끌리듯이 버뱅크에게 매료된 나는 거듭하여 그를 방문했다. 어느 날 아침에는 때마침 버뱅크의 서재에 약 1천여 통의 편지를 전달하던 우체부와 같은 시각에 그의 집에 도착했다. 세계 각지에서 살고 있는 수많은 원예가들이 보낸 편지들이었다. 루터가 명랑하게 말했다.

"스와미님, 안 그래도 정원으로 나갈 구실을 찾고 있었는데, 마침 아주 잘 오셨습니다."

그는 수백 가지 여행 안내책자가 들어 있는 커다란 책상 서랍을 열었다.

"자, 보시죠. 이것이 바로 내가 여행하는 방법입니다. 내 식물들과 계속해서 밀려오는 편지들에 얽매여 있기 때문에, 나는 가끔 이 사진들을 보면서 이국땅에 대한 욕망을 충족시킨답니다."

내 차가 그의 집 문 앞에 있었다. 그래서 루터와 나는 차를 몰고 작은 읍내 거리를 달렸다. 거리의 정원들은 모두 그가 개량한 신품종들인 산타로사, 피취블로우, 버뱅크 장미 등으로 밝게 빛나고 있었다. 이 위대한 과학자는 나를 만난 초기에 크리야 요가를 전수받았다. 버뱅크가 말했다.

"스와미지, 나는 그 테크닉을 열심히 수행하고 있습니다."

요가의 여러 가지 측면에 대해 많은 질문을 하던 루터는 서서히 다음과 같은 이야기를 꺼냈다.

"동양은 참으로 서양이 미처 탐구를 시작조차 못한 거대한 지식의 보고를 보유하고 있습니다."*

---

* 영국의 유명한 생물학자이며 유네스코 사무총장인 줄리안 헉슬리 박사는, 최근에 서양

소중히 간직했던 무수한 비밀을 자신에게 드러낸 자연과의 친밀한 교감은 버뱅크에게 무한한 영적 경외감을 주었던 것이다.

"가끔 나는 무한자의 힘과 매우 가까이 있다는 느낌을 받습니다."

버뱅크는 약간 수줍은 듯이 이야기를 털어놓았다. 그의 예민하고 아름답게 빚어진 얼굴이 지난날의 기억들로 잠시 빛났다.

"그런 느낌이 들 때면 아픈 식물들뿐만 아니라 내 주위에 있는 환자들을 고칠 수도 있습니다."

그는 독실한 기독교 신자인 자기 어머니 이야기를 들려주었다.

"어머니가 돌아가신 이후 나는 여러 번에 걸쳐 환시에 나타나신 어머니에 의해 축복을 받았습니다. 어머니가 내게 말을 걸어 오셨으니까요."

우리는 아쉬운 마음으로 그의 집을 향해 차를 몰았고, 그를 기다리고 있는 수천 통의 편지더미를 만났다.

"루터, 나는 다음 달에 동양과 서양의 진리를 펼쳐보일 잡지를 출간할 예정입니다. 그 잡지의 좋은 이름을 정하는 데 도움을 부탁드립니다."

우리는 제목에 대해 잠시 논의한 끝에《동서East-West》*라는 이름에 의견의 일치를 보았다. 다시 서재로 돌아오자 버뱅크는 자신이 '과학과 문명'에 관해 써둔 논문을 건네주었다.

---

과학자들이 호흡을 통제하고 무아경에 들어가기 위한 "동양의 테크닉을 배워야 한다."고 주장했다. 런던에서 송고된 1948년 8월 21일자《연합통신》은 다음과 같이 보도하고 있다. "헉슬리 박사는 정신건강을 위한 세계연맹에서 동양의 신비한 전통을 깊이 탐구할 필요가 있다고 말했다. 그는 정신건강 전문가들에게, 만일 이러한 전승이 과학적으로 구명된다면 어떤 분야에서든지 전진을 향한 거대한 일보가 될 것으로 생각한다고 조언했다."

* 1948년에《자아실현Self-Realization》으로 이름을 바꿨다.

━━ 다정한 친구 루터 버뱅크와 함께 산타로사 정원에서.

"이 글을《동서》의 창간호에 실어도 될 것입니다."

우리의 우정은 차차 깊어졌고, 나는 버뱅크를 '미국의 성자'라고 불렀다. 나는 "보라, 이 사람은 속에 간사함이 없느니라."*라는 성경 구절을 떠올렸다. 그의 가슴은 헤아릴 수 없을 만큼 깊었으며, 겸손과 인내심과 희생정신이 오랫동안 뿌리박혀 있었다.

장미 숲 가운데 있는 그의 작은 집은 금욕적이다 싶을 만치 단순했다. 그는 사치스러운 생활의 무가치함과 적게 소유하는 삶의 기쁨을 알고 있었다. 과학적 명성을 얻었음에도 불구하고 겸손함을 겸비한 그를 대할 때마다 익을수록 고개를 숙이는 벼들이 생각났다. 공허한 허풍 가운데 고개를 높이 쳐드는 나무야말로 덜 자란 나무인 것이다.

1926년, 소중한 친구가 세상을 떠났을 때 나는 뉴욕에 있었다. 눈물을 흘리며 생각했다.

'오, 그를 한 번만이라도 더 볼 수 있다면 여기서 산타로사까지 그 먼 길도 기쁜 마음으로 걸어갈 수 있으련만!'

나는 다음 날 24시간 동안 모든 사람과 접촉을 끊고 홀로 지냈다. 그리고 이튿날 루터의 대형 초상화 앞에서 베다식으로 추모 의례를 집행했다. 사진 밑에 꽃, 그리고 물과 불(육체의 원소를 이루는 상징들로서 이들은 다시 무한의 근원으로 되돌아간다)이 바쳐질 때, 힌두교식 예복을 입은 미국 제자들은 고대의 찬송을 합창했다.

비록 버뱅크의 육신은 수년 전 자신이 정원에 손수 심은 레바논 삼나무 밑에 누운 채 산타로사에 머물고 있지만, 그의 영혼은 길가에 활짝 핀 꽃들과 함께 내 마음속에 소중히 간직되어 있다. 자연의 광대한

---

* 『요한복음』 1:47

영혼으로 회귀한 루터는 앞으로 영원히 바람결에 속삭이며 새 아침을 거닐 것이다.

그의 이름은 이제 일상 언어에 유산으로 남아 널리 쓰이고 있다. '버뱅크burbank'를 타동사로 등재한 『웹스터 사전』은 이 단어를 다음과 같이 정의하고 있다.

(식물을) 교배하거나 접목시키다. 비유적인 의미로, 좋은 형질을 선별하고 나쁜 형질을 제거하거나 아니면 좋은 형질을 덧붙임으로써 (과정이나 제도상의 어떤 것을) 개선하다.

나는 그 정의를 읽고 나서 이렇게 외쳤다.

"사랑하는 버뱅크, 당신의 이름은 이제 선善과 동의어입니다."

# 39

# 테레제 성녀와
# 성혼의 기적

"인도로 돌아오너라. 15년 동안 끈기 있게 너를 기다렸다. 이제 곧 나는 육체를 떠나서 빛나는 세계로 가려 한다. 오너라, 요가난다여!"

워싱턴 산의 본부에서 명상에 잠겨 있을 때, 나의 내면에서 갑자기 스리 유크테스와르님의 목소리가 들렸다. 그분의 말씀이 눈 깜짝할 사이에 수만 마일을 지나 번개처럼 나를 꿰뚫고 들어온 것이다.

15년! 그때서야 '지금이 1935년이구나.'라고 깨달았다. 구루의 가르침을 미국에 전파하는 데 15년을 보낸 것이다. 이제는 그분이 다시 나를 부르고 계셨다.

잠시 뒤에 친한 친구 제임스 J. 린에게 내가 경험한 것을 설명해주었다. 그는 매일 크리야 요가를 수행해서 놀랄 만큼 영적으로 성장해 있었기 때문에, 나는 그를 자주 '린 성인'이라고 불렀다. 다행히도 그를 비롯한 다른 많은 서양인에게서, 서양도 역시 고대 요기들의 길을 통해 진정한 자아실현을 이루는 성자들을 배출해낼 것이라는 바바지의 예언이 실현되는 광경을 목격할 수 있었다.

린 씨를 비롯하여 몇몇 사람이 친절하게도 내 여행 비용을 부담하겠다고 해서 경비 문제가 해결되었기 때문에 유럽을 거쳐 인도로 항해하기로 결정했다.

1935년 3월, SRF를 캘리포니아 주의 법에 따라 지속적인 초종파적 비영리 단체로 등록했다. 또한 모든 저작권을 포함한 나의 전 재산을 SRF에 기증했다. 대부분의 다른 종교나 교육 단체들처럼 SRF도 회원들과 일반 대중의 기부금으로 유지되었다.

나는 제자들에게 말했다.

"다시 돌아올 것이며, 결코 미국을 잊지 않을 것입니다."

로스앤젤레스에서 사랑하는 친구들이 베풀어준 송별연이 진행되는 동안 감사한 마음으로 오래도록 그들을 바라보며 생각했다.

'주여, 당신을 유일한 증여자로 생각하는 사람에게는 결코 인간들 사이의 훈훈한 우정이 끊이지 않을 것입니다.'

1935년 6월 9일, 나는 유로파 호를 타고 뉴욕을 출발했다. 두 명의 제자, 즉 비서인 리처드 라이트 씨와 신시내티 출신의 나이 지긋한 에티 블레치 양이 동행했다.* 우리는 바쁘게 보낸 지난 몇 주와는 매우 대조적으로 느긋한 평화를 대양에서 즐길 수 있었다. 그러나 한가한

---

* 날짜를 정확하게 여기에 기록할 수 있는 것은 라이트 씨가 여행 일지를 꼼꼼하게 작성했기 때문이다.

시간은 며칠 만에 금방 끝나버렸다. 현대 선박의 빠른 속도에 이러한 유감스러운 면도 있다니!

호기심 많은 다른 여행자들처럼 우리도 거대하고 유서 깊은 도시 런던을 여기저기 돌아다녔다. 도착 다음 날, 캑스턴 홀에서 개최된 큰 회합에 연사로 초대된 나를 프랜시스 영 허스번드 경이 런던 시민들에게 소개했다. 또 우리 일행은 스코틀랜드에 있는 해리 로더 경의 영지에 손님으로 초대받아 하루 동안 즐거운 시간을 보냈다. 며칠 후에는 영불해협을 건너 유럽 대륙으로 향했다. 내가 바바리아 지방으로 순례 여행을 원했기 때문이다. 이번이 위대한 가톨릭 신비가인 코너스로이트의 테레제 노이만을 만날 수 있는 유일한 기회로 여겨졌다.

몇 년 전 나는 테레제에 대한 놀라운 이야기를 읽은 적이 있었다. 그 기사의 내용은 다음과 같다.

(1) 1898년, 성 금요일에 태어난 테레제는 스무 살 때 사고로 부상을 당했는데, 그로 인해 눈이 멀고 몸이 마비되었다.

(2) 그녀는 성녀 '작은 꽃' 테레사에게 기도함으로써 1923년 기적적으로 시력을 되찾았다. 나중에는 마비되었던 신체도 즉각적으로 치유되었다.

(3) 1923년부터 계속해서 테레제는 매일 조그만 성체聖體 제병(성찬식에 사용하는 빵—옮긴이) 하나 말고는 물과 음식을 전혀 먹지 않는다.

(4) 1926년, 그리스도의 신성한 상처와 같은 성흔聖痕들이 테레제의 머리, 가슴, 손, 발 등에 나타났다. 매주 금요일,* 그리스도가 겪었던 괴

---

* 전쟁 이후 테레제 성녀는 매주 금요일이 아니라 해마다 몇몇 성일聖日에 고통을 겪게 되

로움을 온몸에 겪으면서 그리스도의 고통을 경험한다.

(5) 자기 마을에서 쓰는 독일어밖에 할 줄 모르는 그녀가 금요일의 환시 상태에서는 학자들이 고대 아람어Aramaic로 판정한 문장들을 말한다. 또 어떤 경우에는 환시를 보는 중에 희랍어나 히브리어를 말하기도 한다.

(6) 테레제는 교회의 허락 하에 몇 번 엄밀한 과학적 검사를 받은 적이 있다. 독일의 한 개신교 신문 편집자인 프리츠 게를리히 박사는 가톨릭의 사기극을 폭로하러 갔으나, 결국에는 경건한 마음으로 그녀의 전기를 쓰게 되었다.[*]

  나는 동양에서건 서양에서건 항상 성자들을 만나기를 갈망했다. 그래서 7월 16일 우리 일행이 흥미로운 코너스로이트 마을에 들어섰을 때도 내 마음은 기쁨으로 가득 차 있었다. 그곳의 농부들은 미국에서부터 가져온 우리 포드 자동차와 세 명의 일행, 즉 젊은 미국 청년 한 명과 나이 든 숙녀 한 명, 그리고 코트의 칼라 밑에 긴 머리를 집어넣고 있는 올리브색 피부의 동양인 한 명을 향한 강한 호기심을 꾸밈없이 드러냈다.

  우물 옆에 제라늄 꽃이 만발한, 테레제의 작고 정결한 오두막은 슬프게도 조용히 문이 잠겨 있었다.

---

었다.

[*] 그녀의 생애를 다룬 책들은 다음과 같다. 프리드리히 리터 폰 라마의 『테레제 노이만: 우리 시대의 성흔 기적자Therese Neumann: A Stigmatist of Our Day』와 『테레제 노이만의 속 연대기Further Chronicles of Therese Neumann』, A. P. 쉼베르크의 『테레제 노이만 이야기The Story of Therese Neumann』, 요하네스 슈타이너의 『테레제 노이만Therese Neumann』.

이웃들이나 지나가는 우편배달부는 우리에게 아무 얘기도 해주지 않았다. 비가 내리기 시작하자 일행들은 떠나자고 했다. 나는 고집스럽게 말했다.

"안 됩니다. 테레제에게 갈 수 있는 작은 실마리라도 발견할 때까지 여기 머물겠습니다."

우리는 두 시간 뒤에도 여전히 스산스레 비가 내리는 가운데 차 안에 앉아 있었다. 나는 한숨을 쉬며 탄식했다.

"주여, 그녀가 사라졌다면 당신은 어찌하여 우리를 여기로 인도하셨습니까?"

그러자 한 남자가 어디에선가 갑자기 나타나 우리 옆에 서서 정중하게 영어로 말했다.

"테레제님이 어디 계시는지는 확실히 모르겠지만, 그분은 가끔 여기서 130여 킬로미터 떨어진 아이히슈타트 대학의 프란츠 부츠 교수님 댁에 가시곤 합니다."

다음 날 아침, 우리는 조용한 마을 아이히슈타트로 차를 몰았다. 부츠 박사는 우리를 친절하게 맞아주며 테레제가 자기 집에 있다고 말했다. 그는 성녀에게 방문객들의 말을 전해주었다. 심부름꾼이 곧 그녀의 대답을 전하러 나타났다.

"주교님이 자신의 허락 없이는 아무도 만나지 말라고 하시지만, 저는 인도에서 오신 하느님의 사람을 맞이하겠습니다."

이 말에 깊은 감명을 받은 나는 부츠 박사를 따라 위층의 객실로 올라갔다. 이윽고 테레제가 평화와 기쁨의 향기를 풍기며 방으로 들어왔다. 그녀는 검은 옷을 입고 티 없이 하얀 머리쓰개를 쓰고 있었다. 당시 그녀의 나이는 서른일곱이었지만, 진실로 어린아이와 같은 신선한 매력이 있어서 훨씬 젊어 보였다. 건강하고 체격이 좋고 장밋빛 뺨의 명랑한 얼굴을 한 건강미 넘쳐 보이는 이 여인이 아무것도 먹지 않는 바로 그 성녀란 말인가!

테레제는 우리 일행을 맞이하며 매우 부드럽게 악수했다. 우리는 서로가 신을 깊이 사랑하는 사람임을 가슴으로 느끼며 말없이 함께 미소를 지었다. 부츠 박사가 친절하게도 통역을 해주겠다고 말했다. 우리가 의자에 앉자 테레제 성녀는 순진한 호기심을 갖고 나를 바라보았다. 확실히 바바리아에서 인도인이란 매우 드물기 때문이다.

"당신은 아무것도 먹지 않습니까?"

나는 그녀에게 직접 대답을 듣고 싶었다.

"예, 매일 아침 여섯시, 성찬식 때 쓰는 제병祭餠을 제외하고는요."

"제병은 크기가 얼마쯤 되나요?"

"종잇장만큼 얇고, 크기는 작은 동전만 하지요. 저는 그것을 성찬식을 위해서 먹어요. 만일 하느님에게 봉헌된 것이 아니면 저는 성체를 삼킬 수 없습니다."

"틀림없이 12년 동안 그것만 먹고 살 수는 없으셨겠죠?"

"저는 하느님의 빛으로 삽니다."

얼마나 간명한 대답인가! 아인슈타인의 법칙처럼 정확하고 간단하게 대답하지 않았는가!

"당신은 에너지가 에테르와 태양과 대기로부터 당신의 품속으로 흘러든다는 것을 알고 계시는군요."

그녀의 얼굴에 빠르게 미소가 번졌다.

"제가 어떻게 사는지를 이해하시니 정말 기쁩니다."

"당신의 성스러운 삶은 그리스도가 말씀하신 진리를 날마다 증거하는 증표입니다. 그분은 '사람이 떡으로만 살 것이 아니라 하느님의 입으로 나오는 모든 말씀으로 살 것이라.'* 하고 말씀하셨죠."

테레제는 내 설명에 다시 한 번 기뻐했다.

"정말 그렇습니다. 제가 오늘 이 땅 위에 살아 있는 이유 중의 하나가, 사람이 단지 음식만으로가 아니라 보이지 않는 주님의 빛으로 살 수 있음을 증명하기 위해서입니다."

"다른 이들에게도 먹지 않고 사는 법을 가르칠 수 있습니까?"

그녀는 약간 놀란 것 같았다.

"전 그렇게 할 수 없습니다. 주님이 원하지 않으십니다."

강하면서도 우아한 손에 내 시선이 닿자, 그녀는 새로 아문 두 손등의 네모난 상처를 보여주었다. 또한 손바닥에 난 초승달 모양의 조금 작은 상처도 가리켰다. 상처는 각각 손을 관통한 것이었다. 나는 분명히 그 모양에서, 서양에서는 보지 못했지만 동양에서는 아직도 쓰고 있는 끝이 초승달 모양인 커다란 사각형 쇠못을 떠올렸다. 성녀는 매주 일어나는 자신의 환시에 대해 약간 말해주었다.

---

* 『마태복음』 4:4
인간의 육체 건전지는 거친 음식(빵)만으로 유지되는 것이 아니라, 진동하는 우주 에너지(말씀 혹은 옴)로도 유지된다. 보이지 않는 힘이 숨뇌medula oblongata의 관문을 통해 인간의 육체로 흘러들어온다. 이 제6의 육체 중추는 목 뒤에 있는데, 다섯 개의 척추 차크라(바퀴 혹은 생명력을 방출하는 중추)들의 맨 꼭대기에 있다. 우주의 생명 에너지를 육체에 공급하는 주요 관문인 숨뇌는, 눈썹 사이의 영안靈眼에 자리 잡고 있는 그리스도 의식 중추(쿠타스타, 인간 의지력의 거점)와 직접 연결된다. 그런 다음 우주 에너지, 즉 무한한 잠재력의 저장고로서 두뇌에 위치한 제7의 중추(베다 경전에 '천 개의 꽃잎을 가진 연꽃과 같은 빛'으로 언급되어 있다)에 저장된다. 성경에서는 옴을 성령 혹은 모든 피조물을 신성하게 유지시키는 보이지 않는 생명력이라고 말한다.
"너희 몸은 너희가 하느님께로부터 받은 바 너희 가운데 계신 성령의 것인 줄을 알지 못하느냐? 너희는 너희의 것이 아니라······" 『고린도전서』 6:19

"저는 무력한 구경꾼으로, 주님의 모든 고통을 지켜볼 뿐이에요."

매주 목요일 자정에서 금요일 오후 한시까지 그녀의 상처는 벌어져서 피가 흐르고, 그 때문에 보통 4.5킬로그램 정도 체중이 줄어든다. 연민에 찬 사랑으로, 매우 고통스러워하면서도 테레제는 매주 주님의 환영을 보는 날을 즐겁게 기다리는 것이다.

그녀의 삶은 『신약성서』에 기록된 예수님의 생애와 십자가에 못 박히신 사실을 모든 그리스도인에게 재확인시키며, 갈릴리의 주님과 그를 따르는 자들 사이의 영원한 결합을 극적으로 보여주기 위해 하느님이 일부러 마련하신 것임을 깨달을 수 있었다.

부츠 교수는 이 성녀와 관련된 몇 가지 경험을 이야기했다.

"테레제 성녀를 포함해서 우리 몇몇은 독일 안에서 며칠 동안 여행을 다니곤 했습니다. 테레제는 아무것도 안 먹었지만 매일 세 끼씩 먹는 우리와 아주 큰 대조를 이루었죠. 그녀는 피곤해하지도 않고 항상 장미처럼 신선했어요. 우리가 배고파하며 길가의 식당을 찾는 동안 그녀는 즐겁게 웃곤 했습니다."

교수는 흥미 있는 생리적 사실을 몇 가지 덧붙였다.

"테레제는 음식을 먹지 않기 때문에 위가 수축되어 있습니다. 배설은 하지 않지만 땀샘은 제 기능을 합니다. 그녀의 피부는 항상 부드럽고 건강하지요."

헤어질 때 나는 테레제 성녀에게 그녀가 환시를 볼 때 같이 있고 싶다고 말했다. 그녀는 친절하게 응낙해주었다.

"그러세요. 다음 주 금요일에 코너스로이트로 오십시오. 주교님이 허락해주실 것입니다. 아이히슈타트로 저를 찾아주셔서 대단히 기쁩니다."

테레제 성녀는 여러 번 부드럽게 악수를 한 다음 우리 일행을 문까지 바래다주었다. 라이트 씨가 자동차의 라디오를 켜자 그녀는 감탄의 미소를 지으며 라디오를 살펴보았다. 그러자 젊은이들이 무리지어 몰려든 탓에 테레제 성녀는 다시 집 안으로 숨을 수밖에 없었다. 우리는 그녀가 창문 곁에서 천진스럽게 우리를 쳐다보며 손을 흔들고 있는 모습을 보았다.

다음 날 테레제 성녀의 친절하고 상냥한 두 형제와 대화를 나누면서 그녀가 밤에 한두 시간밖에 자지 않는다는 사실을 알았다. 육체의 많은 상처에도 불구하고 그녀는 항상 활력이 넘쳐 있었다. 그녀는 새들을 사랑하고 어항의 금붕어들을 돌보기도 하며, 때로 정원에서 일하기도 한다. 주고받는 서신의 양도 많다. 가톨릭 신자들이 기도와 치유의 축복을 부탁해오기 때문이다. 그녀를 통해 중병을 치유받았다는 사람들도 많다.

스물세 살쯤 되는 그녀의 동생 페르디난트는 테레제가 기도를 통해 다른 사람의 병을 자기 몸에 이전시키는 능력을 가지고 있다고 설명했다. 그녀가 음식을 먹지 않게 된 것은, 성직자가 되려고 했던 어느 젊은이가 식도에 병이 들어 고생할 때 그 병이 자기 식도로 옮겨오도록 기도한 때부터였다.

목요일 오후 우리 일행은 주교의 사택으로 차를 몰았다. 주교는 늘 어뜨린 내 머리카락에 약간 놀란 듯이 나를 유심히 바라보았다. 그는 필요한 허가서를 쉽게 써주었으며 수수료는 없었다. 가톨릭교회가 규칙을 만든 것은 오직 하나, 금요일마다 코너스로이트로 수천 명씩 몰려드는 일반 관광객들로부터 테레제를 보호하기 위해서였다.

금요일 아침 아홉시 반쯤 마을에 도착했다. 테레제의 작은 오두막

━ 성녀 테레제 노이만.
성흔의 기적을 보이는 이 유명한 가톨릭교도는 1935년에 떠난 나의 바바리아 코너스로이
트 순례 여행에 영감을 주었다.

은 볕이 잘 들게 지붕에 창이 나 있었다. 문이 닫혀 있지 않고 활짝 열린 것을 보니 매우 반가웠다.

허가서를 지참한 스무 명 가량의 방문객들이 줄을 서 있는 곳에 우리도 합류했다. 그중의 많은 수가 신비로운 가수假睡 상태를 보기 위해 아주 먼 곳에서 온 사람들이었다. 테레제 성녀는 교수의 집에서 단순히 일시적인 호기심 때문이 아니라 영적인 이유로 자신을 만나려 했다는 것을 직관적으로 파악함으로써 첫 번째 시험에서 나를 통과시켰던 것이다.

두 번째 시험은 위층 그녀의 방으로 가기 전에 그녀와 정신적으로 감응할 수 있도록 나 자신이 요가의 몰입 상태에 드는 일과 관계가 있었다. 나는 방문객들로 가득 찬 그녀의 방으로 들어갔다. 그녀는 하얀 옷을 입고 침대에 누워 있었다. 라이트 씨는 등 뒤에 있었으며, 나는 놀랍고 기이한 광경에 경외심을 느껴 겨우 문지방을 넘자마자 걸음을 멈춰야 했다.

테레제의 아래 눈꺼풀로부터 핏물이 약 2.5센티미터 너비로 짧게 계속해서 흘러내리고 있었다. 그녀의 시선은 위로 향한 채 이마 가운데에 있는 영안에 초점이 맞춰져 있었다. 그녀의 머리를 싸고 있는 형겊은, 그 옛날 예수 그리스도가 가시관을 쓰고 흘렸던 것처럼 피로 흥건히 젖어 있었다. 그리고 그녀가 입고 있는 하얀 옷은 그리스도의 육신이 오래 전에 병사의 창에 찔려 최후의 모욕으로 고통을 받은 옆구리 부위에서부터 가슴 위까지 붉은 피로 점점이 물들어 있었다.

테레제의 두 팔은 애원하는 어머니의 모습같이 벌려져 있었으며, 얼굴 표정은 고통스러우면서도 신성한 모습이었다. 그녀는 점점 창백해졌고, 안팎으로 미묘한 변화가 많이 생겼다. 초월의식 상태에 나타나는 환시 속의 사람들에게 약간 떨리는 입술로 무엇인가 나지막히 말을 하고 있었는데, 그것은 내가 알 수 없는 외국어였다.

그녀와 마음의 파장을 맞추자 내게도 그녀의 환시가 보이기 시작했다. 그녀는 많은 사람들이 조롱하는 가운데 나무 십자가를 메고 가는 그리스도를 보고 있었다.[*] 갑자기 놀라면서 그녀가 머리를 번쩍 치켜들었다. 예수가 무거운 십자가를 못 이겨 쓰러지셨던 것이다. 환시는 사라졌다. 뜨거운 동정심으로 탈진 상태에 빠진 테레제는 베개에 무겁게 머리를 파묻었다.

그 순간 뒤에서 뭔가 크게 쾅 하고 넘어지는 소리가 들렸다. 잠시 머리를 돌리자 기절한 누군가를 두 사람이 옮기는 광경이 보였다. 그러나 나는 깊은 초월의식 상태로부터 깨어나고 있었기 때문에, 넘어진 사람이 누구인지 금방 알아차릴 수가 없었다.

나는 다시 테레제의 얼굴로 눈길을 돌렸는데, 그녀는 계속 피를 흘려서 매우 창백하긴 했지만 이제는 조용히 순결함과 성스러움을 드러내고 있었다. 조금 후에 뒤를 돌아보았더니 라이트 씨가 피가 조금 흐르는 뺨에 손을 대고 서 있었다.

"딕, 쓰러진 사람이 당신이었어요?"

나는 걱정스럽게 물었다.

"예, 너무 두려운 장면을 보고 기절하고 말았습니다."

나는 그에게 위로의 말을 해주었다.

---

[*] 내가 도착하기 몇 시간 전부터 이미 테레제는 예수의 생애 중 마지막 나날의 여러 가지 환시를 경험하고 있었다. 그녀의 환시 상태는 대개 최후의 만찬 이후의 사건들로부터 시작해서 십자가 위에서 예수님이 돌아가시는 것으로 끝을 맺는데, 때로 무덤에 묻히는 장면으로 끝나기도 한다.

"하지만 그 광경을 다시 보기 위해 돌아왔다니 당신은 참 용감한 사람이네요."

줄을 서서 끈기 있게 기다리는 순례자들을 위해 우리는 테레제에게 작별 인사를 한 후 성스러운 그녀 앞을 떠났다.*

다음 날 우리 일행은 남쪽으로 차를 몰았다. 기차에 의존하지 않아 다행히도 우리가 선택하는 곳마다 차를 세울 수 있었다.

우리는 독일, 네덜란드, 프랑스, 스위스의 알프스 산맥을 거쳐 즐겁게 여행했다. 이탈리아에서는 겸손의 사도 성 프란체스코를 기념하기 위해 특별히 아시시를 여행했다. 유럽 여행은 그리스에서 끝났는데, 그곳에서 우리는 아테네 신전들, 관용의 정신을 보인 소크라테스**가

---

* 1948년 3월 26일 자 《INS 뉴스》 독일 특파원의 보고는 다음과 같다.
"독일의 한 농촌 여인이 성 금요일에 자신의 침대에 누워 있다. 머리와 손과 어깨, 예수님의 육체가 십자가의 못과 가시관으로 피 흘렸던 바로 그 부위에서 피가 흐른다. 경외심에 가득 찬 수많은 독일인과 외국인이 조용히 줄지어 테레제 노이만의 오두막 침대를 지나간다."
이 위대한 성흔의 기적자는 1962년 9월 18일 코너스로이트에서 눈을 감았다. ─원서 편집자 주

** 에우세비오스의 글에는 소크라테스와 힌두교 현인 사이의 흥미로운 만남이 설명되어 있다. 그 구절은 다음과 같다.
"음악가인 아리스토제누스는 인도인에 대한 이와 같은 이야기를 전해주었다. 한 인도인이 아테네에서 소크라테스를 만나 그의 철학 영역이 어떤 것인가를 물었다. 소크라테스는 '인간 현상에 대한 탐구'라고 대답했다. 그러자 인도인은 웃음을 터뜨리며 '신성한 현상에 대해 모르면서 어떻게 인간 현상에 대해 탐구할 수 있는가?' 하고 말했다."
서양철학에 나타나는 희랍의 이상은 '인간이여, 너 자신을 알라.'이다. 반면, 인도철학은 '인간이여, 네 자아를 알라.'라고 말한다. 데카르트의 격언인 '나는 생각한다, 고로 존재한다.'는 철학적으로 정당하지 못하다. 이성의 힘이 인간의 절대적 존재, 즉 신에 대해 알려주지는 못한다. 인간의 정신은 그것이 인지하는 현상 세계와 마찬가지로 영원히 유동적이어서 어떤 궁극에 도달할 수 없다. 지적 만족이 최고의 목표일 수는 없다. 신을 찾는 자는 변함없는 진리인 비댜vidya를 진실로 사랑하는 자이다. 그 밖의 모든 것은 상대적 지식인 아비댜avidya에 불과하다.

— 이집트의 피라미드 앞에서 라이트 씨와 블레치 양과 함께.
우리는 미국을 떠나 독일, 네덜란드, 프랑스, 스위스의 알프스 산맥을 거쳐 이탈리아와 지
중해까지 여행했다. 그리고 팔레스타인에 들러 그리스도의 여러 성지를 순례하고, 이집트
와 기나긴 홍해, 아라비아 해를 거쳐 마침내 인도에 도착했다.

사약을 마신 감옥을 둘러봤다.

우리는 고대 희랍인들이 자신들의 상상을 도처에 설화석고(대리석)
로 구현한 예술적 능력에 감탄했다.

우리는 햇볕이 밝게 내리쬐는 지중해를 지나 팔레스타인에 도착했
다. 매일매일 그곳의 성지를 돌아다니면서 순례 여행의 가치를 더욱
확실히 깨달을 수 있었다. 팔레스타인에서는 어디를 가든 그리스도
정신이 곳곳에 스며 있었다. 나는 그리스도를 가까이에서 느끼며 경
외하는 마음으로 베들레헴, 겟세마네, 갈보리, 올리브 동산, 요르단 강

가, 갈릴리 호수 등을 거닐었다.

또 우리 일행은 예수님이 태어나신 구유, 요셉의 목공소, 나사로의 무덤, 마르타와 마리아의 집, 최후의 만찬 장소 등을 방문했다. 과거의 장면들이 내 마음의 영상에 펼쳐졌다. 나는 그리스도가 그 옛날에 연출했던 신성한 드라마의 장면들을 하나씩 보았다.

우리는 현대적인 카이로 시와 고대의 피라미드를 동시에 거느린 이집트에도 들렀다. 그리고 기나긴 홍해를 지나 아라비아 해를 거쳐, 마침내 인도에 도착했다.

# 40

# 스승의 부름을 받고
# 인도로 돌아오다

나는 감사하는 마음으로 인도의 축복받은 공
기를 들이마셨다. 우리가 탄 라즈푸타나 호는 1935년 8월 22일 봄베
이 항에 도착했다. 배에서 내린 첫날은 끊임없이 바쁠 앞으로의 날들
을 예견하게 했다. 친구들이 부두에 모여서 꽃다발로 우리를 환영했
으나, 우리는 곧 타지마할 호텔 방에서 기자들과 사진사들을 맞이해야
했다.

봄베이는 나에게 새로운 도시였다. 그곳은 매우 정력적으로 움직이
는 현대 도시로서 서양으로부터 많은 혁신을 받아들였음을 알 수 있었
다. 넓은 대로변에는 종려나무들이 줄지어 서 있었고, 훌륭한 관공서
건물들이 고대 사원과 경쟁하듯 들어선 모습이 흥미로웠다. 그러나
관광할 시간은 거의 없었다. 사랑하는 구루와 친한 사람들 모두가 참

을 수 없을 정도로 보고 싶었기 때문이다. 그래서 포드 자동차는 화물차에 맡기고, 우리 일행은 기차를 타고 곧 캘커타를 향해 동쪽으로 바삐 움직였다.*

호우라흐 역에 도착했을 때 우리는 잠시 기차에서 내리지 못했다. 우리를 만나려는 군중이 너무 많이 몰려와 있었기 때문이다. 카심바자르의 젊은 성주 마하라자와 내 동생 비슈누가 환영회를 주관했다. 우리를 그토록 성대하고 따스하게 환영해줄 줄은 미처 예상하지 못했다.

블레치 양과 라이트 씨와 나는 머리끝에서 발끝까지 꽃다발로 싸인 채, 흥겨운 북과 나팔 소리를 들으며 줄지은 자동차와 모터사이클을 앞세우고 천천히 아버지의 집으로 행진했다. 나이 든 아버지는 마치 죽음에서 돌아온 자식을 맞이하듯이 나를 포옹했다. 우리는 기쁨으로 아무 말도 못한 채 서로를 오래도록 바라보았다. 형제와 누이들, 숙부와 숙모들, 사촌들, 학생들, 오랜 친구들이 나를 둘러쌌는데 모두 눈물로 젖어 있었다. 지금은 기억 속으로 흘러갔지만, 이처럼 애정이 넘치는 마음으로 다시 만나던 장면은 내 가슴속에 잊혀지지 않고 고스란히 남아 있다.

스리 유크테스와르와의 만남에 관해서는 말이 나오지 않는다. 내 비서가 적은 다음과 같은 기록으로 충분할 것이다. 라이트 씨는 여행 일기에 이렇게 적었다.

오늘 큰 기대감을 품고 요가난다 선생님을 캘커타에서 세람푸르까지

---

* 우리는 와르다에 있는 마하트마 간디를 만나보기 위해 인도 대륙을 반쯤 건너다가 중부 지방에서 여행을 멈췄다. 이때의 이야기는 제44장에서 상세히 설명된다.

자동차로 모시고 갔다. 우리는 오래된 상점들을 지나쳐 갔는데, 그중에는 요가난다 선생님이 학창시절 즐겨 식사하던 곳도 있었다. 마침내 담으로 둘러싸인 좁은 골목길로 들어섰다가 왼쪽으로 돌았더니, 그곳에 소박하지만 영감을 주는, 격자무늬 발코니가 딸린 이층짜리 아슈람이 나타났다. 평화로운 정적이 온몸으로 퍼져드는 느낌이었다.

나는 가장 공손한 마음가짐으로 요가난다 선생님을 뒤쫓아 그 암자의 담 안쪽에 있는 정원으로 들어섰다. 뛰는 가슴을 안고 오래된 시멘트 계단을 올라갔다. 그것은 틀림없이, 진리를 찾는 수많은 구도자들이 밟았던 계단이었다. 한 계단 한 계단 올라설 때마다 우리의 긴장은 더해갔다. 계단을 거의 다 올라갔을 때 성스러운 성자다운 자세로 서 있는 위대한 스와미 스리 유크테스와르님의 모습이 조용히 우리 앞에 나타났다.

숭고한 그분 앞에 있게 된 축복에 내 가슴은 터질 듯이 부풀었다. 나는 계속 그분의 모습을 잘 관찰하려고 했지만, 요가난다님이 무릎을 꿇고 머리를 숙이며 영혼에서 우러나는 감사와 반가움을 표시하자 눈물이 시야를 흐렸다. 요가난다 선생님은 손으로 구루의 발을 만지고는 자신의 이마를 댐으로써 겸손한 공경의 마음을 나타냈다. 요가난다님이 일어서자 스리 유크테스와르 선생님은 그를 가슴에 꼭 안고 포옹했다.

처음에는 서로 아무 말도 나누지 않았으며 다만 침묵 속에서 강렬한 감정이 교류되고 있었다. 그들의 눈에는 재회의 기쁨이 넘실댔다. 그리하여 조용한 정원에는 온화한 기운이 가득 차고 구름 속에서 갑자기 나타난 태양은 영광의 빛을 더하는 것 같았다.

나도 성자 앞에 무릎을 꿇고, 시간의 흐름과 기도 생활로 굳어진 그분의 발을 만진 채 축복을 받으며, 말로 표현할 수 없는 사랑과 감사의 마음을 드렸다. 그러고는 일어나서 깊은 내성內省으로 빛나는 그분의 아름다운 눈을 응시했다.

우리는 길에서 처음 보았던 발코니와 연결된 그의 거실로 들어갔다. 대인께서는 시멘트 바닥에 놓인, 덮개를 씌운 요 위에 앉으시고는 침대 겸용의 오래된 긴 의자에 몸을 기대셨다. 나와 요가난다 선생님은 그분 발치에 있는, 짚으로 만든 요 위에 앉은 뒤 몸을 편히 하기 위해서 오렌지색 베개에 기대었다.

두 분 스와미께서 벵골어로 나누는 말씀의 요지를 알아들으려고 했지만 허사였다. 스와미지 마하라즈라고도 불리는 위대한 구루께서는 영어를 할 줄 알고 때로 사용하기도 하시지만, 두 분이 함께 있을 때는 영어를 쓰지 않았다. 그러나 따뜻한 미소와 빛나는 눈빛만으로도 성자다운 위대한 면을 쉽게 발견할 수 있었다. 그의 즐거우면서도 진지한 대화에서 눈에 띄는 것은 말에 확신이 담겨 있다는 점이다. 이것이야말로 자신이 무엇을 아는지를 잘 알고 있는 현자의 특징인데, 그것은 그가 신을 알기 때문에 가능한 일이다. 위대한 지혜와 강한 의지력, 결단력 등이 모든 면에 명백히 드러나 있었다.

그분은 간편한 복장을 하고 계셨는데, 원래는 적갈색이었던 도티와 셔츠가 이제는 오렌지색으로 바래 있었다. 나는 존경하는 마음으로 그를 관찰하면서 크고 건장한 체격에 마음속으로 감탄했다. 그의 육체는 시련과 포기라는 희생적인 삶으로 단련된 것이었다. 그는 위엄 있는 태도로 항상 몸을 똑바로 하고 당당하게 걸음을 옮기셨다. 또한 즐겁고 쾌활한 웃음이 가슴 깊숙한 곳에서 터져 나와 몸 전체가 흔들리곤 했다. 그의 준엄한 얼굴 표정은 신성한 힘을 확실히 느끼게 한다. 머리는 가운데로 가르마를 탔는데, 이마 부근은 하얗고 나머지는 윤기 나는 은금

색과 은흑색으로 끝이 둥글게 말린 채 어깨 위까지 드리워져 있다. 끝
이 뾰족하게 모아져 있는 턱과 코 밑의 수염은 그의 인상을 강하게 만
들어주고, 검은 눈엔 푸른색이 엷게 둘러져 있었다. 경사진 이마는 천
국을 추구하는 듯한 그의 신성한 얼굴에서 가장 두드러졌다. 코는 좀
크고 못생겼는데, 한가할 때면 어린애처럼 손가락으로 코를 두드리거
나 흔들면서 장난을 하시곤 했다. 쉴 때의 입 모양은 준엄하지만 미묘
한 부드러움을 띠고 있었다.

다소 낡은 그의 방을 살펴보면, 주인이 물질적 안락에는 무관심하다는
것을 누구나 알 수 있을 것이다. 비바람으로 퇴색한 긴 방의 흰 벽은 엷
은 청색으로 얼룩덜룩했다. 방 한쪽 구석에는 소박한 꽃다발로 정성들
여 장식된 라히리 마하사야의 유일한 사진이 걸려 있었다. 거기에는 또
한 요가난다 선생님이 보스턴에 도착했을 때 종교회의에 참석한 다른
사람들과 같이 찍은 오래된 사진도 있었다.

나는 옛것과 새것의 기묘한 일치를 보았다. 유리로 조각된 커다란 촛대
는 오랫동안 쓰지 않아서 거미줄로 덮여 있었고, 한편으론 반짝이는 최
신 달력이 벽에 걸려 있었다. 방에서는 평화와 행복의 향기가 흘러나왔
다. 발코니 너머로는 코코넛 나무들이 마치 집을 지키고 있는 듯이 말
없이 집 위로 솟아 있었다.

대인께서 손뼉만 치면 곧바로 몇 명의 제자들이 모여들었다. 그중에는
긴 검정 머리에 반짝이는 검은 눈을 가진 프라풀라*라고 하는 야윈 소
년이 있었다. 그가 입가를 약간 올리며 천상의 미소를 지을 때면, 마치

---

* 프라풀라는 코브라가 스리 유크테스와르를 해치지 않고 그냥 곁을 지나는 장면을 본 소
년이다(제12장 참고).

어둠 속에서 갑자기 나타나는 별이나 초승달처럼 두 눈이 반짝였다.

스와미 스리 유크테스와르님은 그의 '열매'가 돌아온 것에 대해 무척 기뻐하고 있음이 틀림없었다. 또한 '열매의 열매'인 나에 대해서도 약간 궁금해하는 듯이 보였다. 그러나 위인의 성품에 깃든 지혜가 감정이 겉으로 드러나는 것을 막고 있었다.

제자가 스승에게 돌아왔을 때 흔히 그러듯이 요가난다님도 그분께 약간의 선물을 드렸다. 우리는 앉아서 간소하지만 잘 요리된 채소 요리와 밥을 먹었다. 스리 유크테스와르님은 내가 여러 가지 인도의 관습, 예를 들어 '손가락으로 음식을 먹는 것' 등을 지키는 모습을 보고 기뻐하셨다.

여러 시간 동안 벵골어로 얘기하고 때때로 따뜻한 미소를 나누며 서로 즐거이 바라보기도 하면서 지낸 뒤 우리는 그분의 발밑에 절하고 프로남*으로 작별 인사를 했다. 그러고는 영원히 잊지 못할 이 성스러운 만남을 가슴에 간직한 채 캘커타로 떠났다. 이제까지 주로 그분의 외적인 면에 대한 인상을 적었지만 영적인 면에서의 위대성도 항상 느낄 수 있었다. 나는 이 만남에서 그분의 위대한 힘을 느꼈고, 또한 그러한 느낌을 신이 주신 축복으로 영원히 간직할 것이다.

미국에서 유럽을 거쳐 팔레스타인에 이르기까지 나는 스승을 위해 많은 선물을 가져왔다. 스승은 미소 지으며 그 선물들을 아무 말씀없이 받으셨다. 내 것으로는 독일에서 우산 겸용 지팡이를 하나 샀을 뿐

---

* 문자 그대로는 '성스러운 이름'이라는 뜻이다. 인도인의 인사말로, 손을 모아 가슴께부터 이마까지 올리는 인사 동작에 수반되는 말이다. 인도에서는 서양 사람이 하는 악수 대신에 프로남 인사법을 사용한다.

이다. 인도에 와서 그 지팡이도 스승에게 드렸다.

"이 선물은 정말 고맙게 받겠다."

송구스럽게도 이런 말씀을 하면서 구루는 따스한 눈길을 보내셨다. 선물 중에서 방문객들에게 보여주려고 택하신 것도 바로 그 지팡이였다.

"스승님, 제발 객실에 새 양탄자를 갖다놓도록 허락해주십시오."

스리 유크테스와르의 호피가 찢어진 양탄자 위에 놓인 것을 보고 내가 말했다.

"원한다면 그렇게 해라."

그러나 별로 기뻐하시지 않는 목소리였다.

"봐라, 호피는 깨끗하고 좋다. 나는 나 자신이라는 조그만 왕국의 왕이다. 그것을 넘어서면 외적인 것에만 관심을 갖는 광대한 세계가 있을 뿐이다."

스승이 이런 말씀을 하시자 나는 옛날로 돌아간 기분이 들었다. 다시 한 번 매일매일 훈계의 불로 태워져 정화되던 젊은 제자가 된 것이다.

세람푸르와 캘커타에서 떠날 수 있게 되자 라이트 씨와 함께 란치로 출발했다. 그곳에서는 또 우리를 얼마나 감동적으로 환영해주었는지! 15년 동안 내가 없는 중에도 학교의 기치를 계속 휘날리게 해준 희생적인 교사들과 포옹하면서 나는 눈물을 흘렸다. 기숙사생과 통학생의 얼굴에 나타나는 밝은 표정과 행복한 미소가 바로 교사들이 정성껏 학생을 돌보고 요가 훈련을 시키는 것이 얼마나 중요한지를 밝히는 증거였다.

그러나 슬프게도 란치 학교는 심각한 재정난에 허덕이고 있었다. 카심바자르의 나이 든 성주 마닌드라 찬드라 눈디 경이 자신의 왕궁을 학교 본부 건물로 제공했고, 그 밖의 많은 것들을 기증했으나 이제는 세상을 떠나고 없었다. 여러 가지를 무료로 제공해주던 자비로운 학교의 특징이 공공 지원의 부족으로 위협을 받게 된 것이다.

미국에서 여러 해를 지내는 동안 나는 미국의 실용적 지혜를 배울 수 있었는데, 장애물에도 굴하지 않는 담대한 정신이 그것이다. 그래서 일주일 동안은 란치에서 이런 심각한 문제들과 씨름하며 지냈다. 그 후 캘커타에서 유명한 지도자 및 교육자들과 대화를 나눴고, 카심바자르의 젊은 성주와 장시간 의논하기도 했고, 아버지에게 재정적 도움을 청하기도 한 끝에 마침내 휘청거리던 란치 학교의 재정 상태가 안정되기 시작했다. 또한 때마침 미국의 제자들로부터 많은 기부금이 도착했다.

게다가 내가 인도에 도착하고 몇 달 지나서는 란치 학교가 법인 조직으로 인가받는 기쁨도 맛보게 되었다. 항구적 재단을 갖춘 요가 교육센터를 꿈꿔왔던 나의 오랜 소망이 드디어 이루어졌다. 1917년 일곱 명의 소년들을 데리고 초라하게 시작했을 때부터 품어 왔던 소망이 마침내 결실을 맺은 것이다.

1935년 이후 란치 학교는 소년 학교를 넘어 그 영역을 확장했다. 현재 이 지역을 위한 광범위한 각종 인도주의 활동이 '슈야마 차란 라히리 마하사야 미션'에 의해 수행되고 있다. '요고다 사트상가 브라흐마차랴 비드얄라야'라는 이름의 이 학교는 문법학교와 고등학교 과정의 과목들을 가지고 야외 수업을 하며, 기숙사생과 통학생 모두 한 가지 종류의 직업훈련을 받는다. 소년들은 자치회를 통해서 스스로 자신들의 행동을 규제한다. 나는 일찍이 교육자 생활을 하면서, 짓궂게 선생님을 곯리기 좋아하는 소년들도 자기 친구들이 정한 규

— 1935년, 인도로 돌아와 캘커타에서 스리 유크테스와르와 함께. 스승이 지팡이를 짚고 계신다.

칙에는 기꺼이 따른다는 사실을 알고 있었다. 나 자신도 모범 학생은 아니었던지라, 소년들이 일으키는 문젯거리나 장난에 쉽게 공감하는 편이었다.

스포츠 경기를 장려하기 때문에 운동장에는 항상 하키와 축구 시합의 함성이 울린다. 그래서 란치의 학생들은 때로 운동대회에서 우승컵을 차지하기도 한다. 소년들은 의지력으로 근육에 새 힘을 공급하는 요고다 방법을 배우는데, 그것은 생명 에너지를 정신력으로 신체 어느 부분에나 보낼 수 있는 방법이다. 또한 그들은 아사나(요가의 자세)와 검술 및 라티(막대기) 경기도 배운다. 한편 응급 처치 요령을 배우기 때문에 홍수나 기근이 들면 칭찬받을 만큼 훌륭하게 봉사활동을 한다. 또 그들은 정원을 일구어 채소를 가꾼다.

학교는 그 지방 원주민인 콜 족, 산탈 족, 문다 족 사람들을 위해 기본 교과목을 힌디어로 강의한다. 가까운 마을에서는 소녀들만을 위한 수업도 실행하고 있다.

란치 학교만의 독특한 과목은 크리야 요가 수행이다. 소년들은 매일 영적인 훈련을 받고 『기타』를 암송하며, 격언과 선례들을 통해 소박함, 자기희생, 고귀함, 진리 등의 덕목을 배운다. 악은 불행을 낳는 근원이며, 선은 진실된 행복을 낳는 행위라는 것을 배운다. 악은 독이 든 꿀같이 유혹적이지만 결국은 죽음으로 몰고가는 원인이라는 가르침을 받는다.

육체와 정신의 산만한 상태를 집중 기법으로 극복하게 되면 놀라운 결과를 얻을 수 있다. 그래서 란치에서는 한 시간 이상 흐트러짐 없는 자세로 앉아서 영안을 향해 시선을 고정시키는 아홉 내지 열 살 가량된 소년들의 자그마한 얼굴들을 흔히 볼 수 있다. 세계 전역의 대학을 둘러보면서 학생들이 한 시간 강의도 힘들어하는 광경을 볼 때마다 이 곳 란치 학생들의 모습이 마음속에 떠올랐다.*

과수원 안에는 축복받은 대스승 라히리 마하사야의 조각상을 모신 시바 사원이 있는데, 매일 기도회와 경전 연구 수업이 그곳 정원의 망고 나무 그늘에서 열린다.

란치 재단이 설립한 '요고다 사트상가 세바슈람'(봉사의 집) 병원에서는 수많은 인도 빈민들에게 외과 및 내과 치료를 하고 있다.

란치는 해발 600미터에 있는 지역으로 기후가 항상 온화하다. 넓은 수영장을 끼고 있는 25에이커의 땅은 인도에서 가장 훌륭한 개인 과수원 중의 하나를 보유한 터라 망고, 대추야자, 구아바, 여주, 잭푸르트 등의 과실수가 500여 그루나 있다.

---

\* 특정한 집중 기법을 통한 정신 수련은 각 세대마다 엄청난 기억력을 가진 천재들을 낳았다. 마드라스에서 본 현대의 '기억의 천재'에 대한 확인 시험을 《힌두스탄 타임즈》에 상세하게 기고한 T. 비자야라그하바차리 경의 글을 아래에 인용한다.
"이들은 산스크리트 문헌에 대해 비상할 정도로 박식했다. 이들 기억의 천재는 거대한 관객 집단의 가운데에 앉아서, 복수의 관객을 동시에 상대해야 했다. 내용은 이러하다. 첫 번째 사람이 종을 쳤는데, 이것은 종소리가 몇 번 울렸는가를 맞히는 문제이다. 두 번째 사람이 가감승제가 고루 포함된 긴 계산 문제를 받아 적었는데, 이것은 계산의 답을 맞히는 문제이다. 세 번째 사람이 『라마야나』와 『마하바라타』에서 뽑은 기다란 시구를 암송했는데, 이것은 그대로 듣고 다시 암송하는 문제이다. 네 번째 사람이 시를 지으라고 했는데, 이것은 주어진 주제에 맞는 운율을 사용하고 각 행이 특이한 단어로 끝나도록 각운을 맞추는 과제이다. 다섯 번째 사람과 여섯 번째 사람은 둘이 짝을 이루어서 신학 논쟁을 벌였는데, 이것은 둘이 논쟁에서 사용한 정확한 말과 정확한 순서를 재현하는 문제이다. 일곱 번째 사람이 바퀴를 마구 돌렸는데, 이것은 바퀴 회전수를 맞히는 문제이다. 기억의 천재는 오로지 정신적 능력에만 의지해서 이 모든 문제를 맞히는 묘기를 동시에 보여줘야 했다. 물론 연필과 종이 같은 보조 도구는 전혀 지급되지 않았다. 참석한 사람들의 긴장감은 분명히 극에 달했을 것이다. 무의식에 부러움을 가진 보통 사람들은 짐짓 이런 능력을 저차원적 두뇌 기능의 훈련 정도로만 치부하고 아예 무시해버리는 경향이 있다. 그러나 그것은 순수한 기억력 문제가 아니다. 기억력보다 더 중요한 인자는 어마어마한 정신 집중이다."

란치 도서관에는 동서양으로부터 기증받은 영어 혹은 벵골어로 된 책들이 상당히 많다. 세계의 경전들만 수집해놓은 서가도 있다. 박물관에는 진귀한 보석과 고고학, 지리학, 인류학적 가치를 지닌 유물들이 잘 분류되어 전시되어 있다. 이들 대부분은 신이 만든 다양한 세계에 대한 나의 호기심이 거둔 성과라고 하겠다.[*]

기숙사 제도와 요가 교육이라는 란치 학교의 특징을 갖춘 분교들 또한 계속 늘어나서 현재도 번성하고 있다. 서벵골의 라크한푸르에 있는 소년을 위한 '요고다 사트상가 비댜피트'(학교)와 벵골 미드나포르의 에즈말리차크에 있는 고등학교 및 수도원이 그 예이다.[**]

1939년에는 웅장한 '요고다 마트'(아슈람)가 다크쉬네스와르의 갠지스 강 앞에 세워졌다. 이곳은 캘커타에서 북쪽으로 몇 마일밖에 떨어지지 않아서 도시인들에게 평화의 안식처가 되고 있다.

다크쉬네스와르의 '요고다 마트'는 '요고다 사트상가 소사이어티' 및 여러 지역에 분포된 학교 센터, 수도원들의 인도 총본부이다. 인도의 '요고다 사트상가 소사이어티'는 국제본부인 미국 캘리포니아 주 로스앤젤레스 SRF의 합법적인 지부이다. '요고다 사트상가'[***]의 활동 중에

---

[*] 파라마한사 요가난다의 수집품들을 소장한 서양의 박물관은 캘리포니아 주 퍼시픽 펠리세이드의 SRF 호수 사원에 있다. ─원서 편집자 주

[**] 초기의 이런 학교들을 토대로 건립된, 소년 소녀를 위한 YSS 교육 기관들이 인도의 여러 지역에서 번창하는 중이다. 이 기관들은 초등학교에서 대학교 수준까지의 과정을 망라하고 있다.

[***] '요고다'는 파라마한사 요가난다가 인간의 육체를 우주 에너지로 재충전시킬 수 있는 원리를 발견한 1916년에 그 스스로 합성한 신조어이다. 스리 유크테스와르가 자신의 수도 단체를 '사트상가'(진리의 동지회)라고 불렀으므로, 제자인 파라마한사가 그 이름을 그대로 유지한 것은 당연한 일이다. 인도의 '요고다 사트상가 소사이어티'는 영구적인 비영리 단체이다. 요가난다는 인도에서 이루어진 자신의 모든 작업과 기금을 이 명칭 하에 통합했다. 현재도 이 단체는 서벵골의 다크쉬네스와르에 위치한 '요고다 마트'의 이사회에

는 계간지인《요고다 매거진》을 발행하는 일과 인도 전역의 학생들에게 격주로 교재를 우송하는 일도 포함된다.

요고다의 교육적, 종교적, 인도적 활동은 많은 교사와 봉사자의 헌신적 노력을 필요로 한다. 그들은 여기서 그 이름을 일일이 열거할 수 없을 정도로 많으며, 내 마음 구석구석에는 그들 각자가 반짝이며 자리 잡고 있다.

라이트 씨는 얼마 동안 간소한 도티 차림으로 란치의 소년들과 어울려 살면서 아이들과 각별한 우정을 나누었다. 내 비서인 그는 생생한 묘사력으로 봄베이, 란치, 캘커타, 세람푸르 등 가는 곳마다 자신이 겪은 모험을 여행 일지에 적곤 했다. 어느 날 저녁 그에게 한 가지 질문을 했다.

"딕, 인도에 대한 인상이 어떤가요?"

그는 생각에 잠겨 대답했다.

"평화입니다. 이 민족의 영기靈氣는 평화입니다."

의해 훌륭하게 관리되고 있다. 많은 YSS 명상 센터들이 인도 각 지역에서 번창하고 있다. 서양에서는 산스크리트어 대신 영어 단어를 써서 '자아실현협회Self-Realization Fellowship' 란 명칭으로 통일했다. 스리 다야 마타가 1955년 이래로 인도 YSS와 SRF의 회장직을 겸임하고 있다. ─원서 편집자 주

# 41

# 남인도의
# 목가적 풍경

"딕, 그 사원에 들어간 서양인은 당신이 처음입니다. 많이들 시도했지만 실패하고 말았지요."

라이트 씨는 내 말에 약간 놀란 듯하다가 이내 즐거운 표정을 지었다. 우리는 남인도의 마이소르 지방을 굽어보는 언덕에 위치한 차문디 사원을 막 떠나온 참이었는데, 거기서 통치자 마하라자 가문의 수호 여신 차문디를 위해 금과 은으로 만든 제단 앞에 참배했던 것이다.

"특별한 영광을 기념하기 위해 성직자들이 장미 향수로 축복한 이 꽃잎들을 늘 간직하겠습니다."

그가 장미 꽃잎 몇 장을 조심스럽게 싸면서 말했다. 라이트 씨와 나*

---

\* 우리의 빠른 걸음에 보조를 맞출 수 없던 블레치 양은 캘커타에 남아 내 친척들과 행복한

는 1935년 11월을 마이소르 주(현재의 카르나타카 주—옮긴이)의 손님으로 보내고 있었다. 마하라자인 스리 크리슈나라자 와디야르 4세는 주민들에게 지혜롭게 헌신하는 군주의 모범이었다. 경건한 힌두교도인 마하라자는 이슬람교도인 유능한 미르자 이스마일 수상에게 권력을 이양한 상태였다. 700만 주민들은 상하 양원에 대표를 보냈다. 마하라자의 후계자인 유바라자(전하) 스리 크리슈나 나라싱하라즈 와디야르 경은 자신이 통치하는 개화되고 진보적인 영토를 보여주기 위해 내 비서와 나를 초청했다.

나는 두 주일 동안 시청과 마하라자 대학, 주립 의과대학에서 수천 명의 마이소르 주민과 학생들을 상대로 연설했고, 국립고등학교와 전문대학 및 3천 명의 청중이 운집한 체티 시청 등지에서 세 차례의 대중집회도 가졌다. 내가 마음속에 그리는 미국에 관한 빛나는 그림을 청중들이 다 믿는지 아닌지는 알 수 없었다. 하지만 동양과 서양의 가장 훌륭한 장점을 서로 주고받는 데서 얻을 수 있는 혜택을 이야기했을 때, 엄청난 박수갈채가 터져 나왔다.

이제 우리는 그동안의 긴장을 풀고 적도의 평화로움을 즐기고 있는 참이었다. 라이트 씨의 여행 일지에는 마이소르에 대한 다음과 같은 인상이 담겨 있다.

창공 너머로 펼쳐진, 항상 변하는 신의 캔버스를 무심의 상태로 바라보는 동안 순간순간이 황홀하게 지나갔다. 신의 손길만이 신선한 생명으로 진동하는 그런 색채를 만들어낼 수 있다. 신은 기름도 아니고 물감

---

시간을 보냈다.

도 아닌, 다만 빛이라는 효과적인 수단에 호소하기 때문에 사람이 어설프게 물감을 가지고 흉내를 내려는 순간 생생한 색채는 사라지고 만다. 신은 빛을 여기저기 흩뿌린다. 그리고 붓을 다시 흔들어 붉은 빛을 점차로 오렌지빛과 황금빛으로 바꾼다. 그러다가 날카로운 창으로 보랏빛 줄무늬를 만들어 구름을 찌르고 창에 찔린 상처에서 작은 고리들이 스며 나오게 한다. 신의 연기는 밤과 낮을 가리지 않고 항상 변하고 항상 새로우며 항상 신선하다. 무늬도 색채도 절대로 두 번 다시 되풀이되지 않는다. 밤에서 낮으로, 낮에서 밤으로 시간이 넘어가면서 나타나는 변화의 아름다움은 그 어디서도 적당한 비교 대상을 찾을 수 없다. 하늘은 이따금씩 신이 물감통의 모든 물감을 동원해서 만화경처럼 보이는 붓놀림을 구현한 것처럼 보일 때가 있다.

마이소르 시에서 20여 킬로미터 떨어진 거대한 크리슈나라자 사가르 댐*에 찾아드는 황혼의 장엄한 광경도 빼놓을 수 없다. 태양이 막 떨어지면서 마치 농익은 토마토가 수평선에 으깨져 있는 것과 같은 풍경이 펼쳐질 때, 요가난다님과 나는 공식 조수 혹은 배터리 역할을 할 소년과 함께 작은 버스에 타고 부드러운 진흙 도로를 달리기 시작했다.

---

* 마이소르 인근 지역에 물을 대기 위해서 1930년에 건설된 관개용 댐이다. 거대한 수력 발전 설비가 있는 이 댐은 발전소에서 나온 전기로 마이소르 시를 환히 밝히고, 비단과 비누, 백단향 기름 등을 생산하는 공장에 전력을 공급한다. 마이소르 특산품인 백단향 기념품에는 시간이 지나도 사라지지 않는 상쾌한 향기가 담겨 있다. 보일락 말락 한 구멍 하나만 내줘도 향기가 다시 살아난다. 콜라르 금광, 마이소르 설탕 공장, 브하드라바티의 거대한 철강소, 3만 제곱마일이나 되는 넓은 주의 여러 지역을 달리는 저렴하고 능률적인 마이소르 철도회사 등도 인도에 들어서고 있는 대형 산업체의 사례로 마이소르의 자랑거리이다. 1935년에 마이소르로 나를 초대한 마하라자와 유바라자는 최근에 세상을 떠났다. 현재의 마하라자인 유바라자의 아들은 매우 진취적이어서 마이소르에 대형 비행기 공장을 유치했다.

우리의 여행은 눈에 띄는 사각형 논을 지나고 벵골 보리수의 편안한 그늘을 거쳐서 계속 이어졌다. 길가에는 우뚝 솟은 코코넛 야자수들이 줄을 지어 자라고 있었다. 어디를 가든 식물이 정글처럼 무성했다. 산 정상에 다가가자 엄청난 인공 호수가 나타났다. 거기에, 별들과 나뭇잎들이 물 위로 비쳤다. 주변은 아름다운 정원과 잇단 전등들이 둘러싸고 있었다.

댐의 벼랑 아래로 아찔한 광경이 눈에 들어왔다. 찬연한 잉크를 뿜어내듯 솟구치는 간헐천 같은 분수들, 파랗고 붉고 노랗고 초록색을 띤 폭포에 비치는 유색 광선들, 물을 토해내는 장엄한 코끼리 석상들, 시카고 세계박람회의 축소 모형. 그 댐은 그야말로 소박한 사람들과 논두렁만 보이던 이 고대의 대지에 현대적인 모습으로 우뚝 버티고 선 걸작이었다. 인도 사람들이 우리를 어찌나 따뜻하게 맞아주는지, 요가난다님을 다시 미국에 모시고 갈 일이 은근히 걱정될 정도였다.

또 한 번의 귀중한 특권을 누렸으니, 처음으로 코끼리를 탄 일이 그것이다. 어제 유바라자가 우리를 여름 궁전에 초대해서 자신의 엄청나게 큰 코끼리들 가운데 한 놈을 타보라고 했다. 나는 비단처럼 푹신한 상자 모양의 안장에 오를 수 있게 설치된 사다리를 타고 올라갔다. 굴렀다가 튀었다가 떨어졌다가 하는, 무지무지하게 무섭도록 짜릿한 모험이었다. 하지만 소중한 목숨 때문에 안장을 꼭 붙들고 매달려 있었다!

역사적 유산과 고고학적 유물이 많은 남인도는 분명하면서도 정의하기 힘든 매력을 가진 땅이다. 마이소르 북쪽으로는 하이데라바드가 자리 잡고 있는데, 힘찬 고다바리 강이 그림처럼 가르고 있는 고원이다. 넓고 비옥한 평원, 사랑스러운 '청색 산'(닐기리)들, 석회암이나 화강암으로 형성된 황량한 언덕을 가진 이 밖의 지역들. 하이데라바드의 역사는 안드라 왕조 시대인 3천 년 전부터 시작되어 1294년 이 지역이 이슬람 통치자들에게 넘어갈 때까지 길고 다채롭게 이어져왔다.

인도의 건축, 조각, 회화 가운데서 가장 손에 땀을 쥐게 만드는 걸작들의 화려한 전시장이 바로 여기 하이데라바드의 고대 엘롤라 석굴과 아잔타 석굴에서 발견되었다. 엘롤라에 있는 거대한 통바위 사원 카일라사는 수많은 신상과 인물상 및 동물상을 거느리고 있는데, 마치 미켈란젤로의 작품을 엄청나게 확대해놓은 느낌이다. 아잔타는 스물다섯 채의 대가람과 다섯 채의 사원을 품은 대지이다. 여기에는 당대 화가와 조각가들이 자신의 천재성을 결코 죽지 않을 영원한 것으로 승화시킨 프레스코 벽화가 많다.

하이데라바드 시는 만여 명의 이슬람 교도들을 수용할 수 있는 위풍당당한 메카 마스지드 모스크와 오스마니아 대학교 때문에 더욱 빛이 났다.

해발 9백 미터에 있는 마이소르 주는 열대 삼림이 빽빽하다. 그리고 코끼리, 들소, 곰, 표범, 호랑이 등 야생동물의 고향이다. 주요한 두 도시 방갈로르와 마이소르는 아름다운 공원과 정원이 많은, 깨끗하고 매혹적인 곳이다.

힌두교 건축과 조각은 11세기부터 15세기까지 왕들의 후원 아래 마이소르에서 최고 수준의 완성도를 성취했다. 비슈누바르다나 왕의 통치 기간 중에 완성된 11세기 걸작 벨루르 사원의 정교한 세부 묘사와 생동감 넘치는 표현 양식은 세계 어느 곳에서도 유례를 찾아볼 수 없을 만큼 뛰어나다.

북부 마이소르에서 발견된 마애조칙磨崖詔勅은 기원전 3세기로 소급

된다. 이 칙령들은 인도의 거의 대부분 지역과 아프가니스탄 및 발루치스탄에 걸쳐 광대한 영토를 통치했던 아소카 왕에 관한 기억을 생생하게 되살려준다.* 서양 역사학자들까지 비할 바 없는 통치자로 평가할 만큼 유명한 아소카 왕은 다음과 같은 지혜를 기념석에 남겼다.

이 종교적 명문銘文은 우리의 아들과 손자들이 새로운 정복이 필요하다고 생각하지 않도록, 칼에 의한 정복이 정복이라는 이름을 얻을 가치가 있다고 생각하지 않도록, 칼에 의한 정복에서 파괴와 폭력을 보도록, 종교적 정복 이외에 진정한 정복은 없다고 생각하도록 여기에 새긴다. 종교적 정복은 금생과 내생에서 가치를 갖는다.

다양한 방언으로 새겨진 아소카 왕의 '돌에 쓴 교훈'(마애조칙)은 당시의 광범위한 교육 수준을 증언한다. 마애조칙 제13조는 강한 어조로 전쟁을 비판한다. "종교 정복 이외의 그 어떤 정복도 진리로 간주해서는 안 된다." 제10조는 제왕의 진정한 영광이란 그의 도움으로 백성이 이룩하는 도덕적 진보에 달려 있다고 선언한다. 제11조는 '진정한 선물'을 재물이 아닌 선, 곧 진리의 전파라고 정의한다. 제6조에는 사랑하는 대왕이 '밤낮을 가리지 않고 어느 때나' 백성들을 초대하여 공적인 문제에 대해 대화를 나누고, 왕의 직무를 충실히 수행함으로써

---

* 아소카 대왕은 인도 각지에 84,000개의 종교적인 스투파(탑)를 세웠다. 14개의 마애조칙과 10개의 암석 기둥이 현재까지 남아 있다. 각각의 기둥은 기술공학과 건축학, 조각술이 거둔 일대 승리였다. 대왕은 많은 저수지와 댐, 관개용 수문을 축조했고, 길가의 가로수 그늘과 여행자들을 위한 휴게소까지 갖춘 고속도로와 지방도로를 건설했다. 그리고 약용으로 약초원을 조성했고, 동물을 위한 병원도 지었다.

'동포들에게 진 빚으로부터 벗어나 해방을 얻고 있다'는 내용이 새겨져 있다. 한편 983년 고마테스와라 성자를 기리기 위해 자이나 교도들이 거대한 돌에 조각한 세계에서 가장 큰 석상이 같은 지역에서 그 위용을 자랑하고 있다.

아소카 왕은, 알렉산더 대왕이 인도에 남겨둔 요새들을 모조리 파괴하고 기원전 305년에 셀레우코스의 마케도니아 군대를 격파했던 공포의 대왕 찬드라굽타 마우리아의 손자이다. 찬드라굽타는 그 당시 인도의 행복과 번영을 찬양하는 축사를 남긴 그리스 대사 메가스테네스를 파탈리푸트라*의 왕궁에서 영접했다.

기원전 298년, 전승 대왕 찬드라굽타는 통치권을 아들에게 이양했다. 남인도를 여행하던 그는 12년의 여생 동안 무일푼 고행자로 스라바나벨라골라에 있는 바위 동굴(지금의 마이소르 사원)에서 참자아의 깨달음을 추구하면서 보냈다.

그리스의 역사학자들과 여타 사람들이 상세하게 기록한 흥미로운 이야기가 상당수 전해온다. 아리안, 디오도로스, 플루타르크, 지리학자 스트라보가 남긴 이야기들을 J. W. 맥크린들 박사가 번역했는데, 이들 자료는 고대 인도를 새롭게 조명하고 있다. 알렉산더 대왕의 실패한 동방 침략에서 가장 찬양할 만한 요소는 인도철학과 요기 및 성자들에 대해 깊은 관심을 기울였다는 점이다. 실제로 대왕 자신이 이

---

* 파탈리푸트라(지금의 파트나)는 매혹적인 역사를 가지고 있다. 기원전 6세기에 붓다가 방문했을 당시만 해도 이곳은 그다지 중요한 지역이 아니었다. 붓다는 다음과 같이 예언하셨다. "아리안족이 자주 들르고 상인들이 오가는 한 파탈리푸트라는 모든 종류의 물품이 교환되는 중심지가 될 것이다."『마하파리니르바나 수트라』(대반열반경)
그로부터 2세기가 지나서 파탈리푸트라는 거대한 찬드라굽타 마우리아 왕국의 수도가 되었다. 그의 손자 아소카는 이 국제도시를 더욱 찬란하고 영화롭게 발전시켰다.

런 사람들을 찾아다녔다고 한다. 북인도 탁실라에 서양의 전사들이 밀어닥친 직후, 알렉산더 대왕은 탁실라의 위대한 산야시 단다미스를 데려오기 위해 오네시크리토스(디오게네스 학파의 사도)를 파견했다.

오네시크리토스가 단다미스를 찾아서 숲 속에 있는 그의 은둔처로 가서 말했다.

"아, 브라만의 스승이시여! 전능한 신 제우스의 아들이시고 모든 사람의 지배자이신 알렉산더 대왕이 선생을 오라고 하십니다. 응낙하면 많은 선물을 내릴 테지만, 거절하면 목이 떨어질 것이오!"

그 요기는 다분히 협박조인 이 초대를 잠자코 듣고 나서, '나뭇잎으로 만든 침상에서 고개를 내밀지도 않고' 안에서 이렇게 말했다.

"알렉산더가 제우스의 아들이라면 나도 제우스의 아들이오. 나는 알렉산더가 가진 것을 아무것도 바라지 않소. 내가 지금 가지고 있는 것에 만족하기 때문이오. 하지만 알렉산더는 무모하게 부하들과 함께 산을 넘고 물을 건너 돌아다니고 있소. 그 나그네 길이 언제 끝나는 것이오? 가서 말하시오. 왕 중의 왕인 신은 거만한 악을 주재하지 않는다고 말이오. 신은 빛과 평화와 생명과 불과 육체와 영혼의 창조주라오. 죽음이 인간을 해방시켜 더 이상 악한 질병에 시달리지 않게 할 때, 신은 인간을 모두 받아들인다오. 살육을 혐오하고 전쟁을 도발하지 않는 자만이 내가 경배하는 신이오."

성자는 냉소적인 어조로 조용히 말을 이었다.

"알렉산더는 절대 신이 아니오. 죽음의 맛을 보아야 하기 때문이오. 여태껏 내면에 펼쳐진 우주 영토의 왕좌에 앉지 못한 그런 사람이 어떻게 세계의 지배자가 될 수 있겠소? 그는 아직 지옥에 살아서 들어가보지 못했으며, 이 지구의 광대한 영역을 도는 태양의 궤도마저 알지 못하잖소. 대부분의 국가에서는 그의 이름조차도 들어본 적이 없소!"

아마도 '세계의 왕'에게 퍼부은 공격 중에서 가장 통렬했을 이런 말로 꾸짖은 다음, 요기는 이렇게 덧붙였다.

"알렉산더의 지금 영토가 양에 차지 않는다면, 갠지스 강을 넘게 하시오. 거기에는 대왕의 모든 백성을 지탱할 수 있는 땅이 있을 것이오.* 알렉산더가 내게 주겠다는 선물은 모두 쓸모없는 것들이오. 내가 진정 찬양하고 가치를 인정하는 것은 나에게 집을 만들어주는 나무와 양식을 제공하는 식물과 갈증을 덜어주는 물이오. 욕심으로 모은 재물은 모으는 사람을 파멸시키기 쉽고 깨닫지 못한 모든 사람들을 괴롭히는 슬픔과 번민만을 불러일으킬 뿐이오.

나는 숲 속에서 지내고 몸을 가릴 것도 없지만 평온하게 잠을 잔다오. 세속적인 가치를 지닌 그 무엇을 가지고 있다면, 잠이 달아나고 말것이오! 이 땅은 나에게 필요한 모든 것을 제공해주고 있소. 마치 어머니가 아이에게 젖을 주듯이. 나는 물질적 걱정거리에 방해받지 않으므로 어디든지 가고 싶은 대로 갈 수 있소.

알렉산더가 내 머리를 자른다고 해도 내 영혼은 없앨 수 없소. 내 머리가 땅에 떨어지면 찢어진 옷처럼 몸은 조용히 땅바닥에 내동댕이쳐질 것이오. 거기서 원소들이 나올 것이고, 그렇게 되면 나는 영혼이 되어 신에게 올라갈 것이오. 그분은 우리 모두를 육체라는 창살로 감싸서 지상에 놓아 두셨으며, 지상에 머무는 동안 우리가 그분의 조칙을

---

* 알렉산더와 그의 휘하 장군들은 갠지스 강을 넘지 못했다. 북서부에서 강력한 저항을 만난 마케도니아 군대는 더 이상 진군하기를 거부하는 반란을 일으켰다. 알렉산더 대왕은 잔존 세력의 평정을 위해 다시 한 번 페르시아로 말머리를 돌렸다.

준수하고 사는지를 입증하게 하신다오. 그분은 우리가 지상을 떠날 때 각자의 삶에 대한 이야기를 들려달라고 요구하신다오. 신은 모든 악행의 심판자라오. 신은 억압받는 자들이 억압하는 자를 처벌할 것을 명하신다오.

알렉산더는 재물을 탐하고 죽음을 두려워하는 사람들을 위협하여 공포에 떨게 만들고 있소. 그러나 브라만(바라문)들에게 알렉산더의 무기는 무용지물이오. 우리는 황금을 사랑하지도 않고 죽음을 두려워하지도 않소. 가서 말하시오. 단다미스는 알렉산더가 가진 그 무엇도 필요로 하지 않는다고! 그러니 나는 알렉산더에게 가지 않겠소. 알렉산더가 나 단다미스에게서 얻을 것이 있다면 내게로 오라고 하시오!'

오네시크리토스는 요기의 메시지를 그대로 대왕에게 전했다. 알렉산더는 깊은 관심을 가지고 잘 들은 뒤, '세계를 정복한 자의 마지막 남은 단 하나의 적인 벌거벗고 늙은 단다미스를 보고 싶은 마음'이 그 어느 때보다도 간절해졌다.

알렉산더는 철학 문제에 관해서 활기찬 지혜로 답변하는 데 뛰어난 많은 브라만 고행자들을 탁실라로 초대했다. 알렉산더 자신이 직접 마련한 질문들을 놓고 말로써 작은 전쟁이 벌어졌다고 플루타르크는 전한다.

"살아 있는 사람이 많은가, 아니면 죽은 사람이 많은가?"

"살아 있는 사람이 많습니다. 죽은 사람은 없는 것이기 때문입니다."

"많은 동물을 낳는 것은 바다인가, 아니면 땅인가?"

"땅입니다. 바다도 땅의 일부이기 때문입니다."

"짐승들 가운데서 가장 영리한 것은 무엇인가?"

"사람이 아직 알지 못하는 짐승입니다."(사람은 모르는 것을 두려워한다.)

"밤이 먼저인가, 아니면 낮이 먼저인가?"

"낮이 하루만큼 먼저입니다."

이 대답은 알렉산더를 놀라게 했다. 그러자 브라만 고행자가 덧붙였다.

"불가능한 질문은 불가능한 답을 요구합니다."

"남에게서 사랑을 받으려면 어떻게 해야 하는가?"

"엄청난 힘을 갖고 있으면서도 남에게 두려움을 주지 않으면 사랑을 받습니다."

"사람은 어떻게 하면 신이 되는가?"*

"사람이 할 수 없는 것을 행함으로써 가능합니다."

"삶이 강한가, 죽음이 강한가?"

"삶입니다. 삶에는 수많은 악이 담겨 있기 때문입니다."

알렉산더는 인도에서 자신의 스승으로 삼을 진정한 요기를 찾아내는 데 성공했다. 그 인물은 스와미 스피네스였는데, 그리스어로 칼라노스라고 불렸다. 칼리 여신을 경배하던 그 성자가 상서로운 여신의 이름을 발음하면서 모든 사람에게 인사를 했기 때문이다. 성자는 알렉산더를 따라 페르시아로 갔다.

칼라노스는 페르시아의 수사Susa에서 이미 마음속으로 정해둔 날에 마케도니아 군대 전체가 보고 있는 가운데 화장용 장작더미 속으로 들어감으로써 자신의 낡은 몸을 버렸다. 역사가들은 그 요기가 고통이나 죽음에 대한 아무런 두려움 없이 그렇게 행동하는 것을 목격한 군

---

* 이런 질문으로 미루어볼 때 알렉산더 대왕도 '제우스 신의 아들'이라는 자신의 위치에 회의적이었던 것 같다.

사들이 놀라는 장면을 잘 기록하고 있다. 요기는 자신의 몸이 화염 속에서 불타는 동안에도 전혀 자세를 흐트러뜨리지 않았다. 화장터로 가기에 앞서 칼라노스는 가까운 동료들에게 포옹으로 작별 인사를 했는데, 유독 알렉산더에게만 아무런 작별의 예를 갖추지 않았다. 다만 이렇게 말했다.

"바빌론에서 다시 만날 것이오."

알렉산더는 페르시아를 떠나고 1년 후에 바빌론에서 죽었다. 그러니까 그 예언은 살아서나 죽어서나 알렉산더와 함께 있겠다는 인도의 구루식 화법이었던 것이다.

그리스 역사가들은 인도 사회를 생생하고 고무적으로 묘사한 많은 일화를 우리에게 남겼다. 역사가 아리안의 기록에 따르면, 힌두의 법률이 사람들을 보호하며 '어떠한 경우에도 어떤 사람도 노예가 되어서는 안 되고, 사람은 자유를 누려야 하고 모든 사람이 소유한 자유에 대해 동등한 권리를 존중해야 한다고 규정하고 있다'*고 한다.

다음과 같이 기록한 또 다른 문헌도 있다.

인도 사람들은 고리대금을 하지도 않고 남에게서 돈을 빌릴 줄도 모른다. 인도 사람들이 나쁜 일을 하거나 그로부터 고통을 당하는 것은 제도화된 관습에 반하는 일이다. 따라서 그들은 계약서를 쓸 일도 없고 보증을 요구할 필요도 없다.

---

* 그리스인들은 한결같이 인도에 노예제도가 없다고 말했다. 그것은 헬레니즘 사회와 전혀 다른 양상이었다.

치료도 아주 자연스럽고 간단한 방법으로 이루어졌다고 한다.

치료는 약을 사용하기보다 주로 식사를 조절하는 방법을 통해서 이루어진다. 사람들이 가장 높이 평가하는 치료약은 고약과 연고이다. 다른 약은 상당히 해로운 것으로 생각한다.

전쟁은 크샤트리아 계급(전사 계급)만 참전하도록 제한했다.

밭에서 일하는 농부에게는 적군도 해를 입히지 않았다. 농부 계급은 사회적으로 식량을 공급하는 위치에 있으며, 따라서 모든 피해로부터 보호되어야 하기 때문이다. 그리하여 약탈당하지 않고 풍성한 곡식을 생산한 이 땅은 사람들에게 행복한 삶을 누리는 물질적 토대를 마련해주었다고 말할 수 있다.

마이소르 어디에나 있는 종교 사원들을 보면 남인도에서 살다간 많은 위대한 성자들이 언제나 머리에 떠오른다. 이들 가운데 한 명인 타유마나바르는 다음과 같은 도전적인 시를 남겼다.

미친 듯이 날뛰는 코끼리를 다스릴 수도 있고
곰과 호랑이의 입을 다물게 할 수도 있고
사자 등에 올라타거나 코브라를 희롱할 수도 있고
연금술을 이용해서 생계를 꾸려 나갈 수도 있고
신분을 감추고 우주를 떠돌아다닐 수도 있고
신들의 부하가 되어 항상 젊음을 간직할 수도 있고

물 위를 걷고 불 속에서 살아갈 수도 있지만

마음을 다스리는 것, 이것이야말로 더 좋고 더 힘든 일이로다.


인도 최남단에 있는 아름답고 비옥한 트라방코르 주(이곳에서는 주로 하천과 수로를 통해 이동한다)에서, 마하라자는 먼 과거에 작은 주들을 트라방코르로 합병시키는 전쟁을 행하며 지은 죄를 속죄하기 위해서 선조 대대로 내려오는 의무를 매년 이행하고 있다. 그는 해마다 쉰닷새 동안 베다의 찬송을 듣기 위해 하루에 세 번씩 사원을 방문한다. 속죄 의식은 십만 개의 등불로 사원을 밝히는 라크샤디팜으로 끝이 난다.

인도 남동 해안의 마드라스 지구는 바다로 둘러싸인 널따란 평야지 대인 마드라스 시와 팔라바 왕조의 수도인 콘제에베람(황금 도시)을 포함하고 있다. 팔라바 왕조는 서력 기원의 초기 몇 백년간을 통치했다. 현대에는 바로 여기서 마하트마 간디의 비폭력이라는 이상이 전개되기도 했다. 그래서 이 지역 어디서나 하얗고 눈에 잘 띄는 '간디 모자'를 쓴 사람들을 힘 안 들이고 만나볼 수 있다. 남부에서는 마하트마의 이상으로 카스트제도의 개혁뿐만 아니라 '불가촉천민'을 위한 수많은 사원 개혁도 달성한 바 있다.

위대한 입법가인 마누가 정립한 카스트제도의 기원은 원래 상당히 감탄할 만한 것이었다. 그는 인간이 자연적인 진화 단계에 따라 네 부류, 즉 육체노동을 통해 사회에 봉사할 수 있는 사람들(수드라), 기술·농업·상업·일반사업을 통해 사회에 봉사할 수 있는 사람들(바이샤), 행정·관리·보호 능력의 재능을 갖춘 통치자와 전사들(크샤트리아), 명상적인 천품을 가지고 영감을 주고받는 능력을 지닌 사람들(브라만)로 나뉜다는 사실을 분명히 알았다. 『마하바라타』는 이렇게 선언하고 있다.*

출생이나 세례나 학업이나 가문이나 그 어떠한 것도 당사자를 '두 번
태어난 자'(브라만)로 결정할 수 없다. 오로지 성품과 행위만이 그것을
결정할 수 있다.

마누는 사회 구성원 모두에게, 지혜와 덕과 연륜과 혈족 관계, 그리

---

* 《동서》 1935년 1월호에는 이런 글이 실려 있다.

"네 계급 가운데 하나에 속하는 것은 원래 출생에 달려 있지 않고, 사람이 성취하려고 설정
해놓은 삶의 목표를 통해 드러나는 자연스러운 능력에 달려 있다. 이 목표는 다음과 같다.

(1) 카마(욕망: 감각적인 활동으로 수드라의 단계)

(2) 아르타(성취: 감각을 만족시키지만 통제할 수 있는 바이샤의 단계)

(3) 다르마(자기 수양: 책임과 올바른 행위로 이루어진 삶으로 크샤트리아의 단계)

(4) 모크샤(해탈: 영성과 종교적 가르침의 삶을 사는 브라만의 단계)

이들 네 계층은 육체, 정신, 의지력, 대영혼으로 인류에 봉사한다. 네 단계는 항구적인 구
나guna(품성)를 기준으로 할 때 타마스와 라자스와 사트바에 상응하는데, 이들은 각각 장
애, 활동, 확장 혹은 질량이나 에너지, 지성에 해당한다. 이렇게 해서 자연은 하나의 구나
또는 두 구나의 결합체가 두드러지게 발현되는 정도에 따라 모든 사람에게 각자의 카스
트를 다음과 같이 지정해주었다.

(1) 타마스(무지) (2) 타마스-라자스(무지와 활동의 결합) (3) 라자스-사트바(올바른 활동과 깨
달음의 결합) (4) 사트바(깨달음)

물론 모든 인간은 세 가지 구나를 제각기 다른 비율로 갖는다. 구루는 한 사람의 카스트
혹은 진화 상태를 올바르게 결정할 수 있다.

모든 종족과 모든 국가는, 이론적으로는 그렇지 않을지 몰라도 실제적으로는 카스트의
특징을 어느 정도 적용하고 있다. 방종이나 지나친 '자유'가 만연할 때 자연적인 카스트의
양극단 사이에 통혼通婚이 이루어진다면, 그 종족은 점차 쇠퇴하다가 소멸되고 만다. 『푸
라나 삼히타Purana Samhita』 경전에서는 그런 통혼의 후사를 잡종교배의 불임 현상과 비교
하는데, 암말과 수나귀의 잡종인 노새가 자기 종을 번식시킬 수 없는 것과 같은 이치이다.
인공적인 종은 결국 절멸하고 만다. 역사는 이렇게 해서 지금은 자취를 감춘 많은 위대한
종족들의 실례를 풍부하게 가지고 있다. 인도의 카스트제도는 방종을 막기 위한 대비책
을 세워둔 덕분에 종족의 순수성을 보존해왔으며, 다른 많은 인종들이 완전히 소멸된 가
운데서도 수천 년의 흥망성쇠를 거치면서 안전하게 종족을 지켜왔다는 사실 때문에 인도
의 위대한 사상가들에게서 나름의 공로를 인정받고 있다."

고 마지막으로 재물을 가지고 있는 한 그 사람에게 존경을 표하라고
했다. 베다 시대의 인도에서는 그냥 쌓아두기만 한다거나 자선 목적
으로 기부하지 않으면, 재물은 항상 경멸의 대상이 되었다. 그러므로
관대하지 못한 부자는 사회의 가장 아래층에 할당되었다.

　카스트제도가 여러 세기를 거치면서 세습되는 고삐로 굳어지자 심
각한 문제점이 많이 발생했다. 1947년 독립을 얻은 이래로 인도는 고
대 카스트제도의 가치를 출생이 아닌 오로지 성품에만 근거한 것으로
되돌리는 재평가 작업에서 느리지만 확실한 진전을 보이고 있다. 지
구상의 모든 국가는 불행을 만들어내는 저마다의 독특한 업보를 가지
고 있는데, 이 업보를 잘 다루고 성공적으로 제거해 나가야 한다. 다재
다능하고 불요불굴한 정신을 가진 인도 역시 카스트제도 개혁의 과제
를 감당할 능력이 있음을 입증해야 할 것이다.


　내가 캘커타 대학교에서 열리는 인도철학회의 최종 회기에서 연설
하는 일정이 잡혀 있었기 때문에 우리는 아쉽지만 매혹적인 남인도의
전원을 떠나야 했다. 마이소르 방문을 끝내면서 나는 인도학술원 총
재인 라만 경과 대화를 나누는 즐거움을 가졌다. 이 훌륭한 인도의 물
리학자는 빛의 분산에 관한 중요한 발견인 '라만 효과' 연구로 1930년
에 노벨상을 수상했다.

　마드라스의 학생들과 친구들에게 아쉬운 작별 인사를 하면서 남인
도 여행을 마치고 귀환 길에 올랐다. 우리는 도중에 18세기 성자 사다
시바 브라만*의 기적이 전해지는 작은 사원에 잠시 들렀다. 푸두코타

---

* 그의 정식 이름은 스와미 스리 사다시벤드라 사라스와티이다. 그가 쓴 책(『브라마수트

이의 라자가 건립한 네루르의 사다시바 사원은 수많은 신유神癒(신의 힘으로 병이 낫는 일―옮긴이)가 목격된 순례지이다. 푸두코타이의 역대 통치자들은 지침을 내려 사다시바가 1750년에 쓴 종교적인 교훈을 성스럽게 여기며 잘 보존해왔다.

사랑스럽고 완전한 깨달음을 얻은 스승 사다시바에 관한 재미있는 이야기는 지금도 남인도 주민들 사이에서 널리 회자되고 있다. 어느 날 카베리 강둑 위에서 사마디에 잠겨 있던 사다시바가 갑작스러운 홍수로 떠내려가는 모습이 사람들에게 목격되었다. 수주일 뒤 그는 코임바토르 구역의 코두무디 근처에 있는 흙무덤 속에 깊숙이 묻힌 채 발견되었는데, 마을 사람들이 삽으로 그의 몸을 건드리자 벌떡 일어나서 경쾌하게 걸어갔다.

사다시바는 나이 지긋한 베단타 학자와의 변증법적 논쟁에서 상대를 굴복시킨 것에 대해 자신의 구루가 꾸짖은 다음부터 무니(말하지 않는 성자)가 되었다. 그의 구루는 이렇게 말했다.

"도대체 네 놈은 언제 그 혀를 다스릴 줄 알게 되겠느냐?"

"스승님의 축복으로 지금 이 순간부터 다스리겠습니다."

사다시바의 구루는 『다하라비댜 프라카시카Daharavidya Prakasika』의 저자이자 『우타라 기타Uttara Gita』에 대한 심오한 주석가로 널리 알려진 스와미 스리 파라마시벤드라 사라스와티였다.

신에게 심취한 사다시바가 길거리에서 '무례하게' 춤추는 모습이 자

라』와 『요가수트라』의 주석서)에는 모두 이 이름이 붙어 있다. 그는 현대 인도의 철학자들 사이에서 깊은 존경을 받고 있다. 샹카라의 법통을 잇는 공식 후계자로 저명한 스린게리 수도원의 자가두라 스리 샹카라차리야는 사다시바의 생애를 찬양하는 송시를 1942년 《동서》 7월호에 헌정했다.

주 목격되었기 때문에 세속적인 사람들은 그의 구루에게 불평을 터뜨렸다.

"사다시바는 거의 미쳤습니다."

하지만 파라마시벤드라는 즐거이 미소만 지을 뿐이었다.

"다른 사람들도 좀 그렇게 미쳤으면 얼마나 좋을까!"

사다시바의 삶은 '중재자의 손'이 나타난 아름답고 신기한 사례를 우리에게 보여준다. 이 세상에는 겉으로 보기에 숱한 불의가 존재하지만, 신에게 헌신하는 사람들은 신의 즉각적인 정의를 무수히 증언할 수 있다. 어느 날 밤 사마디에 든 사다시바가 어떤 부자의 창고 앞에 갑자기 멈춰섰다. 도둑을 지키고 있던 세 명의 하인이 성자를 때리려고 몽둥이를 치켜들었다. 그런데 팔이 움직여지지 않았다. 새벽이 되어 사다시바가 자리를 떠날 때까지 하인들은 동상처럼 묘한 자세로 뻣뻣이 서 있었다.

사다시바는 트라일랑가처럼 옷을 입지 않았다. 어느 날 아침, 벌거벗은 그 요기가 무심코 이슬람교도 군대의 대장 천막에 들어갔다. 두 여인이 놀라서 비명을 질렀다. 대장은 무자비한 칼로 사다시바의 팔을 베어 두 동강을 냈다. 사다시바는 전혀 아랑곳하지 않고 자리를 벗어났다. 이슬람교도들은 무섭기도 하고 후회스럽기도 해서 바닥에 떨어진 팔을 들고 사다시바를 뒤쫓아갔다. 사다시바는 조용히 그 팔을 여전히 피가 뚝뚝 떨어지는 팔뚝에 갖다 붙였다. 대장이 겸손히 머리를 조아리고 영적인 가르침을 구하자 사다시바는 손가락으로 모래에 이렇게 썼다.

"그대가 하고 싶은 일을 하지 마라. 그러면 그대가 좋아하는 일을 하게 될지도 모른다."

그 이슬람교도는 마음이 깨끗이 정화되어, 자아의 정복을 통해 영혼의 해방에 이르는 역설적인 충고의 의미를 이해하게 되었다. 몇 마디 안 되는 영적 가르침의 충격이 얼마나 컸던지 대장은 사다시바의 중요한 제자가 되었으며, 다시는 이전의 생활로 돌아가지 않았다.

한번은 마을 아이들이 사다시바에게 240킬로미터나 떨어진 곳에서 열리는 마두라의 종교 축제를 보고 싶다고 했다. 성자는 아이들에게 자신의 몸을 만져보라고 했다. 그랬더니 아이들 무리가 그 즉시 모두 마두라로 옮겨졌다. 아이들은 수천 명의 순례자들 틈에 끼여서 신나게 돌아다녔다. 몇 시간 안 지나서 사다시바는 다시 간단한 '수송 방식'으로 아이들을 집으로 데려왔다. 놀란 부모들은 마두라에서 벌어진 축제에 대한 생생한 이야기를 들었다. 또한 아이들이 마두라 축제에서 가져온 과자 봉지를 손에 들고 있는 것도 똑똑히 보았다.

이 이야기를 믿을 수 없었던 한 소년이 성자를 비웃었다. 다음 축제가 스리랑감에서 열릴 즈음, 소년은 사다시바에게 가까이 다가가 약간 깔보면서 말했다.

"스승님, 저번에 아이들을 마두라에 보내주신 것처럼 저도 스리랑감 축제에 좀 보내주실래요?"

성자가 고개를 끄덕이자마자 소년은 먼 이역의 군중 속에 섞인 자기 모습을 볼 수 있었다. 그런데 나중에 다시 돌아오고 싶어 사방을 둘러봤으나 성자의 모습은 온데간데없었다! 소년은 지친 다리를 이끌고 집까지 터덜터덜 걸어와야만 했다.

남인도를 떠나기에 앞서 우리는 스리 라마나 마하리쉬를 만나기 위해서 티루반나말라이 인근의 성스러운 언덕인 아루나찰라를 순례했다. 그 성자는 아슈람에서 우리를 다정하게 맞이하면서 곁에 쌓아둔

《동서》 잡지 더미를 가리켰다. 우리가 성자와 그의 제자들과 함께 시간을 보내는 동안 그는 대체로 침묵을 지켰다. 그의 부드러운 얼굴은 신성한 지혜와 사랑으로 빛을 발하고 있었다.

그는 고통으로 신음하는 인류가 자신들의 잃어버린 완전성을 되찾기 위해서는 끊임없이 스스로에게 '나는 누구인가?'를 물어야 한다고 가르치는데, 이것은 정말로 위대한 질문이다. 다른 모든 생각들을 엄격하게 물리침으로써 수행자는 자신의 진정한 자아로 더욱더 깊이 들어간다는 것을 알 수 있으며, 그렇게 되면 수행자를 옆길로 빠지게 만드는 당혹스러운 생각들이 일어나지 않는다. 남인도의 깨달은 리쉬인 그는 다음과 같은 글을 썼다.

이원성도 삼원성도 어떤 것에 걸려 있다.
떠받치는 기둥이 없으면 이원성도 삼원성도 나타나지 않는다.
찾고 찾아서 그 기둥이 나타났을 때, 이원성과 삼원성은 무너져버린다.
바로 거기에 진리가 있다.
그것을 보는 자는 결코 흔들리지 않는다.

# 42

# 스승과 함께한
# 마지막 나날들

"구루지, 오늘 아침 이렇게 혼자 계시니 정말 기쁩니다." 나는 향기로운 과일과 장미꽃을 한아름 들고 막 세람푸르의 암자에 도착했다. 스리 유크테스와르는 온유한 눈길로 나를 바라보셨다.

"물어보고 싶은 것이 무엇이냐?"

스승은 마치 도망갈 곳을 찾듯이 방을 여기저기 둘러보셨다.

"구루지, 이제 저도 흰 머리카락이 한두 가닥 섞인 나이가 됐지만 오늘은 어린 고등학생의 심정으로 왔습니다. 스승님은 처음부터 줄곧 제게 말없이 사랑을 쏟아주셨습니다. 그런데 우리가 처음 만난 날 '너를 사랑한다'고 말씀하신 이후로 한 번이라도 사랑한다는 말씀을 하신 적이 있습니까?"

나는 애타게 스승을 바라보았다. 스승은 시선을 아래로 향하고 말씀하셨다.

"요가난다야, 따뜻한 감정은 침묵의 마음으로도 잘 간직할 수 있는데, 꼭 말이라는 차가운 도구로 표현해야겠느냐?"

"구루지, 저도 스승님이 저를 사랑하신다는 것을 잘 압니다. 그렇지만 육신의 귀로 직접 스승님이 그렇게 말씀해주시는 것을 듣고 싶습니다."

"정 그렇게 원한다면 그러자구나. 내가 결혼생활을 할 때는 가끔씩 요가의 길을 가르쳐줄 아들 하나를 간절히 바랐지만, 네가 내 생애에 들어온 뒤로 나는 만족할 수 있었다. 너에게서 나의 아들을 발견했기 때문이다."

스리 유크테스와르의 눈에 맑은 눈물이 맺혔다.

"요가난다야, 나는 언제나 너를 사랑한다."

"스승님의 그 대답이 제게는 하늘에 이르는 통행증과 같습니다."

나는 무거웠던 가슴속의 짐이 그 말씀 한마디로 영원히 녹아버리는 것을 느꼈다. 스승이 감정적이지 않으며 속을 드러내지 않고 묵묵히 지내시는 분이란 것은 알고 있었지만, 때로 그 침묵이 궁금하기도 했다. 그래서 내가 그분을 완전히 만족시켜 드리지 못하는 것은 아닌가 싶어 자주 두려웠다. 스승은 결코 완전히 알 수 없는 특별한 성격을 갖고 계셨다. 외부 세계의 가치를 오랫동안 초월하고 사셨기 때문에 평범한 사람은 이해하지 못하는 심오한 성격이었다.

며칠 후 나는 캘커타의 알버트 홀에서 많은 관중을 앞에 두고 연설하게 되었다. 스승도 단상에 앉는 데 동의해서 산토슈의 마하라자와 캘커타 시장과 함께 자리하셨다. 스승은 나에게 아무 말씀도 안 하셨지만 연설 도중 때때로 만족해하시는 모습을 볼 수 있었다. 그 후 나는 세람푸르 대학 동창생들 앞에서도 연설을 했다. 옛 동창들이 '광적인 수도사'를 응시하는 모습을 보니 기쁨의 눈물이 부끄러움도 없이 흘러내렸다. 언변이 좋은 철학교수 고샬 박사가 나를 맞이하러 앞으로 나오자 과거의 모든 오해들이 시간의 연금술에 의해 다 녹아버렸다.

세람푸르의 암자에서는 12월 말경에 동지 축제가 열렸다. 항상 그렇듯이 스승의 제자들이 멀리서 혹은 가까이에서 모여들었다. 경건한 산키르탄(합창), 감로수처럼 부드러운 목소리의 독창, 젊은 제자들이 준비한 잔치, 암자 정원에 운집한 사람들, 그리고 별빛 아래서 듣는 스승의 감동적인 강의. 기억, 기억들이여! 지나간 시절의 즐거웠던 축제들이여! 그러나 오늘밤에도 새로운 삶은 또 있는 것이다.

"요가난다야, 모인 사람들에게 연설을 하도록 해라, 영어로."

두 가지 점에서 예사롭지 않은 요구를 하셨을 때 스승의 두 눈이 반짝이고 있었다. 내가 선상에서 처음 영어로 연설하던 상황을 생각하고 계셨던 것일까? 나는 동문들에게 그 일화를 말하고 구루에 대한 열렬한 감사의 마음을 나타내는 것으로 이야기를 끝냈다.

"틀림없이 스승께서는 그날 그 배에서뿐만 아니라 호의적이고 광대한 미국 땅에서 보낸 15년 동안 매일 나를 이끌어 주셨습니다."

청중이 떠난 뒤, 스리 유크테스와르는 당신의 침대에서 자도록 허락해주었던(단 한 번, 이와 비슷한 축제가 끝난 뒤였다!) 바로 그 침실로 나를 부르셨다. 오늘 밤 구루는 거기에 조용히 앉아 계셨고, 제자들은 그의 발치에 반원을 이루며 둘러앉았다.

"요가난다야, 지금 캘커타로 떠나려 하느냐? 내일 꼭 여기로 오너라. 네게 할 말이 있다."

다음 날 오후 스승은 몇 마디 간단한 축복의 말씀과 함께 나에게 파라마한사*라는 보다 높은 수행자 명칭을 부여하셨다. 스승은 무릎을 꿇고 앉은 나를 향해 말씀하셨다.

"이제 이것이 스와미라는 예전 명칭을 공식적으로 대체한다."

나는 내 서양 학생들이 파라마한사지라는 발음 때문에 고생할 것을 생각하고 속으로 미소를 지었다.**

"이제 이 세상에서 해야 할 내 임무는 끝났으니 네가 그것을 계속해야 한다."

스승은 맑고 부드러운 눈빛으로 조용히 말씀하셨다. 내 가슴은 두려움으로 두근거렸다. 스리 유크테스와르의 말씀이 계속 이어졌다.

"푸리에 있는 암자를 관리할 사람을 보내도록 해라. 나는 모든 것을 네 손에 넘겨주고 간다. 너는 네 인생의 배와 조직의 배를 신성한 해변까지 성공적으로 이끌어갈 수 있을 것이다."

나는 눈물을 흘리며 스승의 발을 껴안았고, 스승은 일어서서 다정하게 나를 축복하셨다.

이튿날, 헌신적인 스와미 세바난다를 란치에서 불러들여 암자의 일을 맡도록 푸리로 보냈다.*** 그 후 구루는 자신의 재산을 처리하는 갖가

---

* 파라마parama는 '최고', 한사hansa는 '백조'라는 의미이다. 신화에 의하면, 흰 백조는 창조주 브라흐마 신이 타고 다니는 것이라고 한다. 신성한 한사는 우유와 물이 섞인 데서 우유만 추출해내는 능력이 있는데, 이 때문에 영적 분별력의 상징이 된다. 아한사ahan-sa 혹은 한사('hong-sau'라고 발음됨)는 문자 그대로는 '내가 그이다.'라는 뜻이다. 이 성스러운 산스크리트어 찬송어에 담긴 두 음절은 들숨과 날숨의 진동적 연관성을 갖는다. 그래서 인간은 무의식적으로 숨을 쉬면서 '내가 그이다.'라는 존재 진리를 언명하게 되는 것이다.
** 그들은 대개 나를 '선생Sir'이라고 불러 긴 발음의 어려움을 피했다.
*** 푸리 아슈람에서는 스와미 세바난다가 여전히, 규모는 작지만 활기찬 소년 요가학교와 성인을 위한 명상 모임을 운영하고 있다. 이곳에는 성자와 푼디트들도 정기적으로 모인다.

지 법적인 문제를 나와 상의하셨다. 스승은 재산이 자선 목적으로만 쓰이기를 원하신 터라 사후에 친척들이 두 곳의 암자와 다른 재산을 상속받으려고 소송을 벌이는 일이 없도록 사전에 배려하셨다.

"최근에 선생님은 키더포르에 가려고 준비를 했는데, 가지는 않으셨네."

동문인 아물라야 바부가 어느 날 오후 내게 이런 말을 했다. 그때 나는 서늘한 예감을 느꼈다. 집요한 내 질문에 스승은 "이제는 더 이상 키더포르에 가지 않을 것이다."라고만 대답하셨다. 그러면서 잠시 스승은 놀란 어린아이처럼 몸을 떠셨다.

파탄잘리는 "육체라는 거주지에 대한 집착은 원래의 본성*이 드러나는 것으로 위대한 성인들에게도 적으나마 이런 성향이 있다."라고 적었다. 구루는 죽음에 대한 강의를 할 때 몇 번 이렇게 덧붙이신 적이 있다.

"오랫동안 새장에 갇힌 새가 문이 열렸는데도 익숙해진 보금자리에서 떠나기를 주저하는 것처럼 말이다."

나는 흐느끼며 애원했다.

"구루지, 그렇게 말씀하지 마십시오! 저에게 결코 그런 말씀을 하지 말아주십시오."

스리 유크테스와르의 얼굴이 평화로운 미소로 부드러워졌다. 스승은 곧 여든한 살을 맞게 되는데도 건강하고 튼튼해보이셨다.

밖으로 드러내지는 않지만 민감하게 느낄 수 있는 구루의 사랑에

---

* 이것은 기억할 수 없는 근원, 즉 과거 죽음의 경험들로부터 생겨나는 것이다. 이 구절은 파탄잘리의 『요가수트라』 2:9이다.

매일 흠뻑 젖었던 나는 다가오는 죽음을 예고하신 스승의 여러 가지 암시를 내 의식 속에서 쫓아내버렸다.

"구루지, 쿰 메일러가 이번 달에 알라하바드에서 열립니다."

나는 스승에게 벵골 책력册曆으로 멜라 기간임을 알려드렸다.*

"정말로 가고 싶으냐?"

스승이 나를 떠나보내기 싫어하시는 눈치를 알아채지 못하고 나는 계속해서 말했다.

"스승님은 알라하바드의 쿰 메일러에서 바바지님의 신성한 모습을 보셨지요. 이번에는 저도 그분을 뵐 수 있을 것입니다."

"너는 거기서 그분을 만나지 못할 것이다."

구루는 이렇게 말씀하시고는 더 이상 내 계획을 방해하지 않고 침묵 속에 빠지셨다.

다음 날 몇 명의 동행과 알라하바드로 출발하려 할 때, 스승은 평소처럼 조용하게 나를 축복하셨다. 나는 스승의 태도에서 어떤 암시도 받지 못했다. 신이 아무 도움도 주지 못하는 상황에서 구루의 죽음을 지켜보는 경험을 제자로 하여금 겪게 하고 싶지 않으셨던 것이다. 결과적으로 내 삶에서 진정으로 사랑하는 사람이 죽을 때 나는 항상 신

---

* 종교적인 멜라들은 고대 서사시 『마하바라타』에 언급되어 있다. 중국의 역경 승려 현장은 서기 644년 알라하바드에서 성대하게 열린 쿰 메일러에 대해 설명하고 있다. 쿰 메일러는 12년을 한 주기로 하여 3년마다 하르드와르와 알라하바드, 나시크, 우자인에서 번갈아가며 열린다. 각 도시는 쿰브하(쿰)를 치른 뒤 6년째에 아르다 쿰브하를 개최하므로, 쿰브하와 아르다 쿰브하가 3년마다 각기 다른 도시에서 열리게 된다.

현장에 의하면, 북인도의 왕 하르샤는 쿰 메일러에 참석한 승려와 순례자들에게 국고의 전 재산(5년 동안의 수입)을 나눠주었다고 한다. 현장은 중국으로 떠날 때 하르샤가 선물하는 보석과 금은 사양하고, 그보다 더 귀중한 657권의 종교 서적만 가지고 돌아갔다.

이 동정을 베풀어 그 장소에서 떨어져 있었다.*

우리 일행은 1936년 1월 23일 쿰 메일러 축제장에 도착했다. 200만 명 가까이 되는 사람들의 물결은 매우 인상적이어서 뭔가 압도되는 느낌을 받았다. 인도의 특별한 정신은, 가장 평범한 농부들까지도 영혼의 가치와 보다 고귀한 정착지를 찾기 위해 세속적 인연을 포기한 승려와 성인들에 대해 천성적으로 존경심을 갖는다는 점이다. 물론 사기꾼이나 위선자도 있다. 그러나 인도는 이 땅을 신의 축복으로 비춰주는 소수의 사람들을 위해 모두를 존중한다. 이 대단한 장관을 보는 서양인은 국가의 맥박, 즉 인도가 세월의 흐름 속에서도 끊임없는 활력을 갖도록 해준 영적인 정열을 느낄 수 있는 특별한 기회를 맞이하게 된다.

우리 일행은 첫날 그냥 지켜보기만 했다. 수천 명의 순례자들이 죄를 씻기 위해 신성한 갠지스 강에서 목욕했고, 승려들은 장중한 예배 의식을 거행했으며, 침묵을 지키는 산야시들의 발밑에는 봉헌된 제물이 놓여 있었다. 코끼리와 성장盛裝한 말과 느릿느릿한 라지푸타나 낙타들이 줄을 이었고, 그 뒤로는 금은색 막대기와 부드러운 벨벳 테이프를 흔드는 벌거벗은 수행자들이 기묘한 종교 퍼레이드를 벌이며 따라가고 있었다.

허리에 두르는 옷만 걸친 은자隱者들은 추위나 더위로부터 몸을 보호하기 위해 몸에 재를 바른 채 작은 무리를 이루며 조용히 앉아 있었다. 백단나무 반죽으로 점을 하나 찍은 그들의 이마에는 영안이 생생

---

* 어머니와 형 아난타, 큰누나 로마, 스승님, 아버지, 그 밖의 사랑하는 사람들이 세상을 떠날 때 나는 그 자리에 없었다. 아버지는 89세로 1942년에 캘커타에서 돌아가셨다.

히 드러나 있었다. 삭발을 하고 황토색 옷을 입은 스와미들은 대나무 지팡이와 동냥 주발을 들고 있었는데, 그들의 수효는 가히 수천 명에 이르렀다. 돌아다니거나 제자들과 철학적 논의를 할 때, 그들의 모습은 세속을 능동적으로 포기한 수행자의 평화로움으로 빛을 발했다.

여기저기 나무 아래 훨훨 타는 커다란 장작불 둘레에는 머리를 땋아 돌돌 말아 얹은 사두*들이 그림처럼 앉아 있었다. 몇몇은 몇 뼘씩 길게 기른 수염을 꼬아서 매듭을 묶기도 했다. 그들은 조용히 명상하거나 손을 뻗어 지나가는 무리들에게 축복을 빌었다. 거지, 코끼리를 탄 귀족, 짤랑거리는 팔찌와 발찌에 형형색색의 사리를 입은 여인, 가는 팔을 괴상하게 높이 쳐들고 있는 파키르(모슬렘 고행자), 명상용 팔꿈치 받침대를 들고 가는 브라흐마차랴(미혼 독신 수행자), 엄숙한 모습 속에 내면의 기쁨을 감추고 있는 가난한 현인들이 축복을 받았다. 그 모든 소음 너머로 사람들을 끊임없이 부르는 사원의 종소리가 들려왔다.

축제 둘째 날, 우리는 여러 암자와 임시 오두막에 들어가서 성자다운 인물들에게 프로남 인사를 했다. 또 스와미 교단 기리 분파의 지도자에게서 축복을 받았다. 그는 몸이 말랐고, 미소가 깃든 불꽃 같은 두 눈을 가진 고행승이었다.

이어서 한 암자를 방문했는데, 그곳의 구루는 지난 9년 동안 계속 침묵의 맹세를 지키고 철저히 과일만 먹고 살아온 수행자였다. 암자의 상

---

* 수십만의 인도 사두들은 인도의 7대 지구를 대표하는 일곱 명의 지도자로 구성된 집행 위원회에 의해 통제된다. 현재 마하만달레스와르(회장)는 조엔드라 푸리이다. 성자 같은 이 사람은 매우 과묵하여 때로 진리, 사랑, 일이라는 세 마디로 연설을 마치기도 한다. 그 것으로 충분한 대화가 되지 않겠는가!

단에는 샤스트라(경전)에 대해 심오한 학식을 갖춰서 모든 분파로부터 깊은 존경을 받는 눈먼 사두 프라글라 차크슈*가 앉아 있었다.

내가 힌디어로 베단타에 대해 짤막한 강의를 한 다음, 우리 일행은 평화로운 암자를 떠나 가까이에 있는 스와미 크리슈나난다를 만나러 갔다. 그는 불그레한 뺨과 인상적인 어깨를 가진 잘생긴 승려였다. 그의 곁에는 길들여진 암사자가 기대어 있었다. 이 승려의 영적인 매력에 압도되어(확신하건대 그의 강인한 육체 때문은 아니다!) 정글의 야수가 모든 육류를 거부하고 쌀과 우유를 좋아하게 된 것이다. 또 스와미는 이 황갈색 털을 가진 짐승에게 깊고 매력적인 으르렁거림으로 '옴'을 발음할 수 있게 가르쳤다. 귀의한 한 마리의 고양이 같다고나 할까!

우리가 뒤이어 만난 학식 있는 젊은 사두와의 대화는 라이트 씨의 훌륭한 여행 일지에 잘 기록되어 있다.

우리는 포드 자동차를 타고 나룻배를 연결해서 만든 다리를 지나 매우 얕은 갠지스 강을 건넜다. 그리고 사람들을 뚫고 좁고 꼬불꼬불한 골목길을 뱀처럼 기어나와 바바지님과 스리 유크테스와르님이 만난 장소라고 요가난다님이 알려준 강둑 위의 한 장소를 지나갔다. 잠시 뒤 우리는 차에서 내려 사두들이 피우는 짙은 장작불 연기를 뚫고 매끄러운 모래밭을 지났고, 진흙과 짚으로 만든 작고 몹시 초라한 오두막들이 모여 있는 곳에 도착했다. 우리는 보잘것없는 임시 주택들 가운데 한 채 앞에서 걸음을 멈추었다. 대문도 없이 작은 출입구만 있는 이 집은 비범한 지성으로 유명한 젊은 방랑 사두 카라 파트리의 숙소였다. 그는

---

* 육안의 시력이 없어서 '자신의 지성으로 보는 사람'이라는 뜻을 가진 칭호이다.

그곳 짚더미 위에 책상다리를 한 채 거의 유일한 옷이자 전 재산이기도 한 황토색 옷으로 어깨를 덮고 있었다.

우리가 오두막 안을 네 발로 기어 들어가다시피 해서 이 깨달은 영혼의 발치에 프로남 인사를 하자, 참으로 성스러운 얼굴을 가진 그가 우리를 향해 미소 지었다. 입구에 있는 등잔불이 기묘하게 깜빡거리며 짚벽 위에 드리워진 그림자를 춤추게 했다. 그의 얼굴, 특히 눈과 완벽하게 고른 이가 반짝이며 빛났다. 힌디어 때문에 얼떨떨하기는 했지만, 그의 표현들은 매우 계시적이었다. 그는 열정과 사랑과 영적인 영광으로 가득 차 있었다. 누구든 그의 위대성을 몰라볼 수는 없었다.

'물질세계에 집착하지 않는 이의 행복한 생활을 상상해보라. 옷 문제에서 자유롭고, 음식에 대한 갈망에서 자유롭고, 결코 구걸하지 않으며, 하루 걸러서 말고는 익힌 음식에 손대지 않고, 절대로 동냥 사발을 가지고 다니지 않으며, 돈에 얽힌 모든 문제에서 자유롭고, 절대로 돈을 다루지 않으며, 물건을 저장해놓지도 않고, 항상 신에게 귀의하며, 교통수단에 대해 걱정하지 않고, 결코 탈것을 이용하지 않으며, 항상 신성한 강의 둑 위를 거닐고, 집착이 자라나지 않도록 한 장소에서 일주일 이상 머무르지 않는 것, 바로 이런 생활을 말이다.'

베다에 대해 비범한 학식을 지녔으며 문학석사 학위와 바라나시 대학이 부여한 샤스트리(경전의 대가)라는 명칭도 가진 사람이 어떻게 이토록 겸허한 영혼을 지닐 수 있을까! 그의 발치에 앉아 있으면서 나는 숭고한 느낌을 온몸으로 받았다. 이 모든 것이 진정한 고대 인도의 모습을 보고자 하는 내 욕망에 대한 대답인 듯했다. 그가 바로 이 땅의 영적인 대가들을 대표하는 진정한 인물이었기 때문이다.

나는 카라 파트리에게 방랑 생활에 대해 질문했다.

"다른 겨울용 옷들은 없습니까?"

"없습니다. 이것으로 충분하니까요."

"가지고 다니는 책이 있습니까?"

"없습니다. 내 얘기를 듣고 싶어하는 사람들에게 기억으로 가르칩니다."

"그 밖에 무슨 일을 하십니까?"

"갠지스 강가를 걸어 다니지요."

조용한 이 말들을 듣고 나는 소박함을 갈구하는 그의 생활 태도에 크게 압도되었다. 그러나 미국에서의 할 일과 내 어깨 위에 놓인 갖가지 책임을 기억해야 했다. 그래서 잠시 슬픈 마음으로 생각했다. '아니다, 요가난다여. 이번 생에서 갠지스 강가를 걸어 다니는 것은 네 일이 아니다.'

사두가 그의 영적인 깨달음에 대해 어느 정도 얘기한 뒤 나는 불쑥 이렇게 질문했다.

"책에서 얻은 지식으로 이런 설명을 하십니까, 아니면 내적 경험을 통해 하십니까?"

그는 솔직한 미소를 지으며 대답했다.

"절반은 책에서 배운 것이고, 절반은 경험에서 얻은 것입니다."

우리는 명상에 잠겨 아무 말 없이 행복한 마음으로 잠시 함께 앉아 있었다. 성스러운 그의 곁을 떠나온 뒤 나는 라이트 씨에게 말했다.

"그는 금빛 짚으로 만든 왕좌에 앉아 있는 제왕입니다."

그날 밤 우리는 축제 광장에서 별빛을 받으며 식사를 했다. 꼬챙이와 나뭇잎 접시를 이용해서 음식을 먹기 때문에, 인도에서는 설거지가

— 일행들과 함께 '대리석 속의 꿈' 타지마할을 방문했을 때.

최소한으로 줄어든다.

　매력적인 쿰 메일러 축제를 이틀 더 즐긴 다음, 우리는 북서쪽으로 야무나 강둑을 따라서 아그라까지 갔다. 다시 한 번 타지마할 궁전을 보았는데, 꿈 같은 대리석 건축물에 놀란 지텐드라가 내 곁에 서 있던 모습이 떠올랐다. 우리는 계속해서 브린다반에 있는 스와미 케샤바난다의 암자를 찾아갔다.

　케샤바난다를 찾은 목적은 이 책과 관련이 있다. 나는 라히리 마하사야의 생애를 글로 써보라는 스리 유크테스와르의 요청을 결코 잊은 적이 없었고, 인도에 머무는 동안 '요가의 화신'(라히리 마하사야의 별칭)의 직계 제자나 친척들을 만날 기회를 놓치지 않았다. 그들의 이야기를 두꺼운 노트에 기록하면서 사실과 시간을 확인했고 사진과 오래된 편지나 서류를 일일이 수집했다.

라히리 마하사야의 자료를 수집한 가방이 점점 늘어남에 따라 당황스럽게도 내 앞에 매우 힘든 저술 작업이 놓여 있음을 깨달았다. 그래서 나는 위대한 구루의 전기를 쓰는 작가로서의 역할을 감당할 수 있게 해달라고 기도했다. 그의 제자들 중에는 글로 씀으로써 자신들의 구루가 축소되거나 오해받지 않을까 걱정하는 사람들이 더러 있었다.

판차논 바타차라도 "차가운 말로써 신성한 화신의 생애를 올바르게 다루는 것은 매우 힘든 일이다."라고 내게 말한 적이 있었다. 그러나 다른 가까운 제자들은 자신들의 가슴속에 감춰진 요가의 화신을 불멸의 성자로서 기록하는 일에 대체로 만족스러워했다. 그럼에도 불구하고 나는 라히리 마하사야가 자신의 전기에 대해 한 예언을 염두에 두면서 그의 외적 생활에서 여러 사실들을 수집하고 확인하는 노력을 아끼지 않았다.

케샤바난다는 브린다반에 있는 자신의 카타야니 피트 암자에서 우리를 따뜻하게 맞아주었다. 거대한 검은 기둥들이 서 있는 당당한 벽돌 건물로 정원이 아름다운 암자였다. 그는 즉시 라히리 마하사야의 사진이 걸린 거실로 안내했다. 아흔이 다 된 스와미였지만, 근육형의 몸집은 힘과 건강을 드러내고 있었다. 긴 머리와 눈처럼 흰 수염, 기쁨으로 반짝이는 두 눈을 가진 그의 풍채는 정말 진정한 족장 같았다. 나는 그에게 인도의 스승들을 소개하는 내 책에 그의 이름을 언급하고 싶다고 말했다.

"과거의 당신 생애에 대해 말씀해 주십시오."

애원의 미소를 지으며 그에게 부탁했다. 때로 위대한 요기들은 자신의 이야기를 털어놓지 않기 때문이다.

케샤바난다는 겸손한 태도를 보였다.

"외적으로 중요한 일은 거의 없다네. 실제로 나는 생애 전부를 조용히 이 동굴에서 저 동굴로 걸어서 옮겨 다니며 히말라야의 외딴 곳에서 지냈네. 잠시 동안 하르드와르 교외에 높은 나무숲으로 사방이 둘러싸인 작은 암자를 갖기도 했다네. 도처에 코브라들이 있기 때문에 여행자들이 거의 찾지 않는 평화로운 곳이었지."

그러면서 케샤바난다는 껄껄 웃었다.

"그런데 나중에 갠지스 강에 홍수가 나서 그 암자와 코브라들이 다 쓸려갔다네. 그래서 제자들이 여기 브린다반에 암자를 짓도록 도와주었지."

우리 일행 중의 한 사람이 어떻게 히말라야에서 호랑이들로부터 자신을 보호했는지를 물었다. 케샤바난다가 머리를 흔들며 말했다.

"영적으로 고도의 단계에 이르면 야수도 요기를 해치지 못한다네. 정글에서 한 번 호랑이와 맞닥뜨린 적이 있는데, 갑작스러운 내 고함에 호랑이가 돌이 된 것처럼 꼼짝도 못했다네."*

기억을 회상하면서 스와미는 다시 껄껄 웃었다.

"때때로 바라나시에 계신 구루를 만나기 위해 은거지를 떠났는데, 그분은 내가 끊임없이 히말라야 광야를 떠돌아다니는 행적에 대해 농

---

* 호랑이를 퇴치할 수 있는 방법은 여러 가지가 있다고 한다. 호주의 탐험가 프렌시스 버틀스는 인도의 정글이 '다양하고, 아름답고, 안전하다.'는 것을 발견했다고 말했다. 그의 안전 비결은 파리를 잡는 끈끈이 종이였다. "매일 밤 캠프 주위에 끈끈이 종이를 수없이 뿌려 놓았더니 결코 성가시게 굴지 않았다. 그것은 심리적인 이유 때문이었다. 호랑이는 권위를 매우 의식하는 동물이다. 호랑이가 주위를 돌면서 사람을 노리다가 끈끈이 종이에 부닥치게 되면 그만 살그머니 도망치고 만다. 위엄 있는 호랑이는 결코 끈끈이 종이 위에 쭈그리고 앉아 사람과 마주하려 하지 않는 것이다."

담을 하시곤 했다네. 한번은 이런 말씀도 하셨지.

「너는 발에 방랑벽의 표지를 붙이고 있구나. 신성한 히말라야 산맥이 네 마음을 사로잡을 만큼 광대한 것이 기쁘고 다행스럽다.」

임종 전과 임종 후에도 여러 번 라히리 마하샤야께서 내 앞에 육신을 나타내셨네. 그분에게는 히말라야의 높이도 문제가 아니었던 모양이네!"

두 시간 뒤 그는 우리를 정원의 식탁으로 안내했다. 나는 속으로 당황해서 한숨을 쉬었다. 열다섯 가지 음식이 나오는 코스 요리라니! 1년도 안 되는 동안 인도인의 친절 때문에 20킬로그램 이상이나 체중이 늘어 있었다. 그러나 나를 위해 정성들여 마련한 음식을 하나라도 거절했다면 아주 무례한 짓으로 간주됐을 것이다. 인도에서는(슬프게도 다른 곳에서는 그렇지 않다!) 살이 찐 스와미를 보기 좋게 생각한다.

식사 후 케샤바난다는 나를 구석진 곳으로 데리고 갔다.

"자네가 올 거라고 예상했네. 자네한테 전할 말이 있네."

나는 깜짝 놀랐다. 누구도 케샤바난다를 방문하려는 내 계획을 알지 못했기 때문이다. 스와미는 계속해서 말했다.

"작년에 바드리나라얀 근처의 북부 히말라야를 배회하다가 길을 잃은 적이 있었네. 그러다가 한 넓은 동굴 안에서 잠잘 곳을 찾았지. 동굴 한쪽 돌바닥의 구멍에 잉걸불이 빛나고 있기는 한데 사람은 보이지 않더군. 그 외로운 은거지의 주인을 찾으려고 두리번거리면서 불가에 앉아 있던 내 시선이 햇빛이 비치는 동굴 입구에 고정되었지.

「케샤바난다야, 여기서 너를 보게 되니 기쁘구나.」

내 뒤에서 이런 말이 들려왔다네. 깜짝 놀라서 돌아다보니 바바지님이 거기 서 계셨네. 위대하기 그지없는 구루께서 외진 동굴 안에 당신의 모습을 드러내신 것이지. 너무 오랜만에 다시 뵙는 기쁨에 넘쳐서 나는 그분의 성스러운 발밑에 그만 엎드렸다네.

「내가 너를 여기로 불렀다. 그래서 네가 길을 잃고 이 동굴 안의 내 임시 거처로 오게 된 것이다. 우리가 마지막으로 만나고 나서 꽤 오래됐구나. 다시 보게 되어 기쁘다.」

이 불멸의 성자는 영적으로 도움이 되는 몇 마디 말씀을 하며 나를 축복하신 뒤, 이렇게 덧붙이셨네.

「요가난다에게 전할 말을 네게 하겠다. 그는 인도로 돌아와서 너를 방문할 것이다. 요가난다는 그의 구루와 살아 있는 라히리의 제자들에 관한 여러 문제를 해결하는 데 전념하고 있을 것이다. 그때 이렇게 전하라. 그는 매우 바라겠지만 내가 이번에는 그를 만나지 않을 거라고. 그러나 다음번에 그를 만날 것이다.」"

케샤바난다의 입을 통해, 위안이 되는 바바지님의 약속을 듣고 나는 매우 감동했다. 마음의 괴로움이 사라졌다. 스리 유크테스와르가 암시하시기는 했지만, 이번 쿰 메일러에 바바지께서 나타나시지 않은 것이 더 이상 슬프지 않았다.

케샤바난다 암자의 손님으로 하룻밤을 보낸 다음, 우리 일행은 이튿날 오후 캘커타로 출발했다. 야무나 강의 다리를 건널 때는 태양이 하늘을 불태우는 듯한, 화산의 붉은 용광로 같은 브린다반 지평선의 장관과 우리의 눈 아래로 흐르는 조용한 물 위에 비치는 그 모습을 즐길 수 있었다.

야무나 강변은 어린이 같은 스리 크리슈나에 관한 이야기들로 신성시되는 곳이다. 그곳에서 그는 순진무구한 마음으로 소녀들과 놀이를 하곤 했다. 성스러운 화신과 그를 따르는 자들 사이에 존재하는 천상의 사랑을 보여주었던 것이다. 주 크리슈나의 생애는 서양의 많은 해석자들에게 오해를 받았다. 상상력이 없는 사람들은 경전의 우화를 이해하기 어렵기 때문이다. 번역자의 우스운 실수 하나가 이런 사정을 잘 나타내고 있다.

중세의 탁월한 성자인 신기료장수 라비다스에 관한 이야기를 예로 들어보자. 라비다스는 자신의 생업에서 곧잘 쓰는 단순한 말로 모든 인간 안에 숨겨진 영적인 영광에 대해 이렇게 노래했다.

저 광대한 창공 아래
가죽옷을 입은 신이 산다.

라비다스의 이 시를 다음과 같이 산문식으로 번역해놓은 한 서양 작가의 해석을 들으면 옆으로 돌아서서 웃고 말 것이다.

그리고 그는 오두막 한 채를 지어 그 안에 가죽으로 만든 우상을 모셔놓고 열성적으로 경배했다.

라비다스는 위대한 카비르의 동료 수행자였다. 또한 높은 단계에 도달한 라비다스의 제자들 가운데 하나가 치토르의 라니였다. 그녀는 자기 스승을 위한 잔치에 많은 브라만을 초대했다. 그러나 그들은 천한 신기료장수와 함께 식사하기를 거절했다. 그래서 위엄 있게 멀찍이 떨어져서 각자 자기 앞에 놓인 깨끗한 음식을 먹었다. 그런데 라비다스가 그들 모두의 옆에 있는 것이 아닌가! 이 놀라운 광경이 벌어진 뒤 치토르에는 영적인 르네상스가 널리 일어났다.

며칠 지나 우리는 캘커타에 도착했다. 스리 유크테스와르를 보고자 갈망했던 나는 스승이 세람푸르를 떠나서 이제는 남쪽으로 480킬로미터 가량 떨어진 푸리에 있다는 말을 듣고 실망했다.

'즉시 푸리 암자로 오기 바람.'

3월 8일에 이런 전보가 한 문도門徒를 통해 캘커타에 있는 스승의 제자 아툴 찬드라 로이 초드리 앞으로 도착했다. 이 소식을 들었을 때, 전보가 암시하는 내용에 너무나 괴로운 나머지 무릎을 꿇고 구루의 생이 좀 더 남아 있기를 신에게 탄원했다. 아버지의 집에서 나와 기차를 타러 가는데 내 안에서 신성한 목소리가 들려왔다.

"오늘밤 푸리로 가지 마라. 너의 기도는 수락할 수 없다."

나는 슬픔으로 충격을 받고 말했다.

"주여, 당신은 푸리에서 저와 줄다리기 하기를 원치 않으시는군요. 스승의 생명을 조금만 늘려달라는 저의 끊임없는 기도를 거절하셔야 하니 말입니다. 이제 스승은 당신의 명령에 따라 보다 고귀한 임무를 맡기 위해 떠나야만 합니까?"

내면의 목소리가 내린 명령에 복종한 나는, 그날 밤 푸리로 떠나지 않고 다음 날 저녁에 기차를 타러 길을 나섰다. 역으로 가는 도중 일곱 시에 검은 아스트랄 구름이 갑자기 하늘을 뒤덮었다.* 그리고 내가 탄 기차가 한창 푸리를 향해 달리고 있는데, 스리 유크테스와르님의 환시가 나타났다. 스승은 매우 엄숙한 모습으로 온몸에 빛을 내며 앉아 계셨다.

"모든 것이 끝났습니까?"

---

* 스리 유크테스와르는 바로 이 시각(1936년 3월 9일 저녁 7시)에 세상을 떠났다.

나는 애원하듯이 양팔을 들어올렸다. 환시 속의 스승이 고개를 끄덕이고는 천천히 사라지셨다.

다음 날 아침, 가능성이 희박한 희망을 여전히 품은 채 푸리 기차역에 서 있을 때 어떤 모르는 사람이 내게 다가왔다.

"당신의 스승이 돌아가셨다는 소식을 들으셨나요?"

그는 더 이상 다른 말은 하지 않고 떠났다. 그가 누구인지, 어떻게 내가 있는 곳을 알았는지 전혀 알 수가 없었다. 나는 멍하니 기차역 담벼락에 기댄 구루가 여러 방법으로 그 참담한 소식을 전하셨다는 것을 깨달았다.

내 영혼은 스스로에 대한 반항심으로 끓어오르는 화산 같았다. 푸리 암자에 도착했을 때는 거의 무너져내릴 지경이었다. 내부의 음성이 부드럽게 되풀이되어 들렸다.

"마음을 가다듬어라. 침착해라."

아슈람의 방에 들어가자 마치 살아 있는 듯한 모습으로 스승이 연화좌 자세로 앉아 계셨다. 그 모습은 건강과 사랑스러움이 넘치는 한 폭의 그림 같았다.

돌아가시기 얼마 전 구루는 약간 열이 났으나 무한 세계로 승천하실 즈음에는 완전히 회복되었다. 사랑하는 스승의 모습을 아무리 쳐다보아도 그분의 몸에서 생명이 떠나버렸다는 사실을 믿을 수가 없었다. 피부는 매끄럽고 부드러웠으며, 얼굴에는 기쁨이 넘치는 평안함이 서려 있었다. 스승은 신비로운 부름의 순간에 의식적으로 자신의 육체를 포기하신 것이다.

"벵골의 사자가 가버렸구나."

나는 멍한 상태에서 이렇게 탄식했다.

3월 10일에 거행된 스승의 엄숙한 장례 의식은 내가 주관했다. 스승의 몸은 고대 스와미 의식에 따라 푸리 암자의 정원에 묻혔다.* 그 후 춘분 추모식 때 구루를 추모하기 위해 여러 제자들이 가까이서 혹은 멀리서 푸리에 도착했다. 캘커타의 유력 일간지 《암리타 바자르 파트리카》는 스승의 사진과 함께 다음과 같은 기사를 실었다.

81세로 세상을 떠난 스리마트 스와미 스리 유크테스와르 기리 마하라즈를 위한 반다라 추모식이 3월 21일 푸리에서 열렸다. 많은 제자들이 이 의식을 위해서 푸리에 모였다.

『바가바드기타』의 위대한 해석자인 스와미 마하라즈는 바라나시의 요기라즈 스리 슈야마 차란 라히리 마하사야의 대제자였다. 스와미 마하라즈는 인도에 있는 여러 '요고다 사트상가' YSS센터들의 창설자이자, 그의 수제자인 스와미 요가난다에 의해 서양에 전해진 요가 운동의 배경이 된 위대한 영혼이었다. 또 스와미 요가난다로 하여금 대양을 건너 미국에 인도 대스승들의 메시지를 전파하도록 영감을 준 것도 스리 유크테스와르의 예언적 능력과 심오한 통찰력이었다.

『바가바드기타』 및 다른 경전에 대한 스리 유크테스와르의 해석은 동서양 철학에 대한 깊은 이해력을 증명하는 것이며, 또한 동양과 서양의 화합에 있어 괄목할 만한 사건이다. 모든 종교적 신념들의 통일을 믿었던 스리 유크테스와르 마하라즈는 종교에 과학적 정신을 불어넣기 위해 여러 종교 및 종파의 지도자들과 협력하여 '사두 사바'(현인들의 협

---

* 인도의 장례 관습에 따르면 농민은 화장하고, 스와미나 다른 교단의 승려들은 화장하지 않고 매장한다. 때로 예외도 있다. 승려의 육체는 상징적으로 수도자의 맹세를 할 때 지혜의 불에 의해 화장된 것으로 간주된다.

회)를 창설했다. 그는 죽음에 앞서 후계자 스와미 요가난다를 '사두 사바'의 회장으로 지명했다.

오늘날 인도는 이런 위대한 인물들이 하나둘 떠남으로써 점점 빈약해지고 있다. 그러므로 그에게 가까이 다가갈 수 있는 행운을 가졌던 모든 사람이 그에게서 체화된 인도의 문화와 사다나(정신 수행의 길)의 진정한 정신을 스스로 고취시켜 나가기를 바란다.


캘커타로 돌아왔다. 아직 나 자신은 신성한 기억들을 간직한 세람푸르의 암자로 갈 수 있는 상태가 아니었다. 그래서 세람푸르에 있는 스리 유크테스와르의 어린 제자 프라풀라를 불러서 란치 학교에 들여보내기 위한 준비를 해주었다.

프라풀라가 내게 이야기했다.

"사형師兄이 알라하바드의 축제장으로 떠난 날 아침, 유크테스와르 님께서 침통하게 의자 위로 쓰러지면서 소리치셨습니다. 「요가난다가 갔구나! 요가난다가 갔구나!」 그러고는 「그에게 다른 방법으로 말해야겠다.」라고 말씀하신 뒤 몇 시간 동안이나 말없이 앉아 계셨습니다."

내 생활은 강연과 수업, 인터뷰, 옛 친구들과의 만남으로 꽉 채워져 있었다. 그러나 공허한 미소와 함께 끊임없이 활동하는 생활의 이면에 밀려드는 검은 물결이 오랫동안 내 모든 지각의 모래밭 아래로 흐르던 내적 기쁨의 강물을 오염시키고 있었다.

나는 찢어진 영혼의 저 깊은 곳에서 말없이 외쳤다.

'그 성스러운 대인께서 어디로 가셨단 말인가?'

아무 대답도 들려오지 않았다. 내 마음은 이렇게 나를 진정시켰다.

'스승께서 사랑하는 우주의 님과 완전한 합일을 이루셨다면 더할 나위 없이 좋은 일이다. 그분은 불멸의 세계 속에서 영원히 빛나고 계신 것이다.'

그러나 다시는 세람푸르의 옛집에서 스승을 볼 수 없다는 생각에 비탄을 금할 길이 없었다. 이제는 친구들을 데리고 가서 자랑스럽게 "봐라, 저기 인도의 즈나나바타르(지혜의 화신)께서 앉아 계신다!"라고 말할 기회가 더 이상 없지 않은가!

라이트 씨는 우리 일행이 6월 초에 봄베이에서 서양까지 배로 여행할 수 있는 모든 채비를 마쳤다. 5월의 두 주일 동안 캘커타에서 작별 연회와 강연을 가진 후에 블레치 양과 라이트 씨, 그리고 나는 포드 자동차로 봄베이를 향해 떠났다. 그러나 봄베이에 도착하자 해운 당국은, 유럽에서 다시 사용해야 하는 포드 자동차를 위한 자리가 없다며 우리에게 여행을 취소하라고 했다.

나는 라이트 씨에게 다소 우울하게 말했다.

"신경 쓰지 말아요. 푸리에 한 번 더 가보고 싶으니까."

나는 속으로 이렇게 덧붙였다.

'구루의 무덤을 다시 한 번 내 눈물로 적셔 드리자.'

# 43

# 스리 유크테스와르의
# 부활

　　"주± 크리슈나!" 봄베이 리젠트 호텔 방에 앉아 있는데, 크리슈나의 영광스러운 형체가 깜빡이는 광휘 속에 모습을 드러냈다. 길 건너편 높다란 건물의 지붕 위를 밝게 비추던, 형언할 수 없는 환시는 3층 객실의 길게 난 창문을 통해 밖을 내다보던 내 시야에서 갑작스럽게 폭발했다.

　　신성한 형체가 나에게 손짓하면서 미소와 끄덕임으로 인사를 보내왔다. 내가 미처 주 크리슈나의 정확한 메시지를 이해하기도 전에 그 형체는 축복의 몸짓을 전하고 떠나갔다. 엄청나게 고양된 나는 무언가 영적인 사건이 예고되고 있음을 느꼈다.

　　당시 나의 서양 순회 여행은 잠시 미뤄진 상태였다. 그래서 벵골을 다시 찾기에 앞서 봄베이에서 몇 차례 공개 강연을 할 참이었다.

1936년 6월 19일, 그러니까 크리슈나의 환시가 나타난 지 꼭 일주일이 지난 오후 세시 무렵, 봄베이 호텔 침대 위에 앉아 있던 나는 갑자기 아름다운 빛에 의해 명상 상태에서 깨어났다. 놀란 내 눈 앞에서 방 전체가 이상한 세계로 변하더니, 햇빛도 천상의 광휘로 바뀌었다.

스승 스리 유크테스와르의 피와 살을 갖춘 형체를 보게 된 나는 환희의 파도 속으로 잠겨들지 않을 수 없었다.

"나의 아들아!"

얼굴 가득히 천사 같은 미소를 띤 스승이 부드럽게 나를 부르셨다.

나는 생전 처음으로 스승의 발밑에 엎드려 인사하는 것도 잊은 채 그대로 앞으로 나아가 스승을 끌어안았다. 정말로 극적인 순간이었다! 지금 이 순간 무한히 쏟아지는 축복에 비하면 지난 몇 달 동안의 고뇌쯤은 아무것도 아니었다.

"저의 스승이시여, 제 가슴속의 주인이시여, 어찌하여 저를 떠나셨습니까?"

나는 어마어마한 재회의 기쁨에 몸조차 제대로 가누지 못했다.

"왜 저를 쿰 메일러에 가도록 그냥 내버려 두셨습니까? 스승님 곁을 떠났던 자책감에 너무나 쓰라립니다."

"순례의 명소를 보려는 행복한 기대감을 방해하고 싶지 않았다. 그곳은 내가 바바지님을 처음 만났던 장소이지 않으냐. 나는 다만 잠시 동안 너를 떠난 데 불과할 따름이다. 이제 이렇게 다시 너와 함께 있지 않으냐?"

"그렇지만 스승님, 살아 계실 때와 동일한 '신의 사자Lion of God'이신 가요? 제가 그 잔인한 푸리의 백사장 아래 묻어드린 육신을 입고 계신 겁니까?"

"그렇다, 나의 아들아. 나는 그 몸과 같다. 피와 살이 있는 육신이다. 나는 이를 에테르로 보지만 네 눈에는 분명 물질로 보일 것이다. 나는 네가 꿈의 세계에 속하는 푸리의 꿈의 백사장 아래 묻었던, 우주의 꿈이 만든 그 육신과 똑같이 우주 원자들로 완전히 새로운 몸을 창조해 냈다. 나는 진실로 부활한 것이다. 지상이 아닌 영계의 행성astral planet에서 말이다. 그곳에 사는 사람들은 이 지상의 인류보다 훨씬 더 나의 이념과 이상을 훌륭하게 만족시켜주고 있다. 너와 네가 사랑하는 높은 차원의 영혼들도 언젠가 거기서 나와 만나게 될 것이다."

"죽음을 넘어선 구루시여, 더 많은 것을 이야기해 주십시오!"

스승은 잠시 유쾌한 미소를 지으셨다.

"사랑하는 아들아, 나를 좀 느슨하게 잡을 수 없겠느냐?"

"아주 조금만 느슨하게 잡겠습니다!"

나는 그때까지도 마치 문어처럼 스승을 꼭 껴안고 있었다. 과거에 스승의 몸에서 풍겼던 특유의 자연스럽고 향긋한 내음이 희미하게 감지되었다. 지금도 영광스러운 그때를 회상할 때마다 팔 안쪽과 손바닥에는, 그분의 신성한 살을 만졌던 그 순간의 떨림이 그대로 남아 있다.

"선지자들이 인간을 도와 업을 소진시키도록 이 땅에 보내졌듯이, 나 역시 구원자로서 영계에서 일하도록 신에 의해 위임받았다."

스승은 계속해서 자세히 설명해주셨다.

"그곳은 히라냘로카, 즉 '깨달은 영계'라고 부른다. 나는 거기서 진보된 존재들이 영적인 업을 소멸시켜 영계의 윤회에서 벗어나 해방을 얻을 수 있도록 도와준다. 히라냘로카에 거주하는 자들은 영적으로 고도의 진보를 이룩했다. 그들은 모두 지상에 나온 마지막 환생에서 죽음을 맞이할 때 의식적으로 물리적 육신을 떠날 수 있는 힘을 명상 수행으로 획득했다. 지상에서 사비칼파 사마디의 단계를 넘어 니르비칼파 사마디에 든 상태에서 임종하지 않는다면, 그 누구도 히라냘로카에 들어갈 수 없다.*

히라냘로카에 거주하는 자들은 이미 일반 영계를 통과한 상태인데, 일반 영계는 지상을 떠나는 거의 모든 존재들이 죽을 때 반드시 들어가야 하는 차원이다. 히라냘로카의 거주자들은 일반 영계에서 자신의 과거 행위와 관련된 수많은 카르마(업)의 씨앗들을 없애버린 상태이다. 진보된 수행자들만이 영계에서 그와 같은 구원 작업을 수행할 수 있다.** 이들 고차원 존재들은 영체에 깃든 모든 업의 자취로부터 자신의 영혼을 완전히 해방시키기 위하여, 우주의 법칙에 이끌려 영계의 태양 혹은 천상인 히라냘로카에 새로운 영체로 다시 태어나게 된다. 그런 존재들을 돕기 위해 내가 바로 그곳에 머물러 있다. 또한 히라냘로카에는 보다 차원이 높고 미묘한 근원계로부터 온 고도로 진보한 존재들도 있다."

이제 내 마음은 구루의 마음과 완전한 조화를 이뤄서, 그림 같은 이

---

* 사비칼파 사마디 단계에서 수행자는 정신적으로 신성한 합일을 이룬 내면 상태로 나아간다. 그러나 움직이지 않는 무아경을 제외하고는 우주의식을 지속시킬 수 없다. 사비칼파 사마디의 경지에 이른 수행자는 지속적인 명상을 통해 보다 상위 단계인 니르비칼파 사마디에 도달하는데, 그 단계에 이르면 신에 대한 인식을 조금도 상실하지 않고 자유자재로 움직일 수 있다. 니르비칼파 사마디 단계에서 요기는 마지막 물질적 잔혼 또는 세속의 업보를 용해시킨다. 그럼에도 불구하고 그는 여전히 소멸시켜야 할 영계와 근원계의 카르마(업)를 가지고 있기 때문에, 고차원 진동계에서 영계 혹은 근원계로 재육화再肉化하게 된다(제26장 참고).
** 일반 영계의 아름다움을 즐기는 대부분의 존재들은 끈질긴 영적 노력의 필요성을 느끼지 못한다.

런 설명도 일부는 말로, 일부는 생각에서 생각으로 전달되었다. 그래서 나는 그분의 생각이 든 알약을 즉석에서 받아먹을 수 있었다.

스승이 계속해서 말씀하셨다.

"너도 경전에서 읽었을 것이다. 신이 인간의 영혼을 차례대로 세 종류의 몸, 즉 상념적 혹은 근원적인 몸(causal body, 근원체), 정신적이고 정서적인 본성이 자리한 미묘한 영적인 몸(astral body, 영체), 거친 물리적인 몸(physical body, 육체) 속에 집어넣는다는 것을 말이다. 지구상의 인간은 육체적 감각을 갖추고 있으며, 영계의 인간은 의식과 감정과 생명자生命子*로 이루어진 몸을 사용한다. 근원체를 가진 존재들은 기쁨이 넘치는 상념의 세계에 머무르게 된다. 내가 하는 역할은 근원계로 들어가려고 준비하는 영계의 존재들과 관련된 것이다."

"존경하는 스승님, 영계의 우주에 대해 더 말씀해 주십시오."

나는 스승의 부탁에 따라 팔에 힘을 약간 빼긴 했지만, 아직도 팔로 그분을 감싸고 있었다. 보배 중의 보배인 나의 구루가 죽음을 비웃으며 내게 접근하신 것이다!

스승이 말씀을 시작하셨다.

"그곳에는 영적인 존재들로 가득찬 많은 영계가 있다. 그곳의 주민들은 영계의 비행기인 빛덩어리를 이용하여 이쪽 영계에서 저쪽 영계로 전기나 방사선 에너지보다 훨씬 빠르게 여행을 다닌다. 여러 가지

---

* 스리 유크테스와르가 '프라나'라는 단어를 사용한 것을 내가 '생명자'라고 번역하였다. 힌두교 경전은 아누(원자)와 보다 우수한 전자 에너지인 파라마누(원자 이상의 것)뿐 아니라 프라나(창조적 생명력)에 대해서도 언급하고 있다. 원자와 전자는 맹목적인 힘이며, 프라나는 원래부터 지적 본성을 갖는다. 예를 들어 정자와 난자의 만남에서 프라나의 생명력은 태아를 업의 설계에 따라 자라도록 유도한다.

658

미묘한 빛과 색의 진동으로 이루어진 영계의 우주는 물리적 우주보다 수백 배나 크다. 모든 물리적 창조물을 다 합쳐도 그 총량은 영계라는 반짝이는 거대한 풍선 밑에 매달린 딱딱한 소형 바구니에 불과하다.

수많은 물리적 태양과 별들이 우주 공간을 이리저리 움직이듯이, 영계의 우주에도 무수한 태양계와 항성계가 있다. 그곳의 행성들은 물질계의 해와 달보다 훨씬 아름다운 해와 달을 가지고 있다. 영계의 해와 달들은 북극광을 닮았는데, 영계의 햇빛 오로라는 부드러운 달빛 오로라보다 훨씬 눈이 부시다. 또 영계의 낮과 밤은 지구의 낮과 밤보다 더 길다.

영계는 무한히 아름답고 깨끗하고 순결하며 정돈된 곳이다. 그곳에는 죽은 행성이나 황폐한 땅도 없으며, 지구상의 오점인 잡초나 박테리아, 해충이나 뱀도 없다. 기후가 변덕스럽고 계절이 나뉘는 지구와 달리, 영계의 행성은 영원한 봄으로 항상 일정한 온도를 유지하며, 때로 하얗게 빛나는 눈이 오거나 여러 가지 색채의 비가 내리기도 한다. 또 영계의 행성에는 오팔색 호수와 환한 바다, 무지갯빛 강들이 많다.

히라냘로카라는 보다 미묘한 영계의 천상을 제외한 일반 영계에는 비교적 근래에 지구에서 온 수백만의 영적 존재들이 거주하며, 또한 수천의 요정, 인어, 물고기, 동물, 요괴, 난쟁이, 반신半神, 정령 등이 각각의 카르마(업)에 따라 자신의 위치에 걸맞은 서로 다른 영계에 거주한다.

다양한 영계의 저택들 혹은 진동하는 구역들이 선한 영들과 악한 영들을 위해 각각 마련되어 있다. 선한 영들은 자유롭게 여행할 수 있지만, 악한 영들은 제한된 구역을 벗어나지 못한다. 이 지구상에서 인간은 땅 위에서 살고 벌레는 땅속에서 살고 물고기는 물에서 살고 새는 하늘에서 사는 것과 마찬가지로, 각기 다른 등급을 가진 영계의 존재들도 제각각 적당한 진동 구역에 거주한다.

다른 세계로부터 추방된 타락한 검은 천사들 사이에는 생명자 폭탄이나 만트라* 진동 광선을 가지고 벌이는 다툼과 전쟁이 일어난다. 이런 존재들은 영계 우주의 보다 낮은 차원에 마련된 어둠침침하고 음습한 구역에 거주하면서 자신들의 악업을 소진시킨다.

어두운 영계 감옥 위에 자리 잡은 광대한 영역은 모두 찬란하고 아름답다. 영계의 우주는 지구보다 훨씬 자연스럽게, 신의 의지와 완성 계획에 맞춰져 있다. 영계의 모든 사물은 우선적으로 신의 의지에 따라 나타나고, 그 다음에 부분적으로 영계 존재들이 요구하는 의지에 따라 나타난다. 그들은 창조주가 이미 창조한 어떤 형태나 아름다움을 고쳐서 더 고귀하게 만들 수 있는 능력을 갖고 있다. 창조주는 영계에 거주하는 자녀들에게 의지대로 영계를 변화시키고 개선할 수 있는 자유와 특권을 주었다. 지구에서는 고체가 자연적 과정이나 화학적 절차를 거쳐야만 액체나 기체로 탈바꿈하지만, 영계의 고체는 단지 거주자들의 의지에 따라 즉각적으로 액체나 기체 혹은 에너지 등으로 변화한다.

지구는 바다에서, 육지에서, 하늘에서 전쟁과 살인으로 검게 얼룩져 있지만, 영계는 행복한 조화와 평등밖에 모른다. 영계의 존재들은 자신의 형체를 마음대로 나타나게 할 수도 있고 또 사라지게 할 수도

---

* 만트라는 정신을 집중해서 상대방에게 '발사'하는 찬송 형식의 주문이다. 여러 푸라나 (고대의 경전 혹은 논문)에는 데바(신)와 아수라(악령)가 벌이는 만트라 전쟁이 기술되어 있다. 한번은 어떤 아수라가 데바를 죽이기 위해서 강력한 노래를 사용했는데, 발음을 잘못하는 바람에 그 정신적 폭탄이 되돌아와서 오히려 악령 자신을 죽였다고 한다.

있다. 꽃이나 물고기, 짐승이 잠시 영계 인간의 모습으로 몸을 변형시킬 수도 있다. 영계의 모든 존재들은 어떤 형태도 갖출 수 있기 때문에 서로 쉽게 사귄다. 이렇듯 절대적이지 않고 유동적인 자연 법칙이 그들을 둘러싸고 있으므로, 이를테면 영계의 어떤 나무가 영계의 망고나 원하는 다른 과일 혹은 꽃, 아니면 완전히 다른 물체까지 열매 맺게 할 수 있다. 카르마에 따른 제약이 있긴 하지만, 영계에서 원하면 여러 가지로 형태를 바꿀 수 있다는 점에는 차별이 없다. 모든 것이 신의 창조적인 빛으로 진동한다.

아무도 여자에게서 태어나지 않는다. 영적 존재들은 자신이 가진 우주적 의지의 도움을 받아 영적으로 응축된 특별한 형태의 자손을 물질화하기 때문이다. 근래에 육체를 떠난 존재는 비슷한 정신적 혹은 영적 성향에 이끌려 영계의 특정 가족에게 이른다.

영계의 신체는 추위나 더위, 혹은 다른 자연 조건에 지배받지 않는다. 신체 조직은 영적인 뇌(빛으로 이루어진 수천 장의 연꽃잎)와 수슘나(뇌 척수의 축)에 있는 여섯 곳의 각성 중추들을 포함한다. 심장은 영적인 뇌로부터 우주 에너지와 빛을 끌어와서 영적인 신경들과 신체 세포 혹은 생명자로 펌프질해 보낸다. 영적 존재들은 생명자의 힘이나 만트라 진동에 의해 자신의 신체에 영향을 미칠 수 있다.

영적인 신체(영체)는 과거의 물리적인 신체(육체)와 정확히 동일하다. 영계인(영적 존재)의 얼굴과 몸매는 지상에서 머물렀던 기간의 젊은 시절 모습과 같다. 때로는 나처럼 노년의 모습을 그대로 지니겠다고 하는 영계인도 있다."

스승은 젊음의 정수를 발산하며 껄껄 웃으셨다.

"오직 오감五感에 의해서만 지각하는, 공간적이고 3차원적인 물질계

(물리적 세계)와 달리 영계는 모든 것을 포괄하는 육감sixth sense, 곧 직관으로 보는 세계이다. 영계인은 순전히 직관적 감각에 의지해서 보고, 듣고, 냄새 맡고, 맛보고, 만진다. 영계인은 눈이 셋인데, 그중의 둘은 부분적으로 감겨 있다. 영계에서 주로 사용하는 제3의 눈은 떠져 있는 상태로 이마 위에 수직으로 놓여 있다. 영계인도 외부의 감각 기관, 곧 눈, 귀, 코, 혀, 피부 등을 모두 갖고 있지만, 직관적 감각을 사용해서 신체의 어떤 부위로든 감각을 체험할 수 있다. 다시 말해서 영계인은 귀로도 볼 수 있고, 코로도 볼 수 있으며, 피부로도 볼 수 있다. 또 눈이나 혀로도 들을 수 있으며, 귀나 피부로도 맛을 볼 수 있다.*

인간의 물리적 신체는 수많은 위험에 노출되어 있어서 쉽게 상처를 입거나 불구가 된다. 하지만 천상의 영적 신체는 잘리거나 상처를 입더라도 의지만으로 즉시 치료된다."

"구루지, 모든 영계인은 아름답습니까?"

"영계에서 말하는 아름다움은 외형이 아니라 영혼의 자질에 달려 있다. 그러므로 영계인은 얼굴 모습에 중요성을 부여하지 않는다. 그렇지만 영계인에게는 의지에 따라 새롭고 다채롭게 영적으로 현현된 신체로 꾸밀 수 있는 특권이 있다. 속세의 인간이 축제를 위해 새 옷을 입듯이 영계인도 특별히 계획한 형태로 자신을 꾸며야 할 때가 있다.

어떤 존재가 영적 진보를 통해 영계에서 해방되어 근원계의 천상에 들어갈 준비가 되었을 때, 히라냘로카와 같은 고차원 영계의 행성에서는 즐거운 축제가 벌어진다. 그런 경우에는 '보이지 않는 천상의 아

---

* 그런 능력을 가진 자가 지구상에도 없는 것은 아니며, 헬렌 켈러나 그 밖의 드문 사례를 목격할 수 있다.

버지'와, 그분과 합일된 성자들이 원하는 모습으로 몸을 현현시켜 영계의 축제에 참가한다. 창조주는 당신에게 귀의한 사랑스러운 존재를 기쁘게 하기 위해 어떤 형체든 그가 원하는 대로 취한다. 만약 그 존재가 헌신을 통해 경배했다면 그는 성모로서의 신을 보게 된다. 예수에게는, 무한자에 담긴 아버지로서의 속성이 다른 어떤 개념보다 호소력이 강했다. 창조주가 피조물 각각에게 부여한 개성은 상상할 수 있거나 혹은 상상조차 할 수 없는 주님의 다재다능함을 요구한다!"

구루와 나는 함께 행복하게 웃었다. 스리 유크테스와르가 계속해서 피리 소리처럼 아름다운 목소리로 말씀하셨다.

"다른 생에서 사귀었던 친구들은 영계에서 서로를 쉽게 알아볼 수 있다. 그들은 우정의 영원성을 기뻐하면서 지상에서 슬픈 가짜 이별을 할 때 의심했던 사랑의 불멸성을 깨닫게 된다.

영계인의 직관은 장막을 뚫고 지상에서 일어나는 인간의 갖가지 활동을 관찰한다. 그러나 지상의 인간은 육감六感이 어느 정도 발달하지 않은 한 영계를 볼 수 없다. 그렇지만 수많은 지구인들이 순간적으로나마 영적 존재나 영계를 스치듯 보았다.*

히라냘로카에 있는 진보한 존재들은 대부분 영계의 긴 밤낮을 가리지 않고 오랫동안 법열 상태로 깨어 있으면서, 우주 정부의 운영과 방탕한 아들들과 속세에 매인 영혼들의 구원과 관련된 복잡한 문제들을 해결하도록 도와준다. 한편 히라냘로카의 존재들은 잠을 잘 때 가끔씩 꿈과 같은 영계의 환시를 보기도 한다. 그들의 마음은 대개 의식의

---

* 지상에서 순수한 마음을 가진 아이들은 때로 요정들의 우아한 영체를 볼 수 있다. 또 모든 경전이 금하고 있는 약이나 술에 의해 의식이 극도로 교란되면 영계에 있는 지옥의 끔찍한 모습을 볼 수도 있다.

최고 단계인 니르비칼파의 지복에 몰입해 있다.

영계의 모든 지역에 사는 거주자들도 여전히 정신적 고뇌를 겪는다. 히라냘로카와 같은 행성에 거주하는 고차원 존재들의 예민한 마음은 행동이나 진리의 인식에서 실수가 일어났을 때 날카로운 고통을 느낀다. 이 진보된 존재들은 모든 행동과 생각을 완벽한 영적 법칙에 맞추려고 노력한다.

영계 거주자들 사이의 의사소통은 전적으로 영적인 텔레비전과 텔레파시로 이루어진다. 그러므로 지상의 사람들이 겪어야 하는 글과 말의 혼동이나 오해는 있을 수 없다. 영화에 나오는 인물들은 연속되는 빛그림들을 통해 움직이고 행동하면서도 실제로는 숨을 쉬지 않는다. 그처럼 영계의 존재들도 산소에서 힘을 끌어올 필요 없이 지혜롭게 인도되고 조정되는 빛의 이미지로 걷고 활동한다. 인간은 생존을 위해서 고체, 액체, 기체, 에너지 등에 의존하지만, 영계인은 주로 우주의 빛으로 존재한다."

"저의 구루시여, 영계인도 무언가를 먹습니까?"

나는 내가 가진 모든 능력, 곧 정신과 마음과 영혼의 감수성을 총동원해서 이 놀라운 설명을 흡수하고 있었다. 진리에 대한 초의식적 지각은 영원히 진실하며 변함이 없지만, 스쳐가는 감각적 경험이나 인상은 일시적이거나 상대적인 진리에 지나지 않아서 이내 기억 속에서 생생함을 잃고 희미해지고 만다. 구루의 말씀은 내 존재의 양피지에 너무나 투철하게 기록되어, 내가 마음을 초의식적 상태로 바꾸기만 하면 언제든지 그 신성한 경험을 또렷하게 다시 불러낼 수 있다.

스승은 이렇게 대답하셨다.

"광선을 닮은 빛나는 채소가 영계에는 많다. 영계인은 그 채소를 먹고, 찬란한 빛의 샘과 영계의 실개천이나 강에서 흘러나오는 감로수를 마신다. 마치 지상에서 사람들을 담은 눈에 안 보이는 영상이 대기를 뚫고 텔레비전 수상기를 통해 보였다가 다시 우주 공간 속으로 사라지듯이, 영계에서도 신이 창조한 보이지 않는 채소와 식물을 담은 청사진이 에테르 속에 떠 있다가 그곳의 거주자들이 원하면 영계의 행성으로 떨어진다. 마찬가지 방식으로 아무리 거칠게 공상을 하더라도 영계에서는 향기로운 꽃들이 만개한 정원 전체가 실체화되었다가 다시 에테르 속으로 보이지 않게 환원된다.

히라냘로카와 같은 천상의 거주자들은 식사의 필요성에서 대부분 해방되어 있지만, 거의 완전히 해탈한 근원계의 영혼들은 더 없는 행복의 만나(모세의 인도로 이집트를 탈출한 이스라엘 백성이 광야에 이르러 굶주릴 때 하느님이 내려준 기적의 양식—옮긴이) 이외에는 아무것도 먹지 않는다. 물론 아무런 조건에도 얽매이지 않고 존재를 유지하는 후자가 훨씬 더 높은 단계에 있다.

지상에서 해방된 영적 존재는 지상에 태어날 때마다* 관계를 맺었던 수많은 친척들, 아버지들, 어머니들, 아내들, 남편들, 친구들을 만나게 되는데, 그들은 영계의 다양한 구역에서 때때로 출현하기 때문에 누구를 특별히 사랑해야 할지 몰라 당황하기도 한다. 이렇게 해서 그는 신의 자녀이며 개별적 표현인 모두에게 동등하고 신성한 사랑을 베풀 줄 알게 된다.

사랑하는 사람들의 외모가 가장 최근의 생애에서 계발된 새로운 특

---

* 한번은 붓다가 '왜 사람은 모두를 똑같이 사랑해야 하느냐?'는 질문을 받았다. 이 위대한 스승은 이렇게 대답했다. "윤회를 거듭하면서 지나온 여러 번의 생에서 모두들 언젠가 한 번은 자신에게 소중했던 사람이기 때문이다."

징 때문에 다소 달라졌더라도, 영계의 존재는 실수 없는 직관으로 그들 모두가 한 번은 다른 존재의 단계에서 자신에게 소중했던 사람들이라는 것을 깨닫고, 새로운 영계의 집에 온 것을 환영한다. 창조된 모든 원자는 소멸시킬 수 없는 개성을 부여받기 때문에,[*] 영계의 친구는 그가 무슨 옷을 입었든 곧바로 알아볼 수 있다. 이것은 마치 지상에서 영화배우가 아무리 변장을 해도 자세히 관찰하면 그의 정체성이 드러나는 것과 동일하다.

영계에서 보내는 일생은 지상에서보다 훨씬 길다. 정상적인 진보를 이룬 영계인의 평균 수명은 지상의 시간을 기준으로 500년에서 1,000년 정도이다. 어떤 삼나무들이 다른 나무들보다 수천 년이나 더 살고, 어떤 요기들이 60~70세 무렵에 죽는 대부분의 사람들과 달리 수백 년이나 사는 것처럼, 어떤 영계인들은 다른 존재들의 평균 수명보다 훨씬 더 오래 산다. 영계의 방문자들은 각자 육체적 카르마(업)의 경중에 따라 오래 혹은 짧게 머물렀다가 업에 따라 정해진 시간 안에 지상으로 다시 이끌려 돌아간다.

영계인은 빛나는 몸을 벗을 때 고통스럽게 죽음과 겨루지 않아도 된다. 그렇지만 많은 존재들은 영체를 벗고 보다 미묘한 근원체를 입으려는 생각에 약간 초조해하기도 한다. 영계는 원하지 않는 죽음이나 질병, 노화에서 자유롭다. 이들 세 가지 공포는 지상의 저주여서, 보통의 인간은 존재를 유지하는 데 필요한 공기와 음식과 수면 등의 도움을 끊임없이 받아야 하는 연약한 육체와 자신의 의식을 거의 전적

---

[*] 원자에서 인간에 이르기까지 모든 피조물의 생명에 들어 있는 8대 요소는 흙, 물, 불, 공기, 에테르, 감각적 마음(마나스), 지성(부디), 개성 혹은 에고(아한카라)이다. 『바가바드기타』 VII:4

으로 동일하게 여기도록 내버려둔다.

육체적 죽음에는 호흡의 소멸과 신체 세포의 분해가 동반된다. 영적 죽음은 생명자, 곧 영적 존재의 생명을 구성하는 에너지 발현체의 분산으로 이루어진다. 육체적 죽음을 맞이한 존재는 살덩이에 대한 의식을 상실하고 영계에서 자신의 미묘한 몸을 깨닫는다. 따라서 때가 되어 영적 죽음을 경험한 존재는, 영적인 생사를 의식하기 시작해서 육체적인 생사까지 의식하게 된다.

영계와 물질계를 오가는 이와 같은 반복적 순환은, 깨달음을 얻지 못한 모든 인간의 불가피한 운명이다. 경전에 나오는 천상과 지옥에 대한 갖가지 정의는 이따금씩 잠재의식보다 깊은 기억을 뒤흔들어, 즐거웠던 영계와 실망스러웠던 지상에서 겪었던 오랜 기간의 경험들을 떠올리게 만들기도 한다."

내가 간청했다.

"사랑하는 스승님, 지상에 다시 태어나는 것과 영계나 근원계에 다시 태어나는 것의 차이를 좀 더 자세히 설명해 주시겠습니까?"

"개별화된 영혼으로서의 인간은 본질적으로 근원체를 갖는다."

구루는 이렇게 설명을 시작하셨다.

"그 몸(근원체)은 창조주가 기본적 혹은 근원적 생각의 힘으로 요구하는 서른다섯 가지 상념들의 총체이다. 창조주는 이들 상념 가운데 열아홉 개 요소로 미묘한 영체를 만들고, 열여섯 개 요소로 자연 그대로의 육체를 만들었다.

영적 신체(영체)를 이루는 열아홉 가지 요소들은 정신적이고, 정서적이며, 생명자와 관련되어 있다. 이 열아홉 가지 요소는 지능, 에고(자아), 감정, 마음(감각적 의식), 그리고 시각, 청각, 후각, 미각, 촉각에 상응하는 다섯 가지 '알음알이knowledge'의 도구들, 그리고 생식, 분비, 대화, 보행, 운동을 실행하는 능력을 정신적으로 관장하는 다섯 가지 '행위'의 도구들, 그리고 육체 세포 형성, 소화와 흡수, 배설, 물질대사, 순환 기능을 수행하는 다섯 가지 '생명력'의 도구들이다. 이런 열아홉 가지 요소를 지닌 미묘한 영체는, 열여섯 가지 거친 금속과 비금속 요소들로 이루어진 육체가 죽은 다음에도 살아남는다.

신은 자신의 내면에서 여러 상념을 생각해내어 그것들을 꿈으로 투영했다. 이렇게 해서 상대성이 만들어낸 거대하고 끝없는 모든 장식물로 치장한 우주의 꿈(마야)이 태어난 것이다.

신은 근원체를 이루는 서른다섯 가지 상념들의 범주를 활용해서, 열아홉 가지 영적 대응물과 열여섯 가지 물리적 대응물로 구성된 복잡 미묘한 인간이라는 존재를 공들여 만들었다. 처음에는 미묘했다가 나중에는 거칠어지는 다양한 진동력의 응축에 따라 인간의 영체를 만들었고 마지막으로 인간의 육체를 만들어냈다. 태초의 단순성이 놀라울 정도로 복잡다기해지는 상대성의 법칙에 따라, 근원계의 우주와 근원체(근원적 신체)는 영계의 우주와 영체(영적 신체)와 달라진다. 마찬가지로 물질계의 우주와 육체(물리적 신체)는 창조의 다른 형태들과 특질상 일치하지 않는다.

살점을 가진 몸은 창조주의 고정되고 대상화된 꿈들로 만들어진다. 지상에는 질병과 건강, 고통과 기쁨, 상실과 획득 따위의 이중성이 항상 존재한다. 인간은 삼차원적 물질에서 한계와 저항을 발견한다. 살려고 하는 욕구가 질병이나 기타 원인으로 심각한 충격을 받아 죽음이 찾아오면, 인간은 일시적으로 살점을 가진 육신이라는 무거운 외투를 벗게 된다. 그러나 영혼은 여전히 영체와 근원체causal body*에 담겨 있다. 이들 세 가지 몸을 한데 묶는 결합력은 욕구이다. 충족되지 못한 욕구의 힘이야말로 인간이 처한 모든 속박 상태의 뿌리인 것이다.

육체적 욕구는 자기중심성과 감각적 쾌락에 뿌리를 두고 있다. 감각적 경험의 충동이나 유혹은 영적 애착이나 근원적 지각과 관련된 욕구보다 훨씬 강하다.

영적 욕구는 진동에 의한 환희에 중점을 둔다. 영적 존재들은 영계의 곳곳에서 연주되는 천상의 음악을 즐기면서, 변화하는 빛이 여러 가지로 만들어내는 창조의 끝없는 양상을 보고 황홀경에 빠진다. 또 영적 존재들은 빛의 냄새를 맡고 빛의 맛을 보고 빛을 만지기도 한다. 그러므로 영적인 욕구는 모든 대상과 경험을 빛의 형태 혹은 응축된 생각이나 꿈으로 응결시키는 영적 존재의 능력과 관련되어 있다.

근원계의 욕구는 지각에 의해서만 성취된다. 오직 근원체로 둘러싸여 있으며 거의 완전히 자유로운 근원적 존재들은 우주 전체를 신의 생각과 꿈이 실현된 것으로 본다. 그들은 어떤 것이든 전부 순수한 생각으로 물질화할 수 있다. 그러므로 근원계의 존재들은 물리적 감각이나 영적 즐거움이 주는 기쁨을 영혼의 미세한 감수성을 거칠게 질식시키는 것으로 여긴다.

근원적 존재들은 욕구가 생기면 즉각적으로 실현시켜 욕구를 해결한다.** 근원체라는 미묘한 면사포로 휘감겨 있음을 아는 이들은 창조

---

* 몸 혹은 신체body란, 거칠든 미묘하든 영혼을 담고 있는 상자 같은 것을 의미한다. 세 종류의 몸은 천상의 새를 위한 새장이라 할 수 있다.

** 바바지는 전생에서 궁전을 보고싶어 했던 라히리 마하사야의 잠재의식적 욕구를 해소하도록 도와주었다(제34장 참고).

주와 마찬가지로 삼라만상을 만들어낼 수 있다. 모든 피조물은 우주의 꿈이라는 직물로 짠 것이므로 얇은 근원체만을 입은 영혼은 모든 것을 창조하는 실로 어마어마한 능력을 가진 셈이다.

영혼은 본질상 보이지 않으므로 영혼을 담은 몸(혹은 여러 개의 몸)에 의해서만 구분될 수 있다. 몸이 있다는 것은 충족되지 않은 욕구들에 의해 그 몸의 존재가 가능해졌다는 의미이다.<sup>*</sup>

영혼이 무지와 욕망이라는 코르크 마개로 단단히 밀봉된 한 개, 두 개 혹은 세 개의 몸이라는 그릇 안에 들어가서 갇혀 있는 한, 그런 사람은 대영혼의 바다에 합류할 수 없다. 거친 물리적 용기容器를 죽음이라는 망치로 깨부순다 해도 나머지 두 개의 덮개, 곧 영적 덮개와 근원적 덮개는 그대로 남아 그 영혼이 편재偏在하는 대생명과 의식적으로 결합하는 것을 막는다. 그러나 지혜로써 무욕의 경지에 이르게 되면, 그 힘이 남은 두 개의 그릇을 깨뜨릴 수 있다. 그러면 마침내 자유를 얻은 자그마한 인간의 영혼이 밖으로 나온다. 그리하여 그 영혼은 헤아릴 수 없을 만큼 광대한 존재와 하나가 된다."

나는 성스러운 구루에게 고귀하고 신비한 근원계에 대해 좀 더 말씀해 달라고 간청했다. 스승이 대답하셨다.

"근원계는 설명이 불가능할 만큼 미묘하다. 근원계를 이해하기 위해서는, 눈을 감고 마치 딱딱한 바구니를 매단 빛나는 풍선처럼 넓디

---

* "저희가 대답하여 가로되, 주여 어디오니이까? 가라사대 주검 있는 곳에는 독수리가 모이느니라, 하시니라." 『누가복음』 17:37
영혼이 물리적 신체에 싸여 있든 아니면 영적 신체나 근원적 신체에 싸여 있든, 거기에는 인간의 연약한 감각이나 영적 애착 혹은 근원적 애착을 먹이로 노리는 욕망의 독수리들이 모여들기 마련이다.

넓은 영계와 물질계의 우주 전체를 상념으로만 존재하는 것으로 형상화할 수 있을 만큼 고도의 집중력을 가져야 한다. 만일 이처럼 초인적 집중력을 가지고 지극히 다양하고 복잡한 두 개의 우주를 순수한 상념으로 전환했다가 다시 용해하는 데 성공한다면, 그런 사람은 근원계에 도달하여 마음과 물질의 경계선에 서게 된다. 거기서는 고체, 액체, 기체, 전기, 에너지, 인간, 짐승, 식물, 박테리아 등 창조된 모든 것을 순수한 의식의 형태들로 지각한다. 우리가 눈을 감았을 때 자신의 육체를 볼 수 없고 오직 생각으로만 존재를 지각할 수 있는 것과 동일하다.

인간은 상상 속에서 무엇이든 할 수 있다. 근원계의 존재는 상상이 아니라 실제로 모든 것을 할 수 있다. 가장 상상력이 풍부한 인간의 지능은 마음만으로 생각의 극단을 넘나들 수 있으며, 마음속으로 이 행성에서 저 행성으로 건너뛰거나 영원의 나락으로 끝없이 빠져들고, 로켓처럼 은하계를 날아오르거나 여러 은하수와 별들이 총총한 우주 공간으로 탐조등처럼 불꽃을 발산할 수 있다. 그러나 이보다 훨씬 자유로운 근원계의 존재들은 아무런 힘을 들이지 않고도 어떠한 물질적 혹은 영적 방해나 업력에 얽매이지 않고 자신의 생각을 즉시 객관적 대상물로 실현시킬 수 있다.

근원계의 존재들은 물리적 우주를 형성하는 핵심이 전자가 아니며 영적 우주를 형성하는 핵심도 생명자가 아니라는 사실을 깨닫고 있다. 물질계(현상계)의 우주와 영계의 우주는 실제로 본질nuomenon을 창조주의 현상phenomena에서 분리시키려는 상대성의 법칙, 즉 마야에 의해 잘리고 나누어져 아주 작은 입자가 된 신의 생각에서부터 창조된 것이다.

근원계의 영혼들은 서로를 기쁨의 대영혼이 개체화된 점들로 인식

671

한다. 그들의 생각에서 나온 물질만이 그들을 둘러싸고 있는 유일한 대상이다.

그들은 몸과 생각의 차이란 단지 상념에 불과하다는 사실을 잘 알고 있다. 인간이 눈을 감으면 눈부신 하얀빛이나 희미한 푸른빛 아지랑이를 볼 수 있듯이, 근원계의 존재는 생각만으로 보고 듣고 냄새 맡고 맛보고 만질 수 있다. 그러므로 근원계의 존재는 우주정신의 힘으로 어떤 대상을 창조하거나 파괴할 수 있는 것이다.

근원계에서의 죽음과 재탄생은 생각 안에 있다. 근원체를 지닌 존재들은 오로지 영원히 새로운 알음알이라는 진미珍味만을 즐긴다. 그들은 평화의 샘에서 길어올린 물을 마시고, 그 무엇도 지나간 흔적이 없는 지각知覺의 땅을 밟고 다니며, 끝없는 열락의 대양에서 헤엄친다. 보라, 생각에서 비롯된 근원계 존재들의 찬란한 몸들이, 대영혼이 창조한 수많은 행성과 새로 보글거리는 우주들, 지혜의 별들, 꿈의 황금빛 성운들을 지나며 저 푸르른 무한자의 품으로 날아가는 광경을!

많은 존재들은 근원계 우주에 수천 년 동안 남게 된다. 보다 깊은 황홀감으로 해방을 얻어 자유로워진 영혼은, 이제 스스로를 자그마한 근원체에서 끌어낸 다음 광대한 근원계 우주를 입는다. 힘과 사랑, 의지, 기쁨, 평화, 직관, 침착성, 자기통제, 집중 등 각각을 분리하는 상념 혹은 특정화된 파도의 소용돌이가 영원히 환희에 찬 지복至福의 바다로 함께 녹아드는 것이다. 그러므로 이제 그 영혼은 환희를 개별화된 의식의 파도로 체험할 필요가 없이, 그 모든 파도들을 포용한 하나의 큰 바다에 합류한다. 영원한 웃음, 전율과 감동이 고동치는 우주의 대양으로!

어떤 영혼이 세 개의 몸으로 된 '고치'를 벗어 던질 수 있으면, 그 영혼은 영원히 상대성의 법칙에서 벗어나서 말로 표현할 수 없는 불멸의 존재Ever-Existent가 된다.* 별들과 달들과 해들이 아로새겨진 날개로 허공을 날아다니는 편재의 나비를 보라! 대영혼으로 확장된 영혼은 빛 아닌 빛, 어둠 아닌 어둠, 생각 아닌 생각의 영역에 홀로 머물면서, 우주 창조의 꿈을 꾸며 법열의 기쁨에 도취되어 있다."

"자유로운 영혼!"

나는 경외의 마음으로 외쳤다.

스승은 계속해서 말씀하셨다.

"어떤 영혼이 마침내 세 가지 몸이라는 미혹의 항아리들을 제거하면, 그 영혼은 개별성을 잃지 않고도 무한자와 하나가 된다. 그리스도는 예수로 태어나기 이전에 이미 최후의 자유를 얻은 상태였다. 지상에서 죽음과 부활을 겪은 사흘로 상징되는 과거의 세 단계에서 예수는 완전히 대영혼으로 승천할 수 있는 능력을 획득했던 것이다.

영적 발달이 완전하지 못한 인간은 자신의 세 가지 몸에서 벗어나기 위해 끊임없이 물질계와 영계와 근원계의 윤회를 겪어야만 한다. 최후의 자유를 얻은 도인은 다른 인간들을 신에게 데려오는 예언자로서 지상으로 다시 돌아가겠다고 결정할 수도 있고, 나처럼 영계의 우주에 남겠다고 선택할 수도 있다. 그곳에서 도인은 거주자들의 업의 일정 부분을 떠맡음으로써** 그들이 영계에서 윤회의 순환을 마치고

---

* "이기는 자는 내 하느님 성전에 기둥이 되게 하리니, 그가 결코 나가지 아니하리라(즉 더 이상 윤회하지 않으리라). …… 이기는 그에게는 내가 내 보좌에 함께 앉게 해주기를, 내가 이기고 아버지 보좌에 함께 앉은 것과 같이 하리라."『요한계시록』 3:12, 21

** 지상에 사는 동안 제자들의 카르마를 덜어주기 위해 때로 그들의 병폐를 짊어졌던 것처럼, 영계에서도 히라냘로카에 머무는 존재들의 영적 카르마를 대신 짊어져 그들이 보다 높은 근원계로 신속하게 진화할 수 있게 도와주는 구원자로서의 사명을 지녔다는 의미이다.

영원히 근원계로 들어갈 수 있도록 도와준다. 그런가 하면 근원계로 들어가서 그곳의 존재들이 근원체를 입고 있는 기간을 단축하여 '절대적 자유'를 획득하도록 도와주는 도인도 있다."

"부활한 분이시여, 영혼이 다시 세 가지 세계로 돌아와야만 하는 업에 대해 좀 더 말씀해 주십시오."

나는 전능하신 스승의 말씀을 영원히 들을 수 있다고 생각했다. 스승이 지상에 계실 때는 한 번에 이처럼 많은 지혜를 소화한 적이 없었다. 이제 난생 처음으로 삶과 죽음의 바둑판 위에 그어진 불가사의한 시간과 공간에 대한 선명하고 정확한 통찰을 받아들이고 있는 것이다.

구루는 황홀한 목소리로 설명하셨다.

"인간이 영계에 계속 머무르려면, 그 전에 물리적 카르마(업) 혹은 욕망이 완전하게 소진되어야 한다. 영계에는 두 종류의 존재가 살고 있다. 첫째, 아직 해결해야 할 지상의 카르마가 있어서 그 빚을 갚기 위해 거친 물리적 신체(육체)를 다시 입어야만 하는 존재이다. 그들은 육체적으로 죽고 나서 영계에 잠시 들르는 일시적인 방문자로 분류할 수 있다(이들 방문자는 고정적으로 영계에 사는 거주자들과 다르다).

지상의 카르마를 다 갚지 못한 존재들은 영계의 죽음 이후에 우주의 상념들로 구성된 더 높은 근원계로 못가고, 열여섯 가지 거친 요소들로 이루어진 물리적 신체와 열아홉 가지 미묘한 요소들로 이루어진 영적 신체를 연속적으로 의식하면서 물질계와 영계만을 오갈 수 있다. 지상에서 영적 발달을 이루지 못한 존재는 대부분의 시간을 죽음이라는 깊은 혼수상태에 빠져 아름다운 영계의 모습을 거의 의식하지 못한다. 그런 존재는 영계에서 휴식을 취한 다음 다시 물질계 차원으로 돌아가서 좀 더 깊은 교훈을 얻게 된다. 이처럼 반복된 여정을 통해 미묘한 영적 구조를 가진 세계에 점차 익숙해진다.

둘째, 영계에 오래 머무르는 보통 거주자들은 모든 물질적 욕구로부터 영원히 해방되어 더 이상 거칠게 진동하는 지상으로 돌아갈 필요가 없는 존재들이다. 오로지 영적 카르마와 근원적 카르마만을 소진시키면 되는 이런 존재들은 영적인 죽음을 맞이하여 무한히 섬세하고 미묘한 근원계로 들어간다. 우주 법칙에 따라 결정된 일정 기간이 끝난 후에 생각-형체의 근원체를 벗는 이들 진보된 존재들은 히라냘로카나 혹은 그와 비슷한 단계의 다른 영계에 돌아와서 아직 다 갚지 못한 영적 카르마를 해결하기 위해 새로운 영체로 태어난다."

스승은 계속해서 말씀하셨다.

"나의 아들아, 너는 이제 내가 신성한 명령에 의해 부활했음을 더욱 완벽하게 이해했으리라고 믿는다. 나는 지상에서 올라오는 영적 존재들보다, 특별히 근원계에서 다시 영적으로 윤회해 영계로 돌아오는 존재들을 위한 구원자 역할을 수행하려고 부활한 것이다. 지상에서 오는 자들이 여전히 물질적 카르마의 흔적을 지니고 있으면 히라냘로카와 같은 높은 영계의 행성으로 오르지 못한다.

지상에 사는 대부분의 사람들은, 명상으로 나타나는 환시를 통한 차원 높은 희열을 알지도 못하고 영계 생활의 장점을 받아들이는 법을 배우지 않은 탓에, 죽은 다음에도 다시 한정되고 불완전한 지상의 갖가지 즐거움으로 되돌아오기를 갈망한다. 마찬가지로 영계의 많은 존재들도 자신의 영체가 분해되는 동안 근원계의 보다 진보된 영적 희열 상태를 마음속에 그려보는 대신, 거칠고 저급한 영적 행복을 생각하는 차원에 머물면서 영계의 천국을 다시 방문하고자 갈망한다. 그런 존재들이 영적으로 죽은 다음에 창조주와 그리 멀리 떨어져 있지 않은 근원계(생각으로 이뤄진 세계)에 완전히 머물려면 무거운 영적 카르마를 청산해야 한다.

보기에 즐거운 영적 우주계의 경험을 더 이상 갈망하지 않고, 다시 그곳으로 돌아가려는 유혹에 빠지지 않을 때에만 비로소 근원계에 머무르게 된다. 모든 근원적 카르마 혹은 과거 욕망의 씨앗들을 청산하면, 갇혀 있는 영혼이 무명無明이라는 세 개의 코르크 마개 중에서 마지막 것을 밀쳐내고 근원체라는 최종적인 용기容器에서 빠져나와 영원한 존재와 하나가 된다. 이제 이해를 하겠느냐?"

그때 스승은 참으로 매혹적인 미소를 지으셨다.

"예! 스승님의 은혜를 통해서 이해했습니다. 제가 느낀 이 희열과 감사의 마음을 어찌 말로 표현할 수 있겠습니까?"

나는 이 세상의 그 어떤 노래나 이야기에서도 이처럼 고무적인 지식을 얻은 적이 없었다. 힌두교 경전들에서도 근원계와 영계, 그리고 인간의 세 가지 신체에 대해 언급하고 있지만, 부활하신 스승의 말씀에 담긴 온화한 진실성과 비교하면 경전의 글귀란 한낱 궁벽하고 무의미한 표현에 불과했다. 그분에게는 참으로 '한 번 길을 떠나 그 경계를 넘으면 아무도 돌아오지 못하는 미지의 나라'*가 단 하나도 남아 있지 않았다.

구루의 말씀이 계속 이어졌다.

"세 가지 신체가 서로 통한다는 것은 인간의 삼중적 본성을 통해 여러 가지 방식으로 드러난다. 인간은 지상에서 깨어 있을 때 자신의 세 가지 그릇을 어느 정도 의식한다. 감각적으로 맛을 보고, 냄새를 맡고,

---

* 〈햄릿〉 3막 1장

물체를 만지고, 소리를 듣고, 대상을 보는 일에 열중할 때는 주로 물리적 신체(육체)를 통해서 움직인다. 마음속으로 무언가를 그려보거나 의지력을 행사할 때는 주로 영적 신체(영체)를 통해 움직인다. 어떤 대상을 생각하거나 깊은 명상에 잠겨 있을 때는 근원적 매개체가 발현된다. 습관적으로 자신의 근원적 신체(근원체)와 관계를 맺는 사람에게는 우주적 사고를 가능하게 하는 천재성이 생긴다. 이런 의미에서 우리는 한 개인을 '물질적 인간', '에너지적 인간' 혹은 '지성적 인간'으로 크게 분류할 수 있다.

인간은 매일 열여섯 시간가량 스스로를 물리적 용기(육체)와 동일하게 생각하며 지낸다. 그러다가 잠들어 꿈을 꾸면, 영계의 존재들이 그렇듯이 힘들이지 않고도 어떤 대상이든 창조할 수 있는 영적 신체(영체)로 머물게 된다. 그러나 잠이 아주 깊이 들어 꿈도 꾸지 않는다면, 그때는 몇 시간 동안 자신의 의식 또는 '나'라는 감각을 근원적 신체(근원체)로 전환시킬 수 있다. 이때의 잠은 생생하게 원기를 돋운다. 하지만 꿈을 꾸는 사람은 근원체가 아닌 영체와 접촉하게 되므로, 그런 잠은 충분한 원기 회복의 효과를 내지 못한다."

스승이 이와 같은 놀라운 진실을 설명하는 동안 나는 정말로 심혈을 기울여 들었다.

"천사 같으신 스승님, 스승님의 몸은 제가 푸리 암자에서 엎드려 울던 그때, 돌아가셨을 때의 모습과 완전히 같습니다."

"그렇다. 나의 새로운 신체는 옛것과 완전히 같다. 나는 지상에서 그랬던 것보다 훨씬 자주, 언제든지 마음대로 이 형체를 만들거나 없애거나 조절할 수 있다. 그리고 이제는 재빨리 몸을 비물질화해서 빛의 특급열차를 타고 한 행성에서 다른 행성으로, 더 나아가 영계에서 근원계로 혹은 영계에서 물질계로 즉시 여행할 수 있다. 너는 요즘 매우 바삐 돌아다녔지만, 내가 봄베이에서 너를 찾아내는 데에는 아무런 어려움이 없지 않았느냐!"

나의 성스러운 구루가 미소를 지으셨다.

"오, 구루지, 저는 스승님의 죽음으로 너무나 깊이 상심하고 있었습니다!"

"아, 어째서 내가 죽었다는 것이냐? 내 모습을 봐라. 참으로 모순이 아니냐?"

스리 유크테스와르의 두 눈이 사랑과 즐거움으로 반짝였다.

"너는 지상에서 단지 꿈을 꾸고 있을 뿐이다. 그러니 네가 지상에서 본 내 몸도 꿈으로 이루어진 것이다. 네가 땅속에 매장한 것도 당연히 그 꿈의 영상이다. 이제 더 섬세한 나의 육신이 더 섬세한 꿈으로 이루어진 창조주의 또 다른 행성에 부활했다. 지금 네가 그 모습을 보고 있고, 또 그 형체를 이렇게 꼭 껴안고 있지 않느냐! 더 섬세한 꿈의 육신과 꿈의 행성은 언젠 사라져버린다. 그것들 역시 영원하지 않다. 꿈으로 만든 모든 거품은 결국 꿈을 깨는 순간 툭 치면 터지고 만다. 나의 아들 요가난다여, 꿈과 본질을 구분해야 한다!"

베단타 철학에도 나타나는 이러한 부활관*은 나에게 경이로운 충격을 주었다. 푸리에서 생명이 빠져나간 스승의 육신을 보고 연민을 느꼈던 내 자신이 부끄러웠다. 나는 마침내 깨달았다. 스승은 항상 신 안에서 완전하게 깨어 있었고, 지상에서 경험한 삶과 죽음, 그리고 지금

---

* 삶과 죽음을 단지 상대적인 관념으로 보는 관점을 말한다. 베단타 철학에서는 신만이 유일한 실재(본질)이고 모든 피조물, 즉 각각의 존재는 마야라고 지적한다. 이런 일원론적 철학은 샹카라의 『우파니샤드』 주석서들에 가장 잘 표현되어 있다.

의 부활까지도 모두 우주의 꿈속에서 신성한 상념들이 연출하는 상대성의 연극에 불과하다는 진리를 자각하고 계셨던 것이다.

"요가난다여, 나는 이제 나의 삶과 죽음, 부활에 대한 모든 진실을 너에게 다 알려줬다. 나 때문에 슬퍼하지 마라. 오히려 신의 꿈이 만든 지상 세계부터 신의 꿈이 만든 또 다른 영계에 이르기까지, 구석구석 모든 곳에 나의 부활 소식을 널리 알리도록 하라. 그리하면 불행으로 성내고 죽음을 두려워하는 꿈을 꾸는 이 세상 모든 사람의 가슴속에 새로운 희망이 스며들 것이다."

"잘 알겠습니다, 스승님."

스승의 부활을 목격한 희열을 왜 내가 다른 사람들과 나누려 하지 않겠는가!

"지상에서 내가 세운 기준은 참기 힘들 만큼 높아서 대다수 사람들의 본성에 적합하지 않았다. 나는 때로 정상적인 기준보다 더 심하게 너를 꾸짖은 적이 많았다. 그래도 너는 나의 시험을 통과했다. 너의 사랑이 모든 질책의 구름을 뚫고 태양처럼 빛났기 때문이다."

스승이 부드럽게 덧붙이셨다.

"나는 오늘 이런 말도 전하고자 한다. 다시는 엄한 감독의 눈길로 너를 바라보지 않겠다. 이제 더 이상 너를 꾸짖는 일은 없을 것이다."

그동안 나는 이 위대한 구루의 꾸중을 얼마나 섭섭하게 생각했던가! 질책의 말씀 하나하나가 모두 나를 보호해주는 수호천사였는데도 말이다.

"자애로우신 스승님! 천만 번이라도 저를 꾸짖어 주십시오. 지금 당장 저를 야단쳐 주십시오."

"이제는 더 이상 책망하지 않을 것이다"

스승의 성스러운 목소리는 엄숙했지만, 어딘지 모르게 웃음기가 담겨 있었다.

"우리의 두 형체가 창조주의 꿈(마야) 속에서 서로 다르게 나타나는 한, 너와 나는 함께 미소를 지을 것이다. 마침내 자애로운 우주의 신 안에서 하나가 될 때, 우리의 미소는 그분의 미소가 되고, 우리가 한 목소리로 부르는 기쁨의 노래는 영원히 진동하여 그분과 주파수를 맞춘 모든 영혼에게 전해질 것이다!"

스리 유크테스와르는 여기서 밝힐 수 없는 어떤 문제들에 대한 암시도 해주셨다. 봄베이 호텔 방에서 스승과 함께 보낸 두 시간 동안 나는 모든 의문에 대한 해답을 얻었다. 스승이 1936년 6월 그날 예언하신 많은 일이 이미 일어났다.

"사랑하는 아들아, 이제 나는 너를 떠나련다!"

이 말씀을 들으니 스승을 꽉 껴안은 팔 안에서 스승의 형체가 녹아내리고 있다는 느낌이 들었다. 스승의 목소리가 종처럼 울리며 내 영혼의 하늘로 날아들었다.

"나의 아들아, 네가 니르비칼파 사마디의 문을 열고 들어와서 나를 부르면, 언제나 오늘처럼 살과 피로 된 형체로 너에게 올 것이다."

이 거룩한 약속을 남기고 스리 유크테스와르는 내 시야에서 사라졌다. 구름 속에서 들려오는 스승의 목소리가 음악 같은 천둥소리로 반복되었다.

"모두에게 말하라! 니르비칼파의 깨달음에 의해, 이 지상이 한갓 신의 꿈이라는 것을 아는 사람은 누구나 꿈이 창조한 더 섬세한 행성인 히라냘로카로 들어갈 수 있으며, 그곳에서 이 지상에서 가졌던 육체와 똑같은 모습으로 부활한 나를 발견하게 되리라는 사실을. 요가난다여, 모든 사람에게 말하라!"

이별의 슬픔은 사라졌다. 오랫동안 나의 평온을 빼앗았던, 스승의 죽음에 대한 연민과 슬픔도 이제는 벌거벗은 부끄러움 속으로 자취를 감추었다. 지복의 희열이 끝없이 새로 열리는 영혼의 숨구멍들을 통해 샘처럼 솟아났다. 예전에는 쓰지 않아 막혀 있던 숨구멍들이 이제 홍수처럼 밀려드는 황홀한 물결로 깨끗하게 씻겨 넓어졌다. 전생들의 잠재의식적 생각과 감정이 스승의 신성한 방문에 의해 카르마의 오점에서 벗어나 찬란하게 새로워졌다.

이처럼 지금 나는 구루의 명령에 따라 그 기쁜 소식을 모두에게 전하고 있다. 물론 나의 이런 행위가 호기심 없는 세대를 다시 한 번 혼란에 빠뜨릴지도 모른다. 인간은 비굴하기도 하고, 절망하기도 한다. 그러나 그러한 부정적인 모습은 뒤바뀐 것이며, 따라서 인간의 진정한 운명이 아니다. 인간이 의지를 움직이기 시작하는 날, 그는 이미 자유를 향한 여정에 들어선 것이다. 인간은 너무나 오랫동안 정복될 수 없는 영혼에 관심을 기울이지 않았고, '그대는 티끌일지니'를 외치는 음산한 비관주의자들의 말만 귀담아들어 왔다.

내가 부활하신 구루를 보는 특권을 누렸던 유일한 제자는 아니다. 스리 유크테스와르의 제자 중에 '마'(어머니)라는 애칭으로 불리는 나이 든 여인이 푸리 암자 근처에 살고 있었다. 구루는 이따금씩 아침 산책길에 발걸음을 멈추고 그녀와 이런저런 이야기를 나누곤 하셨다. 1936년 3월 16일 저녁, 마가 암자에 와서 구루를 뵙자고 청했다. 암자의 감독을 맡고 있던 스와미 세바난다가 그녀를 보며 슬프게 말했다.

"왜 그러시죠? 스승님께선 일주일 전에 돌아가셨습니다."

그녀가 살짝 미소를 비쳤다.

"그럴 리가 없어요. 집요하게 찾아오는 손님들 때문에 구루를 보호하려고 이러시는 건가요?"

그러자 세바난다가 장례식을 거행한 일을 자세히 설명해주었다.

"사실입니다. 자, 이리 와보세요. 앞뜰에 있는 그분의 무덤으로 모시고 가지요."

마가 머리를 가로저었다.

"무덤이라니요! 오늘 아침 열시에도 그분께서 평상시처럼 걸어서 제 집 문 앞을 지나가셨어요! 그뿐인 줄 아세요? 환한 야외에서 제가 몇 분 동안 그분께 말도 걸었는걸요. 그랬더니 그분께서 오늘 저녁에 암자로 오라고 하셨어요. 그래서 제가 지금 여기 온 거예요. …… 아! 그렇군요. 이 늙은이의 은발에 축복이 쏟아졌군요! 죽음을 모르는 구루께서 오늘 아침 초월적인 육신으로 나를 방문하셨다는 사실을 이해시키고 싶으셨던 거예요!"

깜짝 놀란 세바난다가 그녀 앞에 무릎을 꿇었다.

"마, 정말로 제 가슴에서 슬픔의 고통을 크게 덜어 주셨습니다. 구루께서 부활하신 것입니다!"

# 44

# 비폭력의 성자,
# 마하트마 간디와 함께

"와르다에 오신 것을 진심으로 환영합니다."
마하트마 간디의 비서인 마하데브 데사이 씨는 블레치 양과 라이트
씨, 그리고 나를 다정한 인사로 반겨주면서 카다르(손으로 짠 무명천)로
만든 화환을 선물했다.

8월의 어느 이른 아침, 우리 일행은 열차의 먼지와 후덥지근한 열기
에서 벗어나 상쾌한 기분으로 와르다 역에 도착했다. 우마차에 짐을 싣
고 나서 데사이 씨와 그의 일행인 바바사헤브 데슈무크, 핀갈 박사와
함께 무개차에 몸을 실었다. 우리는 진흙투성이 시골길을 얼마쯤 달려
인도의 정치적 성자가 기거하는 아슈람인 '마간바디'에 이르렀다.

데사이 씨는 곧바로 우리를 서재로 안내했는데, 그곳에는 마하트마
간디가 양다리를 포갠 채 앉아 있었다. 한 손에는 펜을, 다른 한 손에

*[힌디어 필적 — 간디의 친필 서명]*

**—** 힌디어로 쓴 마하트마 간디의 필적.
간디는 인도의 란치에 있는 요가 수련 학교인 '요고다 사트상가 브라흐마차랴 비드알라야'
를 방문한 적이 있다. 그는 방명록에 위와 같은 글을 우아하게 써주었다. 그 내용은 다음
과 같다. "이 학교는 내 마음에 깊은 감명을 주었습니다. 나는 이 학교가 물레 사용을 더욱
권장할 것이라는 높은 기대감을 갖고 있습니다."—1925년 9월 17일 모한다스 간디


는 종이쪽지를 들고 있는 그의 얼굴에는 자신에 차 있으면서도 너그럽
고 부드러운 미소가 어려 있었다.

'어서 오십시오!'

그는 힌디어로 이렇게 써 보였다. 그날은 월요일, 그가 '침묵의 날'로
정한 날이었다. 비록 첫 번째 만남이었지만 우리 두 사람 사이에는 따
뜻한 정감이 흐르고 있었다. 1925년, 마하트마 간디는 란치의 학교를
방문하여 방명록에 참으로 애정 어린 글을 써준 일이 있었다(이때는 요
가난다가 미국에 있어서 간디를 직접 만나지 못했다—옮긴이).

몸무게가 45킬로그램 정도 밖에 안 되는 작은 성자는 육체적, 정신
적, 영적인 건강으로 환히 빛났다. 그의 부드러운 갈색 눈은 지혜와 성
실성, 높은 분별력의 광채를 발했다. 이 정치가에게는 넘치는 위트와
함께 법정과 사회적·정치적 싸움에서 벌인 수천 번의 투쟁에서 이긴
승리자의 모습이 어우러져 있었다.

글도 제대로 알지 못하는 수많은 인도인의 마음 한구석에 깊이 뿌
리를 내리고 있으며, 또한 성자의 경지에까지 도달한 간디는 세계에서

비슷한 예를 찾아볼 수 없는 지도자이다. 인도인은 간디에게 저 유명한 이름인 마하트마(위대한 영혼)를 헌정했다.[*] 바로 인도 민중 때문에 간디는 만화를 통해 대중에게 널리 알려진 로인클로드(허리에 두르는 옷 —옮긴이)를 입었는데, 이것은 그 이상의 여유를 가질 수 없는 억압받는 민중들과의 일체감을 나타내는 상징적인 옷차림이었다.

'아슈람에 있는 모두가 여러분을 잘 보살펴드릴 것입니다. 그러니 무슨 일이 있으면 그들을 불러주십시오.'

데사이 씨가 우리 일행을 서재에서 숙소로 안내할 때, 마하트마는 재빨리 이런 글을 써서 대단히 정중한 동작으로 나에게 건네주었다.

우리는 과수원과 화원을 지나 격자 창문이 아름답게 배열되어 있는 타일 지붕의 건물로 안내되었다. 앞마당에는 직경 7.5미터 정도의 우물이 하나 있었는데, 데사이 씨의 말에 따르면 물을 저장하기 위한 것이라고 했다. 그 옆에는 벼를 타작하는 데 쓰는 회전 시멘트 바퀴가 있었다.

우리가 묵을 침실에는 더 이상 줄이려야 줄일 수 없는 매우 작은 침대가 하나씩 놓여 있었는데, 손으로 직접 새끼를 꼬아 만든 것이었다. 하얀색 칠을 한 부엌 구석에는 수도꼭지가, 다른 한구석에는 조리용 화덕이 당당하게 놓여 있었다. 소박하고 목가적인 소리가 들려왔다. 그것은 바로 수탉과 참새들의 울음소리였고, 소들의 음매 소리, 그리고 돌을 쪼는 정 소리였다.

라이트 씨의 여행 일지를 보던 데사이 씨는 일지에다가 마하트마의

---

[*] 간디의 원래 이름은 모한다스 카람찬드 간디Mohandas Karamchand Gandhi이다. 그는 결코 스스로를 '마하트마'라고 부른 적이 없다.

열렬한 신봉자들(사탸그라히)이 모두 믿고 따르는 사탸그라하Satyagraha\*의 서약을 적어주었다.

> 비폭력, 진리 추구, 타인의 물건을 훔치지 말 것, 금욕할 것, 소유욕을 없앨 것, 육체노동을 할 것, 식욕을 조절할 것, 두려워하지 말 것, 모든 종교를 동등하게 존중할 것, 스와데시(국산품 애용), 최하층민의 지위에서 벗어날 것. 이 11가지를 겸허한 마음으로 지켜야 한다.

다음 날 간디는 친히 이 글에 '1935년 8월 27일'이라고 날짜를 적고 서명해주었다.

도착한 지 두어 시간 뒤 우리는 점심을 먹으러 오라는 부름을 받았다. 서재로부터 앞마당을 가로질러 있는 아슈람 입구의 아케이드 밑에는 이미 마하트마 간디가 자리 잡고 있었다. 약 25명의 사탸그라히들이 구리 컵과 접시를 앞에 놓고 맨발로 쪼그려 앉아 있었다.

모두가 다함께 기도를 했고, 그런 다음 구리 그릇에 음식이 담겨 나왔다. 그릇 안에는 기(버터기름)를 바른 차파티(효모를 넣지 않은 밀가루 빵)와 탈사리(야채를 삶아 네모나게 썬 것), 레몬잼이 들어 있었다.

마하트마는 차파티와 삶은 사탕무, 날 채소, 오렌지를 들었다. 그의 접시 한쪽에는 피를 맑게 해준다고 알려진 매우 쓴 님(인도에서 '마을의 약방', '축복받은 나무'라고 부르며 치료제나 살충제로 사용해온 나무—옮긴이) 잎사귀 덩어리가 큼지막하게 놓여 있었다. 그는 숟가락으로 님 덩어리

---

\* 산스크리트어 글자 그대로의 뜻은 '진리를 지키는 것'이다. 일반적으로 간디가 주도한 그 유명한 '비폭력 저항운동'을 말한다.

를 일부 떠서 내 접시에 담아주었다. 나는 물과 함께 그것을 그대로 꿀떡 삼켜버렸다. 그 옛날 어린 시절, 어머니가 먹기 싫은 약을 강제로 먹이시던 장면을 회상하면서! 그러나 간디는 조금도 싫어하는 기색 없이 님을 조금씩 먹었다.

이 작은 일 하나를 보더라도 나는 그가 자신의 의지대로 정신과 감각을 분리시킬 수 있다는 사실을 알아차릴 수 있었다. 나는 수년 전에 그가 받았던 맹장 수술 일화를 떠올렸다. 마취를 거부한 이 성자는 수술을 하는 동안에도 자신을 따르는 이들과 함께 유쾌하게 담소를 즐겼으며, 그의 잔잔한 미소에는 어떠한 고통의 기색도 보이지 않았다고 한다.

오후에는 영국 제독의 딸이며 지금은 미라바이라고 이름을 바꾼 간디의 유명한 제자 마들렌 슬레이드* 양과 이야기를 나누었다. 매우 능숙한 힌디어로 일상생활을 이야기하는 슬레이드 양의 강인하면서도 조용한 얼굴은 정열로 빛이 났다.

"농촌 재건은 가치 있는 일입니다. 우리는 이웃 마을 주민들을 돕기 위해 다섯시에 일어나 그들에게 간단한 위생학을 가르칩니다. 변소와 초가지붕 오두막을 청소하는 법도 명확하게 알려줍니다. 그들은 글자를 모르기 때문에 모든 것을 실제 행동으로 보여주어야 합니다!"

---

\* 그녀는 간디가 쓴 많은 편지를 모아서 『어느 제자에게 보내는 간디의 편지Gandhi's Letters to a Disciple』를 출간한 바 있는데, 여기에는 자신의 구루가 지도한 자아수련 과정이 잘 드러나 있다. 미라바이는 1960년에 펴낸 책 『영혼의 순례The Spirit's Pilgrimage』에서 와르다로 간디를 방문한 많은 사람에 대해 언급했다. 그녀는 다음과 같이 썼다.

"이제는 세월이 흘러 나 역시 많은 사람을 기억할 수 없다. 그러나 두 사람만은 확실하게 기억에 남아 있다. 한 사람은 터키의 유명한 여류 작가 할리드 에디브 하눔이고, 다른 한 사람은 미국의 SRF 설립자인 스와미 요가난다이다."—원서 편집자 주

슬레이드 양이 유쾌하게 웃음을 터뜨렸다. 나는 이 지체 높은 영국 여성을 감탄의 눈길로 바라보았다. 그녀의 진실한 기독교적 겸양이야 말로 인도의 최하층 천민이나 담당할 지저분한 일까지 자진해서 처리하게 한 근원이었다. 계속해서 그녀는 자신을 소개했다.

"저는 1925년에 인도로 왔습니다. 이 나라에서는 고향에 다시 돌아온 느낌을 받습니다. 이제는 결코 예전의 생활이나 관심사에 신경을 쓰지 않을 것입니다."

우리는 한동안 미국에 관한 이야기를 나누었다. 그녀는 다음과 같이 말했다.

"인도를 방문하는 많은 미국인이 영적 문제에 깊은 관심을 나타낼 때마다 나는 늘 흐뭇합니다."[*]

미라바이의 손은 곧 차르카(물레)를 돌리느라 바삐 움직이기 시작했다. 마하트마의 노력 덕분에 차르카는 인도의 시골에서 매우 중요하게 사용되고 있었다. 물론 간디가 가내공업의 부흥을 장려하는 데는 확고한 경제·문화적 이유가 있었지만, 그렇다고 모든 현대 산업을 광적으로 거부하라고 한 것은 아니었다. 기계와 열차, 자동차와 전신은 그 자신의 위대한 삶에서도 중요한 부분을 차지하고 있지 않은가!

50여 년에 걸친 사회봉사 활동과 투옥 생활, 또한 일상생활의 사소한 잡무, 혹독한 정치적 현실과 벌인 씨름 등 이 모든 것은 그에게 균형감

---

[*] 슬레이드 양은 또 다른 서구 여성을 생각나게 했다. 바로 미국의 위대한 대통령 우드로 윌슨의 장녀인 마그리트 우드로 윌슨 양이었다. 나는 그녀를 뉴욕에서 만난 적이 있다. 그녀는 인도에 대해 깊은 관심을 갖고 있었다. 훗날 그녀는 퐁디셰리로 가서 마지막 5년 간을 보냈는데, 그곳에서 인도의 유명한 영적 스승인 스리 오로빈도 고슈의 문하에서 수련을 쌓으며 행복하게 지냈다.

■ 인도 국기는 1921년에 간디가 디자인했다.
줄무늬는 위에서 아래로 짙은 황색과 백색, 녹색이고, 중앙에 있는 물레는 암청색이다.
간디는 이렇게 적었다. "차르카(물레)는 에너지를 상징하는 동시에 과거 인도 역사의 변영기에
두드러졌던 물레와 각종 가내수공업에 대한 기억을 되살려준다."

과 포용력, 분별력, 갖가지 세상사에 대한 유머 감각을 길러주었다.

우리 일행은 여섯시에 바바사헤브 데슈무크의 초대로 저녁 만찬을 즐겼다. 일곱시는 기도 시간이기 때문에 마간바디 아슈람의 뒤뜰로 가서 지붕으로 올라갔다. 그곳에는 30명 정도의 사탸그라히들이 간디를 중심으로 반원을 그린 채 모여 있었다. 간디는 낡은 포켓용 시계를 앞에 세워둔 채 짚방석을 깔고 쪼그리고 앉아 있었다. 태양이 종려나무와 보리수 너머로 사라지며 마지막 빛을 던지고 있었고, 어둠이 내리는 가운데 귀뚜라미 소리도 들려오기 시작했다. 주위는 고요함 바로 그 자체였다. 황홀했다.

데사이 씨가 엄숙한 성가를 선창하자 다른 사람들이 응창應唱했다. 그러고는 『기타』를 읽었다. 마하트마가 내게 끝맺음 기도를 드리라고 손짓으로 말했다. 생각과 열망이 이처럼 성스러운 합일을 이룰 수 있

다니! 와르다 아슈람 옥상에서 이른 밤하늘의 별빛 아래 명상을 한 것은 영원히 잊지 못할 추억이었다.

정확히 여덟시에 간디는 침묵의 시간을 끝냈다. 초인적인 노력을 요구하는 일과 때문에 그는 시간을 아주 정확히 지켰다.

"환영합니다, 스와미님!"

마하트마의 이번 인사는 종이에 쓴 것이 아니었다. 우리는 곧 지붕에서 내려와 그의 서재로 갔다. 사각형의 매트(의자는 없다)들과 몇 권의 책과 종이, 몇 자루의 펜(만년필이 아니다)이 놓인 낮은 책상 하나가 방에 있는 가구의 전부였다. 구석에서는 볼품없는 시계 하나가 똑딱거리고 있었다. 모든 곳에 평화와 헌신의 빛이 넘쳐 흘렀다. 간디는 거의 이가 없었는데도 미소가 매력적이었다. 그는 이렇게 설명했다.

"나는 몇 년 전부터 편지를 읽고 답장할 시간을 내기 위해 매주 하루를 침묵의 날로 지키기 시작했습니다. 그러나 이제는 이 24시간이 영적인 생명력을 위해 꼭 필요한 시간이 되었습니다. 주기적으로 침묵을 선언하는 것은 고통이 아니라 축복입니다."

나도 전적으로 동감이었다.* 마하트마가 나에게 미국과 유럽에 대해 질문해서 우리는 인도와 세계 정세에 관해 이야기했다. 데사이 씨가 방에 들어오자 간디가 말했다.

"마하데브 씨, 내일 밤 스와미님이 공회당에서 요가 강연을 할 수 있도록 준비해주세요."

내가 마하트마에게 밤 인사를 하자 그는 시트로넬라 기름병을 조심스럽게 건네주었다.

---

* 미국에서 보낸 몇 년 동안 나는 방문객이나 비서들이 놀랄 정도로 침묵 기간을 지켰다.

— 1935년 8월 와르다에서 위대한 영혼 마하트마 간디와 즐겁게 점심 식사를 함께 했다.

"와르다의 모기들은 아힘사ahimsa*에 대해 아무것도 모른답니다."

간디가 이렇게 말하면서 웃었다.

다음 날 아침 일찍 우리는 당밀로 만든 죽과 우유를 먹었다. 열시 반에는 간디와 사탸그라히들과 함께 점심 식사를 하도록 아슈람의 회랑으로 오라는 기별을 받았다. 메뉴는 누런 쌀밥과 밭에서 방금 뽑아온 야채와 카르다몬 씨였다.

나는 오후에 아슈람의 뜰을 거닐다가 몇 마리 소가 한가롭게 풀을 뜯고 있는 들판까지 계속 걸어갔다. 소들을 보호하는 것도 간디가 정열을 바쳐 행하는 일이었다. 마하트마는 이렇게 설명했다.

"나에게 소는 인간의 동정심을 자신의 종種 너머로 확장시켜주는, 인간 아래 세계의 전부를 의미합니다. 인간은 소를 보면 모든 생명체와의 일체감을 깨닫지 않을 수 없습니다. 왜 고대의 현인들이 소를 신성시했는지 그 이유가 내게는 분명합니다. 인도에서 소는 최고의 비교 대상이었지요. 소는 풍요로움을 주는 존재였습니다. 소는 사람에게 젖을 줄 뿐 아니라 농사도 도와줍니다. 소는 연민을 일으키는 한 편의 시와도 같습니다. 인간은 순한 동물에게서 연민을 느끼기 때문입니다. 소는 수많은 인류에게 제2의 어머니입니다. 소를 보호하는 것은 신이 창조한 모든 말 못 하는 피조물들을 보호한다는 뜻입니다. 낮은 차원의 피조물들의 호소는 말이 없기 때문에 훨씬 더 강력하지요."**

---

* 남을 해치지 않음. 즉 비폭력을 뜻하는 말로 간디 신앙의 초석이다. 간디는 자이나교의 영향을 크게 받았는데, 자이나교에서는 아힘사를 본질적 덕목으로 숭상하고 있다. 자이나교는 힌두교의 한 분파로 붓다와 동시대인인 마하비라(위대한 영웅)에 의해 기원전 6세기경에 널리 전파되었다. 마하비라가 시대를 넘어서 그의 위대한 후계자인 간디를 보살펴 주시기를 기원한다.

** 간디는 많은 문제에 대해서 좋은 글을 남겼다. 그는 기도에 대해서 이렇게 말했다. "기

692

정통 힌두교에서는 몇 가지 의식을 매일 수행하도록 되어 있다. 그 하나가 동물계에 음식을 바치는 부타 야즈나이다. 이 의식은 진화가 덜 된 형태의 피조물에 대해 인간이 다해야 하는 의무를 깨닫고 있다는 일종의 상징이다. 그런 피조물들은 육체와 자아를 동일시하는 본능에 얽매여 있어서(이 미망은 때로 인간을 괴롭히기도 한다) 해탈을 가져다주는 품성인 인간 고유의 이성이 부족한 존재들이다.

이렇듯이 부타 야즈나는 약한 자를 도우려는 인간의 마음을 강화시키며, 마찬가지로 인간이 보이지 않는 고귀한 존재의 무한한 배려에 위안을 받도록 한다. 인류는 활력을 주는 자연의 선물들, 곧 육지와 바다와 하늘에 풍부하게 있는 모든 것을 빌려 쓰고 있다. 그래서 자연과 동물과 인간과 영계의 천사들이 서로 의사소통을 할 수 없는 진화상의 장벽도 말없이 사랑을 실천하는 매일의 야즈나(의식)를 통해 극복될 수 있다.

야즈나는 두 가지가 있는데, 피트리와 느리이다. 피트리 의식은 조상에게 제사를 지내는 것으로, 인간이 과거 세대에 진 빚을 인식하고 있음을 상징한다. 선조들의 지혜가 오늘날의 인류를 깨우쳐주고 있기 때문이다. 느리 의식은 낯선 사람이나 가난한 사람들에게 음식을 제공하는 것으로, 현재 해야 하는 인간의 의무, 즉 동시대인들에 대한 의무를 상징한다.

나는 이른 오후에 어린 소녀들을 위한 간디의 아슈람을 방문하여

---

도란 신의 도움 없이는 우리가 구원받을 수 없음을 깨우쳐주는 것이다. 모든 노력도 기도 없이는, 즉 인간의 어떤 최상의 노력도 그 뒤에 신의 축복이 없으면 효과가 없다는 것을 확실히 깨닫지 않고서는 이루어질 수 없다. 기도는 겸손하라는 뜻이며, 자아의 정화와 내적 성찰로 이끄는 길이다."

이웃들을 위해서 느린 의식을 거행했다. 라이트 씨가 나와 동행하여 10분간 차를 몰고 그곳에 갔다. 길고 화려한 사리를 입은 작고 어린 얼굴들이 얼마나 꽃다웠던지! 야외에서 힌디어*로 짧은 대화를 끝냈을 때 갑자기 소나기가 쏟아졌다. 라이트 씨와 나는 웃으면서 차에 올라타 휘몰아치는 은빛 빗줄기들의 장벽을 뚫고 마간바디로 서둘러 돌아왔다. 정말로 지독한 열대의 폭우였다!

숙소로 돌아온 나는 놀랄 만한 소박함과 자기희생의 증거들이 도처에 있음을 보고 다시 한 번 경외감을 느꼈다. 소유하지 않겠다는 간디의 신념은 일찍이 그의 결혼 생활에서 잘 나타났다. 마하트마는 1년에 2만 달러 이상의 수입을 보장해주는 법조인 생활을 포기하고 전 재산을 가난한 사람들에게 나눠주었다.

스리 유크테스와르는 일반적으로 '포기'라는 개념을 잘못 이해하는데 대해 점잖게 비꼬곤 하셨다. 스승은 이렇게 말씀하셨다.

"거지는 부를 포기할 수 없다. 어떤 사람이 '사업에 실패하고, 부인도 떠나버려서 모든 것을 포기하고 수도원에 들어가겠다.'고 말한다면, 이 얼마나 세속적인 희생이냐? 결국 그 사람이 재산과 사랑을 포기한 것이 아니라, 재산과 사랑이 그 사람을 포기한 것이겠지!"

반면에 간디 같은 성자들은 눈에 보이는 물질적 희생만 치르는 것이 아니라 이기적 동기나 개인의 목표까지 포함하는 보다 어려운 희생을 치름으로써 자신의 내적 존재를 전체 인류의 물결 속에 용해시킨다.

---

* 힌디어는 인도 전역에서 사용되는 혼성어이다. 주로 산스크리트어 어근들에 뿌리를 두며, 북인도의 주요 방언이다. 서부 힌디어의 주요 방언은 힌두스타니 말인데, 이는 데바나가리(산스크리트) 문자나 아랍 문자로 표기된다. 그것의 하위 방언인 우르두어는 모슬렘들이 사용한다.

마하트마의 훌륭한 부인 카스투라바이는 자신과 자식들이 쓸 재산을 남편이 따로 남겨놓지 않았어도 결코 싫어하지 않았다. 젊어서 일찍 결혼했던 간디와 그 부인은 네 아들을 낳은 뒤에 금욕생활을 맹세했다.* 두 사람이 공동으로 엮은 강렬한 드라마 속에서 카스투라바이는 조용한 여주인공으로서 남편을 따라 감옥에도 갔으며 3주 동안의 단식에도 함께했고, 남편의 무한한 책임감을 같이 나누기도 했다. 그녀는 간디에게 다음과 같은 헌사를 바쳤다.

제가 당신의 평생 동반자로서 또 동지로서 특권을 누릴 수 있어서 당신에게 감사드립니다. 또한 성性이 아니라 브라흐마차랴(자기통제력)를 바탕으로 세상에서 가장 완벽한 결혼 생활을 할 수 있어서 감사드립니다. 인도를 위해 바친 당신의 삶에서 저를 당신과 동등한 존재로 생각해준 것에도 감사드립니다. 당신이 도박과 경마에 빠지거나, 여자, 술, 노래에 시간을 허비하거나, 아이들이 장난감에 쉽게 싫증을 내듯이 부인과 자식들에게 싫증을 느끼는 그런 남편들과는 다른 분이었음을 감사드립니다. 더구나 당신이 타인의 노동력을 착취하여 재물을 축적하는 데 시간을 허비하는 그런 남편이 아닌 것을 얼마나 고맙게 생각하는

---

* 간디는 자신의 일생을 『나의 진리 실험 이야기The Story of My Experiments with Truth』에서 대단히 솔직하게 밝혔다. 이 자서전은 『마하트마 간디, 그의 이야기Mahatma Gandhi, His Own Story』에도 요약되어 있다.
많은 자서전이 유명 인사의 이름이나 화려한 사건들은 잔뜩 나열하고 있으면서도 내면적 분석이나 발전에 대해서는 거의 침묵을 지킨다. 사람들은 이런 책들에 대해 불평하며 손에서 그냥 내려놓는다. "이 사람은 유명한 사람들은 많이 알고 있지만 정작 자기 자신은 모르고 있군." 그러나 간디의 자서전에 대해서는 이런 불평이 불가능하다. 그는 자신의 실수와 잘못을, 어느 시대 어느 연대기에서도 발견하기 어려울 정도로 충실하게 밝히고 있기 때문이다.

지 모릅니다!

당신이 어떠한 뇌물보다도 신과 조국을 소중히 여기며, 자신의 신념에 용기를 갖고 있고, 신에 대해 완전하고 절대적인 믿음을 갖고 계심을 정말 감사하게 생각합니다. 저보다도 신과 조국을 더 소중히 여기는 당신 같은 남편을 둔 것을 얼마나 고마워하는지 모릅니다! 그토록 넉넉한 살림에서 그토록 빡빡한 살림으로 우리의 생활 방식을 바꾼 데 대해 대들며 불평했을 때 젊은 시절의 제 결점과 저를 인내해준 데 대해 감사드립니다.

어렸을 때 저는 당신의 부모님 집에서 살았습니다. 당신의 어머니는 훌륭하고 좋은 여인이셨지요. 그분은 어떻게 하면 용감하고 용기 있는 아내가 될 수 있으며, 또 어떻게 하면 당신의 아들, 즉 미래의 제 남편에 대한 사랑과 존경을 유지할 수 있는지를 가르쳐 주셨습니다. 세월이 흘러 당신은 인도에서 가장 사랑받는 지도자가 되셨지만, 다른 나라에서 흔히 그렇듯이 남편이 성공의 사다리에 올라섰을 때 혹시 버림받지나 않을까 괴로워하는 그런 아내들의 두려움 같은 것은 제게 전혀 없었습니다. 죽어서도 우리는 남편과 아내일 것임을 알기 때문입니다.

수년 동안 카스투라바이는 마하트마를 지도자로 섬기는 많은 사람들의 도움으로 모금한 공공기금의 회계업무를 맡은 적이 있었다. 이때 인도에서는 집집마다 남편들이 자기 아내가 보석으로 치장하고 간디와 만나는 회합에 가는 것에 대해 신경질적인 반응을 보였다는 재미있는 일화가 많다. 억압받는 자들을 위해 호소하는 마하트마의 신비스러운 혀는 금팔찌며 다이아몬드 목걸이며 가리지 않고, 그 귀부인들의 팔과 목에서 장신구를 벗겨내 모금함에 넣게 만드는 마력을 갖고 있었기 때문이다.

한번은 공공기금에서 4루피의 지출 용도가 불확실한 일이 생겼다. 간디는 절차대로 감사를 실시하여 가차 없이 자기 부인에게 4루피 결손에 대한 책임을 물었다.

나는 미국 학생들에게 이 이야기를 자주 해주었다. 어느 날 저녁 강당에 있던 한 여성이 화가 나서 흥분하며 외쳤다.

"마하트마든 아니든 그런 사람이 만일 내 남편이라면 한쪽 눈을 멍들게 해주겠어요. 사람들 앞에서 그런 불필요한 모욕을 주다니!"

미국과 인도의 주부들에 대한 악의 없는 농담들이 오고 간 다음에 나는 좀 더 자세한 설명을 해주었다.

"간디 여사는 마하트마를 남편으로 생각하는 것이 아니라 아주 사소한 잘못에 대해서도 꾸짖고 가르칠 수 있는 권리를 가진 구루로 생각했습니다. 카스투라바이가 공개적으로 질책당하고 얼마 후에 간디는 정치적 문제로 징역형을 선고받게 되었습니다. 그가 조용히 부인에게 작별 인사를 하자 그녀는 간디의 발 아래 엎드려 겸손하게 말했습니다. 「스승님, 혹시 당신에게 해를 끼친 적이 있다면 용서해 주십시오.」라고."

와르다에서 그날 오후 세시에 나는 미리 약속한 대로, 부인마저 충실한 제자로 만든(참으로 힘든 기적이다!) 성인의 서재로 발걸음을 옮겼다. 간디는 결코 잊을 수 없는 미소를 띠고 나를 바라보았다. 나는 쿠션도 없는 매트에 앉아 있는 그의 곁에 쭈그리고 앉아 말했다.

"마하트마님, 아힘사에 대한 정의를 말씀해 주십시오."

"행동으로나 생각으로나 살아 있는 생명체에게는 해를 끼치지 않는 것이지요."

697

"훌륭하신 생각입니다! 그러나 세상 사람들은 이렇게 질문할 것입니다. 어린애나 자기 자신을 보호해야 하는데도 코브라를 죽이면 안 되느냐고 말입니다."

"코브라를 죽이면 결국 나의 두 가지 신조, 즉 '두려워하지 않음'과 '살생하지 않음'이라는 맹세를 깨뜨리게 됩니다. 나는 사랑의 진동을 통해 뱀을 진정시키려고 내면적으로 노력할 것입니다. 상황에 맞춰 나의 규범을 낮출 수는 없습니다."

그는 이어서 매력적일 만큼 솔직하게 덧붙였다.

"그러나 내가 코브라를 만난다면, 지금 말한 대로 침착하게 행동할 수 없다는 것을 고백해야겠군요."

나는 서양에서 최근에 나온 식이요법 책 몇 권이 그의 책상 위에 있는 것을 발견하고 궁금증이 일었다. 그는 껄껄 웃고 나서 말했다.

"물론 어느 곳에서도 마찬가지겠지만 사탸그라하 운동에서도 식이요법은 중요합니다. 저는 사탸그라히들에게 완전한 금욕을 권장하기 때문에 독신자들에게 가장 훌륭한 식이요법이 무엇인지 알려고 늘 노력합니다. 성적인 생식 본능을 조절하려면 먼저 식욕을 통제할 수 있어야 합니다. 반쯤 기아 상태에 빠지거나 영양의 균형이 맞지 않는 식이요법은 그 해답이 되지 못하지요. 사탸그라히들은 음식에 대한 탐욕을 극복한 후에 비타민, 미네랄, 칼로리 등 필요한 영양을 모두 갖춘 합리적인 채식 요법을 계속해야 합니다. 먹는 것에 대한 안팎의 지혜를 잘 사용하면 사탸그라히들의 성적 유동체(성과 관련된 모든 물질로 무형의 기 혹은 에너지도 포함됨—옮긴이)는 몸 전체에 생명력을 공급하는 에너지로 쉽게 변환됩니다."

마하트마와 나는 육류를 대체할 수 있는 좋은 식품들에 대한 정보를 나누었다.

"아보카도가 아주 좋습니다. 캘리포니아에 있는 우리 센터 근처에 아보카도 숲이 아주 많습니다."

내가 이렇게 말하자 간디의 얼굴이 호기심으로 빛났다.

"와르다에서도 잘 자랄지 궁금하군요. 사탸그라히들은 새 음식을 좋아할 거예요."

나는 덧붙여 이렇게 말했다.

"로스앤젤레스에서 와르다로 아보카도 나무를 꼭 보내 드리겠습니다. 참, 달걀은 고단백질 식품인데, 사탸그라히들에게 금지되어 있다지요?"

"수정되지 않은 달걀은 괜찮습니다."

마하트마는 옛일이 생각나는 듯 웃었다.

"여러 해 동안 나는 달걀을 먹는 데 찬성하지 않았습니다. 지금도 나 개인적으로는 먹지 않습니다. 언젠가 며느리가 영양실조로 거의 죽을 뻔한 적이 있었지요. 의사가 달걀을 먹이라고 하더군요. 그러나 난 그럴 수 없다고 하면서 달걀 대신 다른 것을 먹이자고 했습니다. 그랬더니 의사가 「간디 선생님, 수정이 안 된 달걀에는 생명이 될 정자가 전혀 없습니다. 그러니 생명을 죽이는 것이 절대 아닙니다.」라고 말하더군요. 그제야 나는 기꺼이 며느리에게 달걀을 먹이게 했고, 그 아이도 곧 건강을 회복했지요."

전날 밤 간디는 라히리 마하사야의 크리야 요가를 배우고 싶다고 했다. 나는 마하트마의 개방된 마음과 탐구 정신에 깊은 감명을 받았다. 그의 신성한 탐구 정신은 마치 어린아이 같아서, 예수가 "…… 그러한 것이 하늘나라이니라."라고 칭찬했던 어린이들의 순수한 감수성이 깃들어 있었다.

크리야 요가를 가르쳐주기로 약속한 시간이 되었다. 데사이 씨와 핀갈 박사, 그리고 크리야 기법을 배우려는 몇 명의 다른 사람과 함께 사탸그라히들이 방으로 들어왔다. 나는 먼저 그들에게 육체적인 요고다 수련을 가르쳐주었다. 마음속으로 몸을 스무 부분으로 나눠 떠올린 다음, 의지로 각 부분에 차례차례 에너지를 보낸다. 곧 모두가 내 앞에서 인간 모터처럼 진동했다. 거의 언제나 드러나 있는 간디의 몸 스무 군데에도 얕은 파문이 일어나는 장면이 쉽게 관찰되었다! 그는 매우 말랐어도 보기 흉하게 마른 것은 아니어서 피부가 부드럽고 주름도 없었다.[*]

다음에는 이들에게 자아를 자유롭게 해주는 크리야 요가 기법을 가르쳐주었다.

마하트마는 세계의 모든 종교를 겸허하게 공부해왔다. 자이나교의 경전, 『신약성서』, 사회 문제를 다룬 톨스토이의 작품들, 이 셋은 간디의 비폭력 운동의 근본을 이룬다.[**]

그는 자신의 신조를 다음과 같이 밝혔다.

나는 성경이나 코란, 『젠드아베스타Zend-Avesta』[***]도 베다와 마찬가지로 신에게서 영감을 받은 것이라고 믿는다. 또 나는 구루 체제가 있어

[*] 간디는 짧게 혹은 길게 여러 번 단식을 했다. 그런데도 그는 예외적으로 건강이 좋았다. 『다이어트와 다이어트 개혁Diet and Diet Reform』, 『자연치유Nature Cure』, 『건강의 열쇠 Key to Health』 등 그의 저서들이 나바지반 출판사에서 출간되었다.
[**] 간디는 헨리 데이비드 소로우, 존 러스킨, 주세페 마치니 등 서구의 세 작가가 펼친 사회사상에 대해서도 주의 깊게 연구했다.
[***] 기원전 1000년경 조로아스터가 페르시아로 전파한 경전이다.

야 한다고 믿지만, 이 시대에는 많은 사람들이 구루 없이 살아가야만 한다. 완전한 순수성과 완전한 지성을 함께 갖춘 사람을 발견한다는 것은 매우 힘든 일이기 때문이다. 그러나 자신의 종교가 내포한 진리를 알아가는 과정에서 절망할 필요는 없다. 모든 위대한 종교들이 그렇듯이 힌두교의 근본 원리도 불변하며, 쉽게 이해할 수 있기 때문이다.

모든 힌두교인과 마찬가지로 나도 신의 존재와 신의 하나됨을 믿으며 부활과 구원을 믿는다. …… 내 아내에 대한 나의 감정만큼이나 힌두교에 대한 나의 감정도 말로 표현하기 어렵다. 이 세상의 어떠한 여인보다도 아내는 나를 감동시킨다. 그러나 그것은 아내에게 결점이 없기 때문이 아니다. 오히려 그녀에게는 내가 아는 것 이상으로 많은 결점이 있다. 그러나 우리에게는 변하지 않는 유대감이 있다. 마찬가지로 힌두교에 대해서도 그것이 가진 결점과 한계에도 불구하고 공감을 느끼는 것이다. 그래서 내게는 『기타』의 노래와 툴시다스의 『라마야나』만큼 즐거운 것이 없으며, 마지막 숨을 다하는 순간에도 『기타』는 나의 위안이 될 것이라고 생각한다.

힌두교는 배타적인 종교가 아니다. 힌두교 안에는 이 세상의 모든 예언자를 예배할 수 있는 방이 있다.* 힌두교는 일반적인 의미에서 말하는 선교 혹은 전도하는 종교가 아니다. 힌두교가 많은 종족을 자신의 집단 안에 흡수한 것은 틀림없지만, 이 흡수는 점진적이며 감지하기 어려운

---

* 힌두교가 세상의 다른 종교와 구별되는 독특한 점은, 그것이 한 위대한 인물로부터 창시된 것이 아니라 베다라는 비개인적 성격의 경전으로부터 유래되었다는 것이다. 그러므로 힌두교는 어느 시대, 어느 곳의 예언자라도 자신의 품속으로 흡수해서 경배할 수 있는 여지를 갖는다. 베다 경전은 신성한 법칙과 조화를 이루는 인간의 전반적인 행동을 야기하고자 신앙생활 뿐만 아니라 모든 중요한 사회 관습까지 규제한다.

성격을 띠고 있다. 힌두교는 각자가 자신의 믿음이나 다르마Dharma* 에 따라 신을 경배하고, 모든 종교와 더불어 평화롭게 살라고 말한다.

그리스도에 대해 간디는 이렇게 적었다.

만일 그리스도가 지금 여기서 사람들 사이에 살고 있다면, 자신의 이름을 들어본 적이 없는 많은 사람들도 축복해줄 것으로 확신한다. "나더러 주여, 주여, 하는 자가 아니라 …… 내 아버지의 뜻대로 행하는 자라야"** 하고 말했던 것처럼. 예수는 직접 자신의 삶의 교훈을 통해 우리 모두가 추구해야 하는 장엄한 목표와 단일한 수단을 인류에게 가르쳐 주었다. 따라서 그는 기독교에만 속해 있는 것이 아니라 이 세상 전체, 즉 어느 곳이건 어느 종족이건 모두에게 속해 있다고 믿는다.

와르다에서의 마지막 날 저녁, 나는 데사이 씨가 공회당에 마련한 모임에서 강연을 했다. 요가에 대한 강연을 듣기 위해 모인 400여 명의 사람들이 창문 밖까지 늘어서 있었다. 나는 처음에는 힌디어로, 그런 다음에는 영어로 말했다. 우리 일행은 깊은 평화와 일체감을 느끼게 하는 마하트마와의 짧은 밤 인사를 위해 시간에 맞춰 아슈람으로 돌아왔다.

---

* 포괄적으로 법法을 의미하는 산스크리트어. 법이나 자연적 정의에 순응하는 것으로 어떤 시대이건 한 인간이 처한 상황에서 본질적으로 지니는 의무를 말한다. 경전은 이 다르마를, '그것을 지킴으로써 인간이 스스로를 타락과 고통으로부터 구원할 수 있는 자연의 우주 법칙'이라고 정의하고 있다.
** 『마태복음』 7:21

새벽 다섯시에 일어났을 때는 아직 어둠이 깔려 있었다. 그러나 시골 생활은 벌써 분주하게 돌아가는 중이었다. 아슈람의 정문 곁으로 우마차가 지나갔고, 얼마 뒤에는 머리에 무거운 짐을 위태롭게 인 농부가 지나갔다. 아침 식사를 한 다음 우리 일행은 작별 인사를 하러 간디를 찾아갔다. 이 성자는 아침 기도를 위해서 새벽 네시에 일어난다. 나는 무릎을 꿇고 그의 발을 만지면서 인사했다.

"마하트마님, 평안히 계십시오. 당신이 지키는 한 인도는 평안할 것입니다."

와르다의 전원생활로부터 몇 년이 흐른 뒤, 땅과 하늘과 바다가 세계전쟁의 먹구름으로 뒤덮였다. 그때 위대한 지도자들 가운데 간디만이 무력에 대한 실현 가능하고 비폭력적인 대안을 제시했다. 마하트마는 슬픔을 몰아내고 불의를 제거하기 위해 비폭력 수단을 사용했다. 그리고 그의 방법은 계속해서 효과를 나타냈다.

그는 자신의 원칙을 이렇게 천명했다.


나는 파괴의 와중에서도 생명이 지속된다는 것을 알았다. 그러므로 파괴의 법칙보다 더 높은 법칙이 있음이 틀림없다. 오직 그 법칙 아래서만 질서정연한 사회가 존재할 수 있으며 삶은 살 만한 가치가 있다.

만일 그것이 삶의 법칙이라면, 우리는 그것을 나날의 생존 속에서 지켜야 한다. 전쟁이 난무하는 곳에서든 적과 대치하는 곳에서든 사랑으로 극복해야 한다. 파괴의 법칙이 결코 응답할 수 없었던 것을 사랑이라는 확실한 법칙이 내 자신의 삶에서 응답했다.

우리는 인도에서 이 법칙을 실행하는 운동이 대단히 넓은 지역에 걸쳐 전개되는 광경을 보았다. 나는 비폭력 운동이 인도의 3억 6천만 대중

속에 스며들었다고 주장하는 것이 아니라, 이 운동이 그 어떤 주장보다도 믿을 수 없을 만큼 짧은 시간에 깊이 스며들었다는 사실을 주장하는 것이다.

비폭력이라는 정신 상태에 도달하기 위해서는 매우 열성적인 노력 과정이 필요하다. 그것은 마치 군대 생활의 훈련과도 같다. 그 완전한 경지는 정신과 신체와 언어가 적절한 조화를 이룰 때에야 비로소 성취된다. 우리가 진리와 비폭력 법칙을 생활 규범으로 삼을 때 모든 문제는 저절로 해결될 것이다.


세계의 정치적 사건들은 냉혹하게 전개되고 있다. 이를 통해 인간에게 영적인 시각이 없다면 멸망해버리고 말리라는 진리가 적나라하게 드러난다. 과학은 종교가 아니지만 인류에게 어렴풋하게나마 모든 물질적인 것의 불안정성과 더 나아가서는 공허함까지 깨닫게 해주었다. 인간이 자신의 근원이고 뿌리인 영혼으로 돌아가지 않는다면, 도대체 이제 어디로 갈 수 있단 말인가?

역사를 돌이켜보면, 인류의 문제는 난폭한 무력으로는 해결되지 않는다는 사실을 분명히 알 수 있다. 제1차 세계대전은 지구상에 무서운 업보의 눈보라를 차다차게 흩뿌렸고, 이 업보는 다시 제2차 세계대전으로 비화되었다. 따뜻한 형제애만이 피비린내 나는 업보의 거대한 눈덩이를 녹일 수 있으며, 그렇지 못할 때 제3차 세계대전으로 확대될 것이다. 만일 또 다시 세계대전이 일어난다면, 그때는 그야말로 20세기의 성스럽지 못한 3대 재앙이 되지 않겠는가! 쟁점을 해결하는 데 인간이 이성을 사용하지 않고 약육강식의 정글 논리를 사용한다면, 그것은 바로 이 지구를 정글로 만드는 것이다. 형제처럼 살지 않는다면 격렬하게 서로 싸워 죽음에 이르고 만다.

전쟁과 죄악은 우리에게 어떠한 것도 베풀지 않는다. 허무한 폭탄의 연기 속으로 사라져버린 수십억 달러의 돈을 선용할 수만 있었다면, 새로운 세계를 건설해서 질병과 가난에서 거의 해방될 수 있었을 것이다. 공포와 혼돈, 가난, 질병, 죽음의 무도회로 이루어진 지구가 아니라, 평화와 번영과 지식의 확대로 이루어진 드넓은 지구가 되어야 한다.

간디가 주창하는 비폭력 운동의 목소리는 인간의 가장 고결한 양심에 호소한다. 모든 나라들이 더 이상 죽음과 결탁하지 말고 삶과 손을 잡게 하자. 파괴가 아닌 건설, 증오가 아닌 창조적인 사랑의 기적과 손을 잡게 하자.

『마하바라타』에는 이런 구절이 있다.

> 어떠한 해를 입어도 용서해야 한다. 인간이 종족을 유지할 수 있는 것은 용서 때문이라고들 말해왔다. 용서는 성스러운 것이며, 용서함으로써 세계는 하나가 된다. 용서는 강한 자의 힘이며, 희생이며, 마음의 평화이다. 용서와 부드러움은 자신을 극복한 자의 특질이다. 이들은 영원한 덕성의 표본이다.

비폭력은 용서와 사랑이라는 법칙의 자연스러운 결과이다. 간디는 이렇게 주장한다.

"의로운 싸움에서 죽음이 필요하다면, 예수처럼 남의 피가 아니라 자신의 피를 흘릴 준비가 되어 있어야 합니다. 그러면 종국에 가서는 이 세상에 훨씬 적은 피만 뿌려지게 될 것입니다."

사랑으로 미움을, 비폭력으로 폭력을 이겨내며 무기를 갖기보다 차라리 자신이 무자비한 죽임을 당하도록 몸을 내던지는 인도의 사탸그라히들에 대해 언젠가는 긴 서사시가 쓰여질 것이다. 우리는 여러 역사적 사실을 통해, 자신의 생명보다 남의 생명을 중히 여기는 사람들을 보고 비록 적일지언정 그 깊은 마음에 감동받아 스스로 부끄러워하며 무기를 버리고 피하는 장면을 얼마든지 볼 수 있다.

간디는 또 이렇게 말한다.

"나는 피비린내 나는 수단을 통해 조국의 자유를 찾기보다는 아무리 시간이 걸리더라도 기다릴 것입니다."

성경은 우리에게 경고한다.

검을 가지는 자는 다 검으로 망하느니라.[*]

마하트마는 이런 글을 적은 바 있다.

나는 스스로를 민족주의자라고 부르지만 나의 민족주의는 우주만큼 넓은 의미이다. 지상의 모든 국가를 감싸안는 것이다.[**] 나의 민족주의는 전 세계가 잘 사는 것을 의미한다. 그러므로 나의 조국 인도가 다른 나라를 잿더미로 만들고 올라서기를 바라지 않는다.

---

[*] 『마태복음』 26:52
이것은 필연적으로 인간의 윤회를 암시하는 여러 성경 구절 중 하나이다. 생명의 복잡한 성질은 정의에 대한 인과응보 법칙을 이해해야만 설명이 가능하다.
[**] "자기 나라를 사랑한다는 것을 자랑스러워 하지 말고, 자신의 동류를 사랑한다는 것을 자랑하도록 하라."—페르시아 속담

— 1931년 9월, 세계적인 면공업 지대인 영국 랭커셔 지방의 다웬에서 직물 노동자들을 만난 마하트마 간디.

또 인도가 단 한 사람이라도 착취하는 것을 원하지 않는다. 오히려 인도가 자국의 힘으로 다른 나라도 강하게 만들 수 있을 만큼 강건해지기를 바란다. 오늘날 유럽에는 이런 나라가 단 하나도 없다. 그들은 다른 나라에게 힘을 주지 않는다.

윌슨 대통령은 14가지의 훌륭한 조항을 언급했지만 마지막에는 이렇게 말했다.

"평화에 이르고자 하는 이러한 우리의 노력이 결국 실패한다면 우리는 군대에 의존할 것입니다."

그러나 나는 이 말을 뒤바꿔서 이렇게 말하고 싶다.

"군대의 힘은 이미 실패했습니다. 이제는 새로운 것을 찾도록 합시다. 사랑과 신이라는 진실된 힘을 사용해봅시다."

이 힘을 얻으면 이제 더 이상 아무것도 필요치 않을 것이다.


간디는 수많은 진실한 사탸그라히(이 장의 처음에 설명한 대로 이들은 열한 가지의 엄격한 신조를 맹세한 사람들이다)들을 훈련시켜 자신의 메시지를 전파하고, 비폭력으로 영적인 이익은 물론 결국에는 물질적 이익도 얻을 수 있음을 인도 대중들이 이해하도록 꾸준히 교육시키고, 비폭력의 무기, 즉 불의와 타협하지 않으며 무력에 호소하기보다 기꺼이 모욕과 감옥과 죽음을 택하는 태도로 대중을 무장시키고, 사탸그라히들의 수많은 영웅적 순교의 보기들을 통해 세상의 공감을 얻음으로써 전쟁을 치르지 않고 분쟁을 해결하는 거룩한 힘, 비폭력의 실용적 성격을 극적으로 드러냈다.

간디는 이미 비폭력적 수단으로 조국을 위한 정치적 양보를 많이 얻어냈는데, 이것은 한 나라의 지도자가 총알에 호소하지 않고 얻어낸 최고의 성과였다.

모든 잘못과 악을 제거하려는 비폭력 운동은 비단 정치 분야만이 아니라 인도 사회개혁의 미묘하고 복잡한 영역에까지 훌륭히 적용되었다. 간디와 그의 추종자들은 힌두교도와 이슬람교도 사이의 오랜 불화도 상당히 제거했다. 수십만 이슬람교도들은 마하트마를 자신들의 지도자로 생각했다. 인도의 불가촉천민들도 그를 자신들의 용감한 승리자로 생각했다. 간디는 이렇게 적었다.

> 만일 다시 태어날 수 있다면, 나는 파리아(최하층민) 중의 파리아로 태어나고 싶다. 그래야만 그들에게 더 실질적인 봉사를 할 수 있기 때문이다.

마하트마는 진정으로 '위대한 영혼'이었다. 그러나 그에게 이러한 호칭을 부여할 수 있는 식별력을 갖춘 이들은 무지한 다수의 대중이었다. 이 온화한 선지자는 자신의 땅에서 존경을 받았다. 하층 농민도 간디의 고귀한 도전에 부응할 수 있었다. 마하트마는 인간에게 내재하는 고귀한 품성을 진정으로 믿었다. 피할 수 없는 실패를 겪더라도 그는 절대로 환멸에 빠지지 않았다. 그는 다음과 같이 말했다.

> 적이 사탸그라히를 스무 번 속이더라도 사탸그라히는 스물한 번 믿으려고 한다. 인간 본성에 대한 절대적인 믿음이 그들 신조의 정수이기 때문이다. *

---

* "그때 베드로가 나아와 가로되,「주여 형제가 내게 죄를 범하면 몇 번이나 용서하여 주

한번은 어떤 비판적인 사람이 이렇게 말했다.

"마하트마님, 당신은 예외적인 인물입니다. 당신이 행동하는 대로 이 세상 사람들이 행동하리라 기대해서는 안 됩니다."

그러자 간디는 대답했다.

"육체는 잘 개선시킬 수 있는데 영혼의 숨겨진 힘을 일깨우는 것은 불가능하다고 상상하면서 스스로를 속일 수 있다는 것이 참 이상합니다. 내가 비록 이런 힘을 가지고 있다 하더라도 나 역시 다른 모든 이들처럼 죽어야만 하는 나약한 존재이며, 결코 특별한 것을 가진 적도 없고, 지금도 그렇지 못하다는 것을 보여드리고 싶군요. 나도 다른 사람처럼 실수하기 쉬운 단순한 인간입니다. 그러나 나는 내 잘못을 인정하고 또 지나온 길을 되돌아볼 줄 아는 겸손을 충분히 지니고 있습니다. 신에 대하여, 신의 선함에 대하여 확고한 믿음을 지니고 있고, 진실과 사랑을 향한 끊임없는 정열을 가지고 있습니다. 이러한 것은 다른 사람들도 자기 내부에 가지고 있지 않습니까? 만일 우리가 진보를 이룩하고자 한다면, 역사를 되풀이하지 말고 새로운 역사를 만들어야 합니다. 그리하여 그 새로운 역사를 선조들이 물려준 유산에 덧붙여야 합니다."

그는 이렇게 덧붙였다.

"우리가 현상계에서 새로운 발명이나 발견을 한다고 해서 영적인

<hr />

리이까, 일곱 번까지 하오리까.」예수께서 가라사대,「네게 이르노니 일곱 번뿐 아니라 일흔 번씩 일곱 번이라도 할지니라.」『마태복음』18:21-22
나는 납득하기 어려운 이 충고를 이해하고자 깊이 기도를 드렸다.
"주여, 이것이 가능합니까?" 하고 항의했다. 마침내 신의 목소리가 들려왔고 나를 부끄럽게 하는 깨달음의 빛이 물결쳤다.
"오! 인간이여, 내가 너희 각자를 하루에 몇 번이나 용서하는지 아는가?"

분야에서 파산을 선언해야 합니까? 예외를 계속 늘려가서 예외를 규칙으로 만드는 것이 왜 불가능합니까? 그렇다면 인간이 인간이기에 앞서 늘 야수와 같아야 한단 말입니까?"*

미국인들은 17세기 펜실베이니아에 식민지(영국 식민지)를 건설하는 과정에서 윌리엄 펜이 이룩한 성공적인 비폭력 시도를 자랑스럽게 기억하고 있을 것이다. 그곳에는 '요새도, 군인도, 민병대도, 심지어 무기도' 없었다. 새 이주민들과 미국 인디언들 사이에서 계속된 무자비한 개척지 전투와 도살 행위의 와중에서도 오직 펜실베이니아의 퀘이커교도들만이 변란을 당하지 않았다. "다른 사람들은 살해되거나 학살당했지만 그들은 안전했다. 습격당한 퀘이커교도 여성은 하나도 없었고, 살해된 퀘이커 어린이도 없었으며, 고문 받은 퀘이커 남자도 없었다." 퀘이커교도들이 마침내 주정부를 포기해야 했을 때 "전쟁이 터졌고 펜실베이니아 사람들이 여럿 살해됐지만, 퀘이커교도들은 단 셋만 죽음을 당했다. 그 셋은 방어의 무기를 들었는데, 그만큼 자신의 신앙에서 벗어난 사람들이었다."

프랭클린 루스벨트는 이렇게 지적했다.

---

* 위대한 전기 공학자인 찰스 P. 스타인메츠가 한번은 로저 W. 봄슨의 질문을 받았다. "어떤 분야를 연구하면 다음 50년 동안 가장 위대한 진보가 되겠습니까?" 스타인메츠는 이렇게 대답했다. "내 생각에 가장 위대한 발견은 영적인 분야에서 이루어질 것 같습니다. 역사가 뚜렷이 보여주듯이, 거기에는 인간 발전에서 가장 위대한 능력이었던 힘이 있습니다. 그러나 우리는 이것을 갖고 단지 장난을 해왔을 뿐이며 물리적 힘만큼 진지하게 연구한 적이 없습니다. 사람들은 언젠가, 물질은 행복을 가져다주지 못하며 세상 남녀를 창조적이고 강하게 하는 데에도 거의 아무 쓸모가 없다는 것을 알게 될 겁니다. 그때는 세상의 과학자들이 여태까지 거의 손대지 않았던 신과 기도와 영적인 힘을 연구하기 위해 방향을 바꿀 것입니다. 이런 날이 오면, 세계는 지난 세대들이 했던 것보다 더 많은 진보를 한 세대에서 이루었음을 보게 될 것입니다."

"제1차 세계대전에서 무력에 호소했지만 평안을 가져오지는 못했습니다. 승리와 패배가 똑같이 무의미했습니다. 세상 사람들은 이 교훈을 알았어야만 했습니다."

노자는 이렇게 가르쳤다.

"폭력이라는 무기가 많아질수록 인간에게는 불행이 늘어난다. 폭력의 승리는 결국 슬픔의 잔치로 끝을 맺는다."

간디는 이렇게 말했다.

"나는 단지 세계 평화를 위해서 싸울 뿐입니다. 만일 인도의 운동이 비폭력적인 사탸그라하를 기반으로 성공적으로 수행된다면, 그것은 애국심에 새로운 의미를 부여할 것이고, 아주 소박하게 말해도, 삶 자체에 새로운 의미를 부여할 것입니다."

서구 사회에서는 간디의 이러한 계획을 비현실적인 몽상가의 것이라며 거부하기 전에 먼저 갈릴리 스승의 말을 새겨보고 사탸그라하의 의미를 곰곰이 생각해보아야 한다.

> 또 눈은 눈으로, 이는 이로 갚으라 하였다는 것을 너희가 들었으나, 나는 너희에게 이르노니 악한 자를 [악으로] 대적하지 말라. 누구든지 네 오른편 뺨을 치거든 왼편도 돌려대며…….*

간디가 개척한 새로운 시대는 이제 아주 정확한 우주 시간표에 따라 두 번의 세계대전을 거쳐 황량하고 피폐해진 20세기로 확장되었다. 그의 생애라는 화강암 벽에는 더 이상 형제들 사이에 피를 흘려서

---

* 『마태복음』 5:38-39

는 안 된다는 경고가 신성한 필적으로 쓰여진 듯하다.

"그는 진정한 의미로 나라의 아버지였습니다. 그리고 어느 한 미친 인간이 그를 살해했습니다. 수백만의 사람들이 애도하고 있습니다. 왜냐하면 빛이 꺼졌기 때문입니다. …… 이 땅을 비추고 있던 빛은 보통 빛이 아니었습니다. 천년 동안 그 빛은 이 나라에서 반짝일 것이며, 또한 전 세계도 그 빛을 볼 것입니다."

이는 마하트마 간디가 1948년 1월 30일 뉴델리에서 암살당한 지 얼마 뒤에 인도 수상 자와할랄 네루가 한 말이다.

암살되기 다섯달 전인 1947년 8월 15일, 인도는 평화롭게 독립을 성취했다. 78세인 간디의 노력이 마침내 결실을 본 것이다. 그러나 그는 자신의 죽음이 다가옴을 알았다. 비극적인 날 아침, 그는 손녀에게 말했다.

"얘야, 중요한 서류를 모두 가져오너라. 오늘 답장을 해야 한단다. 내일은 없을 테니까."

간디가 쓴 여러 글에서도 자신의 운명殞命을 직감하고 있음이 드러난다. 늙고 나약한 몸에 세 발의 총탄을 맞고 쓰러진 간디는 손을 들어 정통 힌두교식 작별인사를 하며 모든 것을 용서한다는 표시를 했다. 전 생애에 걸쳐 순수한 예술가였던 간디는 죽는 순간까지도 숭고한 예술가였다. 자신을 돌보지 않고 모든 것을 희생해온 그의 삶이 마지막 순간에도 고귀한 사랑의 몸짓을 가능하게 한 것이다.

아인슈타인은 마하트마를 이렇게 추모했다.

"아마도 다음 세대 사람들은 육신을 지닌 인간으로서 이와 같은 인물이 이 땅 위에 존재했다는 사실을 거의 믿지 않을 것입니다."

로마 바티칸에서도 추모의 글을 보냈다.

"그 서거는 여기 있는 우리에게 크나큰 슬픔을 불러 일으킵니다. 간디는 기독교 덕성의 사도로 애도되고 있습니다."

의로움을 행하기 위해 이 땅에 온 위대한 사람들의 삶은 상징적 의미로 꽉 차 있기 마련이다. 인도의 통일을 위해 맞이한 간디의 극적인 죽음은 분열로 찢긴 모든 나라에 그의 메시지를 더욱 빛나게 각인시키는 계기가 되었다. 간디가 예언처럼 전한 메시지는 다음과 같다.

"비폭력이라는 진리가 사람들 속으로 들어왔으며, 오래도록 살아 있을 것이다. 그것은 세계 평화의 선구자이다."

45

# 기쁨으로
# 충만한 성녀

"인도를 떠나기 전에 니르말라 데비를 잠깐이라도 꼭 한 번 만나보세요. 그녀는 매우 신성한 분이어서 멀리까지 아난다 모이 마(기쁨으로 충만한 어머니)로 알려져 있습니다."

조카딸 아미요 보세가 진지하게 나를 쳐다보며 말했다.

"물론이다! 그 성녀를 꼭 만나보고 싶구나."

나는 이렇게 덧붙였다.

"그녀가 신을 깨달은 매우 높은 경지에 이르렀다는 글을 읽은 적이 있다. 몇 년 전《동서》에 그녀에 관한 기사가 났었단다."

아미요가 계속해서 말했다.

"저는 그녀를 만나보았어요. 최근에 제가 사는 작은 마을 잠세드푸르를 방문했었죠. 아난다 모이 마는 한 제자의 간청에 따라 거의 죽어



715

가는 어떤 사람의 집을 찾아갔습니다. 그녀가 침대 곁에 서서 환자의 이마에 손을 대자 그는 죽을 듯이 내지르던 신음을 그쳤어요. 병은 즉시 사라졌고, 그 사람은 놀랍도록 건강해졌습니다."

며칠 후 나는 기쁨의 어머니가 캘커타의 보와니푸르 구역에 있는 제자의 집에 머물고 있다는 소식을 들었다. 라이트 씨와 나는 곧바로 캘커타의 아버지 집에서 출발했다. 차가 보와니푸르의 그 집에 거의 다다랐을 때, 우리는 길거리에서 특별한 장면을 목격했다.

아난다 모이 마가 무개차 안에 서서 백 명 가량의 무리에게 축복을 해주고 있었다. 그녀는 막 떠나려던 참이었다. 차를 좀 떨어진 곳에 주차시키고 나와 라이트 씨는 그 조용한 무리를 향해 걸어갔다. 그러자 성녀가 우리 쪽을 보더니 차에서 내려 걸어왔다.

"아버지, 당신이 오셨군요!"

이처럼 벵골어로 열정적으로 말하면서 그녀는 내 목에 팔을 두르고는 머리를 어깨에 기댔다. 라이트 씨는 내가 그녀를 알지 못한다는 말을 들었기 때문에 이 특별한 환영의 모습을 보며 대단히 흥미로워했다. 백여 명이나 되는 제자들도 이처럼 애정 어린 환영에 놀라움을 드러내고 있었다.

나는 곧 그녀가 깊은 삼매경에 빠져 있다는 것을 알았다. 그녀는 자신이 여성이라는 사실조차 잊고 스스로를 변함없는 영혼으로만 인식했기 때문에, 신에게 헌신하는 또 다른 한 사람을 아무런 격의 없이 기쁘게 맞이한 것이다. 그녀는 내 손을 잡고 차 안으로 이끌었다.

내가 말했다.

"아난다 모이 마, 내가 당신의 여행을 지연시키고 있네요!"

그러자 그녀가 말했다.

"아버지, 저는 오랜 세월이 흐른 뒤에야 이번 생에서* 처음으로 당신을 만나고 있는 거랍니다! 아직 떠나지 마세요."

우리는 뒷자리에 함께 앉았다. 기쁨의 어머니는 이윽고 전혀 움직이지 않는 법열의 경지에 들었다. 아름다운 그녀의 눈은 하늘을 향해 반쯤 열린 채 고정되어 가깝고도 먼 내면의 이상향을 응시하고 있었다. 제자들이 부드러운 목소리로 찬송했다.

"성모께 영광이 있기를!"

나는 인도에서 신을 깨달은 여러 남자들을 많이 보았지만 이처럼 고귀한 성녀는 만난 적이 없었다. 온화한 얼굴은 형언할 수 없는 기쁨으로 빛나서 '기쁨의 어머니'란 이름이 전혀 이상하지 않았다. 베일을 쓰지 않은 그녀의 검고 숱 많고 긴 머리카락은 느슨히 흘러내려져 있었다. 이마 위에 백단나무 반죽으로 찍은 붉은 점 하나는 항상 그녀의 내면에 떠 있는 영적인 눈을 상징했다. 그녀의 자그만 얼굴, 자그만 손, 자그만 발. 이 얼마나 영적 위대함과 대조되는 모습인가!

아난다 모이 마가 법열의 경지에 든 동안 나는 가까이에 있는 여성 수행자에게 몇 가지 질문을 했다. 그녀는 이렇게 설명했다.

"기쁨의 어머니는 인도를 널리 여행합니다. 여러 지역에 수백 명의 제자들이 있기 때문이죠. 그녀는 용기 있는 노력으로 갖가지 바람직한 사회 개혁을 이루었습니다. 성녀 자신은 브라만(바라문)이지만 카스

---

* 《동서》에 실린 아난다 모이 마의 생애에 대해 조금 더 언급하기로 한다. 아난다 모이 마는 1893년, 뱅골 중부의 다카(지금의 방글라데시 수도—옮긴이)에서 태어났다. 성녀가 아직 글을 읽거나 쓸 줄 모르던 때에도 지식인들은 그녀의 지혜에 놀라움을 금치 못했다. 아난다 모이 마의 산스크리트어 시가를 본 학자들은 매우 경탄했다. 성녀는 다만 존재 자체만으로도 사별의 아픔을 겪은 사람들을 위로하고, 기적의 치유를 행하고 있다.

717

트 계급의 차별을 인정하지 않습니다. 우리 일행은 항상 성녀와 함께 여행하면서 편안하도록 보살피지요. 우리는 성녀를 세심하게 돌봐야 합니다. 자신의 몸에 전혀 주의를 기울이지 않기 때문이죠. 음식을 주는 사람이 없으면 그녀는 먹지도 않고 먹을 것을 달라고 하지도 않습니다. 심지어 음식이 바로 앞에 있어도 손대지 않아요. 성녀가 이 세상을 떠나지 않도록 제자들이 음식을 권하지요. 그녀는 며칠 동안이나 계속 신성한 삼매경에 잠겨 거의 숨도 쉬지 않고 눈도 깜빡이지 않는 경우가 자주 있어요. 성녀의 주요 제자 중의 한 사람이 그녀의 남편인데, 오래 전에 결혼한 직후부터 침묵의 맹세를 지키고 있습니다."

여성 수행자는 긴 머리에 흰 수염을 기른, 어깨가 넓고 잘생긴 한 남자를 가리켰다. 그는 존경심을 지닌 제자의 태도로 두 손을 포갠 채 군중들 가운데 조용히 서 있었다.

아난다 모이 마는 무한한 신의 품속에 잠겼다가 깨어나서 이제는 물질계에 의식을 집중시키고 있었다.

"아버지, 지금 어디 머무시는지 말씀해주세요."

그녀의 목소리는 맑고 고왔다.

"현재 캘커타나 란치에 있지만 곧 미국으로 돌아갈 예정입니다."

"미국이라고요?"

"그렇습니다. 그곳의 영적 구도자들은 인도의 성녀를 진심으로 환영할 것입니다. 같이 가시지 않겠습니까?"

"아버지께서 데리고 가실 수만 있다면 저는 가겠어요."

이 대답은 가까이 있던 그녀의 제자들을 깜짝 놀라게 만들었다. 그들 중 한 명이 나에게 말했다.

"우리는 항상 스무 명 이상이 기쁨의 어머니와 함께 여행합니다. 우

리는 어머니가 없으면 살 수 없어요. 가시는 곳이 어디든 우리도 가야
합니다."

갑작스러운 일정 추가가 얼마나 실행하기 어려운 것인가를 깨닫고
는 마지못해 그 계획을 포기해야 했다!

나는 성녀를 떠나면서 이렇게 부탁했다.

"그러면 수행자들과 함께 란치에 들르기라도 해주세요. 당신은 성
스러운 어린아이 같으니까 우리 학교 아이들에게서도 즐거움을 느끼
실 겁니다."

"아버지가 부르실 때마다 저는 기꺼이 가겠어요."

얼마 뒤 란치 비드얄라야는 성녀의 방문 약속으로 축제 준비에 들
어갔다. 아이들은 언제든지 축제일을 기대한다. 수업 대신 음악과 놀
이가 있지 않은가!

"승리여! 아난다 모이 마, 키 자이!"

성녀 일행이 교문을 들어서자 흥분한 아이들은 이런 찬송을 반복하
면서 환영했다. 메리골드 꽃의 꽃비, 쨍그렁거리는 심벌즈 소리, 소라
고둥 나팔의 활기찬 소리, 므리당가 북소리! 기쁨의 어머니는 미소를
지으며 햇볕이 내리쬐는 비드얄라야의 정원을 걸었다. 그녀는 항상
가슴속에 휴대용 천국을 품고 다녔다.

"참 아름답군요."

내가 본부 건물로 안내하자 그녀가 환하게 말했다. 그녀는 어린아
이 같은 미소를 띤 채 내 곁에 앉았다.

그녀는 아주 친한 친구 같은 느낌을 주는 한편 항상 멀리 떨어져 있
는 것 같은 분위기를 자아냈다. 어디에나 존재하지만 외따로 머무는
듯했다.

"생애에 대해 말씀 좀 들려주세요."

"아버지는 모두 아시면서 왜 되풀이하라고 하십니까?"

그녀는 윤회의 짧은 한 기간 동안 일어나는 이야기는 주목할 필요가 없다고 확실히 느끼고 있었다. 나는 웃으면서 조심스럽게 다시 부탁했다. 그녀는 사과의 몸짓으로 두 손을 우아하게 펼치며 말했다.

"아버지, 말씀드릴 게 별로 없네요. 제 의식은 일시적인 이 몸과 연관되었던 적이 없어요. 제가* 이 땅에 오기 전에도, 아버지, '저는 똑같았어요.' 어린 소녀일 때도 '저는 똑같았어요.' 커서 여인이 되었을 때도 여전히 '저는 똑같았어요.' 저를 낳아준 부모가 이 몸을 결혼하도록 했을 때도 '저는 똑같았어요.' 그리고 아버지, 지금 당신 앞에 있어도 '저는 똑같아요.' 앞으로도 창조의 물결이 영원히 제 주위를 돌며 저를 바꾸어도 항상 '저는 똑같을 거예요.'"

아난다 모이 마는 다시 깊은 명상에 빠졌다. 그녀의 몸은 조각처럼 꼼짝도 하지 않았다. 자신을 부르는 천국으로 들어갔기 때문이다. 그녀의 깊고 검은 눈은 마치 생명이 없는 유리 같았다. 이러한 모습은 성자의 의식이 육체를 떠났을 때 흔히 나타나는데, 이때의 육체는 영혼이 없는 단순한 진흙 덩어리에 불과하다.

우리는 함께 삼매경에 잠겨 한 시간 동안 앉아 있었다. 그녀는 다시 이 세계로 돌아오면서 명랑하게 잠깐 웃었다.

"아난다 모이 마여, 정원으로 갑시다. 라이트 씨가 사진을 몇 장 찍을 겁니다."

---

* 아난다 모이 마는 자신을 '나'라고 하지 않는다. 그녀는 대신에 '이 몸', '이 소녀', '당신의 딸' 등 완곡하고 겸손한 표현을 쓴다. 또 어떤 사람도 자신의 '제자'라고 말하지 않는다. 그녀는 한 개인을 넘어선 지혜로, 모든 인간에게 똑같이 우주 어머니의 신성한 사랑을 준다.

━ 기쁨의 어머니 아난다 모이 마와 함께.

— '기쁨으로 충만한 어머니'로 불리는 벵골의 성녀 아난다 모이 마.


내가 이렇게 말했다.

"물론이죠, 아버지. 당신이 원하는 것이 바로 제가 원하는 거예요."

여러 장의 사진을 찍기 위해 자세를 취하는 동안에도 반짝이는 그녀의 눈은 변함없이 성스러운 빛을 지니고 있었다.

연회 시간이 되었다. 아난다 모이 마는 담요 위에 앉아서 한 제자가 곁에서 받들어 드리는 음식을 먹었다. 성녀는 어린아이처럼 제자가 입에까지 갖다주는 음식을 얌전히 받아 먹었다. 기쁨의 어머니가 카레와 사탕의 차이도 느끼지 않고 먹는다는 것을 쉽게 알 수 있었다.

땅거미가 지기 시작하자 성녀는 어린 소년들에게 손을 들어 축복해 주면서 장미꽃잎들이 비 오듯 쏟아지는 가운데 일행과 함께 학교를 떠났다. 아이들의 얼굴은 성녀가 어렵지 않게 일깨워준 애정으로 환히 빛났다.

'네 마음을 다하고 목숨을 다하고 뜻을 다하고 힘을 다하여 주, 너의 하느님을 사랑하라.' 그리스도는 '이것이 첫째 계명'이라고 선언했다.[*]

아난다 모이 마는 모든 저열한 집착을 던져버리고 온전히 신에게 충성을 바쳤다. 학자들처럼 자질구레한 내용을 하나하나 따지는 방법이 아니라 확고한 신념을 바탕으로, 어린아이 같은 그 성녀는 인간의 삶에서 가장 중요한 문제, 즉 신과의 합일을 이루는 문제를 해결할 수 있었다.

인간은 이제 복잡다단한 문제들에 파묻혀 이 놀랄 만한 단순성을 잊어버렸다. 사람들은 창조주에 대한 일신론적 사랑을 거부하고, 외적인 성전 앞에서 격식이나 차린 경의를 표하는 것으로 자신의 불충을 감추려 애쓰고 있다.

이러한 '인간적' 몸짓은 잠시 동안이라도 인간이 자기 자신 이외의 사람에게 관심을 갖게 하기 때문에 일견 가치가 있다고도 할 수 있다. 그러나 이러한 몸짓으로, 인간이 인생을 살아가면서 져야 하는 최우선의 책임, 즉 예수가 '첫째 계명'이라고 말한 그 책임에서 벗어날 수 있는 것은 아니다.

인간은 자신들의 유일한 은인인 신에게서 공짜로 공기를 받아 처음

---

[*] 『마가복음』 12:30

숨을 쉴 때부터 신을 사랑해야 하는 고결한 의무가 있다.*

아난다 모이 마가 란치 학교를 방문하고 난 다음 나는 다시 한 번 그녀를 만나게 되었다. 그녀는 몇 달 뒤에 세람푸르 역에서 기차를 기다리며 일행들과 함께 서 있었다. 그녀는 내게 이렇게 말했다.

"아버지, 저는 히말라야로 가요. 친절한 몇몇 분들이 데라 둔에 우리를 위해 암자를 지어주셨어요."

나는 성녀가 군중 속에 있거나 기차를 타거나 연회에 참석했거나 혹은 말없이 앉아 있거나 항상 신에게서 눈을 떼지 않는 것을 보고 진심으로 감탄했다.

내 마음속에는 아직도 성녀의 목소리가 한없이 부드러운 울림으로 남아 있다.

"보세요. 지금이나 언제나 영원불멸의 신과 하나가 되어 '저는 항상 똑같아요.'"

---

* "많은 사람들이 새롭고 보다 나은 세계를 만들고자 하는 충동을 느낀다. 그러나 그러한 문제에 생각을 쏟기보다는 오히려 명상을 수행함으로써 완전한 평화에 대한 희망을 가지는 일에 전념해야 한다. 신과 진리를 찾는 구도자가 되는 것이 인간의 의무이다."—아난다 모이 마

# 46

# 56년간 금식한
# 여자 요기

"선생님, 오늘 아침은 어디로 가십니까?" 라
이트 씨가 차를 몰면서 물었다. 그는 길에서 눈을 떼고 궁금하다는 듯
이 눈을 반짝이며 나를 쳐다보았다. 날마다 다음에는 뱅골의 어느 지
역을 가게 되는지 몰랐기 때문이다.

나는 진심 어린 마음으로 대답했다.

"신이 원하시는 대로, 우리는 세계의 여덟 번째 불가사의인 한 성녀
를 만나러 가는 길입니다. 그녀는 공기만 마시고 사는 분이랍니다!"

"계속 경이로운 일들이 이어지는군요. 테레제 노이만 이후로요."

라이트 씨는 진지하게 웃었다. 그리고 차의 속력을 더 올렸다. 그의
여행 일지를 풍성하게 채우기에 충분한 소재가 될 터였다. 아무나 쉽
게 경험할 수 있는 평범한 여행이 아니었으니 말이다.

우리는 해가 뜨기도 전에 일어나서 란치 학교를 뒤로하고 길을 떠났다. 비서와 나, 그리고 세 명의 벵골 친구가 일행이 되었다. 우리 차의 운전기사는 일찌감치 일하러 나온 농부들과 어깨가 불쑥 올라온 황소가 멍에를 메고 끄는 우마차 사이로 조심조심 차를 몰다가 간혹 경적을 울리며 천천히 나아갔다.

"선생님, 먹지 않고 사는 성녀에 대해 좀 더 알고 싶은데요."

나는 궁금해하는 일행에게 몇 가지 사실을 알려주었다.

"그녀의 이름은 기리 발라입니다. 이 이야기는 학식이 깊은 스티티랄 눈디에게서 여러 해 전에 처음으로 들었어요. 스티티는 가끔 가르파르 거리의 우리 집에 와서 내 아우인 비슈누의 가정교사를 하곤 했습니다. 스티티 바부는 이렇게 말했어요.

「기리 발라를 잘 압니다. 그녀는 어떤 요가 기술을 사용해서 먹지 않고도 살 수 있습니다. 그녀는 북벵골 이차푸르 근처의 나와브간지에 살 때 나와 아주 가까운 이웃이었지요. 그래서 자세히 관찰할 기회가 많았는데, 음식을 먹거나 물을 마신다는 증거는 전혀 없었어요. 마침내 관심이 극도로 고조된 나는 부르드완의 마하라자*에게 찾아가서 조사를 해달라고 부탁했죠. 마하라자는 내 이야기를 듣고 놀라서 그녀를 자신의 궁궐로 초대했습니다. 그녀는 기꺼이 시험을 받기로 하고 궁궐의 작은 방에서 문을 잠근 채 두 달을 지냈습니다.

나중에 궁궐에 다시 와서 20일 동안 시험을 받고, 또 다시 세 번째로 와서는 15일 동안 시험을 받았습니다. 마하라자는 세 번의 조사를

---

* 지금은 고인이 된 비자이 찬드 마흐타브 경 전하를 말한다. 그의 가족은 마하라자가 세 번에 걸쳐 기리 발라를 조사한 기록을 잘 보관해두고 있다.

통해 그녀가 틀림없이 먹지 않고 지낸다는 것을 확인했다고 말했습니다.」

내 마음속에는 스티티 바부가 들려준 이 얘기가 25년 넘도록 남아 있었지요."

결론적으로 내가 말했다.

"미국에서 때때로 나는, 그 요기니(yogini, 여자 요기)를 만나기 전에 세월이 그녀를 하늘로 데려가지 않을까 걱정했습니다. 그녀는 나이가 상당히 많을 거예요. 지금 어디에 사는지, 아니 아직 살아 있는지조차 잘 모릅니다. 어쨌거나 우리는 몇 시간 안에 그녀의 남동생이 살고 있는 푸룰리아에 닿을 겁니다."

열시 반경, 우리 일행은 성녀의 남동생인 푸룰리아의 변호사 람보다르 데이를 만나 이야기를 나누었다.

"예, 누님은 살아 계십니다. 누님은 때로 여기 와서 저와 함께 지내기도 하지만 지금은 비우르에 있는 고향 집에 계십니다."

람보다르 바부는 포드 자동차를 미심쩍이 쳐다보았다

"스와미님, 비우르 안에는 이제까지 자동차가 들어간 적이 없었습니다. 덜커덩거리긴 해도 우마차에 몸을 맡기는 게 제일 좋을 텐데요."

우리 일행은 한 목소리로 '디트로이트의 자부심'에 대한 충성을 다짐했다.

"이 포드 차는 미국에서 왔습니다. 이 녀석이 벵골의 심장부와 사귈 기회를 뺏을 수는 없지요!"

"가네슈*가 당신들과 함께하기를!"

---

* 방해물의 제거자, 곧 '행운의 신'이라는 뜻이다.

람보다르가 웃으면서 말했다. 그리고 공손하게 이렇게 덧붙였다.

"그곳에 가면 누님이 당신을 만난 것을 기뻐하리라고 확신합니다. 누님은 일흔이 거의 다 되었지만 여전히 건강하십니다."

"선생, 누님이 아무것도 안 먹는다는 게 정말인지 말씀해주십시오."

나는 그의 눈을 똑바로 바라보았다. 눈은 사람의 마음속을 드러내는 창문이기 때문이다. 그의 눈빛은 솔직하고 고귀해 보였다.

"정말입니다. 50년 이상 나는 누님이 한 조각의 음식도 먹는 것을 본 적이 없습니다. 세계의 종말이 온다고 해도 누님이 음식 먹는 것보다는 덜 놀랄 일입니다!"

그 두 가지 엄청난 사건이 일어날 가능성이 전혀 없다는 것을 잘 알고 있기에 우리는 함께 유쾌하게 웃었다.

람보다르는 계속해서 말했다.

"누님은 요가 수행을 위해 철저한 고립을 바란 적이 결코 없었습니다. 평생 가족과 친구들에게 둘러싸여 살았지요. 우리들 모두 이제는 누님의 특이한 상태에 익숙해졌습니다. 오히려 누님이 무언가 먹는다면 다들 놀라 자빠질 겁니다! 누님은 인도의 여느 과부처럼 자연스럽게 남과 잘 어울리는 편은 아니지만, 푸룰리아나 비우르에 있는 우리 동료들은 제 누님이 문자 그대로 '예외적인' 여인임을 알고 있습니다."

이 형제가 믿을 만하다는 사실은 분명했다. 우리 일행은 그에게 따뜻한 감사의 인사를 하고 비우르로 출발했다. 우리는 길가 가게에 차를 세우고 카레와 루치를 먹었는데, 라이트 씨가 소박한 힌두 방식대로* 손가락으로 음식을 먹는 광경을 구경하러 장난꾸러기 꼬마들이

---

* 스리 유크테스와르는 이렇게 말하곤 했다. "신은 우리에게 좋은 땅에서 나는 과일들을

몰려들었다. 건강한 식욕이, 나중에 알게 된 것이지만, 매우 힘든 오후 여정에 대비해서 우리의 원기를 돋워주었다.

우리는 햇빛에 익어가는 논들을 거쳐 벵골의 동쪽 부르드완 지역으로 이동했다. 초목들이 빽빽하게 우거진 숲길을 따라 계속 달렸다. 커다랗고 우산같이 생긴 가지를 뻗은 나무들 사이로 구관조와 목에 줄무늬가 있는 나이팅게일의 노랫소리가 물결쳤다. 굴대와 쇠 편자를 박은 나무바퀴가 부딪쳐서 때때로 끽끽거리는 우마차 소리와 귀족적인 도시의 아스팔트 위를 누비던 자동차의 엔진 소리가 선명한 대조를 이루었다.

"딕, 멈춰요."

갑작스러운 내 요구에 자동차는 덜커덩거리며 항의를 표시했다.

"저기 열매가 잔뜩 달린 망고 나무가 소리쳐 우리를 부르고 있잖아요!"

우리 다섯 명은 아이들처럼 망고 열매가 떨어진 곳으로 달려갔다. 나무는 자애롭게도 잘 익은 열매들을 땅 위에 뿌려놓고 있었다. 내가 말했다.

"수많은 망고가 보이지 않는 곳에 열려서 돌투성이 땅바닥에 그 달콤한 맛을 흘려 버리고 있네요."

벵골 학생인 사일레슈 마줌다르가 웃으면서 말했다.

"미국에는 이런 게 없지요, 스와미님?"

망고에 대한 만족감으로 가득찬 내가 말했다.

---

주셨다. 우리는 과일을 보고, 냄새 맡고, 맛보고 싶어한다. 특히 인도인들은 그것을 만지고도 싶어한다!"

식탁에 다른 사람만 없다면 음식 만지는 소리를 듣는다 해도 괘념할 필요가 없다.

"없지. 서양에서는 어떻게 내가 이런 과일을 먹지 않고도 살았는지 모르겠네! 망고 없는 인도의 하늘은 생각할 수도 없는데!"

나는 돌을 던져서 맨 꼭대기 가지에서 아름다움을 뽐내고 있는 망고 하나를 땄다. 열대의 햇볕으로 따뜻해진 신의 음식과도 같은 과일을 한 입 베어 물고 내가 물었다.

"딕, 카메라가 모두 차에 있나요?"

"네, 트렁크에 있습니다."

"기리 발라가 진정한 성자로 확인된다면, 서양에 가서 그녀에 관한 이야기를 쓰고 싶습니다. 그렇게 훌륭한 능력을 가진 힌두 요기니가 이 망고들처럼 알려지지 않은 채 살다가 죽어서는 안 됩니다."

30분 뒤에도 나는 조용한 숲속을 여전히 거닐고 있었다. 그러자 라이트 씨가 나를 환기시켰다.

"선생님, 우리는 사진을 찍을 수 있을 만큼 햇빛이 있을 때 기리 발라 댁에 도착해야 합니다."

그는 다소 난감한 듯이 웃으며 말했다.

"서양인들은 의심이 많아요. 우리가 사진 한 장도 갖고 있지 않다면 그 부인을 믿지 않을 거예요."

지혜로운 말에 반박할 수 없었다. 그래서 계속 머물러 있고 싶은 유혹을 뿌리치고 차 안으로 다시 들어갔다.

차가 속력을 내자 나는 한숨을 쉬며 말했다

"맞아요, 딕. 나는 서양의 현실주의라는 제단에 망고 나무의 천국을 바치겠어요. 우리는 사진을 찍어야 하니까요!"

길이 점점 나빠졌다. 우마차 바퀴 자국으로 주름진 채 딱딱하게 굳은 진흙길이 울퉁불퉁했다. 오지마을의 서글픈 흔적이라고나 할까!

우리는 때때로 라이트 씨가 좀 더 쉽게 포드 자동차를 움직이도록 차에서 내려 뒤에서 밀곤 했다. 사일레슈가 말했다.

"람보다르의 말이 옳았어요. 차가 우리를 옮겨주는 게 아니라 우리가 차를 옮기고 있네요!"

우리는 차에 올랐다 내렸다 하느라 언짢았지만 이따금 나타나는 예스럽고 소박한 마을들을 감상할 기회를 얻어 그나마 피로를 덜었다.

라이트 씨는 1936년 5월 5일자 여행 일기에 이렇게 적었다.

우리가 가는 길은 야자나무 숲을 지나서 숲 그늘에 자리 잡은 예스럽고 오염되지 않은 마을을 돌아 꼬불꼬불 나 있었다. 이엉을 얹은 진흙 오두막들의 문짝에 신의 이름을 하나씩 적어서 장식해놓은 장면은 매우 매혹적이었다. 벌거벗은 조그만 아이들 여럿이서 천진난만하게 놀다가 마을을 미친 듯이 가르며 지나가는, 소가 끌지 않는 크고 검은 '마차'를 넋을 잃고 바라보거나 아니면 마구 뛰어서 도망가곤 했다. 여인들은 그늘 속에 숨어서 엿보고만 있었고, 남자들은 무관심한 표정 속에 호기심을 숨긴 채 길가 나무 밑에 게으르게 누워 있었다. 큰 연못에서는 마을 사람 전부가 즐겁게 목욕을 하고 있었다. 계속 번갈아가면서 몸에 마른 옷을 걸치고 젖은 옷은 벗으면서. 여인들은 커다란 놋쇠 항아리에 물을 길어 집으로 가져갔다.

언덕과 산등성이를 넘는 길은 우리를 고생스럽게 만들었다. 튀어 오르기도 하고 작은 개울로 빠지기도 했으며, 아직 나지도 않은 길로 돌아가기도 했고, 모래투성이의 마른 강바닥으로 미끄러지기도 했다. 그리고 마침내 오후 다섯시에 목적지인 비우르에 거의 도착했다. 반쿠라 지구 내에 있는 이 작은 마을은 울창한 나무들로 보호되어 숨겨져 있는

데, 우기에는 여행자들이 접근할 수 없다고 한다. 그때는 시냇물이 격렬하게 솟아오르고 길에도 마치 뱀이 독을 뱉어내듯이 진흙이 튀어 오르기 때문이다.

우리는 사원에서 기도를 마치고 야외의 호젓한 들판에서 집으로 돌아가는 일단의 경배자들 중에서 안내인을 찾았다. 그러다가 차 양쪽으로 올라타며 자기들이 기리 발라에게 안내해주겠다고 간청하는 헐벗은 차림의 소년 10여 명에게 둘러싸였다.

길은 진흙 오두막들이 모인 부락을 감싸는 대추야자 숲으로 나 있었다. 그러나 우리가 그곳에 도착하기 전, 차가 뾰족한 뭔가에 걸렸는지 잠깐 기우뚱하다가 튀어 오르더니 아래로 미끄러졌다. 마침내 덤불숲에 걸려 작은 언덕에 멈춰 섰는데, 차를 움직이려면 밑의 흙을 돋워야만 했다. 우리는 천천히 조심스럽게 차를 몰고 갔다. 그러다가 마차가 다니는 길 한복판에 자라난 커다란 덤불숲으로 앞이 막히면, 가파른 절벽을 내려가서 물이 말라버린 구덩이로 돌아가야 했다. 아니면 또 흙을 삽으로 파내고 깎아내고 문질러야 했다. 지나갈 수 없을 것 같은 길이 계속되었지만 순례는 이어져야 했다. 소년들에게 삽을 쥐어주고 (가네슈의 축복으로) 장애물을 제거하게 하는 동안 어린이들과 그 부모들은 우리를 바라보며 서 있었다.

우리가 곧 오래된 바퀴 자국을 따라 길을 뚫고 나가자 여인들은 오두막 문가에서 눈을 크게 뜨고 바라보았으며, 남자들은 옆으로 뒤로 따라왔고, 아이들은 뛰어다니면서 행렬의 인원을 불렀다. 아마도 우리 차가 이 길을 지나간 첫 번째 자동차였을 것이다. 여기서는 분명히 우마차가 전능할 것이다! 게다가 미국인이 운전을 해서 씩씩거리는 차를 곧바로 그들의 작은 요새로 몰고 들어와서 예로부터 한 번도 깨지지 않은 사생활과 신성함을 침범했으니, 우리가 얼마나 큰 사건을 일으킨 것인가!

좁은 오솔길 옆에 멈추었을 때, 우리는 조상 대대로 내려온 기리 발라의 집으로부터 30미터 안에 서 있음을 알았다. 힘들었던 긴 여정을 간신히 마무리 지은 뒤의 성취감으로 작은 전율을 느꼈다. 벽돌로 쌓고 회반죽을 칠한 커다란 이층집으로 다가갔다. 그 집은 주위의 벽돌 오두막들을 굽어보고 있었는데, 수리 중인 듯이 보였다. 주위에 열대의 대나무로 만든 독특한 구조물이 보였기 때문이다.

강렬한 기대감을 갖고 기쁨을 억누른 채 우리는 신에게서 '배고프지 않은' 축복을 받은 성녀의 집 열린 문 앞에 섰다. 마을 사람들은 젊은이건 늙은이건, 옷을 입은 사람이건 벗은 사람이건 계속 입을 벌린 채 이 유례 없는 광경을 지켜보았다. 여인들은 멀리 떨어져 있었지만 그래도 궁금한 표정이었고, 청년들과 소년들은 부끄러워하지도 않고 우리 발밑에 앉아서 쳐다보았다.

이윽고 자그마한 한 사람이 문간에 얼굴을 내비쳤다. 바로 기리 발라였다! 그녀는 금빛의 투박한 비단옷으로 몸을 감싸고 있었다. 전형적인 인도 복장을 한 그녀는 스와데시 옷의 윗주름 사이로 우리를 응시하면서 공손하게 머뭇거리며 나왔다. 그녀의 눈은 머리에 쓴 베일의 그늘 속에서도 빛나는 불씨처럼 반짝였다. 우리는 신을 깨달은 자의 자애로운 얼굴에 반해버렸다. 세속적 집착의 더러움으로부터 완전히 해방된 모습이었다.

그녀는 온화하게 다가와서 카메라와 무비 카메라로 많은 사진을 찍는 것을 허락해주었다.[*] 끈기 있게, 또 부끄러워하며 사진 찍을 자세를 바

---

[*] 라이트 씨는 세람푸르에서 마지막 동지 축제를 열 때 스리 유크테스와르의 모습도 무비

꾸거나 조명을 조절할 때 기다려야 하는 따분한 일을 잘 참아주었다. 마침내 우리는 50년 이상이나 먹지도 마시지도 않고 살아온 세계 유일의 여성을 사진에 담아서 후손들을 위한 기록을 보유하게 되었다(물론 테레제 노이만도 1923년 이래로 단식을 해왔다).

우리 앞에 서 있는 기리 발라의 표정에는 무한한 모성애가 서려 있었다. 몸은 느슨하게 감싼 옷에 완전히 가려서 보이지 않았지만 눈을 내리깔고 있는 얼굴과 손과 자그마한 발에서 따스한 모성이 느껴졌다. 얼굴에 매우 깊은 평화와 순결한 모습이 드러났다. 크고 가볍게 떨리는 어린아이 같은 입술, 여성스러운 코, 빛나는 두 눈, 무언가를 생각하는 듯한 미소에서 그런 표정이 나타났다.

나 또한 라이트 씨가 기리 발라에게 느낀 인상에 공감한다. 부드럽게 빛나는 베일처럼 영성이 그녀를 둘러싸고 있었다. 그녀는 주부가 승려에게 인사하는 관습대로 나에게 프로남 인사를 했다. 소박한 매력과 조용한 미소가 그 어떤 달콤한 수사보다도 우리를 더 따뜻이 환영해주었다. 먼지투성이의 어려웠던 여정이 다 잊혀졌다.

이 작은 성녀는 베란다에 가부좌를 하고 앉았다. 세월의 흔적이 나타나기는 해도 야위지는 않은 모습이었다. 올리브색 피부는 여전히 맑고 건강해보였다. 나는 벵골어로 이렇게 말했다.

"어머니, 저는 25년 이상이나 바로 이 순례 여행을 열렬히 꿈꿔 왔습니다. 저는 어머니의 성스러운 일생에 대한 이야기를 스티티 랄 눈디 선생에게서 들었습니다."

---

카메라로 찍었다.

━ 56년 동안 먹지 않고 살아온 요기니 기리 발라.

그녀가 잘 안다는 듯이 끄덕였다.

"예, 그 사람과는 나와브간지에서 좋은 이웃이었지요."

"지난 몇 년간 저는 바다 건너에 있었지만 언젠가 어머니를 만나 보려는 계획을 잊은 적이 없습니다. 당신께서 여기서 아무도 모르게 연출하고 있는 이 숭고한 드라마는, 오랫동안 신이 주시는 내면의 양식을 잊고 살아온 세상에 공표되어야만 합니다."

성녀는 잠시 눈을 들어 조용히 관심을 나타내며 미소 지었다.

"바바(존경스러운 아버지)께서 가장 잘 아시겠지요."

그녀는 유순하게 대답했다. 나는 그녀가 아무 반대도 안 해서 기뻤다. 얼마나 많은 요기와 요기니들이 세상에 알려지는 것에 거부감을 느끼는지 사람들은 모를 것이다. 그들은 대체로 고요히 심오한 영적 구도 생활을 영위하고 싶어하기 때문에 대중에게 알려지기를 기피한다. 구도에 도움을 주기 위해 자신들의 삶을 공개적으로 드러내야 할 때라고 생각하면, 그들은 내면에서 이를 승인한다.

나는 계속해서 말했다.

"어머니, 여러 가지 질문으로 힘들게 해드려도 용서해주십시오. 대답하고 싶으신 것만 대답해주십시오. 저는 침묵하시는 것도 이해하니까요."

그녀는 부드럽게 두 손을 벌렸다.

"대답을 하게 되어서 기뻐요. 나같이 보잘것없는 사람이 만족스럽게 답할 수만 있다면요."

나는 진정으로 반박했다.

"오, 아닙니다. 보잘것없다니요! 어머니는 위대한 영혼이십니다."

"나는 모든 사람의 비천한 종입니다."

그녀는 또 색다른 말을 덧붙였다.

"전 음식을 만들어서 사람들에게 나눠주는 것을 좋아해요."

먹지 않는 성녀로서는 이상한 취미가 아닌가!

"어머니, 당신의 입으로 말씀해주세요. 정말 먹지 않고 사십니까?"

"정말입니다."

그녀는 잠시 조용히 있었는데, 대답을 하기 위해 기억을 더듬는 중이었다.

"열두 살하고 넉 달 되었을 때부터 지금 예순여덟 살 때까지 56년 동안 음식을 먹지도 않았고 물을 마시지도 않았어요."

"먹고 싶은 유혹을 느낀 적은 없으십니까?"

"음식에 대한 욕망을 느낀다면 먹어야만 했을 겁니다."

그녀는 간단하게, 그러나 아주 당당하게, 매일 세 끼 식탁의 주위를 맴도는 세상 사람들에게는 자명한 진리를 말했다.

"그러나 무엇인가 먹지 않습니까!"

약간 불만스럽다는 듯이 내 목소리가 높아졌다.

"물론이죠!"

그녀는 재빨리 이해하고 미소를 지었다.

"어머니는 공기와 햇빛이라는 더 좋은 에너지*와, 숨뇌를 통해서 몸

---

* 클리블랜드의 조지 크릴 박사는 1933년 5월 17일 멤피스에서 열린 의학자협회에서 이렇게 말했다. "우리가 먹는 것은 바로 광선입니다. 우리의 음식은 그런 에너지가 매우 많이 모인 것입니다."
다음은 그의 연설에 대한 보고서의 일부이다.
"육체의 전기 회로와 신경계를 위해 전류를 방출하는 대단히 중요한 이 같은 광선 방출 작용은 태양 광선을 통해 음식에 주어진다. 크릴의 말에 따르면, 원자란 태양계이다. 원자는 여러 번 감긴 용수철과 같이 태양 광선으로 가득 찬 운반 기구이다. 이처럼 수없이 많은 원자로 이루어진 에너지가 음식의 형태로 흡수된다는 것이다. 태양 광선으로 가득 찬 운반 기구인 원자들이 일단 인간의 육체 속에 들어오면 육체의 원형질 속으로 방출되어 그 광선이 새로운 화학 에너지와 전류를 제공하게 된다. 크릴 박사는 이렇게 말했다. 「당신의 육체는 그러한 원자들로 구성되어 있습니다. 그것들이 당신의 근육이고 뇌이며 눈이나 귀 같은 감각 기관입니다.」"
언젠가 과학자들은 어떻게 하면 인간이 태양 에너지를 직접 이용해서 살아갈 수 있는지를 알아낼 것이다. 윌리엄 L. 로렌스는 《뉴욕 타임즈》에 이렇게 썼다.
"자연계에서 어느 정도 태양 광선을 잡아들이는 덫으로 작용한다고 알려진 유일한 물질은 엽록소이다. 이 물질은 태양 광선의 에너지를 잡아서 식물 안에 저장한다. 이것 없이는 어떤 생명도 존재할 수 없다. 우리는 살아가는 데 필요한 에너지를 식물성 음식이나 식물을 먹는 동물의 고기 속에 저장된 태양 에너지로부터 얻는다. 우리가 석탄이나 기름에서 얻는 에너지도 몇백만 년 전에 엽록소에 의해 식물체 속에 저장되었던 태양 에너지이다. 우리는 엽록소의 중개를 통해 태양 에너지의 힘으로 산다."

을 재충전시키는 우주 에너지로부터 영양을 공급받으시잖아요."

"바바께서는 아시는군요."

그녀는 조용히 동의했다. 겉으로 드러내지 않고 마음을 가라앉히는 태도였다.

"어머니, 과거의 생애에 대해 말씀해주십시오. 모든 인도인과 바다 건너 형제자매들까지 깊이 관심 가질 문제입니다."

기리 발라는 평소의 과묵한 성격을 벗어나 이야기할 자세를 취했다. 그녀의 목소리는 낮으면서 확고했다.

"그러지요. 나는 이 숲속 지역에서 태어났어요. 어린 시절은 탐욕스러운 식욕을 가졌다는 점을 제외하고는 특별한 점이 없었습니다. 나는 아홉 살 가량 되었을 때 약혼을 했답니다. 어머니는 내게 자주 이런 경고를 하셨어요.

「아가야, 너는 식욕을 조절해야 한다. 시댁에 가서 낯선 사람들과 살 때 매일 먹는 것만 밝힌다면 사람들이 너를 어떻게 생각하겠니?」

어머니가 우려한 재난이 진짜 일어났어요. 내가 열두 살밖에 안 되었을 때 나와브간지에 있는 시댁에 들어갔지요. 시어머니는 밤이고 낮이고 아침이고 가리지 않고 먹어대는 내 습관에 대해 창피를 주었습니다. 그러나 시어머니의 꾸지람은 실제로는 축복이었어요. 그 꾸지람들이 내 안에 잠자고 있던 영적인 성향을 일깨워 주었으니까요. 어느 날 아침 시어머니의 비웃음이 아주 무자비했던 적이 있습니다. 뼛속 깊이 찔린 나는 이렇게 말했지요.

「제가 살아 있는 한 절대로 음식에는 손도 대지 않겠습니다. 이 약속을 곧 입증해 보이겠습니다.」

시어머니는 비웃으면서 말씀하셨지요.

「오냐! 먹기만 하면 과식을 해대는 너 같은 아이가 먹지 않고 살겠다고?」

아무런 대답도 하지 않았지만 내 마음속에는 확고한 결의가 생겼지요. 그래서 외딴 곳에서 하늘의 아버지를 찾았습니다. 나는 끊임없이 기도했어요.

'주님, 음식으로가 아니라 당신의 빛으로 사는 법을 가르쳐줄 구루한 분을 제게 보내주십시오.'

법열의 상태가 나를 휘감았습니다. 나는 기쁨의 마력에 싸여서 갠지스 강가에 있는 나와브간지 가트로 향했어요. 가는 도중에 시댁 집안에서 모시는 수행자를 만났지요. 나는 의심 없이 믿고 이렇게 얘기했어요.

「존경하는 분이시여, 제가 어떻게 하면 먹지 않고 살 수 있을지 가르쳐 주세요.」

그는 말 없이 나를 보시더니 마침내 위로하듯이 말했습니다.

「아가야, 오늘 저녁 사원으로 오너라. 너를 위해 특별한 베다 의식을 베풀어주리라.」

이런 모호한 답변은 내가 찾던 대답이 아니었어요. 그래서 계속해서 가트로 갔지요. 아침 해가 물속을 비추고 있었습니다. 나는 신성한 입문 의식을 치르듯 갠지스 강에서 몸을 깨끗이 씻었지요. 젖은 옷을 걸치고 강둑을 떠날 때 눈부시게 널리 빛나는 불꽃 속에서 나의 구루께서 내 앞에 모습을 드러내셨습니다. 그분은 부드러운 동정의 목소리로 말씀하셨지요.

「사랑하는 아가야, 나는 네 간절한 기도를 들어주기 위해 신이 보내신 구루이다. 그분은 특별한 너의 기도에 깊이 감동하셨다! 오늘부터 너는 영계의 빛으로 살 것이다. 네 몸의 원자들은 무한한 전류로 충전될 것이다.」

기리 발라는 침묵 속으로 빠져들었다. 그래서 나는 라이트 씨에게 내용을 알려주기 위해 연필과 종이를 가져와서 영어로 번역해주었다.

잠시 뒤 성녀가 다시 이야기를 시작했는데, 부드러운 목소리가 간신히 들릴 정도였다.

"그 가트는 외딴 곳이었지만, 그래도 나의 구루는 내 주위에 보호의 빛을 드리워서 그곳을 찾는 다른 목욕객들이 나를 방해하지 못하도록 했습니다. 그리고 육체를 유한하고 거친 음식에 의존하는 데서 해방시키는 크리아Kria 기법을 가르쳐 주셨지요. 그 기법은 어떤 만트라*를 사용하는데, 보통 사람들이 할 수 있는 것보다 조금 어려운 호흡 훈련을 하는 것입니다. 크리아 이외에 어떤 약이나 마술도 포함되지 않았습니다."

어느 미국 신문기자가 우연한 기회에 내게 가르쳐준 방법대로, 나는 기리 발라에게 세상 사람들이 흥미로워할 만한 여러 가지 문제를 질문했다. 그녀는 조금씩 다음과 같은 이야기를 들려주었다.

"나는 아이를 가진 적이 없고, 여러 해 전에 혼자되었습니다. 잠은 아주 조금 잡니다. 자는 것이나 깨어 있는 것이나 나한테는 같아요. 낮에는 집안일을 하고 밤에는 명상을 하지요. 계절에 따라 기후의 변화를 아주 조금 느끼고요. 아프거나 큰 병을 앓아본 적이 전혀 없어요.

---

\* "진동하는 강력한 찬송 소리. 산스크리트어에서 만트라의 문자적 의미는 '생각의 도구'이다. 그 의미는 창조의 한 측면을 나타내는, 들리지 않는 이상적인 음성이다. 실제 음절로 발음될 때 만트라는 하나의 우주어를 구성한다고 한다."―『웹스터 국제 사전』(2판)
소리의 무한한 능력은 '옴', 즉 '말씀' 또는 우주 동력의 창조적 소리에서 생긴다.

우연히 다쳤을 때는 가벼운 고통만을 느끼지요. 또 배설도 하지 않아요. 나는 맥박과 호흡을 조절할 수 있어요. 환시 중에 가끔 나의 구루와 함께 다른 위대한 영혼들을 보곤 합니다."

내가 물었다.

"어머니, 왜 다른 사람들에게 먹지 않고 사는 방법을 가르쳐주지 않습니까?"

이 세상에서 굶어 죽어가는 수많은 사람들을 위한 내 열망은 곧 산산이 부서졌다. 그녀는 머리를 흔들면서 말했다.

"안 됩니다. 나는 구루에게서 비밀을 누설하지 말라는 엄명을 받았어요. 신이 만드는 창조의 드라마를 가지고 장난하는 것을 바라지 않으시거든요. 내가 많은 사람들에게 먹지 않고 사는 법을 가르쳐주면 농부들도 내게 감사하지 않을 겁니다! 달콤한 과일도 쓸모없이 땅바닥에 굴러다닐 테고요. 불행이니 기아니 질병이니 하는 것은 궁극적으로 우리에게 삶의 진정한 의미를 찾게 하는, 우리의 업보가 휘두르는 채찍과 같습니다."

나는 천천히 말했다.

"어머니, 특별히 먹지 않고 살게 된 이유는 무엇이라고 생각하십니까?"

"인간은 곧 영靈이라는 것을 증명하기 위함이고, 신성한 진보를 이룸으로써 점차 음식이 아니라 영원의 빛으로 사는 법을 배울 수 있다는 것을 보여주기 위해서입니다."*

---

* 기리 발라가 달성한 무식無食의 경지는 파탄잘리의 『요가수트라』 3:3에 언급된 요가 능력이다. 그녀는 호흡 운동으로 척추에 위치한 미묘한 에너지의 제5 중추, 즉 비슛다 차크라에 영향을 끼친다. 비슛다 차크라는 식도 맞은편에 있는 중추로, 신체 세포의 원자들 사

성녀의 얼굴은 지혜의 빛으로 가득 차 있었다. 성녀는 깊은 명상에 빠져들었다. 시선이 내면을 향하자 부드럽고 깊던 눈빛이 무표정해졌다. 한숨을 한 번 쉬었는데, 그것은 숨을 쉬지 않는 법열의 상태로 들어가는 전주였다. 잠시 동안 그녀는 질문을 받지 않는 내적 기쁨의 천국으로 달아났다.

열대의 어둠이 밀려왔다. 작은 석유램프의 불빛이 그림자 속에 조용히 앉아 있는 마을 사람들의 머리 위로 깜빡거렸다. 재빠른 반딧불들과 멀리 오두막의 등불이 주단 같은 어둠속에서 조금은 기이하게 빛나는 무늬를 짜고 있었다.

아쉬운 작별 시간이 다가왔다. 우리 앞에는 느릿하고 지루한 여정이 남아 있었다.

성녀가 눈을 뜨자 나는 이렇게 부탁했다.

"기리 발라여, 사리 옷 한 조각을 기념으로 주십시오."

그녀는 곧 바라나시 비단 조각을 가지고 돌아와서 손 안에 펴고는 갑자기 땅바닥에 엎드렸다. 나는 존경스러운 마음으로 이렇게 말했다

"어머니, 오히려 제가 당신의 축복받은 발을 만질 수 있도록 해주십시오!"

---

이에 퍼져 있는 제5의 요소 아카슈, 즉 에테르를 통제한다. 이 차크라에 집중함으로써 에테르 에너지에 의해 살 수 있게 된다. 테레제 노이만은 음식으로 살지도 않으며, 먹지 않기 위해 과학적 요가 훈련을 하지도 않는다. 그에 대한 해답은 개인적 업보의 복합성에 숨겨져 있다. 테레제 노이만이나 기리 발라 외에도 신을 위해 봉헌하는 사람들이 많지만 외적으로 표현하는 방법은 모두 다르다. 먹지 않고 살았던 기독교 성인들로는 (그들도 또한 성흔의 기적을 지녔다) 쉬담의 성 리드비나, 렌트의 엘리자베스, 시에나의 성 캐더린, 도미니카의 라자리, 폴리그노의 안젤라 그리고 19세기 여인 루이즈 라토 등이 있다. 플뤼의 성 니콜라스(브루더 클라우스, '단결하자'는 열정적인 호소로 스위스를 구한 15세기의 수도자)는 20년 동안 음식을 먹지 않았다.

# 47

# 다시
# 서양으로 돌아가다

　　　　"저는 인도와 미국에서 요가 강연을 많이 했지만, 이렇게 영국 학생들 앞에서 강연을 하게 되어 인도인으로서 특별한 기쁨을 느끼고 있음을 솔직히 고백해야 하겠습니다."

　　런던 강연에 참석한 사람들은 내 말을 듣고 속뜻을 잘 이해한다는 듯이 웃었다. 과거에 양국이 겪었던 어떤 정치적 소요도 우리가 누리고 있는 요가의 평화를 방해하지 못했다.

　　인도에서 있었던 일들은 이제 성스러운 추억이 되었다. 1936년 9월, 나는 런던에서 다시 한 번 강연하겠다는 16개월 전의 약속을 지키기 위해 영국에 머물고 있었다. 영국 역시 영원한 요가의 메시지에 대해 민감한 반응을 보였다. 기자들과 뉴스 촬영 기사들이 그로스베너 하우스의 내 숙소로 몰려들었다.

9월 29일에는 '세계종교연맹 영국평의회'가 화이트필드 조합 교회에서 모임을 개최했는데, 나는 그 자리에서 '인류애의 믿음이 어떻게 현대 문명을 구원할 수 있는가?'라는 중요한 주제로 강연했다.

캑스턴 홀에서 열린 밤 여덟시 강연에는 너무나 참가자들이 많아 미처 입장하지 못하는 사람들이 속출했다. 그런 사람들은 아홉시 반에 있을 두 번째 강연을 듣기 위해 윈저 하우스 강당에서 기다렸는데, 이튿날에도 마찬가지였다.

이후 몇 주 동안 요가 강연회는 점점 규모가 늘어나서 라이트 씨가 다른 강연장을 알아봐야 했다. 영국인의 끈기는 영적인 일과 관련될 때 훌륭한 결과를 거두었다. 영국의 요가 수련자들은 내가 떠난 뒤에도 충실하게 자발적으로 SRF 센터를 조직하여 삭막한 전쟁 기간 중에도 매주 명상 모임을 계속했다.

우리는 런던 시내를 관광하고 나서, 아름다운 시골로 다니며 영국에서 잊을 수 없는 몇 주를 지냈다. 라이트 씨와 나는 믿음직한 포드 자동차를 몰고 영국 역사상 위대한 시인들과 영웅들이 태어난 곳, 그리고 그들의 묘지를 찾아보았다.

우리 일행은 10월 말경, 브레멘 호를 타고 사우샘프턴을 출발하여 미국으로 향했다. 뉴욕항의 거대한 자유의 여신상이 보이자 우리는 기쁨으로 목이 메었다. 포드 자동차는 고대의 땅을 힘들게 돌아다니느라 약간 상하긴 했지만 여전히 강력한 힘이 남아 있었다. 그래서 캘리포니아까지 가는 대륙 횡단 여행도 쉽게 해냈다.

1936년 말, 드디어 마운트 워싱턴 센터에 도착했다. 매년 연말 축제가 로스앤젤레스 센터에서 열리는데, 12월 24일(영적인 크리스마스)에는 여덟 시간 동안 집단 명상을 하고,* 다음 날인 12월 25일(사회적 크리스마스)에는 연회가 있다. 이 해의 축제는 세계를 여행한 세 명의 여행자가 집에 돌아온 것을 환영하러 먼 곳으로부터 많은 친구와 학생들이 참가하여 더욱 성대하게 치러졌다.

크리스마스에는, 기쁜 날을 맞아 특별히 24,000킬로미터나 떨어진 곳에서 공수해온 각종 진미를 맛보았다. 카슈미르 산 구치 버섯, 통조림으로 만든 라사굴라와 망고 과육, 파파르 과자, 아이스크림의 향료로 쓰는 케오라 꽃 기름 등이 마련되었다. 저녁 때 모두가 반짝이는 전구로 장식한 커다란 크리스마스트리 주위에 모여 앉았고, 향기 나는 편백나무 장작불이 가까이에서 타닥거리며 타고 있었다.

선물의 시간! 팔레스타인, 이집트, 인도, 영국, 프랑스, 이탈리아 등 세계 곳곳을 여행할 때 구한 선물들이었다. 미국 센터의 사랑하는 사람들을 위해 마련한 이 선물들에 좀도둑의 손이 닿지 못하도록 이국의 역에서 차를 옮겨 탈 때마다 라이트 씨가 얼마나 고생하며 트렁크 수효를 일일이 헤아렸는지 모른다.

팔레스타인 성지에서 구한 신성한 올리브 나무로 만든 장식판, 벨기에와 네덜란드에서 산 정교한 레이스와 자수품들, 페르시아 양탄자, 곱게 싼 카슈미르의 숄, 마이소르에서 구한 향기로운 백단나무 쟁반, 중부 지대에서 온 시바의 '황소 눈'이라고 불리는 돌, 오래 전에 번

---

* 1950년부터는 12월 23일에 하루 종일 명상을 한다. 그래서 전 세계의 SRF 회원들은 각자의 집이나 SRF 사원과 센터에서 특별히 크리스마스를 보내는데, 크리스마스 기간의 하루를 깊은 명상과 기도의 시간으로 맞이한다. 이들은 본부에 모여 명상하는 수련자들과 내적 조화를 이룸으로써 커다란 영적 도움과 축복을 받게 된다. 마찬가지로 SRF 본부의 기도회와 자신을 일치시키는 자들은 언제나 성스러운 정신적 고양을 느낄 수 있다. ─원서 편집자 주

영했던 인도 왕조의 동전들, 보석으로 장식된 꽃병과 컵, 소형 장식품들, 벽걸이 주단, 사원용 향과 향수, 스와데시 면으로 된 날염 천, 옻칠한 제품들, 마이소르의 상아 조각품들, 이상스러울 만치 코가 긴 페르시아 신발, 묘한 장식을 한 오래된 필사본들, 벨벳, 비단, 간디 모자, 도자기, 타일, 놋쇠 제품, 기도용 작은 양탄자……. 이 모두가 세 대륙을 여행하며 구한 선물들이었다.

나는 크리스마스트리 아래 산더미같이 쌓인 아름답게 포장된 선물 꾸러미들을 하나씩 하나씩 나눠주었다.

"갸나마타 자매님!"

나는 부드러운 표정을 지닌 성스러운 미국 여성에게 기다란 상자를 선물로 주었다. 그녀는 깊은 깨달음을 얻은 사람으로 내가 없는 중에 마운트 워싱턴 센터를 관리해왔다. 종이 포장 속에서 그녀는 금빛 바라나시 비단으로 된 사리를 꺼냈다.

"감사합니다. 이것을 보니 바로 눈앞에 인도의 장관이 떠오르는 것 같아요."

"디킨슨 씨!"

다음 꾸러미에는 내가 캘커타 시장에서 산 선물이 들어 있었다. 시장에서 그 물건을 발견했을 때, '디킨슨 씨가 좋아하겠다.'고 생각했다. 사랑스러운 제자 디킨슨 씨는 1925년 마운트 워싱턴 센터가 생긴 이래 해마다 크리스마스 축제에 참석해왔다. 이번 열한 번째 축제에도 그는 내 앞에서 장방형 꾸러미의 리본을 풀며 서 있었다.

"은잔이군요!"

그는 감정을 억누르면서 선물로 받은 커다란 술잔을 응시했다. 그러고는 좀 떨어진 곳으로 가서 겉으로도 드러날 만큼 멍한 표정으로 앉았다.

나는 그에게 애정 어린 미소를 보낸 다음 계속해서 산타클로스 역할을 수행했다. 감탄으로 가득 찼던 저녁 시간은 이 모든 선물을 주신 신에게 기도하고 다 함께 크리스마스 캐럴을 부르는 가운데 막을 내렸다.

며칠 뒤 디킨슨 씨와 나는 이런저런 이야기를 나누게 되었다. 그가 말했다.

"선생님, 이제야 은잔에 대한 감사 말씀을 드려야겠습니다. 크리스마스 날 밤에는 아무 말도 할 수가 없었습니다."

"그 선물은 특별히 당신을 위해 준비한 거예요."

"저는 43년 동안 그런 은잔을 기다려 왔답니다! 이 이야기는 마음속에 오랫동안 숨겨왔던 것입니다."

디킨슨 씨가 수줍게 나를 쳐다보며 말했다.

"시작부터 아주 극적입니다. 그때 저는 물속에 깊이 빠졌습니다. 네브라스카의 작은 마을에서 살고 있었는데, 어느 날 형이 장난으로 저를 꽤나 깊은 연못으로 밀어넣었기 때문입니다. 다섯 살밖에 안 되었을 때였죠. 제가 막 물 밑으로 두 번째 가라앉을 때였는데, 여러 가지 색의 눈부신 빛이 나타나서 온 주위를 비추었습니다. 그런 가운데 조용한 눈빛에 평온한 미소를 띤 한 남자의 얼굴이 보였습니다. 제 몸이 세 번째 잠기려는 순간, 형 친구들이 가늘고 긴 버드나무 가지 하나를 물에 잠길 만큼 구부려서 던져주었습니다. 그 가지를 필사적으로 잡았지요. 형 친구들이 저를 물 밖으로 끌어내고 응급처치를 잘 해줘서 살 수 있었습니다.

그후 12년이 지나 열일곱 살 때, 저는 어머니와 같이 시카고에 갔습니다. 1893년 9월이었는데, '세계종교회의'가 성대하게 열리고 있었지

— 1893년 9월, 시카고에서의 스와미 비베카난다.
사진 왼쪽 위에 비베카난다가 쓴 내용은 다음과 같다.
"생각을 초월하고 모든 특질을 초월한, 무한히 순수하고 성스러운 당신에게 고개 숙입니다."

요. 어머니와 함께 중심가를 걸어가고 있을 때, 저는 다시 강력한 섬광을 보았습니다. 몇 발 떨어진 거리에서 누군가 한가하게 걸어가고 있었는데, 바로 제가 12년 전 환시 속에서 보았던 그 사람이었습니다. 그는 큰 강당으로 다가가서 문 안으로 사라졌습니다. 제가 소리쳤지요.

「어머니, 저기 내가 물에 빠졌을 때 본 그 사람이에요!」

어머니와 제가 서둘러 그 건물로 들어가서 보니까 그 사람은 연단 위에 앉아 있었습니다. 그는 인도의 스와미 비베카난다*였지요. 영혼을 감동시키는 강연을 들은 뒤 저는 그분을 만나러 앞으로 나아갔습니다. 그분은 우리가 마치 오랜 친구인 것처럼 부드러운 미소를 보내셨습니다. 저는 너무 어려서 어떻게 감정을 표현해야 하는지 몰랐지만, 마음속으로는 그분이 제 스승이 되어주시기를 바라고 있었죠. 그분은 제 생각을 읽으셨습니다.

「아니다, 내 아들아. 나는 너의 구루가 아니다.」

비베카난다가 아름답고 깊이 꿰뚫는 듯한 눈빛으로 제 눈을 응시하며 말씀하셨습니다.

「너의 스승은 나중에 와서 너에게 은잔을 줄 것이다.」

잠시 침묵하다가 그는 미소를 지으며 다시 덧붙였습니다.

「그 스승은 네가 지금 감당할 수 있는 것보다 훨씬 많은 축복을 내려줄 것이다.」

디킨슨 씨는 계속해서 말했다.

"저는 며칠 뒤에 시카고를 떠났는데, 그 뒤 다시는 위대한 비베카난다를 만나지 못했습니다. 그러나 그분이 하신 모든 말씀은 제 내면 의

---

* 그리스도 같은 대스승 라마크리슈나 파라마한사의 수제자이다.

식 속에 지워지지 않고 기록되었습니다. 세월은 계속 흘렀으나 스승님은 나타나지 않았습니다. 1925년 어느 날 밤, 저는 절실하게 주께서 구루를 보내주시기를 기도했습니다. 그러고는 몇 시간 뒤 부드러운 음악 선율에 잠을 깨었습니다. 눈앞에는 플루트와 다른 악기들을 들고 있는 천상의 악대가 보였습니다. 영광스러운 음악으로 대기를 채우고 천사들은 천천히 사라졌습니다. 다음 날 저녁, 저는 처음으로 이곳 로스앤젤레스에서 선생님 강연에 참석했습니다. 그때 제 기도가 받아들여졌다는 사실을 알았습니다."

우리는 침묵 속에서 서로를 바라보며 미소 지었다.

"지금까지 11년 동안 저는 크리야 요가를 배워왔습니다. 그런 가운데 이따금씩 은잔이 궁금했습니다. 그러면서 비베카난다님의 말씀을 그냥 비유적인 의미로 이해했습니다. 그러나 크리스마스 날 밤, 선생님이 트리 옆에서 그 작은 상자를 건네주셨을 때, 저는 생애 세 번째로 전과 똑같은 눈부신 섬광을 보았습니다. 다음 순간, 저는 비베카난다님이 43년 전에 예언하신 구루의 선물을 응시하고 있었습니다. 바로 그 은잔이었습니다!"*

---

* 디킨슨 씨는 파라마한사 요가난다가 태어난 해인 1893년 9월에 스와미 비베카난다를 만났다. 비베카난다는 요가난다가 환생한 것과 인도철학을 가르치러 미국에 갈 것을 확실히 알고 있었다. 1965년, 건강하고 활동적인 89세의 디킨슨 씨는 로스앤젤레스 SRF 본부의 행사에서 요가차랴(요가의 스승) 호칭을 수여받았다. 그는 자주 파라마한사지와 오랫동안 함께 명상을 하곤 했으며, 매일 세 차례의 크리야 요가 수행을 거르지 않았다. 1967년 6월 30일 세상을 떠나기 2년 전에 요가차랴 디킨슨은 SRF 수행자들에게 강연을 했다. 그때 그는 파라마한사지에게 잊고서 언급하지 못했던 흥미로운 이야기를 처음으로 들려주었다. "시카고에서 비베카난다와 이야기하기 위해 강단으로 올라가자 인사도 하기 전에 그분이 이렇게 말씀하셨습니다. 「젊은이여, 나는 네가 물속에서 나와 있기를 바란다!」"—원서 편집자 주

# 48

# 캘리포니아
# 엔시니타스의 아슈람에서

"스승님, 깜짝 놀라실 일이 있습니다! 스승님이 해외에 체류하시는 동안 저희가 엔시니타스에 아슈람을 만들었습니다. 귀국을 환영하는 선물입니다."

린과 갸나마타, 두르마, 그리고 다른 제자들 몇이서 창문을 지나 나무 그늘이 드리워진 길로 미소 지으며 나를 이끌었다.

나는 푸른 바다를 향해 흰색 대형 쾌속선처럼 돌출한 건물을 보았다. 처음에는 아무 말도 못 하다가 차츰 '오!', '아!' 하는 감탄사를 연발했고, 마침내는 인간의 불충분한 언어로 기쁨과 감사의 마음을 표현하면서 아슈람을 살펴보았다. 대단히 큰 열여섯 개의 방들이 모두 매혹적으로 설비되어 있었다.

위풍당당한 중앙 홀에는 천장 높이까지 거대한 창문들이 나 있어서 초원과 바다와 하늘이 어우러진 하나의 제단을 보는 듯했다. 그것은 에메랄드 빛과 오팔 빛과 사파이어 빛이 엮어내는 한 편의 교향곡이었다. 중앙 홀의 벽난로 위 선반에는 평온한 서양식 아슈람에 축복을 내리는 듯이 그리스도와 바바지, 라히리 마하사야, 스리 유크테스와르의 초상화가 놓여 있었다.

중앙 홀 바로 아래 가파른 절벽에 마련된 두 개의 명상 동굴은 끝없는 하늘과 바다를 마주하고 있었다. 경내 구석진 곳에는 일광욕을 할 수 있는 공간들이 있었고, 널돌로 길을 만들어 조용한 나무 그늘과 장미 정원, 유칼립투스 숲, 과수원 등으로 이어지게 해놓았다.

아슈람 문 한편에는 『젠드 아베스타』의 '거처居處를 위한 기도문'이 쓰여 있었다.

> 선하고 영웅적인 성자들의 영혼이여, 이곳으로 오소서! 그리고 우리와 함께 손잡으시고 대지처럼 넓고 하늘처럼 높은 치유의 미덕을 축복하는 선물로 주소서!

캘리포니아 주 엔시니타스에 있는 이 드넓은 대지는, 1932년 1월에 입문한 이래로 계속 충실한 크리야 요기인 제임스 J. 린 씨가 SRF에 기증한 것이다. 린 씨는 거대한 정유회사의 총수이며 세계에서 가장 큰 화재보험거래소 회장으로서 끊임없는 책무를 수행해야 하는 미국인 사업가이다.

그는 바쁜 와중에도 날마다 시간을 내어 오랫동안 깊은 크리야 요가 명상을 수행했다. 이러한 조화로운 삶을 유지함으로써 삼매경 속에서 흔들리지 않는 평화의 은총을 얻었다.

1935년 6월부터 1936년 10월까지 내가 인도와 유럽에 머무는 동안 린 씨*는 나와 소식을 주고받는 캘리포니아 사람들과 함께 엔시니타스의 아슈람 건축에 대해 나한테 아무 말도 하지 말자며 사랑스러운 '모의'를 했던 것이다. 이 얼마나 놀랍고도 기쁜 일인가!

미국에 와서 처음 몇 년 동안 나는 바닷가에 아슈람을 지을 작은 터를 찾아 캘리포니아 해안을 뒤졌다. 적절한 장소를 찾아낼 때마다 몇 가지 장애물이 꼭 나타나서 나를 방해했다. 이제 햇볕이 내리쬐는 엔시니타스의 대지를 내려다보면서 나는 겸손한 마음으로 오래 전에 행한 스리 유크테스와르의 예언이 실현되었음을 알았다. '바닷가의 은거지'**가 실행된 것이다!

몇 달 뒤 1937년 부활절에 나는 새로운 아슈람의 잔디밭에서 첫 번째 부활절 일출 예배를 거행했다. 이 예배는 이후부터 해마다 이어지고 있다. 고대의 마기(magi, 종교의식을 전문적으로 맡았던 고대 페르시아의 한 사제 집단―옮긴이)처럼 수백 명의 학생이 종교적인 경외심으로 매일의 기적, 즉 이른 아침 동쪽 하늘에서 일어나는 태양의 불의 의식을 응시했다. 서쪽으로는 태평양이 엄숙한 찬미의 노래를 소리 높여 부르고 있었고, 멀리 자그마한 하얀 돛단배 한 척이 떠가는 가운데 갈매기가 외로이 날아다녔다.

"그리스도여, 당신은 부활하셨습니다!"

---

* 파라마한사지가 돌아가신 뒤 린(라자르시 자나카난다) 씨는 SRF와 YSS의 회장으로 봉사했다. 린 씨는 그의 구루에 대해서 이렇게 말했다. "성자와 함께 지낸다는 것은 얼마나 거룩한 일인가요! 내 인생에서 일어난 모든 일들 중에서 파라마한사님이 내게 주신 축복을 가장 값지게 여깁니다." 린 씨는 1955년에 마하사마디에 들었다.―원서 편집자 주

** 제12장 참고

봄날의 태양과 함께 대영혼의 영원한 여명 속에서!

몇 달이 행복하게 지나갔다. 완벽할 만큼 아름답게 꾸며진 엔시니타스의 아슈람에서 나는 오래 전부터 계획했던 『우주 찬가집』을 완성했다. 인도 노래들에 영어 가사와 서양식 음악 부호를 붙인 것이다. 여기에는 샹카라의 찬가 〈태어남도 없으며, 죽음도 없다〉, 〈브라흐마에게 바치는 찬가〉, 타고르의 〈누가 나의 사원에 있는가?〉를 비롯하여 내가 작곡한 여러 곡 중에 〈나는 언제나 당신 것입니다〉, 〈내 꿈 너머 그 땅에서〉, 〈제 영혼의 부르짖음을 당신께 드립니다〉, 〈오소서, 제 영혼의 노래를 들으소서〉, 〈침묵의 사원에서〉 등이 수록되었다.*

이 노래책의 머리말에서 나는 동양의 찬가에 대한 서양의 반응을 처음으로 뚜렷하게 경험했던 바를 자세히 설명했다. 그 일이 생긴 것은 한 공개 강연회 때였다. 날짜는 1926년 4월 18일, 장소는 뉴욕의 카네기홀이었다. 그때 나는 미국 제자 중의 한 명인 앨빈 헌시커 씨에게 이렇게 털어놓았다.

"청중들에게 옛 인도의 찬가인 〈오, 아름다운 신이여〉**를 함께 부르

---

* 파라마한사 요가난다는 『우주 찬가집』에 있는 노래 몇 곡을 레코드로 만들었다. ─원서 편집자 주
** 구루 나나크가 지은 노래 가사는 다음과 같다.

오, 아름다운 신이여, 오 아름다운 신이여!
숲속에서 당신은 푸르고
산에서 당신은 높고,
강에서 당신은 그침이 없고,
바다에서 당신은 장엄합니다.
봉사하는 자에게는 당신이 봉사이고,
사랑하는 자에게는 당신이 사랑이고,
슬퍼하는 자에게는 당신이 자비이고,

자고 청할 계획입니다."

그러자 헌시커 씨는 동양의 노래는 미국인들이 쉽게 이해할 수 없다고 반대했다. 나는 이렇게 대답했다.

"음악은 보편적인 언어입니다. 미국인들도 이 고귀한 노래 속에 담긴 영감을 틀림없이 느낄 수 있을 것입니다."

다음 날 밤, 〈오, 아름다운 신이여〉의 경건한 선율이 3천여 명의 입에서 한 시간 이상 흘러나왔다. 사랑하는 뉴요커들이여, 결코 돌덩이가 아닌 당신들의 가슴은 이 단순한 기쁨의 찬가로 고양되었다! 그날 저녁, 주님의 축복된 이름을 사랑을 다해 찬송하는 신자들 사이에 신성한 치유가 일어났다.

1941년에 나는 보스턴의 SRF 센터를 방문했다. 보스턴 센터의 지도자인 M. W. 루이스 박사는 나를 예술적으로 장식한 스위트룸에 머물게 했다. 루이스 박사는 미소 지으며 말했다.

"선생님, 선생님은 미국에 와서 처음 몇 년 동안 목욕실도 없는 방에서 지내셨지요. 이제 보스턴에도 화려한 숙소가 있다는 것을 알려드리고 싶었습니다."

나는 캘리포니아에서 활기 찬 몇 년을 행복하게 지냈다. 1937년 엔시니타스에 SRF 지부*가 생겼다. 그곳에서는 SRF의 이상에 따라 다각

---

요기에게는 당신이 기쁨입니다.
오, 아름다운 신이여,
당신 발밑에, 오 나는 절합니다!

\* 이제 이곳은 매우 번창한 수행 센터가 되었다. 여기에는 원래의 수행 본부와 남녀 수행자들을 위한 아슈람, 식당 시설, 그리고 회원들과 친구들을 위한 매력적인 명상 공간이 있다. 넓은 대지 위에 큰길과 마주한 하얀 기둥들은 쇠로 만든 금빛 연꽃들로 줄지어 장식되어 있다. 인도 예술에서 연꽃은 뇌에 있는 우주의식의 중심(사하스라라), 즉 '일천 개의 꽃잎을 가진 빛의 연꽃'을 상징한다.

도로 제자들을 훈련시키는 여러 가지 활동을 벌이고 있다. 또 엔시니타스와 로스앤젤레스 센터에 머무는 사람들을 위해 채소와 과일도 재배한다.

인류의 모든 족속을 한 혈통으로 만드사.*

'세계 형제'란 매우 광범위한 개념의 용어이지만, 인간은 자신의 공감대를 확장시켜 스스로를 '세계 시민'이라는 관점에서 생각해야 한다. '이것이 나의 미국이요, 나의 인도요, 나의 필리핀이요, 나의 유럽이요, 나의 아프리카요……'라고 진정 이해하는 사람은 유용하고 행복한 삶의 양식을 모자람 없이 가질 수 있다.

스리 유크테스와르는, 비록 몸으로는 인도 이외의 다른 곳에서 산적이 없었지만 이러한 형제애의 진리를 알고 계셨다.

"세계가 나의 조국이다."

---

* 『사도행전』 17:26

49

# 과학의 시대를 넘어
# 영성의 시대로

이제 우리는 명상의 가치를 진정으로 깨우쳤으며, 그 무엇도 우리의 내
적 평화를 깨뜨릴 수 없다는 사실을 압니다. 지난 몇 주 동안 회합을 하
는 중에도 우리는 공습경보와 폭발의 굉음을 들었습니다. 그러나 우리
학생들은 여전히 모여서 아름다운 예배에 즐겁게 몰두하고 있습니다.

런던 SRF의 지도자가 보낸 이 용감한 편지는 전쟁에 시달리고 있는
영국과 유럽에서 날아온 많은 편지 가운데 하나였다. 아직 미국은 제2
차 세계대전에 참전하지 않았을 때였다.

유명한 『동양의 지혜The Wisdom of the East』 시리즈의 편집자인 런던
의 L. 크랜머 바잉 박사는 1942년에 다음과 같은 글을 써서 보내왔다.

757

《동서》를 읽을 때면 나는 우리가 얼마나 멀리 떨어져서 서로 다른 두 세계에 사는 듯이 보이는가를 깨닫습니다. 성배(聖杯, 예수가 최후의 만찬에서 쓴 술잔—옮긴이)의 축복과 평안으로 가득찬 배가 포위된 도시로 가듯이, 아름다움과 질서와 고요와 평화가 로스앤젤레스에서 내게로 항해하여 정박합니다.

나는 꿈인 양 야자나무 우거진 당신의 동산과 너른 해안선과 산이 보이는 엔시니타스의 사원을 봅니다. 그러나 무엇보다도 영적인 마음을 지닌 남녀들의 유대감, 하나로 결속되고 창조적인 노력에 전념하며 명상으로 새 힘을 얻는 공동체를 볼 수 있습니다. …… 협회 여러분 모두에게 평범한 한 병사가 인사를 보내며 새벽을 기다리는 망루에서 이 글을 씁니다.

캘리포니아의 할리우드에 SRF 일꾼들이 건립한 '모든 종교의 교회'가 1942년에 봉헌되었다. 1년 뒤 또 다른 교회가 캘리포니아의 샌디에이고에 세워졌고, 1947년에는 캘리포니아의 롱비치*에 또 하나가 들어섰다.

이 세상에서 가장 아름다운 장소 중의 하나인 로스앤젤레스의 퍼시픽 팰리세이드 구역에 있는, 동화처럼 아름다운 땅이 1948년 SRF에 기증되었다. 4만 제곱미터가 넘는 이 땅은 푸른 수풀 언덕으로 둘러싸여 자연적인 원형극장 모양을 이루고 있다. 또한 왕관에 박힌 푸른 보석 같이 산중에 커다란 자연 호수가 있어서 '호수 사원'이라고 불리기도

---

* 롱비치 교회는 그 후 너무 비좁아져서 1967년 캘리포니아의 플러튼에 있는 보다 넓은 SRF 사원으로 이전되었다. —원서 편집자 주

한다. 예스러운 네덜란드 식 풍차 안에는 평화로운 예배당이 있고, 정원 근처에 있는 커다란 물레방아는 한가로운 음악을 철벅거리며 연주한다. 중국에서 온 두 개의 대리석 조각품이 그곳을 꾸미고 있는데, 하나는 불상이고 다른 하나는 관음보살상이다. 실물 크기의 그리스도상은 고요한 표정으로 밤이면 아주 환하게 빛나는 옷자락을 늘어뜨린 채 폭포 위 언덕에 서 있다.

1950년 '마하트마 간디 세계평화기념관'이 호수 사원에 봉헌되었는데, 그 해는 미국의 SRF가 30주년*을 맞는 해였다. 마하트마의 골분 일부를 인도에서 모셔와서 천 년된 돌로 만든 석관에 안치했다.

1951년에는 할리우드에 SRF 인도 센터**가 설립되었다. 캘리포니아 주 부지사인 구드윈 J. 나이트와 인도 총영사 M. R. 아후자가 봉헌식에 자리를 같이했다. 그곳에는 '인도 홀'이 있는데, 250여 명을 수용할 수 있다.

여러 지부에 들어오는 신참자들은 요가에 대해 더 많은 것을 알고 싶어한다. 그들은 내게 종종 이렇게 질문한다.

"일부 단체에서 말하듯이, 책으로는 요가를 성공적으로 배울 수 없고 가까운 스승의 인도를 받아야만 한다는 게 사실입니까?"

원자력 시대에 요가는 'SRF 통신 강의'와 같은 교육 방식으로 지도되어야 한다. 그렇지 않으면 인간을 해방시키는 과학이 또다시 선택된

---

* 이 해를 기념하여 1950년 8월 27일 로스앤젤레스에서 성스러운 기념식을 거행했는데, 그 행사에서 나는 수강생 500명에게 크리야 요가 입문식을 치러주었다.
** 부속 사원이 있는, 거대한 수행 센터의 중추 기관. 이곳은 인류를 위한 봉사에 헌신하며, 자신의 생활 속에서 파라마한사 요가난다의 이상을 실현하기 위해 애쓰는 헌신자들이 관리한다. ─ 원서 편집자 주

소수 사람들에게만 국한될 수밖에 없다. 수강생들 각자가 자기 곁에 완전한 신의 지혜를 갖춘 구루를 모실 수 있다면, 그것은 정말로 귀한 은혜일 것이다. 그러나 세상에 '죄인'은 많고 성인은 극소수이다. 그렇다면 진정한 요기가 쓴 가르침을 집에서 배우는 방법을 택하지 않고서 어떻게 그 많은 사람이 요가의 도움을 받을 수 있겠는가?

만약 완벽한 스승의 인도를 받아야만 한다면 '평범한 사람'은 무시되어 요가를 알지 못한 채로 남아 있어야 한다. 이는 새 시대에 대한 신의 계획이 아니다. 바바지님은 모든 성실한 크리야 요기들이 목표를 향해 자신의 길을 갈 수 있도록 보호하고 인도해주겠다고 약속하셨다.[*] 사람들이 적절한 노력을 기울여 성스러운 아버지의 아들로서 제 위치를 되찾았을 때, 그들을 맞이하는 평화롭고 풍요로운 세계를 실현시키기 위해서는 단지 수십 명이 아니라 수천, 수만의 크리야 요기들이 필요하다.

'영적인 꿀을 위한 벌집'이라고 할 수 있는 서구의 SRF 조직을 설립하는 것은 스리 유크테스와르님과 마하바타르 바바지님이 내게 명령하신 의무였다. 그 성스러운 책무를 수행하는 데는 어려움도 따랐다.

"파라마한사님, 제게 진실하게 답해주세요. 그것이 정말 그럴 만한 가치가 있었습니까?"

샌디에이고 사원의 지도자 로이드 켄넬 박사가 어느 날 저녁 이렇

---

[*] 파라마한사 요가난다도 역시 이승을 떠난 뒤까지 모든 크리야반(kriyaban, 크리야 입문식을 받고 'SRF 강좌'를 공부하는 사람)들을 계속 돌보겠다고 동서양 수행자들에게 말했다. 이러한 아름다운 약속은 그가 마하사마디에 든 뒤에 여러 크리야 요기들로부터 온 편지들에서 입증되었다. 그들은 그가 어느 곳에서나 자신을 인도하고 있음을 깨달았다고 적고 있다. ─원서 편집자 주

게 간단히 물었다. 나는 그의 말을 이와 같이 받아들였다.

"미국에서 행복했습니까? 요가의 전파를 막으려고 안달하는 사람들이 퍼뜨리는 헛소문은 또 어떻습니까? 실망과 마음의 고통, 제대로 지도하지 못하는 지부의 지도자들과 제대로 배우지 못하는 수강생들에 대해서는 어떻게 생각하십니까?"

나는 대답했다.

"주께서 시험하는 인간은 축복받은 것입니다! 그분은 기억하시고 때때로 내게 짐을 지워주셨습니다."

그때 나는 모든 충실한 사람들과, 미국의 심장을 밝히는 이해심과 사랑, 헌신 등을 생각했다. 그러고는 천천히 말을 이어나갔다.

"나의 대답은 '예'입니다. 수천 번이라도 '예'입니다! 동양과 서양이 영성이라는 오직 하나의 끈으로 묶여 점점 가까워지는 모습을 보는 일은, 이전에 내가 예상했던 것보다 훨씬 가치가 있었습니다."

서양에 대해 예민하게 관심을 보였던 인도의 위대한 도인들은 현대의 상황을 잘 파악하고 있었다. 그들은 모든 국가가 동양과 서양의 서로 다른 독특한 가치를 더욱 잘 흡수하기 전까지는 세계 문제들이 개선될 수 없음을 알았다. 지구의 각 반구半球들은 서로 상대방의 장점을 받아들일 필요가 있다.

세계 여행 중에 나는 슬프게도 많은 고통*을 목격했다. 동양은 주로

---

* 그 목소리는 부서지는 파도처럼 내 주위를 둘러쌌다.
"그래서 너의 땅은 그렇게 망가지고, 조각조각 부서지지 않았느냐? 자, 모든 것이 너에게서 도망갔다. 네가 나에게서 달아났기 때문이다. 나는 너에게서 그 모두를 가져왔지만, 너를 해치기 위해서가 아니라 네가 그것을 내 품 안에서 구하도록 하기 위해서였다. 어린 애처럼 네가 잃었다고 잘못 생각한 모든 것들을, 내가 너를 위해 집 안에 보관해놓았다. 일어나서 내 손을 잡고, 오라!"—프랜시스 톰프슨, 〈하늘의 사냥개The Hound of Heaven〉

물질적 측면에서, 서양은 영적 혹은 정신적 측면에서 고통받고 있었다. 모든 국가가 문명의 불균형 때문에 고통을 겪는다. 인도를 비롯한 동양의 여러 나라는 미국과 같은 서양 국가들이 가진 물질적 효율성이나 사물에 대한 실용적 접근 태도 등을 본받음으로써 큰 이익을 얻을 수 있다. 반면에 서구인은 영적으로 삶의 근본을 더 깊이 이해해야만 하며, 특히 고대로부터 인도에서 발달한, 인간이 의식을 통해 신과 친교하는 과학적 방법에 대해 좀 더 알아야 한다.

모든 면에서 균형 잡힌 문명을 희망하는 것은 망상이 아니다. 수천 년 동안 인도는 영적인 빛과 물질적 번영을 함께 누린 나라였다. 지난 200년 동안의 가난은 인도의 긴 역사를 살펴볼 때 일시적인 업보의 기간에 불과하다. 과거에는 물질적 풍요를 일컫는 '인도의 재물'이라는 속담이 있었다. 물질적 또는 영적 풍요는 리타, 즉 우주 법칙 내지 자연의 정의가 체계적으로 표현된 것이다. 신에게도, 또 그분이 만든 현상계의 여신인 풍요로운 자연에도 인색함이란 결코 있을 수 없다.

힌두교 경전에 의하면, 인간이 이 지상의 특정 장소에 끌리게 되는 것은 윤회를 거듭하면서 성령이 물질적 상황을 통해 표현되는 동시에 그 물질적 상황을 지배하는 무한한 방식을 좀 더 완전하게 알기 위해서라고 한다. 동양과 서양은 이 위대한 진리를 각자 다른 방식으로 배우고 있으므로 서로가 발견한 것을 기꺼이 함께 공유해야 한다. 지상의 자녀들이 빈곤과 질병과 영적 무지가 없는 세계 문화를 이룩하고자 노력할 때, 신은 틀림없이 기뻐하실 것이다. 인간이 자유 의지를 잘못 사용하여 자신의 신성한 근원을 잊어버리면,* 그것은 모든 형태의 고

---

* "우리는 자유롭게 섬긴다.

통을 일으키는 원인이 된다.

신과 인간의 관계가 추상화되어 있는 '사회'라는 집단에서 기인한 병폐를 보다 실제적으로 살펴보면, 그것은 인간 각자 앞에 놓인 문제 일 수 있다.* 유토피아는 사회 도덕에서 꽃피기 전에 먼저 각 개인의 가슴에서 우러나와야 하며, 그리하여 내적 개혁이 자연스럽게 외적 개 혁으로 탈바꿈되어야 한다. 자기 자신을 개혁한 사람은 수천 명을 개 혁할 수 있다.

오랜 세월 동안 시간의 시험을 거친 세계의 경전들은 본질적으로 모두 하나이며, 인간의 진화 여정에서 사람들을 고무시켜주는 장치이 다. 나 또한 인생에서 가장 행복했던 시기 중 하나는 《자아실현》에 기 고하기 위해 『신약성서』의 일부를 새로 해석할 때였다. 나는 글을 쓰 면서 스무 세기 동안 불행하게도 많은 부분이 잘못 이해되었던 말씀들 의 진정한 의미를 밝힐 수 있도록 인도해 주시기를 간절히 그리스도에 게 탄원했다.

---

우리의 의지대로 자유롭게 사랑할 수 있기 때문이다.
사랑하느냐, 사랑하지 않느냐? 여기서 우리는 일어서든지 떨어지든지 한다.
어떤 사람들은 떨어진다. 반항으로 떨어진다.
저 천국에서부터 저 깊은 지옥까지.
오, 그토록 지고한 기쁨의 상태에서 고통 속으로 떨어짐이여!"
—밀턴, 『실낙원Paradise Lost』

\* 현상 세계를 만들어낸 신의 릴라(운동) 계획은 창조주와 피조물이 상호 관계를 유지하 는 것이었다. 인간이 신에게 드릴 수 있는 유일한 선물은 사랑뿐이며, 그분의 놀라운 관용 을 얻기 위해서는 그 사랑으로 충분하다.
"너희, 곧 온 나라가 나의 것을 도적질하였으므로 너희가 저주를 받았느니라. 만군의 여 호와가 이르노라. 너희의 온전한 십일조를 창고에 들여 나의 집에 양식이 있게 하고 그것 으로 나를 시험하여 내가 하늘 문을 열고 너희에게 복을 미처 다 쌓을 곳이 없을 만큼 부 어주지 아니하나 보라." 『말라기』 3:9-10

어느 날 밤 말없이 기도를 드리고 있을 때 엔시니타스 아슈람에 있는 내 방이 푸른 오팔 빛으로 가득 찼다. 나는 빛나는 주 예수의 축복받은 형상을 보았다. 그는 스물다섯쯤 되어 보이는 젊은이의 형상으로 수염이 드문드문 나 있었고, 가운데 가르마를 탄 길고 검은 머리에는 빛나는 금빛 후광이 둘러져 있었다.

그의 눈빛은 매우 신비했으며, 내가 바라보자 무한히 변화했다. 그 성스러운 눈빛이 변할 때마다 나는 직관적으로 전달되는 지혜를 이해했다. 또한 그의 영광스러운 시선에서 수많은 세계를 지탱하는 힘을 느꼈다. 예수의 입가에 홀연히 나타난 성배가 내 입술로 다가오더니 다시 그분에게 돌아갔다.[*]

1950년과 1951년에는 캘리포니아 모하비 사막 근처의 조용한 은거지에서 많은 시간을 보냈다. 그곳에서 나는 『바가바드기타』를 번역했고, 여러 가지 다양한 요가의 길을 가르쳐주는 상세한 주석서를 썼다.[**]

인도의 가장 위대한 이 경전은 요가 기법(『바가바드기타』에 언급된 단 한 가지 요가 기법으로 바바지가 간단히 '크리야 요가'라고 부른 것과 같은 것이다)에 대해서 명백히 두 번[***] 언급함으로써 도덕적 가르침만이 아니라 실용적 가르침도 전해주고 있다.

---

[*] 잠시 뒤에 그는 아름다운 말씀을 해주었지만 지극히 개인적인 것이므로 내 마음속에만 간직하기로 한다.

[**] 《자아실현》 최근호에 실렸다. 『바가바드기타』는 인도에서 가장 사랑받는 경전이다. 여기에는 주 크리슈나와 제자인 아르주나의 대화가 들어 있는데, 그것은 모든 구도자가 적시에 사용할 수 있는 영적인 지침들이다. 이 경전의 주요 메시지는, 인간은 신에 대한 사랑과 지혜로써, 또한 집착하지 않는 마음으로 올바른 행동을 함으로써 해탈(해방)을 얻을 수 있다는 것이다.

[***] 『바가바드기타』 IV:29, V:27-28

꿈의 세계라는 바다에서, 호흡은 인간 의식의 물결(사람이나 다른 모든 물질적 대상의 형태로 나타나는)을 만들어내는 특수한 환상의 폭풍우이다. 주 크리슈나는 철학 지식이나 도덕 지식만으로는 고립된 존재라는 고통스러운 꿈에서 인간을 깨어나게 할 수 없다는 것을 알았다. 그는 요기가 자기 몸을 지배하고 또 그것을 마음대로 순수한 에너지로 바꾸는 성스러운 과학을 알려주었다. 이 요가 기법에 담긴 가능성을 원자력 시대의 개척자인 현대 과학자들이 이론적으로 이해할 수 없는 것은 아니다. 모든 물질이 에너지로 환원된다는 사실이 입증되었기 때문이다.

힌두교 경전들은 요가 과학이 일반인도 사용할 수 있는 것이라고 찬양한다. 호흡의 신비가 때로는 요가 기법의 형식을 사용하지 않고도 풀렸다는 것은 사실이다. 신에게 헌신하는 탁월한 능력을 가졌던 비非힌두교 신비가들의 예가 바로 그것이다. 그러한 기독교도나 회교도 혹은 다른 성자들이 정말로 숨도 쉬지 않고 움직이지도 않는 무호흡 상태(사비칼파 사마디)*에 든 경우들이 목격되어 왔는데, 이러한 상태에 들지 않고는 신을 인식하는 첫 번째 단계로 들어갈 수 없었던 것이다. 그러나 성자가 니르비칼파, 즉 최고 경지의 사마디에 다다른 이후에는 숨을 쉬든 쉬지 않든 혹은 움직이든 움직이지 않든 절대자 안에서 흔들리지 않고 확고히 자리 잡게 된다.

17세기의 기독교 신비가 로렌스 형제는 처음으로 신을 조금이나마 깨닫게 되었는데, 나무 한 그루를 보았을 때였다고 한다. 모든 인간이

---

* 사비칼파 사마디에 든 것으로 관찰된 기독교 신비가들 중에는 아빌라의 성녀 테레사가 있다. 이 성녀의 몸이 꼼짝도 하지 않아서 수녀원의 놀란 수녀들이 자세를 바꾸거나 의식을 돌리려고 아무리 애를 써도 불가능했다고 한다.

나무를 보았지만 나무의 창조주를 본 사람은 슬프게도 거의 없었다. 서양이든 동양이든 모든 종교에서 볼 수 있는 몇몇 에칸틴ekantin, 즉 '일편단심' 성자들만이 애쓰지 않고 얻을 수 있었던 철저한 헌신의 능력을 대개의 사람들은 완전히 발휘할 수 없다. 그렇다고 해서 평범한 사람*이 신과 합일할 수 있는 가능성에서 확실하게 쫓겨난 것은 아니다. 평범한 사람은 자신의 본성인 영혼을 다시 불러내기 위해 크리야 요가 수행, 도덕적 교훈의 일상적 준수, 그리고 진지하게 "주여, 저는 당신을 알기를 갈망합니다!"라고 외칠 수 있는 능력 정도만 있으면 된다.

요가의 보편적인 매력은, 보통 사람들도 일반적인 수준을 넘어 열렬히 헌신하지 않더라도 매일 할 수 있는 과학적 방법을 통해서 신에게 다가갈 수 있다는 점이다.

인도의 여러 위대한 스승들은 티르탄카라(고해를 건널 수 있도록 여울목을 만드는 사람—옮긴이)라고 불렸다. 혼란스러운 인간들에게 비바람 몰아치는 삼사라**의 바다를 건널 수 있는 길을 보여주었기 때문이다. 삼사라는 인간에게 윤회에 대해 되도록 저항하지 말라고 유혹한다.

> 그런즉 누구든지 세상과 벗이 되고자 하는 자는 스스로 하느님과 원수 되게 하는 것이니라.***

---

* '평범한 사람'은 언제 어디서부턴가 영적인 출발을 해야만 한다.
노자는 이렇게 말했다. "천리 길도 한 걸음부터 시작한다."
그리고 붓다는 이렇게 설했다. "선한 일이 내 가까이에서 일어나지 않을 것이라고 생각하면서 선행을 가벼이 여기지 말도록 하라. 물방울이 떨어져서 항아리가 가득 찬다. 현명한 자는 선행을 조금씩 쌓더라도 선업으로 가득 차게 될 것이다."
** 업보의 수레바퀴, 죽음과 삶의 순환. 문자 그대로는 '격심한 물결로 뒤덮이다.'는 뜻이다.
*** 『야고보서』 4:4

신의 친구가 되기 위해 인간은 항상 자신을 마야의 혼미함 속에서 우유부단하게 복종하도록 강요하는 업보와 행동의 죄악들을 극복해야만 한다. 업보의 냉정한 법칙을 인식함으로써 진정한 구도자는 그 구속에서 궁극적으로 해방되는 길을 발견하는 힘을 얻는다. 인간이 업보의 노예가 되는 것은 마야로 혼미해진 마음의 욕구 때문이므로, 요기가 관심을 쏟아야 하는 것은 정신의 조절이다.* 그러면 여러 가지 가면으로 덮인 업보에 의한 무지는 사라지고 원래의 본질적 모습을 볼 수 있다.

삶과 죽음의 신비(인간이 지상에 머무는 유일한 목적은 그 문제를 해결하기 위해서이다)는 호흡과 아주 교묘하게 얽혀 있다. 무호흡은 불사이다. 이러한 진리를 깨달은 고대 인도의 현인들은 호흡이라는 유일한 실마리를 잡고 숨을 쉬지 않는 상태를 얻는 정밀하고 합리적인 과학을 발전시켰다. 인도가 세상에 다른 선물은 주지 못했다 하더라도 크리야 요가만으로도 충분히 훌륭한 선물이 될 것이다.

성경에는 히브리 예언자들도 하느님이 호흡을 육체와 영혼의 미묘한 연계점으로 작용하도록 만들었다는 사실을 잘 알고 있음을 보여주는 구절들이 있다. 『창세기』에는 이렇게 쓰여 있다.

---

* "바람을 막은 등불은 변함없이 타오른다. 그것은 요기의 정신과 같다. 감각의 폭풍우에서 벗어나 하늘로 밝게 타오르는, 마음이 평화로운 것을 생각하며, 성스러운 습관으로 위로받을 때, 자신이 자신을 명상하고, 그 속에서 평안을 얻을 때, 이름 없는 기쁨, 모든 감각의 영역을 넘어서 영혼에, 오직 영혼에만 나타나는 기쁨을 알 때, 그리고 저 멀리로 진리에 충실하며 흔들리지 않을 때, 이렇게 하여 비교할 만한 다른 보물을 생각지도 않고 그곳에 정박하여, 어떤 심한 슬픔에도 동요하지 않을 때, 그것을 평화라 부르고, 그러한 행복한 단절을 요가라 부르며, 그러한 사람을 완전한 요기라고 한다!"—『바가바드기타』 IV:19-23(아놀드의 영역을 번역했음)

여호와 하느님이 흙으로 사람을 지으시고 생기를 그 코로 불어넣으시니 사람이 생령이 된지라.[*]

　인간의 육체는 '땅의 먼지'라는 일컬음에서도 알 수 있듯이 화학 물질과 금속 물질로 이뤄져 있다. 깨치지 못한 사람의 경우에는, 영혼이 호흡(기체 에너지)을 통해 육체에 생명의 물결을 전달하지 않으면 어떤 행동도 할 수 없으며 에너지와 움직임도 표현하지 못한다. 인간의 육체에서 프라나, 즉 미묘한 생명 에너지로 작용하는 생명의 물결은 전능한 영혼이 내는 옴 소리의 진동으로 나타난다.

　영혼이 육체의 세포에 비추는 생명의 그럴 듯한 영상은 인간이 몸에 집착하는 유일한 이유이다. 진흙 덩어리에 그처럼 열렬한 충성을 바칠 사람이 누가 있겠는가! 영혼으로부터 나오는 생명의 전류는 숨을 통해 육체로 전달되어, 인간이 결과를 원인으로 생각하고 자신의 육체가 실제 생명을 가지고 있다고 잘못 상상하며 떠받들게 만들 만큼 강력한 힘을 갖고 있다. 그 때문에 인간은 자신을 육체의 형상과 동일시하는 어리석음에 빠지는 것이다.

　인식이란 몸과 숨을 의식하는 일이다. 잠을 잘 때 드러나는 잠재의식은 육체와 호흡으로부터 정신이 잠시 분리되는 것이다. 초월의식은 인간이 육체와 호흡에 의존하는 존재라는 망상에서 해방되는 것이다.[**] 신은 호흡 없이 산다. 그분의 형상대로 만들어진 인간의 영혼도

---

[*] 『창세기』 2:7

[**] "그대는 결코 세상을 제대로 누릴 수 없으리라. 바다가 그대의 정맥으로 흘러들기 전까지는, 하늘로 옷을 입고 별로 왕관을 쓰고 자신이 온 세상의 유일한 상속자임을 깨닫기 전까지는. 그대뿐만 아니라 모든 인간이 유일한 상속자로서 이 세상에 살고 있으므로. 수전

무호흡 상태가 되는 동안에만 처음으로 그분을 '의식하게' 된다.

진화상의 업보로 영혼과 육신 사이를 잇는 호흡이 끊어지게 되면, 죽음이라 불리는 갑작스러운 변화가 초래되어 우리 몸의 세포는 원래의 무능한 상태로 돌아간다. 그러나 크리야 요기들의 경우에는 업보의 필연성에 의해서가 아니라 과학적 지혜로 호흡과의 연계 관계를 자기 의지대로 끊을 수 있다. 실제 경험을 통해 요기는 자신이 본질적으로 무체無體임을 이미 알고 있기 때문에, 육체에 의지하도록 잘못 인도하는 죽음의 암시 따위는 개의치 않는다.

삶에서 삶으로 인간은 자신의 '신성화'라는 목표를 향해 각자 다른 보폭으로 나아간다. 죽음도 이러한 전진을 방해하지 못하며, 오히려 더러워진 것을 깨끗이 하기에 더 적절한 환경인 영계로 가게 할 뿐이다.

> 너희는 마음에 근심하지 말라. …… 내 아버지 집에 거할 곳이 많도다.[*]

신이 이 세상을 만드는 데 재능을 다 써버렸다거나, 다음 세계에서 서투른 하프 연주보다 더 강력히 우리의 관심을 끌 만한 것을 마련하지 않았다는 생각은 잘못된 것이다.

죽음은 존재가 말살되거나 생명으로부터 벗어나는 궁극의 탈피가 아니다. 또한 불멸로 들어가는 문도 아니다. 세속의 즐거움에 빠져 자

---

노가 황금을 대하듯이, 왕이 왕좌를 대하듯이, 그대가 신의 품 안에서 노래하고 기뻐하며 즐거워하기 전까지는 세상을 결코 누릴 수 없으리라. 그대가 자신의 걸음걸이나 책상처럼 항상 신의 방식에 친숙해지기 전까지는, 또한 세상이 처음 탄생했던 어두컴컴한 무無에 친밀해지기 전까지는."―토머스 트라헨

[*] 『요한복음』 14:1-2

신의 '참된 자아'에서 도망친 사람들은 부드러운 매력을 지닌 영계에서 그 '참된 자아'를 되찾을 수 없다. 거기에서 그는 단지 미와 선(이 둘은 하나다!)을 좀 더 분명하게 자각하고, 미와 선에 보다 민감하게 반응하는 능력을 키울 뿐이다. 악전고투하는 인간이 영적 정체성이라는 불멸의 황금을 만들어야 하는 곳은 조악한 지상이라는 모루(대장간에서 불린 쇠를 올려놓고 두드릴 때 받침으로 쓰는 쇳덩이―옮긴이) 위이다. 탐욕스러운 죽음에 대한 유일한 보상으로 힘들게 얻은 황금 보물을 손에 든 인간은 마침내 육체의 윤회로부터 완전한 자유를 얻는다.

몇 년 동안 나는 파탄잘리의 『요가수트라』 및 다른 심오한 힌두 철학서들에 관해 엔시니타스와 로스앤젤레스에서 강의했다.

하루는 강의를 듣던 한 수강생이 물었다.

"도대체 왜 신은 영혼과 육체를 결합시켰습니까? 이와 같은 창조의 진화극을 처음 시작할 때 그분의 목적은 무엇이었습니까?"

수많은 사람이 이런 질문을 했고, 철학자들도 이에 대한 완전한 대답을 애써 찾았으나 모두 허사였다.

스리 유크테스와르는 미소를 지으며 이렇게 말씀하셨다.

"영원 속에서 탐구해야 할 몇 가지 신비는 남겨두어라. 어떻게 제한된 인간의 추론 능력으로, 창조되지 않은 절대자의 인식하기 어려운 동기를 이해할 수 있겠느냐?* 인간의 이성적 능력은 현상 세계의 인과

---

* "여호와의 말씀에, 내 생각은 너희 생각과 다르며 내 길은 너희 길과 달라서 하늘이 땅보다 높음 같이 내 길은 너희 길보다 높으며 내 생각은 너희 생각보다 높으니라." 『이사야』 55:8-9
단테는 『신곡』에서 이렇게 증언했다. "모든 것을 움직이시는 그분의 영광이 온 우주를 관통하며 빛나는데, 어느 곳은 더 빛나고 어느 곳은 덜 빛났다. 나는 가장 빛나는 하늘에 있었고, 거기서 내려오면 누구든지 말로 표현할 수 없는 것들을 보았다. 우리의 지성은 자신

원리에 구속되어 있기 때문에 시작도 끝도 없는 신의 수수께끼 앞에서는 당황하고 만다. 그러나 인간의 이성이 창조의 수수께끼를 알아낼 수는 없더라도 모든 신비는 결국 신 스스로가 당신에게 귀의한 자를 위해 풀어주실 것이다."

진지하게 지혜를 구하는 자는 생명의 '아인슈타인 이론'과 같은 정밀한 수학적 도표를 성급하게 요구할 것이 아니라, 신의 대략적인 체계에서 간단한 걸음마를 겸손한 마음으로 배움으로써 구도 생활을 시작하는 데 만족해야 한다.

> 어느 때(마야의 상대성*인 때[시간]의 영향을 받는 어떤 필멸자[인간]도 무한자를 깨달을 수 없다!)든 신을 본 사람이 없으되, 아버지 품속에 있는 독생자(옴의 진동을 통해 모든 구조적 현상계를 인도하며, 통일체의 다양성을 표현하기 위해 창조되지 않은 신의 깊은 품속에서 나온, 외적으로 투사된 완전한 지성 또는 반영된 그리스도 의식)가 그분을 언명(형체를 발현하게)하였느니라.**

예수는 이렇게 설명했다.

---

의 소망에 가까워지면서 기억이 따라갈 수 없을 정도로 깊이 이르기 때문이다. 그러나 내 마음에 보물로 간직한 그 성스러운 곳은 이제 내 노래의 소재가 될 것이다."

\* 낮에서 밤으로 또 밤에서 낮으로 매일 변하는 지구의 주기적 변화는, 창조물이 마야(대립되는 상태들)에 속해 있다는 것을 인간에게 계속 상기시킨다. 그래서 하루의 전이 혹은 평형 시기인 새벽이나 해질 녘은 명상을 하기 좋은 상서로운 시간대로 간주된다. 요기는 이중적 질감을 가진 마야의 베일을 찢어버림으로써 초월의 통일체를 지각한다.

\*\*『요한복음』1:18

내가 진실로, 진실로 너희에게 이르노니 아들이 아버지의 하시는 일을
보지 않고는 아무것도 스스로 할 수 없나니 아버지께서 행하시는 그것
을 아들도 그와 같이 행하느니라.*

신이 현상계에 자신을 드러낼 때 나타나는 세 가지 특징이 힌두교
경전에서는 창조의 신 브라흐마, 보존의 신 비슈누, 파괴와 개혁의 신
시바로 상징된다. 이들 삼위일체의 행동 양상은 진동하는 창조물을
통해 끊임없이 나타난다. 절대자는 인간의 사고 능력을 초월한 존재
이기 때문에 신실한 힌두교인은 신을 존엄한 삼위**의 형상들로 경배
한다.

그러나 보편적으로 나타나는 신의 창조, 보존, 파괴의 양상이 궁극
적 또는 본질적 특징이라고 할 수는 없다. 우주 창조는 창조주의 릴라,
즉 창조적 놀이일 뿐이기 때문이다.*** 신의 본유적 특성은 삼위일체의
신비를 모두 이해한다고 해도 파악할 수 없는 그 무엇이다. 규칙적인
원자의 흐름 속에 표현되는 신의 외적 특성은 신을 드러내지 못하고
표시만 할 뿐이다.

신의 궁극적 본질은 '아들이 아버지에게 올라갈'**** 때라야 알 수 있

---

* 『요한복음』 5:19

** 삼위일체의 실체인 사트, 타트, 옴(성부, 성자, 성령)과는 다른 개념이다. 브라흐마−비슈
누−시바는 타트(성자, 진동하는 창조의 세계에 내재하는 그리스도 의식)의 위상을 취한 신의
삼위일체적 속성을 표현한다. 삼위일체의 '배우자들' 혹은 에너지인 샤크티들은 옴(성령)
의 상징인데, 진동을 통해 우주를 유지하는 유일한 근원적 힘이다.

*** "오, 주여, …… 주께서 만물을 지으신지라, 만물이 주의 뜻대로 있었고 또 지으심을 받
았나이다." 『요한계시록』 4:11

**** 『요한복음』 14:12

다. 자유로워진 인간은 진동의 영역을 넘어서 진동하지 않는 근원으로 들어가게 된다.

모든 위대한 예언자들은 궁극의 비밀을 밝혀 달라는 요청을 받았을 때 침묵을 지켰다. 빌라도가 "진리가 무엇이냐?"*라고 물었을 때 예수는 아무 대답도 하지 않았다. 빌라도와 같은 지식인들의 허식적인 질문은 열정의 구도자들에게서는 거의 나오지 않는다. 그러한 사람들은 영적인 가치**에 대한 의심을 오히려 '편견 없는 마음'의 표시로 여기며 공허한 자만심에 빠져 있다.

> 내가 이를 위해 났으며 이를 위해 세상에 왔나니, 곧 진리를 증거하려 함이로다. 무릇 진리에 속한 자는 내 소리를 듣느니라.***

그리스도는 이 짧은 몇 마디를 통해 엄청난 말을 한 것이다. 신의 자녀는 자신의 생애로 '증거'한다. 그는 진리를 몸으로 구현한다. 만일 그것을 또 말로 설명한다면 지나치게 관대한 중복 설명이다.

진리는 이론이 아니고, 철학의 사색 체계도 아니며, 지적인 통찰도 아니다. 진리는 실재와 완전히 상응한다. 인간에게 진리란 그의 실제 본성, 즉 영혼으로서의 자신에 대한 확고한 인식이다. 예수는 그의 생애에 행한 모든 행동과 말을 통해서 자기 존재의 진리, 즉 자신의 근원

---

* 『요한복음』 18:38
** "덕을 사랑하라, 그것만이 자유롭다! 그것은 당신에게 하늘 높이 울리는 종소리보다 높이 오르는 방법을 가르칠 수 있다. 만약 그 덕이 연약하다면 하늘이 손수 그 위로 몸을 구부리리라."—밀턴
*** 『요한복음』 18:37

을 신에게 두고 있다는 사실을 입증했다. 편재하는 그리스도 의식과 완벽한 합일을 이룬 그는 이렇게 간단히 결론지었다.

"진리에 속하는 자는 내 목소리를 듣는다."

붓다도 역시 형이상학적 결론을 밝히기를 거부하면서 인간은 도덕적 본성을 완성하기 위해 지상에서 보내는 짧은 기간을 최선의 방법으로 잘 이용해야 한다고 냉철하게 지적했다.

중국의 사상가 노자도 올바른 가르침을 폈다.

> 아는 사람은 안다고 말하지 않으며,
> 말하는 사람은 알지 못하는 것이다.

신이 드러내지 않은 최후의 신비는 토론의 대상이 아니다. 신의 비밀 암호를 해독하는 것은 사람이 사람에게 전할 수 없는 기술이다. 신만이 스승이 될 수 있기 때문이다.

> 너희는 가만히 있어 내가 하느님 됨을 알지어다.*

신은 결코 자신의 전능함을 자랑하지 않으므로 완벽한 침묵 속에서만 신의 목소리를 들을 수 있다. 창조적인 옴의 진동음으로서 우주를 통해 반향되는 원초적 음성은, 조화를 이룬 신자를 위해 즉시 이해 가능한 말로 바뀌게 된다.

---

\* 『시편』 46:10
요가의 목표는 인간이 진실로 '신을 알기' 위해 필요한 내적 평정을 얻는 것이다.

인간의 이성이 미치는 최댓값으로 파악할 수 있는 신의 창조 목적
은 베다에 설명되어 있다. 리쉬들의 가르침에 의하면, 인간은 각자 절
대자와의 합일을 다시 이루려고 하기 전에 무한자의 어떤 특별한 속성
을 독특하게 발현할 영혼으로서 신에 의해 창조되었다고 한다. 그러
므로 신의 개성 가운데 한 측면을 부여받은 인간은 모두 똑같이 신에
게 귀중한 존재이다.

모든 나라 중의 맏형이라 할 수 있는 인도가 쌓아온 지혜는 온 인류
의 유산이다. 그러나 여타의 진리처럼 베다의 진리도 인도에 속하는
것이 아니라 신에게 속한다. 현인들의 정신은 베다의 신성하고 심오
한 진리를 받아들이는 순결한 그릇이며, 그들은 인류 전체에 봉사하기
위해 다른 곳이 아닌 바로 이 지상에 태어난 인류의 구성원이다. 인종
이나 국가의 차이는 진리의 세계에서 아무런 의미도 없다. 그곳에서
는 진리를 수용하는 영적인 자질만이 문제가 되기 때문이다.

신은 사랑이다. 신의 창조 계획은 오직 사랑 속에서만 뿌리를 내린
다. 박학한 추론 능력보다는 오히려 소박한 생각이 인간의 마음에 위
안을 주지 않는가? 실재의 핵심까지 꿰뚫었던 성인들은 우주에 대한
신의 계획이 정말로 존재하며, 그것은 아름답고 기쁨으로 가득 차 있
다고 증언해왔다.

이사야 예언자에게 하느님은 당신의 계획을 이렇게 밝혔다.

> 그러므로 내 말(창조의 옴)은 내 입에서 나가는 것이 될지니라. 그 말은
> 헛되이 내게로 돌아오지 아니하고 나의 뜻을 이루며 내가 명하여 보낸
> 일에 형통하리라. 너희는 기쁨으로 나아가며 평안히 인도함을 받을 것
> 이요, 산들과 언덕들이 너희 앞에서 노래하고 들의 모든 나무가 손뼉을

칠 것이다.*

"너희는 기쁨으로 나아가며 평안히 인도함을 받을 것이다." 심한 압박을 받는 20세기 인간들은 이 놀라운 약속을 동경의 마음으로 듣는다. 이 속에 담긴 완전한 진리는 성스러운 유산을 다시 찾기 위해 용감히 분투하는 모든 구도자에게 그대로 실현된다.

동양과 서양에서 크리야 요가의 축복받은 역할은 처음 시작했을 때보다 훨씬 더 늘어났다. 모든 사람이 와서 인간의 불행을 극복할 수 있는 자아실현의 뚜렷한 과학적 방법이 있음을 알게 되기를 진심으로 희망한다!

빛나는 보석처럼 이 지상에 흩어져 있는 수천의 크리야 요기들에게 사랑이 담긴 진동을 보내면서, 나는 종종 감사하는 마음으로 이렇게 말한다.

"신이시여, 당신은 이 수행자에게 정말 대가족을 주셨습니다!"

---

* 『이사야』 55:11-12

■ "육신은 떠나지만 나의 활동은 계속될 것입니다. 내 영혼도 계속해서 살아갈 것입니다. 육신이 떠난 다음에도 나는 신의 메시지를 가지고 세계의 구원을 위해 여러분 모두와 함께 일할 것입니다."

이 사진은 1952년 3월 7일, 위대한 구루 파라마한사 요가난다가 신과의 합일을 이룬 도인으로서 죽음을 맞이하는 순간에 의식적으로 육신을 버리는 마하사마디에 들기 한 시간 전에 촬영한 것이다.

임시로 시신을 모신 포리스트 론 공원 시체안치소 소장은 다음과 같은 공증서를 작성했다. "파라마한사 요가난다의 사체에는 부패의 흔적이 전혀 보이지 않습니다. 이러한 현상은 우리의 경험으로 볼 때 대단히 특이한 것입니다. 3월 27일, 정식으로 청동 덮개의 관 속에 안치하기 직전에 본 시신은 임시 안치소에 들어왔을 때의 모습과 완전히 똑같았습니다. 요가난다의 육체는 기적을 보여주었습니다!"

# 【ㅇ】

나는 소년 시절이던 1930년대에 파라마한사 요가난다를 두 차례 만났다. 그로부터 20년이 지난 어느 날 누군가 나에게 『요가난다, 영혼의 자서전』을 한 권 주었다. 책을 펼쳐서 읽기 시작한 순간, 말로 표현할 수 없는 어떤 일이 내게 일어났다. 이 책에는 무언가 알 수 없는 마법이 담겨 있다. **라비 샹카르, 인도의 전통음악가**

이 자서전에서 요가난다는 요가 수행의 상위 단계에 도달했을 때 얻는 '우주 의식'과 인간 본질에 대한 흥미롭고도 놀라운 설명을 펼치고 있다. **로버트 엘우드 박사, 남가주대학 종교대학원장**

1972년, 내 친구 조지 해리슨이 인도 여행을 같이 가자고 나를 불렀다. 떠나기 며칠 전 해리슨에게 파라마한사 요가난다의 책 한 권을 받았다. 이 책이 나에게 커다란 영감을 준 것은 더 말할 필요도 없다. 나는 인도의 문화와 철학에 완전히 매료되었고, 우리 여행은 절대 잊지 못할 추억으로 남았다. **개리 라이트, 가수**

데니스 위버는 『요가난다, 영혼의 자서전』을 내게 선물하면서 아마도 나의 인생을 송두리째 바꿔놓을 것이라고 말했다. 나는 그후 평생에 걸친 영적 여정에 첫 발을 들여놓게 되었다. **린다 에반스, 배우**

이 책은 최적의 건강을 위한 최고 음식이다. 내 안에서 잠자던 요가와 인도 종교 철학에 관한 관심과 흥미가 깨어났다. 이 책에는 이국 땅에서 펼쳐지는 경이로운 이야기가 가득 차 있다. **앤드류 웰, 애리조나 대학교 통합의료 프로그램 책임자**

『요가난다, 영혼의 자서전』은 내 영혼을 울렸다. 아직 읽지 않은 사람이 있다면 그의 신조가 무엇이든 간에 나는 즉시 이 책을 구해 보라고 권하고 싶다. 분명히 인생 최고의 투자가 될 것이다! **멜레다트 다모다란 교수**

지금까지 『요가난다, 영혼의 자서전』만큼 대중 신학에 엄청난 영향을 끼친 책도 거의 없다. **필리스 틱클, 작가**